Daniel Kahneman
대니얼 카너먼

◇◇◇◇◇◇◇◇◇◇◇◇◇◇◇

━━━━ 현재 심리학자. 고전경제학의 프레임을 완전히 뒤

━━━━ 창시자. 심리학과 경제학의 경계를 허물고 인간의 비합리성과 그에

따른 의사결정에 관한 연구를 통해 경제주체의 이면을 발견한 독보적 지성인.

대니얼 카너먼은 예루살렘 히브리대학에서 심리학을 전공한 뒤 캘리포니아대학 버클리 캠퍼스에서 심리학 박사학위를 받았다. 미시건대학과 케임브리지대학 응용심리연구소 과학자, 인지연구센터 Center for Cognitive Studies 연구원으로 활동했으며, 하버드대학에서 심리학을 강의했다. 현재 프린스턴대학 명예교수이며, 비즈니스와 사회공헌 분야 컨설팅 회사인 '더 그레이티스트 굿 The Greatest Good'의 설립자이기도 하다.

'불확실한 상황에서 행하는 인간의 판단과 선택'을 설명한 혁신적 연구 성과인 '전망 이론 prospect theory'으로 2002년 노벨경제학상을 수상했다. 심리학자인 그가 노벨경제학상을 수상할 수 있었던 이유는 심리학과 경제학을 완벽히 융합했기 때문이다. 카너먼과 동료 트버스키가 전망 이론을 발표한 1979년은 '행동경제학의 원년'으로 불린다.

2005년 이스라엘 국민이 뽑은 '역사상 가장 위대한 이스라엘인'으로 선정되었고, 2007년에는 평생을 심리학에 바쳐 이룩한 탁월한 기여를 인정받아 미국심리학협회 American Psychological Association가 수여하는 공로상을 받았다. 2011년 〈포린 폴리시 Foreign Policy〉 선정 '세계 일류 사상가', 〈블룸버그〉 선정 '세계 금융 분야에서 가장 영향력 있는 50인'에 이름을 올렸다.

저서로 《국가별 웰빙의 차이 International Differences in Well-Being》(공저, 2010), 《어림짐작과 편향: 직관적 판단의 심리학 Heuristics and Biases: The Psychology of Intuitive Judgment》(공저, 2002), 《선택, 가치, 틀 Choices, Values, and Frames》(공저, 2000), 《웰빙: 쾌락 심리학의 기초 Well-Being: The Foundations of Hedonic Psychology》(공저, 1999), 《불확실한 상황에서의 판단: 어림짐작과 편향 Judgment Under Uncertainty: Heuristics and Biases》(공저, 1982), 《주목과 노력 Attention and Effort》(1973) 등이 있다.

◇◇◇◇◇◇◇◇◇◇◇◇◇◇◇

이창신

이화여대 통번역대학원에서 번역을 전공했다. 그동안 《THE PATH(더 패스)》, 《마인드웨어》, 《성격이란 무엇인가》, 《욕망하는 지도》, 《하버드 교양 강의》, 《기후대전》, 《정의란 무엇인가》, 《신의 언어》, 《창조자들》, 《커피 견문록》 등 다수의 책을 우리말로 옮겼다.

생각에 관한 생각

우리의 행동을 지배하는 생각의 반란

생각에 관한 생각

•

대니얼 카너먼

이창신 옮김

THINKING, FAST AND SLOW

김영사

생각에 관한 생각

1판 1쇄 발행 2012. 3. 30.
1판 37쇄 발행 2017. 11. 11.
2판 1쇄 발행 2018. 3. 30.
2판 40쇄 발행 2024. 9. 26.

지은이 대니얼 카너먼
옮긴이 이창신

발행인 박강휘
편집 박민수 | 디자인 이경희
발행처 김영사
등록 1979년 5월 17일(제406-2003-036호)
주소 경기도 파주시 문발로 197(문발동) 우편번호 10881
전화 마케팅부 031)955-3100, 편집부 031)955-3200 | 팩스 031)955-3111

값은 뒤표지에 표기되어 있습니다.
ISBN 978-89-349-8121-3 03320

홈페이지 www.gimmyoung.com   블로그 blog.naver.com/gybook
인스타그램 instagram.com/gimmyoung   이메일 bestbook@gimmyoung.com

좋은 독자가 좋은 책을 만듭니다.
김영사는 독자 여러분의 의견에 항상 귀 기울이고 있습니다.

아모스 트버스키를 기리며

| 일러두기 |

가독성을 위해 의미를 왜곡하지 않는 범위 내에서 전문용어를 쉽게 풀어쓰려 노력했다. 가령 'heuristic'은 '어림짐작', 'availability'는 '회상 용이성', 'anchoring effect'는 '기준점 효과', 'framing effect'는 '틀짜기 효과'로 번역한 것이다. 이론서이면서도 대중교양서인 이 책의 특성을 고려해 결정했다.

대학 4학년 때 우연히 아모스 트버스키Amos Tversky, 대니얼 카너먼Daniel Kahneman, 폴 슬로빅Paul Slovic이 함께 편집한 《불확실한 상황에서의 판단: 어림짐작과 편향Judgment under Uncertainty: Heuristics and Biases》을 읽게 되었다. 심리학 공부를 계속해야 할지 고민하던 시기였는데, 제목에 끌려 도서관 서고에서 집어들었고 책장을 넘기면서 내용에 빠져들었다. 중간중간 나오는 예제들을 따라 풀면서 책에서 예로 든 사람들과 마찬가지로 나 자신도 편향된 대답을 하는 것에 흥미를 느꼈고, 이 분야를 공부하고자 하는 결심을 굳혔다. 유학 준비를 하면서 책을 통해 알게 된 연구자들이 있는 대학에 입학신청서를 냈다. 물론 위 세 저자가 재직하고 있는 대학에도 서류를 보냈지만 학부만 졸업해서 아무런 연구 경험이 없는 나는 입학 허가를 받지 못했다. 다시 준비해서 가게 된 곳이 시카고대학이었다. 위 세 저자가 있는 곳은 아니었지만 행동적 의사결정 연구behavioral decision research가 활발히 이루어지고 있는 곳이었다. 행동경제학의 태동에 큰 역할을 한 리처드 세일러Richard

Thaler, 그리고 카너먼과 트버스키의 어림짐작과 편향 연구에 비판적이었던 게르트 기거렌저Gerd Gigerenzer가 그곳에서 교편을 잡고 있었다. 그렇게 시작된 나와 이 분야의 인연은 지금까지 25년 넘게 이어지고 있다.

그간 행동경제학을 소개하는 여러 서적이 출간되었지만《생각에 관한 생각》은 이 분야의 창시자인 카너먼이 수십 년간의 연구 결과를 집대성해 집필했다는 데 큰 의의가 있다. 또한 단순히 카너먼과 트버스키가 발견한 여러 어림짐작과 편향을 나열해 기계적으로 소개하는 데 그치지 않고 왜 그런 편향이 나타나는지, 우리 생각의 특징은 무엇인지를 일반인도 이해하기 쉽게 상세히 소개하고 있어 더 의미가 있다. 이들의 연구는 큰 반향을 불러 일으켜 많은 관심을 받았지만 그런 만큼 적잖은 비판의 대상이 되기도 했다. 그중 가장 성공적이었던 기거렌저 비판의 핵심은, 이들이 결과 중심으로만 현상을 보여줄 뿐 그 원인이 되는 심리적 기제를 보여주지 않는다는 것이었다. 하지만 이 책에서 저자는 인지심리학, 사회심리학, 인지신경심리학 등에서 밝혀낸 인간 사고의 특징을 자신의 연구와 잘 연결해 설득력 있게 제시하고 있다. 원저의 제목은 'Thinking, Fast and Slow'로, 우리 사고 체계의 두 시스템을 간단명료하게 제시한다. 빨리 생각하는 그래서 효율적인, 기본default 시스템으로 작동하는 시스템 1, 그리고 노력을 요하고 느린, 그래서 아무 때나 나서지 않는 시스템 2. 이 두 시스템의 특징을 설명하는데 책의 도입부 상당 부분을 할애하고 있다.

한국어판의 제목인 '생각에 관한 생각'도 의미심장하다. 인간의 가장 큰 특징인 생각, 즉 사고 능력은 평소 우리가 깊이 생각해보지 않는 대상 가운데 하나이다. 대부분의 생각이 자동적으로 별 노력 없이 저절로 이루어져서 그런 것인데, 이는 시스템 1의 특징이다. 또 우리는 '생각하는 나'에 대한 자의식을 가지고 있기에 내 '생각'을 내가 가장 잘 안다고 '생각'한다. 물론 다른 사람이 알지 못하는 혼자만의 생각에 의식적으로 접근할 수 있기는 하지만, 그렇다고 우리가 스스로의 생각을 모두 알고 있는 것은 결코 아니다. 그래서 '나에게 낯선 나'가 존재한다. 행동경제학 연구가 반향을 일으키고 이목을 끌게 된 것도 바로 이런 점 때문이 아닌가 싶다. 행동경제학의 탄생을 기록한 이 책은 우리에게 지극히 자연스럽고 당연하게 주어졌다고 여기는 사고 능력 그 자체에 대해 생각해볼 기회를 제공한다. 급기야 그 생각이라는 행위의 과정과 그로 인한 결과가 우리의 예상과는 달리 전적으로 믿을 만한 것은 못 된다는 사실에서 우리는 우리 자신에 대한 화들짝 놀랄 만한 반전을 접하게 된다…….

카너먼과 트버스키가 어림짐작과 편향을 소개하면서 인간의 직관적인 판단은 그 입지가 약해졌다. 그렇다고 해서 이 두 연구자가 인간의 직관적인 판단을 폄하한 것은 아니다. 계몽주의에서 시작된 인간 이성에 대한 깊은 신뢰와 경제학적 합리성에 이의를 제기하고자 한 것이었는데, 편향이 너무 큰 관심을 받으면서 마치 사람의 생각이 편향투성이인 것처럼 받아들여진 면이 있다. 착시 현상이 인간의 시각정보처리에 대한 이해를 돕는 것처럼 편향이 어림짐작으로 정보처리를 하는 우리의 사고체계에 대한 이해를 도울 것이라는 의도에서 시작한 연구인 것이다. 카너먼과 트버스키도 우리의 직관적인 판단이 적은 정보로 빠르게 판단을 내릴 수 있도록 해주고 비교적 정확한 판단을 하기 때문에 대개의 경우 적응적이라고 보았다.

그러나 이들이 소개한 어림짐작과 편향은 더 나은 판단과 결정을 내리기 위해 한번쯤 곱씹어 생각해볼 필요가 있다. 저절로 떠오르는 생각에 너무 성급하게 판단을 내린 것은 아닌지, 기존의 방식으로만 문제를 봐서 놓치는 부분이 있지는 않은지, 내 생각을 지지해주는 정보만 선택적으로 보고 있는 것은 아닌지, 실제 이상으로 내 판단에 자신감을 가지고 있지 않은지 등등. 유학 시절, 학회에서 카너먼의 발표를 들은 적이 있다. 당시 판단과 의사결정 심리학 연구의 또 다른 대가로, 어림짐작과 편향 연구에 비판적이었던 해먼드Kenneth R. Hammond가 카너먼에게 질문을 던졌다. 수학책에서나 봄 직한 확률 문제로 설명한 편향이 현실에 실재한다고 생각하는지 물은 것이다. 카너먼은 강한 신념을 가지고 그렇다고 대답했다. 그리고 편향된 판단과 선택으로 돌이킬 수 없는 결과가 나타날 수 있음을 덧붙였다.

2011년 카너먼은 저명한 〈하버드 비즈니스 리뷰Harvard Business Review〉에 경영 의사결정을 개선시킬 수 있는 구체적인 방법을 제시하기도 했다. 실제로 컨설팅 회사 매킨지에서 1,000건 이상의 경영 투자결정을 조사한 결과, 회사가 의사결정 과정에서 나타날 수 있는 편향을 줄이기 위해 노력한 경우 수익이 7퍼센트 이상 증가한 것으로 나타났다. 이처럼 편향은 실재하며, 어림짐작을 이해하고 편향을 줄이기 위한 노력은 실질적인 혜택을 우리에게 가져다줄 수 있다.

이 책에서 카너먼은 인간의 직관적인 판단과 여러 사례를 법칙화한 공식 사이의 문제를 자신의 군 생활 경험과 연결해 소개하고, 이후 자연주의적 의사결정naturalistic decision making 분야의 대표 연구자인 클라인과 공동 연구를 진행하면서 직관의 역할에 대해 얻은 더욱 합당한 입장을 내놓는다. 스스로 '적대적 협력' 중 가장 만족스럽고 생산적인 협력으로 평가하는 클라인과의 협업을 통해 어림짐작과 편향 연구로 그 권위가 땅에 떨어진 직관의 역할을 언제 인정하고 신뢰할 수 있는지를 제시한 것이다. 재인recognition에 기초한 의사결정이 바로 그것인데, 이는 자동적이고 무의식적으로 이루어지는 직관이 상황에 매우 적합하며 정확하고 적응적인 결과를 내놓음을 보여준다. 이로써 기존 연구와의 연결고리를 만들고 다른 연구 결과를 내놓은 연구자와 통합도 조화롭게 이루게 된다. 이미 한 분야에서 쌓은 탁월한 업적을 노벨 경제학상 수상을 통해 인정받았음에도 연구 결과를 끊임없이 체계화해 설명력과 설득력을 높이고자 하는 그의 노력은 모든 연구자가 본받아야 할 자세가 아닌가 싶다.

또한 연구 분야를 지속적으로 확장해나가는 것도 본받을 만한 점이다. 판단과 선택에 대한 인지적 접근에서 시작해 정서, 행복에 대한 판단으로 연구 영역을 넓혀가면서 그는 경험 자아와 기억 자아라는 두 자아 문제를 제기한다. 이 또한 여러 가지를 생각하게 만드는 주제이다. 기억하는 자아와 경험하는 자아 중 어느 자아에 우선을 두어야 하는가? 이는 '존재하는' 나와 '기억하는' 나 사이의 간극을 어떻게 극복할 것이냐 하는 철학적인 문제로 이어지기도 한다.

내가 여전히 이 분야 공부에 흥미를 느끼고 뜻을 두고 있는 것은 이 분야의 연구 결과가 우리 일상과 밀접히 연관되어 있기 때문이다. 공부가 공부로만 끝나는 것이 아니라 우리 생각에 대한, 더 넓게는 인간에 대한 이해와 통찰을 제공해주기 때문이다. 앞서 언급했듯 우리는 늘 생각하면서도 생각을 제대로 들여다보기는 어렵다. 생각하는 방식을 들여다보는 것은 어찌 보면 우리의 민낯을 들여다보는 것과 같다. 그래서 불편할 수도 있지만 외면할 일은 아니다. 우리의 실제를 있는 그대로 보여주는 민낯을 들여다보고 더 나아질 수 있는 방안을 모색하는 것이 보다 바람직하지 않을까? 일부 연구자들은 이런 의도로 편향에서 벗어날 수 있는 여러 방법debiasing technique 에 대해 연구하고 그런 방법들을 중요한 의사결정에 적용하도록 장려하기도 한다. 그러나 이런 방법들을 적용해서 사고의 질을 개선하는 것이 쉽지 않음 또한 연구들은 보여준다. 개인이 일상에서 적용하기 어렵더라도 조직에서 이런 방법들을 체계화하고 제도화해 외부 관점으로 우리 스스로 못 보는 부분을 타인이 보도록 하고, 이를 고쳐나가려 노력한다면, 분명 의미 있는 시도일 것이다.

편향 위주로 흥미롭게 쓰인 책들에 비해서는 긴 호흡을 요하는 책이다. 그러나 우리 생각의 민낯을 들여다보면서 자기 자신과 타인을 이해하고 나아가 세상을 더 나은 곳으로 만들어가는 데 보탬이 된다면 충분히 가치 있는 독서가 되지 않을까 한다.

- 안서원 서울과학기술대 교수

| 안서원 |

연세대 심리학과를 졸업한 뒤 시카고대학에서 심리학 석·박사학위를 받았다. 연세대 인지과학연구소 전문연구원, 서강대 경영학과 BK21 계약교수, 고려대 심리학과 BK21 연구교수 등을 거쳐 현재 서울과학기술대 경영학과 교수로 재직 중이다. 카너먼과 마찬가지로 인간의 선택과 판단에 관한 심리학적 연구를 통해 경제학적 테마를 연구하고 있으며, 국내 최초로 카너먼과 그의 이론을 소개한 《사이먼&카너먼》(김영사, 2006) 등의 저서가 있다.

머
리
말

글을 쓰는 사람이라면 독자가 어떤 상황에서 책 읽은 보람을 느낄지 머릿속에 그려보지 않을까 싶다. 나는 사람들이 모여 의견을 나누고 남의 사생활을 두고 잡담을 주고받는 사무실 정수기 앞을 떠올리곤 한다. 그곳에서 다른 사람의 판단과 선택을 두고, 회사의 새로운 정책을 두고, 동료의 투자 결정을 두고 잡담을 나눌 때, 사람들이 사용하는 어휘를 내가 좀 더 풍부하게 만들 수 있다면 좋겠다는 생각을 한다. 그런데 왜 하필 남의 이야기일까? 내 실수보다 남의 실수를 잡아내고 거기에 이런저런 꼬리표를 붙이기가 훨씬 더 쉽고 재미있기 때문이다. 내 믿음, 내 희망에 의문을 품기란 상황이 아무리 좋을 때라도 쉽지 않다. 꼭 그래야 하는 때라면 더욱 어렵다. 하지만 이때 관련 지식이 풍부한 사람의 생각을 알면 도움이 된다. 우리는 대부분 친구나 동료가 내 선택을 어떻게 평가할지 즉흥적으로 예상한다. 이때 어떤 판단을 예상하고 기대하는가는 중요한 문제다. 사람들이 나를 두고 수군대는 이야기가 지적이길 기대한다면 사전에 진지한 자기비판을 하게 되고, 그런 기대는 직장과 가정에서 더 나은 결정을 내리는 데 새해 결심보다 더 큰 위력을 발휘한다.

의사는 정확한 진단을 내리기 위해 각 질병의 여러 증상, 전조증상과 원인, 전개 양상과 결과, 치료나 증상 완화를 위한 개입 등을 한데 모은 질병 정보 목록을 많이 확보하고 있어야 한다. 의학 공부에는 의학 언어 습득도 들어간다. 마찬가지로 판단과 선택을 더 깊이 이해할 때도 일상적으로 쓰는 말보다 더 풍부한 어휘가 필요하다. 남 이야기를 수군댈 때 좀 더 지적이길 기대하는 이유는 사람들이 오류를 저지를 때 특정한 유형이 있기 때문이다. 편향이라 부르는 이런 체계적 오류는 특정 상황에서 여지없이 반복된다. 예를 들어 잘생긴 사람이 당당하게 연단 위로 뛰어오를 때 우리는 청중이 그의 연설을 실제보다 더 호의적으로 평가하리라고 예상할 수 있다. 이 편향을 진단해 이름을 붙일 수 있다면(이 경우는 '후광 효과halo effect') 편향을 예상하기도, 인지하기도, 이해하기도 더 쉽다.

지금 무슨 생각을 하느냐는 질문을 받았을 때 대답을 못할 사람은 거의 없다. 우리는 내 머릿속에서 일어나는 일은 다 안다고 생각한다. 그리고 머릿속에서는 흔히 하나의 의식적 생각이 다른 생각으로 차근차근 이어진다. 하지만 늘 그런 것은 아니며, 그것이 전형적인 방식도 아니다. 우리는 자신도 모르는 사이에 의식 세계에서 많은 생각을 하고 여러 가지 인상을 받는다. 내 앞 책상에 스탠드가 놓여 있다는 생각을 어떻게 하게 되었는지, 전화기에서 들려오는 배우자의 목소리에 짜증이 묻어 있다는 걸 어떻게 감지했는지, 길을 가다 위협적인 상황을 만났을 때 위험을 의식하기도 전에 어떻게 피할 수 있었는지, 그 과정을 추적할 수는 없다. 인상과 직관과 많은 결정을 형성하는 정신 활동은 머릿속에서 소리 없이 일어난다.

이 책에서 다루는 내용의 상당 부분은 직관 편향에 관한 것이다. 그러나 오류에 주목한다고 해서 인간의 지적 능력을 폄하하는 것은 아니다. 의학 교재에서 질병에 주목한다고 해서 건강을 부정하는 것이 아니듯이. 우리는 대체로 건강하고, 우리 판단과 행동은 대체로 적절하다. 우리는 삶을 항해하면서, 내가 받은 인상과 느낌에 나를 맡기고, 직관적 느낌과 호불호에 대한 자신감을 쉽게 정당화한다. 그러나 느낌과 호불호가 늘 옳지는 않다. 우리는 자신이 틀렸을 때도 자신감을 갖는 때가 많아서, 나보다 객관적 관찰자가 내 오류를 더 잘 발견하곤 한다.

따라서 내가 목표로 정한 정수기 앞 잡담은 이렇다. 타인에게 나타나는, 그리고 궁극적으로는 내게 나타나는 판단과 선택의 오류를 풍부하고 정확한 언어로 토론하면서, 그 오류를 인지하고 이해하는 능력 키우기. 오류를 정확히 진단하면, 그 상황에 개입해, 판단이나 선택을 잘못해 생기는 손해를 줄일 수도 있다.

책을 쓴 동기

이 책은 판단과 결정에 관해 지금까지 내가 알고 있는 내용을 다루고 있으며, 최근 수십 년간의 심리학 연구 결과를 바탕으로 한다. 그런데 핵심 아이디어는 1969년, 어느 운 좋은 날로 거슬러 올라간다. 그때 나는 예루살렘 히브리대학 심리학과에서 세미나 수업을 하고 있었는데, 동료인 아모스 트버스키Amos Tversky에게 수업에 와서 강의를 한번 해달라고 부탁했다. 당시 그는 결정 연구 분야에서(사실은 그가 연구하는 어느 분야에서나) 떠오르는 스타여서, 흥미로운 수업이 될 것 같았다. 아모스를 아는 많은 사람들은 이구동성으로 이제까지 만나본 사람 중에 아모스가 가장 똑똑하다고 했다. 아모스는 머리도 좋고 달변가에다 카리스마까지 있었다. 게다가 우스갯소리를 완벽하게 외워두었다가 논점을 강조할 때 적절히 써먹는 탁월한 능력까지 지녔다. 그와 함께 있으면 지루할 틈이 없었다. 당시 그는 서른둘이고, 나는 서른다섯이었다.

아모스는 수업에서, 미시간대학에서 진행 중인 연구 프로그램에 대해 이야기했다. 인간이 직관적으로 통계에 능숙한지 알아보는 연구였다. 직관적으로 문법에 능숙하다는 사실은 이미 알려져 있었다. 네 살만 되면, 문법 규칙이 있는 줄도 모르면서 문법에 맞게 술술 말을 한다. 그렇다면 기본적인 통계 원칙도 직관으로 알 수 있을까? 아모스는 '조건부로 그렇다'는 답을 내놓았다. 우리는 세미나에서 활발한 토론을 거쳐 마침내 '조건부로 그렇지 않다'가 더 나은 답이라고 결론 내렸다.

아모스와 나는 그 토론을 즐겼고, 직관적 통계는 흥미로운 주제여서 같이 연구해보면 재미있겠다는 말로 토론을 마무리했다. 우리는 그 주 금요일에 카페 리몬에서 만나 점심을 먹었다. 예루살렘의 교수들과 자유분방한 예술가들이 즐겨 찾는 곳이다. 그곳에서 우리는 똑똑한 연구원들을 대상으로 통계에 대한 직관을 연구하기로 계획했다. 우리는 앞선 세미나에서 우리 두 사람의 직관도 빈약하다고 결론 내렸었다. 여러 해 동안 통계를 가르치고 사용했는데도 표본이 작은 통계의 신뢰성을 직관적으로 감지하는 능력이 발달하지 않았다. 우리도 주관적 판단이 편향된 탓에, 불충분한 증거에서 나온 연구 결과를 너무 쉽게 믿어버리고, 연구를 진행할 때 증거를 너무 소량 수집했다.[1] 우리가 계획한 연구의 목적은 다른 연구원들도 우리와 똑같은 문제로 고생하는지 알아보는 것이었다.

우리는 실제 조사에서 나타난 통계 문제를 다룬 시나리오를 포함하는 설문을 준비했다. 아모스는 수리심리학회Society for Mathematical Psychology 회의에 참석한 전문가 집단의 반응을 수집했는데, 여기에는 통계 교과서 저자도 두 명 포함되었다. 예상대로 이들도 우리처럼, 작은 표본으로 실험한 결과가 현실에서 그대로 나타날 가능성을 지나치게 부풀려 생각했다. 게다가 수집해야 하는 사례의 수를 두고 가공의 대학원생에게 엉터리 충고까지 했다. 통계 전문가조차 직관적 통계에는 능숙하지 않다는 이야기다.

아모스와 나는 이 연구 결과를 보고하는 논문을 쓰면서, 공동 작업에 흥미를 느끼기 시작했다. 아모스는 언제나 무척 재미있는 사람이었고, 그가 옆에 있으면 나도 덩달아 재미있는 사람이 되었다. 우리는 노는 기분으로 여러 시간 열심히 작업했다. 공동 작업이 즐겁다 보니 대단한 인내심도 발휘할 수 있었다. 지루함을 전혀 느끼지 않으면 완벽함을 추구하기가 한결 쉬워진다. 더 중요한 것은 비판의 날을 세우던 습관을 잠시 내려놓았다는 것이다. 아모스도, 나도, 비판하고 따지기 좋아하는 성격인데(나보다 아모스가 특히 심했다) 여러 해 동안 공동 작업을 하면서 누구도 상대의 말을 그 자리에서 퇴짜 놓는 법이 없었다. 내가 공동 작업에서 발견한 가장 큰 즐거움은 애매한 내 생각의 요점을 나보다 아모스가 훨씬 명확하게 짚어낼 때가 많다는 것이다. 아모스는 좀 더 논리적이어서, 이론을 지향하고 방향성을 잃지 않았다. 나는 좀 더 직관적이고 지각 심리학에 의존했는데, 우리는 지각 심리학에서 많은 아이디어를 얻기도 했다. 우리는 닮은 구석이 많아 상대를 쉽게 이해했고, 다른 점도 많아 상대를 놀라게 했다. 차츰 일정한 작업 방식도 생겨서, 쉬는 날이 아니면 상당 시간을 함께 보냈고, 오래 산책하는 일도 잦았다. 공동 작업은 이후 14년 동안 우리 삶의 중심이었고, 이 시기에 함께 연구한 것들이 우리 모두에게 생애 최고의 연구 성과가 되었다.

우리는 이때 사용한 방식을 이후로도 여러 해 동안 유지했다. 우리 연구 방식은 대화였는데, 직접 질문을 만들고 거기에 직관적으로 답을 한 뒤에 함께 그 답을 살펴보는 방식이다. 각 질문은 하나의 작은 실험이었고, 하루에 많은 실험을 진행했다. 우리는 직접 만든 통계 질문에 진지하게 정답을 찾으려 하지 않았다. 우리 목적은 직관적 답, 그러니까 제일 처음 머릿속에 떠오른 답, 심지어 오답이라는 걸 알면서도 순간적으로 튀어나온 답을 내놓고 분석하는 것이었다. 우리 둘이 직관적으로 똑같은 답을 내놓았다면 다른 사람들도 대개는 그렇게 대답하리라고 생각했고(실제로 그랬다), 그렇다면 직관이 판단에 미치는 영향이 쉽게 증명되는 것이라고 생각했다.

한번은 우리 둘이 모두 아는 아이들 몇 명을 두고 그 아이들이 앞으로 어떤 직업을 가질지 예상해보는 유치한 게임을 했는데, 둘의 예측 결과가 똑같아 마냥 재미있어했던 적이 있다. 따지기 좋아하는 세 살짜리 변호사, 범생이 교수, 공감을 잘하고 참견을 잘하는 심리치료사. 물론 말도 안 되는 엉터리 예측이지만, 그래도 그 결과가 우리에겐 짜릿했다. 우리 직관은 특정 직업을 떠올리면 연상되는 전형적인 모습과 아이들이 얼마나 닮았는가에 지배된 게 분명했다. 우리는 이 재미있는 연습 덕에 이론을 하나 만들었다. 유사성이 예측에 미치는 영향에 관한 이론이었다. 우리는 수십 번의 실험을 거치면서 이론을 점검하고 다듬었다. 아래는 그중 한 가지 실험이다.

아래에서, 스티브는 대표 표본에서 무작위로 뽑혔다고 가정하고 질문에 답해보자.

어느 이웃이 스티브를 이렇게 묘사했다. "스티브는 아주 수줍고 내성적이며 언제든 남을 돕지만 사람이나 현실 세계에 관심은 거의 없다. 온순하고 찬찬한 그는 질서와 체계를 중시하고 아주 꼼꼼한 남자다." 스티브는 사서일 확률이 높을까, 농부일 확률이 높을까?

스티브의 성격은 사서의 전형적인 모습에 가깝다. 그러나 이 문제와 관련이 있는데도 항상 무시되는 다른 통계적 사실이 있다. 미국에는 남자 농부가 남자 사서의 무려 20배가 넘는다! 그렇다 보니 도서관 안내데스크보다 트랙터에 앉아 있는 사람 중에 "온순하고 찬찬한" 사람을 발견할 확률이 더 높다. 그런데도 우리 실험에 참가한 사람들은 관련 통계를 무시한 채 순전히 유사성에만 의존했다. 우리는 이들이 유사성을 이용한 '단순화 어림짐작'으로 어려운 판단을 내린다고 생각했다. '어림짐작heuristic'은 경험을 바탕으로 막연히 추측하는 것인데, 그러다 보니 예상 가능한 편향(체계적 오류)이 발생했다.

아모스와 나는 우리 대학 교수들의 이혼율이 궁금했던 적이 있다. 이때 우리는 직간접적으로 아는 이혼한 교수들을 기억에서 더듬었고, 그러면서 어떤 사건이 얼마나 쉽게 머릿속에 떠오르느냐에 따라 그 사건의 규모를 판단한다는 사실을 알게 되었다. 이처럼 회상하기 쉬운 정도에 의지한 어림짐작을 우리는 '회상 용이성 어림짐작availability heuristic'이라 불렀다. 한번은 평범한 영어 문장에 나타나는 철자와 관련해 단순한 질문을 던지는 실험을 했었다.

철자 K를 생각해보라.

단어에서 K가 첫 번째 자리에 오는 경우가 많을까, 세 번째 자리에 오는 경우가 많을까?[2]

단어 만들기 보드게임을 해본 사람이라면 알겠지만, 특정 철자로 시작하는 단어를 떠올리기가 특정 철자가 세 번째에 오는 단어를 떠올리기보다 훨씬 쉽다. 어떤 철자든 마찬가지다. 따라서 우리는 응답자들이 실제로는 세 번째 자리에 더 빈번히 오는 철자(이를테면 K, L, N, R, V)까지도 첫 번째 자리에 오는 경우를 과장해 생각하려니 예상했다. 이 역시 어림짐작에 의존한 탓에, 판단에서 예상 가능한 편향을 드러내는 경우다. 한 예로, 최근에 나는 오래전부터 품고 있던 막연한 생각에 의문을 품었다. 간통은 의사나 변호사보다 정치인에게서 더 흔히 일어난다는 생각이다. 심지어 나는 그 '사실'을 뒷받침하는 설명도 준비해두고 있었다. 권력의 최음제 효과니, 가정에서 멀어져 살고픈 유혹이니, 하는 설명이다. 그러다가 정치인의 범법 행위는 변호사나 의사의 범법 행위보다 세상에 알려질 확률이 높다는 사실을 알게 되었다. 직관에서 나온 애초의 내 생각은 전적으로 기자들의 기사 선택, 그리고 회상 용이성 어림짐작에 의존하는 내 성향에서 나온 것일지도 모른다.

아모스와 나는 여러 해 동안 사건에 확률을 부여할 때, 미래를 예측할 때, 가설을 평가할 때, 빈도를 추정할 때 등 다양한 경우에 개입하는 직관적 사고의 편향을 연구하고 입증했다. 그리고 공동 작업을 시작한 지 5년째 되던 해, 여러 분야 학자들이 읽는 〈사이언스Science〉에 주요 성과를 발표했다. 논문 제목은 〈불확실한 상황에서의 판단: 어림짐작과 편향Judgement Under Uncertainty: Heuristics and Biases〉이었다(이 책 끝에 전문을 실었다). 우리는 여기서 직관적 사고의 단순화 성향을 이야기하고, 그런 어림짐작이 나타나는, 그리고 판단에서 어림짐작의 역할을 보여주는 편향 약 20가지를 설명했다.

과학사가들이 자주 언급하는 말에 따르면, 어느 시기든 특정 분야 학자들은 그들 분야에서 기본적인 단정을 공유하는 성향을 보인다. 사회과학자도 마찬가지다. 이들은 특정한 시각으로 인간의 본성을 바라보면서, 인간의 행동을 토론할 때마다 그 시각에 의지한 채 웬만해서는 의문을 품지 않는다. 이를테면 1970년대에는 인간 본성을 두고 두 가지 생각이 사회과학자들 사이에서 널리 인정되었다. 하나는 인간은 대체로 합리적이며, 인간의 생각은 대개 건전하다는 것이다. 또 하나는 두려움, 애정, 증오 같은 감정은 인간이 합리성에서 멀어지는 가장 중요한 요인이라는 것이다. 우리 논문은 이 두 가지 단정을 직접적으로 논의하지는 않은 채 그 단정에 도전했다. 우리는 평범한 사람들의 생각에 나타나는 체계적 오류를 밝혔고, 그 오류의 원인을 사고를 방해하는 감정이 아닌 타고난 인지 체계에서 찾았다.

우리 논문은 예상보다 훨씬 많은 주목을 받았고, 사회과학에서 대단히 많이 인용되었다(2010년에 300여 건의 학술 논문이 우리 논문을 인용했다). 다른 분야 학자들도 우리 논문을 유용하다고 보았고, 어림짐작과 편향이라는 개념은 의학 진단, 법적 판단, 정보 분석, 기타 철학, 재정, 통계, 군사 전략 등 수많은 분야에서 생산적으로 사용되었다.

예를 들어 정책을 연구하는 사람들은 왜 어떤 주제는 대중의 마음에 각인되고 어떤 주제는 간과되는지 설명할 때 회상 용이성 어림짐작이 도움이 된다고 했다. 사람들은 어떤 주제의 상대적 중요성을 평가할 때 그 주제가 기억에서 얼마나 쉽게 되살아나는가에 영향을 받는 경향이 있는데, 이런 회상 용이성은 언론이 그 주제를 어느 정도나 다루느냐에 크게 좌우된다. 자주 언급되는 주제는, 그렇지 않은 주제가 기억에서 쉽게 빠져나갈 때도, 사람들의 마음에 오래 머문다. 그리고 언론이 무엇을 보도하기로 선택하는가는 언론이 현재 대중의 의중을 어떻게 파악하고 있느냐에 달렸다. 권위주의적 정권이 독립된 언론에 상당한 압력을 행사하는 것은 결코 우연이 아니다. 가령 극적인 사건 또는 유명인은 대중의 관심을 쉽게 자극하는 탓에, 언론은 일상적으로 그런 주제에 광적으로 매달린다. 한 예로, 마이클 잭슨이 사망한 뒤 여러 주 동안 다른 뉴스를 보도하는 채널을 찾기가 거의 불가능했다. 반면에 이를테면 교육 수준 하락이라든가 생애 마지막 해의 과도한 의료 투자처럼 매우 중요하지만 극적인 재미가 없는 뉴스는 거의 보도되지 않는다.(이 글을 쓸 때 나 역시 "거의 보도되지 않은" 뉴스를 선별하면서 회상 용이성에 영향을 받았다. 내가 예로 꼽은 주제는 그나마 자주 언급되는 것인데, 똑같이 중요하지만 회상이 쉽지 않은 주제는 내 머릿속에 떠오르지 않았다.)

당시에는 우리도 잘 몰랐지만 '어림짐작과 편향'이 심리학이 아닌 분야에서도 폭넓은 호응을 얻은 주된 이유는 우리 작업의 우연한 특징 때문이었다. 우리는 논문을 쓸 때면 거의 항상, 우리가 스스로에게 그리고 응답자에게 던진 질문의 전문을 공개했다. 이 질문은 논문을 읽는 사람들에게, 그들의 사고가 어떻게 인지 편향에 사로잡히는지를 깨닫게 하는 증거가 되었다. 독자도 앞서 스티브와 사서 질문에 답하면서 자신의 인지 편향을 깨달았을 것이다. 그 질문은 유사성이 확률 추측에 미치는 힘이 얼마나 큰지, 관련 통계가 얼마나 쉽게 간과되는지를 보여줄 목적으로 만들어졌다.

이처럼 증거를 직접 체험하는 방식은 다양한 분야의 학자들에게, 특히 철학자와 경제학자에게 그들의 사고방식에도 나타날 수 있는 문제를 인식하는 흔치 않은 기회가 되었다. 이들은 자신의 오류를 발견하면서, 인간은 합리적이고 논리적이라는 당시 널리 퍼진 독단적 단정에 의문을 제기했다. 이 방식을 택한 것은 아주 유효했다. 기존 방식의 실험만 실시해 결과를 발표했더라면 주목도 덜 받고 사람들의 기억에도 오래 남지 않았을 것이다. 회의적인 사람들은 우리 실험에서 나온 판단 오류가 심리학 연구에 흔히 동원되는 대학생 참가자들의 무능 탓이라며 연구 결과를 무시했을 것이다. 물론 우리가 기존 실험보다 증거를 직접 체험하는 실험을 택한 이유는 철학자와 경제학자에게 영향을 미치기 위해서가 아니었다. 단지 그 방식이 더 재미있기 때문이었는데, 우리는 여기서도 다른 많은 경우처럼 운이 좋았던 셈이다. 이 책에서 반복되는 주제 하나는 성공 이야기에는 언제나 행운도 큰 몫을 한다는 것이다. 하마터면 그저 그런 성과로 끝났을 법한 연구가 작은 변화로 놀라운 성취가 되는 이야기는 아주 흔하다. 우리 이야기도 예외는 아니다.

우리 연구에 긍정적인 반응만 있었던 것은 아니다. 특히 편향에 초점을 맞춘 연구는 정신 작용을 지나치게 부정적으로 바라보게 한다는 이유로 비난을 받았다.[3] 과학계에서 흔히 그렇듯이, 어떤 학자는 우리 견해를 다듬었고, 어떤 학자는 그럴듯한 대안을 내놓았다.[4] 그러나 우리 정신세계는 체계적 오류에 취약하다는 견해는 이제 전반적으로 인정받는 추세다. 판단에 관한 우리 연구는 사회과학에 애초 우리 예상보다 훨씬 큰 영향을 미쳤다.

우리는 판단에 관한 논문을 마무리한 뒤에 곧바로 관심 분야를 불확실한 상황에서의 결정으로 옮겼다. 우리 목표는 단순한 도박에서 사람들은 어떤 식으로 결정을 내리는가에 관한 심리학 이론을 만드는 것이었다. 예를 들면 이렇다. 동전 던지기를 하는데, 앞면이 나오면 130달러를 따고 뒷면이 나오면 100달러를 잃는다면, 게임을 하겠는가? 이런 초보적 선택은 오래전부터 결정을 둘러싼 다양한 궁금증을 조사하는 데 이용되었다. 이를테면 확실한 결과와 불확실한 결과 중에 사람들은 어디에 더 무게를 두는가와 같은 문제다. 우리는 이때도 같은 방법으로 연구했다. 여러 날 동안 선택 관련 문제를 만들고, 직관적인 선호가 선택 논리와 맞는지 알아보는 방식이다. 판단을 연구할 때처럼 여기서도 우리 자신의 결정에서 그리고 직관적인 선호에서 합리적 선택의 법칙에 위배되는 체계적 편향을 지속적으로 목격했다. 우리는 〈사이언스〉에 논문을 실은 지 5년이 지나 〈전망 이론: 위험 부담이 따르는 상황에서의 결정 분석 Prospect Theory: An Analysis of Decision Under Risk〉이라는 논문을 발표했다. 앞선 판단 연구보다 더 중요한 연구라는 평가를 받기도 한 이 선택 이론은 행동경제학의 기초가 되었다.

아모스와 나는 지리적으로 너무 멀리 떨어져 공동 작업을 지속할 수 없을 때까지, 서로 생각을 주고받는 대단한 행운을 누렸다. 공동 작업을 할 때면 각자 생각할 때보다 훨씬 더 훌륭한 아이디어가 나왔다. 그리고 서로 좋은 관계를 유지한 덕에 연구가 생산적일 뿐 아니라 재미도 있었다. 나는 판단과 결정에 관한 공동 작업 덕에 2002년에 노벨상을 받았다.[5] 아모스가 1996년에 59세로 세상을 떠나지 않았다면, 함께 받았을 것이다.

이제까지의 연구 성과

이 책의 목적은 아모스와 내가 함께 진행한 초기 연구를 설명하는 것이 아니다. 그 작업은 여러 해 동안 이미 많은 사람이 훌륭히 해냈다. 지금 내 주된 목표는 정신의 작동 원리를 바라보는 견해를 제시하는 것인데, 이는 최근의 인지심리학과 사회심리학 발전에 크게 영향을 받았다. 이 발전 가운데 중요한 것 하나는 이제 직관적 사고의 단점뿐 아니라 놀라운 장점도 이해하기 시작했다는 것이다.

아모스와 나는 직관을 다루면서, 판단에 사용되는 어림짐작, 즉 판단 어림짐작은 "매우 유용하지만 때로는 심각하고 체계적인 오류로 이어진다"는 평범한 수준 이상의 발언을 내놓지 못했다. 우리는 편향에 초점을 맞추었는데, 편향이 그 자체로도 흥미롭고, 또 판단 어림짐작의 증거가 되었기 때문이다. 우리는 불확실한 상황에서의 직관적 판단이 모두 우리가 연구하는 어림짐작에서 나오는지는 자문하지 않았다. 그런데 그렇지 않다는 사실이 이제 분명해졌다. 특히 전문가의 정확한 직관은 어림짐작보다는 장기간의 훈련에서 나온다는 설명이 더 바람직하다.[6] 이제 우리는 판단과 직관에 관해 더 화려하고 조화로운 그림을 그릴 수 있게 되었고, 따라서 직관적 판단을 내리거나 선택을 할 때 능력을 이용할 수도, 어림짐작을 이용할 수도 있게 되었다.

심리학자 게리 클라인Gary Klein은 주방에 불이 난 집에 진입한 소방관의 이야기를 들려준다.[7] 호스로 불을 끄기 시작한 직후에 지휘관은 자기도 모르게 "전원 철수!"를 외쳤다. 그리고 소방관들이 빠져나가기 무섭게 바닥이 무너져 내렸다. 그제야 지휘관은 불길이 평소와 달리 유난히 조용했고, 귀가 유난히 뜨거웠다는 사실을 깨달았다. 이런 상황이 합쳐져 그의 말따나 "위험을 감지한 제6감"을 촉발했다. 무엇이 문제인지는 모르지만 어쨌거나 문제가 있는 것만은 분명했다. 결국 큰 불길은 주방이 아니라 소방관들이 서 있던 바닥 바로 밑 지하실에서 번지고 있었다는 사실이 드러났다.

전문가의 직관을 보여주는 이런 이야기는 다들 들어보았을 것이다. 체스의 달인이 거리를 지나다가 체스 게임을 보고는 발길을 멈추지 않은 채로

"세 번만 두면 백白이 지겠군"이라고 말한다거나, 의사가 환자를 흘긋 한번 보고는 복잡한 진단을 내린다거나 하는 경우다. 전문가의 직관은 우리 눈에 마술처럼 보이지만, 마술이 아니다. 사실 우리 역시 하루에도 몇 번씩 전문가다운 직관을 발휘한다. 수화기로 상대의 첫 마디만 듣고도 그가 화났다는 사실을 단박에 정확히 눈치챘다거나, 방 안에 들어오자마자 사람들이 나에 대해 이야기하고 있다는 것을 인식한다거나, 옆 차선의 운전자가 위험에 빠졌다는 미묘한 신호를 재빨리 감지해 반응하는 경우가 모두 그렇다. 우리의 일상적 직관력도 노련한 소방관이나 의사의 놀라운 혜안만큼이나 경이롭지만, 흔히 일어나다 보니 눈치채지 못할 뿐이다.

정확한 직관을 연구하는 심리학에 마술 따위는 없다. 이 분야 심리학을 가장 잘 요약해 말한 사람은 위대한 허버트 사이먼Herbert Simon이다.[8] 그는 체스 달인들을 연구하면서, 이들이 수천 시간을 연습한 끝에 체스 판의 말을 우리와 다른 시각으로 본다는 사실을 밝혀냈다. 그가 전문가의 직관을 신격화하는 태도를 얼마나 한심해하는지는 다음 말에서 짐작할 수 있다. "상황에 신호가 숨어 있다. 전문가는 이 신호를 이용해 기억에 저장된 정보에 접근하고, 그 정보에서 답을 얻는다. 직관은 인식 그 이상도, 이하도 아니다."[9]

두 살짜리 아이가 개를 보면서 "멍멍이!"라고 말한다고 해서 놀랄 사람은 없다. 사물을 인식하고 이름 부르는 법을 터득하는 아이들의 기적 같은 능력에 익숙해진 탓이다. 사이먼의 말은 전문가의 직관이 보여주는 기적도 같은 종류라는 것이다. 전문가는 새로운 상황에서 익숙한 요소를 인지하고, 그것에 적절히 반응하는 법을 익히면서 효과적인 직관을 발달시킨다. 좋은 직관적 판단은 아이가 "멍멍이!"라고 말할 때처럼 머릿속에 즉시 떠오른다.

안타깝게도 전문가의 직관이라고 해서 모두 전문성에서 나오지는 않는다. 여러 해 전에 대규모 금융회사의 최고운용책임자CIO를 찾아간 적이 있다. 그는 내게 포드자동차 주식에 이제 막 수천만 달러를 투자했다고 알려주었다. 어떻게 그런 결정을 내렸냐고 묻자, 그는 최근에 자동차 쇼에 갔다가 깊은 인상을 받았다며, 이렇게 말했다. "세상에, 정말 자동차를 만들 줄 아는 사람들이었어요!" 그는 직감을 신뢰했고, 자신과 자신의 결정에 만족하는 게 분명했다. 놀랍게도 그는 경제학자들이 중요하게 여길 법한 '포드 주가는 현재 저평가되었는가?'라는 질문조차 고려하지 않는 듯했다. 대신 그는 직관에 귀 기울였고, 차를 좋아했으며, 포드를 좋아했고, 포드 주식을 보유한다는 사실에 기뻐했다. 우리가 주식을 고르는 요령이라고 알고 있는 것에 비춰보면, 그는 자기가 뭘 하는지도 모르는 꼴이다.

아모스와 내가 연구한 특정한 어림짐작은 그 최고운용책임자가 포드 주식에 투자하게 된 동기를 이해하는 데 도움이 되지 않지만, 지금은 어림짐작의 개념이 넓어져서 적절한 설명이 가능하다. 특히 요즘은 직관적 판단과 선택을 이해할 때 감정의 역할을 예전보다 훨씬 중요하게 여긴다. 최고운용책임자의 결정은 오늘날 '감정 어림짐작affect heuristic'이라 부르는 것에 의존해, 고민이나 논리적 추론 없이 좋아하고 싫어하는 감정만으로 판단하고 결정한 사례다.[10]

체스에서 움직일 말을 고른다거나 주식에 투자할지 말지를 결정하는 등의 상황을 마주했을 때 직관적 사고 체계는 최선을 다한다. 관련 분야에 전문성이 있다면 상황을 인지할 테고, 이때 머릿속에 떠오른 직관적 해법은 옳을 확률이 높다. 체스의 달인이 복잡한 상황을 파악하는 방법도 그런 식이어서, 머릿속에 즉각 떠오른 수는 꽤 믿을 만하다. 문제가 어렵고 노련한 해법이 없을 때도 직관은 여전히 유효해서, 답이 순간적으로 떠오를 수도 있다. 하지만 이때의 답은 원래 문제의 답은 아니다. 최고운용책임자가 직면한 문제(포드 주식에 투자해야 하나?)는 어려웠지만, 이와 관련 있는 더 쉬운 질문(나는 포드 차를 좋아하는가?)에 대한 답은 이미 머릿속에 준비되어 있었고, 그는 그 답을 선택했다. 이것이 직관에서 나온 어림짐작의 본질이다. 어려운 문제를 만났을 때 더 쉬운 문제로 바꿔 답을 할 때가 자주 있는데, 문제를 바꿔치기했다는 사실을 스스로도 눈치채지 못하는 게 보통이다.[11]

직관적 해결책이 저절로 떠오르지 않는 때도 있다. 전문적 해법도, 어림짐작에 의존한 답도 도무지 떠오르지 않는다. 이럴 때는 천천히 좀 더 신중하게 생각하는 쪽으로 방향을 전환하곤 한다. '느리게 생각하기'다. 이와 반대인 '빠르게 생각하기'에는 직관적 사고의 두 가지 형태인 전문가의 직관과 어림짐작이 포함되고, 더불어 순전히 저절로 일어나는 정신 활동인 지각과 기억, 그러니까 책상에 스탠드가 있다는 걸 알거나 러시아의 수도를 기억해내는 정신 작용이 포함된다.

빠르게 생각하기와 느리게 생각하기의 차이는 지난 25년 동안 많은 심리학자들이 연구해왔다. 다음 장에서 이 내용을 좀 더 자세히 설명할 예정인데, 이때 정신적 삶을 두 행위자에 비유할 것이다. 빠르게 생각하는 '시스템 1'과 느리게 생각하는 '시스템 2'이다. 그리고 직관적 사고와 신중한 사고를, 마치 그것이 머릿속에 있는 두 인물의 특징과 기질인 것처럼 이야기할 것이다. 최근 연구 결과를 보면, 직관적인 시스템 1은 경험보다 더 큰 영향력을 발휘하면서, 많은 선택과 판단을 은밀히 조종한다. 이 책은 주로 시스템 1의 작동 원리와 시스템 1과 시스템 2가 서로에게 미치는 영향을 다룰 것이다.

이 책에서 다룰 내용

이 책은 5부로 나뉜다. 1부는 판단과 선택에 관여하는 두 시스템의 기본 요소를 다룬다. 저절로 작동하는 시스템 1과 의식적으로 조정되는 시스템 2의 차이를 자세히 설명하고, 시스템 1의 핵심인 연상기억이 주변 세계에서 일어나는 일들을 어떻게 일관되고 조리 있게 해석하는지 보여준다. 이를 위해 직관적 사고의 바탕이 되는 반사적이고 대개는 무의식적인 사고 과정의 복잡성과 다양성을 소개하고, 이처럼 저절로 일어나는 과정이 어떻게 판단 어림짐작으로 이어지는지 설명할 것이다. 1부의 목표는 정신세계에 관해 생각하고 이야기하는 언어를 소개하는 것이다.

2부는 판단 어림짐작에 관한 가장 최근의 연구를 소개하고, '통계적으로 생각하기가 왜 그토록 어려운가?'라는 의문을 탐색한다. 우리는 연상 능력도 좋고, 비유적으로 생각도 잘하고, 인과관계를 생각할 줄도 안다. 하지만 통계적 사고는 많은 것을 한꺼번에 생각해야 하며 시스템 1과는 거리가 먼 사고방식이다.

통계적 사고의 어려움은 3부의 핵심 주제로 이어진다. 3부는 정신의 당혹스러운 한계를 다룬다. 우리는 믿음을 과신하고, 우리가 얼마나 무지한지, 우리가 사는 세상이 얼마나 불확실한지 인정하지 않는다. 그러면서 세상을 이해하는 우리 능력을 과대평가하고, 어떤 사건에서 우연의 역할을 과소평가한다. 과신은 지나간 일을 두고 이러쿵저러쿵하면서 내 그럴 줄 알았다고 말하는 사후 판단의 근거 없는 확신 탓이 크다. 이 주제에 관한 내 견해는 《블랙 스완Black Swan》의 저자 나심 탈레브Nassim Taleb에게서 영향을 받았다. 내 희망이라면 사람들이 정수기 앞에서 잡담을 나눌 때, 지난 일에서 배울 점을 찾으면서 사후 판단의 유혹과 근거 없는 확신을 거부하는 현명한 태도를 보이는 것이다.

4부는 결정의 본질과 관련해, 그리고 경제주체는 합리적이라는 단정과 관련해, 경제학에서 주장하는 내용을 살펴보고자 한다. 여기서는 아모스와 내가 1979년에 발표한 선택 모델인 전망 이론의 핵심 개념을 두 시스템 모델에 기초해 지금의 관점으로 소개한다. 그런 다음, 합리성 규칙을 벗어난 인간의 다양한 선택을 다룬다. 여기서는 문제를 하나하나 따로 떼어 생각하는 안타까운 성향, 그리고 선택 문제에 나타나는 하찮은 특징 때문에 결정이 달라지는 틀짜기 효과framing effect를 설명한다. 시스템 1의 특징으로 얼마든지 설명이 가능한 이런 현상은 기존 경제학이 두둔하는 합리성에 정면으로 도전한다.

5부는 관심사가 다른 두 자아, 즉 '경험하는 자아'와 '기억하는 자아'의 차이를 보여준 최근 연구를 다룬다. 예를 들어 두 가지 고통을 체험한다고 해보자. 둘 중 하나는 고통이 더 오래 지속되기 때문에 확실히 더 고통스럽다. 그런데 시스템 1의 특징인 자동적 기억 형성에는 그것만의 원칙이 있는데, 이 원칙을 잘 활용하면 더 고통스러운 상황이 더 좋은 기억으로 남을 수 있다. 그러다 보면 나중에 두 가지 고통 중 하나를 선택해야 할 때, 기억하는 자아가 경험하는 자아를 불필요한 고통에 빠뜨리기도 한다. 두 자아의 차이는 행복을 측정할 때도 영향을 미쳐, 경험하는 자아가 행복해하는 것과 기억하는 자아가 만족스러워하는 것이 다르게 나타난다. 한 사람 안에 있는 두 자아가 어떻게 행복을 추구할 수 있는가의 문제는 개인에게나, 그리고 모든 사람의 행복을 정책 목표로 삼는 사회에게나 어려운 과제를 남긴다.

결론에 해당하는 마지막 장에서는 이 책에서 다룬 세 가지 차이가 암시하는 것을 역순으로 탐색한다. 즉 경험하는 자아와 기억하는 자아의 차이, 고전경제학에 등장하는 행위자와 행동경제학에 등장하는 (심리학에서 빌려온) 행위자의 개념 차이, 저절로 작동하는 시스템 1과 신중하게 작동하는 시스템 2의 차이다. 그리고 다시 남의 사생활을 지적으로 수군대는 훈련의 필요성으로, 그리고 조직을 위한 판단과 결정의 질을 높이기 위해 조직이 무엇을 할 수 있는가의 문제로 돌아간다.

　내가 아모스와 함께 쓴 두 개의 논문은 책 뒤에 별도로 실었다. 하나는 앞에서 언급한, 불확실한 상황에서의 판단에 관한 글이다. 또 하나는 1984년에 발표한 것으로, 틀짜기 효과에 관한 연구와 전망 이론을 함께 요약한 글이다. 두 개의 논문은 노벨상 위원회가 노벨상 수상에 기여했다고 언급한 것인데, 논문이 얼마나 단순한지 알고 나면 깜짝 놀랄 것이다. 두 논문을 읽어본다면 오래전 우리 지식이 어느 정도였고, 최근에는 그것이 얼마나 많이 발전했는지 짐작할 수 있을 것이다.

Two Systems
1부 _ 두 시스템

Heuristics and Biases
2부 _ 어림짐작과 편향

Two Systems

이 책의 등장인물은 고삐 풀린 충동에 휘둘리는 시스템 1과
논리적으로 생각하는 시스템 2이다.
시스템 1이 주인공이고, 시스템 2는 자신을 영웅이라고 믿는 조연이다.

두 시스템

우리 머릿속에서 무의식중에 어떤 일들이
벌어지는지 관찰하려면 아래 사진을 보라.

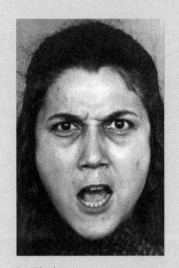

| 그림 1 |

1

등장인물

우리는 이 여자의 얼굴을 보면서, 흔히 '본다'라고 말하는 행위와 '직관적 사고'를 매끄럽게 이어 붙인다. 사진을 보자마자 여자의 머리가 검다고 알아보듯이, 여자가 화났다는 사실도 순식간에 알아챈다. 게다가 지금 본 것을 미래까지 확장해, 여자는 이제 곧 거친 말을 아마도 크고 불쾌한 음성으로 쏟아놓을 것이라고 감지한다. 힘들이지 않고 저절로 여자의 다음 행동을 예감한 것이다. 여자의 기분을 가늠하거나 다음 행동을 예상하려는 의도는 없었으며, 사진을 보면서 내가 그런 가늠이나 예상을 한다는 느낌도 없었다. 어쩌다 보니 그리되었을 뿐이다. 빠르게 생각하기의 한 가지 사례다.

이제 아래 문제를 보자.

17 × 24

보자마자 곱셈 문제라는 걸 알아채고, 종이와 펜이 있으면 풀 수 있지만, 없으면 풀 수 없다고 생각했기 쉽다. 막연하게나마 직관적으로 정답의 범위도 짐작했을 것이다. 1만 2,609나 123은 답이 아니라는 정도는 그 자리에서 알 수 있다. 그러나 문제 풀이에 약간의 시간을 쓰지 않는 한 568은 정답이 아니라고 확신하기 어렵다. 정확한 답이 떠오르지 않는 상태에서, 계산을 할까 말까 고민할 수도 있다. 아직 계산하지 않았다면, 지금 계산해보면서 조금이라도 답을 내려고 해보라.

이때 곱셈의 몇 단계를 거치면서 느리게 생각하기에 돌입한다. 우선 학교에서 배운 곱셈 과정을 기억에서 끄집어내고, 그다음 그것을 실행한다. 이때 정신적 압박을 느낀다. 중간 결과를 기억하면서 한 단계, 한 단계 넘어가다 보면, 많은 것을 기억에 붙들어두어야 하는 부담이 느껴진다. 신중하게, 공들여, 순서대로 진행하는 정신노동으로, 느리게 생각하기의 대표적 사례다. 이 계산에는 머리만 쓰는 게 아니다. 몸도 같이 움직인다. 근육이 긴장하고, 혈압이 올라가고, 심장박동이 빨라진다. 문제 푸는 사람의 눈을 가만히 들여다보면 동공이 커지는 것을 볼 수 있다. 정답(408)을 구하든 포기하든, 곱셈을 끝내면 동공은 곧바로 수축해 원래 크기로 돌아온다.

두 시스템

심리학자들은 화난 여자 사진을 볼 때 머릿속에서 떠오르는 생각과 곱셈을 풀 때 떠오르는 생각, 이 두 가지 형태의 생각에 수십 년 동안 큰 관심을 보이면서, 여기에 여러 이름을 붙였다.[1] 나는 심리학자 키스 스타노비치Keith

Stanovich와 리처드 웨스트Richard West가 맨 처음 제안한 용어를 받아들여, 이 두 정신 체계를 '시스템 1 System 1'과 '시스템 2 System 2'로 표현할 것이다.

- 시스템 1은 저절로 빠르게 작동하며, 노력이 거의 또는 전혀 필요치 않고, 자발적 통제를 모른다.
- 시스템 2는 복잡한 계산을 비롯해 노력이 필요한 정신 활동에 주목한다. 흔히 주관적 행위, 선택, 집중과 관련해 활동한다.[2]

시스템 1, 시스템 2라는 말은 심리학에서 널리 쓰이지만, 이 책에서는 그보다 좀 더 깊이 다루다 보니, 책을 읽다 보면 두 인물이 등장하는 심리극을 보는 기분이 들 수도 있다.

우리는 자신을 시스템 2와 동일시한다. 의식적이고 논리적으로 생각하는 자아이며, 믿음이 있고, 선택을 하고, 무엇을 생각하고 어떻게 행동할지 결정하는 자아다. 시스템 2는 스스로를 사고와 활동의 주인공이라고 믿지만, 이 책의 주인공은 저절로 작동하는 시스템 1이다. 나는 시스템 1을 어떤 느낌이나 인상이 저절로 발생하는 곳이자, 시스템 2의 명확한 생각과 신중한 선택의 주요 원천으로 묘사한다. 저절로 작동하는 시스템 1에서 나오는 생각은 복잡하기 그지없는데, 그보다 느린 시스템 2만이 그 생각을 차근차근 정리 정돈할 수 있다. 나는 시스템 2가 주도하는 영역도 묘사한다. 시스템 1의 고삐 풀린 충동과 연상 작용을 억제하는 영역이다. 독자들은 이 책에서, 두 시스템을 각각의 능력과 한계와 기능을 지닌 행위자로 생각하게 될 것이다.

시스템 1에서 나오는 즉흥적 활동의 몇 가지 사례를 복잡한 순서대로 대충 나열하면 아래와 같다.

- 두 가지 사물 중에 하나가 더 멀리 있다는 사실을 감지한다.

- 갑자기 어떤 소리가 났을 때 소리 난 방향을 알아낸다.

- 다음 문구를 완성한다. '빵과 …….'

- 끔찍한 사진을 봤을 때 '혐오스러운 표정'을 짓는다.

- 목소리에서 적대감을 감지한다.

- $2 + 2 = ?$

- 대형 광고판에 적힌 단어를 읽는다.

- 텅 빈 도로에서 차를 운전한다.

- (체스의 달인이라면) 체스에서 좋은 수를 둔다.

- 단순한 문장을 이해한다.

- '온순하고 찬찬하며 아주 꼼꼼한 남자'라는 말에서 어떤 전형적인 직업을 떠올린다.

이 정신 활동은 모두 앞에서 화난 여자 사진을 볼 때의 정신 활동과 비슷하다. 저절로 일어나고 노력이 거의 또는 전혀 필요 없는 활동이다. 시스템 1의 능력이나 특성에는 동물도 가지고 있는 타고난 것도 있다. 주변 세계를 감지하고, 사물을 인식하고, 특정 방향에 주의를 집중하고, 손실을 피하는 능력, 그리고 거미를 무서워하는 성향이 그렇다. 그 외의 정신 활동들은 오랜 연습으로 저절로 빠르게 일어난다. 시스템 1은 여러 생각의 연상 작용도 익히고(프랑스의 수도는?) 사회적 상황에 숨은 뜻을 읽고 이해하는 기술도 배운다. 체스에서 좋은 수를 찾는 등의 기술은 특별한 전문가나 습득하는 기술이지만 그 외의 기술은 누구나 가지고 있는 기술이다. 어떤 성격 묘사를 보고 특정 직업의 전형적인 모습과 얼마나 비슷한지 알아내는 기술은 언어와 문화를 광범위하게 알아야 하는데, 우리 대부분은 그런 지식을 가지고 있다. 그리고 이 지식을 기억에 저장해두었다가 무의식적으로 또는 힘들이지 않고 아무 때나 꺼내 쓸 수 있다.

위에 나열한 정신 활동에는 순전히 부지불식간에 이루어지는 것도 여러 개다. 자기 언어로 된 간단한 문장을 이해하지 못하거나 갑자기 큰 소리가 났는데 어느 쪽에서 났는지 모를 수는 없다. 2 + 2 = 4를 모르거나 프랑스의 수도라고 했을 때 파리를 생각하지 않기도 어렵다. 이 외에 이를테면 음식을 씹는 행위는 자발적으로 조절할 수도 있지만 보통은 저절로 이루어진다. 주의 집중 조절은 두 시스템이 공동으로 담당한다. 소리가 난 방향에 주목하는 것은 보통 시스템 1이 부지불식간에 작동한 결과이며, 그 결과로 시스템 2가 자발적으로 주의를 집중한다. 사람들로 북적이는 파티에서 큰 소리나 험악한 말이 들린 쪽으로 애써 고개를 돌리지 않을 수는 있지만, 잠깐이라도 그쪽으로 신경이 쓰이게 마련이다. 그러나 곧바로 다른 대상으로 주의를 돌려, 원치 않는 대상에서 신경을 끊을 수 있다.

시스템 2의 대단히 다양한 활동에는 한 가지 공통점이 있다. 주의를 집중해야 하고, 산만해지면 일을 그르친다는 점이다. 몇 가지 예를 보자.

• 달리기에서 출발 신호에 대비한다.
• 서커스에서 광대에 주목한다.
• 북적대고 시끄러운 방에서 특정인의 목소리에 집중한다.
• 백발 여성을 찾아 두리번거린다.
• 깜짝 놀랄 소리의 정체를 알아내기 위해 기억을 더듬는다.
• 평소보다 빠른 걸음으로 계속 걷는다.

- 내 행동이 사회적으로 적절한지 점검한다.
- 책에서 한 페이지 안에 '다'가 몇 번 나오는지 센다.
- 상대에게 내 전화번호를 말한다.
- (주차장 직원이 아닌 대다수 사람이) 비좁은 공간에 주차한다.
- 세탁기 두 대를 놓고 전반적 가치를 비교한다.
- 세금 신고서를 작성한다.
- 복잡한 논리적 주장의 타당성을 점검한다.

이상의 상황은 모두 집중력을 발휘해야 하며, 산만해지거나 엉뚱한 곳에 집중하면 일을 그르칠 수 있다. 시스템 2는 대개 즉흥적으로 일어나는 주의 집중과 기억을 조정해, 시스템 1이 작동하는 방식을 바꾸는 능력이 있다. 이를테면 번잡한 기차역에서 친척을 기다릴 때 백발의 여자나 수염을 기른 남자를 알아보도록 정신을 조율해, 멀리서도 친척을 찾아낼 가능성을 높인다. 또 기억을 조율해 N으로 시작하는 수도 이름을 찾기도 하고, 프랑스 실존주의 소설을 찾기도 한다. 런던 히스로공항에서 차를 빌릴 때, 관리원은 분명 "여기서는 도로 왼쪽으로 주행합니다"라고 알려주었을 것이다. 이 모든 경우에 평소와는 다르게 행동해야 하고, 그런 상태를 꾸준히 유지하려면 어느 정도는 계속 신경을 써야 한다.

'주목하다'라는 뜻으로 흔히 사용하는 영어 'pay attention'은 원래 주목이나 관심을 지불한다는 의미로 아주 적절한 표현이다. 말 그대로 사람들은 '관심'이라는 제한된 예산을 여러 활동에 적절히 배분하는데, 배분된 예산을 넘겨 지출하면 파산하게 마련이다. 신경을 써야 하는 여러 일이 서로 충돌할 때, 그 일들을 동시에 하기 어렵거나 불가능한 이유도 이 때문이다.

17×24를 계산하면서 동시에 꽉 막힌 도로에서 좌회전을 하기는 불가능하니 아예 시도도 하지 말아야 한다. 여러 일을 동시에 할 수 있는 경우는 힘들이지 않아도 되는 쉬운 일을 할 때뿐이다. 이를테면 텅 빈 도로에서는 차를 몰면서 옆 사람과 이야기를 해도 안전에 문제가 없고, 부모가 아이에게 동화책을 읽어주면서 딴생각을 해도 양심의 가책을 느낄지언정 아무 문제가 없다.

집중력에는 한계가 있다는 것은 다들 인정하는 사실이라서 사회적 행동에도 이런 인식이 반영된다. 예를 들어 운전자가 좁은 길에서 트럭을 추월할 때면 동승자는 어린애가 아니라면 하던 말을 잠깐 멈춘다. 운전자를 산만하게 하면 안 된다는 걸 알기 때문이고, 어떤 말을 건네도 운전자는 일시적으로 못 들을 수 있다고 생각하기 때문이다.

한 가지 일에 고도로 집중하다 보면 평소라면 주목했을 자극도 모르고 지나칠 수 있다. 이를 가장 극적으로 증명한 사례는 크리스토퍼 차브리스Christopher Chabris와 대니얼 사이먼스Daniel Simons가 《보이지 않는 고릴라The Invisible Gorilla》에서 소개한 실험이다. 두 사람은 두 팀이 농구공을 패스하는 모습을 촬영한 짧은 영상을 만들었는데, 한 팀은 흰색 티셔츠를 입었고 한 팀은 검은색 티셔츠를 입었다. 영상을 보는 사람은 검은 티셔츠를 입은 사람들은 무시하고, 흰 티셔츠를 입은 사람들이 공을 몇 번이나 패스하는지 그 수를 세어야 했다. 쉽지 않은 일이라 대단한 집중력이 필요했다. 영상이 절반 정도 지났을 때 고릴라 복장을 한 사람이 등장해 화면을 가로질러 가다가 가슴을 치고는 다시 화면 밖으로 사라졌다. 고릴라가 화면에 등장한 시간은 9초였다. 수천 명이 이 영상을 보았고, 그중 절반이 특이한 점을 눈치채지 못했다. 한 팀을 무시하라는 지시대로 수를 세다가 고릴라를 못 본 것이다. 수를 세지 않고 영상을 본 사람 중에는 고릴라를 놓친 사람이 없었다. 무언가를 보고 그쪽에 주목하는 것은 시스템 1이 즉흥적으로 수행하는 기능이지만, 이때 관련 자극에 어느 정도 집중력을 할당해야 한다. 앞서 두 저자는 이 연구에서 가장 주목할 점은 사람들이 연구 결과에 매우 놀라는 것이라고 지적한다. 실제로 고릴라를 보지 못한 사람들은 처음에는 고릴라가 나오지 않았다고 확신한다. 그렇게 눈에 띄는 장면을 어떻게 놓친단 말인가. 고릴라 연구는 우리 머릿속에서 일어나는 두 가지 중요한 사실을 잘 보여준다. 눈에 띄는 장면도 못 볼 수 있다는 점, 그리고 우리가 못 본다는 사실을 모른다는 점이다.

줄거리

두 시스템의 상호작용은 이 책에서 반복되는 주제인데, 그 이야기를 간단히 소개하는 게 좋겠다. 앞으로 전개될 이야기에서, 시스템 1과 시스템 2는 우리가 깨어 있을 때면 늘 작동한다. 시스템 1은 저절로 작동하고, 시스템 2는 대개 약간의 정신력을 소모하는 편안한 상태로 존재하는데, 이 상태에서는 본래의 능력 중에 극히 일부만 사용한다. 시스템 1은 시스템 2에 인상, 직관, 의도, 감정을 지속적으로 전달한다. 시스템 2가 승인하면, 인상과 직관은 믿음이 되고 충동은 자발적 행동이 된다. 여느 때처럼 모든 게 순조롭다면 시스템 2는 시스템 1의 제안을 거의 또는 전혀 수정하지 않고 받아들인다. 우리는 대개 우리가 받은 인상을 믿고, 우리 욕구에서 나온 행동을 믿는다. 그러면 문제가 없다, 대개는.

시스템 1은 어려움에 부딪혔을 때 시스템 2에게 당장의 문제를 해결할 상세하고 구체적인 절차를 진행해달라고 요청한다. 시스템 2는 시스템 1이 대답할 수 없는 문제가 생길 때 작동하는데, 17×24 같은 문제를 만났을 때가 그런 경우다. 그런가 하면 깜짝 놀랄 때도 의식적으로 집중력을 발휘한다. 시스템 2는 시스템 1이 유지하는 안정된 세계를 위태롭게 하는 사건이 감지될 때 작동한다. 안정된 세계에서는 스탠드가 펄쩍 뛰어오른다거나 고양이가 짖는다거나 고릴라가 농구 코트를 가로지르는 일은 일어나지 않는다. 고릴라 실험은 깜짝 놀랄 자극을 감지하려면 어느 정도 주의를 집중해야 한다는 사실을 보여준다. 깜짝 놀라면 주의가 환기되고 사건에 주목한다. 그리고 그곳을 응시하면서 놀라운 사건을 이해할 이야기를 찾아 기억을 더듬는다. 시스템 2는 우리 자신의 행동을 지속적으로 감시하는 기능도 수행해 화가 났을 때도 예의 바르게 행동하게 하고, 밤에 운전할 때 긴장하게 한다. 시스템 2는 오류가 발생하려는 순간을 감지해 더 분발하게 한다. 험한 말을 내뱉을 뻔했던 순간을 떠올려보라. 그때 통제력을 발휘하느라 얼마나 애를 먹었던가. 요약하면, 우리(시스템 2) 생각과 행동 대부분은 시스템 1에서 유래하지만, 상황이 복잡해지면 시스템 2가 임무를 넘겨받는다. 최종 발언권은 보통 시스템 2의 몫이다.

시스템 1과 시스템 2는 매우 효율적으로 역할을 분담해서, 최소의 노력으로 최대의 성과를 올린다. 이런 방식은 대개 효과가 좋은데, 시스템 1이 제 몫을 잘 해내기 때문이다. 시스템 1이 익숙한 상황이라고 정해놓은 모델은 정확하고, 단기 예상도 대개는 정확하며, 어려운 상황을 만났을 때 초기 대응도 빠르고 대체적으로 적절하다. 그러나 특정 상황에서는 체계적 오류인 편향을 보이기 쉽다. 앞으로 살펴보겠지만, 시스템 1은 원래의 질문에 대답하지 않고 쉬운 질문으로 바꿔 대답할 때도 있고, 논리나 통계를 전혀 이해하지 못하는 때도 있다. 시스템 1의 또 다른 한계는 작동을 멈출 수 없다는 것이다. 가령 화면에 어떤 단어가 나타나면, 신경을 다른 곳에 완전히 빼앗기지 않는 한 그 단어를 읽지 않을 수 없다.[3]

갈등

〈그림 2〉는 두 시스템의 갈등을 보여주는 고전적 실험을 약간 변형한 것이다. 직접 한번 해보라.

우선 양쪽 단어를 위에서 아래로 훑어 내려가면서 각 단어의 글자 크기가 작으면 '작다', 크면 '크다'라고 말해보라. 다 했으면, 이번에도 단어를 위에서 아래로 훑어 내려가되 각 단어가 중심에서 왼쪽에 있으면 '왼쪽', 오른쪽에 있으면 '오른쪽'이라고 말해보라(혼잣말로 속삭여도 좋다).

왼쪽	크다
왼쪽	작다
오른쪽	작다
오른쪽	크다
오른쪽	크다
왼쪽	작다
왼쪽	작다
오른쪽	크다

| 그림 2 |[4]

독자들은 두 가지 작업을 거의 틀리지 않고 잘 해냈을 것이다. 그런데 어떤 경우는 쉽고 어떤 경우는 조금 어렵다. '크다', '작다'로 말할 때는 좌측에 있는 단어는 쉬운데 우측에 있는 단어에서는 속도가 느려지거나 말을 더듬거린다. '왼쪽', '오른쪽'으로 말해야 할 때는 좌측 단어는 어렵고 우측 단어는 훨씬 쉽다.

이런 작업에는 시스템 2가 관여한다. '크다/작다' 또는 '오른쪽/왼쪽'이라고 말하는 것은 위 단어를 훑어 내려갈 때 보통 머릿속에서 일어나는 일과 맞지 않기 때문이다. 이 작업을 위해 머릿속에서 준비하는 것 하나는 기억을 조율해 관련 단어(처음에는 '작다'와 '크다')가 '혀끝에 맴돌게' 하는 것이다. 좌측 단어를 읽을 때는 준비해둔 단어(작다/크다) 중에서 우선순위를 정하기가 쉬워서, 다른 단어를 말하려는 미세한 유혹은 비교적 쉽게 억제된다. 그러나 우측은 어렵다. 머릿속에서 준비한 단어가 이미 그곳에 나열되어 있어서 무시하기가 쉽지 않다. 대개는 정답을 말할 수 있지만, 답을 고를 때 긴장을 해야 하고, 그러다 보니 속도가 느려진다. 수행해야 하는 작업과 그것을 방해하는 자동 반응이 갈등을 빚는 순간이다.

자동 반응과 그것을 통제하려는 시도가 서로 갈등하는 일은 삶에서 흔히 일어난다. 식당에서 옷차림이 괴상한 커플이 옆자리에 앉았는데 그들을 쳐다보지 않으려고 애를 썼던 경험이 누구나 한 번쯤 있을 것이다. 지루한 책에 억지로 집중하다가 자꾸 의미를 놓쳐 앞으로 되돌아가곤 할 때의 기분이 어떤지도 잘 안다. 또 많은 운전자에게는 겨울 강추위에 차가 빙판에서 통제 불능으로 미끄러질 때 충분히 연습한 대로, 평소 운전 습관과 반대로 '핸들을 미끄러지는 쪽으로 돌리고, 어떤 일이 있어도 브레이크를 밟지 말 것!'이라는 요령을 따르려고 애썼던 기억도 있다. 그리고 상대에게 욕설을 퍼붓지 '않으려고' 꾹 참았던 경험도 누구나 있을 것이다. 시스템 2의 임무 하나는 시스템 1의 충동을 누르는 것이다. 시스템 2는 자기통제의 책임이 있다.

착각

인상과 믿음의 차이, 그리고 시스템 1의 자율성을 알아보려면 〈그림 3〉을 유심히 보라.

평범한 그림이다. 길이가 다른 직선이 두 개 있고, 그 끝에 화살촉 같은 꼬리가 서로 다른 방향으로 붙어 있다. 아래 직선이 위 직선보다 분명히 더 길다. 누구에게나 그렇게 보이고, 사람들은 당연히 보이는 대로 믿는다. 이 그림을 본 적이 있는 사람은 그 유명한 '뮐러리어 착시'를 나타내는 도형임을 알아볼 것이다. 자로 재보면 금방 알 수 있듯이 두 직선은 길이가 똑같다.

두 줄의 길이를 쟀다면, 우리(우리가 '나'라고 부르는 의식적 존재인 시스템 2)는 새로운 믿음이 생긴다. 두 줄의 길이가 똑같다는 사실을 '안다'는 믿음이다. 이제 같은 문제가 나오면 알고 있는 것을 말할 것이다. 하지만 여전히 아래

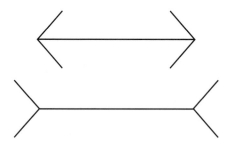

| 그림 3 |

직선이 더 길어 '보인다.' 측정치를 믿기로 했지만 시스템 1이 하는 일을 막지 못하다 보니, 둘의 길이가 같다는 걸 알지만, 같게 보기로 결심할 수는 없다. 이런 착시를 막기 위해 할 수 있는 것은 딱 하나, 직선 끝에 화살촉 모양의 꼬리가 붙으면 직선의 길이를 보이는 대로 믿지 말아야 한다고 생각하는 것이다. 이를 실천하려면, 착시 유형을 인지하고, 필요할 때 그 유형을 기억해낼 수 있어야 한다. 그럴 수 있다면 다시는 뮐러리어 착시에 속지 않을 것이다. 여전히 하나가 더 길어 보이겠지만.

이런 착각은 시각에서만 일어나지 않는다. 생각도 착각을 유발하는데, 이를 '인지 착각cognitive illusion'이라 부른다. 대학원생 때 심리치료의 기술과 과학에 관한 수업을 들은 적이 있는데, 한번은 강사가 임상의 지혜를 맛보기로 알려주었다. 그가 들려준 이야기는 이랬다. "환자를 상대하다 보면, 예전에 치료받을 때 치료사들의 실수를 수없이 겪었다며 당혹스러운 경험을 말하는 환자를 가끔 만나게 됩니다. 이제까지 여러 임상의를 거쳤지만 모두 실망스러웠다고 말하죠. 이런 환자는 예전 치료사들이 자기를 얼마나 이해하지 못했는지 명료하게 설명하기도 합니다. 그런데 지금의 치료사는 다르다고 재빨리 감지합니다. 치료사도 그렇게 느끼면서, 그 환자를 이해한다고 확신하고, 도울 수 있다고 생각하죠." 이 지점에서 강사는 목소리를 높였다. "이런 환자는 받아줄 꿈도 꾸지 마세요! 밖으로 내쫓아버리세요! 사이코패스나 다름없어서 절대 도와줄 수 없어요."

여러 해가 지나 나는 그때 강사가 사이코패스의 매력을 경고한 것이라는 사실을 깨달았고, 사이코패스 연구의 권위자는 그 강사의 조언이 적절했다고 확인해주었다.[5] 뮐러리어 착시와 비슷한 사례다. 강사가 가르친 것은 그 환자에게 어떤 감정을 느껴야 하느냐가 아니었다. 강사는 우리가 그 환자에게 느낄 동정심은 우리 스스로도 통제하지 못하는 게 당연하다고 여겼다. 시스템 1에서 나오는 감정이기 때문이다. 그리고 환자에게 느끼는 감정을 전반적으로 의심하라고 가르친 것도 아니다. 치료가 번번이 실패한 환자에게 강한 끌림을 느낀다면 위험한 신호라고 주의를 준 것인데, 이는 길이가 같은 평행선이 착시를 일으키는 것과 비슷하다. 이것이 바로 인지 착각이고, 그 수업에서 나(시스템 2)는 그 착각을 어떻게 알아봐야 하는지 배웠고, 그 착각을 믿어서도 그것에 따라 행동해서도 안 된다고 배운 것이다.

인지 착각에 관해 가장 자주 묻는 질문은 그 착각을 막을 수 있느냐는 것이다. 그러나 앞선 사례를 보면 그다지 희망적이지 않다. 시스템 1은 즉흥적으로 작동하고, 마음먹는다고 멈출 수 있는 게 아니라서, 직관적 사고의 오류를 막기는 어렵다. 편향은 시스템 2도 미리 눈치채지 못할 수 있어 피하기 어려울 때도 있다. 오류를 눈치챘다고 해도 시스템 2가 감시와 노력을 강화해야만 막을 수 있다. 그러나 끊임없는 경계가 삶의 방식으로 꼭 유익하지는 않을뿐더러 비현실적이다. 자기 생각에 끊임없이 의문을 제기하는 것은 불가능할 정도로 지루한 일이고, 일상적 결정에 시스템 1 대신 시스템 2를 가동한다면 너무 느리고 비효율적이다. 따라서 최선은 타협이다. 실수가 일어날 법한 상황을 인지하는 법을 배우고, 심각한 실수가 일어날 확률이 높을 때 그것을 피하려고 더 노력해야 한다. 이 책은 자기 실수보다 남의 실수를 알아보기가 더 쉽다는 사실을 전제로 한다.

유용한 허구 인물 설정

이제까지 두 시스템을 성격과 능력과 한계를 지닌 채 머릿속에서 작동하는 행위자로 간주했다. 앞으로 두 시스템을 주어로 써서, '시스템 2가 곱셈을 한다'처럼 표현할 것이다.

내가 활동하는 전문 분야에서는 이런 식의 언어 사용을 죄악시한다. 인간의 사고와 행동을 머릿속에 들어앉은 작은 인간의 사고와 행동으로 설명하는 것처럼 보이기 때문이다.[6] 문법적으로 보면 시스템 2와 관련한 앞의 문장은 '집사가 돈을 훔친다'와 비슷하다. 심리학 전문가라면, 집사의 행동은 실제로 현금의 행방을 설명한다는 점을 지적하면서, 그런데 '시스템 2가 곱셈을 한다'는 문장은 어떻게 곱셈을 하는지 설명하느냐는 타당한 의문을 제기할 것이다. 그 의문에 답을 하자면, 시스템 2가 곱셈을 한다고 표현한 짧은 능동태 문장은 설명이 아니라 묘사를 위한 것이다. 우리가 이미 시스템 2를 알고 있기 때문에, 그 문장은 의미가 있다. 그러니까 그 짧은 문장을 풀어 쓰면 이렇다. '머릿속 계산은 노력이 필요한 자발적 활동이며, 좌회전을 할 때는 작동하지 말아야 하는 활동이고, 동공 확대 그리고 심장박동 증가와 관련 있는 활동이다.'

마찬가지로 '일상적 상황에서 도로 주행은 시스템 1이 맡는다'라는 말은 곡선 구간에서 핸들을 꺾는 행위는 즉흥적이고 머리를 거의 쓰지 않는 행위라고 말하는 것과 같다. 그리고 경험 많은 운전자라면 대화를 하면서 텅 빈 도로를 달릴 수 있다는 뜻이다. 마지막으로 '시스템 2는 제임스가 욕설에 어리석게 대응하지 못하게 했다'라는 말은, (이를테면 술에 취해) 의식적인 통제력을 발휘하지 못할 상황이었다면 제임스는 더 공격적으로 행동했을 것이라는 뜻이다.

시스템 1과 시스템 2는 내가 이 책에서 말하려는 이야기의 핵심 중의 핵심이며, 그 둘은 가공의 인물이라는 점을 분명히 밝혀두고자 한다. 두 시스템은 흔히 생각하는 독립체, 즉 여러 부분이 상호작용하는 개체가 아니다. 그리고 뇌에는 그 시스템이 집이라고 부를 만한 곳이 한 곳도 없다. 그렇다면 이런 진지한 책에 그런 괴상한 이름을 가진 가공의 인물을 소개하는 이유가 무엇이냐고 물을 수 있겠다. 그 물음에는, 우리 머릿속에는 별난 구석이 있어서 그렇게 설정하면 유용하기 때문이라고 대답할 수 있다. 문장을 쓸 때 행위자(시스템 2)가 이런저런 일을 한다고 표현하면, 무언가를 정의하고 그 특징이 무엇인지 설명할 때보다 이해하기가 훨씬 쉽다. 다시 말하면 '시스템 2'가 '머릿속 계산'보다 문장 주어로 더 적절하다. 정신은(특히 시스템 1은) 개성과 습관과 능력을 지닌 능동적 행위자의 이야기를 구성하고 해석하는 데 특별한 소질이 있는 듯하다. 우리는 도둑질하는 집사를 그 자리에서 나쁘게 평가했고, 그가 앞으로도 나쁜 행동을 하리라고 예상하며, 한동안 그 사람을 기억할 것이다. 이 역시 내가 시스템이라는 언어를 쓰면서 바라는 점이다.

그렇다면 두 시스템을 특징을 강조해 '즉흥적 시스템', '의도적 시스템'라고 부르지 않고 왜 '시스템 1', '시스템 2'라고 부를까? 이유는 간단하다. '즉흥적 시스템'은 '시스템 1'보다 말이 복잡해, 작업기억(특정 작업을 위해 정보를 일시적으로 간직하는 기억 —옮긴이)에서 더 많은 자리를 차지하기 때문이다.[7] 무엇이든 우리의 작업기억에서 자리를 많이 차지하면 우리의 사고 능력이 떨어지기 때문에, 이 문제는 중요하다. 사람 이름도 '조지프'를 '조'로 줄여 부르듯이, 앞으로 이 책을 읽으면서 알게 될 등장인물들인 '시스템 1', '시스템 2'도 애칭으로 생각하면 된다. 이처럼 시스템을 허구의 인물로 설정하면, 나는 판단과 선택에 대해 생각하기 쉽고, 독자들은 내 말을 이해하기가 쉬울 것이다.

—

시스템 1, 시스템 2와 관련한 말들

"그가 받은 인상 중에는 착각도 있다."

"그것은 순전히 시스템 1의 반응이었다. 위협을 인지하기도 전에 대처했으니까."

"지금 자네에게 지시하는 건 시스템 1이야. 속도를 늦추고 시스템 2에게 맡기라고."

주목과 노력[1]

그럴 리야 없겠지만 이 책이 영화로 만들어진다면, 시스템 2는 자신을 영웅이라 믿는 조연에 해당할 것이다. 이 이야기에서 시스템 2의 결정적 특징은 그것이 작동하는 데 노력이 들어간다는 것이고, 주된 특성 하나는 게으르다는 점, 그래서 꼭 필요한 만큼의 노력만 쏟는다는 점이다. 그러다 보니 시스템 2가 자신이 선택했다고 믿는 생각과 행동이 사실은 이 이야기의 중심인물인 시스템 1의 주도로 이루어지는 때가 많다. 그러나 시스템 2만 할 수 있는 중요한 일도 있다. 노력이 필요하고, 시스템 1의 직관과 충동을 억제하는 자기통제가 필요한 일이다.

정신적 노력

시스템 2가 풀가동되는 체험을 하고 싶다면 다음 작업을 해보라. 5초 안에 인지력의 한계에 이를 것이다. 우선 서로 다른 네 자릿수를 여러 개 만들어 카드에 그 수를 하나씩 쓴다. 그리고 그 카드 한 벌 위에 아무것도 안 쓴 카드 하나를 올려놓는다. 이제 '더하기 1'이라 불리는 작업을 해보자. 요령은 이렇다.

일정한 박자를 타기 시작한다(메트로놈을 1초 단위로 맞춰놓으면 더 좋다). 아무것도 안 쓴 카드를 치우고, 네 자릿수를 큰 소리로 읽는다. 두 박자 쉬고, 방금 읽은 수에서 각 자리마다 1을 더한 수를 말한다. 예를 들어 카드에 적힌 수가 5,294라면 6,305라고 말한다. 이때 박자를 지키는 것이 중요하다.

네 자리가 넘는 수로 더하기 1을 해내는 사람은 거의 없다. 그런데 더 어려운 작업에 도전하고 싶다면, '더하기 3'을 해보라.

머릿속이 부지런히 돌아갈 때 몸은 어떤 반응을 보이는지 알고 싶다면 튼튼한 탁자에 책을 두 줄로 쌓아놓은 뒤에 한쪽에는 비디오카메라를 올려놓고 한쪽에는 턱을 고인 다음, 비디오카메라를 켜고 렌즈를 응시한 채 더하기 1이나 더하기 3을 해보라. 나중에 녹화 영상을 돌려보면 동공 크기가 변하는 걸 알 수 있는데, 이 작업에 얼마나 몰두했는지를 보여주는 확실한 표시다.

더하기 1에는 내 나름의 오랜 역사가 있다. 연구 생활을 시작한 초기에 최면을 연구하는 미시간대학 연구실에서 객원 연구원으로 1년을 보낸 적이 있다. 이때 유용한 연구 주제를 찾다가 〈사이언티픽 아메리칸Scientific American〉에서 논문을 하나 보았다. 여기서 심리학자 에크하르트 헤스Eckhard Hess는 동공을 영혼의 창으로 묘사했다.[2] 최근에 다시 읽었는데, 역시나 대단히 흥미로웠다. 논문은 헤스가 자연 경관이 담긴 멋진 사진을 볼 때 동공이 커지는 것을 목격한 그의 아내 이야기에서 시작해 예쁜 여성이 찍힌 인상적인 사진 두 장으로 끝나는데, 두 사진 속 여성은 같은 인물인데도 한 장에서 유난히 더 매력적으로 보였다. 매력적인 사진에는 그 여성의 동공이 확대되어 있고 다른 사진에는 동공이 수축되어 있다는 것이 유일한 차이점이었다. 헤스는 화장품에 사용된 동공 확대 물질인 벨라돈나에 대해, 그리고 선글라스를 써서 상인들에게 자신의 관심도를 숨기는 시장 쇼핑객에 대해서도 이야기했다.

헤스가 발견한 사실 중에 유독 내 관심을 사로잡은 것이 하나 있었다. 동공은 정신적 노력을 보여주는 민감한 지표라는 것이다. 두 자릿수를 곱할 때 동공은 크게 확대되고, 쉬운 문제보다 어려운 문제를 풀 때 동공은 더 커진다. 정신력을 쏟을 때 나타나는 반응은 감정적 흥분과는 분명히 다르다는 것을 암시하는 내용이다. 헤스의 연구는 최면과 큰 관련이 없었지만, 정신력 소모를 눈으로 확인할 수 있는 지표가 있다는 사실은 연구해볼 만한 주제였다. 연구실에 같이 있던 대학원생 잭슨 비티Jackson Beatty도 이 주제에 큰 관심을 보였고, 우리는 함께 연구하기 시작했다.

비티와 나는 시력 검사기 비슷한 장비를 꾸며놓았고, 실험 참가자는 그곳에 턱과 이마를 대고 카메라를 응시한 채 미리 녹음해둔 정보를 듣고 녹음된 메트로놈 박자에 맞춰 질문에 대답했다. 카메라도 박자에 맞춰 매초 적외선을 발사해 사진을 찍었다. 실험이 끝날 때마다 우리는 서둘러 필름을 현상해 동공 이미지를 스크린에 투영해놓고 자를 들고 동공 크기를 측정했다. 이 실험은 젊고 참을성 없는 연구원들에게 딱이었다. 우리는 거의 그 자리에서 결과를 얻었고, 결과가 말해주는 이야기는 언제나 분명했다.

비티와 나는 더하기 1처럼 일정한 속도로 진행하는 작업에 초점을 맞췄는데, 이런 작업에서는 실험 참가자의 머릿속에서 어떤 일이 벌어지는지 어느 때든 정확히 파악할 수 있었다. 우리는 메트로놈 박자에 따라 숫자를 보여주면서, 박자에 맞춰 그 숫자를 하나씩 반복하라거나 변형하라고 지시했다. 우리는 곧 동공 크기가 초 단위로 달라지는 것을 발견했다. 작업 난이도가 바뀌고 있다는 뜻이다. 이때의 반응은 V자를 거꾸로 뒤집은 형태로 나타났다. 더하기 1이나 더하기 3을 해보면 알 수 있듯이, 높은 자릿수에서 숫자를 하나씩 불러줄 때마다 정신력 소모가 점점 커지고, 한 박자 쉬는 동안 또는 쉰 직후에 서둘러 그 숫자를 하나씩 차례로 바꿔 대답할 때 정신력 소모는 참기 힘든 최고 지점에 도달했다가, 단기기억에 붙잡아둔 숫자를 '놓아주면서' 서서히 편안한 상태가 된다. 동공 크기를 측정한 자료는 주관적 체험과 정확히 일치해서, 숫자가 길어지면 동공이 커지고, 숫자를 변환할 때 정신력 소모가 더 많아졌으며, 동공 크기가 최대일 때는 정신력 소모가 최대일 때와 일치했다. 네 자릿수로 더하기 1을 할 때가 일곱 자릿수를 듣고 바로 그 수를 다시 말할 때보다 동공이 더 커졌다. 훨씬 더 어려운 더하기 3은 이제까지 내가 관찰한 실험 중에 가장 어려운 작업이어서, 5초만 지나도 동공 면적이 약 50퍼센트 커지고 심장박동 수는 분당 약 7회 늘어났다.[3] 이 정도면 감당하기 벅찬 수준이라 여기에 다른 지시가 더해지면 실험을 포기하는데, 우리가 실험 참가자에게 기억할 수 있는 수준을 넘어서는 자릿수를 보여주자 동공은 더 이상 커지지 않거나 오히려 줄어들었다.

우리는 몇 달 동안 널찍한 지하 연구실에서 실험을 하면서, 폐쇄회로 시스템을 설치해놓고 실험 참가자의 동공 변화를 복도에 있는 스크린에 투영했다. 우리는 실험실에서 일어나는 일들을 들을 수도 있었다. 확대 투영된 동공의 지름은 약 30센티미터였고, 실험 중에 참가자의 동공이 커지거나 작아지는 모습을 지켜보는 일은 흥미진진해서 어쩌다 실험실에 들르는 사람들의 눈길을 사로잡았다. 우리도 실험을 즐겼고, 참가자가 언제 실험을 포기할지 예언하는 능력을 발휘해 실험실을 찾은 사람들을 즐겁게 했다. 암산으로 곱하기를 할 때면 동공은 대개 몇 초 만에 크게 커졌고 문제를 푸는 동안 계속 그 상태를 유지했다. 그러다가 답을 구하거나 포기하면 곧바로 작아졌다. 복도에서 이 모습을 지켜보던 우리는 "왜 지금 문제를 포기하나요?"라는 질문을 던져, 동공 주인과 실험실 방문객을 동시에 놀라게 하곤 했다. 그러면 흔히 실험실 안에서 "어떻게 알았어요?"라는 말이 들려오는데, 이때 "우리에게는 당신의 영혼을 들여다보는 창문이 있거든요"라고 대답했다.

복도에서 자유롭게 관찰해도 실험실에서 정식으로 관찰하는 것만큼이나 풍부한 정보를 얻기도 한다. 나는 실험 중간의 휴식 시간에 한 여성의 동공을 무심히 관찰하다가 놀라운 사실을 발견했다. 이 여성은 턱을 그 장치에 계속 올려놓고 있어서, 그가 실험 진행자와 일상적인 대화를 나눌 때도 나는 그의 눈을 살필 수 있었다. 놀랍게도 동공은 계속 수축된 상태였고 말을 하거나 듣는 동안에도 그다지 커지지 않았다. 우리가 진행한 실험과 달리 편안한 대화에는 두세 자릿수를 기억할 때처럼 노력이 거의 또는 아예 필요하지 않은 듯했다. 획기적인 발견이었다. 나는 우리가 진행한 작업이 굉장한 정신력을 필요로 한다는 사실을 알게 됐다. 그러면서 한 가지 이미지가 머릿속에 떠올랐다. 정신적 삶이, 그러니까 시스템 2의 삶이 보통은 편안하게 걷는 속도로 진행되다가 이따금씩 조깅의 속도로, 드물게는 전력 질주의 속도로 일어나는 일에 방해를 받는 모습이다. 더하기 1과 더하기 3은 전력 질주에 해당하고, 일상적 잡담은 천천히 걷기에 해당한다.

우리가 발견한 사실에 따르면, 사람들은 정신적 달리기를 할 때면 다른 것이 안 보일 수 있는데 이는 유용한 현상이다. 《보이지 않는 고릴라》의 저자들은 사람들을 숫자 세기에 몰두하게 만들어 고릴라를 '못 보게' 했다. 이 실험만큼 극적이지는 않았지만 우리 실험에서도 사람들이 더하기 1을 하느라 다른 것을 못 보는 경우가 발견됐다. 우리는 실험 참가자들이 더하기를 하는 동안 빠르게 깜빡이는 글자를 보여주었다.[4] 이들에게는 무엇보다 더하기에 몰두하라고 했고, 더하기가 끝난 뒤에는 더하기를 하는 동안 K를 보았느냐고 물었다. 여기서 드러난 주요 사실은 K를 알아보고 그 사실을 보고하는 능력이 더하기를 하는 10초 사이에 일정치 않았다는 점이다. 참가자들은 더하기 1 작업이 시작될 때와 끝날 때는 K를 놓치는 법이 거의 없었지만, 정신력 소모가 최고에 이를 때는 동공을 크게 확대한 상태에서도 K를 절반이나 놓쳤다. 철자를 발견할 확률도 동공 확대와 마찬가지로 V자를 거꾸로 뒤집은 유형을 보였다. 이 결과에서, 동공은 정신력 소모에 따른 신체 흥분을 나타내는 좋은 척도이며, 따라서 동공의 크기 변화로 정신이 어떻게 작동하는지를 이해해도 좋다는 것을 알 수 있다.

가정에 부착된 전기계량기처럼 동공은 정신 에너지의 소모 상황을 보여준다.[5] 둘의 공통점은 또 있다. 전기 사용량은 내가 어떤 행동을 선택하느냐에 따라, 즉 방에 불을 켜느냐 빵 한 쪽을 토스터기에 굽느냐에 따라 달라진다. 전구를 켜거나 토스터기를 작동하면, 딱 필요한 만큼의 전기만 끌어올 수 있다. 마찬가지로 무엇을 할지는 내가 결정하지만, 그 일에 드는 정신력을 조절하는 능력에는 한계가 있다. 이를테면 9,462 같은 네 자릿수를 10초 동안 기억할 수 있느냐에 내 삶이 좌우된다고 해보자. 이때 아무리 오래 살고 싶어도, 네 자릿수로 더하기 3을 할 때 동원되는 만큼의 정신력을 이 작업에도 똑같이 동원할 수는 없다.

시스템 2와 일반 전기는 모두 용량에 한계가 있지만, 과부하 위험에 대처하는 방식은 다르다. 전류 흐름이 지나치면 차단기가 작동해, 회로에 연결된 모든 장치에 전력 공급을 일시에 끊어버린다. 반면에 정신적 과부하에 대처하는 방법은 선별적이고 엄격해서, 시스템 2는 가장 중요한 활동에 주목해 그것에 필요한 에너지를 우선적으로 공급한 뒤 '여유분'을 초단위로 다른 작업에 할당한다. 우리 식의 고릴라 실험에서 우리는 참가자들에게 더하기에 우선순위를 두라고 지시했다. 참가자들은 분명히 우리 지시를 따랐다. 철자가 나타나는 타이밍이 원래 실험인 더하기에 영향을 미치지 않았기 때문이다. 정신을 고도로 집중해야 할 때 철자가 나타나면 참가자들은 철자를 아예 못 보고 지나쳤다. 그리고 더하기가 비교적 쉬울 때는 철자를 더 많이 알아보았다.

적절한 곳에 주목하고 집중력을 할당하는 정교한 작업은 오랜 진화의 역사를 거치면서 다듬어졌다. 심각한 위협이나 절호의 기회에 재빨리 주목하고 반응하면 생존 기회가 높아지는데, 이 능력은 분명 인간에게만 국한된 것은 아니다. 심지어 오늘날의 인간도 비상 상황에서는 시스템 1이 주도권을 쥐고 자기 보호 행동에 최우선 순위를 둔다. 운전을 하다가 기름이 엎질러진 곳에서 갑자기 차가 미끄러졌다고 상상해보자. 이때 우리는 상황을 제대로 의식하기도 전에 그 위험에 대처한다.

비티와 내가 함께 연구한 기간은 1년밖에 안 되지만, 이 공동 작업은 이후 우리 연구에 큰 영향을 미쳤다. 비티는 마침내 '인지 활동 척도로서의 동공 측정'에서 최고 권위자가 되었고, 나는 이 연구에서 발견한 사실과 이듬해 하버드대학에서 진행한 후속 연구에 기초해《주목과 노력Attention and Effort》을 썼다. 우리는 수많은 다양한 작업에서 동공 크기를 측정해 정신 활동에 관해, 그러니까 지금은 시스템 2라고 생각하는 것에 관해 많은 것을 알게 되었다.

어떤 일에 능숙해지면 필요한 에너지는 줄어든다. 뇌 연구 결과에 따르면, 어떤 활동에 능숙해질수록 활동 유형도 바뀌고 거기에 개입하는 두뇌 영역도 줄어든다.[6] 재능도 비슷한 효과를 낸다. 동공 크기로 보나 두뇌 활동으로 보나 대단히 똑똑한 사람은 같은 문제를 풀어도 힘이 적게 든다.[7] 일반적으로 '최소 노력 법칙'은 육체 활동뿐 아니라 정신 활동에도 적용된다.[8] 이 법칙에 따르면, 목표를 달성하는 방법이 여럿일 때 사람들은 가장 힘이 덜 드는 방법에 끌리게 마련이다. 경제학에서 보면 노력은 비용이고, 기술 습득은 비용과 편익의 균형을 맞추려는 의도에서 나온다.[9] 그리고 게으름은 인간 본성에 깊이 뿌리내린 습성이다.

우리가 연구한 여러 작업이 동공 크기에 미친 영향은 퍽 다양했다. 기본적으로 우리 실험 참가자들은 깨어 있었고, 상황을 알고 있었으며, 기꺼이 참여하려 했다. 아마도 평소보다 정신을 더 바짝 차리고 있었을 것이다. 이들은 한두 자릿수를 기억하거나 단어와 숫자를 연상해 기억하는 법(예: 3 = 사과)을 익힐 때는 순간적으로 평소보다 긴장하는 기색이 역력했지만 그 정도는 아주 미미해서, 동공 지름이 확대되는 수준은 더하기 3을 할 때에 비해 고작 5퍼센트에 불과했다. 반면에 두 목소리의 높낮이를 구별할 때는 동공이 눈에 띄게 커졌다. 최근 연구에 따르면 (1장 〈그림 2〉처럼) 단어를 잘못 읽기 쉬운 성향을 억누르는 데도 어느 정도 노력이 들었다.[10] 그리고 예닐곱 자릿수를 기억하는 단기기억에는 노력이 더 필요했다. 누구나 경험하는 일이지만, 내 전화번호나 배우자의 생일을 기억에서 끄집어내 큰 소리로 말할 때도 잠깐이지만 상당한 노력이 필요하다. 전체 숫자를 기억에 붙잡아두었다가 차례로 대답해야 하기 때문이다. 암산으로 두 자릿수를 곱하거나 더하기 3을 할 때는 대부분 한계에 가까운 능력을 발휘해야 한다.

이처럼 인지 작용마다 난이도나 정신력 소모가 다른 이유는 무엇일까? 주의를 기울여야만 얻을 수 있는 결과는 무엇일까? 시스템 1은 할 수 없지만 시스템 2는 할 수 있는 일은 무엇일까? 우리는 이제 이 질문에 일시적인 답을 갖게 되었다.

별개의 행동이 따라야 하는 여러 생각, 또는 규칙에 따라 결합해야 하는 여러 생각을 동시에 기억해두려면 노력이 필요하다. 예를 들어 슈퍼마켓에 들어가면서 사야 할 물건을 떠올린다거나, 식당에서 생선 요리와 송아지 요리를 두고 고른다거나, 설문 조사에서 나온 놀라운 결과와 조사 표본이 작았다는 사실을 결합한다거나 할 때다. 오직 시스템 2만 규칙을 따르고, 여러 특성에 따라 대상을 비교하고, 여러 옵션을 놓고 신중하게 선택할 수 있다. 즉흥적인 시스템 1은 그런 능력이 없다. 시스템 1은 단순한 관계('여럿이 모두 똑같다', '아들이 아버지보다 훨씬 크다')를 감지하고 한 종류의 정보를 통합하는 데는 능숙하지만, 서로 다른 여러 주제를 동시에 다룰 수도, 순전히 통계에 의존한 정보를 능숙히 이용할 수도 없다. 시스템 1은 '온순하고 찬찬하며 질서와 체계를 중시하고 아주 꼼꼼한' 사람은 사서의 특징과 닮았다고 직관적으로 감지하겠지만, 사서는 소수라는 기존 지식과 그 직관을 결합하는 작업은 오직 시스템 2만 수행할 수 있다. 시스템 2가 이 작업을 해낼 수 있는 사람도 흔치 않지만.

시스템 2의 중요한 능력은 다음 업무 수행을 위한 '정신적 준비'다. 시스템 2는 기억을 조정해, 평소 습관에 역행하는 지시에 복종하게 한다. 한 가지 예를 보자. 이 페이지에 '가'라는 글자가 몇 번 나오는지 세어보라. 한 번도 해본 적 없는 일이라 익숙지 않겠지만, 시스템 2는 해낼 수 있다. 이 작업을 하기 전에 머릿속에서 준비를 하는 데도 노력이 들고, 작업을 실행하는 데도 노력이 필요할 것이다. 물론 연습하면 수월해지겠지만. 심리학자들은 '실행 조절executive control'이라는 말로 정신적 준비의 시작과 마무리를 묘사하고, 신경과학자는 뇌에서 그 기능을 실행하는 주요 부분을 찾아냈다. 이 중 한 곳은 갈등이 일어났을 때 관여하는 영역이고, 또 한 곳은 다른 영장류보다 인간에게서 훨씬 더 발달한 전전두엽으로, 지능과 관련한 활동에 관여한다.[11]

페이지 끝까지 '가'를 다 세었을 때, 이번에는 다음 페이지에서 쉼표가 몇 개인지 세보라는 지시가 떨어졌다고 해보자. 이 작업은 더 어려울 것이다. '가'라는 글자에 주목하는 성향을 어렵게 획득했는데, 이제 그 성향을 버려야 하기 때문이다. 최근 몇십 년간 인지심리학자들이 발견한 중요한 사실 하나는 한 가지 작업에서 다른 작업으로 옮겨가려면 노력이 필요하고 특히 시간의 압박을 받을 때는 더하다는 것이다.[12] 더하기 3과 곱셈 암산이 그토록 어려운 이유 하나는 재빨리 다른 작업으로 옮겨가야 하기 때문이다. 더하기 3을 하려면 한 번에 숫자 여러 개를 작업기억에 넣어둔 채, 하나씩 일정한 작업을 해야 한다.[13] 이 과정에서 어떤 수는 변환을 기다리고, 어떤 수는 이제 막 변환되는 중이고, 어떤 수는 변환이 끝나 발표되기 직전이다. 오늘날 작업기억을 시험할 때는 이처럼 한 가지 작업 결과를 유지하면서 다른 작업을 수행하는 두 가지 어려운 일을 계속 번갈아 수행하게 한다. 이 작업을 잘하는 사람은 일반적인 지능 테스트에서도 높은 점수를 받는다.[14] 그러나 주의 집중을 조절하는 능력은 단순히 지능의 척도만이 아니다. 이 능력은 지능을 넘어 항공관제사 그리고 이스라엘 공군 조종사의 업무 수행력을 예측하는 척도가 된다.[15]

시간 압박도 정신력을 요구하는 요소다. 더하기 3을 할 때면 메트로놈 때문에, 그리고 기억 압박 때문에 마음이 급해진다. 그래서 마치 여러 개의 공을 땅에 떨어뜨리지 않고 공중에서 돌릴 때처럼 속도를 늦출 수 없다. 기억이 쉽게 지워지는 탓에 정보가 없어지기 전에 서둘러 새 정보를 받아들여 작업을 수행해야 한다. 여러 생각을 동시에 기억해야 하는 작업은 무엇이든 이처럼 다급한 특성을 지닌다. 작업기억이 넉넉한 행운을 타고나지 않은 이상, 힘들게 노력해야 한다. 느리게 생각하기에서 정신력 소모가 가장 큰 일은 빠르게 생각해야 하는 작업이다.

더하기 3을 해본 사람이라면 머리를 그렇게 열심히 쓰는 게 얼마나 드문 일인지 절감했을 것이다. 직업으로 하는 일에도 더하기 3이나 여섯 자릿수를 기억했다가 바로 말하는 것만큼 정신력 소모가 큰 일은 흔치 않다. 우리는 대개 일을 좀 더 쉬운 여러 단계로 쪼개고, 중간 결과를 과부하되기 쉬운 작업기억보다는 장기기억이나 종이에 적어둠으로써 머리가 과부하되지 않게 한다. 먼 길은 시간을 갖고 천천히 가고, 정신적 삶은 최소 노력 법칙에 따라 살아가기 마련이다.

주목, 노력과 관련한 말들

"운전 중에는 이 문제를 풀지 않겠어. 동공이 커지는 일이니까. 정신력이 소모되는 일이라고!"

"지금 최소 노력 법칙이 작동 중이라 가급적 생각을 안 하려고 할 것이다."

"그는 회의를 잊은 게 아니다. 회의 일정을 정할 때
다른 일에 정신이 팔려 일정을 못 들은 거다."

"내 머릿속에 퍼뜩 떠오른 생각은 시스템 1의 직관이었다.
이제 작정하고 기억을 다시 점검해야 할 것이다."

3

게으른 통제자

나는 해마다 몇 달은 버클리에서 보내는데, 그곳에 있을 때 큰 즐거움 하나는 날마다 산에 올라 멋진 샌프란시스코만이 내려다보이는 산책로를 따라 약 6.5킬로미터를 걷는 것이다. 이때 보통 시간을 재는데, 그러면서 노력에 관해 꽤 많은 것을 알게 됐다. 1킬로미터를 천천히 걷는 데는 약 11분이 걸렸다. 이 속도라면 육체적으로 운동도 되고, 안락의자에 앉아 있을 때보다 열량 소모도 큰 건 분명하다. 하지만 정신적 압박도 없고, 갈등도 없고, 나를 다그칠 필요도 없다. 걸으면서 생각도 하고 일도 할 수 있다. 아닌 게 아니라 걸으면서 느끼는 약간의 육체적 흥분은 정신적 긴장감으로 이어지기도 한다.

시스템 2도 자연스러운 속도가 있다. 되는 대로 어떤 생각을 할 때, 그리고 별다른 생각 없이 주변에서 일어나는 일들을 살필 때도 어느 정도 정신적 에너지를 소모하지만, 정신적 압박은 거의 없다. 특별히 경계하거나 스스로를 의식하게 되는 환경에 놓이지 않는 한, 내 주변이나 머릿속에서 일어나는 일을 감시할 때는 별다른 노력이 들지 않는다. 우리는 노력이나 정신적 압박 없이도 운전을 하면서 사소한 결정을 내리고, 신문을 보면서 정보를 흡수하고, 배우자나 동료와 일상적으로 농담을 주고받는다. 마치 산책을 하듯이.

길을 걸으며 생각하는 것은 대개 쉬운 일이고 꽤 즐겁기도 하다. 그러나 극한 상황에서는 이 두 가지 활동이 시스템 2의 한정된 자원을 두고 경쟁을 벌이는 듯싶다. 이를 알아볼 수 있는 간단한 실험이 있다. 친구와 편하게 길을 걷다가 친구에게 지금 당장 암산으로 23×78을 풀어보라고 한다. 그러면 거의 틀림없이 가던 길을 멈출 것이다. 경험상 나는 산책을 하면서 간단한 생각은 할 수 있지만 단기기억 용량을 많이 소모하는 정신 작업은 불가능하다. 시간 압박을 받으면서 정교한 주장을 펴야 한다면, 걷기보다 제자리에 있을 것 같고, 서 있기보다 앉아 있을 것 같다. 물론 느리게 생각할 때면 항상 고도로 집중하고 힘들게 계산을 해야 하는 것은 아니다. 내 인생에서 최고의 아이디어는 아모스와 함께 편안히 걷던 중에 나왔다.

나는 산책할 때 평소보다 빨리 걸으면 전혀 다른 경험을 한다. 빠른 걸음으로 전환하면 논리적으로 일관되게 생각하는 능력이 현저히 떨어지는 탓이다. 속도를 높이면 걷는 행위에, 그리고 의도적으로 빠른 걸음을 유지하는 데 자주 주의를 빼앗긴다. 그러다 보니 생각에 생각이 꼬리를 물며 이어지다 결론에 이르는 능력도 떨어진다. 내가 산에서 걸을 때 꾸준히 유지할 수 있는 최고 속도는 1킬로미터에 약 9분인데, 이 속도로는 다른 생각을 할 엄두도 못 낸다. 산책길을 따라 몸을 빠르게 움직이려면 육체적으로만 힘이 드는 게 아니라 속도가 늦어지지 않도록 신경을 쓰느라 정신적으로도 힘이 든다. 자기통제도, 의식적인 생각도, 노력이라는 한정된 예산에 의존하는 모양이다.

우리 대부분은 생각에 생각을 조리 있게 꾸준히 이어갈 때, 그리고 가끔씩 신경 써서 무언가를 생각할 때 자기통제가 필요하다. 체계적인 조사는 해보지 않았지만 짐작건대 인간은 이 일 했다 저 일 했다 하거나 정신노동의 속도를 높이는 것을 본능적으로 좋아하지 않아서, 가능하면 그런 상황을 피하려 하는 게 아닌가 싶다. 최소 노력이 법칙까지 된 데에는 이런 성향이 작용한다. 시간 압박이 없어도 꼬리에 꼬리를 무는 어떤 생각을 조리 있게 이어가려면 훈련이 필요하다. 누군가가 나를 한 시간 동안 관찰하면서 내가 글을 쓰는 동안 이메일을 보거나 냉장고 문을 여닫는 횟수를 세어본다면, 탈출하고픈 내 충동을 눈치채고는 일에 몰두하려면 지금보다 훨씬 강한 자기통제가 필요하다고 결론 내릴 것이다.

다행히 인지 활동은 늘 기피 대상은 아니어서 사람들은 이따금 대단한 의지력을 발휘하지 않아도 오랜 시간 상당한 노력을 쏟아붓기도 한다. 심리학자 미하이 칙센트미하이 Mihaly Csikszentmihalyi는 이처럼 힘들이지 않는 주의 집중을 누구보다도 깊이 연구했고, 그가 이런 상태를 일컬어 사용한 '몰입 flow'이라는 말은 이제 하나의 용어로 자리 잡았다. 몰입을 경험한 사람들은 "힘들이지 않고 고도로 집중해, 시간 개념도 잊고 자신도 잊는 상태"라고 설명한다. 이들이 몰입의 기쁨을 묘사한 내용이 대단히 매력적이어서, 칙센트미하이는 그 상태를 "최고의 경험"이라 불렀다.[1] 그림 그리기에서 오토바이 경주에 이르기까지 많은 활동에서 이런 몰입을 경험할 수 있는데, 내가 아는 일부 운 좋은 작가들은 책을 쓸 때도 곧잘 최고의 경험을 맛본다.

몰입은 노력을 두 가지 형태로 깔끔하게 나눈다. 해당 작업에 집중하기와 의식적인 주의 조절이다. 오토바이를 타고 시속 240킬로미터로 달리거나 체스 경기에서 체스를 둘 때는 당연히 대단한 노력이 필요하다. 그러나 몰입 상태에서는 그런 흥미진진한 활동에 꾸준히 주의를 집중할 때 자기통제 따위는 필요치 않으며, 당면한 일에 자연스럽게 힘이 쏠린다.

바쁘고 고갈된 시스템 2

자기통제와 인지적 노력 모두 정신노동이라는 것은 이제 확실한 명제로 자리 잡았다. 머리를 많이 써야 하는 일과 유혹을 동시에 맞닥뜨렸을 때 사람들은 유혹에 굴복하기 쉽다는 사실이 여러 심리 연구에서 밝혀졌다. 예를 들어 일곱 자릿수 여러 개를 1~2분 동안 기억하라고 했다 치자. 다른 일보다도 그 수를 기억하는 데 우선순위를 두라는 지시도 받았다. 그리고 그 수에 집중하는 동안 두 가지 디저트 중에 하나를 골라야 한다. 하나는 악마의 초콜릿 케이크였고, 하나는 착한 과일 샐러드였다. 실험 결과를 보면, 머리가 숫자로 가득 차 있을 때는 유혹적인 초콜릿 케이크를 고를 확률이 높다. 시스템 2가 바쁠 때는 시스템 1의 영향력이 커지는데, 시스템 1은 단것을 좋아한다.[2]

머릿속이 바쁘면 이기적인 선택을 하고, 성차별적 언어를 쓰고, 사회적 상황에서 피상적인 판단을 내릴 확률이 높다.[3] 숫자를 기억했다가 말해야 할 때면 시스템 2가 행동에 집중하기 어려워진다. 물론 그렇다고 해서 인지적 부담이 자기통제 약화의 유일한 원인은 아니다. 술을 한두 잔 마셔도 같은 효과가 나고, 밤에 잠을 못 자도 마찬가지다. 아침형 인간의 자기통제는 밤에 약화되고, 저녁형 인간의 자기통제는 아침에 약화된다. 일을 얼마나 잘하고 있는지에 지나치게 신경을 써도 단기기억이 무의미한 걱정으로 채워져서 업무 수행을 방해한다.[4] 결론은 간단명료하다. 자기통제에는 집중력과 정신력이 필요하다. 다르게 표현하면, 사고와 행동 통제는 시스템 2가 수행하는 작업 중 하나다.

심리학자 로이 바우마이스터Roy Baumeister가 동료들과 함께 실시한 일련의 놀라운 실험에 따르면, 인지적이든 감정적이든 육체적이든 모든 형태의 자발적 노력에는 서로 공유하는 정신 에너지가 소모된다. 이들은 여러 일을 동시가 아니라 연속적으로 수행하는 실험을 실시했다.

바우마이스터 팀은 의지를 발휘하거나 자기를 통제하는 것은 피곤한 일이라는 사실을 거듭 발견했다. 무언가를 억지로 해야 했다면 다음 작업에서는 자기통제력을 발휘할 의지나 능력이 줄어든다. 이런 현상을 '자아 고갈ego depletion'이라 부른다. 이와 관련한 한 가지 전형적인 실험을 보면, 감정이 고조되는 영화를 보면서 감정 반응을 억누르라는 지시를 받은 실험 참가자들은 이후에 악력계를 손으로 얼마나 오래 쥐고 있는가를 알아본 체력 시험에서 낮은 점수를 받는다. 앞에서 애써 감정을 억누르다 보니, 지속되는 근육 수축의 고통을 견디는 능력이 떨어지고, 따라서 자아가 고갈된 사람은 체력 시험을 포기하고픈 마음에 더 쉽게 굴복한다. 또 다른 실험에서, 사람들은 처음에 무와 샐러리 같은 착한 음식을 먹으면서 악마의 초콜릿과 과자를 마음껏 먹고 싶은 유혹에 저항하느라 자아가 고갈된다. 그 뒤 어려운 인지 문제를 만나면 평소보다 일찍 문제를 포기한다.

자기통제력을 고갈시킨다고 알려진 상황이나 사건은 많고도 다양하다.

모두 갈등이 내재하고 자연스러운 성향을 억눌러야 하는 것들이다. 예를 들면 다음과 같다.

흰곰 생각하지 않기

자극적인 영화를 보며 감정 반응 억누르기

갈등이 내재된 선택 연달아 하기

타인을 감동시키기

배우자의 잘못된 행동에 자상하게 반응하기

인종이 다른 사람과 (편견에 사로잡힌 사람들을 주제로) 의견 주고받기

자아가 고갈되었음을 암시하는 행위 또한 매우 다양하다.

평소 식습관에서 벗어남

충동구매에 따른 과소비

심기를 건드리는 행위에 대한 과도한 반응

악력 테스트를 버티는 시간 감소

인지 작업 결과와 논리적 결정이 신통치 않음

그도 그럴 것이 시스템 2를 많이 사용해야 하는 행위는 자기통제가 필요하고, 자기통제는 힘들고 귀찮다.[5] 인지적 부담과 달리 자아 고갈은 적어도 부분적으로는 동기 상실로 이어진다. 어느 한 가지 일에서 자기를 통제한 뒤에는 다른 일에서 힘을 쏟고 싶은 마음이 없어진다. 물론 꼭 해야 하는 일이라면 할 수는 있다. 여러 실험에서, 사람들은 강력한 동기가 주어지면 자

아 고갈 효과에 저항하는 능력을 보였다.[6] 반면에 어떤 일을 하면서 단기기억에 여섯 자릿수를 저장해두어야 할 때는 정신력을 더 쏟아붓기가 불가능하다. 자아 고갈은 머릿속이 바쁜 것과는 다른 정신 상태다.

바우마이스터 팀이 발견한 가장 놀라운 사실은, 바우마이스터의 말을 그대로 옮기자면, 정신 에너지라는 말은 단순히 비유에 그치지 않는다는 것이다.[7] 신경계는 신체의 다른 어떤 부분보다도 포도당을 많이 소모하고, 노력이 들어가는 정신 활동은 포도당이라는 화폐가치로 따져 가장 비싸다. 어려운 인지적 추론에 몰두하거나 자기통제가 필요한 일을 할 때면 혈당치가 떨어진다. 달리기 선수가 전력 질주할 때 근육에 저장된 포도당이 줄어드는 것과 비슷하다. 이 논리를 과감하게 확대하면 자아 고갈은 포도당 섭취로 만회할 수 있다는 뜻도 되는데, 바우마이스터는 동료들과 더불어 여러 실험에서 이 가설을 확인했다.[8]

한번은 실험에 자원한 사람들에게 어느 여성이 인터뷰하는 모습을 담은 짧은 무성 영상을 보여주고, 그 여성의 몸짓을 해석하라고 했다. 이들이 영상을 보는 사이에 단어 몇 개가 연속적으로 천천히 화면을 가로질러 지나갔다. 참가자에게는 그 단어를 무시하라고 지시했고, 참가자는 어쩌다 주의를 빼앗기면 다시 그 여성의 행동에 집중해야 했다. 이런 자기통제 행위는 자아 고갈을 유발한다고 알려져 있었다. 자원자들은 두 번째 작업에 들어가기 전에 모두 레모네이드를 마셨다. 이때 참가자 절반에게는 포도당을 넣어 단맛을 낸 레모네이드를, 절반에게는 인공감미료 스플렌다를 넣어 단맛을 낸 레모네이드를 주었다. 그런 다음 모든 참가자에게 직관적 반응을 무시해야 정답을 찾을 수 있는 문제를 냈다. 직관적 오류는 자아가 고갈된 사람에게서 훨씬 자주 나타나는데, 스플렌다를 넣은 음료를 마신 사람은 예상된 고갈 효과를 나타냈다. 반면에 포도당을 넣은 음료를 마신 사람은 그렇지 않았다. 뇌에서 당 수치를 회복해 업무의 질 저하를 막은 것이다. 포도당을 소모하는 작업이 동공이 커지고 심장박동 수가 증가하는 순간적인 흥분도 유발하는지 알아보려면 시간을 두고 더 많은 연구를 진행해야 할 것이다.

판단에 나타나는 고갈 효과를 직접 보여준 당혹스러운 사례가 최근 〈미국 국립과학원 회보 Proceedings of the National Academy of Sciences〉에 발표되었다.[9] 이스라엘의 가석방 심사원 여덟 명이 얼떨결에 이 연구에 참가하게 되었다. 이들은 며칠 동안 꼬박 여러 건의 가석방 신청서를 검토했다. 신청서는 무작위 순으로 제시되었고, 심사원들은 신청서 한 건당 평균 6분을 소비했다.(가석방 결정은 거부가 기본이고, 35퍼센트만 승인된다. 각 건마다 결정을 내린 정확한 시간이 기록되고, 심사원에게 제공되는 하루 세 번의 식사 또는 간식 시간인 아침 휴식, 점심, 오후 휴식 시간도 기록되었다.) 연구를 진행한 사람들은 식사 직후 가석방 승인 비율이 어떻게 변하는지 알고 싶었다. 승인 비율은 식사 후가 가장 높아서, 신청 건의 65퍼센트가 승인된다. 그리고 다음 식사 시간의 약 두 시간 전부터 천천히 떨어지다가 식사 시간 직전에는 거의 제로가 된다. 다들 예상하겠지만, 바람직한 결과는 아니어서 연구 진행자들은 이런저런 해명을 조심스레 찾아보았다. 그러나 실험 결과를 설명할 최선의 답은 부정적이다. 피곤하고 배고픈 심사원은 좀 더 쉬운 기본 결정인 가석방 거부 결정을 내리기 쉽다. 아마도 피로와 허기가 결정에 영향을 미치는 듯하다.

게으른 시스템 2

시스템 2의 주요 기능 하나는 시스템 1이 '제안하는' 생각과 행동을 점검하고 통제하면서, 그중 일부는 곧장 행동으로 옮기고 일부는 억누르거나 수정하는 것이다.

간단한 문제 하나를 보자. 문제를 풀려고 하지 말고 직관에 귀기울여보라.

> 야구 방망이와 공 세트가 1달러 10센트다.
>
> 방망이는 공보다 1달러 비싸다.
>
> 공은 얼마겠는가?

머릿속에 숫자 하나가 떠올랐을 것이다. 그 수는 당연히 10이다. 10센트. 이 쉬운 문제의 특이한 점은 그럴듯한 틀린 답을 직관적으로 유도한다는 점이다. 직접 계산해보라. 공이 10센트라면 방망이는 그보다 1달러 비싼 1달러 10센트로, 총 금액은 1달러 10센트가 아니라 1달러 20센트가 된다. 정답은 5센트다. 정답을 말한 사람도 처음에는 직관적으로 10센트가 떠올랐지만 직관에 저항한 게 분명하다.

나는 셰인 프레더릭Shane Frederick과 함께 두 시스템에 기초한 판단 이론을 연구했는데, 프레더릭은 방망이와 공 문제를 이용해 시스템 2는 시스템 1의 제안을 얼마나 자세히 점검하는지 연구했다. 그는 공이 10센트라고 대답하는 사람에 관한 중요한 사실 하나를 우리가 이미 알고 있다고 판단했다. 그 사람은 그 답이 맞는지 적극적으로 점검하지 않았으며, 잠깐만 생각해보면 틀렸다는 걸 알 수 있는 직관적 답을 시스템 2가 그대로 인정했다는 것이다.

게다가 직관적 답을 한 사람은 분명한 사회적 실마리를 놓쳤다는 것도 알수 있다. 즉, 그렇게 뻔한 문제를 낼 리 없잖은가. 그 정도 점검이 그리 번거로운 일도 아닌데 왜 그런 생각을 안 했는지 놀랍기만 하다. 근육이 약간 긴장하고 동공이 조금 커질 정도로 몇 초만 머리를 쓰면(문제 난이도는 보통이다) 그런 당혹스러운 실수는 피할 수 있다. 10센트라고 말하는 사람은 최소 노력 법칙을 열렬히 추종하는 사람이 아닐까 싶다. 그리고 그 답을 피하는 사람은 좀 더 능동적으로 머리를 쓰는 사람일 것이다.

대학생 수천 명이 이 문제에 답을 했는데, 결과는 충격적이다. 하버드, MIT, 프린스턴대학 학생의 50퍼센트 이상이 직관적 오답을 말했다.[10] 그 외 대학생들의 오답률은 80퍼센트가 넘었다. 방망이와 공 문제는 앞으로 이 책에서 반복될 이야기인 많은 사람이 직관을 지나치게 확신하고 신뢰한다는 사실과 관련해 우리가 처음 마주한 실험 결과다. 사람들은 머리 쓰는 일을 썩 달가워하지 않아 가급적 피하려고 하는 것 같았다.

그렇다면 이제 두 개의 전제와 하나의 결론으로 된 논리적 주장을 제시하겠다. 이 주장이 논리적으로 타당한지 되도록 빨리 대답해보라. 결론은 두 전제를 따르고 있는가?

장미는 모두 꽃이다.
어떤 꽃은 빨리 시든다.
따라서 어떤 장미는 빨리 시든다.

대학생 대다수가 이 삼단논법을 타당하다고 여긴다.[11] 이 주장은 엉터리다. 꽃 중에서도 장미는 빨리 시들지 않을 수 있다. 방망이와 공 문제처럼 그럴듯한 답이 머릿속에 재빨리 떠오른다. 그 답을 피하려면 수고를 해야 한다. '그 답이 맞아, 맞는다고!'라는 집요한 생각이 논리를 따지기 힘들게 하고, 대부분의 사람들은 이 문제를 애써 더 고민하지 않으려 한다.

이 실험은 일상적인 논리적 사고의 부정적인 면을 드러낸다. 사람들은 어떤 결론을 옳다고 믿으면 그 결론을 뒷받침한다고 보이는 주장을, 비록 그것이 근거가 없더라도 옳다고 믿을 확률이 높다. 시스템 1이 관여하면, 일단 결론부터 떠오르고 논리적 주장은 그다음이 된다.

아래 질문을 읽고 그다음 내용을 계속 읽기 전에 재빨리 대답해보라.

미시간주에서 한 해에 살인 사건이 얼마나 발생하는가?

역시 셰인 프레더릭이 만든 이 문제도 시스템 2를 시험한다. 이 문제가 '노리는' 점은 범죄율이 높은 디트로이트가 미시간주에 있다는 사실을 응답자가 기억하느냐는 것이다. 미국 대학생이라면 그 사실을 알고 있고, 디트로이트를 미시간의 가장 큰 도시로 정확히 지목할 것이다. 그러나 어떤 사실을 안다는 것은 단지 아는가 모르는가의 문제가 아니다. 어떤 사실을 안다고 해서 그 사실이 필요할 때 항상 머릿속에 떠오르는 것은 아니다. 디트로이트가 미시간에 있다는 걸 떠올리는 사람은 그렇지 않은 사람보다 디트로이트의 살인 사건 발생 빈도를 높게 추정하지만, 프레더릭의 질문에 응답한 사람들 다수가 미시간주에 관한 질문을 받았을 때 디트로이트를 떠올리지 않았다. 미시간의 살인율을 질문받은 사람들의 추정치 평균은 디트로이트의 살인율을 질문받은 비슷한 집단의 추정치 평균보다 오히려 낮았다.

디트로이트를 생각하지 못한 것은 시스템 1과 시스템 2에 모두 책임이 있다. 미시간이 언급될 때 디트로이트가 생각나느냐 안 나느냐는 부분적으로 기억의 자동 기능에 달렸다. 이 점은 개인차가 있어서, 어떤 사람은 미시간 주의 아주 세세한 부분까지 머릿속에 떠올린다. 이를테면 미시간에 사는 사람은 다른 곳에 사는 사람보다 더 많은 사실을 떠올리기 쉽고, 지리에 관심이 많은 사람은 야구 통계에 관심이 많은 사람보다 더 많은 것을 기억할 테고, 똑똑한 사람은 거의 모든 것을 더 풍부하게 묘사할 공산이 크다. 지능은 논리적 사고력이 전부가 아니다. 지능은 필요할 때 어떤 문제와 연관된 대상을 기억에서 찾아내어 거기에 주목하는 능력이기도 하다. 기억 기능은 시스템 1의 속성이다. 하지만 누구든 속도를 늦추고 관련 사실을 기억에서 적극적으로 찾아볼 수 있다. 천천히 방망이와 공 문제의 직관적 답을 점검할 수 있듯이. 이때 어느 정도나 의도적으로 점검하고 관련 내용을 찾아볼지는 시스템 2가 결정하는데, 이 점은 사람마다 다르다.

　방망이와 공 문제, 꽃 삼단논법, 미시간과 디트로이트 문제에는 공통점이 있다. 이 미니 테스트를 통과하지 못했다면 적어도 어느 정도는 동기 부족으로 문제를 열심히 풀지 않은 탓으로 보인다. 좋은 대학에 들어간 학생이라면 처음 두 문제는 얼마든지 풀 수 있고, 세 번째 문제도 조금 더 깊이 생각하면 미시간에서 가장 큰 도시와 그곳의 범죄 문제를 떠올릴 수 있다. 머릿속에 금방 떠오르는 언뜻 그럴듯한 답을 받아들일 유혹에 빠지지 않는다면 훨씬 더 어려운 문제도 풀 수 있는 학생들이다. 그런데 더 고민하고 싶지 않을 정도로 자기 답에 만족한다는 게 문제다. 이 젊은이들의 자기 점검과 시스템 2를 '게으르다'고 말한다면 야박하겠지만, 틀린 말도 아니다. 지적 태만 죄를 피해가는 사람은 머릿속이 바쁜 사람일 것이다. 이들은 더 긴장하고, 적극적으로 머리를 쓰고, 언뜻 끌리는 답에 쉽게 만족하지 않으며, 직

관에 회의적이다. 심리학자 키스 스타노비치라면 이들을 좀 더 합리적인 사람이라 부를 것이다.[12]

지능, 통제, 합리성

이제까지 사고와 자기통제의 연관성 연구에 다양한 방법이 동원되었다. 그중에는 다음과 같은 상관관계 질문을 던진 사람도 있었다. 사람들을 자기통제와 인지능력에서 순위를 매긴다면, 두 순위가 비슷할까?

월터 미셸Walter Mischel은 제자들과 함께 이후 심리학 역사에서 매우 유명해진 실험을 실시했다. 네 살짜리 아이들을 가혹한 딜레마에 빠뜨린 실험이다.[13] 원하는 때에 작은 보상(과자 한 개)을 받을지, 힘든 상황에서 15분을 기다렸다가 더 큰 보상(과자 두 개)을 받을지 선택해야 하는 상황이다. 아이들은 방에 홀로 남겨진 채 탁자 앞에 앉아 있었다. 탁자에는 과자 한 개와 종이 놓여 있었고, 아무 때나 종을 울려 실험 진행자를 부르면 그 과자를 먹을수 있었다. 당시 실험실 상황은 이랬다. "방에는 장난감이나 책, 그림 등 아이의 주의를 빼앗을 만한 물건이 전혀 없었다. 실험 진행자는 실험실을 나갔고, 아이가 부르지 않는 한 15분 동안 돌아오지 않는다. 이 상황에서 어떤 아이는 종을 울린 뒤 보상으로 과자를 먹고 자리에서 일어났고, 어떤 아이는 어떤 구조 신호도 보내지 않았다."[14]

실험실 밖에서는 한쪽에서만 볼 수 있는 유리로 아이들을 지켜보며 실험실을 녹화했는데, 녹화 영상을 본 사람은 누구나 폭소를 터뜨렸다. 아이들 절반은 애써 정신을 딴 데 팔면서 과자의 유혹을 멀리하며 15분을 기다리는 위업을 달성했다. 그리고 10년에서 15년의 세월이 지나, 이때 유혹을 거부한 아이와 거부하지 못한 아이 사이에 큰 간격이 벌어졌다. 유혹을 거부한 아이는 머리를 쓰는 업무에서 높은 실행 조절력을 보였다. 특히 주의력을 효과적으로 재분배하는 능력이 뛰어났다. 마약에 손을 대는 일도 적었다. 지능에도 큰 차이가 나타나서, 네 살 때 자기를 통제했던 아이는 이후 지능 테스트에서 훨씬 높은 점수를 받았다.[15]

오리건대학 연구팀은 인지 조절과 지능의 연관관계를 여러 방법으로 탐구했는데, 주의력 조절을 개선해 지능을 높이는 시도도 그중 하나다. 이들은 4~6세 아이들을 대상으로 40분씩 다섯 차례에 걸쳐 주의력과 통제력이 필요한 다양한 컴퓨터 게임을 하게 했다. 어떤 게임은 조이스틱으로 고양이를 조종하면서 흙탕물을 피해 풀이 있는 곳으로 다녀야 했다. 갈수록 풀은 줄고 흙탕물은 늘어서 점점 정교한 조종술이 필요했다. 연구팀은 주의력 훈련이 실행 조절력을 높일 뿐 아니라 비언어 지능 테스트 점수도 높이고, 이렇게 향상된 지능은 여러 달 지속된다는 사실을 발견했다.[16] 이 팀은 다른 연구에서 주의력 조절에 관여하는 유전자를 찾아내고, 부모의 육아법도 이 능력에 영향을 미친다는 사실을 밝혔으며, 아이들의 집중력과 감정 조절력은 밀접한 관계가 있음을 증명했다.

셰인 프레더릭은 방망이와 공 문제에다 두 문제를 더해 '인지 반응 검사Cognitive Reflection Test'를 만들었다. 5장에서 소개할 이 두 문제에서도 직관적으로 꽤 그럴듯한 오답이 떠오른다. 프레더릭은 이 검사에서 매우 낮은 점수를 받은 학생들(시스템 2의 감독 기능이 약한 학생들)의 특징을 연구하면서, 이들은 직관적으로 답이 떠오르면 옳은지 따져보지 않고 직관대로 대답하는 성향이 있다는 사실을 알아냈다. 무비판적으로 직관적 답을 내놓는 사람은 시스템 1의 다른 판단도 그대로 받아들이기 쉽다. 특히 이들은 충동적이고, 참을성이 없으며, 즉각적인 만족을 얻고 싶어 한다. 예를 들어, 직관적 답을 내놓은 사람의 63퍼센트가 다음 달에 3,800달러를 받느니 이번 달에 당장 3,400달러를 받는 편이 낫다고 대답했다. 세 문제 모두 정답을 내놓은 사람 중에서는 37퍼센트만이 적은 돈이라도 당장 받겠다는 근시안적 선호도를 보였다. 주문한 책을 바로 다음 날 받아보는 배송 서비스에 얼마를 지불하겠냐는 물음에는 인지 반응 검사에서 낮은 점수를 받은 사람이 제시한 액수가 높은 점수를 받은 사람보다 두 배 높았다. 프레더릭의 연구 결과는 우리가 만든 심리극에 등장하는 두 인물이 서로 다른 '성격'을 가지고 있음을 암시한다. 다시 말해, 시스템 1은 충동적이고 직관적인 반면에 시스템 2는 이성적 사고가 가능하고 세심하지만 적어도 일부 사람의 경우에는 게으르다. 여기서 개인차가 드러나는데, 어떤 사람은 시스템 2에 가깝고, 어떤 사람은 시스템 1에 더 가깝다. 이 간단한 검사는 게으른 사고의 소유자인지 알아보는 좋은 방법으로 알려져 있다.

키스 스타노비치와 그의 오랜 동료 리처드 웨스트는 '시스템 1', '시스템 2'라는 말을 처음 도입한 사람이다(두 사람 모두 지금은 '유형 1[Type 1] 과정', '유형 2[Type 2] 과정'이라는 말을 선호한다). 스타노비치는 이 책에서 다룬 종류의 문제들을 푸는 방식이 사람마다 어떻게 다른지를 오랜 세월 동료들과 함께 연구했다. 이들이 여러 가지 방법으로 연구한 기본적인 질문은 하나였다. 개인에 따라 판단 편향이 드러나는 정도가 다른 이유는 무엇인가? 스타노비치는 이 연구 결과를 《합리성과 심사숙고Rationality and the Reflective Mind》에 실었다. 여기에는 이번 3장의 주제를 다루는 대담하고 독특한 방법이 담겼다. 스타노비치는 시스템 2를 두 부분으로 엄격히 구분하고, 둘이 워낙 다르다며 별개의 정신세계로 불렀다. 이 중에 (그가 '알고리즘적'이라 부른) 하나는 느린 생각과 어려운 계산을 다룬다. 두뇌 활동에서도 특히 이 분야에 능숙한 사람이 있는데, 지능검사 점수가 높고 어떤 일을 하다가 다른 일로 재빨리 효과적으로 옮겨갈 수 있는 사람이다. 그러나 스타노비치는 지능이 높은 사람도 편향에 빠질 수 있다고 주장한다. 또 하나의 중요한 능력은 스타노비치가 합리성으로 간주한 능력이다. 그가 말하는 합리적인 사람은 내가 앞에서 머릿속이 바쁜 사람이라고 말했던 사람과 비슷하다. 스타노비치 주장의 핵심은 '합리성'은 '지능'과 구별되어야 한다는 것이다. 그의 견해에 따르면, 생각이 피상적이거나 '게으른' 것은 심사숙고하는 정신에 나타나는 단점이자, 합리적이지 못하다는 증거다. 곱씹어볼 만한 솔깃한 견해다. 스타노비치는 이런 견해를 옹호하면서 동료들과 함께, 방망이와 공 문제 같은 질문이 IQ검사 같은 전통적인 지능 측정 방식보다 인지 오류의 취약성을 잘 보여주는 지표임을 증명해 보였다.[17] 이처럼 지능과 합리성을 구별해 새로운 사실을 발견할 수 있을지는 두고 볼 일이다.

통제와 관련한 말들

"그는 여러 시간 일에 매달리느라 안간힘을 쓸 필요가 없었다. 이미 몰입 상태였으니까."

"그는 회의를 여러 건 하면서 고된 하루를 보낸 터라 심신이 지쳤다.
그래서 문제를 심각하게 고민하지 않고 정해진 운영 절차대로만 처리했다."

"그는 자기 말이 앞뒤가 맞는지 따져보지 않았다.
원래 시스템 2가 게으른 사람일까, 그때 유난히 피곤했을까?"

"안타깝게도 그는 머릿속에 처음 떠오른 생각을 바로 말해버리기 일쑤다.
아마 만족을 미루기도 어려울 것이다. 시스템 2가 약한 사람이다."

Thinking,
Fast and slow

4

연상 작용[1]

시스템 1의 놀라운 기능을 알아보기 위해 우선 아래 단어를 보자.

바나나   구토

단어를 보는 순간 1, 2초 사이에 많은 일들이 일어난다. 다소 불쾌한 장면과 기억이 떠오르면서, 얼굴이 약간 일그러지고 역겨운 표정이 나타난다. 책에서 몸이 슬그머니 멀어질 수도 있다. 심장박동이 빨라지고, 팔의 털이 쭈뼛 서고, 땀샘 작동이 활발해진다. 역겨운 단어를 보자 실제로 그것을 봤을 때 나타날 법한 반응과 비슷한 반응이 나타나는 것이다. 이 모두가 내 통제를 벗어나 저절로 일어난다.[2]

특별히 그래야 하는 이유가 없는데도 우리 정신은 자동적으로 바나나와 구토의 인과관계를 시간 순으로 떠올리면서, 바나나가 구토를 유발했다는 대략의 시나리오를 짠다. 그러면서 일시적으로 바나나에 혐오감이 든다(금세 지나가니 걱정할 필요는 없다). 그리고 기억이 다른 방식으로 바뀐다. 이제 평소와 다르게 '구토'와 연관된 '아프다', '악취 나다', '메스껍다' 같은 개념을, 그리고 '바나나'와 연관된 '노랑', '과일', 그리고 어쩌면 '사과'나 '딸기' 같은 단어를 인지하고 거기에 반응할 준비를 한다.

구토는 보통 숙취나 소화불량 같은 특정 상황에서 일어난다. 따라서 평소와 달리, 구토를 유발하는 다른 원인과 연관된 단어를 인지할 준비도 한다. 게다가 시스템 1은 바나나와 구토의 조합이 흔치는 않다는 사실을 눈치챈다. 한 번도 그 둘을 동시에 경험한 적이 없는 사람도 있을 것이다. 그래서 살짝 놀란다.

이런 수많은 복잡한 반응이 순식간에, 자동적으로, 힘들이지 않고 일어난다. 반응을 애써 끌어내지도 않았고, 멈출 수도 없다. 시스템 1이 작동한 결과다. 어떤 단어를 보면 연상 활성화가 일어난다. 어떤 생각이 다른 생각을 촉발하면서 뇌에서 여러 생각이 연달아 폭포처럼 쏟아지는 현상이다. 이 복잡한 정신 작용의 본질적 특징은 논리적 일관성이다. 각 요소는 서로 연결되고, 하나의 생각이 다른 생각을 뒷받침하고 공고히 한다. 단어는 기억을 끄집어내고, 기억은 감정을 불러일으키며, 감정은 표정 그리고 긴장이나 회피 성향 같은 반응을 이끌어낸다. 얼굴 표정과 회피 동작은 그와 연관된 기분을 더욱 부채질하고, 그 기분은 다시 비슷한 다른 생각을 부추긴다. 이 모든 과정이 눈 깜짝할 사이에 한꺼번에 일어나면서 인지적, 감정적, 신체적 반응이 얽혀 자기 강화self-reinforcement(특정 행동이 특정 반응이나 보상, 벌 등의 자극으로 이어질 때, 그 자극을 이용해 애초의 행동을 촉발하는 행위 또는 그 자극을 '강화'

라 하고, 강화를 일으키는 주체가 외부가 아니라 자기 자신일 때 '자기 강화'라 한다.-옮긴이) 유형을 만들어낸다. 이 유형은 다양하면서도 통일된 형태로 나타나는데, 이를 '연상적 일관성'이라 한다.

앞에서 1초 남짓 동안 이 놀라운 위업을 저절로 무의식적으로 달성했다. 시스템 1은 전혀 예상치 못한 사건에서 시작해, 어색하게 짝지어진 단순한 두 단어를 인과관계로 연결해 상황을 최대한 그럴듯하게 만든다. 가능한 위협을 따져보고(미미한 수준에서 보통 수준까지), 이제 막 좀 더 그럴듯해진 사건에 대비하면서 앞으로 전개될 상황에 맞는 맥락을 지어낸다. 그리고 현재 벌어진 사건이 얼마나 놀라운지를 따져서 그 사건의 맥락도 만든다. 이로써 과거를 파악하고, 미래를 최대한 대비한다.

이 과정에서 나타난 이상한 특징 하나는 시스템 1이 두 단어의 단순한 결합을 현실의 재현으로 취급한다는 점이다. 우리 몸은 정도만 약할 뿐 현실에서와 똑같이 반응하는데, 어떤 느낌이 든다든가 몸이 움찔하는 등은 그 사건을 나름대로 해석한 데 따른 반응이다. 인지과학자들이 최근에 강조하듯이, 인지 작용은 겉으로 드러난다. 우리는 머리로만 생각하는 게 아니라 몸으로도 생각한다.[3]

이런 정신 작용을 유발하는 원리는 오래전부터 알려진 연상 작용이다. 의식에서 여러 생각이 제법 질서정연하게 꼬리를 물고 이어진다는 사실은 누구나 경험으로 알고 있다. 17, 18세기 영국 철학자들은 이런 연속적 과정을 설명할 규칙을 찾고자 했다. 스코틀랜드 철학자 데이비드 흄David Hume은 1748년에 출간한 《인간의 이해력에 관한 탐구An Enquiry Concerning Human Understanding》에서 이 연상 원리를 세 가지로 요약했다. 유사성, 인과관계, 그리고 시간적, 공간적 근접성이다. 오늘날의 연상 개념은 흄 이후로 급격히 바뀌었지만, 흄의 세 가지 원리는 여전히 연상을 연구하는 좋은 출발점이다.

나는 머릿속에 떠오르는 생각, 즉 아이디어의 개념을 넓은 시각에서 보고자 한다. 그것은 구체적일 수도 있고 추상적일 수도 있으며 동사, 명사, 형용사, 또는 불끈 쥔 주먹 등 여러 가지로 표현될 수 있다. 심리학자들은 머릿속에 떠오르는 생각을 연상기억이라 부르는 거대한 망의 교차점으로 생각한다. 연상기억망에서 하나의 생각은 다른 여러 생각과 연결된다. 연결 형태는 다양하다. 원인이 결과와 연결되기도 하고(바이러스 → 감기), 어떤 대상이 그 특징과 연결되기도 하며(라임 → 초록색), 그것이 속한 부류와 연결되기도 한다(바나나 → 과일). 우리가 흄을 넘어선 점 하나는 이제는 정신을 한 번에 하나씩 떠오르는 의식적 생각의 연속으로 생각하지 않는다는 것이다. 오늘날에는 여러 생각이 한꺼번에 일어나면서 연상기억이 작동한다고 본다. 활성화한 한 가지 생각은 다른 생각 하나만 촉발하지 않는다. 한 가지 생각은 다른 여러 생각을 일깨우고, 그 생각은 또 다른 많은 생각을 일깨운다. 게다가 활성화한 생각 가운데 소수만 의식에 입력되고, 연상 사고의 대부분은 의식적 자아의 눈에 띄지 않은 채 침묵한다. 내 머릿속에서 일어나는 일을 다 알 수 없다는 사실은 쉽게 받아들이기 힘들다. 우리 경험에 비춰 낯설기 때문이다. 하지만 사실이다. 우리는 자신에 대해 모르는 것이 생각보다 많다.

점화 효과의 경이로움

과학에서 흔히 그렇듯, 연상 체계 이해에 기여한 최초의 획기적 발전은 측정법 개선이었다. 약 30년 전만 해도 연상 작용을 연구하는 유일한 방법은 많은 사람에게 이를테면 "'낮'이란 말을 들었을 때 가장 먼저 떠오르는 단어는 무엇인가?"라고 묻는 것이었다. 그리고 사람들이 '밤', '화창하다', '길다' 같은 답을 하면, 그 횟수를 세어 집계를 내는 식이었다. 그러다가 1980년대에 심리학자들이 새로운 사실을 발견했다. 어떤 단어를 보았을 때 그것과 연관된 많은 단어 중에 어떤 단어가 쉽게 떠오르는지는 그때그때 다르고, 어떻게 다른지 측정할 수 있다는 것이다. 이를테면 'SO_P'에서 빈칸을 채워 단어를 완성하라고 하면, 최근에 '먹다'라는 단어를 보았거나 들은 사람이라면 순간적으로 'SOAP(비누)'보다는 'SOUP(수프)'란 단어를 떠올리기 쉽다. 반면에 금방 '씻다'라는 단어를 본 사람이라면 'SOUP'보다 'SOAP'를 떠올릴 확률이 높다. 이런 현상을 '점화 효과priming effect'라 하고, '먹다'라는 말이 '수프' 생각을 점화 또는 촉발했다거나 그 말이 기폭제가 되어 '수프'가 떠올랐다는 식으로 말한다.

점화 효과는 여러 형태로 나타난다. 머릿속에 '먹다'라는 개념이 있으면 (이 사실을 자신이 알든 모르든) '수프'란 말이 어렴풋이 들리거나 뿌옇게 보여도 평소보다 빨리 그 단어를 알아볼 것이다. 그리고 수프 외에도 '고기', '배고프다', '뚱뚱하다', '다이어트', '과자' 등 음식과 관련한 수많은 단어가 떠오른다. 최근에 식당에서 불안하게 흔들리는 식탁에 앉아 식사를 했다면, 흔들리는 것 또한 기폭제가 될 수 있다. 여기서 점화된 개념은 정도는 약할지라도 또다시 다른 개념을 점화할 수 있다. 이런 활성화는 호수에 물결이 일듯이 거대한 연상망의 한쪽에서 주위로 퍼져나간다. 이 현상은 현재 심리학에서 매우 흥미로운 연구 주제다.

기억 연구에서 또 하나의 큰 성과는 점화 효과가 개념이나 단어에만 국한하지 않는다는 사실을 발견한 것이다. 의식적으로 경험할 수는 없지만, 내가 인지하지도 못한 사건이 내 행동과 감정을 촉발할 수 있다는 낯선 사실을 받아들여야 한다. 심리학자 존 바그John Bargh가 동료들과 실시한 실험은 곧바로 이 분야의 고전이 되었다. 이들은 대부분 18세에서 22세 사이인 뉴욕대학 학생들에게 단어 다섯 개가 뒤섞인 문장을 주고(예를 들면 '찾다finds', '그he', '그것it', '노랑yellow', '즉시instantly') 거기서 단어 네 개를 뽑아 문장을 완성하라고 했다.⁴ 이때 한 집단에게는 문장 중 절반에 '플로리다', '깜빡이다', '대머리', '회색', '주름' 등 노인과 관련된 단어를 섞어 제시했다. 문제를 다 푼 학생은 복도 끝에 있는 실험실로 가서 다른 실험을 해야 했다. 이 짧은 순간이 바로 이 실험의 핵심이다. 연구원들은 각 학생이 이쪽 실험실에서 복도 끝 실험실까지 가는 데 걸리는 시간을 몰래 측정했다. 바그가 예상한 대로, 노인과 관련 있는 단어로 문장을 만든 학생은 그렇지 않은 학생보다 훨씬 느린 걸음으로 다른 실험실로 이동했다.

이 '플로리다 효과'에는 점화 효과의 두 단계가 나타난다. 첫째, 주어진 단어 조합에는 '노인'이란 말이 전혀 등장하지 않았는데도 노인 생각을 점화했다. 둘째, 이런 생각이 행동을 촉발해, 노인처럼 느리게 걷게 했다. 이 모든 결과는 실험 참가자들이 전혀 인식하지 못한 채 일어났다. 실험이 끝나고 학생들에게, 제시된 단어에 공통된 주제가 있었다는 사실을 알았냐고 묻자 하나같이 몰랐다고 대답하면서, 첫 번째 실험에서 본 단어가 그 뒤의 행동에 전혀 영향을 미치지 않았다고 주장했다. 노인이란 개념을 의식하지 못했는데도 행동이 달라졌다는 뜻이다. 생각이 행동에 영향을 미친 이 놀라운 점화 효과는 '관념운동 효과ideomotor effect'로도 알려져 있다. 독자도 스스로 눈치채지 못한 사이에 지금 이 부분을 읽고 점화 효과가 일어났을 것이다.

물을 한 잔 마시려고 자리에서 일어났다면, 평소보다 느린 속도로 움직였기 쉽다. 그러지 않았다면, 노인을 싫어하는 사람일 수 있다. 실험에서 노인을 싫어하는 사람은 오히려 평소보다 약간 빠르게 움직였으니까!

관념운동 효과는 거꾸로 나타날 수도 있다. 독일의 어느 대학에서는 뉴욕 대학에서 바그가 했던 실험을 거꾸로 실시했다. 실험에서 학생들은 1분에 30걸음을 걷는 속도로 5분 동안 실험실 안을 걸어 다녀야 했는데, 평소 속도의 약 3분의 1 수준이었다. 이 짧은 실험이 끝난 뒤 참가자들은 '깜빡하다', '늙다', '외롭다' 등 노인과 관련된 단어를 훨씬 빨리 알아보았다.[5] 점화 효과가 어느 방향으로 나타나든 모두 일관된 반응을 보인 것이다. 즉 노인을 생각하도록 촉발됐다면 노인처럼 행동할 테고, 노인처럼 행동했다면 노인을 더 생각하게 될 것이다.

양방향 연관성은 어느 연상 작용에서나 공통으로 나타난다. 예를 들어, 기분이 좋으면 웃게 되고, 웃으면 기분이 좋아진다. 몇 초 동안 연필을 가로로 입에 물고 있어보라. 그다음에는 입술을 오므려 연필의 지우개 부분을 물고 뾰족한 앞부분이 앞쪽을 향하게 해보라. 전자의 행동은 얼굴을 강제로 웃게 하고, 후자의 행동은 얼굴을 강제로 찌푸리게 한다는 사실은 본인도 몰랐을 것이다. 대학생들에게 입에 연필을 물고 게리 라슨Gary Larson의 코믹 만화 《더 파 사이드The Far Side》를 본 뒤에 만화가 얼마나 웃긴지 평가하게 했다.[6] 그러자 (본인도 모르게) '웃고 있던' 학생들은 '찌푸린' 학생들보다 높은 점수를 주었다. 또 다른 실험에서는 (양쪽 눈썹을 안쪽으로 꼬집듯 모아 쥐어) 찌푸린 표정을 한 사람들이 굶주린 아이들, 말싸움하는 사람들, 사고로 불구가 된 사람들이 담긴 불편한 사진을 보고 더 격앙된 감정을 보였다.[7]

단순하고 흔한 몸짓도 생각과 감정에 무의식적으로 영향을 미친다. 한 실험에서, 사람들에게 새 헤드폰을 주고 헤드폰으로 지시를 내렸다.[8] 오디오 품질을 테스트할 목적이니 머리를 움직여가며 소리가 왜곡되지 않는지 알아보라는 지시였다. 이때 참가자 절반에게는 머리를 위아래로 끄덕여보라 했고, 절반에게는 좌우로 흔들어보라고 했다. 헤드폰으로 들려준 소리는 라디오 논평이었다. 그 결과, 고개를 위아래로 끄덕인(긍정의 표시) 사람들은 음질이 좋다고 평가했고, 고개를 좌우로 흔든 사람들은 나쁘다고 평가했다. 이번에도 참가자들은 본인은 눈치채지 못한 채, 거부 또는 수용 의사와 그것을 드러내는 공통된 몸짓 사이의 습관적 연관성을 드러냈다. 그렇다면 "지금 기분과 상관없이 침착하고 상냥하게 행동하라"는 흔한 훈계가 왜 좋은 충고인지 알 수 있다. 그렇게 행동하면 실제로 침착하고 상냥해지는 기분을 느낄 확률이 높다.

행동을 좌우하는 점화 효과

점화 효과 연구에서 드러난 많은 사실은 의식적이고 자율적으로 판단하고 선택하는 인간이라는 이미지에 큰 타격을 준다. 이를테면 우리는 대개 투표를 정책에 대한 내 평가와 가치를 반영하는 의도적 행위로 보고, 정책과 무관한 것에 영향을 받지 않는다고 생각한다. 그래서 투표소의 위치 따위에는 영향을 받지 않는다고 생각하지만, 사실은 그렇지 않다. 2000년에 애리조나 선거구에서 투표 유형을 분석한 결과, 학교 재정 지원 증가안에 찬성한 비율은 투표소가 학교 안에 설치된 경우가 근처 다른 곳에 설치된 경우보다 훨씬 높았다.[9] 그런가 하면 사람들에게 교실과 사물함 사진만 보여줘도 학교 지원안에 찬성할 확률이 높아진다는 결과가 나온 실험도 있다. 이 사진 효과로 나타난 차이는 학부모와 학부모가 아닌 사람 사이의 차이보다도 컸다. 점화 효과 연구는 노인을 상기시키면 걸음이 느려진다는 초기 실험에서 비롯했다. 이제 우리는 점화 효과가 삶 곳곳에서 나타난다는 사실을 알게 되었다.

한 예로, 돈을 상기시키면 당혹스러운 일이 일어난다.[10] 어느 실험에서는 참가자들에게 다섯 개 단어 묶음을 여러 개 주고, 단어 네 개를 골라 돈을 주제로 문구를 만들라고 했다('높다high', '하나a', '급여salary', '책상desk', '지급paying'으로 '높은 급여a high-paying salary'를 만드는 식이다). 이때 주변에 문구 만들기와 직접 관련은 없지만 은연중에 돈을 연상케 하는 장치가 있었는데, 이를테면 탁자 위에 모노폴리 보드게임에 쓰는 지폐가 놓여 있기도 하고, 컴퓨터 화면에 달러가 둥둥 떠다니는 그림이 화면보호기로 작동되기도 했다.

돈을 연상케 하는 환경에 노출된 사람들은 더 독립적으로 행동한다. 이들은 어려운 문제를 풀 때 실험 진행자에게 도움을 요청하기 전에 거의 두 배의 시간을 들여가며 문제를 스스로 풀려고 애썼다. 자립심이 높아졌다는 명백한 증거였다. 이들은 더 이기적인 성향도 보여서, 실험 과제를 두고 쩔쩔매는(실제로는 쩔쩔매는 척하던) 학생을 돕는 데 인색했다. 실험 진행자가 바닥에 연필 한 묶음을 떨어뜨렸을 때도 (무의식적으로) 머릿속에서 돈을 생각한 참가자들은 더 적은 개수의 연필을 주워주었다. 비슷한 다른 실험에서는 참가자들에게 곧 어떤 사람과 안면을 트는 대화를 나눌 것이라고 말한 뒤, 그 사람을 데려올 동안 의자 두 개를 배치해두라고 했다. 그러자 역시 무의식적으로 머릿속에서 돈을 생각한 참가자들은 그렇지 않은 참가자들보다 의자를 더 멀리 떨어뜨려 배치했다(118센티미터 대 80센티미터). 이들은 혼자 있는 것도 훨씬 더 좋아했다.

이 결과가 보여주는 것은 돈을 생각하면 개인주의가 촉발된다는 것이다. 다른 사람과 엮이거나 남에게 의존하거나 다른 사람의 요구를 들어주기를 꺼리는 성향이다. 이 놀라운 연구를 진행한 심리학자 캐슬린 보스Kathleen Vohs는 연구 결과가 암시하는 바를 깊이 파헤치기보다 독자의 판단에 맡기는 칭찬할 만한 태도를 보였다. 보스의 실험은 의미심장하다. 돈과 관련한 것들에 둘러싸인 사회에 살다 보면 우리도 모르는 방식으로, 그리고 우리가 자랑스러워하지 않을 방식으로, 우리 행동과 태도가 바뀔 수 있다. 어떤 사회는 흔히 존중을 연상케 하는 장치들을 제시하고, 어떤 사회는 끊임없이 신을 상기시키고, 어떤 사회는 위대한 지도자의 거대한 이미지로 복종을 부추긴다. 독재 사회에서 지도자의 초상화를 곳곳에 걸어두면 '빅 브라더가 지켜보고 있다'는 느낌을 줄 뿐 아니라 실제로 자발적 사고와 독자적 행동이 줄어드는 건 당연하지 않겠는가.

점화 효과를 증명한 연구는 누구나 죽게 마련이라는 사실을 상기시키면 권위주의적 사고에 더 끌린다는 것을 암시하는데, 아마도 그런 사고가 죽음의 공포를 덜어주기 때문일 것이다.[11] 그런가 하면 무의식적 연상 작용에서 상징과 은유의 역할과 관련해 프로이트의 통찰을 증명한 실험들도 있다. 예를 들어 철자가 빠진 두 단어 W _ _H와 S _ _P를 생각해보자. 창피했던 행동을 떠올려보라는 말을 최근에 들었던 사람이라면 두 단어를 WISH(기원하다)와 SOUP(수프)보다는 WASH(씻다)와 SOAP(비누)으로 볼 공산이 크다. 그런가 하면 동료의 등에 칼을 꽂는 상상만으로도 건전지, 주스, 초코바보다는 비누, 살균제, 세제를 살 확률이 높아진다. 영혼이 더러워졌다는 느낌은 몸을 씻고 싶다는 욕구를 불러일으키는데, 흔히 '맥베스 부인 효과'라

부르는 현상이다.[12]

씻는 부위는 관련 죄와 연관성이 높다. 한 실험에서 참가자들에게 가상의 인물을 상대로 전화나 이메일로 거짓말을 하라고 했다. 그런 다음, 여러 물건을 놓고 어떤 것이 좋은지 물었다. 그러자 전화로 거짓말을 한 사람은 비누보다 구강 청결제를 골랐고, 이메일로 거짓말을 한 사람은 구강 청결제보다 비누를 골랐다.[13]

내가 점화 효과 연구 내용을 강연할 때면 사람들은 흔히 못 믿겠다는 반응을 보인다. 그도 그럴 것이 시스템 2는 그런 행위가 자신의 책임이며, 자신이 그 선택의 이유를 안다고 믿기 때문이다. 그리고 이런 의문도 들 것이다. 그런 사소한 조작이 어떻게 그렇게 큰 효과를 낸단 말인가. 그렇다면 우리는 언제든 순전히 주변 환경에 휘둘리는 존재라는 말인가. 물론 그렇지 않다. 점화 효과는 강력하지만, 늘 광범위하게 나타나지는 않는다. 이를테면 투표에 참여한 100명 가운데 애초에 찬반 의견이 확실치 않았던 소수만 투표소가 교회보다 학교에 설치되어 있을 때 학교 문제를 묻는 투표에 영향을 받을 것이다. 소수가 당선 결과를 바꿀 수도 있지만.

그러나 여기서 주목할 점은 이 연구 결과를 불신할 이유가 없다는 것이다. 실험 결과는 조작되지 않았고 통계상의 요행은 없었다. 이 연구의 주요 결과는 사실이라고 인정할 수밖에 없다. 더 중요하게는 그 결과가 바로 내게도 해당한다고 인정해야 한다. 달러가 떠다니는 화면보호기를 본 적이 있는 사람이라면 모르는 사람이 바닥에 연필을 한 무더기 쏟았을 때 고작 몇 자루 집어주고 말 것이다. 내 주관적 경험에서는 그런 일이 일어나지 않았으니 그 실험 결과가 내게는 해당하지 않는다고 생각할 사람도 있겠다. 하지만 주관적 경험은 주로 시스템 2가 지금 벌어지는 상황을 전해주는 이야기로 구성된다. 점화 효과는 시스템 1에서 일어나며, 시스템 1은 의식적 접근이 불가능한 영역이다.

끝으로 점화 효과를 보여주는 완벽한 사례를 하나 소개하겠다. 어느 영국 대학의 사무실 주방에서 실시한 실험이다.[14] 사무실 사람들은 여러 해 동안 돈을 내고 차나 커피를 마셨다. '양심 상자'에 직접 돈을 넣고 마시는 방식이다. 벽에는 권장 가격표가 붙어 있었다. 어느 날 가격표 바로 위에 그림이 붙었다. 그 어떤 경고나 설명은 없었다. 그림은 10주 동안 매주 바뀌었는데, 꽃 그림 아니면 마치 누군가가 지켜보는 듯한 눈 그림이었다. 전에 없던 그 장식을 보고 누구도 가타부타 말이 없었지만, 양심 상자에 모인 금액은 확연히 달라졌다. 벽에 붙은 그림과 상자에 모인 (음료 소비량과 비교한) 금액은 〈그림 4〉와 같다. 이 그래프는 자세히 살펴볼 필요가 있다.

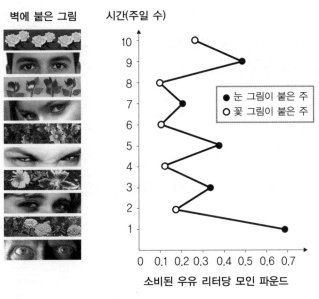

| 그림 4 |

실험 첫 주(그래프 맨 아래)에는 두 눈을 부릅뜨고 커피나 차를 마시는 사람을 뚫어지게 쳐다보는 그림을 붙였고, 그러자 커피나 차에 넣는 우유 리터당 평균 70펜스가 모였다. 둘째 주에는 꽃 그림을 붙였고, 상자에 모인 평균 금액은 15펜스로 뚝 떨어졌다. 이런 경향은 이후로도 계속되었다. 주방을 이용하는 사람들은 눈 그림이 붙은 주에는 꽃 그림이 붙은 주보다 평균 세 배에 가까운 돈을 상자에 넣었다. 누군가가 지켜본다는 상징만으로도 사람들을 자극해 행동을 개선시킨 분명한 사례다. 이쯤 되면 다들 예상하겠지만, 이 효과는 무의식적으로 일어난다. 그렇다면 이제 그런 상황이 닥치면 누구나 그렇게 행동하리라고 생각할 수 있겠는가?

몇 해 전에 심리학자 티머시 윌슨Timothy Wilson이《내 안의 낯선 나Strangers to Ourselves》라는 암시적 제목의 책을 썼다.[15] 독자는 이제 '내 안의 낯선 나'를 만날 수 있었다. 내가 눈치채지 못하는 사이에 내 행동을 통제할 수도 있는 존재다. 시스템 1이 우리에게 제시하는 인상은 종종 믿음으로 굳어지고, 우리는 거기서 나오는 충동에 따라 선택을 하거나 행동을 할 때도 많다. 시스템 1은 나와 내 주변에서 일어나는 일들을 소리 없이 해석하며, 현재를 가까운 과거와 연결하고 가까운 미래에 대한 예상과 연결한다. 어떤 사건이 평범한 일인지, 놀라운 일인지를 그 자리에서 평가하기도 한다. 빠르고 때로는 정확한 직관적 판단의 원천이다. 시스템 1은 그런 일들을 우리가 의식하지 못하는 사이에 처리한다. 다음 장에서 살펴보겠지만, 우리 직관 중에 상당수의 체계적 오류 또한 시스템 1에서 나온다.

점화 효과와 관련한 말들

"이 사람들이 죄다 단체복을 입고 있는 모습을 보면 창조력이 점화되지 않는다."

"세상은 생각보다 훨씬 더 뒤죽박죽이다. 일관성은 주로 정신이 작동하는 방식에서 나온다."

"결점을 찾도록 그들을 부추겼더니, 이런 결점을 찾아내는 게 아닌가."

"그의 경우 시스템 1이 이야기를 구성하면, 시스템 2가 그 이야기를 믿는다.
사실 우리가 다 그렇다."

"억지로라도 웃었더니 정말 기분이 좋아졌어!"

Thinking,
Fast and slow

5

인지적 편안함

의식이 있는 때라면, 어쩌면 의식이 없을 때라도, 우리 머리는 한꺼번에 여러 계산을 하면서 새로운 일이 일어나지 않았는지, 위협은 없는지, 모든 일이 순조롭게 진행 중인지, 주의를 다른 곳으로 돌려야 하는지, 이 일에 더 공을 들여야 하는지 등 주요 질문에 계속 답을 하고 그 답을 매번 새롭게 갱신한다. 비행기 조종실을 떠올려보라. 수많은 계기판이 핵심 변수들의 현재 값을 보여준다. 이 많은 판단은 시스템 1이 자동으로 수행하는데, 그 판단 중 하나는 시스템 2의 노력이 추가로 투입되어야 하는가를 결정하는 것이다.

계기판이 나타나는 항목에는 '인지적 편안함cognitive ease'이 있다.[1] 그 값은 '편안함'과 '압박감' 사이에 놓인다. '편안함'은 어떤 위협도, 별다른 뉴스도, 주의를 돌릴 필요도, 더 애쓸 필요도 없이 모든 것이 순조롭다는 표시다.

'압박감'은 문제가 있으니 시스템 2가 가동되어야 한다는 뜻이다. 이때는 거꾸로 '인지적 압박감cognitive strain'을 느낀다. 인지적 압박은 현재의 노력이 충분치 않거나, 요구 조건이 충족되지 않을 때 일어난다. 놀라운 점은 인지적 편안함을 표시하는 다이얼 하나가 다양한 원인과 결과가 얽힌 거대한 망과 연결되어 있다는 것이다.[2] 이를 나타내는 것이 〈그림 5〉다.

〈그림 5〉는 깔끔한 서체로 인쇄된 문장, 반복된 문장, 머릿속에서 점화된 문장은 인지적으로 편안하게 받아들일 수 있음을 보여준다. 기분이 좋은 상태로, 하다못해 입에 연필을 물고 억지로라도 웃으면서 남의 이야기를 듣는다면 그 또한 머릿속에 쉽게 들어온다. 반대로 사용 설명서가 깔끔하지 않은 서체거나, 인쇄가 희미하거나, 복잡한 말로 표현되었다면, 또는 내 기분이 안 좋거나, 심지어 내가 인상을 쓰고 있다면, 설명서를 읽으면서 인지적 압박을 느낀다.

인지적 편안함과 압박감을 유발하는 다양한 원인은 상황에 따라 여러 가지 다른 효과를 불러온다. 인지적으로 편안하면 대개 기분이 좋고, 보이는 것이 마음에 들고, 들리는 것을 믿으며, 직감을 신뢰하고, 현재 상황을 편안하고도 친숙하게 느낄 것이다. 그리고 비교적 건성으로 대충 생각하기 쉽다. 반면에 인지적으로 압박을 받으면 경계하고 의심하기 쉬워서 하는 일에

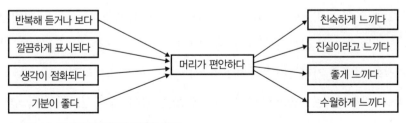

| 그림 5 | **인지적 편안함의 원인과 결과**

더 공을 들이고, 편안한 느낌도 덜 들고, 오류도 적지만, 평소보다 직관력과 창조력이 떨어진다.

기억 착각

'착각illusion'이라고 하면 시각적 착각인 착시가 떠오른다. 착시 그림에 익숙한 탓이다. 그러나 착각을 일으키는 것은 시각만이 아니다. 기억도 착각에 취약하다. 더 일반적으로 말하면 생각은 착각에 취약하다.

데이비드 스텐빌, 모니카 비고트스키, 샤나 티라나. 이제 막 내가 지어낸 이름이다. 독자가 앞으로 몇 분 내에 이 이름을 다시 본다면, 어디서 봤었는지 기억할 가능성이 높다. 게다가 지금은 그리고 앞으로 한동안은 이것이 유명인의 이름이 아니라는 것도 기억한다. 그런데 며칠 지나 지명도가 다소 낮은 유명인 이름과 한 번도 들어본 적 없는 이름이 뒤섞인 긴 목록을 받았다고 해보자. 거기서 유명인의 이름을 찾아내야 한다. 이때 독자는 데이비드 스텐빌을 유명인으로 꼽을 확률이 높다. 이 이름을 영화에서 봤는지, 스포츠에서 봤는지, 정치계에서 봤는지는 당연히 기억하지 못한다. 이 기억 착각을 실험실에서 처음 증명한 심리학자 래리 저코비Larry Jacoby는 〈하룻밤 사이에 유명해지다Becoming Famous Overnight〉라는 논문에서 이 실험을 설명했다.[3] 어떻게 이런 일이 일어날까? 우선 어떤 사람이 유명한지, 유명하지 않은지를 어떻게 가리는지 자문해보라. 정말 유명한 사람이라면 (또는 어떤 분야에서 내가 따르는 유명인이라면) 머릿속에 그 사람에 대한 정보가 가득하다. 알베르트 아인슈타인, U2 밴드의 리드 보컬 보노, 힐러리 클린턴을 생각해보라. 하지만 며칠 뒤에 데이비드 스텐빌이란 이름을 봤을 때 그에 대한 정보가 있을 리 없다. 기껏해야 어디서 본 것 같다는 친숙함이 느껴질 뿐이다.

저코비는 이 문제를 이렇게 깔끔하게 정리한다. "친숙함은 '과거성'이라는 단순하지만 막강한 특성이 있는데, 사람들은 과거성을 예전 경험이 직접 투영된 결과라고 느낀다."[4] 그러나 이 특성은 착각이다. 저코비와 그를 따르는 많은 사람들이 밝혔듯이, 데이비드 스텐빌이라는 이름을 봤을 때 친숙한 느낌이 드는 진짜 이유는 '더 또렷하게 보이기 때문'이다. 예전에 봤던 단어는 나중에 알아보기가 훨씬 쉬워서, 여러 단어를 순간적으로 보여주거나 소음과 뒤섞여 들려주면 그중에 전에 봤던 단어를 훨씬 쉽게 알아보고, 한 번 봤던 단어는 처음 보는 단어보다 (100분의 몇 초 정도) 빠르게 판독해낸다. 한마디로 전에 봤던 단어는 무척 쉽게 알아보고, 쉽게 알아보기 때문에 친숙하게 느낀다.

〈그림 5〉는 이를 시험해볼 방법을 알려준다. 한 번도 본 적 없는 단어를 골라 눈에 잘 띄게 해보라. 그러면 예전에 알았던 단어라는 느낌이 들 공산이 크다. 실제로 모르는 단어를 실험 직전에 1,000분의 몇 초 동안 보여주는 식으로 무의식중에 머릿속에 주입하거나, 단어 목록에서 다른 단어와 현저히 대비되게 하면, 다른 단어보다 더 낯익은 느낌이 들 수 있다. 이런 연관성은 반대 방향으로도 작용한다. 예를 들어 흐릿하게 인쇄된 단어 목록을 받았다고 해보자. 어떤 단어는 심하게 흐리고, 어떤 단어는 덜 흐리다. 이 중에 그래도 좀 더 선명하게 보이는 단어를 골라야 한다. 이 경우, 최근에 본 적 있는 단어는 낯선 단어보다 더 선명하게 보일 것이다. 〈그림 5〉에서 알 수 있듯이, 인지적 편안함 또는 압박감을 유발하는 다양한 방식은 그때그때 달라서, 어떤 대상을 편하게 인식하거나 어렵게 인식하게 하는 요인이 정확히

무엇인지 모를 수 있다. 여기서 친숙함이라는 착각이 생긴다.

진실 착각

'뉴욕은 미국의 대도시다.' '달은 지구 주위를 공전한다.' '닭은 다리가 넷이다.' 이런 문장들을 보는 순간 사람들은 수많은 잡다한 관련 정보를 머릿속에서 재빨리 끄집어낸다. 그러면서 처음 두 문장은 맞고 마지막 문장은 틀리다는 사실을 알아챈다. 그런데 '닭은 다리가 셋이다'라는 말이 '닭은 다리가 넷이다'라는 말보다 더 명백히 거짓말로 들린다는 점에 주목하라. 우리 연상 체계는 두 번째 문장의 진위 여부 판단을 느리게 만든다. 다리가 넷인 동물이 많다는 점, 그리고 슈퍼에서 닭다리를 네 개씩 포장해 팔기도 한다는 점이 떠오르는 탓이다. 이때 시스템 2가 관여해 정보를 선별하면서, 뉴욕 문제가 너무 쉬운 게 아닌지 의혹을 제기하거나 '공전'의 뜻을 알아봤을 수 있다.

가장 최근에 본 운전면허 시험을 떠올려보라. '3톤이 넘는 차를 운전하려면 특수면허가 필요한가?'라는 문제를 기억하는가? 열심히 공부한 사람이라면 그와 관련한 이론을 기억할 뿐 아니라 책에서 그 답이 나온 페이지까지 기억할 것이다. 그런데 내가 다른 주로 이사 가는 바람에 다시 운전면허 시험을 봐야 했을 때는 당연히 그렇지 않았다. 나는 교통법규가 적힌 소책자를 재빨리 한 번 훑고 합격하기만을 기대했다. 오랫동안 운전한 경험이 있어서 웬만한 답은 다 안다고 생각했다. 그런데 이렇다 할 답이 떠오르지 않아 그저 편안하게 느껴지는 대로 답을 해야 했던 문제도 있었다. 낯익다 싶으면 그게 정답이려니 추측했다. 그리고 낯설다 싶으면(또는 너무 과장됐다 싶으면) 제쳐두었다. 낯익다는 느낌은 시스템 1에서 나오고, 시스템 2는 그 느낌에 기대어 참 또는 거짓을 판단한다.[5]

〈그림 5〉는 인지적 편안함 또는 압박감에 따라 판단하면 예견된 착각이 일어날 수밖에 없다는 것을 보여준다. 연상 체계를 편안하게 작동시키는 생각은 편향되기 쉽다. 사람들에게 거짓을 믿게 하는 꽤 확실한 방법은 거짓을 반복하는 것이다. 친숙함은 곧잘 진실과 혼동되기 때문이다. 권위적인 기관과 마케팅 담당자 들은 이 사실을 잘 알고 있다. 하지만 어떤 말을 진실로 보이고자 할 때 그 말 전체를 반복할 필요는 없다는 사실을 발견한 사람은 심리학자들이다. '닭의 체온'이라는 말만 반복해서 들려줘도 '닭의 체온은 62도다'(몇 도라고 하든 상관없다)라는 말을 옳다고 생각할 확률이 높아진다.[6] 어떤 말에서 일부만 친숙해져도 전체를 친숙하게 느끼고, 나아가 전체를 옳다고 여기기에 충분하다. 어떤 말이 어디서 나왔는지 기억나지 않는다면, 그래서 그 말을 이미 알고 있는 사실과 연관시킬 방법이 없다면, 그 말이 얼마나 편안하게 느껴지는지에 의존하는 수밖에 없다.

설득력 있는 글쓰기 요령

상대가 내 말을 믿도록 글을 써야 한다고 가정해보자. 물론 나는 진실을 말하겠지만, 상대가 진실이라고 믿어준다는 보장은 없다. 이때 인지적 편안함을 내게 이롭게 이용한다면 꽤 적절한 전략이 되는데, '진실 착각' 연구는 이 목적 달성에 도움이 될 만한 구체적인 내용을 제시한다.

가장 일반적인 원칙은 인지적 압박을 줄이면 글의 설득력이 높아진다는 것인데, 이를 위해서는 우선 가독성을 극대화해야 한다. 다음 두 문장을 비교해보자.

아돌프 히틀러는 1892년에 태어났다.

아돌프 히틀러는 1887년에 태어났다.

둘 다 거짓이다(히틀러는 1889년에 태어났다). 그러나 실험에 따르면, 둘 중에 진하게 인쇄한 위 문장을 신뢰할 확률이 높다. 그리고 하나 더! 질 좋은 종이를 사용해 글자와 배경의 대비를 극대화하라. 컬러로 인쇄한다면, 글자를 초록, 노랑, 하늘색 같은 연한 색보다 파랑이나 빨강 같은 선명한 색으로 인쇄할 때 신뢰도가 높아진다.

믿을 만하고 똑똑한 사람으로 보이고 싶다면, 간단한 말로도 충분할 때 괜히 어려운 말을 쓰지 마라. 프린스턴대학의 내 동료 교수 대니 오펜하이머Danny Oppenheimer는 교수들에게 깊은 인상을 남기는 어휘를 두고 대학생들 사이에 만연한 엉터리 믿음을 반박했다. 그는 〈박식한 언어 남발의 결과: 불필요하게 긴 말을 사용할 때의 문제점Consequences of Erudite Vernacular Utilized Irrespective of Necessity: Problems with Using Long Words Needlessly〉이라는 글에서, 친숙한 내용을 현학적 언어로 옮기면 헛똑똑이로 보일 뿐 아니라 신뢰도도 떨어진다고 지적했다.[7]

전달하려는 내용을 간결하게 표현하고, 더불어 기억하기 좋게 표현하라. 가능하면 시처럼 써라. 그러면 진실로 받아들여질 공산이 크다. 많이 인용되는 실험 하나를 보자. 이 실험에서 참가자들에게 다음과 같은 낯선 경구를 10여 개 읽게 했다. 운을 맞춘 경구다.

> **Woes** unite **foes**.
>
> (비통함은 적을 결집시킨다.)
>
> Little **strokes** will tumble great **oaks**.
>
> (하찮은 도끼질이 큰 참나무를 쓰러뜨린다.)
>
> A fault **confessed** is half **redressed**.
>
> (잘못을 실토했다면 절반은 바로잡은 셈이다.)

다른 참가자에게는 똑같은 의미의 경구를 운을 맞추지 않은 것으로 보여
주었다.

> Woes unite enemies.
>
> Little strokes will tumble great trees.
>
> A fault admitted is half redressed.

의미가 같은 문장이라도 운을 맞추면 더 통찰력이 있다는 평가를 받는다.[8]
 마지막으로 자료를 인용할 때는 발음하기 쉬운 출처를 골라라. 한 실험에
서, 참가자에게 가상의 터키 증권사 두 곳의 발표를 기초로 가상의 터키 회
사들의 전망을 평가하라고 했다.[9] 증권사 두 곳 모두 각 회사 주가를 발표했
는데, 증권사 한 곳은 이름이 발음하기가 쉬웠고(예: Artan[아르탄]) 다른 한
곳은 발음하기가 어려웠다(예: Taahhut[타후트]). 두 곳에서 발표한 주가는 다
를 때도 있었다. 최선의 평가 방법은 두 곳에서 발표한 주가를 평균 내는 것

일 텐데, 참가자들은 그렇게 하지 않았다. 이들은 타후트보다 아르탄의 발표에 훨씬 큰 비중을 두었다. 시스템 2는 게으르고, 사람들은 머리를 쓰기 싫어한다는 사실을 기억하라. 출처 이름이 복잡하면 사람들은 해당 정보를 가급적 피하려 할 것이다.

이상은 모두 아주 훌륭한 조언이지만, 아직 흥분하기는 이르다. 종이 질이 좋아도, 글자 색이 선명해도, 운을 맞추거나 쉬운 말을 써도, 전달하려는 내용이 누가 봐도 말이 안 되거나 듣는 사람이 진실이라고 알고 있는 것과 상반된다면 말짱 헛일이다. 심리학자들은 사람들이 멍청하다거나 한없이 속기만 한다고 전제하면서 이런 실험을 하지는 않는다. 우리는 누구나 시스템 1이 받아들인 인상에 이끌려 살아가고, 그 인상이 어디서 나왔는지 모르는 때가 많다는 게 심리학자들의 생각이다. 우리는 어떤 말의 진실 여부를 어떻게 판단할까? 그 말이 내 믿음이나 선호도와 연관되거나 논리적 연관성이 있다면, 또는 내가 신뢰하고 좋아하는 출처에서 나왔다면, 인지적 편안함을 느낀다. 문제는 서체나 호소력 있는 운율 등 다른 이유로도 편안함을 느낄 수 있어서 편안함의 출처를 찾아내기가 쉽지 않다는 점이다. 〈그림 5〉에서 알 수 있는 사실은 편안함이나 압박감을 느끼는 원인은 다양하며, 여러 원인을 따로 떼기 어렵다는 것이다. 어렵지만 불가능하지는 않아서, 마음만 굳게 먹으면 진실이라는 착각을 불러일으키는 피상적 요인을 극복할 수 있다. 그러나 게으른 시스템 2는 시스템 1의 제안을 받아들여 그대로 밀고 나가기 일쑤다.

인지적 압박과 노력

연상적 연관성에 나타난 대칭성은 연상적 일관성의 주된 주제다. 앞에서 보았듯이, 입에 연필을 물어 억지로 웃거나 미간에 깊은 주름을 만들고 그 사이에 공을 끼워 억지로 인상을 쓰면, 웃거나 눈살을 찌푸릴 때 흔히 느끼는 감정을 경험한다. 이와 똑같은 양방향 자기 강화가 인지적 편안함 연구에서도 나타난다. 즉 인지적 압박은 시스템 2의 노력이 개입할 때 나타나지만, 역으로 인지적 압박이 어디서 오든 그것은 시스템 2를 작동시켜, 문제를 직관적으로 해결하다가도 태도를 바꿔 문제에 적극 개입해 분석적으로 해결하게 하는 성향이 있다.[10]

앞에서 사람들이 머릿속에 처음 떠오르는 생각을 검증도 하지 않고 그대로 답으로 내놓는 성향을 방망이와 공 문제로 시험했었다. 셰인 프레더릭의 인지 반응 검사에는 이 외에 두 문제가 더 있다. 둘 다 직관적으로 떠오르는 틀린 답을 내놓기 쉬운 문제다. 문제를 보자.

- 기계 다섯 대가 5분 동안 가발 다섯 개를 만든다면, 기계 100대로 가발 100개를 만들려면 몇 분이 걸리겠는가?

  100분? 5분?

- 호수에 수련 잎이 한 무더기 떠 있다. 수련 잎이 차지하는 면적은 날마다 두 배로 늘어난다. 수련 잎이 호수 전체를 뒤덮는 데 48일이 걸린다면, 호수 절반을 뒤덮는 데는 며칠이 걸리겠는가?

  24일? 47일?

두 문제의 정답은 맨 아래에 각주로 달았다.★ 실험 진행자는 프린스턴대에서 학생 40명을 모집해 이 인지 반응 검사를 실시했다. 이때 절반에게는 색이 바랜 종이에 작은 서체로 인쇄된 검사지를 나눠주었다. 문제를 알아볼 수는 있지만 서체가 인지적 압박을 유발했다. 검사 결과가 말해주는 것은 분명했다. 평범한 서체의 검사지를 받은 학생들은 90퍼센트가 하나 이상의 오답을 내놓은 데 반해, 겨우 알아볼 수 있는 서체의 검사지를 받은 학생들은 그 비율이 35퍼센트로 떨어졌다. 글자를 알아보기 힘들 때 정답률이 더 높아졌다는 이야기다. 인지적 압박은 압박 원인이 무엇이든 간에 시스템 2를 작동시켜서 시스템 1이 제시한 직관적 답을 거부하게 만든다.

인지적 편안함이 주는 즐거움

〈머릿속이 편하면 얼굴에 미소가 떠오른다Mind at Ease Puts a Smile on the Face〉. 참가자들에게 그림을 잠깐씩 보여주는 실험을 설명한 논문 제목이다.[11] 실험에서 일부 그림은 완벽한 모습을 보여주기 직전에, 어떤 그림인지 전혀 눈치채지 못할 정도로 윤곽만 살짝 보여주어 나중에 알아보기 쉽게 했다. 그리고 이때의 감정 반응을 안면 근육에서 나오는 전기 자극으로 측정했다. 너무 미묘하고 순간적이어서 육안으로 감지하기 어려운 표정 변화를 측정할 때 사용하는 방법이다. 예상대로 사람들은 그림을 쉽게 알아볼 수 있을 때 옅은 웃음을 보이고 양미간도 편안해 보였다. 인지적 편안함이 좋

★ 5분, 47일

은 기분과 연관된다는 시스템 1의 특징을 보여주는 결과다.

예상대로, 발음이 쉬운 단어도 호의적인 태도를 불러온다. 주식이 처음 발행되고 한 주 동안은 이름을 발음하기 쉬운 회사가 그렇지 않은 회사보다 반응이 좋다. 시간이 지나면서 이 효과는 점차 사라지지만, 처음 한동안은 거래에 사용되는 약자가 발음하기 좋은 주식(KAR[카], LUNMOO[런무])은 발음이 꼬이는 주식(PXG[피엑스지], RDO[알도])보다 실적이 좋다. 그리고 어느 정도 시간이 지나도 약간의 우위를 유지한다.[12] 스위스에서 실시한 연구에서, 투자자들은 Emmi(에미), Swissfirst(스위스퍼스트), Comet(코멧)처럼 발음하기 좋은 회사 주식의 예상 수익을 Geberit(게버리트), Ypsomed(입소메드)처럼 발음이 꼬이는 회사의 예상 수익보다 높게 평가했다.[13]

〈그림 5〉가 보여주듯이, 어떤 대상에 반복되어 노출되면 인지적 편안함과 친숙함이 느껴진다. 저명한 심리학자 로버트 자이온스Robert Zajonc는 임의의 자극이 반복되는 것과 사람들이 마침내 그것에 약간의 호감을 느끼는 것의 연관관계를 오랜 세월 연구해왔다. 자이온스는 이를 '단순 노출 효과mere exposure effect'라 불렀다.[14] 미시간대학과 미시간주립대학의 대학신문들을 대상으로 진행한 실험은 내가 무척 좋아하는 실험 중 하나다.[15] 이들 신문의 1면에는 몇 주 동안 광고 비슷한 박스 기사가 실렸는데, 여기에는 다음과 같은 터키어(또는 터키어처럼 들리는) 단어들이 포함되었다. kadirga(카디르가), saricik(사리시크), biwonjni(비욘즈니), nansoma(난소마), iktitaf(이크티타프). 각 단어가 등장하는 빈도는 다 달랐다. 딱 한 번 나온 단어도 있고 두 번, 다섯 번, 열 번, 또는 스물다섯 번 나온 단어도 있었다(그 빈도는 신문마다 달랐다). 이 박스 기사에 대한 어떤 설명도 없었고, 독자가 광고주를 물어보면 "광고주가 익명을 요구했다"는 대답이 돌아왔다.

알 수 없는 광고 시리즈가 끝난 뒤, 연구진은 대학의 여러 단체에 설문지를 보내, 각 단어를 좋은 의미로 받아들이는지 나쁜 의미로 받아들이는지 물었다. 결과는 놀라웠다. 여러 번 등장한 단어는 한두 번 등장한 단어보다 호감도가 훨씬 높았다. 이런 결과는 한자, 사람 얼굴, 모양이 일정치 않은 다각형 등을 대상으로 실시한 다른 여러 실험에서도 똑같이 나타났다.

단순 노출 효과는 의식적으로 체험하는 친숙함에 좌우되지 않는다. 의식과는 아예 무관하다. 이 효과는 어떤 단어나 그림이 지나치게 빠르게 반복되어 그것을 봤다는 사실조차 모를 때 나타나 그것들을 좋아하게 만든다. 이쯤에서 분명해졌겠지만, 시스템 1은 시스템 2가 인식하지 못한 사건에서도 어떤 인상을 받아 반응할 수 있다. 아닌 게 아니라 단순 노출 효과는 의식적으로는 눈치챌 수 없는 자극에서 더 강하게 나타난다.[16]

자이온스는 반복이 호감도에 미치는 효과는 생물학적으로 대단히 중요하며, 이 효과는 모든 동물에서 나타난다고 주장했다. 생물체가 위험한 세상에서 살아남으려면 새로운 자극을 만났을 때 회피나 두려움 등으로 조심스레 반응해야 한다. 그러나 자극이 안전하다고 판명되면 애초의 경계를 푸는 것 또한 환경에 적응하는 행위다. 자이온스는 단순 노출 효과가 나타나는 이유는 어떤 자극에 되풀이해 노출되어도 나쁜 일이 일어나지 않기 때문이라고 주장했다. 그런 자극은 결국 안전하다는 뜻일 테고, 안전하면 좋은 것이니까. 이런 주장은 분명 인간에게만 해당하지는 않는다. 이 점을 강조하기 위해, 자이온스의 동료 한 사람은 두 부류의 유정란 달걀을 서로 다른 소리에 노출했다. 그 뒤 부화한 병아리들은 부화하기 전에 들었던 소리를 다시 들었을 때 구조 신호를 훨씬 적게 보냈다.[17]

자이온스는 연구 결과를 다음과 같이 설득력 있게 요약했다.

생물체가 어떤 자극에 반복적으로 노출되면 주변의 생물, 무생물과의 직접적 관계에서 유용하다. 즉 안전한 대상과 안전한 서식처를 안전하지 않은 것과 구별할 수 있는데, 이는 사회에 애착을 느끼는 데 가장 원초적인 토대다. 따라서 이 현상은 사회 조직과 결속의 기초이자 심리적, 사회적 안정의 기초다.[18]

긍정적 느낌과 시스템 1의 인지적 편안함의 관련성은 진화의 역사가 깊다.

편안함, 기분, 직관

1960년경에 젊은 심리학자 사르노프 메드닉Sarnoff Mednick은 창조력의 본질을 찾았다고 생각했다. 그의 생각은 강렬하고 단순했다. 한마디로 창조력은 비상하게 잘 작동하는 연상기억이다. 그는 '연관 단어 찾기 검사Remote Associates Test'를 만들었다. 지금까지도 창조력 연구에 흔히 사용하는 검사법이다.

쉬운 예로, 아래 세 단어를 보자.

코티지   스위스   케이크

위 세 단어와 모두 연관되는 단어가 생각나는가? 분명히 '치즈'가 답이라고 생각했을 것이다('코티지cottage'는 '작은 시골집'을 뜻하지만, '코티지 치즈'는 치즈의 한 종류다-옮긴이). 이번에는 다음 단어를 보자.

다이빙   빛   로켓

이 문제는 더 어렵지만, 영어 사용자라면 알 수 있는 하나의 정답이 있다. '하늘'이다(다이빙 → 스카이다이빙 ─옮긴이). 실험 대상 중에 정답을 맞힌 학생은 20퍼센트가 안 되었다. 물론 아무 단어나 세 개를 늘어놓는다고 해서 공통된 하나의 단어를 찾을 수 있는 것은 아니다.[19] 예를 들어, '꿈, 공, 책'에서 누구나 똑같이 연상할 만한 공통된 단어를 찾기란 쉽지 않다.

근래에 연관 단어 찾기 검사를 연구한 독일 심리학자 여러 팀은 인지적 편안함과 관련한 획기적인 사실을 발견했다. 이 중 한 팀이 두 가지 의문을 제기했다. 사람들은 단어 세 개를 보면 정답을 찾기도 전에 답이 있다는 사실을 직감할까? 이 검사에서 기분은 어떤 영향을 미칠까? 이들은 이 물음에 답하기 위해 우선 실험 참가자들을 둘로 나눠 한 부류에게는 몇 분 동안 삶에서 기뻤던 일을, 다른 부류에게는 슬펐던 일을 떠올리게 해 일부는 기쁘게, 일부는 슬프게 만들었다. 그런 다음 세 개로 이루어진 단어 쌍을 여러 개 제시했는데, 그중 절반은 서로 연관성이 있고(예: 다이빙, 빛, 로켓) 절반은 연관성이 없었다(예: 꿈, 공, 책). 참가자들은 단어 쌍이 서로 연관성이 있는지 없는지 추측해 키보드의 키 둘 중 하나를 2초 안에 눌러야 했다. 워낙 짧은 시간이라 정답을 고민할 여유는 없었다.

이 실험에서 첫 번째 놀라운 결과는 사람들의 추측이 우연에 기댄 경우보다 훨씬 더 정확했다는 점이다. 나는 이 결과가 정말 놀랍다. 인지적 편안함은 연상 체계가 보내는 아주 희미한 신호에서 나오는 게 분명해 보이는데, 이 연상 체계는 세 단어에서 연관성을 찾아내기 한참 전에 벌써 세 단어가 일관성(연관성)이 있다는 것을 '알고' 있었다.[20] 이 판단에서 인지적 편안함의 역할은 또 다른 독일 연구팀의 실험에서 확인되었다. 실험에서 여러 조작으로 인지적 편안함을 높이자(생각을 점화하거나, 선명한 서체를 쓰거나, 단어를 미리 노출하는 등) 사람들은 단어의 연관성을 더 쉽게 알아보았다.[21]

또 다른 놀라운 발견은 이 직관적 작업에 기분이 막강한 영향력을 발휘한다는 점이다. 실험 진행자들은 '직관 지표'를 계산해 정확도를 측정했다. 그 결과, 검사 전에 참가자에게 즐거운 생각을 하게 해 기분을 좋게 만들면 정확도가 두 배 이상 높아졌다.[22] 더욱 놀라운 점은 기분이 안 좋아진 참가자는 직관적 업무 수행력이 아예 없어져버려, 눈감고 찍기보다 나을 게 없는 추측을 내놓는다는 것이다. 기분은 시스템 1에 분명한 영향을 미쳐서, 마음이 불편하고 언짢을 때는 직관도 작동하지 않는다.

이런 결과는 좋은 기분, 직관, 창조성, 잘 속는 성향, 시스템 1에 대한 높은 의존성이 모두 한통속(!)이라는 점점 더 분명해지는 사실을 뒷받침한다.[23] 반면에 슬픔, 경계심, 의심, 분석적 접근, 노력은 다른 한통속이다. 기분이 좋으면 시스템 2의 통제력이 느슨해져, 더 직관에 의지하고 더 창조적이 될 뿐 아니라 경계도 느슨해지고 논리적 오류도 더 많이 나온다. 이 연관관계는 단순 노출 효과처럼 생물학적으로 그럴 만한 이유가 있다. 기분이 좋다는 것은 모든 게 그런대로 순조롭고, 주변 환경도 안전하니, 경계를 풀어도 좋다는 신호다. 기분이 나쁘다는 것은 모든 게 그다지 순조롭지 않고, 어쩌면 위협이 있을 수 있으니, 경계를 늦추면 안 된다는 뜻이다. 인지적 편안함은 기분이 좋은 원인도 되고 결과도 된다.

연관 단어 찾기 검사는 인지적 편안함과 긍정적 효과의 연관성에 대해 많은 것을 알려준다. 다음에 나오는, 세 개씩 짝을 이룬 단어 무리를 빠르게 살펴보라.

수면   우편   스위치

소금   깊다   거품

    물론 본인은 눈치채지 못하겠지만, 안면 근육의 전기 자극을 측정해본다면 둘 중 아래의 세 단어를 읽을 때 독자의 얼굴에 옅은 미소가 스쳤다고 나올 것이다. 그 단어들 사이에 '바다'라는 일관성이 있기 때문이다. 실험 참가자들도 그 일관성에 미소로 반응했다. 애초에 이들에게 공통된 연관성이니 하는 말은 꺼내지도 않은 채, 다만 세 개씩 짝을 이룬 단어들을 보여주면서 그것을 읽은 뒤 스페이스 바를 누르라고 지시했을 뿐이다.[24] 일관성 있는 단어들을 봤을 때 느끼는 인지적 편안함은 그 자체로 가벼운 즐거움이 된다.

    우리는 기분이 좋고, 인지적 편안함을 느끼고, 직관적으로 일관성을 감지하는 것 사이의 상관관계를 증명했는데, 과학자들의 말마따나 거기에는 반드시 인과관계도 있다고 단정할 수는 없다. 인지적 편안함과 미소는 동시에 나타난다. 그런데 기분이 좋으면 실제로 일관성을 직감할까? 그렇다. 이 둘은 상관관계가 있다. 이를 증명한 훌륭한 실험이 있다. 이 실험에서 참가자 일부에게 이어폰으로 음악을 들려주면서 "이 음악은 앞선 연구에서 사람들의 감정 반응에 영향을 미쳤다"고 거짓 정보를 주었다.[25] 이 말에 참가자들은 감정 반응의 영향을 무의식적으로 차단했고, 그러자 단어 사이의 일관성을 직관적으로 감지하는 능력도 사라졌다. 이로써 단어 세 개를 본 뒤에 나타나는 순간적 감정(단어가 서로 연관되면 기분이 좋고, 그렇지 않으면 언짢은 감정)이 일관성 판단에 기초가 된다는 사실이 밝혀진 셈이다. 여기서는 시스템 1이 감정 변화를 무덤덤하게 받아들이게 했다. 감정 변화가 예상된 이상, 그 변화는 놀랍지 않게 되고, 따라서 감정 변화는 단어와 인과관계로 연결되지 않는다.

이 연구는 여러 실험 기술을 결합했다는 점에서, 그리고 그 결과에서, 다른 어떤 훌륭한 연구와도 견줄 만한 강력하고 대단히 놀라운 성과를 올렸다. 우리는 여러 해 동안 시스템 1의 무의식적 작동 원리에 대해 많은 것을 알아냈다. 이 중 상당 부분이 30년, 40년 전이라면 과학소설처럼 들릴 법한 것들이다. 서체가 안 좋으면 진위 판단에 영향을 미치고 인지 업무 수행력을 높인다거나, 단어 세 개를 보면서 인지적 편안함을 느끼면 기분이 좋아져 일관성 감지에도 영향을 미친다거나 하는 것들은 예전 같으면 상상도 못할 일이다. 심리학은 그동안 장족의 발전을 이루었다.

—

인지적 편안함과 관련한 말들
"서체를 알아보기 어렵다는 이유로 사업 계획서를 무시하지 말자."
"그것이 자주 반복된 탓에 우리가 그걸 믿게 된 게 분명하니, 다시 신중하게 검토해보자."
"친숙해지면 호감이 생긴다. 단순 노출 효과다."
"오늘은 기분도 최고이고, 시스템 2도 평소보다 약하다. 그러니 특별히 조심해야겠다."

Thinking,
Fast and slow

6

정상, 놀람, 원인

이제까지 시스템 1과 시스템 2의 핵심 특징과 기능을 소개했다. 특히 시스템 1을 좀 더 상세히 다루었다. 여러 은유를 자유롭게 섞어 말하면, 우리는 머릿속에 놀라운 성능의 컴퓨터를 가지고 있는데, 일반적인 하드웨어 기준으로 보면 빠르지 않지만, 다양한 생각이 얽힌 거대한 망에 나타나는 여러 형태의 연상적 연결 고리로 이 세상을 표현하는 능력을 가진 컴퓨터다. 연상 작용은 저절로 활성화되어 퍼져나가지만, 우리(시스템 2)에게는 기억 검색을 조절해, 주변에서 어떤 사건을 감지했을 때 주의가 집중되도록 프로그램을 짜는 능력이 있다. 지금부터는 시스템 1의 경이로운 능력과 한계를 좀 더 자세히 살펴보자.

정상 판단하기

시스템 1의 주된 기능은 나만의 세계에서의 본보기, 그러니까 내 세계에서 정상의 기준이 되는 본보기를 유지하고 갱신하는 것이다. 이 본보기는 동시에 또는 비교적 짧은 시차를 두고 어느 정도 규칙적으로 함께 나타나는 환경, 사건, 행동, 결과에 대한 생각들을 연결하는 연관성으로 구성된다. 이 연결고리가 형성되고 굳건해지면서, 연관된 생각들이 만들어내는 일정한 유형이 삶에서 일어나는 사건의 구조를 나타내고, 미래를 어떻게 예상할지, 나아가 현재를 어떻게 해석할지 결정한다.

놀라는 능력은 정신적 삶에서 본질적인 부분이며, 놀람 그 자체는 우리가 세계를 어떻게 이해하고 세계에서 무엇을 예상하는지를 암시하는 가장 민감한 지표다. 놀람에는 크게 두 종류가 있다. 놀람은 예상을 벗어난 일이 발생할 때 나타나기 때문에 예상의 종류에 따라 놀람도 다르다. 어떤 예상은 능동적이고 의식적이어서, 예상하는 사건이 일어나기를 기다린다는 것을 본인도 잘 안다. 시간이 되면, 학교에서 돌아온 아이가 문소리를 낼 테고, 문이 열리면 익숙한 목소리가 들릴 것이다. 그러다가 확신을 가지고 예상한 일이 일어나지 않으면 놀란다. 반면에 수동적으로 예상하는 일은 이보다 훨씬 범주가 넓다. 그런 일은 기대하지도 않고, 일어났을 때 놀라지도 않는다. 능동적으로 예상하기는 어렵지만 일상에서 흔히 일어나는 일들이다.

어떤 일이 한 번만 더 반복되어도 놀람이 줄어들 수 있다. 여러 해 전에 아내와 함께 그레이트배리어리프에 있는 작은 섬 휴양지에서 휴가를 보낸 적이 있다. 섬에는 객실이 40개뿐이었다. 한번은 저녁을 먹으러 나갔다가 아는 사람을 만나 깜짝 놀랐다. 심리학자 존이었다. 우리는 반갑게 인사를 나누고 대단한 우연이라며 이야기를 나누었다. 존은 다음 날 휴양지를 떠났다. 그리고 두어 주가 지나 아내와 런던에 있는 극장에 갔다. 불이 다 꺼진 뒤에 어떤 사람이 뒤늦게 들어와 내 옆자리에 앉았다. 중간 휴식 시간에 불이 켜져서 보니, 옆자리에 존이 앉아 있었다. 나중에 아내와 나는 그때 우리 둘이 동시에 두 가지 사실을 의식했다고 이야기했다. 그 만남은 첫 번째 만남보다 훨씬 더 놀라운 우연이라는 점, 그러나 존을 첫 번째로 만났을 때보다 두 번째로 만났을 때 눈에 띄게 '덜' 놀랐다는 점이다. 첫 번째 만남은 우리 머릿속에 있던 존의 이미지를 어느 정도 바꿔놓았다. 존은 이제 '해외여행 중에 나타난 심리학자'였다. 우리(시스템 2)는 그 이미지가 말도 안 된다는 걸 알지만, 시스템 1은 낯선 곳에서 존을 만나는 것을 거의 평범한 일로 만들어버렸다. 런던 극장 옆자리에서 존이 아닌 다른 사람을 만났다면 우리는 훨씬 더 놀랐을 것이다. 확률로 치면, 극장에서 존을 다시 만날 확률이 우리가 아는 수백 명의 지인 중 어느 한 사람을 만날 확률보다 훨씬 낮지만, 존을 만난 게 더 평범해 보였다.

더러는 수동적 예상이 빠르게 능동적 예상으로 바뀌는데, 우리가 경험한 또 다른 우연한 사건이 그런 경우다. 몇 해 전 어느 일요일 저녁에 뉴욕시에서 프린스턴으로 드라이브를 하고 있었다. 오랫동안 매주 하던 일이다. 그때 우리는 평소와 다른 광경을 보았다. 차 한 대가 불이 붙은 채 길 한쪽에 서 있는 게 아닌가. 그리고 다음 일요일에 그 길을 다시 지나는데, 이번에는 다른 차가 역시 불에 타고 있었다. 우리는 이 두 번째 우연을 마주쳤을 때 처음보다 눈에 띄게 덜 놀랐다. 이제 그 길은 '차가 불길에 휩싸이는 곳'이었다. 어떤 사건이 똑같은 환경에서 되풀이해 일어나다 보니, 두 번째로 일어났을 때는 사건 발생을 능동적으로 예상하게 되었다. 그 뒤로 수개월 동안, 어쩌면 수년 동안, 우리는 그 장소를 지날 때마다 불타는 차가 생각났고, 다시 한 번 불타는 차를 목격할 준비가 단단히 되어 있었다(물론 그 뒤로는 그런 일이 없었다).

심리학자 데일 밀러Dale Miller와 나는 어떤 사건이 정상 또는 비정상으로 인식되는 과정을 설명하려고 간단한 논문을 한 편 썼다. 우리는 이 논문에서 '정상 이론norm theory'을 설명했는데, 그때 사용한 예를 소개하겠다. 비록 그에 대한 내 해석은 그 뒤로 약간 바뀌었지만.

근사한 레스토랑에서 어떤 사람이 옆 테이블에 앉은 사람들을 무심코 바라보다가 수프를 맛본 첫 번째 손님이 괴로운 듯 움찔하는 모습을 목격한다. 이 일로 다수 사건에서 정상의 기준이 바뀔 것이다. 웨이터가 툭 치고 가는 바람에 처음 수프를 맛본 손님이 크게 동요해도 이제는 놀랍지 않다. 다른 손님이 똑같은 수프 그릇에서 수프를 덜어 맛을 보고는 목구멍까지 올라온 소리를 꾹 참는다 해도 역시 놀랍지 않다. 이제 이런 일들이 다른 때보다 더 정상으로 보이는데, 앞서의 예상을 확인해주기 때문만은 아니다. 그보다는 뒤이어 일어난 일들이 맨 처음 일어난 일을 기억에서 불러내고, 그것들과 함께 해석되기 때문이다.[1]

독자도 이 레스토랑에서 사람들을 관찰한다고 상상해보라. 첫 번째 손님이 수프를 먹고 평범하지 않은 반응을 보이자 놀라고, 웨이터가 그 손님을 툭 치고 가면서 그가 움찔하는 모습에 또 한 번 놀란다. 그런데 두 번째로 일어난 비정상적 사건은 첫 번째 사건을 기억에서 끄집어낼 테고, 둘을 같이 놓고 보면 모두 있을 수 있는 일이다. 두 사건은 어떤 유형에 들어맞는다. 그 손님은 유난히 민감한 사람이라는 것이다. 반면에 첫 번째 손님이 얼굴을 찡그리고 뒤이어 다른 손님도 그 수프에 거부 반응을 보인다면, 이 두 번의 놀람이 서로 연결되어 결국 수프가 문제라고 생각할 것이다.

'모세는 동물을 한 종류당 몇 마리나 방주에 태웠을까?' 이 물음에서 틀린 점을 찾아내는 사람이 워낙 적어, 이 현상에 '모세 착각'이란 이름이 붙었다. 모세는 방주에 동물을 태운 적이 없다. 동물을 태운 사람은 노아다. 수프를 먹고 움찔한 사람의 경우처럼 모세 착각도 정상 이론으로 얼마든지 설명이 가능하다. 동물이 방주에 올라타는 장면은 성경을 떠오르게 하고, 모세는 성경에서 낯선 인물이 아니다. 모세를 직접 예상하지는 않았지만, 그의 이름이 언급되어도 놀랍지 않다. 모세와 노아에 모두 '오'라는 모음이 들어 있고 둘의 글자 수도 같다 보니 착각하기는 더 쉽다. 인지적 편안함을 느끼게 하는 단어 쌍을 봤을 때처럼 '모세'와 '방주'를 봤을 때도 무의식적으로 연상적 일관성을 발견한 탓에 재빨리 문제를 인정한다. 이 문장에서 모세를 조지 부시로 바꿔보라. 그러면 어설픈 정치 농담이 되지만 착각을 일으킬 일은 없다.

어떤 느리게가 여러 생각이 활성화되어 만들어진 현재의 맥락에 맞지 않으면, 머릿속에서 비정상적임을 감지하는데, 독자들도 지금 막 그랬을 것이다. 바로 앞 문장에서 '어떤' 뒤에 무슨 말이 올지 별 생각이 없었지만, '느리게'라는 말이 오자 문장이 비정상이라고 알아챘다. 뇌 반응 연구에서, 무언가가 정상을 이탈하면 뇌는 놀라운 속도로, 놀랍도록 민감하게 그것을 포착한다는 사실이 밝혀졌다. 최근에 어느 실험에서, 사람들에게 "지구는 매년 골칫거리 주위를 공전한다"라는 문장을 들려주었다. 그러자 이상한 단어(골칫거리)가 나타나고 10분의 2초 만에 뇌에서 특이한 어떤 유형이 감지되었다. 더 놀라운 점은 어떤 남자 목소리가 "아침마다 구역질이 나는 거 보니 내가 임신한 게 분명하다"라고 말한다거나, 상류층 목소리가 "나는 등에 커다란 문신이 있다"라고 말하는 것을 들어도 똑같은 뇌 반응이 똑같은 속도로 나타난다는 것이다.[2] 이때 이 부조화를 받아들이기 위해 곧바로 세상에 관한 방대한 지식이 동원된다. '저 목소리의 주인공은 상류층 영국인이고, 상류층의 문신을 낯설어하는 세대와 갈등을 빚고 있을 것이다.'

우리가 서로 의사소통을 할 수 있는 이유는 세상에 관한 지식을 광범위하게 공유하고 같은 언어를 사용하기 때문이다. 내가 구체적인 언급 없이 그저 "탁자"라고만 해도 사람들은 내가 평범한 탁자를 가리킨다고 이해한다. 그러면서 표면은 대개 평평하고, 다리가 25개까지는 안 된다고 확신한다. 우리는 수많은 부류에서 '정상'이라는 기준을 가지고 있고, 이 기준에 따라 임신한 남자나 문신을 새긴 귀족처럼 비정상적인 것을 그 자리에서 알아챈다.

의사소통에서 정상이라는 기준의 역할을 알아보기 위해 '커다란 쥐가 아주 작은 코끼리의 코로 기어 올라갔다'라는 문장을 생각해보자. 나는 사람들이 생각하는 쥐와 코끼리의 정상적 크기가 내가 생각하는 정상적 크기와 그다지 다르지 않으리라고 확신한다. 정상적 크기는 전형적 또는 평균적 크기를 나타내기도 하지만, 허용 범위 또는 가변적 범위에 관한 정보도 담고 있다. 우리 중에 코끼리보다 큰 쥐가 자기보다 작은 코끼리를 타고 올라가는 모습을 상상하는 사람은 거의 없다. 상상은 개인마다 다르더라도 공통적으로 신발보다 작은 쥐가 소파보다 큰 코끼리를 기어오르는 모습을 상상한다. 언어를 이해하는 시스템 1은 각 부류마다 정상이라는 기준을 고려하는데, 그 기준은 가장 전형적인 값뿐 아니라 타당한 값의 범위도 명시한다.

원인과 의도 파악하기

'프레드의 부모가 늦게 도착했다. 출장 뷔페는 곧 도착할 예정이다. 프레드는 화가 났다.' 우리는 프레드가 왜 화가 났는지 안다. 출장 뷔페가 곧 도착할 예정이라서가 아니다. 우리의 연상망에서는 프레드가 화가 난 것이 늦게 도착한 부모와는 연결되지만, 뷔페가 도착할 예정이라는 것과는 연결되지 않는다. 우리는 위의 문장을 읽자마자 그럴듯한 이야기를 지어낸다. 프레드가 화난 이유를 곧바로 파악했기 때문이다. 인과관계 파악은 이야기를 이해하는 데 필수이고, 시스템 1이 저절로 작동한 결과다. 이렇게 해석된 인과관계가 의식적 자아인 시스템 2에 접수되고, 시스템 2는 그것을 받아들여 이야기를 만들어낸다.

나심 탈레브의 《블랙 스완》에는 인과관계를 즉흥적으로 찾아내는 이야기가 나온다. 나심 탈레브에 따르면, 사담 후세인이 이라크의 은신처에서 붙잡힌 날, 처음에는 채권 가격이 올랐다. 그날 아침 투자자들이 더 안전한 자산을 찾던 중에, 〈블룸버그 뉴스〉에 이런 헤드라인이 떴다. "미 국채 상승: 후세인 생포, 테러 막기엔 역부족." 그리고 30분이 지나 채권 가격이 떨어지고, 헤드라인이 다시 떴다. "미 국채 하락: 후세인 생포가 위험 자산의 매력 부풀려." 후세인 생포는 두말할 필요 없이 그날의 주요 사건이었고, 우리 생각을 움직이는 요인을 무의식적으로 찾다 보니 그 사건은 그날 시장에서 무슨 일이 일어나든 시장 상황을 해명하는 구실이 될 운명이었다. 두 개의 헤드라인은 언뜻 시장에서 일어난 일을 설명한 것처럼 보이지만, 두 가지 상반된 결과를 설명하는 각각의 진술은 따지고 보면 아무것도 설명하지 못한 꼴이다. 사실 그 헤드라인이 한 것이라고는 논리적 일관성을 바라는 사람들의 욕구를 채워준 것뿐이다. 큰 사건에는 결과가 따르기 마련이고, 결과는 그것을 설명할 원인이 필요하다는 논리적 일관성이다. 그날 일어난 일의 자세한 사정을 알지 못하는 상태에서, 시스템 1은 이런저런 지식을 멋대로 이어 붙여 논리 정연한 인과관계 이야기를 찾아내는 데 선수다.

아래 문장을 읽어보라.

제인은 북적거리는 뉴욕 거리에서 멋진 볼거리를 찾아다니며 하루를 보낸 뒤에 지갑이 없어졌다는 걸 알았다.

사람들에게 (다른 여러 이야기와 함께) 이 짧은 이야기를 읽게 한 뒤에 깜짝 회상 검사를 실시한 결과, 사람들은 문장에 나오지도 않은 '소매치기'라는 단어가 문장에 엄연히 등장한 '볼거리'라는 단어보다 이 이야기와 더 밀접히 연관된다고 생각했다.[3] 이 결과를 연상적 일관성 규칙으로 설명해보자. 지갑을 잃어버린 사건은 지갑이 주머니에서 빠져 식당 바닥에 떨어졌거나 하는 여러 원인을 생각나게 한다. 그런데 잃어버린 지갑, 뉴욕, 북적이는 거리를 나란히 늘어놓으면 소매치기 때문에 지갑을 잃어버렸다는 설명이 떠오른다. 앞서 수프 이야기에서, 다른 손님도 수프 맛을 보고 움찔했다거나 웨이터가 건드렸을 때 첫 번째 손님이 과도하게 반응했다거나 하는 결과는 수프 맛에 놀란 첫 번째 반응을 연상적으로 일관되게 설명하면서 그럴듯한 이야기를 완성한다.

벨기에 귀족 가문 태생 심리학자 알베르 미쇼트Albert Michotte는 1945년에 책을 한 권 펴냈다(1963년에 영어로 번역되었다). 이 책에서 그는 적어도 흄의 연상 작용 설명까지 거슬러 올라가면서, 인과관계를 두고 수세기 동안 이어져온 생각을 뒤집었다. 당시 흔한 상식에 따르면, 우리는 여러 사건에서 되풀이해 눈에 띄는 상관관계로 물리적 인과관계를 추론한다. 우리는 이제까지 무수한 경험을 했는데, 이를테면 움직이는 어떤 물체가 다른 물체를 건드리자 그 물체도 (늘 그렇지는 않지만) 대개는 같은 방향으로 곧바로 움직이기 시작하는 것을 여러 차례 목격했다. 당구공이 다른 공을 때릴 때 이런 식이며, 청소하다 꽃병을 쓰러뜨려도 같은 일이 벌어진다. 그러나 미쇼트는 생각이 달랐다. 그는 우리가 색깔을 곧이곧대로 보듯이 인과관계를 '본다'고 주장했다. 그는 자신의 주장을 뒷받침하는 이야기를 만들었다. 관찰자가 화면에서 검은 정사각형이 움직이는 모습을 본다. 이 정사각형이 다른 정사각형과 만나자 그 다른 정사각형도 곧바로 움직이기 시작한다. 관찰자는 첫 번째 정사각형이 물리적 힘을 가한 적이 없다는 걸 알면서도 막강한 '인과관계 착각'을 일으켜, 두 번째 정사각형이 곧바로 움직였다면 첫 번째 정사각형이 두 번째 정사각형을 "밀어낸 것"이라고 설명한다. 또 어떤 실험에서는 생후 6개월 된 아기들에게 원인과 결과 시나리오에 따라 움직이는 사건을 연속해 보여주었는데, 어느 순간 인과관계가 바뀌자 아기들이 놀라는 반응을 보였다.[4] 우리는 태어날 때부터 인과관계가 있다는 '느낌'을 갖는 게 분명하다. 하지만 이 느낌은 인과관계 유형을 논리적으로 따진 결과가 아니다. 시스템 1이 작동한 결과다.

미쇼트가 물리적 인과관계를 증명하는 책을 펴낸 1944년, 심리학자 프리츠 하이더Fritz Heider와 메리앤 지멜Mary-Ann Simmel이 미쇼트와 비슷한 방법을 써서 '의도적'으로 만들어진 인과관계를 증명해 보였다. 이들은 1분 40초짜리 영상을 만들었는데, 그 영상에는 문이 열린 집처럼 생긴 도형이 있고 그 주위를 큰 삼각형, 작은 삼각형, 원이 돌아다닌다. 사람들은 이 영상을 보며 공격적인 큰 삼각형이 작은 삼각형과 원을 괴롭히고, 원과 작은 삼각형은 힘을 합쳐 못된 큰 삼각형을 무찌른다고 생각한다. 그리고 문 근처에서 티격태격하다가 결국 파국적 종말이 온다고 해석한다.[5] 사람들은 이처럼 어떻게든 의도와 감정을 찾아내고야 마는데, 자폐증에 걸린 사람만 예외다. 이 모든 과정은 당연히 전적으로 머릿속에서 일어난다. 머릿속에서는 행위자를 찾아낼 준비가 되어 있거나 찾아내려고 안달하면서, 그 행위자에게 성격 특성과 구체적인 의도를 부여하고, 그들의 행위를 개별 성향의 표출로 본다. 여기서 다시 한 번, 우리는 의도적으로 어딘가에 원인을 돌리도록 타고났다는 게 증명된다. 한 살이 안 된 아이도 못살게 구는 자와 피해자를 알아보고, 추적자라면 무엇을 쫓든 최단경로로 쫓아가 그것을 잡으리라고 예상한다.[6]

자유의지로 어떤 행위를 한 것과 물리적 인과관계는 완전히 별개다. 내 손으로 소금을 집어 들었더라도 우리는 그것을 물리적 인과관계의 연속으로 생각하지 않는다. 음식에 소금을 더 넣고 싶은 마음에, 육체와 분리된 '내가' 내린 결정에 따라 행동했을 뿐이다. 많은 사람이 자연스럽게 자신의 영혼을 행동의 원천이자 원인으로 설명한다. 심리학자 폴 블룸Paul Bloom은 2005년에 〈애틀랜틱The Atlantic〉에서, 물리적 인과관계와 의도적 인과관계를 별개로 보는 우리의 타고난 성향 탓에 종교적 믿음이 보편화되었다는 도발적 주장을 폈다. 그는 이렇게 말했다. "우리는 사물의 세계를 정신의 세계와 본질적으로 다르게 인지해, 영혼 없는 육체와 육체 없는 영혼을 상상할 수 있게 되었다." 인간은 이처럼 인과관계 방식을 두 가지로 지각하고, 그 덕에 여러 종교에서 나타나는 두 가지 핵심적 믿음을 자연스럽게 받아들이는데, 하나는 비물질적 신성이 물리적 세계를 탄생시킨 궁극적 원인이라는 것이고, 또 하나는 불멸의 영혼은 우리가 살아 있는 동안 육체를 일시적으로 통제하다가 우리가 죽으면 육체를 떠난다는 것이다.[7] 블룸의 견해로 보면, 두 가지 인과관계 개념은 진화의 힘으로 분리되어 형성되었는데, 이로써 종교의 기원이 시스템 1로 편입된다.

유독 인과관계를 두드러지게 인식하는 직관은 이 책에서 반복되는 주제다. 사람들은 통계 논리가 필요한 상황에서 엉뚱하게 인과관계를 적용한다. 통계적 사고는 개별 사례의 결론을 낼 때 그 사례가 속한 범주의 특징을 고려한다. 안타깝게도 시스템 1은 이런 논리적 사고가 불가능하다. 오직 시스템 2만이 통계적 사고가 가능한데, 여기에 필요한 훈련을 받는 사람이 거의 없다.

인과관계 심리학은 내가 일관성에는 거의 관심을 두지 않은 채, 시스템 1과 시스템 2라는 행위 동력의 은유를 써서 심리적, 정신적 과정을 설명하겠다고 결심하는 계기가 되었다. 나는 시스템 1을 어떤 특성과 선호도를 가진 행위자로 언급하기도 하고, 현실을 복잡한 연관관계 유형으로 나타내는 연상 체계로 언급하기도 한다. 시스템과 연상 체계는 허구다. 그런데도 그것을 사용하는 이유는 우리가 무엇의 원인을 생각하는 방식에 딱 들어맞기 때문이다. 하이더가 만든 삼각형과 원은 진짜 행위자는 아니다. 단지 그런 식으로 생각하는 게 아주 쉽고 자연스러울 뿐이다. 정신적 경제성의 문제다. 머릿속에서 일어나는 일을 정신의 특성과 의도로 설명한다면, 그리고 때로는 기계적 규칙성으로 설명한다면, 독자도 (나처럼) 이해하기 쉬울 것이다. 나는 시스템이 진짜로 존재한다고 말할 생각이 없다. 하이더가 큰 삼각형이 진짜로 남을 못살게 구는 존재라고 주장할 마음이 없었듯이.

정상, 놀람, 원인과 관련한 말들

"두 번째 지원자도 내 오랜 친구로 밝혀졌을 때 나는 크게 놀라지 않았다.
특이한 사건이 고작 한 번 더 반복됐는데 벌써 정상이라고 느끼다니!"

"이 상품에 대한 반응을 조사할 때 평균에만 초점을 맞추지 말자.
정상적 반응에 속하는 영역 전체를 고려해야 한다."

"그는 자기가 그저 운이 없었다는 생각을 받아들이지 못한다. 인과관계 설명이 필요하다.
결국 다른 누군가가 고의로 자기 일을 방해했다고 생각할 것이다."

Thinking,
Fast and slow___

7

속단

위대한 코미디언 대니 케이Danny Kaye는 내가 청소년 때부터 줄곧 기억해 온 유명한 대사를 남겼다. 그는 자신이 싫어하는 여자를 두고 이렇게 말한 다. "그 여자가 제일 좋아하는 자리는 자기 옆자리고, 제일 좋아하는 스포츠 는 결론으로 점프하기다Her favorite position is beside herself, and her favorite sport is jumping to conclusions." (beside herself는 직역하면 '바로 옆'이지만 보통은 '미치다'를 뜻하고, jumping to conclusions는 '결론으로 뛰어들기', 즉 '속단'을 뜻한다-옮긴이) 아모스 트버스키와 통계적 직관의 합리성을 두고 처음 대화를 나누던 중에 이 말이 튀어나온 것으로 기억하는데, 지금 생각해보니 시스템 1의 작동 원 리를 설명하기에 딱이다 싶다. 결론이 옳을 것 같고 가끔 하는 실수에 따르 는 대가를 감당할 수 있다면, 그리고 대충 넘겨짚어 시간과 노력을 크게 절 약할 수 있다면, 속단은 효율적이다. 반면에 상황이 낯설거나 위험이 크거나 정보를 충분히 모을 시간이 없을 때라면 속단은 위험하다. 이런 상황에서는 직관적 오류를 저지르기 쉽고, 이 오류를 막으려면 시스템 2가 의도적으로 개입해야 한다.

모호성 방치와 의심 억제

| 그림 6 |

<그림 6>에서 네모 칸에 담긴 셋의 공통점은? 정답은 셋 다 모호하다는 것이다. 사람들은 틀림없이 왼쪽에 있는 것은 A, B, C로, 오른쪽에 있는 것은 12, 13, 14로 읽겠지만, B와 13으로 읽은 것이 사실은 똑같다. 그러니까 A, 13, C나 12, B, 14로도 읽을 수 있다는 이야기다. 하지만 그렇게 읽는 사람은 없다. 왜 그럴까? 같은 것이라도 글자가 나오는 맥락에서는 글자로 읽고, 숫자가 나오는 맥락에서는 숫자로 읽는다. 전체 맥락은 각 요소를 해석하는 데 영향을 미친다. 모호하게 생겼지만 우리는 그것의 정체를 속단하고, 그렇게 모호함을 해결한 뒤에는 애초에 모호했었다는 사실도 눈치채지 못한다.

'은행'이 들어간 문장을 보면서는 아마도 건물 곳곳에 은행이 들어선 번화가를 상상했을 것이다. 하지만 다른 해석도 가능한 모호한 문장이다. 만약 그 앞에 '가을이 무르익어 은행나무가 노랗게 물들었다'라는 문장이 있었다면 전혀 다른 장면을 상상했을 것이다. 그러니까 그때 막 은행나무를 생각했다면, '은행'을 돈을 취급하는 은행으로 생각하지 않는다. 그러나 명

확한 맥락이 없는 상태에서 시스템 1은 자체적으로 그럴듯한 맥락을 만들었다. 맥락을 만든 것이 시스템 1이라고 확신하는 이유는 우리는 선택을 했다는 사실도, 다른 해석이 가능하다는 사실도 눈치채지 못했기 때문이다. 어쨌거나 노랗게 물든 은행나무 근처를 자주 지나치지 않은 이상, 은행 열매보다는 돈을 취급하는 은행을 본 적이 더 많을 테고, 우리는 이를 감안해 문장의 모호함을 해결한다. 불확실한 상황에서는 시스템 1이 답을 놓고 내기를 하는데, 내기의 바탕은 경험이다. 내기 규칙은 똑똑해서, 모호한 상황을 해석할 때는 최근 사건과 현재 맥락을 가장 중시한다. 최근 사건이 떠오르지 않으면, 좀 더 먼 기억에 의존한다. 어렸을 때 기억에 남았던 일을 떠올려보면, 〈ABC〉 노래를 불렀던 일이 생각난다. 그때 ABC라고 했지, A13C라고 하지는 않았다.

두 가지 예에서 가장 중요한 점은 사람들은 결정적인 선택을 해놓고도 선택을 할 줄 모른다는 것이다. 오직 한 가지 해석만 머릿속에 떠오를 뿐, 모호성은 눈치채지 못한다. 시스템 1은 퇴짜 놓은 대안을 더 이상 생각하지 않거나 대안이 있었다는 사실조차 잊어버리기도 한다. 의식적인 의심은 시스템 1의 영역 밖이며, 그런 의심을 하려면 양립 불가능한 해석을 동시에 고려해야 하는데, 정신적 수고가 필요한 일이다. 불확실성과 의심은 시스템 2의 영역이다.

믿고 확신하는 편향

《행복에 걸려 비틀거리다Stumbling on Happiness》의 저자로 잘 알려진 심리학자 대니얼 길버트Daniel Gilbert는 〈시스템이 믿는 법How Mental Systems Believe〉 이라는 논문에서, 17세기 철학자 바뤼흐 스피노자Baruch Spinoza까지 거슬러 올라가며 믿음과 믿지 않음에 관한 이론을 펼쳤다. 길버트는 어떤 말을 이 해하려면 우선 그 말을 믿으려고 노력해야 한다고 제안했다. '그 말이 맞는 다면, 과연 어떤 의미일까?'에서 시작해야 한다. 그래야만 그 말을 '안 믿을 지' 말지 결정할 수 있다. 저절로 작동하는 시스템 1은 일단 믿고 보는데, 그 러다 보면 해당 상황을 최대한 좋게 해석한다. 심지어 앞뒤가 안 맞는 말도 일단 믿는다. 길버트가 제시한 예를 시험해보자. '뱅어는 사탕을 먹는다.' 이 글을 보는 순간, 연상기억이 저절로 작동해 말도 안 되는 말을 말이 되게 할 연관성을 탐색하고, 그러면서 물고기와 사탕이 주는 막연한 느낌을 의식했 을 것이다.

길버트는 불신을 시스템 2의 작동으로 본다. 그는 이 주장을 뒷받침할 멋 진 실험 결과를 내놓았다.[1] 이 실험에서 참가자들에게 '딘카는 불꽃이다' 같 은 밑도 끝도 없는 주장을 보여주고 몇 초 뒤에 '참' 또는 '거짓'이라는 단어 를 보여주었다. 그리고 나중에 앞에서 본 문장 중에 어떤 문장이 '참'이었는 지 기억력을 시험했다. 이때 한 번은 실험 참가자들에게 테스트를 하는 동 안 여러 자리 숫자를 기억하라고 했다. 시스템 2를 차단한 조치였는데, 이 조치가 선택 효과를 발휘해, 사람들은 거짓 문장을 '안 믿기'가 힘들었다. 실 험이 한참 진행되자 지친 참가자들은 거짓 문장 상당수를 참이라고 생각했 다. 이 실험이 시사하는 바는 의미심장하다. 시스템 2가 다른 일에 매달려 있으면 우리는 무엇이든 거의 다 믿을 것이다. 시스템 1은 잘 속고 무엇이 든 믿도록 편향된 반면, 시스템 2는 의심과 불신을 담당한다. 그러나 시스템 2는 더러 바쁘고, 흔히 게으르다. 실제로 사람들은 피곤하고 지칠 때면 광고처럼 그럴듯하지만 공허한 이야기에 영향을 받기 쉽다.

연상기억이 작동하다 보면 전반적인 '확증 편향confirmation bias'이 생길 수 있다. 보통 '샘은 불친절한가?'라는 질문을 받았을 때보다 '샘은 친절한가?'라는 질문을 받았을 때 샘의 여러 가지 행동이 머릿속에 잘 떠오른다. 일부러 확증 증거를 찾는 소위 '긍정적 시험 전략' 역시 시스템 2가 가설을 시험하는 방식이다. 과학철학자들은 가설을 시험할 때 반박 사례를 찾아보라고 조언하지만, 일반 사람들은 (그리고 흔히 과학자들도) 현재 자신의 믿음에 어긋나지 않을 법한 자료를 찾는다. 극단적이고 불가능해 보이는 사건이 일어날 가능성을 제시하거나 그럴 가능성을 과장해도 시스템 1의 확증 편향은 그것을 무비판적으로 수용하곤 한다. 앞으로 30년 안에 쓰나미가 캘리포니아를 덮칠 가능성을 묻는다면, 사람들은 길버트가 '뱅어는 사탕을 먹는다'라는 말도 안 되는 문장을 제시했을 때 뱅어와 사탕의 연관성을 떠올렸듯이, 쓰나미의 모습을 떠올린다. 그리고 그 재앙이 일어날 가능성을 부풀리기 쉽다.

과장된 감정 일관성(후광 효과)

대통령의 정치가 마음에 든다면 대통령의 목소리와 외모도 덩달아 좋아하기 쉽다. 어떤 사람의 아직 보지 못한 부분을 포괄해 모든 것을 좋아하는 (또는 싫어하는) 성향을 '후광 효과halo effect'라 부른다. 이 용어는 심리학에서 한 세기 동안 사용되었지만 일상에서는 널리 쓰이지 않는다. 사람이나 상황을 판단할 때 큰 영향을 미치는 흔한 편향을 일컫는 좋은 명칭이라는 걸 생각하면 안타까운 일이다. 후광 효과는 시스템 1이 세상을 실제보다 더 단순하고 일관되게 표현하는 한 가지 방법이다.

파티에서 조앤이라는 여자를 만났는데, 인상도 좋고 말 붙이기도 편안한 사람이었다. 이제 조앤이란 이름을 들으면, 자선단체 기부를 요청했을 때 들어줄 것 같은 느낌이 든다. 그렇다면 조앤은 기부금을 얼마나 낼 것 같은가? '전혀 알 수 없다'가 정답이다. 사교성이 풍부한 사람이 자선단체에 기부도 잘 한다고 믿을 근거는 없다. 하지만 조앤이 마음에 들고, 조앤을 생각하면 그 여자를 좋아하는 기분이 되살아난다. 게다가 남에게 베푸는 것도 좋고, 그런 행동을 하는 사람도 좋다. 이런 연상 작용 탓에 조앤이 남에게 잘 베풀 것이라고 믿을 준비가 된다. 그리고 조앤은 그런 사람이라고 믿자, 조앤이 전보다 더 좋아진다. 상냥한 성격에다 너그러운 마음 씀씀이까지 더해진 탓이다.

여기서 조앤의 너그러움을 보여주는 진짜 증거는 어디에도 없지만, 그 공백은 조앤을 향한 감정에 어울리는 추측으로 채워진다. 다른 상황에서도 증거가 차곡차곡 쌓이고, 첫인상에서 받은 느낌으로 그 증거를 해석한다. 솔로몬 애시Solomon Asch는 심리학의 오랜 고전이 된 실험에서, 두 사람을 설명하는 단어를 늘어놓고 그들의 성격이 어떨지 물었다.[2] 앨런과 벤은 어떤 사람 같은가?

앨런 지적이다, 성실하다, 충동적이다, 비판적이다, 완고하다, 시기심이 강하다.
벤 시기심이 강하다, 완고하다, 비판적이다, 충동적이다, 성실하다, 지적이다.

사람들은 대부분 벤보다 앨런을 훨씬 더 친근하게 생각했다. 앞에 나온 특성이 뒤에 나온 특성의 의미를 바꿔버린 탓이다. 지적인 사람의 완고함은 타당해 보이고 존경심마저 생기게 하지만, 남을 시기하고 완고한 사람이 지적이라면 더 위험해 보인다. 후광 효과는 숨겨진 모호함에서 나오기도 한다. 앞에 나온 '은행'처럼 형용사 '완고하다'는 모호해서 맥락에 따라 달리 해석된다.

이 연구는 여러 변형이 있다. 어떤 실험에서는 참가자에게 앨런을 설명하는 형용사 중에 앞의 것 세 개를 먼저 보여준 다음, 뒤에 나오는 세 개를 나중에 보여주면서 이 세 개는 다른 사람의 특징이라고 말해주었다. 그렇게 두 사람을 상상하는 참가자에게 만약 그 형용사 여섯 개가 모두 같은 사람을 설명하는 것이라면 어떻겠느냐고 묻자, 대부분이 그건 불가능하다고 대답하는 게 아닌가![3]

한 사람의 여러 성격 중에 어느 것부터 목격하는가 하는 순서는 우연히 결정되는 때가 많다. 그러나 후광 효과가 첫인상의 비중을 높이고, 그래서 더러는 이후에 얻은 정보가 무의미해지는 탓에 순서는 중요하다. 나는 교수가 된 지 얼마 안 됐을 때, 학생들의 시험 답안을 흔한 방식대로 채점했었다. 한 학생의 여러 답안지를 놓고 하나 읽고 채점하고, 또 하나 읽고 채점하는 식이다. 그리고 그 학생의 총점을 계산한 뒤에 다른 학생으로 넘어갔다. 그러다가 한 학생의 여러 답안에 판에 박은 듯 똑같은 점수를 줬다는 사실을 알게 됐다. 내 채점에 후광 효과가 나타난 게 아닌지, 처음 채점한 답안이 전반적인 점수에 부당하게 큰 영향을 미친 게 아닌지, 의심이 들기 시작했다. 원리는 간단했다. 첫 답안에 높은 점수를 줬다면, 그 학생의 다음 답안에 모호한 문장이 나와도 그 의미를 좋게 해석한다. 이 방식은 언뜻 그럴듯해 보인다. 첫 번째 답안을 잘 쓴 학생이 두 번째 답안에서 바보 같은 실수는 하지 않을 테니까! 그런데 이 방식에는 심각한 문제가 있었다. 한 학생이 답안을 두 개 썼는데 하나는 잘 쓰고 하나는 못 썼다면, 둘 중 어느 것을 먼저 읽느냐에 따라 최종 점수가 달라질 것이다. 나는 학생들에게 답안 두 개에 똑같은 비중을 두겠다고 말했지만, 사실은 그렇지 않았다. 두 번째 답안보다 첫 번째 답안이 최종 점수에 훨씬 큰 영향을 미쳤다. 이래서는 안 된다 싶었다.

나는 새로운 방식을 도입했다. 한 사람의 답안을 차례로 다 읽지 않고, 전체 학생의 첫 번째 답안을 읽고 점수를 매긴 뒤 두 번째 답안으로 넘어갔다. 이때 첫 번째 답안의 점수는 답안지 뒷면 안쪽에 적어 두 번째 답안을 읽을 때 (무의식적으로라도) 영향을 미치지 않게 했다. 채점 방식을 바꾸자 당혹스러운 상황이 벌어졌다. 채점에 자신감이 크게 줄어든 것인데, 그 이유는 전에 없이 마음이 불편했기 때문이다. 어떤 학생의 두 번째 답안에 실망해 점수를 적을라치면 그 학생의 첫 번째 답안에는 최고 점수를 줬다는 사실을 발견할 때가 있었다. 그럴 때면 아직 적지 않은 점수를 바꿔 그 불균형을 줄이고 싶은 유혹에 사로잡혔고, 그 유혹에 절대 굴복하지 않겠다는 단순한 규칙을 지키기가 결코 쉽지 않음을 깨달았다. 한 학생의 여러 답안에 매긴 점수가 크게 차이가 날 때도 자주 있었다. 점수가 이렇게 들쭉날쭉하니, 확신도 줄고 좌절감도 느꼈다.

이렇게 된 이상 내가 매긴 점수가 예전만큼 뿌듯하지도 당당하지도 않았지만, 그런 느낌은 좋은 징조라는 걸 깨달았고, 그것은 새로운 방식이 더 낫다는 신호이기도 했다. 앞서 내가 흡족해하던 일관성은 가짜였다. 가짜 일관성 덕분에 인지적 편안함을 느꼈고, 시스템 2는 최종 점수를 기꺼이 인정하는 나태함을 보였다. 다음 문제를 평가할 때 앞의 문제에 크게 영향을 받은 탓에 똑같은 학생이 한 문제에는 답을 잘하고 다른 문제에는 답을 제대로 못할 수 있다는 부조화를 찾아내지 못했다. 채점 방식을 바꾸면서 드러난 불편한 기복은 사실이었다. 문제 하나로 학생의 지식을 평가할 수는 없다는 사실과 내 채점의 신뢰도 부족을 동시에 보여준 일이었다.

내가 후광 효과를 피하려고 사용한 절차는 일반적 원칙을 따른 조치였다. 한마디로, 오류의 사슬을 끊어라! 이 원칙의 작동 원리를 이해하려면 여러 사람에게 동전이 담긴 유리병을 여러 개 보여주고 그 안에 동전이 몇 개나 들었는지 추측해보라고 해보면 된다. 제임스 서로위키James Surowiecki가 그의 베스트셀러 《대중의 지혜The Wisdom of Crowds》에서 설명했듯이, 이런 종류의 문제에서는 개인의 판단은 형편없어도 여러 사람의 판단을 합치면 훌륭한 결과가 나온다.[4] 어떤 사람은 숫자를 지나치게 부풀리고 어떤 사람은 지나치게 축소하지만, 여러 판단의 평균을 내면 그 결과는 꽤 정확하다. 원리는 간단명료하다. 모두가 똑같은 유리병을 관찰하고, 모두가 공통된 근거로 판단하기 때문이다. 또, 개인의 오차는 타인의 오차와 별개이며, (체계적 편향이 없다면) 여러 개인의 오차 평균은 제로에 가깝다. 그러나 오차 감소의 마법이 통하려면 반드시 여러 개인이 독립적으로 관찰해야 하고, 그들의 오차가 서로 연관되지 않아야 한다. 만약 관찰자들이 다 같이 편향을 가지고 있다면, 여러 판단을 합쳐도 편향을 줄일 수 없다. 관찰자들이 서로 영향을 주고받는다면 표본 크기가 크게 줄어드는 셈이고, 그렇게 되면 집단 추정치의 정확도도 줄어든다.

증거가 되는 다양한 출처에서 가장 유용한 정보를 빼내려면 그 출처들이 서로 독립적이어야 한다. 이 규칙은 바람직한 수사의 요건이기도 하다. 어떤 사건에 목격자가 여럿일 때, 이들이 증언하기 전에 서로 의논하지 못하게 해야 한다. 적대적인 목격자들이 서로 부딪히는 것을 막기 위해서만이 아니라 편향되지 않은 목격자들이 서로 영향을 미치지 못하게 하기 위해서다. 목격자들이 자기 경험을 서로 이야기하다 보면 증언할 때 비슷한 오류를 저지르기 쉽고, 그러면 이들이 제공하는 정보의 총 가치가 떨어진다. 불필요하게 중복되는 정보원을 없애는 것도 언제나 바람직한 조치다.

독립된 판단(그리고 오류의 사슬 끊기) 원칙은 조직의 임원들이 근무 시간의 상당 부분을 할애하는 회의에도 곧바로 적용할 수 있다. 이때 아주 단순하지만 유용한 규칙이 있는데, 문제를 토론하기 전에 회의 참석자들에게 자기 입장을 글로 아주 간단히 요약하게 하는 방법이다. 이 절차는 집단 내 지식 다양성과 의견 다양성의 가치를 충분히 활용하게 한다. 공개 토론에서는 흔히 먼저 말하거나 단정적으로 말하는 사람의 의견에 지나치게 무게가 실려, 다른 사람들이 줄줄이 그의 의견을 따를 위험이 있다.

보이는 것이 전부다

아모스와 함께 연구하던 초기의 좋은 추억 하나는 그가 수시로 웃긴 행동을 잘했다는 것이다. 한번은 대학생 시절의 철학 교수를 완벽하게 흉내 내면서 과장된 독일 억양으로 히브리어를 웅얼댔다. "'프리맷 오브 디 이즈Primat of the Is'를 절대 잊어서는 안 되네." 그 교수가 정확히 무슨 뜻으로 한 말인지 나로서는(그리고 분명 아모스도) 확실치 않았지만, 아모스가 이 농담을 쓰는 때는 정해져 있었다. 우리 머리가 현재 우리가 쓸 수 있는 정보와 우리에게 없는 정보를 굉장히 다른 방식으로 다룰 때마다 그는(그리고 결국엔

나도) 이 오래된 문구를 기억해냈다.

연상 체계는 원래 활성화된 생각들로만 구성되도록 설계되었다. 기억에서 (무의식적으로라도) 끄집어내지 않은 정보는 없는 것이나 마찬가지다. 시스템 1은 현재 활성화된 생각들을 모아서 가능한 한 최고의 이야기를 지어내는 데 비상한 재주가 있지만, 없는 정보를 이용하지는 않는다(이용할 수도 없다).

시스템 1이 제 기능을 했는가의 척도는 그것이 지어낸 이야기의 논리적 일관성이다. 이야기의 기반이 되는 자료의 양과 질은 대체로 무관하다. 흔한 일이지만 정보가 아주 적을 때는 시스템 1이 속단을 내린다. 이런 문장을 보자. '민디크가 좋은 지도자가 될까? 그 여자는 똑똑하고 강인하고……' 여기까지만 보고도 곧바로 머릿속에 답이 떠오른다. 좋은 지도자가 될 수 있다! 이용 가능한 아주 제한된 정보를 기초로 최선의 답을 골랐지만, 어쨌거나 성급한 결론이다. 그 뒤에 '타락했다'거나 '잔인하다'라는 말이 오면 어쩌겠는가?

민디크를 지도자감으로 생각한 짧은 순간에 우리가 하지 '않은' 것에 주목해보자. '지도자로서의 자질을 평가하기 전에 무엇부터 알아야 하는가?' 이런 자문은 하지 않았다. 시스템 1은 첫 번째 형용사를 듣고 저절로 작동하기 시작했다. 똑똑하면 좋지, 똑똑하고 강인하면 더 좋고. 두 개의 형용사로 만들 수 있는 최선의 이야기에 시스템 1은 아주 쉽고 편하게 결론을 내렸다. 새로운 정보(민디크는 타락했다)가 나타나면 그 이야기를 수정하겠지만 당장은 다른 정보를 기다릴 이유도, 머릿속이 불편할 이유도 없다. 여기에는 첫인상을 선호하는 편향도 들어 있다.

논리적 일관성을 추구하는 시스템 1과 게으른 시스템 2가 결합한다는 이야기는 시스템 1에서 나온 첫인상이 반영된 많은 직관적 믿음을 시스템 2가 인정한다는 뜻이다. 물론 시스템 2도 좀 더 체계적이고 주의 깊게 증거를 수집하고, 결정을 내리기 전에 점검할 것들을 파악하는 능력이 있다. 집을 사려는데 정보가 없어서 작정하고 관련 정보를 찾던 때를 생각해보라. 그런데 시스템 1은 좀 더 신중한 결정에까지 영향을 미친다. 한마디로 개입하지 않는 곳이 없다.

제한된 증거로 서둘러 결론을 내리는 성향은 직관적 사고를 이해하는 데 매우 중요해서 이 책에도 자주 등장한다. 나는 이런 성향을 '보이는 것이 전부WYSIATI: What you see is all there is'라는 원리로 설명한다. 시스템 1은 첫인상과 직관을 불러일으키는 정보의 양과 질에 모두 심각하게 둔하다.

아모스가 스탠퍼드대학에서 대학원생 제자 둘과 함께 실시한 연구는 보이는 것에만 의존하는 성향을 그대로 보여준다. 참가자들에게 일방적인 증거를 주고, 그들 역시 그것이 일방적이라는 걸 알 때, 그 반응을 관찰한 연구다.[5] 아래는 참가자들에게 보여준, 법적 문제가 얽힌 이야기다.

9월 3일, 노동조합 현장 대표인 43세의 원고 데이비드 손턴이 스리프티 약국 168호에 나타났다. 노조의 일상적인 방문이었다. 그가 도착한 지 10분이 지나지 않아 약국 관리자가 다가와 이제는 그 층에 있는 조합원들과 이야기를 나누지 말라고 했다. 정 이야기를 하려거든 휴식 시간에 뒤쪽에 있는 방에서 하라고 했다. 약국의 요구는 조합과 약국의 계약서에도 나온 내용이지만, 실제로 실행된 적은 한 번도 없었다. 손턴이 요구를 거부하자 약국 관리자는 요구를 수용하든지, 약국을 떠나든지, 체포되든지 알아서 선택하라고 했다. 손턴은 그에게, 자신은 이제까지 그 층에 있는 직원들과 업무에 방해가 되지 않는 한 길게는 10분까지 대화를 나눌 수 있었다는 점을 지적하면서, 일상적 방문 절차를 바꾸느니 차라리 체포되겠다고 대꾸했다. 그러자 관리자는 경찰을 불렀고, 손턴은 무단침입죄로 수갑이 채워졌다. 조서를 쓰고 잠깐 동안 유치장에 들어간 뒤에 모든 혐의가 벗겨졌다. 손턴은 스리프티 약국을 불법체포 혐의로 고소했다.

실험에 참가한 모든 사람이 사건 배경을 알려주는 위 자료를 읽었다. 그리고 참가자 일부는 조합원 측, 일부는 약국 측 변호사의 상황 설명을 들었다. 조합원 측 변호사는 당연히 이 체포를 협박 시도라고 말했고, 약국 측 변호사는 약국에서 대화를 나누는 것은 업무방해이며 관리자의 행동은 적절했다고 주장했다. 일부 참가자는 배심원처럼 양쪽 주장을 모두 들었다. 양측 변호사는 위 이야기에서 추론할 수 없는 다른 유용한 정보는 제공하지 않았다.

참가자들은 상황을 정확히 인지했고, 따라서 일방적 주장만 들었더라도 얼마든지 다른 쪽을 옹호할 수 있었다. 그런데도 한쪽 주장만 들은 경우, 판단은 한쪽으로 쏠렸다. 게다가 한쪽 주장만 들은 참가자는 양쪽 주장을 다 들은 참가자보다 판단에 더 확신을 가졌다. 이런 확신은 이용 가능한 정보로 자기가 직접 구성한 이야기가 논리적으로 일관되다고 느낄 때 나온다. 그럴듯한 이야기를 지어낼 때 중요한 것은 정보의 일관성이지, 정보의 완성도가 아니다. 실제로 아는 게 적을수록 알고 있는 모든 것을 일관되게 구성하기가 쉬웠던 경험이 많을 것이다.

보이는 것에만 의존하면 논리적 일관성을 유지하기도 쉽고, 인지적 편안함도 쉽게 느껴, 해당 진술을 참이라고 받아들인다. 빠르게 생각하고, 부분적인 정보로 복잡한 세상을 이해할 수 있는 것도 다 그 때문이다. 우리가 지어낸 논리적으로 일관된 이야기는 대부분 현실과 매우 가까워서, 타당한 행동을 지지하기에도 부족함이 없다. 그러나 여기서는 보이는 것에만 의존하는 성향이 판단과 선택에서 보여주는 수많은 다양한 편향을 설명하고자 한다. 아래는 그러한 편향의 예다.

- 과신: 보이는 것이 전부라는 원리가 말해주듯, 증거의 양이나 질은 주관적 확신에서 그다지 중요하지 않다. 내 믿음에 대한 확신은 대개 눈에 보이는 정보가 아주 적을지라도 그것으로 얼마나 그럴듯한 이야기를 만들어내느냐에 달렸다. 우리는 종종 판단에 핵심이 되는 증거가 없을 수도 있다는 가능성을 아예 고려하지 않기도 한다. 보이는 것이 전부인 셈이다. 게다가 우리 연상 체계는 일관된 연상 유형에 안주한 채 의심과 모호성을 억누르는 성향이 있다.

- 틀짜기 효과: 똑같은 정보라도 제시하는 방식이 다르면 다른 감정을 불러일으키기 쉬운데, 이를 '틀짜기 효과'라 한다. 같은 말이라도 '수술 후 한 달 넘게 생존할 확률은 90퍼센트'라고 말하면 '수술 후 한 달 안에 사망할 확률은 10퍼센트'라고 말할 때보다 듣는 사람이 훨씬 더 안심이 된다. 마찬가지로 가공육을 고를 때도 '지방 10퍼센트'보다 '90퍼센트 지방 제거'라는 표기에 더 끌린다. 표현 방식은 달라도 명백히 같은 뜻인데, 사람들은 주로 한 가지 표현 방식에만 주목한다. 보이는 것이 전부다.

- 기저율base rate(어떤 집단 또는 현상에서 해당 요소가 차지하는 자연 발생적 또는 애초의 비율—옮긴이) 무시: 앞에 나왔던 스티브를 기억해보라. 사람들이 흔히 사서라고 생각하는 온순하고 찬찬한 사람이다. 그에 대한 성격 묘

사는 구체적이고 생생해서, 남자 사서보다 남자 농부가 많다는 사실을 알더라도 문제를 처음 들었을 때는 그런 통계적 사실이 머릿속에 떠오르지 않는다. 보이는 것이 전부일 뿐이다.

—

속단과 관련한 말들
"그 여자는 그의 경영 능력에 대해 아는 게 없다. 단지 그의 훌륭한 프레젠테이션에서 생긴 후광 효과로 판단할 뿐이다."
"결론을 내리기 전에 그 문제에 대한 서로 다른 판단을 종합해 오류의 사슬을 끊자. 독립된 여러 평가에서 더 많은 정보를 얻을 것이다."
"그들은 컨설턴트 한 사람의 훌륭한 보고를 근거로 중대한 결정을 내렸다. 보이는 것이 전부였다. 그들은 정보량이 얼마나 적은지 미처 깨닫지 못한 모양이다."
"그들은 자기들이 지어낸 이야기를 망칠 수 있는 추가 정보를 원치 않았다. 그들에게는 보이는 것이 전부다."

판단이 내려지는 과정

다른 누군가가 묻는 질문이든, 내가 스스로에게 묻는 질문이든, 우리가 대답할 수 있는 질문의 수는 끝이 없다. 우리가 평가할 수 있는 속성의 수도 끝이 없다. 우리는 이 페이지에 마침표가 몇 개인지 셀 수 있고, 내 집의 창문 높이와 길 건너 집의 창문 높이를 비교할 수 있으며, 우리 지역 국회의원의 장래성이 '탁월하다'와 '형편없다' 사이에서 어디쯤인지 평가할 수 있다. 이런 문제는 시스템 2가 맡아서, 주의를 집중하고 기억을 더듬어 답을 찾는다. 시스템 2는 질문을 받거나 질문을 만든다. 어떤 경우든 주의를 집중하고 기억을 더듬어 답을 찾는다. 시스템 1의 작동 방식은 다르다. 시스템 1은 정신의 안팎에서 무슨 일이 일어나는지 끊임없이 주시하고, 특별한 의도나 별다른 노력 없이 특정 상황의 다양한 측면을 끊임없이 평가한다. 이런 '기초 평가'는 직관적 판단에 중요한 역할을 하는데, 더 어려운 문제도 이런 기초 평가로 쉽게 대체할 수 있기 때문이다. 이것이 어림짐작과 편향을 이용한 문제 해결의 본질적 개념이다. 이처럼 어떤 판단을 다른 판단으로 대체하는 것은 시스템 1의 두 가지 특징 때문에 가능하다. 하나는 다른 차원의 값을 서로 비교, 변환하는 능력인데, 이 특징이 나타나는 때는 이를테면 다음과 같은 문제에 대답할 때다. '샘이 똑똑한 만큼 키도 크다면, 그는 키가 몇일까?' 사람들은 이런 문제에 쉽게 대답한다. 또 하나는 '머릿속 산탄총'이라는 특징이다. 시스템 2가 특정 문제에 답하거나 특정 상황의 속성을 평가하려고 마음먹었을 때, 기초 평가를 비롯해 여러 계산을 자동적으로 지원해주는 특징이다.

기초 평가

시스템 1은 생물체가 생존하기 위해 해결해야 하는 주요 문제를 끊임없이 평가하도록 진화했다. 지금 주변 상황은 어떤가? 위협이나 절호의 기회가 온 건 아닐까? 모든 것이 정상인가? 다가가야 할까, 피해야 할까? 이런 문제가 도시에 사는 인간에게는 사바나에 사는 가젤에게만큼 절박하지 않을 수 있지만, 우리가 물려받은 신경 체계는 현재의 위협 수준을 평가하도록 진화했으며, 그런 작동을 멈춘 적이 없다. 상황이 양호한지 나쁜지, 따라서 다가가도 좋은지 도망가야 하는지 끊임없이 평가한다. 인간에게 기분 좋고 머릿속이 편안한 상태는 동물로 치면 안전하고 친숙한 상태다.

'기초 평가'의 구체적 예로, 얼핏 보고도 친구와 적을 구별하는 능력을 보자. 이 능력은 위험한 세상에서 살아남을 가능성을 높이는데, 이런 전문 능

력은 계속 진화해왔다. 프린스턴대학의 내 동료 알렉스 토도로프Alex Todorov
는 낯선 대상과 소통하기 전에 안전성을 빠르게 판단하는 행위의 생물학적
뿌리를 연구했다.[1] 그는 우리가 낯선 사람을 얼굴만 흘끗 한번 보고도 두 가
지 중요한 특징을 평가하는 능력을 타고났다고 주장했다. 그 사람의 의도가
호의적인지 악의적인지 간에 그가 얼마나 신뢰할 만한 사람이고 얼마나 지
배적인 (따라서 잠재적으로는 위협적인) 사람인가 하는 것이다.[2] 우선 얼굴 윤곽
은 지배력을 평가하는 실마리가 되는데, '강인한' 각진 턱도 그중 하나다. 얼
굴 표정(웃는지, 찡그리는지)은 낯선 이의 의도를 평가하는 실마리다. 각진 턱
에 입꼬리까지 처졌다면 문제가 생길 수 있다는 신호다.[3] 하지만 '얼굴 읽
기'는 대단히 부정확해서, 턱이 둥글다고 해서 온순하다고 단정할 수 없으
며, 웃음은 (어느 정도는) 가짜일 수 있다. 그러나 낯선 이를 평가하는 능력은
불완전할지언정 생존률을 높이는 데는 도움이 된다.

이런 태곳적 작동 체계는 현대사회에서 새롭게 쓰이는데, 이를테면 사람
들의 투표 방식에도 이 작동 체계가 어느 정도 영향을 미친다. 토도로프는
학생들에게 남자 얼굴 사진을 10분의 1초 동안 스치듯 보여주고는 친근감
이나 능력 같은 다양한 속성을 평가하게 했다. 학생들의 평가는 꽤 비슷했
다. 토도로프가 보여준 얼굴은 무작위로 고른 것이 아니라 정치인들이 선거
운동에 사용한 사진이었다. 토도로프는 실제 선거 결과와 프린스턴 학생들
의 능력 평가를 비교했다. 학생들은 정치적 맥락을 모른 채 사진만 순간적
으로 보고 평가를 내렸다. 그 결과 상원의원, 하원의원, 주지사 선거 당선자
의 약 70퍼센트는 학생들의 능력 평가에서도 높은 점수를 얻었다. 이 놀라
운 결과는 핀란드 총선에서도, 잉글랜드 지역의원 선거에서도, 그리고 오스
트레일리아, 독일, 멕시코의 다양한 선거에서도 그대로 나타났다.[4] (적어도 내

게는) 놀랍게도, 토도로프의 연구에서 친근감 평가보다 능력 평가가 선거 결과와 훨씬 더 가까웠다.

토도로프는 사람들이 강인함과 신뢰성이라는 두 가지 차원을 결합해 능력을 평가한다는 사실을 발견했다. 능력 있어 보이는 얼굴은 강인한 턱에 자신감을 띤 희미한 미소가 번진 얼굴이다. 이런 얼굴 특징이 실제로 정치인의 공직 수행 능력을 예견한다는 증거는 없다. 그러나 선거에서 이긴 후보와 진 후보의 사진을 볼 때 나타나는 두뇌 반응을 연구한 결과, 우리는 우리가 가치 있다고 여기는 특성이 부족한 후보를 거부하도록 생물학적으로 타고났다는 사실이 밝혀졌다. 선거에서 떨어진 후보는 더 강한 (부정적) 감정 반응을 불러일으킨 것이다. 이 책 뒤에 나오는 '판단 어림짐작' 사례에 해당한다. 유권자는 각 후보에게서 공직 수행 능력을 가늠할 만한 인상을 찾으려 애쓰면서, 빠르게 저절로 이루어지는 더 단순한 평가에 의존하는데, 시스템 2가 결정을 내려야 할 때 사용할 수 있는 평가다.

정치학자들은 토도로프의 연구를 발전시켜, 시스템 1의 즉흥적 호불호에 특히 영향을 많이 받을 것 같은 유권자 부류를 찾아냈다. 이들은 정치에 관한 정보가 별로 없고 텔레비전을 많이 보는 유권자들은 어떤 점을 눈여겨보는지 알아냈다. 예상대로, 얼굴에 나타난 능력이 투표에 미치는 효과는 어느 정도 정보가 있고 텔레비전을 덜 보는 사람보다 정보가 거의 없으면서 텔레비전을 많이 보는 사람에게서 세 배 정도 높게 나타났다.[5] 투표에 영향을 미치는 시스템 1의 상대적 중요성은 사람마다 다른 게 분명하다. 이런 개인차를 보여주는 사례는 앞으로도 더 살펴볼 것이다.

시스템 1도 물론 언어를 이해한다. 언어 이해는 사건을 지각하고 메시지를 파악하기 위해 일상적으로 수행하는 기초 평가에 의지한다. 기초 평가에는 유사성과 대표성을 계산한다든가, 인과관계를 탐색한다가든가, 연상 작용이나 전형적인 본보기를 이용할 수 있는지 따져본다든가 하는 행위가 포함된다. 이런 평가는 머릿속에서 특별한 준비를 하지 않아도 수행된다. 평가 결과는 그런 작업이 요구한 것들을 충족하는 데 쓰이지만.[6]

기초 평가 대상은 많지만, 평가 가능한 모든 속성을 평가하지는 않는다. 예를 들어 〈그림 7〉을 흘끗 한번 보자.

얼핏 보아도 곧바로 그림의 여러 특징이 머릿속에 들어온다. 탑 두 개는 크기가 똑같고, 왼쪽 탑과 가운데 블록 조합은 그다지 닮지 않았지만 왼쪽 탑과 오른쪽 탑은 많이 닮았다는 것을 알 수 있다. 하지만 왼쪽 탑의 블록 개수와 가운데 바닥에 있는 블록 개수가 똑같다는 사실은 금세 눈치채지 못하고, 가운데 블록으로 탑을 만들면 높이가 어느 정도일지도 감을 잡지 못한다. 블록 개수가 같은지 확인하려면 일일이 세어보아야 하는데, 그것은 시스템 2만 할 수 있는 일이다.

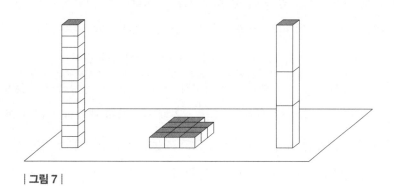

| 그림 7 |

집합과 원형 原型

또 다른 사례로, 이런 문제를 생각해보자. 〈그림 8〉에 있는 직선의 평균 길이는 몇일까?

| **그림 8** |

쉬운 문제여서, 그냥 내버려두어도 시스템 1이 알아서 답을 한다. 실험 결과, 사람들은 1초도 안 걸려 평균 길이를 꽤 정확히 측정했다. 다른 것을 기억하느라 머릿속이 바쁜 상황에서도 판단 정확도는 떨어지지 않는다. 평균이 몇 센티미터인지는 모를 수 있지만, 다른 한 직선의 길이를 조정해 평균에 맞출 때는 매우 정확했다. 시스템 2가 나서서 직선을 정렬하면서 길이 표준을 제시할 필요가 없다. 이 작업은 시스템 1이 선의 색깔과 여러 선의 평행 여부를 파악할 때처럼 힘들이지 않고 자동적으로 해낸다. 우리는 정렬된 물건의 개수도 느낌으로 곧바로 추정할 수 있다. 단, 물건이 네 개 이하이면 추정이 정확하고, 그보다 많으면 얼추 맞는다.

이제 또 다른 문제를 보자. 〈그림 8〉에 나온 직선의 길이를 모두 더하면 몇인가? 어려운 문제다. 시스템 1이 제안할 수 있는 게 없기 때문이다. 이 문제에 답을 하려면 시스템 2를 활성화하는 수밖에 없다. 시스템 2는 힘들게 평균을 추정하고, 선의 개수를 추측하거나 직접 센 다음, 평균 길이와 선의 개수를 곱할 것이다.

시스템 1이 그림을 흘끗 보고 모든 선의 길이를 더할 수 있다고 생각하는 사람은 없다. 시스템 1의 중요한 한계를 보여주는 사례다. 시스템 1은 범주를 원형의 집합, 즉 전형적인 본보기의 집합으로 보기 때문에, 평균은 잘 다루지만 합계에는 서투르다. 그러다 보니 내가 '합계를 닮은 변수'라고 부르는 것을 판단할 때, 범주의 크기, 그러니까 그곳에 포함된 사례의 수는 무시되는 경향이 있다.

참혹한 엑손밸디즈Exxon Valdez 원유 유출 사고 뒤에 일어난 소송은 이후 수많은 실험을 촉발했는데 이 중 한 실험에서, 기름이 유출된 바다에서 종종 철새가 익사하는데 그 기름띠를 덮을 망의 비용을 지불할 의사를 물었다.[7] 실험 참가자 중 일부는 새 2,000마리를, 일부는 2만 마리를, 또 일부는 20만 마리를 살릴 비용을 선뜻 내겠다고 했다. 새를 살리는 일이 경제적으로 유익하다면, 그것은 합계를 닮은 변수가 되어야 한다. 다시 말해 20만 마리를 살리는 것은 2,000마리를 살리는 것보다 훨씬 더 가치 있어야 한다. 그런데 앞의 세 부류가 기꺼이 내겠다는 금액은 평균 80달러, 78달러, 88달러였다. 살리겠다는 새의 수에 따른 차이는 거의 없었다. 세 부류는 모두 원형에 반응했다. 깃털이 기름 범벅이 되어 익사하는 무력한 새들의 참담한 모습이다. 이처럼 감정적인 상황에서는 수량이 거의 전적으로 무시되는 경우가 많았다.

세기(강도) 짝짓기

개인의 행복, 대통령의 인기, 금융계의 악인들에 대한 적절한 처벌, 정치인의 장래성을 묻는 질문에는 중요한 공통점이 있다. '더'라는 말을 붙일 수 있는, 세기나 수량 개념이 함축된 말이라는 점이다. 더 행복하거나, 더 인기 있거나, 더 강력하거나, 더 촉망되거나. 예를 들어 어떤 후보의 정치적 미래는 '예비선거에서 패할 것이다'라는 낮은 수준부터 '언젠가는 미국 대통령이 될 것이다'라는 높은 수준 사이에 존재한다고 볼 수 있다.

여기서 우리는 시스템 1의 능력을 또 하나 마주한다. 세기의 크기는 다양한 차원에서 서로 '짝'을 이룬다. 범죄가 색깔이라면, 살인은 절도보다 어두운 빨강일 것이다. 범죄 또는 법 위반을 음악으로 나타낸다면, 대량 살육은 포르티시모(매우 세게)로, 주차위반 과태료 체납은 피아니시모(매우 여리게)로 연주되지 않을까. 그리고 물론 사람들은 대개 이런 처벌의 세기를 비슷하게 느낀다. 고전적 실험에서, 어떤 사람은 소리의 세기를 범죄의 심각성과 짝을 지어 조절했고, 어떤 사람은 소리의 세기를 법적 처벌의 강도와 짝을 지어 조절했다. 만약 두 가지 음을 듣는데, 하나는 범죄를 나타내고 하나는 처벌을 나타낸다고 할 때, 한 음이 다른 음보다 훨씬 크면 부당하다는 느낌이 들게 마련이다.[8]

사례를 하나 보자. 이 사례는 뒤에서 다시 다룰 예정이다.

줄리는 네 살 때 글을 막힘없이 읽었다.

이제 어린 줄리의 읽기 능력을 다른 수량과 비교해보자.

줄리가 조숙한 만큼 키가 큰 저 남자는 키가 몇일까?

180센티미터 정도? 그건 너무 작다. 2미터는 어떤가? 그건 좀 과하다 싶다. 우리는 지금 네 살짜리 아이의 뛰어난 읽기 능력을 키로 환산하려 한다. 제법 뛰어나지만 아주 특별할 것까지는 없는 수준이다. 하지만 15개월에 글을 읽는다면 아주 특별한 능력인데, 이 경우는 남자 키로 환산하면 240센티미터쯤 될지도 모르겠다.

줄리의 읽기 능력을 당신의 수입으로 환산한다면 얼마가 되겠는가?
줄리가 조숙한 정도를 범죄로 환산한다면 얼마나 심각할까?
줄리의 읽기 능력을 아이비리그 대학의 졸업 평점으로 환산한다면 몇 점일까?

그다지 어려운 문제도 아니다. 안 그런가? 게다가 같은 문화권에 속한 사람들이라면 답이 꽤 비슷할 게 분명하다. 줄리가 읽기를 터득한 나이를 고려해 줄리가 대학에서 받을 평점을 예측하라고 하면 사람들은 나이를 점수로 환산해 짝이 될 만한 평점을 고른다는 이야기는 이 책 뒤에서 다룰 것이다. 그리고 이처럼 짝짓기에 기초한 예측은 통계적으로 엉터리라는 사실도 살펴볼 것이다. 비록 그 예측이 시스템 1로서는 더없이 자연스러운 일이며, 통계 전문가가 아닌 다음에야 거의 모든 사람이 시스템 2에서도 받아들일 일이지만.

머릿속 산탄총

시스템 1은 많은 일을 한꺼번에 처리한다. 그중에는 쉬지 않고 계속되는 일상적 평가나 판단도 있다. 눈을 뜨고 있을 때면 뇌는 시야에 들어오는 것을 그것의 모양, 공간에서 차지하는 위치, 그리고 정체까지 완벽하게 파악해 3차원으로 표현한다. 특별한 의도가 없어도 우리 머리는 늘 이런 활동을 하고 예상 밖의 일이 일어나지 않는지 끊임없이 감시한다. 이런 일상적 판단 외의 다른 판단은 필요할 때만 실행한다. 내가 얼마나 행복한지, 얼마나 부자인지를 끊임없이 평가하지는 않는다. 그리고 아무리 정치에 중독된 사람이라도 대통령의 정치적 전망을 끊임없이 평가하지는 않는다. 이런 판단은 이따금씩 마음먹고 하는 자발적 행위다.

단어를 읽는 족족 자동적으로 자음과 모음을 세지는 않지만, 마음먹으면 얼마든지 셀 수 있다. 그러나 의도한 셈이나 계산이라도 꼭 필요한 때나 의도한 때만 일어나는 것은 절대 아니다. 우리는 자신이 원하거나 필요한 수준보다 훨씬 많은 계산을 할 때가 종종 있다. 이런 지나친 계산을 나는 '머릿속 산탄총'이라 부른다. 산탄총으로는 하나의 표적만 겨냥하기가 불가능하다. 작은 총알 여러 발이 흩어져 발사되기 때문이다. 마찬가지로 시스템 1은 시스템 2가 맡은 일보다 더 많은 일을 '하지 않기'가 거의 불가능하다. 내가 오래전에 읽은, 이 상황에 잘 어울리는 실험이 두 가지 있다.

한 실험에서는 참가자들에게 단어를 여러 쌍 들려주면서, 각 쌍이 서로 운을 맞춘 것 같다 싶으면 최대한 빨리 키보드 키를 누르라고 했다.[9] 아래 단어 쌍은 모두 운이 들어가 있다.

VOTE(보트) – NOTE(노트)

VOTE(보트) – GOAT(고트)

두 쌍을 눈으로 보면 차이가 금방 눈에 들어온다. VOTE와 GOAT는 운을 맞춘 말이지만, VOTE와 NOTE보다 철자가 많이 다르다. 그런데 실험 참가자는 단어를 듣기만 했는데도 철자에 영향을 받아서, 철자가 많이 다르면 두 단어의 운을 알아보는 속도가 크게 떨어졌다. 오직 소리만 비교하게 했을 뿐인데도 참가자들은 철자까지 비교했고, 엉뚱한 부분에서도 짝을 찾으려다 보니 속도가 떨어졌다. 하나의 질문에 대답하려다가 다른 대답까지 고심한 경우인데, 불필요했을 뿐만 아니라 주된 일을 방해하고 말았다.

또 한 연구에서는 사람들에게 문장을 연속적으로 여러 개 들려주면서, 그 문장이 참 같으면 지체 없이 특정 키를 누르고, 거짓 같으면 다른 키를 누르라고 했다.[10] 아래 문장 중에 무엇이 참일까?

어떤 길은 뱀이다.

어떤 일은 뱀이다.

어떤 일은 교도소다.

세 문장은 모두 거짓이다. 그런데 독자가 보기에도 두 번째 문장이 다른 두 문장보다 더 거짓 같아 보였을 것이다. 실험에서 나타난 반응 시간도 크게 달랐다. 첫 번째와 세 번째 문장은 비유라고 치면 참일 수도 있기 때문이다. 이 역시 한 가지만 판단하려다 괜한 것까지 판단한 경우다. 이 문제도 어쨌거나 다수가 정답을 말했지만, 무관한 답과 씨름하느라 판단이 방해를 받았다. 다음 장에서는 잘 모르는 일을 판단할 때 직관에 의존하는 이유를 머릿속 산탄총과 세기 짝짓기로 설명할 예정이다.

—

판단과 관련한 말들

"어떤 사람이 매력적인지 아닌지를 평가하는 것은 기초 평가다.
내가 원하든 원하지 않든 저절로 이루어지는 평가이며, 내게 영향을 미치는 평가다."
"뇌에는 얼굴 윤곽으로 지배력을 평가하는 회로가 있는데,
외모로 보면 그 남자는 지도자로 적임자 같다."
"우리는 처벌 수위가 범죄와 어울리지 않으면 처벌이 부당하다고 생각한다.
소리 크기를 빛의 밝기와 짝지을 수 있는 것과 마찬가지다."
"그는 그 회사 재정이 건전하다고 생각하느냐는 질문을 받았을 때, 자기가 그 회사 물건을
좋아한다는 사실을 빼놓고 생각할 수 없었다. 머릿속 산탄총의 분명한 사례다."

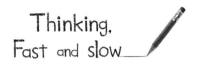

더 쉬운 문제에 답하기

정신세계의 놀라운 면은 여간해서 막히는 법이 없다는 것이다. 더러는 '17×24 = ?'처럼 답이 얼른 떠오르지 않는 문제를 만나기도 하지만, 그런 당혹스러운 순간은 흔치 않다. 평범한 정신 상태에서는 주변에서 일어나는 거의 모든 일에 직관에서 나온 느낌과 의견으로 반응한다. 우리는 상대를 잘 알기도 전에 그를 좋아하거나 싫어하고, 딱히 이유는 알 수 없지만 낯선 사람을 신뢰하거나 불신하며, 어떤 사업을 분석도 하지 않고 그것이 성공할 것 같은 느낌을 받는다. 문제의 답을 겉으로 말하든 말하지 않든, 문제를 제대로 이해하지도 않은 채, 설명할 수도 옹호할 수도 없는 증거를 기초로 답을 내놓는 때가 종종 있다.

문제 바꿔치기

사람들이 복잡한 문제에 어떤 식으로 직관적 의견을 내는지, 아주 간단히 설명할 방법이 있다. 어려운 문제에 만족스러운 답을 재빨리 찾을 수 없으면, 시스템 1이 그 문제와 관련 있는 더 쉬운 문제를 찾아 답을 한다. 이처럼 문제를 바꿔서 대답하는 것을 나는 '바꿔치기substitution'라 부른다. 그리고 앞으로 아래와 같은 용어도 사용할 것이다.

'표적 문제'란 애초에 답을 하려는 문제다.

'어림짐작 문제'란 대답하기가 더 쉬운 다른 문제다.

'어림짐작heuristic'을 엄밀히 정의하자면, 어려운 문제에 불완전하더라도 적절한 답을 찾는 데 도움이 되는 간결한 절차다. 이 말은 '유레카(eureka: 바로 이거야!)'와 어원이 같다.

바꿔치기는 내가 아모스와 함께 연구하던 초기에 떠올린 생각인데, 이후 어림짐작과 편향 연구의 핵심 개념이 되었다. 우리는 사람들이 확률이 무엇인지도 정확히 모른 채 어떻게 확률과 관련한 판단을 내리는지 의문을 품었다. 결국 불가능한 문제를 단순화하는 게 분명하다고 결론 내리고, 그렇다면 어떤 식으로 단순화하는지 찾아보기로 했다. 우리가 찾은 답은, 사람들은 확률을 판단해야 할 때면 실제로는 뭔가 다른 것을 판단해놓고 확률을 판단했다고 믿는다는 것이다. 시스템 1이 어려운 표적 문제를 만났을 때, 그 문제와 관련이 있으면서 더 쉬운 어림짐작 문제의 답이 머릿속에 떠오르면 곧잘 이런 반응을 보인다.

문제 바꿔치기는 어려운 문제 해결에 훌륭한 전략이 될 수 있는데, 포여 죄르지Polya Gyorgy는 고전이 된 저서 《어떻게 문제를 풀 것인가How to Solve It》에서 바꿔치기를 다루며 이렇게 말한다. "문제를 풀 수 없다면, 풀 수 있는 더 쉬운 문제가 있으니 그것을 찾아라." 포여 죄르지의 어림짐작은 시스템 2가 의도적으로 실행하는 전략이다. 그러나 이번 9장에서 다루는 어림짐작은 의도적 선택이 아니다. 머릿속 산탄총이 문제에 대한 우리 반응을 엉터리로 조준한 결과다.

〈표 1〉에서 왼쪽에 나열된 문제를 보자. 어려운 문제라 제대로 답을 하려면 다른 어려운 주제를 다뤄야 한다. 행복의 의미는 무엇인가? 앞으로 6개월 동안 정치가 어떻게 전개될까? 금융 범죄에 적절한 형량은 무엇인가? 선거 후보들이 직면하는 경쟁은 얼마나 치열한가? 고려해야 할 환경 요인이나 기타 요인은 또 무엇이 있을까? 이런 문제를 진지하게 고민하는 것은 현실과 거리가 한참 멀다. 하지만 완벽한 답에 매달릴 필요는 없다. 신중한 추론의 대안으로, 더러는 문제를 제법 잘 해결하고 더러는 심각한 오류를 저

| 표 1 |

표적문제	어림짐작문제
• 멸종 위기 종을 살리는 데 얼마를 기부하겠는가?	• 죽어가는 돌고래를 생각하면 얼마나 안타까운가?
• 요즘 삶에서 얼마나 행복감을 느끼는가?	• 지금 내 기분은 어떤가?
• 6개월 뒤에 대통령 지지율은 어느 정도가 되겠는가?	• 현재 대통령 지지율은 어느 정도인가?
• 노인을 등친 재무 설계사들을 어떻게 처벌해야 하는가?	• 금융 사기꾼을 생각하면 얼마나 분노가 치미는가?
• 이 여성은 예비선거에 출마했다. 정치 생명이 얼마나 갈 것 같은가?	• 이 여성은 승리한 정치인처럼 생겼는가?

지르는 어림짐작이 있다.

머릿속 산탄총은 어려운 문제가 나왔을 때 게으른 시스템 2에 부담을 주지 않고 빠르게 답을 찾는다. 이를테면 〈표 1〉처럼 왼쪽 문제와 짝을 이루는 오른쪽 문제를 생각해내고 쉽게 대답할 공산이 크다. 돌고래와 금융 사기꾼을 보며 느끼는 감정, 현재 내 기분, 예비선거 후보의 정치 능력 추측, 대통령에 대한 현재 평판은 머릿속에 쉽게 떠오를 것이다. 어림짐작 문제는 표적 문제가 어려울 때 준비된 답을 내놓는다.

그런데 아직 해결할 일이 남았다. 쉽게 내놓은 답은 원래 문제에 맞아야 한다. 예를 들어 죽어가는 돌고래를 보며 느끼는 감정을 돈으로 표시해야 한다. 바로 이때 시스템 1의 또 다른 능력인 세기 짝짓기가 동원된다. 감정과 기부금은 둘 다 세기 또는 크기가 있다는 사실을 기억하는가. 돌고래를 생각할 때 느끼는 감정은 세기가 있고, 그 세기에 어울리는 기부금 액수가 있다. 곧 머릿속에 떠오를 액수, 그 액수가 바로 짝이 되는 액수다. 이런 식의 짝짓기는 모든 문제에서 가능하다. 이를테면 어떤 후보의 정치적 수완은 '한심한 수준'부터 '탁월한 수준' 사이에 놓일 테고, 정치적 성공의 크기는 '예비선거에서 패할 것이다'라는 낮은 수준부터 '언젠가는 미국 대통령이 될 것이다'라는 높은 수준 사이에 놓일 것이다.

머릿속 산탄총이 자동으로 작동하고 세기를 짝짓다 보면 표적 문제에 대응하는 쉬운 문제에 하나 이상의 답을 찾을 수 있다. 이런 바꿔치기가 일어나면, 시스템 2는 어림짐작으로 나온 답을 곧잘 인정해준다. 물론 직관적 답을 거부하기도 하고, 다른 정보를 끌어들여 직관적 답을 수정하기도 한다. 그러나 시스템 2는 게을러서 최소의 노력만 들인 채 어림짐작 답의 진위 여부를 깊이 고민하지 않고 인정해버린다. 그러면 막히는 법도 없고, 힘들여 고민할 필요도 없으며, 심지어 원래 문제에는 대답하지 않았다는 사실을 눈치채지 못할 수도 있다. 게다가 직관적 답이 재빨리 떠오른 탓에 표적 문제가 어려웠다는 사실조차 깨닫지 못하기도 한다.[1]

3차원 어림짐작

아래 세 남자 그림을 보고 물음에 답하라.

| 그림 9 |

인쇄된 그림에서, 맨 오른쪽 사람이 맨 왼쪽 사람보다 더 큰가?

머릿속에 분명한 답이 재빨리 떠오른다. 오른쪽 사람이 더 크다. 그런데 자로 재보면 정확히 똑같다. 우리가 가늠하는 상대적 크기는 막강한 착시 효과에 좌우되는데, 착시 효과는 바꿔치기 과정을 깔끔하게 설명해준다.

〈그림 9〉에서 세 사람이 놓인 복도는 원근법에 따라 그려져 깊이가 있는 평면으로 들어가는 것처럼 보인다. 우리 지각 체계는 자동적으로 이 그림을 종이에 인쇄된 이미지가 아니라 3차원으로 해석한다. 따라서 오른쪽 사람을 왼쪽 사람보다 더 멀리 있고 더 큰 사람으로 해석한다. 3차원 상에서의 이런 크기 인식의 위력은 대개 압도적이다. 이 그림을 평면으로 보는 능력은 시각예술가 또는 경험 많은 사진작가에게나 볼 수 있다. 보통 사람의 경우에는 바꿔치기가 일어나, 3차원으로 크기를 인식해놓고 그것을 2차원에서의 크기라고 생각한다. 3차원 어림짐작 탓에 일어나는 착시다.

여기서는 진짜 착시가 일어난 것이지, 문제를 오해한 것이 아니다. 〈그림 9〉 밑에 나온 문제를 보면 인쇄된 그림의 크기를 묻는 것이라는 걸 누구나 알 수 있다. 그러니까 그 사람의 크기를 추정해보라고 하면 3센티미터라거나 4센티미터라는 식으로 대답하지, 170센티미터 또는 180센티미터라는 식으로 대답하지 않을 것이다. 문제를 혼동하지는 않았다는 이야기다. 그런데 묻지도 않은 '세 사람 키가 몇인가?'라는 질문에 대답하려 한 셈이다.

이 어림짐작의 핵심 단계인 2차원을 3차원으로 바꿔치기하는 작업은 저절로 일어난다. 〈그림 9〉에는 3차원으로 해석하라는 암시가 들어 있다. 그런데 이 암시는 2차원 상의 사람 크기를 묻는 애초의 질문과 무관해서 무시해야 맞지만 무시할 수가 없다. 이 어림짐작과 연관된 편향은 종이에서 더 멀리 있는 것처럼 보이는 사물은 더 크게도 보인다는 것이다. 이 예가 보여주듯이, 바꿔치기에 기초한 판단은 어쩔 수 없이 예상 가능한 편향을 드러낸다. 이 경우에는 그 편향이 지각 체계의 워낙 깊숙한 곳에서 발생하는 탓에 저항할 수가 없다.

행복에 영향을 미치는 기분 어림짐작

독일 학생들 대상의 설문 조사 중에 바꿔치기를 보여주는 최고의 사례가 있다.[2] 이들이 대답한 설문에는 다음 두 가지 질문도 들어 있었다.

요즘 얼마나 행복한가?

지난달 데이트를 몇 번 했는가?

실험 진행자는 두 가지 대답의 상관관계에 관심이 있었다. 데이트를 여러 번 했다고 말한 학생은 그렇지 않은 학생보다 더 행복하다고 말했을까? 놀랍게도 그렇지 않았다. 두 대답의 상관관계는 거의 제로였다. 학생들에게 행복을 평가하라고 했을 때 데이트는 학생들의 머릿속에 처음 떠오르는 생각이 아닌 게 분명했다. 이번에는 다른 학생들에게 똑같은 질문을 순서만 바꿔서 제시했다.

지난달 데이트를 몇 번 했는가?

요즘 얼마나 행복한가?

그러자 결과는 완전히 딴판이었다. 이 순서로 묻자 데이트 횟수와 행복하다고 말하는 것의 상관관계가 심리학 측정에서 나올 수 있는 최고치로 나타났다.[3] 대체 어쩐 일일까?

답은 뻔하다. 바꿔치기다. 데이트는 이 학생들의 삶에 중심이 아닌 게 분명했다(첫 번째 설문에서 행복과 데이트는 상관관계가 없었다). 하지만 애정 문제를 생각하게 하는 질문을 받자, 감정 반응을 일으킨 게 분명했다. 데이트를 많이 한 학생은 삶에서 행복한 부분을 회상한 반면, 데이트를 하지 않은 학생은 외로움과 퇴짜 맞은 순간을 회상했다. 데이트 질문이 상기시킨 감정은 일반적 행복에 관한 질문이 이어질 때까지 계속 남아 있었다.

이때의 심리는 〈그림 9〉에 나타난 크기 착시 때의 심리와 대단히 유사하다. '요즘의 행복'은 자연스럽게 또는 쉽게 할 수 있는 평가가 아니다. 적절한 답을 하려면 한참 생각해야 한다. 하지만 방금 데이트 질문을 받았던 학생들은 이미 관련 질문의 답이 머릿속에 있어서 따로 고민할 필요가 없었다. 이들은 이제 곧 답을 해야 할 문제를 이미 답을 한 문제로 바꿔치기 했다.

착시 문제에서 던졌던 질문을 여기서 다시 던져볼 수 있다. 학생들이 혼동을 일으켰을까? 질문받은 문제와 본인이 대답한 문제가 정말로 서로 밀접한 관계가 있다고 생각했을까? 물론 그렇지 않다. 연애와 삶 전체를 구별하는 능력이 일시적으로 사라진 것이 아니다. 두 개념을 묻는다면 다르다고 대답할 것이다. 하지만 두 개념이 다르냐는 질문은 받지 않았다. 얼마나 행복하냐는 질문을 받았을 뿐이고, 시스템 1은 이미 답을 준비해두었다.

데이트만이 아니다. 일반적 행복을 묻기 직전에 부모와의 관계나 금전적인 질문을 던져도 같은 현상이 나타난다. 두 경우 모두 특정 영역에서의 만족도가 전반적인 행복 평가에 큰 영향을 미친다.[4] 기분을 바꿀 만한 감정적으로 중요한 질문이라면 어떤 질문이든 똑같은 결과를 낳을 것이다. 보이는 것이 전부니까! 현재 마음 상태는 행복 평가에 큰 몫을 한다.[5]

감정 어림짐작

결론이 논쟁을 압도할 때가 있는데, 감정이 개입할 때 특히 그렇다. 심리학자 폴 슬로빅Paul Slovic은 '감정 어림짐작affect heuristic'을 설명하면서, 사람들은 세상에서 일어나는 일들을 보면서 자신이 그것을 좋아하느냐 싫어하느냐에 따라 그 일을 믿을지 말지 결정한다고 했다. 내 정치 성향에 따라 어떤 정치 주장이 설득력 있게 들리기도 하고 그렇지 않기도 한다. 현재의 보건 정책이 마음에 들면, 그 정책은 이점이 크고 그에 따른 비용은 다른 정책보다 더 감당할 만하다고 믿는다. 다른 국가에 강경한 태도를 지닌 사람이라면 다른 나라가 상대적으로 약해서 내 나라 뜻에 복종할 것이라고 믿기 쉽다. 반면에 온건한 태도를 지닌 사람이라면 다른 나라가 강해서 회유하기가 어렵다고 생각하기 쉽다. 방사선 처리 식품, 붉은 고기, 원자력, 문신, 오토바이 등을 어떻게 느끼느냐에 따라 그것의 이점과 위험을 다르게 평가한다. 그것을 싫어하면, 위험은 높고 이점은 무시할 정도라고 믿게 마련이다.

결론이 앞선다고 해서 사고가 꽉 막혔다거나, 다른 어떤 정보나 그럴듯한 논리에도 내 주장을 굽히지 않는다는 뜻은 아니다. 내가 싫어하던 활동이 생각만큼 위험하지 않다는 사실을 알면 내 믿음과 감정까지도 (적어도 약간은) 바뀔 수 있다. 심지어 위험성이 낮다는 정보만 알려주고 이점은 따로 알려주지 않아도 이점을 바라보는 내 견해까지 (좋은 방향으로) 바뀌기 쉽다.[6]

여기서 시스템 2의 새로운 '성격'을 알 수 있다. 이제까지 나는 시스템 2를 설명하면서, 주로 잠자코 지켜보며 시스템 1에 상당한 재량권을 주는 성격으로 묘사했다. 그리고 의도적으로 기억을 더듬고, 복잡한 계산을 하고, 비교하고, 계획을 세우고, 선택을 하는 적극적인 성격으로도 묘사했다. 방망이와 공 문제를 비롯해 두 정신 체계의 상호작용을 보여주는 많은 예에서, 시스템 2는 궁극적 책임을 진 채 시스템 1의 제안을 거부하고, 생각의 속도를 늦추고, 논리적으로 분석하는 능력을 갖춘 듯이 보였다. 자기비판은 시스템 2의 기능 중 하나니까. 그런데 태도 문제에서는 시스템 2가 시스템 1의 감정을 비판하기보다 옹호하면서, 강제 집행자가 아닌 승인자의 역할을 한다. 시스템 2는 주로 기존 믿음과 일맥상통하는 정보를 찾을 뿐, 그 믿음을 조사하겠다는 의도는 보이지 않는다. 적극적으로 논리적 일관성을 추구하는 시스템 1이 고분고분한 시스템 2에 해법을 제시하는 꼴이다.

—

바꿔치기, 어림짐작과 관련한 말들
"우리는 애초에 답하려 했던 문제를 여전히 기억하는가?
아니면 더 쉬운 문제로 바꿔치기 했는가?"
"우리가 직면한 문제는 이 후보가 이길 수 있겠는가였다.
그런데 그 후보가 인터뷰를 잘하는가에 답하는 것 같다. 문제를 바꿔치기 하지 말자."
"그는 그 프로젝트를 좋아해서, 프로젝트의 비용은 낮고 수익은 높다고 생각한다.
감정 어림짐작의 좋은 예다."
"우리는 그 회사의 지난해 실적을 기준으로 앞으로 몇 년 뒤의 가치를 예측한다.
이런 어림짐작이 바람직한가? 더 필요한 정보는 없는가?"

아래는 시스템 1의 특징과 활동 목록이다. 가공인물인 시스템 1의 '성격'을 직관적으로 파악하는 데 도움이 되는 내용이다. 시스템 1의 성격을 파악한다면 시스템 1이, 우리가 이미 알고 있는 다른 인물들과 마찬가지로 여러 상황에서 어떻게 행동할지 직감으로 알 것이고, 그 직감은 대부분 맞을 것이다.

| 표 2 |

시스템 1의 특징

- 어떤 대상을 보고 인상, 느낌, 끌림을 만들어내는데, 이것이 시스템 2의 인정을 받으면 믿음, 태도, 지향성이 된다.
- 저절로 빠르게 작동하고, 노력을 거의 또는 전혀 하지 않으며, 자발적 통제라는 인식도 없다.
- 특별한 유형이 감지되면, 시스템 2가 개입해 주의를 집중하도록 조종할 수 있다.
- 훈련을 많이 하면 노련한 반응을 보이고 노련한 직관을 발휘한다.
- 연상기억으로 활성화된 여러 생각에서 논리적으로 일관된 유형을 지어낸다.
- 진실이라고 착각할 때, 기분이 좋을 때, 긴장감을 늦출 때, 인지적 편안함을 느낀다.
- 정상적인 상황과 놀라운 상황을 구별한다.
- 원인과 의도를 추론하고 조작도 한다.
- 모호함을 무시하고 의심을 억누른다.
- 편향에 사로잡혀 어떤 것을 믿거나 확신한다.

- 감정을 지나치게 일관되게 유지한다(후광 효과).

- 기존 증거에 초점을 맞춘 채, 보이지 않는 증거는 무시한다(보이는 것이 전부다).

- 한정된 일련의 기초 평가를 내놓는다.

- 집단을 표준과 원형이라는 대표 이미지로 인식할 뿐, 전체를 통합해 생각하지 않는다.

- 분야를 넘나들며 세기를 짝짓는다(예: 크기와 음량 짝짓기).

- 애초 의도보다 많은 내용을 처리한다(머릿속 산탄총).

- 어려운 문제를 쉬운 문제로 바꿔치기 할 때가 더러 있다(어림짐작).

- 정적 상태보다 변화에 민감하다(전망 이론).*

- 낮은 확률에 지나치게 비중을 둔다.*

- 수량에 대한 민감성 감소 성향을 보인다(정신물리학).*

- 이익보다 손실에 더 강하게 반응한다(손실 회피).*

- 결정을 내릴 때 여러 선택을 별개로 보면서 문제를 좁은 틀에서 다룬다.*

*표 특징은 4부에서 자세히 다룰 예정이다.

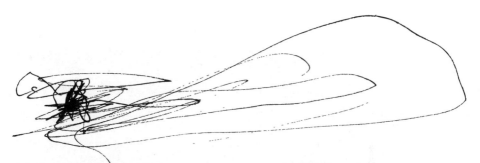

Heuristics and Biases

불확실한 상황에서 판단을 내릴 때 사람들은 '어림짐작'의 원리에 기댄다.
이 원리에 의존해 확률을 가늠하고 가치를 예측하는 복잡한 작업을 단순화하는 것이다.
이런 어림짐작은 꽤 유용하지만 체계적인 오류, 즉 편향을 낳기도 한다.

어림짐작과 편향

소수 법칙

미국 3,141개 카운티를 대상으로 신장암 발병률을 연구한 결과 놀라운 유형이 나타났다. 신장암 발병률이 가장 낮은 카운티는 대부분 인구가 적은 시골로, 전통적으로 공화당 지지 지역인 중서부, 남부, 서부에 위치해 있다. 이 결과를 어떻게 생각하는가?

이 이야기를 듣는 순간, 몇 초 동안 머릿속이 대단히 바삐 움직인다. 주로 시스템 2가 반응한 것이다. 그러면서 의도적으로 기억을 뒤져 가설을 세운다. 어느 정도 노력이 들어간 탓에 동공이 확대되고, 심장박동 수가 다소 증가한다. 시스템 1도 놀고만 있지는 않는다. 시스템 2는 시스템 1의 연상기억에서 나온 사실과 제안에 따라 움직인다. 그러면서 공화당 정책이 사람들을 신장암에서 멀어지게 했다는 생각을 떨쳐낸다. 그리고 신장암 발병률이 낮은 카운티는 대부분 시골이라는 사실에 주목할 공산이 매우 크다. 위 예시를 만든 재치 있는 통계학자 하워드 웨이너Howard Wainer와 해리스 즈웰링Harris Zwerling은 이렇게 말했다. "낮은 암 발병률은 두말할 것 없이 시골의 깨끗한 생활방식 덕분이라고 추론하기 쉽고, 또 그렇게 추론하고픈 마음이 들게 마련이다. 공기도 깨끗하고, 물도 깨끗하고, 인공 첨가물이 안 들어간 신선한 음식을 먹을 수 있으니까."[1] 완벽한 논리다.

이제 신장암 발병률이 가장 높은 카운티를 살펴보자. 대부분 인구가 적은 시골로, 전통적으로 공화당 지지 지역인 중서부, 남부, 서부에 위치해 있다. 웨이너와 즈웰링은 농담조로 이렇게 말한다. "높은 암 발병률은 두말할 것 없이 시골의 가난 때문이라고 추론하기 쉽다. 좋은 의료 시설도 없고, 고지방 식사에, 술을 지나치게 많이 마시고 담배를 지나치게 많이 피우니까." 뭔가 잘못됐다. 시골의 생활방식이 신장암의 매우 높은 발병률과 매우 낮은 발병률을 동시에 설명할 수는 없는 노릇이다.

여기서 핵심은 해당 카운티가 시골이라거나 공화당 텃밭이라는 사실이 아니다. 시골 카운티는 인구가 적다는 게 핵심이다. 그리고 여기서 배워야 할 것은 유행병학이 아니라 사고와 통계의 복잡한 관계다. 시스템 1의 주특기인 사고 형태가 하나 있다. 시스템 1은 여러 사건의 인과관계를, 더러는 그 관계가 가짜일 때도, 힘 안 들이고 저절로 찾아내는 데 도사다. 암 발병률이 높은 카운티 이야기를 듣자마자, 그 카운티는 특정한 이유로 다른 카운티와 다를 테고, 그 차이를 설명할 원인이 있으리라고 추측한다. 그러나 앞으로 살펴보겠지만 시스템 1은 '순전히 통계적인' 사실, 즉 일정한 결과가 나오는 확률은 바꿔놓을지언정 그 결과의 원인이 될 수 없는 사실 앞에서는 맥을 못 춘다.

하나의 무작위 사건은 원래 설명될 수 없지만, 무작위 사건의 집합은 대단히 규칙적인 유형에 따라 움직인다. 구슬이 가득한 큰 단지를 상상해보자. 구슬 절반은 빨간색이고 절반은 흰색이다. 인내심이 대단한 사람(또는 로봇)이 단지에서 무작위로 구슬 네 개를 꺼내, 그중 빨간 구슬이 몇 개인지 적은 뒤에 다시 단지 안에 넣는 작업을 여러 번 되풀이한다고 해보자. 나중에 결과를 종합하면 '빨간 구슬 두 개, 흰 구슬 두 개'가 나온 횟수는 '빨간 구슬 네 개' 또는 '흰 구슬 네 개'가 나온 횟수의 (거의 정확히) 여섯 배다. 이 관계는 수학적 사실이다. 단지에서 반복적으로 표본을 추출한 결과는 망치로 달걀을 치면 어떤 결과가 나올지 예상하는 것만큼이나 자신 있게 예상할 수 있다. 달걀 껍데기가 흩어지는 모습은 아주 자세히는 아니어도 대충은 분명히 떠올릴 수 있다. 하지만 한 가지 차이가 있다. 망치로 달걀을 치는 상상을 할 때면 인과관계가 쉽게 떠오르지만, 표본 추출을 상상할 때면 그 관계 파악 능력이 완전히 자취를 감춘다.

이런 통계적 사실은 신장암 사례와도 관련이 있다. 인내심이 대단한 두 사람이 똑같은 단지에서 번갈아 구슬을 꺼낸다고 해보자. 잭은 매번 구슬을 네 개씩 꺼내고, 질은 일곱 개씩 꺼낸다. 그리고 꺼낸 구슬들이 모두 같은 색일 때, 그러니까 모두 흰색이거나 모두 빨간색일 때를 기록한다. 그렇게 오래 반복하다 보면, 그런 극단적인 결과가 질보다 잭에게서 훨씬 자주 나타난다는 걸 알 수 있다. 예상 확률은 각각 12.5퍼센트와 1.56퍼센트로, 질보다 잭에게서 여덟 배 자주 일어난다. 여기에는 망치도, 인과관계도 없이, 수학적 사실만 있을 뿐이다. 즉 구슬 네 개로 된 표본은 구슬 일곱 개로 된 표본보다 극단적 결과가 나올 확률이 높다.

이제 미국 인구를 거대한 단지에 담긴 구슬로 생각해보자. 일부 구슬에는 '신장암'이라고 적혀 있다. 이제 단지에서 각 카운티의 인구만큼 구슬을 꺼내 표본을 만들어보자. 시골 표본은 다른 표본보다 작다. 잭과 질의 게임과 마찬가지로 극단적 결과(암 발병률이 대단히 높거나 대단히 낮은 경우)는 인구가 적은 카운티에서 나타날 확률이 높다. 이게 이야기의 전말이다.

우리는 원인을 묻는 사실에서 출발했다. 신장암 발병률은 카운티마다 대단히 다양하고, 그 차이는 체계적이다. 그리고 내가 제시한 설명은 통계적이다. 즉 극단적 결과(대단히 높거나 대단히 낮은 경우)는 큰 표본보다 작은 표본에서 나타날 확률이 높다. 이 설명은 인과관계가 아니다. 카운티의 인구가 적다는 사실은 암을 일으키지도, 암을 예방하지도 않는다. 그저 인구가 많은 곳보다 암 발병률이 훨씬 높거나 훨씬 낮을 뿐이다. 더 중요한 진실은 여기에는 아무것도 설명할 게 없다는 것이다. 인구가 적은 카운티라고 해서 다른 카운티보다 암 발병률이 더 낮거나 더 높지 않다. 다만 표본 추출 때문에 특정 해에는 그렇게 보일 수 있다. 다음 해에 똑같은 분석을 한다면, 그때도 작은 표본에서 극단적 결과가 나타나겠지만, 지난해에 암이 흔히 발생한 카운티에서 올해도 발병률이 높을 것이라고 예측할 이유는 없다. 그렇다면 인구밀도가 높은 카운티와 시골 카운티의 차이는 사실로 간주할 수 없다. 과학자들이 '가상실제artifact'라 부르는, 순전히 연구 방법에 영향을 받은 관찰 결과로, 이 경우는 표본 크기에 영향을 받은 차이다.

이 이야기에 놀란 독자도 있겠지만, 새로운 사실은 아니다. 큰 표본은 작은 표본보다 신뢰도가 높다는 대수 법칙은 이미 오래전부터, 통계 지식이 없는 사람에게도 잘 알려진 사실이다. 그러나 어떤 사실을 '안다' 또는 '모른다'고 딱 잘라 말하기 어려운 때도 있다. 다음을 읽어보라. 내 이야기다 싶은 사람도 있을 것이다.

- 앞의 신장암 이야기를 읽으면서 "인구가 적은"이라는 말이 관련이 있으리라고 재빨리 알아채지 못했다.
- 크기가 4인 표본과 7인 표본이 그렇게 차이가 많이 나다니, 은근히 놀랐다.
- 지금도 아래 두 문장이 정확히 같은 뜻이라는 걸 이해하려면 머리를 좀 써야 한다.
  - 큰 표본은 작은 표본보다 정확도가 높다.
  - 큰 표본보다 작은 표본에서 극단적 결과가 더 자주 나온다.

바로 위 두 문장 중에 첫 번째 문장은 분명히 맞는 것 같다. 하지만 두 번째 문장을 직관적으로 이해하기 전까지는 첫 번째 문장도 제대로 이해했다고 볼 수 없다.

결론은 이렇다. 맞다, 큰 표본에서 나온 결과가 더 정확하다는 사실을 알기는 알았다. 하지만 이제 보니 아주 정확히 알았던 것은 아니다. 비단 몇 사람만의 이야기는 아니다. 아모스와 나의 첫 번째 공동 연구 결과, 똑똑한 연구원들도 직관이 약하고 표본 효과를 제대로 이해하지 못했다.

소수 법칙

아모스와 공동 작업을 시작한 1970년대 초, 우리는 통계 교육을 받은 적이 없는 사람도 훌륭한 '직관적 통계 전문가'라는 주장을 두고 토론을 벌였다. 아모스는 내 세미나에서, 직관적 통계를 낙관적으로 바라보는 미시간대학 연구원들에 대해 이야기했다. 나는 아모스의 주장에 크게 공감했고, 개인적으로도 그 주장을 받아들였다. 그 즈음에, 나 자신도 훌륭한 직관적 통계 전문가가 아니며, 남보다 통계에 약한 줄은 미처 몰랐다는 것을 알게 되었기 때문이다.

다양한 연구와 조사를 하는 심리학자에게 표본 추출에서 생기는 차이는 호기심의 대상이 아니라 성가시고 비용이 많이 드는 장애물이며, 새로 시작하는 연구 프로젝트를 매번 도박으로 몰아가는 주범이다. 여섯 살짜리 평균적 여자아이가 같은 나이의 평균적 남자아이보다 어휘력이 풍부하다는 가설을 확인하고 싶다고 해보자. 이 가설은 모집단에서는 참이어서, 실제로 여자아이의 평균 어휘력이 더 풍부하다. 그러나 여자아이든 남자아이든 모두 천차만별이라 뽑기 운에 따라 이렇다 할 차이가 없는 표본이 추출되거나 심지어 어휘력이 더 풍부한 남자아이들이 표본으로 추출될 수도 있다. 이렇게 되면, 연구원들은 시간과 노력을 허비한 탓에 비용만 많이 들고, 실제로 참인 가설을 확증하지도 못한다. 이런 위험을 줄일 방법은 아주 큰 표본을 이용하는 수밖에 없다. 표본을 너무 작게 뽑으면, 결과가 운에 휘둘리고 만다.

어떤 크기의 표본이든 오차 위험은 아주 간단한 절차로 측정할 수 있다. 그러나 심리학자들은 예전부터 표본 크기를 정할 때 정확한 계산은 하지 않는다. 그보다는 자신의 판단을 이용하는데, 그래서 실수도 잦다. 내가 아모스와 토론하기 직전에 읽은 논문은 연구원들이 저지른 (그리고 지금도 저지르는) 실수를 극적인 관찰로 증명해 보였다. 논문 저자는 심리학자들이 흔히 표본을 너무 작게 선택하는 바람에 참인 가설을 확증하지 못하는 경우가 무려 50퍼센트에 이른다고 지적했다.[2] 정신이 나가지 않고서야 그런 위험을 감수할 사람이 어디 있겠는가. 그렇다면 왜 그런 실수를 저지를까? 표본 크기를 결정할 때 표본 추출 시 생기는 차이의 범위를 두고 심리학자들 사이에 널리 퍼진 직관적 오해 탓이다.

그 논문은 내게 충격이었다. 논문에는 연구 중에 내가 겪은 어려움도 나와 있었다. 연구 조사를 많이 하는 다른 심리학자들처럼 나도 일상적으로 표본을 너무 작게 선택하는 바람에 말도 안 되는 결과를 얻곤 했다. 이제 그이유를 알았다. 이상한 결과는 내 연구 방법에서 나온 가상실제였다. 내 실수가 특히 당혹스러웠던 이유는 나도 통계를 가르치고 있었고, 틀릴 위험을받아들일 만한 수준으로 줄이려면 표본 크기를 어떻게 계산해야 하는지도알고 있었기 때문이다. 그런데도 표본 크기를 정할 때 제대로 계산을 해본적이 없었다. 동료들과 마찬가지로 나 역시 실험을 계획할 때 전통과 직관을 신뢰했고, 그 문제를 진지하게 고민해본 적이 없었다. 아모스가 내 세미나에 참석했을 때 나는 이미 내 직관이 부족하다는 결론을 내린 상태였고, 세미나 과정에서 미시간대학의 낙관주의자들이 잘못됐다는 사실을 재빨리인정했다.

나는 아모스와 함께 나만 바보였는지, 나를 포함한 다수가 바보였는지 알아보기 위해 수학 전문가로 구성된 연구원들도 비슷한 실수를 저지르는지실험해보기로 했다. 우리는 성공적 실험 사례를 그대로 인용하는 등 실제연구 상황을 묘사한 설문지를 만들었다. 설문지는 연구원들에게 표본 크기를 선택하고, 그 결정에 따른 실패 위험을 평가한 뒤에, 연구를 준비하는 가상의 대학원생들에게 조언을 하라고 했다. 아모스는 수리심리학회 회의에서 (통계 교과서 저자 둘이 포함된) 똑똑한 참가자들의 반응을 수집했다. 결과는명확했다. 나만 바보는 아니었다. 내가 했던 실수 하나하나를 설문지 응답자 다수가 반복했다. 전문가조차 표본 크기에 충분한 주의를 기울이지 않는

게 분명했다.

아모스와 나는 첫 번째 공동 논문에 〈소수 법칙에 대한 믿음Belief in the Law of Small Numbers〉이라는 제목을 붙였다.[3] 우리는 농담조로 이렇게 설명했다. "무작위 표본 추출에 대한 직관은 소수 법칙을 따르는 모양이다. 결국 대수 법칙은 소수에도 적용된다고 주장하는 꼴이다." 그리고 연구원들에게 "통계적 직관을 적절히 의심하고, 가능하면 느낌 대신 계산을 이용하라"고 강력히 권고했다.[4]

의심보다 신뢰를 편애하는 편향

노인 300명을 대상으로 전화 여론조사를 실시한 결과, 60퍼센트가 대통령을 지지했다.

이 문장을 정확히 세 단어로 요약하라면 뭐라고 했겠는가? 사람들은 거의 틀림없이 '노인은 대통령을 지지한다'라고 요약할 것이다. 이 세 단어는 내용의 골자를 포함한다. 표본이 300명이고 전화로 조사했다는 누락된 세부 사항은 관심 대상이 아니다. 별다른 주목을 끌지 못하는 배경 정보일 뿐이다. 표본 크기가 달라도 요약한 문장은 같을 것이다. 물론 터무니없는 숫자였다면 주목을 끌겠지만("노인 유권자 여섯 명[또는 6,000만 명]을 대상으로 전화 여론조사를 실시한 결과……"). 그러나 전문가가 아니고서야 표본이 150명이든, 3,000명이든 반응은 크게 다르지 않았을 것이다. "사람들은 표본 크기에 크게 신경 쓰지 않는다"는 말은 바로 그런 뜻이다.

여론조사 결과에는 두 종류의 정보가 담겼다. 이야기와 그 이야기의 출처다. 사람들은 당연히 결과의 신뢰성보다는 이야기에 초점을 맞춘다. 그러나 신뢰성이 눈에 띄게 낮다면, 그 여론조사 결과를 믿지 않을 것이다. 이를테면 "당파적 집단이 편향된 여론조사를 실시한 결과 노인은 대통령을 지지한다는 결과가 나왔다"는 말을 들었다면, 그 여론조사를 믿지 않을 테고, 조사 결과는 믿음으로 자리 잡지 못했을 것이다. 그리고 그 당파적 여론조사와 엉터리 결과는 정치판의 거짓말을 보여주는 새로운 이야깃거리가 될 것이다. 이처럼 명백히 엉터리임을 알 수 있는 경우에는 여론조사를 믿지 않을 수 있다. 하지만 "〈뉴욕 타임스〉에서 봤는데 말이야……"와 "정수기 앞에서 들었는데 말이야……"를 다르게 취급할 수 있겠는가? 우리 시스템 1은 믿음의 정도를 구분할 수 있을까? 보이는 것이 전부라는 원리는 그럴 수 없다고 말한다.

앞에서 말했듯이, 시스템 1은 의심과는 거리가 멀다. 시스템 1은 모호함을 억누르고, 최대한 논리적으로 일관된 이야기를 즉석에서 지어낸다. 해당 내용이 그 자리에서 무시되지 않는 한, 마치 그 내용이 진실인 양 거기서 연상 작용이 시작된다. 시스템 2는 양립 불가한 가능성을 동시에 고려할 수 있어서 의심을 품을 수 있다. 그러나 의심을 품기는 확실하다고 믿기보다 어렵다. 소수 법칙은 의심보다 확신을 편애하는 일반적 편향을 그대로 드러낸다. 이 편향은 이 책에서 앞으로 여러 모습으로 등장할 것이다.

애초의 모집단과 거기서 나온 작은 표본은 서로 많이 닮았다고 믿는 강한 편향도 과장된 이야기를 만든다. 우리는 눈앞에 보이는 것의 일관성과 논리를 과장하는 성향이 있다. 연구원들이 고작 몇 번의 관찰에서 나온 사실을 지나치게 확신하는 현상은 어떤 사람을 잘 알지도 못하면서 꽤 잘 알고 이해한다고 생각하는 후광 효과와 밀접한 관련이 있다. 시스템 1은 사실을 앞질러, 빈약한 증거를 기초로 그럴듯한 그림을 완성한다. 속단하기 좋아하는 시스템은 소수 법칙 신봉자처럼 행동한다. 좀 더 일반적으로는 현실을 '지나치게' 말이 되게 묘사하려 한다.

원인과 우연

우리 연상 체계는 원인을 찾으려 한다. 그러다 보니 통계에서 반복되는 유형을 봤을 때 당혹감을 느끼는데, 이는 통계를 바라보는 우리 시각을 바꿔야 한다는 뜻이지만 그게 쉽지 않다. 통계적 관점은 지금의 사건이 어떻게 일어나게 되었는가에 초점을 맞추기보다 그 사건과 만약 그 일이 일어나지 않았다면 생겼을 다른 사건을 연결한다. 그러면서 특별한 원인이 있어서가 아니라 여러 사건 중에 우연히 그 사건이 일어났을 뿐이라고 해석한다.

우리는 인과관계로 생각하기를 유난히 좋아하는 탓에 무작위로 일어난 사건에서 무작위성을 평가할 때 심각한 실수를 저지른다. 예를 들어 어느 병원에서 차례로 태어난 여섯 아기의 성별을 생각해보자. 이때 남자아이와 여자아이가 차례차례 태어나는 사건은 명백히 무작위여서 여섯 번의 사건은 서로 독립적이며, 그 병원에서 지난 몇 시간 동안 태어난 아기 중에 남자아이가 몇 명이고 여자아이가 몇 명인지는 다음에 태어날 아이의 성별에 어떤 식으로든 영향을 미치지 못한다. 이제 가능한 세 가지 경우를 보자.

남남남여여여

여여여여여여

남여남남여남

아기들이 이 순서로 태어날 확률은 모두 같을까? 직관적 대답("당연히 다르지!")은 틀렸다. 각 사건은 모두 독립적이고, '남', '여'가 나올 확률은 (거의) 같기 때문에, 여섯 번의 출생에서 남녀가 어떤 순서 조합을 이루든 그것이 발생할 확률은 모두 같다. 그런데 그 사실을 이해해도 여전히 직관과는 멀어 보인다. 위 세 가지 순서 중에 세 번째만 무작위처럼 보인다. 예상대로 사람들은 '남여남남여남'이 다른 두 경우보다 훨씬 일어날 확률이 높다고 판단한다. 우리는 일정한 유형을 찾으려 하고, 세상은 논리적으로 일관되다고 믿는데, 그런 세상에서는 반복되는 유형(여자아이가 연달아 여섯 번 나오는 등)이 우연이 아니라 기계적 인과관계 또는 누군가의 의도에서 나온 결과처럼 보인다. 우리는 무작위에서는 반복되는 유형이 나타나지 않으리라 예상하고, 어쩌다 일정한 규칙처럼 생긴 것을 볼라치면 무작위가 아니었을 것이라고 생각한다. 무작위로 나온 순서 중에는 전혀 무작위처럼 보이지 않는 순서도 많다. 인과관계가 있다고 단정하는 습관이 왜 진화에 유리한지는 얼마든지 짐작할 수 있다. 그것은 조상에게서 물려받은 일반적인 경계 습관이다. 우리는 주변 환경이 바뀌었을 가능성을 무의식적으로 예의 주시한다. 사자는 평원에 무시로 나타날 수 있지만, 사자 무리가 나타나는 횟수가 많아진다 싶으면, 비록 그것이 무작위로 나타난 일시적 변화일지라도, 상황을 살피며 반응하는 편이 안전하다.

무작위와 관련해 널리 퍼진 오해 때문에 가끔 중대한 결과가 초래되기도 한다. 아모스와 나는 대표성에 관한 논문을 쓰면서, 통계학자 윌리엄 펠러William Feller를 인용했다. 사람들이 있지도 않은 유형을 얼마나 쉽게 찾아내는가를 설명했던 사람이다. 제2차 세계대전에서 런던에 로켓탄이 집중적으로 쏟아지자 사람들은 그것이 무작위 폭격이 아니라고 믿었다. 폭격 지점을 표시한 지도를 보면 폭격 지점과 다른 지역 사이에 뚜렷한 차이가 나타났기 때문이다. 누군가는 폭격이 없던 지역에 독일 스파이가 있었을 것이라고도 했다.[5] 통계적으로 자세히 분석한 결과, 폭격이 가해진 지역은 전형적인 무작위 분포를 이루었다. 동시에 무작위가 아니라는 느낌을 강하게 주는 전형적인 분포이기도 했다. 펠러는 이렇게 말한다. "비전문가 눈에는 무작위가 일정한 유형의 반복 또는 무리를 이루는 성향처럼 보인다."

얼마 지나지 않아 펠러에게 배운 것을 써먹을 기회가 생겼다. 1973년에 욤키푸르 전쟁(4차 중동전쟁)이 일어났는데, 내가 그 전쟁에 딱 한 번 중요하게 기여한 적이 있다. 이스라엘 공군 고위 관리에게 조종사 조사를 멈추라고 조언한 일이다. 공중전은 처음에 이스라엘에게 아주 불리하게 전개되었다. 이집트의 지대공 미사일이 예상 외로 훌륭한 성능을 보였기 때문이다. 손실은 컸고, 손실 발생 분포는 일정하지 않아 보였다. 나는 같은 기지에서 출발한 두 개 비행대대 이야기를 들었다. 한 대대는 전투기 네 대를 잃었고, 한 대대는 손실이 없었다. 그 불행한 대대가 무엇을 잘못했는지 알아보기 위해 조사가 시작되었다. 두 대대 중에 한쪽이 더 유능했다고 믿을 이유도 없었고, 작전상의 차이도 발견되지 않았다. 물론 조종사의 삶은 여러 점에서 달랐는데, 내가 기억하기로 이를테면 임무 수행 사이에 집에 들르는 횟수라든가 보고받는 방식 등에서 차이가 났다. 나는 그런 차이가 순전히 우연에서 발생했으니 조종사 면담을 그만두는 게 좋겠다고 조언했다. 나는 우연이 가장 그럴듯한 답이며, 명확치 않은 원인을 무작정 찾아봤자 손실을 입은 대대의 조종사들이 자신과 죽은 동료가 잘못이라는 죄의식만 떠안고 살 뿐이라고 생각했다.

수년이 지나 아모스가 제자 톰 길로비치Tom Gilovich, 로버트 밸론Robert Vallone과 함께 농구에서 나타나는 무작위에 대한 오해를 연구해 한바탕 파문을 일으켰다.[6] 선수들은 이따금씩 '뜨거운 손hot hand'(이제까지 좋은 성적을 낸 선수가 이후에도 계속 좋은 성적을 내는 현상 또는 그러리라는 믿음-옮긴이)을 갖게 된다는 '사실'은 선수, 코치, 그리고 팬들도 널리 인정하는 바다. 이 추론은 거부하기 힘들다. 한 선수가 연달아 서너 개의 슛을 성공시키면, 그 선수가 지금 한창 발동이 걸려 골 성공률이 일시적으로 높아졌다는 인과관계 판단을 안 할 수가 없다. 양 팀 선수들도 그 판단을 받아들여, 같은 팀원은 지금 점수를 잘 내고 있는 선수에게 공을 패스하고, 상대편에서는 그 선수 수비에 두 명이 붙는다. 그런데 수천 번의 슛을 분석해보면 결과는 실망스럽다. 평범한 슛이든, 파울라인에서의 슛이든, 뜨거운 손 따위는 없다. 물론 남보다 슛이 정확한 선수야 있지만, 슛이 연달아 성공하거나 연달아 실패하는 것은 모든 무작위 시험을 충족한다. 뜨거운 손은 무작위에서 순서와 인과관계를 끊임없이 재빨리 감지하는 사람들 눈에 보이는 허상이다. 널리 퍼진 거대한 인지 착각이다.

사람들의 반응도 이 연구에서 주목할 부분이다. 놀라운 결론이라 언론도 이 결과를 보도했고, 사람들은 못 믿겠다는 반응을 보였다. 보스턴 셀틱스의 유명한 코치인 레드 아워백Red Auerbach은 길로비치의 연구 소식을 듣고는 이렇게 반응했다. "이 작자, 누구야? 연구 따위나 하는 작자라, 이거지. 일절 관심 없어." 무작위에서 일정한 유형을 찾아내려는 성향은 워낙 강해서, 연구 따위나 하는 작자보다 분명히 더 인상적이다.

유형 착각은 농구장이 아닌 우리 삶에도 여러 면에서 영향을 미친다. 투자 자문 전문가의 능력이 남다르다고 결론 내리려면 몇 년이나 그를 지켜봐야 할까? 최고경영자가 기업 인수를 몇 건이나 성공해야 이사회가 그 사람이 그런 거래에 특별한 재주가 있다고 믿을까? 이런 질문에 간단히 대답하면, 이때 직관을 따를 경우 이따금씩 무작위 사건을 체계적 사건으로 잘못 분류하는 실수를 저지른다는 것이다. 우리는 삶에서 목격하는 많은 사건이 사실은 무작위 사건이라는 믿음을 너무 쉽게 거부한다.

10장을 시작하면서 미국 전역에 걸친 암 발병률 사례를 들었다. 통계 교사용 책에도 등장하는 사례지만, 나는 그 예를 이미 언급한 두 명의 통계학자 하워드 웨이너와 해리스 즈웰링이 쓴 재미있는 논문에서 따왔다. 이 논문은 게이츠재단Gates Foundation이 집행한 약 17억 달러의 대규모 투자에 주목했다. 가장 성공한 학교의 특징을 찾아낸 흥미로운 연구 결과를 바탕으로 교육 사업을 추진한 투자였다. 많은 연구원이 가장 성공한 학교를 찾아 다른 학교와 차이점을 알아보는 방식으로 성공적인 교육의 비결을 추적했다. 이 연구에서 나온 결론 하나는 가장 성공적인 학교는 평균적으로 소규모라는 것이다. 한 예로, 펜실베이니아에 있는 1,662개 학교를 조사해보니, 상위 50개 학교 중에 여섯 개가 소규모였는데, 이는 네 배나 부풀려진 수치다. 게이츠재단은 이 결과에 힘입어 작은 학교 설립에 대대적으로 투자하면서, 때로는 큰 학교를 작은 학교 여럿으로 쪼개기도 했다. 애넌버그재단Annenberg Foundation과 퓨자선기금Pew Charitable Trusts 같은 다른 유명 단체 예닐곱 곳과 미국 교육부 산하 작은 교육 위원회 프로그램Smaller Learning Communities Program도 여기에 동참했다.

직관적으로는 그럴듯해 보일 수 있다. 작은 학교가 큰 학교보다 어떻게 더 우수한 교육을 제공하고, 어떻게 학생 개개인에게 더 주의를 기울이면서 그들을 격려해 성과가 좋은 학자들을 배출할 수 있는가를 설명하는 인과관계를 만들기는 어렵지 않다. 그런데 안타깝게도 사실부터가 잘못된 탓에 이 인과관계 분석은 의미가 없다. 게이츠재단에 자료를 제공한 통계 전문가들이 하위권 학교의 특징을 연구했다면 역시 평균보다 작은 학교라는 사실을 발견했을 것이다. 그러니까 작은 학교가 평균적으로 더 우수한 것이 아니라, 단지 변동이 더 심할 뿐이다. 웨이너와 즈웰링의 말에 따르면, 구태여 비교하자면 큰 학교가 특히 고학년에서 교과과정 선택의 폭이 넓다는 점에서 되레 더 좋은 결과를 내놓는 경향이 있다.

최근에 인지심리학이 발달한 덕에, 아모스와 나는 막연히 생각했던 것들을 이제는 또렷이 목격할 수 있었다. 소수 법칙도 정신 작동에 관한 두 가지 과장된 이야기의 하나가 분명하다.

- 작은 표본을 지나치게 신뢰하는 성향은 좀 더 일반적인 착각의 한 가지 예에 불과하다. 일반적으로 우리는 어떤 메시지의 신뢰성보다 그 내용에 더 주목하는데, 그러다 보니 주변 세계를 그 자료가 증명하는 수준보다 더 단순하고 더 논리적으로 일관되게 인식한다. 결론에 뛰어드는 속단은 현실 세계보다 상상의 세계에서 안전한 스포츠다.
- 통계 수치 중에는 인과관계 설명이 필요해 보이지만 실제로는 인과관계와 무관한 경우가 많다. 세상에 존재하는 사실 중 많은 수가 우연에서 나오는데, 표본 추출도 그러하다. 우연히 발생한 사건을 인과관계로 설명한다면 엉터리 설명밖에 안 된다.

소수 법칙과 관련한 말들

"그렇다, 그 영화사는 최고경영자가 새로 들어온 뒤로 영화가 세 편이나 성공했다. 하지만 그가 뜨거운 손의 소유자라고 말하기에는 아직 이르다."

"통계 전문가에게 알아보기 전까지는 새로 온 그 주식거래인을 천재라고 여기지 않겠다. 그의 연이은 성공은 우연일 수도 있으니까."

"관찰 표본이 너무 작아서 어떤 추론도 어렵다. 소수 법칙에 끌려가지 말자."

"우리가 실험하는 표본이 제법 커질 때까지는 실험 결과를 비밀로 할 계획이다. 그러지 않으면 서둘러 결론을 내라는 압력에 시달릴 테니까."

기준점 효과

아모스와 나는 숫자 돌림판을 조작한 적이 있다. 돌림판에는 숫자가 0에서 100까지 표시되었는데, 우리는 이 돌림판이 10 또는 65에서만 멈추게 만들었다. 그리고 오리건대학에서 실험에 참가할 학생들을 모집했다. 우리중 한 사람은 소수의 참가자 앞에 서서 돌림판을 돌렸고, 돌림판이 멈추면 학생들에게 돌림판이 가리키는 숫자를 적으라고 했다. 물론 돌림판은 10 아니면 65에서 멈춘다. 그런 다음, 학생들에게 다음 두 가지를 물었다.

유엔 회원국 중에 아프리카 국가가 차지하는 비율은 여러분이 방금 적은 숫자보다 큰가, 작은가?
유엔에서 아프리카 국가 비율을 최대한 정확히 추측하면 몇 퍼센트겠는가?

숫자 돌림판을 돌린다고 해서(조작되지 않은 돌림판이라도) 위 문제와 관련한 유용한 정보가 나올 리 없으며, 따라서 실험 참가자들은 돌림판을 그저 무시해야 마땅하다. 하지만 그렇지 않았다. 돌림판에서 10을 본 참가자들은 평균 25퍼센트, 65를 본 참가자들은 평균 45퍼센트로 추측했다.

이런 현상이 일상에서 워낙 흔하고 중요하니, 이 현상의 이름을 알아두는 게 좋겠다. 바로 '기준점 효과anchoring effect'다. 이 현상은 모르는 수량을 추정하기 전에 특정 값이 머릿속에 떠오를 때 나타난다. 실험심리학에서 나타나는 매우 신뢰할 만하고 막강한 현상인데, 이때 사람들은 머릿속에 떠오른 값을 기준점 삼아 그와 가까운 숫자를 추정치로 내놓는다. 마치 배가 닻을 내리고 그곳에 정박하는 것과 비슷해, 영어로는 '정박한다'는 의미의 'anchoring'이라 부른다. 간디가 114세가 넘어 사망했느냐는 질문을 받으면, 35세가 넘어 사망했느냐는 질문을 받을 때보다 사망 나이를 훨씬 높게 예측한다. 어떤 집이 얼마면 사겠는지 생각할 때도 질문에서 제시한 가격에 영향을 받는다. 같은 집이라도 표시 가격이 낮을 때보다 높을 때 더 가치 있어 보인다. 그런 숫자에 영향을 받지 않기로 결심해도 소용없다. 기준점 효과 사례는 끝이 없다. 숫자를 예측하는 질문을 받고 답을 생각할 때면 여지없이 이 현상이 나타난다.

기준점 효과를 목격한 사람은 우리가 처음이 아니다. 하지만 우리가 실험에서 처음으로 그 효과가 얼마나 터무니없는지 증명해 보였다. 사람들은 판단을 내릴 때 누가 봐도 관련이 없는 숫자에 영향을 받았다. 숫자 돌림판의 기준점 효과를 합당하다고 설명할 도리가 없다. 아모스와 나는 우리 실험 결과를 〈사이언스〉에 발표했는데, 우리가 이곳에 발표한 논문 가운데 매우 유명한 축에 든다.

그런데 한 가지 문제가 있었다. 아모스와 나는 기준점 효과 이면의 심리를 두고 의견이 다소 엇갈렸다. 아모스가 이렇게 해석하면, 나는 저렇게 해석했고, 의견을 통합할 방법을 찾지 못했다. 그러다가 수십 년이 지나 그동안 나온 수많은 연구 결과로 마침내 문제를 해결했다. 지금은 아모스와 내가 모두 옳았다는 게 분명해졌다. 두 시스템은 기준점 효과를 하나씩 만들어낸다. 시스템 2가 작동해 의도적 조정 작업을 할 때 생기는 기준점 효과가 있는가 하면, 시스템 1이 저절로 일으키는 점화 효과 역시 기준점 효과를 일으킨다.

조정으로서의 기준점 효과

아모스는 불확실한 양을 추정하는 전략으로 '기준점과 조정' 어림짐작을 좋아했다. 일단 기준점이 되는 숫자에서 출발하라. 그런 다음 그 수가 너무 높은지, 너무 낮은지 평가하라. 그리고 기준점에서 '멀어지면서' 추정치를 조금씩 조정하라. 이런 조정은 보통 성급하게 끝나는데, 더 멀어져야 한다는 확신이 들지 않을 때 조정을 멈추기 때문이다. 아모스와 내가 의견 일치를 보지 못한 지 수십 년이 지나, 그리고 아모스가 세상을 떠난 지 몇 년이 지나, 아모스가 생각한 이 과정이 옳다는 설득력 있는 증거가 두 명의 심리학자에게서 별도로 제시되었다. 한때 아모스 곁에서 함께 연구하던 엘다 샤퍼 Eldar Shafir와 톰 길로비치가 이번에는 자기들의 제자와 함께, 그러니까 아모스의 정신적 손주(!)들과 함께 연구한 결과를 내놓은 것이다.

연구 결과를 이해하기 위해 우선 종이 한 장을 놓고 맨 밑에서 위로 2.5인치(약 6센티미터) 직선을 그어올라간다. 자는 사용하지 않는다. 그리고 다른 종이에다 이번에는 맨 위에서 아래로 직선을 그어 내려오다가 밑에서 2.5인치 되는 지점에서 멈춘다. 이제 두 직선을 비교해보라. 아마도 처음에 2.5인치라고 추정한 길이(첫 번째 종이에서 직선의 길이)가 두 번째로 2.5인치라고 추정한 길이(두 번째 종이에서 직선을 멈춘 곳에서 맨 밑까지 빈 공간의 길이)보다 짧을 것이다. 2.5인치라면 정확히 어디까지 그려야 하는지 알 수 없고, 따라서 불확실의 범위가 존재해서 생기는 일인데, 선을 바닥부터 그리기 시작할 때는 불확실의 범위 중 거의 바닥, 즉 하한선에서 멈추고, 꼭대기부터 그리기 시작할 때는 그 범위 중 거의 꼭대기, 즉 상한선에서 멈춘다. 로빈 르뵈프Robyn LeBoeuf와 엘다 샤퍼는 이 같은 사례를 일상에서 많이 찾아내었다. 이런 불완전한 조정은 고속도로를 벗어나 일반 도로를 달릴 때, 그중에서도 특히 옆 사람과 이야기하면서 운전할 때, 왜 과속하기 쉬운지 잘 설명해준다. 방 안에서 음악을 크게 틀어놓은 10대 아이와 머리끝까지 화가 난 부모 사이의 긴장감도 그런 불완전한 조정으로 설명이 가능하다. 르뵈프와 샤퍼의 설명은 이렇다. "말 잘 듣는 10대 아이가 소리를 '적당히' 낮추라는 부모 말에 따라 집 안이 떠나갈 듯한 음악 소리를 줄여보지만 애초의 '높은 기준점'을 제대로 조정하지 못한 채, 부모는 내 노력을 알아주지 않는다고 생각하기 쉽다."[1] 이 아이나 앞의 운전자 모두 의도적으로 정도를 낮추려 했지만, 조정에 실패한 경우다.

이제 아래 질문을 보자.

조지 워싱턴이 대통령이 된 때는 언제인가?
에베레스트 산꼭대기에서 물의 끓는점은 몇 도인가?

위 질문을 받았을 때 우선 어떤 기준점이 떠오른다. 그리고 그 기준점이 틀렸다는 것도 알고, 정답은 그 기준점을 기준으로 어느 쪽에 있는지도 안다. 조지 워싱턴은 1776년(미국이 영국으로부터 독립을 선언한 해—옮긴이) 이후에 대통령이 되었다는 건 금방 알 수 있고, 에베레스트 산꼭대기에서는 물이 100도 아래서 끓는다는 것도 안다. 그렇다면 이 기준점을 움직일 논거를 찾아내어 적절한 방향으로 기준점을 조정해야 한다. 앞서 직선 그리기처럼 더 나아가야 한다는 확신이 들지 않을 때, 그러니까 불확실의 영역에서 거의 한계에 도달했을 때 조정을 멈추기 쉽다.

닉 에플리Nick Epley와 톰 길로비치는 조정은 기준점에서 멀어져야 하는 이유를 찾으려는 의도적인 노력이라는 증거를 찾았다. 기준점을 내리는 소리를 들었을 때 고개를 가로저으라는 지시를 받은 사람은 기준점에서 멀어졌고, 고개를 끄덕이라는 지시를 받은 사람은 기준점에 다가갔다.[2] 에플리와 길로비치는 조정에 노력이 들어간다는 사실도 확인했다. 정신 자원이 고갈된 사람은 조정에 적극적이지 않았는데(즉 기준점 가까이 있었는데), 다른 숫자를 기억하느라 기억력이 딸릴 때, 또는 약간 취했을 때 그런 현상을 보였다. 시스템 2가 약하거나 게으르면 조정에 실패하기 쉽다.[3]

그렇다면 이제 적어도 기준점 효과의 일부 사례에서는, 그러니까 시스템 2가 개입해 기준점을 의도적으로 특정 방향으로 조정하는 경우에서만큼은 아모스가 옳았다는 걸 알 수 있다.

점화 효과로서의 기준점 효과

아모스와 내가 기준점 효과를 두고 토론을 벌일 때, 나는 조정도 가끔은 일어난다고 인정했지만, 어딘가 찜찜했다. 조정은 의도적이고 의식적인 활동이지만, 기준점 효과는 주관적 체험과 관련 없이 나타나는 경우가 대부분이다. 다음 두 문제를 보자.

간디가 사망한 나이가 144세보다 많았는가 적었는가?
간디는 몇 살에 사망했는가?

간디의 사망 나이를 추정할 때 사람들은 144세를 기준으로 하향 조정할까? 아마도 아닐 것이다. 하지만 말도 안 되게 높은 이 수치도 추정에 영향을 미친다. 나는 기준점이 암시suggestion 같다는 직감이 들었다. 여기서 암시는 우리 머릿속에 그저 무언가를 떠오르게 함으로써 그것을 실제로 보거나, 듣거나, 느끼는 듯한 인상을 주는 경우를 가리킨다. 예를 들어, "지금 왼쪽 다리가 약간 마비되는 느낌이 들지 않는가?"라고 물으면 꽤 많은 사람이 지체 없이, 그렇잖아도 왼쪽 다리가 약간 이상하다고 말한다.

직감이라면 아모스가 나보다 더 신중해서, 그는 암시로 기준점을 이해하는 건 도움이 되지 않는다고 지적했고, 옳은 말이었다. 사실 우리는 암시를 설명할 방법이 없었으니까. 나는 그의 지적을 인정해야 했지만, 불완전한 조정을 기준점 효과의 유일한 원인으로 보는 생각에는 적극 찬성할 수 없었다. 우리는 기준점 효과를 이해하려고 실험을 수없이 했지만 이렇다 할 결론을 얻지 못한 채, 결국 이 주제로는 더 이상 논문을 쓰지 않기로 했다.

그런데 우리를 낙담시킨 수수께끼가 이제야 풀렸다. 암시가 모호한 개념에서 벗어난 덕분이다. 암시는 연관된 증거를 선별적으로 촉발하는 점화 효과다. 우리는 간디가 144년을 살았다고는 한순간도 생각해본 적이 없지만, 144년이 연상 체계에서 아주 오래된 사람이라는 인상을 만들어낸 것이 분명하다. 시스템 1은 어떤 말이든 일단 믿은 뒤에 이해한다. 그리고 그와 연관된 생각을 선별적으로 활성화하다 보면, 우리가 속기 쉽고 무엇이든 지나치게 굳게 믿기 쉬운 체계적 오류가 나온다. 돌이켜보면, 아모스와 나는 기준점 효과에 두 종류가 있다는 것을 그때는 미처 몰랐었다. 당시는 우리에게 필요한 연구 기술과 이론이 존재하지 않았다. 그 기술과 이론은 한참 뒤에 다른 사람들이 개발했다. 암시와 비슷한 과정은 많은 상황에서 실제로 일어난다. 시스템 1은 기준점이 정답인 세상을 만들려고 최선을 다한다. 1부에서 설명한 연상적 일관성이 구현된 경우다.[4]

독일 심리학자 토마스 무스바일러Thomas Mussweiler와 프리츠 슈트라크Fritz Strack는 기준점 효과에서 연상적 일관성의 역할을 가장 그럴듯하게 증명해 보였다. 두 사람은 실험에서, 기준점 효과를 알아보기 위해 "독일의 연평균 기온은 섭씨 20도보다 높은가 낮은가?" 또는 "독일의 연평균 기온은 섭씨 5도보다 높은가 낮은가?"라고 물었다.

그런 다음, 모든 참가자에게 단어를 순간적으로 보여주고 어떤 단어인지 맞혀보라고 했다. 그러자 20도가 들어간 질문을 받았던 사람은 여름과 관련한 단어(태양, 해변 등)를 더 쉽게 알아보았고, 5도가 들어간 질문을 받았던 사람은 겨울과 관련한 단어(서리, 스키 등)를 쉽게 알아보았다. 연관된 기억만을 선별적으로 활성화하는 이 현상도 기준점 효과를 설명한다. 높은 숫자와 낮은 숫자가 기억에서 활성화하는 개념이 서로 다르다는 것이다. 연평균 기온을 추정할 때 이처럼 편향된 개념에 의지하다 보니 결론도 편향적이다. 같은 맥락의 훌륭한 연구가 또 있다. 여기서는 참가자들에게 독일 자동차의 평균 가격을 물었다. 이때 높은 기준점은 기억에서 고급 브랜드(메르세데스, 아우디 등)를 선별적으로 촉발한 반면, 낮은 기준점은 대중적인 브랜드(폭스바겐)를 촉발했다. 우리는 앞에서, 어떤 기폭제든 그것과 연관된 정보를 촉발하는 성향이 있다는 사실을 살펴봤다. 암시와 기준점 효과는 모두 저절로 작동하는 시스템 1로 설명이 가능하다. 기준점 효과와 암시의 연관관계에 관한 내 직감은 당시에는 설명할 방법이 없었지만 어쨌거나 옳았다.

기준점 지수

심리 현상에는 실험으로 보여줄 수 있는 것은 많지만, 실제로 측정 가능한 것은 거의 없다. 그런데 기준점 효과만큼은 예외다. 기준점 효과는 측정이 가능하며, 그 결과는 놀랍다. 샌프란시스코에 있는 과학관을 찾은 사람들에게 아래 두 가지 질문을 던졌다.[5]

가장 큰 미국삼나무는 높이가 1,200피트보다 클까 작을까?
가장 큰 미국삼나무의 높이를 최대한 정확히 추측하면 몇이겠는가?

이 실험에서 '높은 기준점'은 1,200피트(약 366미터)다. 일부 다른 참가자들에게는 첫 번째 질문을 180피트(약 55미터)의 '낮은 기준점'으로 바꿔 물었다. 두 기준점의 차이는 1,020피트(약 311미터)다.

예상대로 두 그룹이 내놓은 평균 추정치는 크게 달랐다. 844피트(257미터)와 282피트(86미터)로, 무려 562피트(171미터)가 차이 났다. 기준점 지수는 제시한 기준점의 차이와 그에 따른 추정치 차이의 비율로 표현하는데, 여기서는 55퍼센트(562/1,020)다. 기준점을 맹목적으로 받아들여 그 값을 그대로 추정치로 내놓는 사람들은 기준점 지수가 100퍼센트이고, 기준점을 아예 무시할 수 있는 사람들은 기준점 지수가 0퍼센트다. 이 사례에서 나온 55퍼센트는 전형적인 값에 속한다. 다른 수많은 문제에서도 비슷한 수치가 나왔다.

기준점 효과는 실험실에서나 나타나는 진기한 현상이 아니다. 현실에서도 이 효과의 위력은 막강하다. 여러 해 전에 실시한 실험에서, 부동산 중개인에게 실제로 매물로 나온 집의 가치를 평가하게 했다. 이들은 그 집에 직접 가서, 집주인이 요구하는 호가를 비롯해 여러 정보가 담긴 팸플릿을 꼼꼼히 살폈다. 이때 중개인 절반이 본 호가는 그 집의 애초 표시 가격보다 훨씬 높았고, 다른 절반이 본 호가는 그보다 훨씬 낮았다.[6] 각 중개인은 그 집의 적정 구매가를 얼마라고 생각하는지, 그리고 자신이 집주인이라면 최소한 얼마를 받아야 그 집을 팔지 의견을 제시했다. 그런 다음 이들에게 판단에 영향을 미친 요소를 물었다. 놀랍게도 이들은 자신이 호가에 영향을 받지 않았다고 생각했고, 호가를 무시할 수 있는 능력을 자랑스러워했다. 하지만 천만의 말씀이다. 기준점 효과는 41퍼센트였다. 이 전문가들도 부동산 매매 경험이 없는 경영대학원생들만큼이나 기준점 효과에 취약했다. 경영대학원생들의 기준점 지수는 48퍼센트였다. 두 집단의 유일한 차이는 대학원생들은 그 기준점에 영향을 받았다고 시인한 반면, 중개인들은 시인하지 않았다는 점이다.

막강한 기준점 효과는 돈과 관련한 결정을 내릴 때도 나타나는데, 특정 명분에 얼마를 기부할지 결정할 때도 그런 경우다. 우리는 이 효과를 증명하기 위해 앞서 과학관 연구에 참여했던 사람들에게 태평양에서 기름 유출 사고가 발생해 환경이 파괴되었다는 이야기를 해준 다음, "기름 유출을 방지하는 방법이나 유조선 소유주에게 관련 비용을 지불하게 하는 방법을 찾을 때까지 기름이 유출된 태평양 연안에서 바닷새 5만 마리를 살리기 위해" 매년 얼마를 기꺼이 기부할 생각이 있느냐고 물었다. 이 질문에 대답하려면 세기 짝짓기가 필요하다. 그러니까 응답자는 곤경에 처한 바닷새를 보며 느끼는 감정의 세기에 맞는 기부금을 찾아야 한다. 과학관을 찾은 사람 일부에게는 얼마를 기부하겠느냐고 무작정 묻기 전에 기준점 효과를 기대하며 이렇게 물었다. "……에 5달러를 기꺼이 지불하겠는가?"

과학관을 찾은 사람 중에(이들은 기본적으로 환경에 관심 있는 사람들이다) 기준점이 들어가지 않은 질문을 받은 사람들은 평균 64달러를 내겠다고 대답했다. 그런데 5달러라는 기준점이 들어가면 기부금은 평균 20달러에 머물렀다. 기준점이 높아져 400달러가 되면, 기꺼이 내겠다는 기부금 평균은 143달러로 뛰었다.

높은 기준점과 낮은 기준점 그룹의 차이는 123달러였다. 기준점 효과는 30퍼센트가 넘었는데, 그 말은 100달러 높게 제시하면 평균 30달러를 기꺼이 더 낸다는 뜻이다.

수많은 추정치나 지불 의향 연구에서 이와 비슷한 또는 더 큰 기준점 효과가 나타났다. 이를테면 오염이 심각한 프랑스 마르세유에 사는 사람들에게 오염이 적은 지역에 살 수 있다면 생계비 인상을 어느 정도까지 감수하겠느냐고 물었다. 이 연구에서는 기준점 효과가 50퍼센트 이상으로 나타났다. 똑같은 물건이 서로 다른 '지금 구매' 가격으로 올라오는 인터넷 거래에서도 기준점 효과를 쉽게 볼 수 있다. 미술품 경매에서 '추정가'도 첫 입찰에 영향을 미치는 기준점이다.

기준점이 타당해 보이는 상황도 있다. 어려운 질문을 받은 사람이 지푸라기라도 잡으려는 심정은 어쩌면 당연하다. 이 상황에서 기준점은 그럴듯한 지푸라기다. 캘리포니아의 나무에 대해 아는 게 거의 없는데 미국삼나무가 1,200피트보다 더 클 수 있는지 질문을 받으면, 이 숫자가 터무니없이 큰 수는 아닐 거라고 추측하기 쉽다. 진짜 높이를 아는 사람이 이 문제를 만들었을 테고, 그러니 그 기준점은 믿을 만한 힌트가 아니겠는가. 하지만 기준점 연구에서 발견한 중요한 사실은 무작위가 분명한 기준점도 유익한 기준점만큼이나 효과가 있을 때가 있다는 것이다. 숫자 돌림판을 기준점으로 사용해 유엔의 아프리카 회원국 비율을 추정할 때 기준점 지수가 44퍼센트였다. 기준점을 힌트로 삼았다고 볼 수 있는 범위 안에 들어가고도 남는 수치다. 응답자의 사회보장 번호 뒷자리 몇 개를 기준점으로 사용한 몇 가지 실험(예: 당신이 사는 도시에 의사가 몇 명인가?)에서도 비슷한 수치의 기준점 효과가 나타났다. 결론은 분명하다. 사람들이 해당 기준점이 정보가 될 만하다고 생각해서 기준점 효과가 나타나는 게 아니다.

무작위 기준점의 위력은 다소 당혹스러운 방식으로 입증되었다. 경력이 평균 15년 이상인 독일 판사들에게 가게에서 물건을 훔치다 붙잡힌 한 여성에 관한 글을 읽게 한 뒤에 3 아니면 9가 나오도록 만들어진 주사위 한 쌍을 굴리게 했다.[7] 주사위가 멈추자마자 판사들에게, 그 여성에게 주사위에 나온 숫자보다 더 높은 개월 수의 징역형을 선고할지, 더 낮은 개월 수의 징역형을 선고할지 물었다. 마지막으로 다시 판사들에게, 그 여성에게 정확히 몇 개월의 징역형을 선고할지 명시해달라고 했다. 그러자 주사위에서 9가 나온 판사들은 평균 8개월을, 3이 나온 판사들은 5개월을 선고했다. 50퍼센트의 기준점 효과다.

기준점의 사용과 오남용

이 정도면 기준점 효과가 점화 효과 때문이든, 불완전한 조정 때문이든, 도처에서 나타난다고 봐야 옳다. 기준점을 만들어내는 정신 체계 탓에 우리는 의외로 외부 영향을 많이 받는다. 그리고 물론 이런 성향을 노리는 사람도 많다.

기준점 효과는 이를테면 수량 한정 판매가 왜 효과적인 마케팅 전략이 되는지 설명해준다. 몇 년 전, 아이오와 수시티의 슈퍼마켓에서 캠벨 수프를 정가보다 약 10퍼센트 싸게 파는 행사를 벌였다. 그런데 어떤 날은 진열대에 "1인당 12개 한정"이라는 문구가 붙었고, 또 어떤 날은 "수량 제한 없음"이라는 문구가 붙었다.[8] 고객들은 수량이 한정되었을 때는 캔을 평균 일곱 개 구매했다. 수량 제한이 없을 때보다 두 배 많은 양이다. 기준점 효과 때문만은 아니다. 수량을 제한하면 상품이 진열되기 무섭게 빠져나가서, 빨리 사둬야 한다는 다급함이 생긴다. 그런데 '12개 한정'이라고 하면 12라는 수가 뺑뺑이를 돌려 나왔다 해도 기준점 효과를 만들어낸다는 것 또한 우리는 잘 알고 있다.

집값을 두고 흥정을 할 때도 비슷한 전략을 볼 수 있다. 판매자는 우선 가격을 정한다. 게임이 대개 그렇듯이, 단일 협상(이를테면 구매자와 판매자가 결정할 문제는 가격뿐일 때)에서는 먼저 시작하는 쪽이 유리하다. 시장에서 물건을 흥정하면서 직접 겪어본 사람도 있겠지만, 처음 던지는 기준점이 강력한 효과를 발휘한다. 나는 학생들에게 협상을 가르칠 때, 상대가 터무니없는 제안을 내놓으면 나 역시 똑같이 터무니없는 제안으로 맞받아쳐서 이후 협상에서 줄이기 힘든 격차를 만들어놓으면 안 된다고 조언했다. 그보다는 한바탕 소란을 피우든, 뛰쳐나가든, 나가겠다고 협박을 하든, 상대가 제시한 숫자로는 협상을 계속하지 않겠다는 점을 (상대뿐 아니라 자신에게도) 분명히 해야 한다.

심리학자 애덤 갈린스키Adam Galinsky와 토마스 무스바일러는 협상에서 기준점 효과에 휘둘리지 않는 좀 더 정교한 방법을 제안했다.[9] 이들은 협상을 할 때는 주의를 집중하고 기억을 더듬어 기준점에 반대되는 주장을 찾으라고 지시했다. 시스템 2를 활성화하라는 이 조언은 성공적이었다. 예를 들어 협상에서 두 번째로 제안하는 사람이 상대가 받아들일 만한 최소 제안에 주목하거나 협상이 실패할 경우 상대에게 드는 비용에 주목한다면 기준점 효과는 줄거나 사라진다. 일반적으로 의도적인 '반대로 생각하기' 전략은 기준점 효과가 나타날 생각을 편향적으로 수집하지 못하게 하기 때문에 기준점 효과를 막는 좋은 수단이 될 수 있다.

마지막으로 신체적, 정신적 상해 소송의 손해배상금과 관련한 공공 정책에서 기준점 효과를 생각해보자. 이런 사건의 배상 규모는 때로 아주 방대하다. 병원이나 화학공장처럼 곧잘 이런 소송의 표적이 되는 곳은 배상에 상한선을 두려고 로비를 벌인다. 11장을 읽기 전에는 배상 상한이 잠재적 피고에게 유리한 게 분명하다고 생각했겠지만, 이제는 그렇게 단정해서는 안 된다. 배상 상한을 100만 달러로 정할 때의 효과를 생각해보자. 이 규정으로 100만 달러보다 높은 배상은 없어지겠지만, 100만 달러가 기준점으로 작용해, 더 작을 수도 있었던 배상 규모를 끌어올리는 효과를 낼 것이다.[10] 따라서 배상 상한은 경범죄자나 작은 회사보다 중범죄자나 큰 기업에 유리한 게 거의 확실하다.

기준점 효과와 두 시스템

무작위 기준점의 효과는 시스템 1과 시스템 2의 관계와 관련해 많은 것을 말해준다. 이제까지 기준점 효과는 결국에는 시스템 2가 마무리하는 판단과 선택을 대상으로 연구되었다. 그러나 시스템 2는 기억에서 *끄집어낸* 자료를 기반으로 작동하는데, 기억을 소환하는 작업은 시스템 1이 즉흥적이고 무의식적으로 하는 일이다. 이때 정보를 좀 더 쉽게 소환할 요량으로 기준점이 편향적으로 작동할 때가 있고, 시스템 2는 이런 상황에 쉽게 휘둘린다. 게다가 시스템 2는 기준점 효과를 통제하지도, 눈치채지도 못한다. 무작위 기준점이나 터무니없는 기준점(간디가 144세에 사망했다는 등)에 노출된 실험 참가자들은 백해무익한 그런 정보에 절대 영향을 받지 않는다고 큰소리치지만, 그건 몰라서 하는 소리다.

앞에서 소수 법칙을 이야기할 때, 어떤 메시지가 그 자리에서 거짓으로 판명되어 퇴짜 맞지 않는 한, 신뢰성과는 무관하게 연상 체계에 영향을 미친다고 했었다. 사람들이 메시지에서 주목하는 것은 내용이고, 그 내용은 이용 가능한 모든 정보에서 나오는데, 심지어 그 정보가 양적, 질적으로 빈약해도 개의치 않는다. 그저 보이는 것이 전부일 뿐이다. 다친 등산객을 구조한 영웅적 이야기를 볼 때, 그 이야기가 뉴스든 영화든 연상기억에 미치는 영향은 똑같다. 기준점 효과는 연상 활성화에서 나온다. 이야기가 진짜인지, 단지 그럴듯한지는 전혀 중요치 않다. 무작위 기준점에는 정보가 전혀 없다는 걸 생각하면, 무작위 기준점의 막강한 영향력은 연상 활성화의 극단적 사례다.

앞서 점화 효과의 당혹스러운 다양성을 설명하면서, 우리 생각과 행동은 우리가 전혀 주목하지 않은 자극에, 심지어 듣도 보도 못한 자극에 영향을 받기도 한다고 이야기했었다. 점화 효과 연구에서 새겨둘 점은 우리 생각과 행동은 그때그때의 환경에 우리 생각보다, 우리가 원하는 수준보다 훨씬 더 많은 영향을 받는다는 것이다. 이 연구 결과가 자신의 주관적 경험과 맞지 않는다는 이유로 많은 사람이 이를 믿지 않는다. 그런가 하면 이 결과가 인간은 행위 능력과 자율성이 있다는 세간의 인식을 위협한다는 생각에 못마땅해하는 사람도 있다. 모르는 사람을 도와주고 싶다는 마음이 컴퓨터 화면보호기에서 영향받은 것이라면, 나는 과연 자유로운 인간이라 할 수 있는가? 기준점 효과도 이와 비슷하게 위협적이다. 항상 기준점을 인식하고 심지어 거기에 주목하는데도 기준점이 내 생각을 어떻게 유도하고 제한하는지 알 수 없다. 기준점이 달랐다면(또는 없었다면) 내가 어떤 식으로 생각했을지 상상할 수 없기 때문이다. 그렇더라도 눈앞에 있는 별것 아닌 숫자가 내게 기준점 효과로 작용한다고 생각해야 하고, 그에 따른 득실이 크다면, 나(시스템 2)를 움직여 그 효과에 맞서 싸워야 한다.

기준점 효과와 관련한 말들

"우리가 인수하려는 회사가 예상 수익을 포함해 업무 계획을 보내왔다.
그런데 그 수익에 좌우되어 판단을 내리면 안 된다. 그 숫자는 제쳐놓자."

"계획은 최선을 가상한 시나리오다. 실제 결과를 예측할 때는 계획을 기준점 삼지 말자.
그러려면 계획이 어떤 식으로 틀어질지 생각해보는 것도 좋다."

"이번 협상에서 우리 목표는 이 숫자를 상대의 기준점으로 만드는 것이다."

"그쪽에서 그렇게 제안해온다면 협상은 끝이라는 것을 분명히 하자.
우리는 거기서 시작하고 싶지 않으니까."

"피고 측 변호사가 같잖은 자료를 가져와 터무니없이 낮은 배상액을
제안하는 바람에 그 액수가 판사의 기준점이 되어버렸어!"[11]

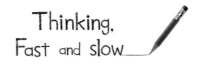

회상 용이성의 과학

아모스와 나는 오리건주 유진에 머물던 1971~1972년에 연구 성과를 가장 많이 냈다. 그때 우리는 오리건연구소Oregon Research Institute 객원 연구원이었는데, 그곳에는 판단, 결정, 직관적 예측 등 우리가 연구하는 모든 분야에 앞으로 스타가 될 연구원들이 여럿 있었다. 연구소를 이끈 주요 인물은 폴 슬로빅으로, 미시간대학 심리학과에서 아모스와 함께 공부했고 이후 평생 아모스와 친구로 지낸 사람이다. 폴은 당시 '리스크risk', 즉 잠재적 위험 연구에서 최고 학자가 되어가고 있었고, 실제로 이후 수십 년간 그 분야 최고 학자로 많은 학위와 상을 받았다. 폴과 그의 아내 로즈Roz는 우리 삶을 유진으로 안내했고, 우리도 곧 유진 사람들처럼 조깅과 바비큐를 즐기고, 아이들을 데리고 농구 경기를 구경 다니게 되었다. 그러면서 아주 부지런히 연구하고, 수십 가지 실험을 하고, 판단 어림짐작을 주제로 논문을 여러 편

썼다. 밤이면 나는 따로 《주목과 노력》을 썼다. 정말 바쁜 해였다.

우리 연구 과제 하나는 우리가 '회상 용이성 어림짐작'이라 부른 것이었다. 이 어림짐작은 이를테면 '60세 이후 이혼하는 사람들' 또는 '위험한 식물' 같은 일정한 범주의 크기 또는 그 범주의 사건이 일어나는 빈도를 추정할 때 사람들은 실제로 어떤 생각부터 할지, 우리 스스로 자문하다가 생각해낸 개념이었다. 그 질문의 답은 분명했다. 사람들이 그런 범주에 속하는 사례를 기억에서 끄집어낼 때 막힘없이 쉽게 생각나면 그 범주를 크다고 판단한다. 우리는 회상 용이성 어림짐작을 "해당 사례가 머릿속에 쉽게 떠오르는 정도"로 크기나 빈도를 판단하는 과정이라고 정의했다.[1] 처음에는 이 정의가 딱이다 싶었지만, 그 뒤로 개념을 계속 다듬어갔다. 우리가 회상 용이성 어림짐작을 연구할 때는 시스템 1, 시스템 2라는 개념이 개발되지 않은 때였고, 우리는 이 어림짐작이 의도적인 문제 해결 전략인지, 저절로 작동하는 과정인지 알아보려고 하지도 않았다. 하지만 이제는 두 시스템이 모두 여기에 개입한다는 것을 알게 되었다.

우리가 앞서 고민한 문제는 어떤 생각이 머릿속에 아주 쉽게 떠오른다는 느낌이 들려면 관련 사례가 얼마나 많이 생각나야 하는가였다. 이제 그 답이 분명해졌다. 전혀 필요 없다! 예를 들어 아래의 철자 조합 두 개로 만들 수 있는 단어 개수를 생각해보라.

XUZONLCJM

TAPCERHOB

사례를 떠올릴 필요도 없이 단박에 둘 중 하나가 어쩌면 열 배 또는 그 이상으로 단어를 더 많이 만들 거라는 느낌이 든다. 마찬가지로, 작년에 여러 나라(벨기에, 중국, 프랑스, 콩고, 니카라과, 루마니아……)가 뉴스에 등장한 상대적 빈도를 추측할 때 구태여 특정 뉴스를 회상할 필요가 없다.

회상 용이성 어림짐작은 다른 판단 어림짐작과 마찬가지로 어떤 문제를 다른 문제로 바꿔치기한다. 그러니까 어떤 범주의 크기나 어떤 사건의 발생 빈도를 추정해야 할 때 해당 사례가 머릿속에 얼마나 쉽게 떠오르는가에 대한 느낌으로 그 추정을 대신한다. 문제 바꿔치기에는 체계적 오류가 따르게 마련이다. 회상 용이성 어림짐작이 어떻게 편향으로 이어지는지 알아볼 간단한 방법이 있다. 관련 사례를 금방 떠오르게 하는, 빈도 외의 요소를 적어보라. 그 요소가 편향을 일으킬 수 있는 잠재적 요인이다. 몇 가지 사례를 보자.

- 주의를 *끄*는 두드러진 사건은 회상하기 쉽다. 할리우드 유명인의 이혼과 정치인의 성 추문은 주의를 많이 *끄*는 사건이며, 따라서 그런 사례는 머릿속에 쉽게 떠오른다. 그러다 보니 두 사건의 빈도를 과장하기 쉽다.
- 극적인 사건은 해당 범주의 회상 용이성을 일시적으로 끌어올린다. 언론이 앞다투어 보도하는 비행기 추락 사고는 비행 안전을 바라보는 우리 생각을 일시적으로 바꿔놓을 것이다. 길가에서 불타는 차량을 보면 그 사건이 한동안 머릿속을 맴돌고, 세상은 한동안 더 위험한 곳이 된다.
- 직접적 경험, 그림, 생생한 사례는 타인의 경험, 단어, 통계보다 회상하기가 쉽다. 내게 직접 영향을 미친 재판 오류는 신문에서 읽은 비슷한 사건보다도 사법제도에 관한 내 믿음을 더 크게 훼손할 것이다.

수많은 이런 잠재적 회상 용이성 편향을 거부하기란 불가능은 아니라도 영 성가신 일이다. '10대의 절도가 큰 문제라는 생각은 최근 이웃에서 일어난 두어 번의 사건 때문이 아닐까?'라거나 '지인 중에 작년에 독감에 걸린 사람이 없다는 이유로 내가 독감 예방접종의 필요성을 못 느끼는 건 아닐까?'라는 식의 질문을 던져가며 내 느낌과 직관을 매번 돌아보는 수고를 해야 한다. 편향에 경계심을 늦추기 않기란 성가시지만, 값비싼 대가를 치를 실수를 피할 수 있다면 그 수고가 헛되지 않다.

유명한 어느 회상 용이성 연구는 자신의 편향을 의식하고 있으면 결혼 생활이 순탄할 뿐 아니라 다른 사람과의 공동 작업도 수월해질 수 있다는 결과를 내놓았다. 이 실험에서 양쪽 배우자에게 이렇게 물었다. '집안 정돈에 본인이 기여하는 정도가 몇 퍼센트인가?' 그리고 '쓰레기 내다 버리기', '사회적 활동 시작하기' 등에 관해서도 비슷한 질문을 던졌다. 양쪽 배우자가 직접 평가한 본인의 기여도를 합치면 100퍼센트보다 높을까 낮을까? 예상대로 100퍼센트가 넘었다.[2] 한마디로 회상 용이성 편향 때문이다. 양쪽 배우자는 자신의 노력과 기여도를 상대 배우자의 노력과 기여도보다 더 선명히 기억하는데, 회상에 이처럼 차이가 나다 보니 그 빈도를 판단할 때도 차이가 생긴다. 하지만 이 편향이 꼭 자기에게만 이롭게 나타나지는 않아서 다툼의 원인 제공에도, 앞의 기여도만큼은 아니어도 본인 몫을 과장한다. 팀으로 공동 작업을 할 때도 많은 사람이 흔히 자기 공을 실제보다 크게 느낄 뿐 아니라 다른 팀원이 자기 공을 몰라준다고 생각하는데, 여기에도 같은 편향이 작용한다.

나는 편향을 조절하는 개인의 잠재력을 낙관적으로 보는 편은 아니지만, 이 경우는 예외다. 편향을 제거할 기회는 분명히 있다. 공을 가려야 하는 상황은 알아보기 쉽기 때문이며, 특히 여러 사람이 동시에 자기 노력이 제대로 인정받지 못한다고 느낄 때는 긴장이 고조되기 때문이다. 여럿이 스스로 평가한 자신의 기여도를 모두 합하면 보통 100퍼센트가 넘는다는 사실만으로도 편향을 감지하고 바로잡을 이유는 충분하다. 어떤 경우든 모든 개인이 무언가를 기억하는 것은 좋다. 그리고 자기 몫보다 더 많은 일을 하는 경우도 자주 있다. 하지만 내가 그렇게 느낄 때 주변의 다른 사람도 다들 똑같이 생각한다는 것을 안다면 도움이 될 수 있다.

회상 용이성 심리

회상 용이성 어림짐작 연구는 1990년대 초에 크게 발전했다. 당시 노르베르트 슈바르츠Norbert Schwarz가 이끄는 독일 심리학자들은 흥미로운 문제를 제기했다.[3] 어떤 범주에서 사람들이 막연히 느끼는 발생 빈도는 해당 사례를 특정 개수만큼 나열하라는 요구에 어떻게 영향을 받을까? 독자도 한번 직접 실험해보라.

우선, 단호하게 행동했던 사례 여섯 가지를 나열해보라.
그다음, 자신이 얼마나 단호한 사람인지 평가해보라.

이번에는 단호하게 행동했던 사례 열두 가지를 나열해보라(대다수가 열두 개는 힘들어 한다). 이제 자신의 단호함이 달리 보이는가?
슈바르츠가 동료들과 함께 관찰한 결과, 사례를 나열하다 보면 아래의 두 가지 경로로 단호함 판단이 달라졌다.

- 회상한 사례의 수
- 회상하기 쉬운 정도

사례 열두 가지를 나열하라는 말에 머릿속에서 두 가지 결정 요소가 경쟁을 벌인다. 한편으로는 단호하게 행동했던 인상적인 사례 몇 가지가 이제 막 머릿속에 떠오르는가 하면, 또 한편으로는 단호했던 사례가 서너 개는 금방 생각나는데 열두 개를 채우려니 쉽지 않아 회상 속도가 느려진다. 이때 어느 쪽이 더 큰 영향을 미칠까? 회상한 양일까, 회상하기 쉬운 정도일까?

이 경쟁의 승자는 분명했다. 열두 가지 사례를 어렵사리 나열한 사람은 여섯 가지를 나열한 사람보다 자신의 단호함을 낮게 평가했다. 게다가 단호히 행동하지 '않은' 사례 열두 가지를 나열해야 했던 참가자들은 되레 자신을 매우 단호한 사람으로 평가했다. 온순하게 행동했던 사례가 쉽게 떠오르지 않는다면, 자신을 전혀 온순하지 않은 사람으로 결론 내리기 쉽다. 자기 평가는 해당 사례가 얼마나 쉽게 떠오르는가에 크게 영향을 받았다. 사례가 얼마나 쉽게 생각났는가는 사례를 몇 개나 생각해냈는가를 압도했다.

회상 용이성을 더 확실하게 보여주는 사례는 같은 연구 집단의 다른 심리학자들에게서 나왔다.[4] 이 실험에서는 참가자들에게 단호했던(또는 단호하지 못했던) 행동 여섯 가지를 나열할 때 특정한 표정을 짓게 했다. 어떤 참가자에게는 광대근을 수축시키는 미소를 짓게 했고, 어떤 참가자에게는 눈살을 찌푸려 찡그린 표정을 짓게 했다. 독자들도 이미 알다시피, 인지적 압박을 느낄 때 얼굴을 찡그리지만, 거꾸로 얼굴을 찡그리라고 하면 일을 더 열심히 하고 인지적 압박도 더 강하게 느낀다. 연구원들은 얼굴을 찡그려야 했던 사람들은 단호하게 행동했던 사례를 회상하는 데 더 어려움을 느낄 테고 따라서 자신을 상대적으로 단호함이 부족한 사람으로 평가하리라 예상했다. 실험 결과도 그랬다.

심리학자들은 모순되는 결과가 나오는 실험을 좋아해서, 슈바르츠가 발견한 사실을 이곳저곳에 신나게 응용했다. 이를테면 이렇다.

- 사람들은 자전거 탔던 사례를 조금 회상할 때보다 많이 회상해야 했을 때 자신의 자전거 이용 빈도를 더 낮게 생각한다.
- 사람들에게 선택을 뒷받침하는 논거를 대보라고 하면 선택에 자신감을 잃는다.
- 어떤 사건을 막을 수 있었던 방법을 실제보다 많이 나열한 뒤에는 그 사건을 막을 수 있었다는 생각에 자신감을 잃는다.
- 자동차의 장점을 많이 나열해야 했다면 자동차에 대한 인상이 예전만 못해진다.

UCLA의 한 교수는 회상 용이성 편향을 써먹을 기발한 방법을 찾아냈다. 그는 학생들을 여러 집단으로 나눠 수업을 개선할 방법을 나열하게 했는데, 각 집단에 그 방법의 수를 다르게 요구했다. 예상대로 수업 개선책을 더 많이 생각해야 했던 학생들이 현재 수업의 질을 더 높이 평가하는 게 아닌가!

이 모순 연구에서 가장 흥미로운 사실은 이런 모순이 항상 나타나지는 않는다는 것이다. 더러는 회상 용이성보다 내용에 더 영향을 받기도 한다. 어떤 행동 유형을 제대로 이해했는가는 그것을 뒤집을 방법을 아는가로 증명할 수 있다. 슈바르츠와 그의 동료들은 이런 현상이 일어날 조건을 찾아내는 작업에 착수했다.

단호함의 사례가 얼마나 쉽게 떠오르는가는 회상 도중에 바뀐다. 처음 몇 개는 쉽게 생각나지만 금세 무척 어려워진다. 물론 실험 참가자들도 회상 속도가 점점 떨어지리라고 예상하지만, 사례가 여섯 가지일 때와 열두 가지일 때의 회상 속도 차이는 참가자들의 예상보다 훨씬 크다. 그러다 보니 참가자들은 단호하게 행동한 사례를 떠올리기가 생각보다 훨씬 어려운 걸 보면 자신은 아주 단호한 편은 아니라고 추론하게 된다. 이 추론의 기반은 놀람이라는 점에 주목하라. 회상이 예상보다 훨씬 더디다니! 이들이 적용하는 회상 용이성 어림짐작은 '설명할 수 없는 회상 불가' 어림짐작이라고 표현하는 편이 더 적절하겠다.

슈바르츠와 동료들은 참가자들에게 회상이 잘되거나 잘 안 되는 이유를 설명해준다면 그 어림짐작을 막을 수 있으리라 추측했다. 이들은 참가자들에게, 사례를 회상하는 동안 음악을 들려줄 텐데 그 음악이 회상에 영향을 미칠 것이라고 말해주었다. 이때 일부 참가자에게는 음악이 회상에 도움이 될 거라 말하고, 일부에게는 회상에 방해가 될 수 있다고 말했다. 예상대로 회상이 잘되는 이유가 '설명된' 참가자들은 그 회상 용이성을 어림짐작으로 사용하지 않았고, 음악 때문에 회상이 어려울 거라는 이야기를 들은 참가자들은 열두 가지를 회상해도 여섯 가지를 회상할 때와 똑같이 자신을 단호하다고 평가했다. 다른 구실로 참가자들을 속여도 결과는 같았다. 지문text을 둘러싼 테두리가 곡선이냐 직선이냐에 따라, 모니터 배경 색깔에 따라, 그외 실험 진행자가 생각해낸 무관한 어떤 요인에 따라 회상이 쉽기도 하고 어렵기도 하다는 식으로 말도 안 되는 설명을 해도, 참가자들은 판단을 내릴 때 회상 용이성에 영향을 받지 않았다.[5]

앞에서 말했듯이, 회상 용이성으로 판단에 이르는 과정에는 복잡한 연쇄적 추론이 개입하는 것으로 보인다. 참가자들은 사례를 생각하는 동안 회상이 점점 어려워지는 경험을 한다. 이들도 회상이 느려지리라고 예상하는 게 분명하지만, 실제로 느려지는 속도는 예상을 벗어난다. 새로운 사례를 생각해내기란 예상보다 훨씬 더 빠르게 어려워진다. 열두 가지 사례를 말해야 하는 사람들이 자신을 단호하지 못하다고 평가하는 이유는 바로 이런 예상치 못한 속도 저하 때문이다. 이때 속도가 떨어져도 놀라지 않는다면 속도 저하는 더 이상 판단에 영향을 미치지 못한다. 이 과정은 복잡 미묘한 일련의 추론으로 구성된다고 보인다. 자동적으로 작동하는 시스템 1에 그런 능력이 있을까?

그 답은 사실 어떤 복잡한 논리적 사고도 필요 없다는 것이다. 시스템 1의 기본 특징에는 예상을 해놓고 그 예상이 맞지 않을 때 놀라는 능력도 있다. 또, 최근에 놀랐던 사례에서 그럴듯한 원인을 찾는 식으로 놀람의 원인을 회상하기도 한다. 게다가 시스템 2가 시스템 1의 예상을 그때그때 조정하는 탓에 여느 때 같으면 놀랄 일이 거의 정상적인 일로 받아들여지기도 한다. 가령 옆집에 사는 세 살짜리 남자아이가 유모차를 탈 때 종종 신사 모자를 쓴다는 이야기를 들었다 치자. 그러면 신사 모자를 쓴 그 아이를 보았을 때 그 말을 듣지 않았을 때보다 훨씬 덜 놀랄 것이다. 슈바르츠의 실험에서는 배경음악이 회상을 어렵게 할 수 있다고 미리 말해주었다. 그래놓으니 열두 가지 사례를 회상할 때의 어려움은 더 이상 놀랍지 않고, 따라서 그 어려움이 단호함 판단에 개입할 가능성도 줄어든다.

슈바르츠와 그의 동료들은 어떤 판단에 개인적으로 관련이 있는 사람은 회상한 사례의 수에 영향을 많이 받고 회상하기 쉬운 정도에는 영향을 덜 받는다는 사실을 발견했다. 이들은 두 부류의 학생을 모집해 심장병 발병 위험을 연구했다. 학생 절반은 심장병 가족력이 있어서 그렇지 않은 다른 절반보다 그 문제를 더 심각하게 받아들이리라 예상되었다. 실험에서, 두 집단 모두에게 일상에서 심장 건강에 영향을 미칠 행동을 세 가지 또는 여덟 가지 말해보라고 했다(일부에게는 심장병을 일으킬 위험한 행동을 물었고, 일부에게는 심장병을 예방할 안전한 행동을 물었다).[6] 심장병 가족력이 없는 학생들은 회상 용이성 어림짐작에 기대어 자유롭게 대답했다. 이들 중 여덟 가지 '위험한' 행동의 사례를 힘들게 찾은 학생은 자신을 비교적 안전하다고 느꼈고, '안전한' 행동의 사례를 찾느라 애를 먹은 학생은 자신을 위험하다고 느꼈다. 심장병 가족력이 있는 학생들은 반대 유형을 보였다. 이들은 안전한 행동의 사례를 여럿 회상했을 때 더 안전하다고 느꼈고, 위험한 행동의 사례를 여럿 회상했을 때 더 위험하다고 느꼈다. 그리고 위험성을 평가한 이번 경험이 앞으로의 행동에 영향을 미칠 것 같다고 느꼈다.

결론을 말하자면, 사례가 머릿속에 쉽게 떠오르는 것은 시스템 1의 어림짐작의 결과이고, 여기에 시스템 2가 좀 더 관여하면 그 어림짐작 대신 사례 내용에 집중하게 된다. 여러 증거를 모아보면, 시스템 1에 좌우되는 사람은 정신을 바짝 차리고 사는 사람보다 회상 용이성 편향에 휘둘릴 가능성이 훨씬 높다는 결론이 나온다. 그저 '흘러가는 대로' 생각하면서, 회상 내용보다 회상 용이성에 훨씬 더 영향을 받을 법한 상황을 몇 가지 나열해보면 아래와 같다.

- 머리를 써야 하는 다른 일을 동시에 하고 있을 때[7]
- 인생에서 행복했던 순간을 이제 막 떠올려 기분이 좋을 때[8]
- 우울증 측정에서 낮은 점수가 나왔을 때[9]
- 해당 주제에서 진짜 전문가가 아니라[10] 그 주제를 잘 아는 초보자일 때[11]
- 직관에 대한 신뢰도 측정에서 높은 점수가 나왔을 때[12]
- 권력이 있을 때(또는 있다고 느낄 때)[13]

나는 마지막이 특히 흥미롭다. 이 논문의 저자들은 자신들의 논문을 소개하며 유명한 말을 인용한다. "나는 내가 옳다고 여기는 행동을 하라는 허락을 받자고 많은 시간을 들여 전 세계에서 투표를 실시할 생각은 없다. 이제 막 느낌이 왔다."(2002년 11월. 조지 W. 부시.) 그러면서 직관에 의존하는 성향을 성격이라고 말할 수 있는 부분은 일부에 지나지 않는다는 사실도 증명한다. 사람들에게 그들이 권력이 있었을 때를 상기시키기만 해도 사람들은 자신의 직관을 더욱 신뢰한다.

—

회상 용이성과 관련한 말들
"비행기 추락 사고가 지난달 우연히 두 건 발생한 뒤로 그는 이제 기차를 고집한다.
어리석은 일이다. 사고 발생 위험은 변한 게 없다.
다만 그가 회상 용이성 편향에 빠졌을 뿐이다."
"언론에서 실내 오염을 다루는 일이 거의 없어서 그는 그 위험을 간과한다.
회상 용이성 효과다. 통계를 봐야 한다."
"그는 요즘 스파이 영화를 너무 많이 본 탓에 세상을 온통 음모로 본다."
"그 최고경영자는 연달아 성공을 거둔 탓에 실패가 머릿속에 쉽게 떠오르지 않는다.
회상 용이성 편향으로 자만에 빠진 경우다."

13

회상 용이성, 감정, 잠재적 위험

잠재적 위험을 연구하는 사람들은 회상 용이성이 그들 분야와 관련 있다는 사실을 재빨리 알아챘다. 우리 연구가 발표되기 전부터 잠재적 위험과 보험 연구에 매달린, 당시로서는 경력이 얼마 안 된 경제학자 하워드 쿤로이더Howard Kunreuther는 재난 발생 후 보험에 가입하고 예방 조치를 취하는 행동 유형을 설명하는 데 회상 용이성 효과가 유용하다는 사실에 주목했다. 재난 이후 피해자와 피해자에 준하는 사람들은 재난에 관심이 크게 높아진다. 캘리포니아 사람들은 간과할 수 없는 지진을 겪은 뒤 한동안 서둘러 보험에 가입하고, 예방책과 수습책을 강구하고 있다. 지진 피해를 줄이기 위해 보일러를 묶어두고, 홍수에 대비해 지하실 문틈을 단속하고, 비상 물품을 가지런히 정리한다. 하지만 시간이 지나면서 재난은 기억에서 희미해지고 걱정도, 준비성도 차츰 줄어든다. 기억은 역동적이어서 재난, 관심, 현실

안주가 반복된다. 대규모 위급 상황을 연구하는 사람들에게는 친숙한 상황이다.

쿤로이더가 관찰한 결과를 봐도, 개인 차원에서든 정부 차원에서든 예방책을 세울 때는 보통 실제로 겪은 최악의 재난에 대비한다. 파라오가 통치하던 고대 이집트에서는 주기적으로 범람하는 강의 최고 수위를 추적하고 항상 그에 따라 대비했는데, 물이 범람해도 과거의 최고 수위를 넘지 않으리라고 가정한 듯하다. 그보다 더한 재난 상황은 머릿속에 쉽게 떠오르지 않는 법이다.

회상 용이성과 감정

가장 영향력 있는 회상 용이성 편향 연구는 유진에 있는 우리 지인들에게서 나왔다. 폴 슬로빅과 그의 오랜 연구 동반자 세라 리히텐슈타인Sarah Lichtenstein 그리고 우리의 예전 제자였던 바루크 피시호프Baruch Fischhoff가 공동으로 진행한 연구다. 이들은 대중의 위험성 인지를 주제로 획기적인 연구를 실시했고, 이때 진행한 설문 조사는 이후 회상 용이성 편향의 표준이 되었다. 이들은 설문에서 당뇨와 천식, 뇌졸중과 사고 등을 제시하고 사망 원인을 생각해보게 했다. 실험 참가자는 각 쌍마다 둘 중 어느 것이 사망률이 높을지 예상해, 그 비율을 추정해야 했다. 설문이 끝나고, 참가자의 판단을 당시 보건 통계와 비교했다. 아래는 그 결과의 일부다.

• 뇌졸중 사망은 모든 사고사를 합친 것보다 두 배 가까이 많지만, 응답

자의 80퍼센트가 사고사가 더 많을 것으로 추정했다.

- 응답자들은 토네이도로 죽는 사람이 천식으로 죽는 사람보다 많으리라고 추정했지만, 사실은 천식 사망이 20배 더 많다.
- 응답자들은 벼락 맞아 죽는 사람이 보툴리누스 식중독으로 죽는 사람보다 적을 것이라고 추정했지만, 사실은 벼락으로 죽는 사람이 52배 많다.
- 실제로는 질병으로 죽는 사람이 사고로 죽는 사람보다 18배 많지만, 응답자들은 둘이 거의 같다고 추정했다.
- 응답자들은 사고사가 당뇨병 사망보다 300배 많으리라고 추정했지만, 실제로 둘의 비율은 1:4다.

이 결과가 보여주는 것은 분명하다. 사망 원인 추정은 언론 보도로 왜곡된다. 그리고 언론은 새로움과 강렬함에 편향된다. 언론은 대중의 관심을 이끌 뿐 아니라 대중의 관심에 이끌린다. 편집자도 대중의 요구를 무시할 수 없어서, 특정 주제와 특정 견해에 보도가 집중된다. 사정이 이러니, 보기 드문 사건(보툴리누스 식중독 등)에 관심이 과도하게 쏠리고, 결과적으로 그다지 희귀하지 않은 사건으로 인식된다. 우리 머릿속에 있는 세상은 현실의 정확한 복사판이 아니다. 우리가 예상하는 어떤 사건의 빈도는 우리 눈에 보이는 메시지가 얼마나 널리 퍼져 있고 얼마나 감정을 자극하는가에 따라 왜곡된다.

사망 원인 추정은 연상기억에서 특정 개념이 어떻게 활성화하는가를 직접 보여주는 사례이자 바꿔치기의 좋은 예다. 그러나 슬로빅과 그의 동료들은 여기서 더 깊은 통찰력을 보여주었다. 이들은 다양한 위험이 머릿속에 쉽게 떠오르는 정도와 그 위험에 대한 감정 반응이 복잡하게 얽힌다고 보았다. 무서운 생각과 이미지는 특히 머릿속에 쉽게 떠오르고, 그 위험이 막힘없이 생생하게 생각나면 두려움을 더욱 부채질한다.

앞에서 언급했듯이, 슬로빅은 마침내 '감정 어림짐작'이라는 개념을 만들었다. 사람들은 감정에 의지해 판단과 결정을 내린다는 개념이다. 내가 저것을 좋아하는가 싫어하는가? 그것을 보고 느끼는 내 감정의 세기는 어느 정도인가? 슬로빅의 말에 따르면, 사람들은 삶의 많은 영역에서 의견을 형성하고 선택을 할 때 더러는 자기도 모르게 자기 느낌 그리고 기본적인 접근 또는 회피 성향을 직접적으로 드러낸다. 감정 어림짐작은 바꿔치기의 한 예로, 쉬운 문제(나는 그것을 어떻게 느끼는가?)의 답으로 그보다 훨씬 어려운 문제(나는 그것을 어떻게 생각하는가?)의 답을 대신한다. 슬로빅과 그의 동료들은 이 견해를 신경과학자 안토니오 다마시오Antonio Damasio의 연구와 연관시켰다. 다마시오는 결과에 대한 감정적 평가, 몸 상태, 그리고 결과와 관련한 접근 또는 회피 성향도 모두 결정에 핵심 역할을 한다고 주장했다. 다마시오와 그의 동료들이 관찰한 바에 따르면, (더러는 뇌손상 등으로) 결정을 내리기 전에 적절한 감정을 드러내지 않는 사람은 좋은 결정을 내리는 능력에도 문제가 있었다.[1] 나쁜 결과를 예상하는 '건강한 두려움'을 느끼지 못한다면 치명적이다.

슬로빅 팀은 감정 어림짐작이 작동하는 과정을 설득력 있게 보여주는 연구를 진행했다. 이들은 수돗물 불소 첨가, 화학공장, 식품 방부제, 자동차 등 다양한 기술에 관한 의견을 묻는 설문 조사를 실시하면서, 응답자들에게 각 기술의 이점과 위험을 모두 나열해보라고 했다.[2] 그 결과, 응답자들이 추정한 해당 기술의 이로운 정도와 해로운 정도에서 믿기 힘든 높은 음의 상관관계가 나타났다. 어떤 기술을 좋게 생각하면 그 기술이 이점은 많고 위험은 거의 없다고 평가한 반면, 어떤 기술을 싫어하면 오로지 단점만 떠올릴 뿐 장점은 거의 떠올리지 못한 것이다. 이처럼 기술을 좋은 기술과 나쁜 기술로 깔끔하게 줄을 세운 탓에 이점과 위험을 힘들게 저울질할 필요가 없었다. 시간에 쫓겨 평가할 때면 이 현상은 더욱 두드러졌다. 놀랍게도 영국 독성학회British Toxicology Society 회원들도 비슷한 반응을 보였다.[3] 이들도 위험성이 높다고 생각하는 물질이나 기술에서는 이점을 거의 찾지 못했고, 그 반대일 때는 위험성을 거의 찾지 못했다. 한결같은 감정은 내가 '연상적 일관성'이라 부르는 것의 중심 요소다.

이 실험의 백미는 그다음이다. 첫 설문이 끝난 뒤 응답자들은 다양한 기술에 대한 호의적인 주장이 담긴 짧은 글을 읽었다. 이때 일부는 다양한 이점에 초점을 맞춘 주장을 읽었고, 일부는 낮은 위험성을 강조한 주장을 읽었다. 두 주장은 기술에서 감정에 호소하는 부분을 효과적으로 바꿔놓았다. 놀라운 점은, 기술의 이점을 칭송한 주장을 읽은 응답자들은 위험성에 대한 애초 생각도 바뀌었다는 것이다. 관련 증거를 본 적은 없지만, 어쩐지 그 기술이 전보다 더 좋게 보이고 위험성도 적어 보인 것이다. 마찬가지로 해당 기술의 낮은 위험성을 강조한 주장을 읽은 응답자들은 그 기술의 이점까지 좀 더 긍정적으로 평가했다. 이 실험이 말하는 바는 분명하다. 심리학자 조너선 하이트Jonathan Haidt가 다른 맥락에서 말했듯 "감정이라는 꼬리가 이성이라는 몸통을 흔든다."[4] 감정 어림짐작은 세상을 현실보다 훨씬 더 정돈되게 만들어 삶을 단순화한다. 상상의 세계에서는 좋은 기술은 비용이 거의 안 들고, 나쁜 기술은 이점이 없기에 모든 결정이 쉽다. 물론 현실에서는 비용과 편익을 힘들게 저울질해야 하는 상황에 자주 마주치지만.

일반인과 전문가

폴 슬로빅은 인간의 위험성 판단에 나타나는 특이한 점들을 그 누구보다도 잘 아는 사람일 것이다. 그의 연구에는 평범한 사람들이 등장한다. 매력적인 인물과는 거리가 먼 사람들로 이성보다 감정에 이끌리고, 사소한 것에 쉽게 흔들리고, 단순히 낮은 확률과 무시해도 좋을 정도로 낮은 확률의 차이에 그다지 민감하지 않은 사람들이다. 슬로빅은 숫자와 수량을 다루는 데 뛰어난 전문가들도 연구했다. 이들 역시 정도는 약해도 우리와 똑같이 여러 편향을 드러낸다. 그러나 위험성과 관련한 판단과 선호도에서는 다른 사람들과 곧잘 차이가 난다.

전문가와 일반인의 차이는 흔한 판단에 나타나는 편향으로도 일부 설명되지만, 슬로빅은 그 차이가 순전히 가치 상충에서 오는 경우에 주목한다. 그가 지적한 바에 따르면 전문가들은 보통 사망자 수(또는 줄어든 수명)로 잠재적 위험을 측정하는 반면, 일반 사람들은 '좋은 죽음' 그리고 '나쁜 죽음', 또는 무작위 사고사 그리고 스키 같은 자발적 활동 중의 사망처럼 더 섬세한 차이에 주목한다. 이런 타당한 구분은 사례 수에만 주목하는 통계에서는 쉽게 무시된다. 슬로빅은 이런 관찰을 토대로, 일반인이 전문가보다 위험성을 바라보는 개념이 더 풍부하다고 주장한다. 따라서 결정은 전문가가 내려야 한다거나, 일반인의 견해나 소망이 전문가와 상충할 때 당연히 전문가의 의견을 받아들여야 한다는 시각을 단호히 거부한다. 그는 전문가와 일반인의 우선순위가 다를 때 "양측은 상대의 혜안과 지혜를 존중해야 한다"고 말한다.

슬로빅은 전문가들이 독점한 위험관리 정책을 그들 손에서 빼앗으려는 마음에, 전문성의 토대가 되는 '잠재적 위험은 객관적'이라는 생각을 반박했다.

> '잠재적 위험'은 우리 정신이나 문화와 동떨어진 '저기 어딘가'에서 측정되기만을 기다리지 않는다. 인간은 삶에 존재하는 위험 요소와 불확실성을 이해하고 그것에 대처하기 위해 '잠재적 위험'이란 개념을 만들었다. 삶에는 실제로 위험한 요소들이 있지만, '진짜 잠재적 위험'이니 '객관적인 잠재적 위험'이니 하는 따위는 없다.[5]

슬로빅은 이 주장을 분명히 보여주기 위해, 독성 물질이 공기 중에 노출되었을 때 사망 위험률을 정의하는 방법을 "100만 명당 사망자 수"부터 "생산된 제품 100만 달러당 사망자 수"에 이르기까지 아홉 가지를 나열했다. 한마디로 위험 평가는 어떤 방법으로 측정하느냐에 따라 다르다는 것이다. 달리 말하면, 바라는 결과에 따라 측정법은 얼마든지 다르게 선택할 수 있다. 슬로빅은 "따라서 위험성을 정의하는 것은 힘을 행사하는 것이다"라고까지 말한다. 판단 심리를 실험한 연구에서 이처럼 민감한 정책 문제를 도출할 수 있으리라고 누가 생각했겠는가! 하지만 정책은 궁극적으로 사람에 관한 것이고, 사람들이 무엇을 원하고 무엇이 그들에게 최선인가를 고민하는 것이다. 모든 정책에는 인간 본성에 관한 추정이, 특히 사람들은 어떤 선택을 하고 그 선택은 그들과 사회에 어떤 결과를 가져올 것인가에 대한 추정이 들어가게 마련이다.

내가 대단히 존경하는 또 한 명의 학자이자 친구인 캐스 선스타인Cass Sunstein은 전문가와 일반인의 서로 다른 시각을 바라보는 슬로빅의 견해를 정면으로 반박하면서, 지나친 '대중 영합적' 정책에 반대하는 보루로서 전문가의 역할을 옹호한다. 선스타인은 미국의 대표적 법학자이며, 다른 주요 법학자들과 마찬가지로 지식을 두려워하지 않는 사람이다. 그는 어떤 분야의 지식도 빠르고 완벽하게 섭렵할 수 있다고 자신하는데, 판단과 선택 심리학, 규제와 위험관리 정책을 비롯해 이미 많은 분야를 섭렵했다. 그는 기존의 미국 규제 체계는 우선순위가 형편없다면서, 신중하고 객관적으로 분석하기보다 대중의 압력에 굴복한 결과라고 주장한다. 그는 위험 조절, 그리고 위험을 줄이기 위한 정부 개입은 비용과 편익을 합리적으로 저울질해 결정해야 하며, 이 분석의 자연스러운 단위는 몇 명을 살릴 수 있으며(젊은 이에 더 무게를 둔다면, 몇 년을 더 살게 할 수 있으며) 경제적 비용은 얼마인가가 되어야 한다는 입장에서 출발한다. 서툰 규제는 목숨과 돈을 낭비하게 되는데, 목숨과 돈은 객관적으로 측정이 가능하다. 선스타인에게는 위험과 위험 측정이 주관적이라는 슬로빅의 주장이 먹히지 않았다. 위험 측정의 많은 측면은 논쟁의 여지가 있지만, 선스타인은 과학과 전문성 그리고 심사숙고로 객관성을 유지할 수 있다고 믿는다.

그는 공공 정책에서 우선순위가 오락가락하고 잘못 설정되는 중요한 이유는 위험에 편향된 반응을 보이기 때문이라고 믿었다. 법과 규제를 만들고 집행하는 사람들이 정치적 이유로, 그리고 그들도 다른 시민들과 똑같이 인지적 편향에 사로잡히기 쉬운 탓에, 시민의 비합리적 우려에 과도하게 반응할 수 있다.

선스타인과 그의 동료 법학자 티무르 쿠란Timur Kuran은 편향이 정책에 흘러드는 작동 원리에 '회상 용이성 폭포availability cascade'라는 이름을 붙였다. 이들은 사회적 맥락에서 "모든 어림짐작은 다 동등하지만, 회상 용이성 어림짐작은 다른 어림짐작보다 더 동등하다"고 평한다. 어림짐작의 확장된 개념을 고려한 말인데, 이때 회상 용이성은 판단에서 빈도와는 또 다른 어림짐작을 제공한다. 특히 어떤 생각의 중요도는 그 생각이 머릿속에 쉽게 떠오르는 정도로 (그리고 감정적 흥분으로) 판단할 때가 많다.

회상 용이성 폭포는 사건이 꼬리를 물고 계속 이어지는 것인데, 비교적 사소한 언론 보도가 발단이 되어 온 국민이 충격에 빠지고 정부가 대규모 조치를 취하는 상황에 이르기도 한다.[6] 더러는 언론이 보도한 위험성 경고 기사가 일부 대중의 주목을 끌면서 흥분과 우려 대상이 된다. 이런 감정 반응은 그 자체로 기삿거리가 되어 또다시 언론에 보도되고, 이번에는 더 큰 우려와 관심을 촉발한다. 이런 순환은 우려스러운 뉴스를 계속 흘려보내려는 개인이나 조직, 즉 '회상 용이성 장사꾼'에 의해 의도적으로 가속도가 붙기도 한다. 언론이 경쟁적으로 이목을 끄는 머리기사를 뽑으면서 애초의 위험은 점점 부풀려진다. 과학자들과 일단의 사람들은 커져가는 두려움과 혐오를 누그러뜨리려고 애쓰지만 별다른 주목을 받지 못하고, 어쩌다 주목을 받아도 대부분 적대적인 반응이다. 위험이 과장됐다고 주장하는 사람은 누구나 '악의적 은폐' 혐의를 받는다. 이제 해당 문제는 모든 사람의 관심사가 되어 정치적으로도 중요한 문제가 된다. 정치인들은 국민 정서의 정도에 따라 반응을 내놓는다. 다시 말해, 회상 용이성 폭포가 우선순위를 재조정한다. 그러면서 다른 위험관리도, 그리고 자원이 공익을 위해 쓰일 수 있는 다른 방법들도 모두 물 건너간다.

쿠란과 선스타인은 여전히 논쟁 대상인 두 가지 사례에 초점을 맞추었다. '러브커낼Love Canal' 사건과 소위 '알라 공포Alar scare' 사건이다. 러브커낼에 매립된 독성 폐기물이 1979년 장마철에 유출되는 바람에 악취는 물론 표준치를 훨씬 넘는 수질 오염이 발생했다. 주민은 분노했고, 그중에서도 로이스 깁스라는 사람이 적극 나서서 이 문제에 지속적으로 관심을 유도했다. 회상 용이성 폭포는 전형적인 대본대로 전개되었다. 폭포 꼭대기에서는 러브커낼 이야기가 날마다 쏟아져 내렸다. 위험이 과장되었다는 과학자들의 목소리는 무시되거나 다른 주장에 묻혔고, ABC뉴스는 〈죽음의 땅The Killing Ground〉이라는 프로그램을 방송했으며, 아기 크기의 빈 관 여러 개가 입법부 앞을 행진했다. 해당 지역 주민 다수가 정부 지원으로 거주지를 옮겼고, 독성 폐기물 규제는 1980년대 환경문제의 주요 화두로 떠올랐다. 유해 지역 정화를 의무화하고, 이를 위해 거대 자금을 조성한 종합환경대책보상책임법CERCLA 제정은 환경 입법에서 의미 있는 성취로 간주된다. 여기에 비용이 워낙 많이 들다 보니 일부에서는 우선순위를 달리했더라면 그 돈으로 훨씬 많은 목숨을 구할 수 있었으리라는 주장도 제기되었다. 러브커낼의 진실을 둘러싼 의견은 여전히 날카롭게 대립하고 있으며, 신체적 피해 주장은 입증된 바가 없어 보인다. 쿠란과 선스타인은 러브커낼 이야기를 날조된 사건 정도로 기록했고, 반대편의 환경운동가들은 아직도 '러브커낼 재앙'을 이야기한다.

쿠란과 선스타인이 회상 용이성 폭포 설명에 이용한 두 번째 사례인 1989년의 알라 사건에도 의견은 엇갈린다. 환경 우려를 폄하하는 사람들에게는 '알라 공포'로 알려진 사건이다. 알라는 사과에 뿌려 생장을 조절하고 시각 효과를 높이는 화학물질이다. 이 공포는 알라를 상당량 섭취한 쥐에서 암으로 발전하는 종양이 발견되었다는 언론 보도에서 시작되었다. 이 보도는 당연히 사람들을 놀라게 했고, 사람들의 두려움은 다시 언론을 자극해 기사가 되었다. 회상 용이성 폭포의 기본적 작동 원리다. 이 주제는 뉴스를 도배했고, 영화배우 메릴 스트리프가 의회에 나와 진술을 하는 등 극적인 장면이 언론에 보도되었다. 사과와 사과 제품이 두려움의 대상이 되면서 사과 업계는 큰 손실을 입었다. 쿠란과 선스타인은 한 시민이 전화로 "사과 주스를 하수구에 버려야 안전한지, 유독성 폐기물로 처리해야 안전한지"를 물었던 사례를 인용했다. 제조업체는 관련 제품을 회수했고, 미국 식품의약국FDA도 관련 제품을 판매 금지했다. 이후 연구에서 알라가 암을 유발할 위험이 아주 없지는 않다는 결론이 나왔지만, 작은 문제에 과도하게 반응한 사건임은 분명했다. 결국 좋은 사과 소비가 줄었다는 점에서 이 사건이 국민 건강에 미친 순 효과는 부정적이었다고 할 수 있다.

알라 사례는 작은 위험에 대처하는 우리 능력에 기본적인 한계가 있음을 잘 보여준다. 우리는 그런 위험을 철저히 무시하거나 과잉 대응할 뿐 중간 입장을 취하지 않는다.[7] 파티에서 늦게까지 돌아오지 않는 10대 딸아이를 기다리며 밤을 새워본 부모라면 그 기분을 알 것이다. 걱정할 필요가 (거의) 없다는 걸 알면서도 머릿속에 안 좋은 이미지가 떠오르는 건 어쩔 수 없다. 슬로빅이 주장했듯이, 걱정의 양은 위험 확률을 제대로 반영하지 못해서, 우리는 분모에 해당하는 전체 사건은 생각하지 않은 채, 분자에 해당하는 뉴스에 나온 비극적 사건만 상상한다. 선스타인은 '확률 무시'라는 말을 만들어 이런 유형을 설명했다. 회상 용이성 폭포의 사회적 작동 원리에다 확률 무시가 더해지면 필연적으로 사소한 위협이 크게 부풀려지고, 더러는 중대한 결과를 초래한다.

오늘날 회상 용이성 폭포 유도 기술을 가장 잘 구현하는 자는 테러범들이다. 9/11 같은 소수의 끔찍한 사건을 제외하면, 테러 희생자 수는 다른 사망 원인에 비해 상대적으로 매우 적은 편이다. 이를테면 이스라엘처럼 빈번히 테러의 표적이 되는 나라에서도 매주 테러 희생자 수는 교통사고 사망자 수의 근처에도 미치지 못한다. 하지만 두 위험의 회상 용이성이 다르고, 위험이 머릿속에 쉽게, 빈번히 떠오르는 정도도 다르다. 언론에서 끝없이 반복되는 끔찍한 장면들은 사람을 초조하게 한다. 내 경험상 그럴 때는 침착하게 생각하기가 어렵다. 테러는 곧장 시스템 1에 대고 말을 하는 셈이다.

이처럼 내 동료들 사이에 벌어지는 논쟁에서 나는 어떤 결론을 내릴까? 회상 용이성 폭포는 실제로 존재하고, 그것은 분명 공공 자원 분배에서 우선순위를 왜곡한다. 캐스 선스타인은 의사 결정자들 주변에서 대중의 압력을 차단해, 모든 잠재적 위험과 그 위험을 줄일 자원을 거시적으로 바라보는 공정한 전문가가 자원 분배 결정권을 갖는 체계를 찾고자 했다. 그런가 하면 선스타인에 비해 전문가를 훨씬 덜 신뢰하고 일반인을 좀 더 신뢰하는 폴 슬로빅은 대중의 감정이 차단된 전문가는 결국 대중이 거부할 정책을 내놓을 테고, 이는 민주주의에서 있을 수 없는 상황이라고 지적한다. 둘 다 대단히 일리 있는 주장이고, 나는 두 주장에 모두 동의한다.

나는 비합리적 두려움과 회상 용이성 폭포가 위험관리 공공 정책에 미치는 영향을 불편해하는 선스타인의 의견에 동의한다. 그러나 정책 입안자들은 널리 퍼진 두려움을 비록 그것이 불합리하더라도 무시해서는 안 된다는 슬로빅의 생각에도 동의한다. 두려움은 합리적이든 그렇지 않든 고통스럽고 사람을 쇠약하게 한다. 정책 입안자들은 진짜 위험뿐 아니라 그런 두려움에서도 대중을 보호해야 한다.

슬로빅은 책임을 지지 않는 선출되지 않은 전문가가 결정을 내린다는 것에 대중이 거부감을 느낀다는 점을 강조하는데, 옳은 이야기다. 나아가 회상 용이성 폭포는 여러 위험에 이목을 집중시키고 위험 감소 예산을 전반적으로 늘려, 장기적으로 이익이 될 수도 있다. 러브커널 사건으로 독성 폐기물 관리에 자원을 과도하게 할당했을 수도 있지만, 환경문제 전반에 우선순위를 높이는 효과를 가져왔다. 민주주의는 혼란스러울 수밖에 없다. 시민의 믿음과 태도를 좌우하는 회상 용이성 어림짐작과 감정 어림짐작은 비록 전반적으로는 옳다 해도 편향될 수밖에 없기 때문이기도 하다. 전문가의 지식에다 일반인의 감정과 직관을 결합해 위험관리 정책을 설계할 수 있도록 심리학이 유용한 정보를 제공해야 한다.

—

회상 용이성 폭포와 관련한 말들
"그는 이익은 크고 비용은 안 드는 혁신을 두고 열변을 토하는 중이다.
감정 어림짐작에 빠진 게 아닌가 싶다."
"이건 회상 용이성 폭포다. 별것도 아닌 사건이 언론과 대중에 의해 부풀려져,
결국 텔레비전 화면을 채우고 모든 사람의 입에 오르내리고 있다."

14

톰 W의 전공

간단한 문제 하나를 보자.

톰 W를 우리 지역 주요 대학에 다니는 대학원생이라고 해보자. 아래 아홉 개 분 야를 보고 톰 W의 전공일 것 같은 정도에 따라 순위를 매겨보라. 가장 그럴듯한 전공은 1, 가장 그럴듯하지 않은 전공은 9로 한다.

경영학 / 컴퓨터과학 / 공학 / 인문교육 / 법학 / 의학 / 도서관학 / 물리생명과학 / 사회과학과 사회사업

쉬운 문제이며, 각 분야 입학생의 상대적 규모가 문제 해결의 열쇠라는 사실을 곧바로 알 수 있다. 단지에서 구슬 하나를 뽑듯 톰 W도 이 대학 대

학원생 가운데 무작위로 뽑혔다. 구슬이 빨간색일 확률이 높은지, 녹색일 확률이 높은지 결정하려면, 단지에 담긴 빨간 구슬과 녹색 구슬의 개수를 알아야 한다. 이때 특정 구슬이 차지하는 비율을 '기저율base rate'이라 한다. 이 문제에서는 이를테면 인문교육의 기저율은 모든 대학원생 가운데 그 분야 전공 대학원생의 비율이다. 톰 W에 대한 정보가 없는 상태에서는 기저율을 판단 기준 삼아, 인문교육 전공자가 컴퓨터과학이나 도서관학 전공자보다 많으니 톰 W도 컴퓨터과학이나 도서관학보다 인문교육 전공자일 확률이 더 높다고 추측하게 마련이다. 다른 정보가 없을 때는 기저율 정보를 활용하는 것이 확실한 방법이다.

이제 기저율과 상관없는 문제를 보자.

아래는 톰 W가 고등학교 3학년 때, 어느 심리학자가 검증되지 않은 심리 테스트를 기초로 톰의 성격을 간략히 기록한 것이다.

톰 W는 진정한 창의력은 부족하지만 머리는 좋다. 그는 모든 것이 질서정연하고 명확하며, 세세한 것들도 깔끔하고 정돈된 체계를 갖추어 모두 제자리에 있어야 할 필요를 느낀다. 그가 쓴 글은 다소 지루하고 기계적인데, 가끔 약간 진부한 언어유희나 공상과학소설 같은 상상으로 글이 활기를 띠기도 한다. 그는 경쟁심이 강하다. 그리고 타인을 향한 감정이나 연민은 거의 없어 보이며, 타인과의 소통을 즐기지 않는다. 자기중심적이지만 도덕의식은 강하다.

이제 앞에서 언급한 아홉 개 전공 분야를 놓고, 톰 W를 묘사한 내용이 각 분야 전공 대학원생의 전형적인 모습과 얼마나 비슷한가를 기준으로 순위를 매겨보라. 가장 비슷한 경우는 1, 가장 덜 비슷한 경우는 9로 한다.

이 문제에 빠르게 대답해본다면 이번 14장에서 더 많은 것을 이해할 수 있다. 이번에는 톰 W를 묘사한 글을 반드시 읽어야 판단을 내릴 수 있다.

문제는 너무 빤하다. 여러 분야의 대학원생을 연상케 하는 전형적인 이미지를 회상하거나 그런 이미지를 만들어보라는 문제다. 이 실험을 처음 실시한 1970년대 초의 순서 평균은 아래와 같았다. 독자의 답도 크게 다르지 않을 것이다.

1. 컴퓨터과학 / 2. 공학 / 3. 경영학 / 4. 물리생명과학 / 5. 도서관학 /

6. 법학 / 7. 의학 / 8. 인문교육 / 9. 사회과학과 사회사업

앞에서 소위 '범생이'를 암시하는 말("진부한 언어유희")이 있어서, 컴퓨터과학을 높은 순위에 올려놓은 사람이 많을 것이다. 아닌 게 아니라 톰 W를 묘사한 글은 전형적인 범생이 모습에 맞춰 쓰였다. 사람들이 상위권에 올려놓은 또 다른 전공은 공학이다("깔끔하고 정돈된 체계"). 반면에 사회과학과 사회사업의 이미지와는 어울리지 않는다("타인을 향한 감정이나 연민은 거의 없어"). 내가 톰 W 성격 묘사를 만든 지 40년 가까이 지난 지금도 전문직과 관련한 전형적인 모습은 크게 달라지지 않은 것 같다.

아홉 가지 분야에 순위를 매기는 작업은 복잡할 뿐 아니라 시스템 2만이 할 수 있는 훈련과 순서 구성이 필요한 게 분명하다. 그러나 성격 묘사에 심어놓은 힌트("진부한 언어유희" 등)에는 전형적인 모습을 떠올리는 연상 작용,

그러니까 시스템 1의 즉흥적 활동을 활성화하려는 의도가 있었다.

이 유사성 비교는 톰 W의 성격 묘사를 다양한 전공 분야의 전형적인 모습과 비교하게 한다. 성격 묘사의 정확성(톰 W를 정확히 묘사했는가)과는 무관한 비교다. 내가 알고 있는 다양한 분야의 기저율 역시 무관하다. 어느 집단의 전형적인 모습과 한 개인과의 유사성은 집단 크기에 영향을 받지 않는다. 심지어 대학에 도서관학과가 없다 해도, 우리는 톰의 성격 묘사를 도서관학을 전공하는 대학원생의 이미지와 비교할 수 있다.

톰 W의 이미지는 일부 작은 학생 집단(컴퓨터과학자, 사서, 공학자)에 잘 어울리고, 가장 큰 집단(인문교육, 사회과학과 사회사업)과는 무척 안 어울린다는 것을 알 수 있다. 실험 참가자들도 거의 항상 그 두 집단에 가장 낮은 순위를 매겼다. 톰 W는 의도적으로 '기저율과 반대되게' 만들어졌다. 다시 말해, 작은 분야에 잘 맞고 사람들이 가장 많이 몰리는 전공에는 맞지 않게 만들어진 인물이다.

대표성에 기댄 예측

순서 매기기의 세 번째 실험은 심리학과 대학원생들을 대상으로 실시했다. 대단히 중요한 실험으로, 각 전공을 톰 W가 현재 그 분야 대학원생일 가능성에 따라 순서대로 나열해야 했다. 이 예측 집단 사람들은 관련 통계를 알고 있었다. 서로 다른 분야의 기저율도 익히 알고 있고, 톰 W를 묘사한 글의 출처는 그다지 신뢰할 만하지 않다는 것도 알았다. 하지만 우리는 그들이 기저율도, 묘사의 정확성에 대한 의문도 무시한 채 전형적인 모습과의 유사성, 즉 우리가 '대표성'이라 부르는 것에만 집중하리라고 예상했다. 그런 뒤에 학생 수가 적은 전공(컴퓨터과학)에 가장 높은 순위를 매길 것이다. 그 분야의 대표성 점수가 가장 높기 때문이다. 이 실험 결과는 조금 뒤에 설명하겠다.

아모스와 나는 유진에 머무는 동안 부지런히 연구했고, 나는 더러 연구실에서 밤을 지새웠다. 그때 내가 한 일 하나는 대표성과 기저율이 상충하는 성격 묘사를 만드는 것이었다. 톰 W도 이때 탄생했는데, 내가 작업을 완성한 때는 이른 아침이었다. 그날 아침에 연구실에 가장 먼저 나타난 사람은 우리 동료이자 친구인 로빈 도스Robyn Dawes였다. 똑똑한 통계학자이자 직관적 판단의 유효성에 회의적인 사람으로, 내 문제에서 기저율의 관련성을 발견하는 사람이 있다면 그는 분명 로빈일 것이었다. 그날 아침 나는 로빈을 불러, 이제 막 타이핑한 문제를 주면서 톰 W의 전공을 맞혀보라고 했다. 나는 그가 머뭇거리며 "컴퓨터과학?"이라고 말하면서 씩 웃던 모습을 아직도 기억한다. 내겐 정말 행복한 순간이었다. 비록 위대한 인간은 몰락했지만! 물론 내가 "기저율"이라고 말하는 순간 로빈은 곧바로 자기 실수를 바로잡았지만, 처음부터 그 생각을 하지는 못했다. 그는 예측에서 기저율의 역할을 누구보다도 잘 아는 사람이었지만, 개인의 성격을 묘사한 글을 내밀자 기저율을 무시했다. 예상대로 그도 확률 추정을 대표성 판단으로 바꿔치기한 셈이다.

아모스와 나는 주요 대학 세 곳의 심리학과 대학원생 114명에게 똑같은 문제를 주었다. 모두 통계 수업을 여럿 들었던 학생이다. 이들도 우리를 실망시키지 않았다. 아홉 가지 분야에서 이들이 매긴 순위도 전형적인 모습과의 유사성에 따른 순위와 다르지 않았다. 이 경우에는 바꿔치기가 완벽했다. 실험 참가자가 대표성 판단 외에 다른 판단을 했다는 표시는 어디에도 없었다. 확률(가능성) 문제는 어렵지만 유사성 문제는 그보다 쉬우니, 문제를 바꿔 대답한 것이다. 유사성 판단과 확률 판단에 적용하는 논리는 엄연히 다르다는 점을 생각하면, 심각한 실수다. 유사성을 판단할 때 기저율이나 묘사의 부정확성에 영향을 받지 않는 것은 얼마든지 있을 수 있는 일이지만, 확률을 판단할 때 기저율과 증거의 질을 무시하는 사람은 틀림없이 실수를 저지르게 마련이다.

'톰 W가 컴퓨터과학을 전공할 확률'이란 개념은 단순하지 않다. 논리학자와 통계학자는 그 의미를 서로 달리 해석하고, 또 누군가는 아무 의미도 없다고 말할 것이다. 많은 전문가에게 그것은 주관적 믿음의 정도를 측정하는 것이다. 세상에는 우리가 확신하는 사건도 있고(오늘 아침에 해가 떴다), 불가능하다고 여기는 사건도 있다(태평양이 한꺼번에 얼어버렸다). 그런가 하면 절반만 믿는 사건도 많은데(옆집 사람은 컴퓨터과학자다), 이때 그 믿음의 정도가 사건이 일어날 확률이다.

논리학자와 통계학자는 이제까지 확률을 서로 다르게 정의했고, 둘 다 대단히 정확하다. 그러나 보통 사람들에게 확률(일상적인 말로 하면 '가능성')은 불확실성, 일정한 성향, 그럴듯함, 놀람과 관련 있는 모호한 개념이다. 이 모호함은 확률에만 해당하는 것은 아니며, 특별히 문제랄 것도 없다. 우리는 '민주주의'니 '아름다움'이니 하는 말을 쓸 때, 그 말의 의미를 거의 다 알고 있으며, 상대방도 우리가 무슨 말을 하려는지 이해한다. 나는 수년간 수업을 하면서 확률에 관해 질문을 던졌지만, 누구도 손을 들고 '교수님, 확률이 무슨 뜻인가요?'라고 묻는 사람은 없었다. '글로버빌리티globability' 같은 듣도 보도 못한 개념을 평가해보라고 했다면, 무슨 뜻이냐고 물었을 것이다.

하지만 확률 문제에서는 모두 내 질문에 대답하는 법을 안다는 듯이 행동했다. 그 단어 뜻을 새삼 설명해보라고 한다면 다들 너무한다고 생각하겠지만.

사람들은 어떤 사건의 확률을 질문받아도 당혹스러워하지 않는다. 통계학자나 철학자처럼 확률을 판단하지는 않기 때문이다. 확률 문제는 머릿속 산탄총을 자극해 더 쉬운 문제로 바꿔 대답하게 한다. 쉽게 대답하는 방법 하나는 그 자리에서 대표성을 평가하는 것인데, 언어를 이해할 때 흔히 사용하는 방법이다. '엘비스 프레슬리의 부모는 아들이 치과 의사가 되었으면 했다'는 (가짜) 진술은 은근히 웃기다. 프레슬리의 이미지와 치과 의사의 이미지의 부조화가 곧장 감지되기 때문이다. 시스템 1은 무의식적으로 유사성을 감지한다. 어떤 사람이 '그는 선거에서 승리할 것이다. 잘 보면 알 수 있다'라거나 '그는 학자가 될 사람은 아니다. 문신 많은 거 봐라'라고 한다면, 대표성 어림짐작이 끼어든 것이다. 어떤 후보의 턱 선이나 힘 있는 말투를 보고 공직자 후보로서의 지도력을 논한다면 대표성에 기댄 판단이다.

대표성에 기댄 예측은 흔한 일이지만 통계적으로는 적절치 않다. 마이클 루이스Michael Lewis의 베스트셀러 《머니볼Moneyball》은 이런 식의 예측이 얼마나 비효율적인가를 보여주는 이야기다. 프로야구에서 선수를 스카우트할 때는 전통적으로 체격과 겉모습으로도 선수의 성공 가능성을 일부 점친다. 《머니볼》에 나오는 영웅인 오클랜드 애슬레틱스 구단장 빌리 빈Billy Beane은 스카우트 담당자들의 의견을 무시한 채, 경기 성적 통계로 선수를 선발했다. 선발된 선수들은 몸값이 낮았다. 다른 팀에서는 선발하지 않은 탓이다. 오클랜드 애슬레틱스는 얼마 안 가 적은 비용으로 훌륭한 성적을 올렸다.

대표성의 과오

대표성으로 확률을 판단해도 그 나름의 중요한 장점도 있다. 대표성에서 나오는 직관적 인상은 가능성 추측보다 더 정확할 때도 많다.

- 호의적으로 행동하는 사람은 대부분 실제로도 호의적이다.
- 키가 아주 크고 마른 운동선수는 축구 선수보다 농구 선수일 확률이 훨씬 높다.
- 박사 학위를 가진 사람은 고졸자보다 〈뉴욕 타임스〉를 구독할 확률이 훨씬 높다.
- 젊은 남자는 나이 지긋한 여자보다 운전을 과격하게 할 확률이 훨씬 높다.

위 네 가지 경우에, 그리고 다른 많은 경우에도, 대표성 판단을 지배하는 전형적 이미지가 아주 틀린 것만은 아니며, 이 어림짐작에 기댄 예측은 정확할 수도 있다. 하지만 다른 많은 상황에서 전형적인 이미지는 엉터리이며, 대표성 어림짐작은 오류를 불러오는데, 특히 대표성 어림짐작과 반대되는 기저율 정보를 소홀히 할 때는 더욱 그러하다. 어림짐작이 어느 정도 타당할 때도 전적으로 그것에만 의존한다면 통계 논리와 반대로 가는 중대한 과오를 범할 수 있다.

그 과오 하나는 일어날 것 같지 않은(기저율이 낮은) 사건의 발생 가능성을 쉽게 부풀리는 것이다. 이를테면 뉴욕 지하철에서 어떤 사람이 〈뉴욕 타임스〉를 읽는다고 치자. 그 낯선 사람은 다음 중 어떤 사람이겠는가?

박사 학위를 가진 사람.

대학을 나오지 않은 사람.

대표성으로 추측하면 박사 학위를 가진 사람이라고 하겠지만, 현명한 답은 아니다. 두 번째 가능성도 진지하게 고려해야 한다. 뉴욕 지하철에는 박사보다 대학을 나오지 않은 사람이 훨씬 많기 때문이다. "시를 사랑하는 수줍은" 어떤 여학생이 중국문학 전공자인지 경영학 전공자인지 추측해야 한다면, 후자를 선택해야 한다.[1] 중국문학을 전공하는 모든 여학생이 수줍고 시를 좋아한다고 해도, 경영학 전공자가 훨씬 많아서 그중에 부끄럼을 타고 시를 좋아하는 사람을 찾기가 훨씬 쉬울 게 분명하다.

통계를 배우지 않은 사람도 어떤 상황에서는 예측에 기저율을 제법 잘 사용한다. 톰 W가 나오는 문제 중에 그에 대한 자세한 언급이 없는 첫 번째 문제에서, 톰 W가 특정 분야를 전공할 확률은 그 분야 전공자 수인 기저율과 같다는 것은 누구나 다 아는 분명한 사실이다. 그런데 톰의 성격이 나오는 순간 기저율에 대한 관심은 감쪽같이 사라져버린다.

아모스와 나는 연구 초기에 발견한 증거를 기초로, 특정 사례에 관한 정보가 나오면 기저율 정보는 '항상' 무시될 것이라고 생각했지만, 그것은 지나친 생각이었다. 심리학자들은 기저율 정보가 명확히 제시된 문제로 많은 실험을 했는데, 참가자들은 개별 사례에 대한 정보에 거의 항상 단순한 통계 이상의 의미를 부여했지만, 그래도 다수가 기저율에 영향을 받았다.[2] 노르베르트 슈바르츠와 그의 동료들의 연구에 따르면, 사람들에게 "통계 전문가처럼 생각하라"고 지시하면 기저율을 더 많이 활용하는 반면, "임상의학자처럼 생각하라"고 지시하면 반대 효과가 나타났다.[3]

몇 해 전에 하버드 학부생들을 대상으로 실험을 실시했는데, 결과가 놀라웠다. 시스템 2를 적극 활성화하자 톰 W 문제에서 예측 정확도가 크게 향상된 것이다. 오래된 문제에다 오늘날의 인지적 편안함을 접목한 실험이었는데, 참가자 절반에게는 문제를 푸는 동안 볼에 바람을 넣어 볼을 부풀리라고 했고, 절반에게는 눈살을 찌푸리라고 했다.[4] 앞에서 보았듯이, 눈살을 찌푸리면 일반적으로 시스템 2는 더욱 긴장하고, 직관에 대한 확신과 의존도는 낮아진다. 볼을 부풀린(중립적 감정을 나타내는 표정) 학생들은 이 문제에서 흔히 나오는 결과와 같은 결과를 내놓았다. 즉 대표성에 지나치게 의존하고 기저율은 무시했다. 그러나 눈살을 찌푸린 학생들은 예상대로 기저율에 다소 민감한 반응을 보였다. 대단히 유익한 결과다.

부정확한 직관적 판단이 내려지면, 시스템 1과 시스템 2가 동시에 비난받아야 한다. 부정확한 직관을 제안한 것은 시스템 1이고, 그것을 인정해 판단을 내린 것은 시스템 2다. 그러나 시스템 2가 이런 잘못을 한 데에는 두 가지 이유를 생각해볼 수 있다. 무지와 나태다. 어떤 사람은 개별 정보가 있으면 기저율은 관련이 없다고 생각해 기저율을 무시한다. 또 어떤 사람은 질문에 집중하지 않아서 기저율을 무시한다. 눈살을 찌푸려 차이가 생겼다면, 적어도 하버드 학부생들 사이에서는 나태가 기저율 무시의 적절한 설명이 될 수 있겠다. 기저율이 명확히 언급되지 않은 때조차도 이들의 시스템 2는 기저율이 관련 있다는 것을 분명히 알고 있지만, 그 지식을 실제로 적용하려면 특별한 노력이 필요하다.

대표성의 두 번째 과오는 증거의 질에 무신경한 것이다. 시스템 1의 원리를 떠올려보라. 보이는 것이 전부다. 톰 W의 예에서, 연상 체계를 활성화한 것은 톰의 성격 묘사인데, 그것은 정확할 수도 정확하지 않을 수도 있다. 톰 W는 "타인을 향한 감정이나 연민은 거의 없어"라는 진술만으로도 사람들은 대부분 톰은 사회과학과 사회사업 전공자일 확률이 매우 낮다고 확신한다. 그러나 그 성격 묘사는 검증되지 않은 테스트를 기초로 했다고 명시하지 않았던가!

가치 없는 정보는 정보가 아예 없는 것과 다를 바 없다는 것을 원칙적으로는 분명히 이해하면서도 보이는 것에만 의존하는 성향 탓에 그 원칙을 실제로 적용하기란 여간 어려운 게 아니다. 증거를 거부하기로 그 자리에서 결심하지 않는 한(이를테면 거짓말쟁이가 그 증거를 제시했다고 생각한다든가) 시스템 1은 눈에 보이는 정보를 진짜인 양 즉흥적으로 처리할 것이다. 증거의 질이 미심쩍을 때 할 수 있는 것 하나가 있다. 확률을 기저율에 가깝게 추정하라. 이 규칙을 실제로 실천하기는 결코 쉽지 않다. 자기 검열과 자기통제의 상당한 노력이 필요하다.

톰 W 성격 문제의 정답은 원래의 믿음, 즉 기저율을 유지하면서, 학생이 많아서 애초 확률이 높은 분야(인문교육, 사회과학과 사회사업)는 그 높은 확률을 약간 줄이고, 학생이 드물어 애초 확률이 낮은 분야(도서관학, 컴퓨터과학)는 그 낮은 확률을 약간 높이는 것이다. 톰 W에 관해 아는 게 전혀 없을 때 내놓을 답과는 약간 다른 답이지만, 가지고 있는 약간의 증거가 신뢰하기 어려우니, 여전히 기저율에 가깝게 추정해야 마땅하다.

직관을 훈련하는 법

　우리가 내일 비가 오겠거니 예상하는 확률은 주관적 믿음의 정도인데, 머릿속에 떠오르는 것을 무조건 믿어서도 안 된다. 내 생각이 유용하려면 확률 논리에 맞아야 한다. 내일 어느 순간에 비 올 확률이 40퍼센트라고 생각한다면, 비가 오지 않을 확률은 60퍼센트라고도 생각해야 하고, 내일 아침에 비 올 확률이 50퍼센트라고 생각해서도 안 된다. 어떤 후보가 대통령에 당선될 확률이 30퍼센트이고, 처음 당선되면 다음에 재선될 확률은 80퍼센트라고 믿는다면, 그가 연달아 두 번 당선될 확률은 24퍼센트라고도 생각해야 한다.

　톰 W 문제와 관련한 '규칙'은 베이즈 통계에서 찾을 수 있다. 근대적 통계에 많은 영향을 미친 이 방식은 18세기 영국 목사 토머스 베이즈Thomas Bayes에서 이름을 따왔다. 관련 증거가 있을 때 사람들은 어떻게 생각을 바꿔야 하는가, 하는 논리에 처음으로 크게 기여한 인물이다. 베이즈 규칙은 원래의 믿음(이번 14장을 예로 들면 기저율)에 증거(톰 W에 대한 묘사)의 검증력을 어떻게 결합해야 하는가를 구체적으로 명시한다. 증거가 가설을 얼마나 뒷받침할 수 있는가를 의미하는 검증력은 그 증거가 해당 가설(가령, 톰 W는 컴퓨터과학 전공자다)을 다른 가설(톰 W는 다른 분야 전공자다)보다 어느 정도나 선호하느냐로 나타낸다.[5] 예를 들어, 대학원생 3퍼센트가 컴퓨터과학 전공이라 생각되고(기저율), 톰 W의 성격 묘사는 다른 과보다 컴퓨터과학 전공자에 네 배 더 가깝다고 판단된다면, 베이즈 규칙에 따라 톰 W가 컴퓨터과학자일 확률은 11퍼센트라고 생각해야 한다. 만약 기저율이 80퍼센트였다면, 그 확률은 94.1퍼센트가 된다.[6]

자세한 수학 계산은 책 내용과 무관해 '주'로 따로 다루었다. 베이즈 추론과 관련해, 그리고 우리가 그 추론을 얼마나 쉽게 무시하는가와 관련해, 두 가지 명심할 점이 있다. 첫째, 기저율의 중요성이다. 다른 증거가 있어도 기저율은 중요하며, 이 둘이 직관과 맞지 않을 때도 자주 있다. 둘째, 우리는 증거의 검증력을 직관적으로 과장한다. 보이는 것에만 의존하는 성향에다 연상적 일관성이 더해지면, 스스로 지어낸 이야기를 믿어버린다. 베이즈 추론을 훈련하는 핵심 요소를 요약하면 다음과 같다.

- 어떤 결과가 나올 확률을 추정할 때 믿을 만한 기저율을 기준점으로 사용하라.
- 가지고 있는 증거의 검증력을 의심하라.

둘 다 간단명료하다. 그런데 나는 이 둘을 실행하는 법을 배운 적이 없고, 지금도 그것을 실행하기가 영 어색하다는 사실을 새삼 깨닫고 충격을 받았다.

—

대표성과 관련한 말들

"잔디도 손질이 잘 됐고, 안내데스크에 있는 사람도 능력 있어 보이고, 가구도 훌륭하지만, 그렇다고 운영이 잘 되고 있는 회사라고 말할 수는 없다. 이사회가 대표성으로 판단하지 않았으면 좋겠다."

"이 신생 업체는 망하지 않게 생겼지만, 이 업계의 성공 기저율은 극히 낮다. 어떻게 이 기업만큼은 다르다고 생각하겠는가?"

"그들은 빈약한 증거로 드문 사건을 예측하는 실수를 되풀이한다. 증거가 빈약하면 기저율에 충실해야 한다."

"이 보도를 보면 문제가 보통 심각한 게 아니다. 확실한 증거도 있을 수 있다. 하지만 어떻게 확신하겠는가? 우리 생각이 불확실할 수도 있다는 점을 고려해야 한다."

린다: 적은 게 많은 것이다

우리 실험 중에 가장 유명하고 논란도 가장 뜨거웠던 것은 가상의 여성 린다가 등장하는 실험이다. 아모스와 나는 판단에서 어림짐작의 역할, 그리고 어림짐작이 논리와 양립할 수 없음을 보여주는 결정적인 증거를 제시하기 위해 린다 문제를 만들었다.[1] 우리는 린다를 다음과 같이 묘사했다.

린다는 31세의 미혼 여성으로, 직설적이고 아주 똑똑하다. 철학을 전공했다. 학생 때는 차별과 사회 정의에 깊은 관심을 보였고, 반핵 시위에도 참여했다.

1980년대에 학생들에게 이 묘사를 읽어주면 학생들은 항상 웃음을 터뜨렸다. 린다는 캘리포니아대학 버클리 캠퍼스에 다녔다는 걸 금방 알아챘기 때문이다. 당시 이 대학은 급진적이고 정치 문제에 관심 있는 학생들로 유명했다. 우리는 실험에서 참가자들에게 린다가 등장하는 가능한 시나리오 여덟 가지 목록을 보여주었다. 톰 W 문제에서도 그랬듯이, 참가자들 일부 는 시나리오를 대표성에 따라 순위를 매겼고, 일부는 확률에 따라 순위를 매겼다. 린다 문제도 톰 W 문제와 비슷하지만, 반전이 있다.

> 린다는 초등학교 교사다.
> 린다는 서점에서 일하고, 요가 수업을 듣는다.
> 린다는 여성운동에 적극적이다.
> 린다는 정신보건 사회복지사다.
> 린다는 여성유권자동맹 회원이다.
> 린다는 은행 창구 직원이다.
> 린다는 보험 영업사원이다.
> 린다는 은행 창구 직원이고, 여성운동에 적극적이다.

이 문제에는 당시 시대 배경이 여럿 등장한다. 지금은 여성유권자동맹이 예전처럼 두드러져 보이지 않는다. 그리고 여성 '운동'이란 개념도 어색하 게 들리는데, 지난 30년 동안 여성의 지위가 달라졌다는 증거다. 그러나 페 이스북 시대인 지금도 그때와 일치되다시피 하는 공통된 의견을 쉽게 짐작 할 수 있다. 린다는 여성운동에 적극적인 사람의 이미지와 아주 잘 어울리 고, 서점에서 일하고 요가 수업을 듣는 사람과도 꽤 잘 어울린다. 하지만 은 행 창구 직원이나 보험 영업사원은 영 아니다.

이제 목록에서 중요 항목에 주목해보자. 린다는 은행 창구 직원에 더 잘 어울리는가, 여성운동에 적극적인 은행 창구 직원에 더 잘 어울리는가? 사람들은 한결같이 린다가 전형적인 은행 창구 직원보다는 '여성운동에 적극적인 은행 창구 직원'에 더 잘 어울린다고 입을 모은다. 전형적인 은행 창구 직원은 여성운동에 적극적이지 않다. 그런데 여기에 구체적인 내용을 더하니 좀 더 조리 있는 이야기가 만들어진다.

반전은 확률 판단에 있다. 두 시나리오에는 논리 관계가 있기 때문이다. 벤다이어그램을 생각해보자. '여성운동을 하는 은행 창구 직원'이라는 집합은 '은행 창구 직원' 집합 안에 포함된다. 여성운동을 하는 은행 창구 직원은 모두 은행 창구 직원이기 때문이다. 따라서 린다가 여성운동을 하는 은행 창구 직원일 확률은 은행 창구 직원일 확률보다 '반드시' 낮아야 한다. 어떤 사건을 구체적으로 명시할수록 확률은 낮아진다. 이 문제는 대표성 직관과 확률 논리가 상충하는 경우다.

우리는 우선, 실험 참가자 집단별로 조건을 달리해 집단끼리 비교하는 '피험자 간 설계' 실험부터 실시했다. 이때 각 참가자에게 중요 항목('은행 창구 직원' 또는 '여성운동을 하는 은행 창구 직원')이 하나만 포함된 일곱 가지 항목을 보여주었다. 참가자들 일부는 유사성으로 항목에 순위를 매겨야 했고, 일부는 확률로 순위를 매겨야 했다. 그 결과, 톰 W의 경우처럼, 유사성으로 매긴 순위나 확률로 매긴 순위나 평균이 일치했고, 둘 다 '여성운동을 하는 은행 창구 직원'이 '은행 창구 직원'보다 순위가 높았다.

다음으로 한 집단 안에서 비교하는 '피험자 내 설계' 실험을 실시했다. 이때는 앞의 목록처럼 '은행 창구 직원'을 여섯 번째 항목에 넣고, '여성운동을 하는 은행 창구 직원'을 마지막 항목에 넣었다. 우리는 실험 참가자가 두 항목 사이의 관계를 눈치채고 논리에 맞게 순위를 매길 것으로 확신했다. 그 확신이 너무 강해서, 그 부분을 따로 실험할 필요를 느끼지 못했다. 조교는 그 실험실에서 다른 실험도 진행하고 있었다. 그는 참가자에게, 실험 참가료를 지급해야 하니 나가면서 서명을 해달라, 그런데 그 전에 추가로 린다 설문지를 작성해달라고 했다.

조교 책상에 설문지가 열 장쯤 쌓였을 때 나는 별생각 없이 설문지를 훑어보다가 실험 참가자들이 빠짐없이 '은행 창구 직원'보다 '여성운동을 하는 은행 창구 직원'에 더 높은 순위를 매긴 것을 보게 됐다. 그때 너무 놀라 그 순간 금속 책상의 회색 빛깔과 주변 풍경이 정지된 사진처럼 '섬광 기억'으로 남아 아직도 기억이 생생하다. 나는 흥분을 주체하지 못하고 아모스에게 재빨리 전화를 걸어 우리가 발견한 것을 이야기했다. "논리하고 대표성을 붙여놨더니, 대표성이 이겼지 뭐야!"

이 책에 어울리는 말로 표현하자면, 시스템 2의 패배를 목격한 것이다. 설문지에는 두 가지 중요 항목이 동시에 들어가 있어서, 참가자는 논리 규칙의 연관성을 알아볼 좋은 기회가 있었는데도 그 기회를 활용하지 못했다. 뒤이어 추가 실험을 실시한 결과, 참가 학부생의 89퍼센트가 확률 논리를 무시했다. 우리는 통계에 민감한 사람들에게서는 다른 결과가 나오리라 확신하고, 스탠퍼드 경영대학원에서 의사 결정 프로그램 박사과정을 밟고 있는 학생들에게 똑같은 설문지를 돌렸다. 확률, 통계, 결정론에 관한 고급 과정 수업을 여럿 들은 학생들이다. 우리는 다시 한 번 놀랐다. 응답자의 85퍼센트가 이번에도 '은행 창구 직원'보다 '여성운동을 하는 은행 창구 직원'을 더 높은 순위에 올려놓았다.

우리는 이 오류를 없애보려고 훗날 "점점 더 필사적이 되어가는" 시도라고 표현한 실험을 실시했다. 이때는 큰 집단을 대상으로 린다를 소개한 뒤 간단한 질문을 던졌다.

둘 중 어느 경우가 더 흔하겠는가?

린다는 은행 창구 직원이다.

린다는 은행 창구 직원이고, 여성운동에 적극적이다.

극도로 단순화한 이 문제로 린다는 일부 사람들에게 유명 인사가 되었고, 우리는 여러 해 동안 논쟁에 휘말렸다. 주요 대학 여러 곳에서 학부생의 약 85~90퍼센트가 논리와 상반되는 두 번째 항목을 골랐다. 이들은 놀랍게도 중대 과오를 저질러놓고도 전혀 부끄러워하지 않았다. 수강생이 많은 학부 수업 시간에 내가 약간 역정을 내듯이 "초보적인 논리 규칙도 지키지 않았다는 걸 알고 있나?"라고 묻자 뒷줄에 앉은 학생이 소리쳤다. "그래서요?" 그리고 똑같은 오류를 저지른 어느 대학원생은 "그저 제 의견을 물으셨다고 생각했는데요"라고 해명했다.

뻔한 논리 규칙을 적용하지 못했을 때 흔히 '오류fallacy'라고 하는데, 아모스와 나는 '결합 오류conjunction fallacy'라는 말로 이 현상을 설명했다. 사람들은 결합된 두 사건(은행 창구 직원과 여성운동을 하는 사람)과 그중 한 사건(은행 창구 직원)을 직접 비교할 때 결합된 두 사건이 일어날 가능성을 더 높게 판단하는 실수를 저지른다.

뮐러리어 착시처럼 이 오류 역시 실체를 안 뒤에도 여전히 흥미롭다. 박물학자 스티븐 제이 굴드Stephen Jay Gould도 린다 문제로 애를 먹었던 일화를 소개했다. 그는 물론 정답을 알았지만, "머릿속에 사는 작은 인간homunculus이 계속 길길이 날뛰면서 '린다는 단순히 은행 창구 직원이 아니야. 더 읽어봐'라고 소리쳤다"고 했다.[2] 물론 그 작은 인간이란 굴드에게 한결같은 목소리로 말을 건 시스템 1이다(굴드가 이 글을 쓸 때는 시스템 1, 시스템 2라는 말이 없었다).

우리는 단순화한 린다 문제로 여러 번 실험을 했는데, 과반수가 정답을 내놓은 경우는 딱 한 번뿐이었다. 스탠퍼드대학과 버클리대학에서 사회과학을 전공하는 대학원생들을 대상으로 실험했을 때인데, 린다가 '여성운동을 하는 은행 창구 직원'일 가능성이 '은행 창구 직원'일 가능성보다 낮다는 정확한 판단을 내린 응답자가 64퍼센트였다. 비슷한 대학원생들을 대상으로 (앞서 나온) 선택 항목이 여덟 가지인 원래 문제를 물었을 때는 15퍼센트만이 '은행 창구 직원'을 선택했다. 이 차이는 생각해볼 가치가 있다. 원래의 긴 문제에서는 중간에 보험 영업사원이 끼어들어 두 가지 중요 항목을 갈라놓았고, 그러다 보니 응답자는 둘을 비교하지 않고 따로 판단했다. 반면에 짧은 문제에서는 시스템 2를 가동해 둘을 명확히 비교했고, 따라서 통계를 잘 아는 학생이라면 대부분 오류를 피할 수 있었다. 오답을 택한 꽤 많은 나머지 똑똑한 사람들(36퍼센트)의 추론 방식은 안타깝게도 탐색해보지 못했다.

톰 W와 린다 문제 모두 응답자가 판단한 확률은 대표성(전형적인 모습과의 유사성) 판단과 정확히 일치했다. 대표성은 밀접하게 연관된 채 동시에 일어나는 한 무리의 기초적 평가에 속한다. 대표성 판단은 성격 묘사와 결합할 때 가장 논리적으로 일관된 이야기를 만들어낸다. 논리적으로 일관된다고 해서 발생 가능성이 높은 것은 아니지만, 어쨌거나 '그럴듯하다.' 논리적 일관성, 그럴듯함, 발생 가능성은 주의하지 않으면 쉽게 혼동된다.

발생 가능성, 즉 확률을 무비판적으로 그럴듯함으로 바꿔 생각한다면, 시나리오로 앞으로의 일을 예측할 때 치명적이다. 아래 두 가지 시나리오를 보자. 이 둘을 서로 다른 집단에 나눠주고, 확률을 추정하게 했다.

내년에 북아메리카 어딘가에서 대규모 홍수가 발생해 1,000명 이상 익사할 확률

내년 언젠가 캘리포니아에서 지진으로 홍수가 발생해 1,000명 이상 익사할 확률

캘리포니아 지진 시나리오는 북아메리카 시나리오보다 실제로 일어날 확률은 분명히 낮지만, 더 그럴듯하다. 예상대로, 사람들은 논리와 정반대로 더 생생하고 더 구체적인 시나리오에 더 높은 확률을 매겼다. 예측하는 사람과 그들의 고객이 빠지는 함정도 이것이다. 시나리오를 더 구체화할수록 설득력은 높아지지만 실현 확률은 낮아진다.

'그럴듯함'이 어떤 역할을 하는지, 아래 문제들을 보자.

둘 중 어느 경우가 더 흔하겠는가?

마크는 머리숱이 있다.

마크는 금발이다.

둘 중 어느 경우가 더 흔하겠는가?

제인은 교사다.

제인은 교사이고, 걸어서 출근한다.

이 두 문제는 린다 문제와 논리 구조가 같지만, 오류를 일으키지 않는다. 구체적인 상황은 단지 구체적일 뿐 더 그럴듯하지도, 논리적으로 더 일관되지도, 이야기가 더 나은 것도 아니다. 따라서 그럴듯함이나 논리적 일관성 평가가 확률 문제를 연상시키는 일도 없고, 확률 문제에 답을 대신하지도 않는다. 경쟁할 직관이 없으면, 논리가 승리한다.

적은 게 많은 것이고, 더러는 공동평가 때도 그렇다

시카고대학의 크리스토퍼 시 Christopher Hsee 는 사람들에게, 30달러에서 60달러 정도 하는 그릇 세트를 동네 가게에서 재고 정리 세일 판매한다고 할 때 얼마가 좋을지 가격을 매겨보라고 했다. 실험은 세 집단으로 나눠 진행했다. 그중 한 집단에게는 아래 구성표를 보여주었다. 크리스토퍼 시는 이를 '공동평가'라 이름 붙였다. 두 세트를 비교하기 때문이다. 나머지 두 집단에게는 두 세트 중에 하나만 보여주었다. '단일평가'다. 공동평가는 피험자 내 실험이고, 단일평가는 피험자 간 실험이다.

	A세트: 40개	B세트: 24개
정찬 접시	8개, 모두 상태 좋음	8개, 모두 상태 좋음
수프/샐러드 그릇	8개, 모두 상태 좋음	8개, 모두 상태 좋음
디저트 접시	8개, 모두 상태 좋음	8개, 모두 상태 좋음
잔	8개, 이 중 2개 깨짐	
잔받침	8개, 이 중 7개 깨짐	

두 세트 모두 품질이 동일하다고 가정할 때, 어떤 세트가 더 가치 있겠는가? 쉬운 문제다. A세트는 B세트 구성품을 모두 포함하고, 그 외에 상태가 좋은 그릇 일곱 개가 더 있으니 가치는 '당연히' 더 높다. 공동평가 참가자들은 A세트에 32달러, B세트에 30달러를 매겨 A세트에 값을 조금 더 쳐줄 의향이 있음을 나타냈다.

단일평가에서는 반대 결과가 나왔다. B세트와 A세트가 각각 33달러와 23달러로, B세트에 값을 훨씬 높게 쳐주었다. 이런 결과가 나온 이유는 분명하다. 세트는 모름지기 표준과 원형으로 대표된다(그릇도 마찬가지!). 그릇 하나하나의 평균 가치로 치면 A세트가 B세트보다 훨씬 낮다는 걸 금방 알 수 있다. 깨진 그릇을 돈 주고 사고 싶은 사람은 없으니까. 어떤 가치를 주로 평균으로 평가한다면, B세트의 가치가 당연히 더 높게 보일 수 있다. 크리스토퍼 시는 이런 유형을 '적은 게 많은 것less is more'이라고 불렀다. A세트에서 열여섯 개(이 중 일곱 개는 상태가 좋다)를 빼면 오히려 가치가 높아진다.

경제학자 존 리스트John List는 크리스토퍼 시의 이 실험을 야구 카드를 거래하는 실제 시장에 그대로 적용했다. 그는 가치가 높은 카드 열 장 세트, 그리고 그것과 똑같은 세트에다 보통의 가치를 지닌 카드 세 장을 추가한 세트를 경매에 올렸다. 그릇 실험과 마찬가지로, 카드가 더 많은 세트가 공동평가에서는 가치가 더 높게 나타났지만, 단일평가에서는 오히려 더 낮게 나타났다. 경제 논리로 보면 참 난감한 결과다. 그릇 세트나 야구 카드 세트의 경제가치는 합계를 닮은 변수, 즉 커질수록 가치가 올라가는 변수다. 원래의 세트에 양(+)의 가치를 지닌 것을 더하면 전체 가치는 당연히 올라간다.

린다 문제와 그릇 문제는 구조가 똑같다. 확률도 경제가치처럼 합계를 닮은 변수인데, 이를 보기 쉽게 설명하면 아래와 같다.

확률(린다는 은행 창구 직원이다)

= 확률(린다는 여성운동을 하는 은행 창구 직원이다)

+ 확률(린다는 여성운동을 하지 않는 은행 창구 직원이다)

크리스토퍼 시의 그릇 연구처럼, 린다 문제도 단일평가에서 '적은 게 많은 것' 유형이 나오는 이유는 바로 이 때문이다. 시스템 1은 합계보다 평균을 내기 때문에 여성운동을 하지 않는 은행 창구 직원이 세트에서 빠지면 주관적 확률이 높아진다. 그러나 변수에서 합계 비슷한 성질은 돈과 관련한 경우보다 확률과 관련한 경우일 때 눈에 덜 띈다. 그러다 보니 공동평가에서의 오류는 크리스토퍼 시의 실험에서만 없어질 뿐 린다 실험에서는 없어지지 않는다.

공동평가에서도 사라지지 않는 결합 오류는 린다 문제만이 아니다. 우리는 수많은 다른 판단에서도 논리를 무시하는 비슷한 경우를 발견했다. 한번은 실험 참가자들에게 아래 네 가지 경우 중에 다음 윔블던 대회에서 가장 일어날 법하지 않은 일부터 차례로 순위를 매겨보라고 했다. 이 연구를 진행할 당시, 비에른 보리는 가장 잘나가는 테니스 선수였다.

    A. 보리는 경기에서 이길 것이다.
    B. 보리는 첫 번째 세트에서 질 것이다.
    C. 보리는 첫 번째 세트에서 지고, 경기에서 이길 것이다.
    D. 보리는 첫 번째 세트에서 이기고, 경기에서 질 것이다.

여기서 중요 항목은 B와 C다. B는 C를 포함하는 사건이고, 따라서 B가 일어날 확률은 그 안에 포함되는 C보다 '당연히' 더 높아야 한다. 그러나 논리와는 반대로, 대표성이나 그럴듯함을 따라 72퍼센트가 B가 C보다 일어날 확률이 더 낮다고 평가했다. 직접 비교에서 '적은 게 많은 것' 유형이 나타나는 또 하나의 예다. 여기서도 확률이 더 높다고 평가받은 시나리오가 의심의 여지없이 더 그럴듯해 보이고, 세계 최고의 테니스 선수에 관해 알려진 모든 사실에 더 잘 들어맞아 보인다.

결합 오류는 확률을 오해해서 생긴다는 반박이 나올까봐 우리는 확률 판단이 필요한 문제를 만들었다. 그러나 이 문제에서는 사건이 말로 표현되지 않고, '확률'이라는 단어도 전혀 등장하지 않는다. 우리는 실험 참가자들에게 흔히 보는 육면체 주사위에 네 면은 녹색, 두 면은 빨간색이 칠해졌다고 말해주었다. 이 주사위를 20번 던진다. 참가자들에게 녹색(녹)과 빨간색(빨)이 섞여 나열된 열을 세 개 보여주고 하나를 고르게 했다. 주사위를 던져, 이들이 고른 열이 실제로 나타나면 25달러를 딴다(고 가정했다). 세 개 열은 다음과 같다.

1. 빨녹빨빨빨
2. 녹빨녹빨빨빨
3. 녹빨빨빨빨빨

주사위는 빨간색 면보다 녹색 면이 두 배 많기 때문에, 1번은 대표성이 적다. 마치 린다가 은행 창구 직원이라는 것처럼. 2번은 주사위를 여섯 번 던진 경우인데, 녹색이 두 번 들어 있기 때문에 해당 주사위와 더 잘 어울린다. 그런데 2번은 1번 맨 앞에 녹색을 하나 추가한 것이라 1번보다 발생 가능성이 적다. '린다는 여성운동을 하는 은행 창구 직원'을 말이 아닌 기호로 표시한 것과 같다. 이 경우도 린다 연구에서처럼 대표성이 지배해서, 응답자의 약 3분의 2가 1번이 아닌 2번에 내기를 걸었다. 그러나 두 가지 선택을 옹호하는 주장을 각각 들려주면, 대다수가 둘 중 옳은 주장(1번을 옹호하는 주장)을 더욱 설득력 있다고 생각했다.

획기적인 발견은 다음 문제에서 나왔다. 결합 오류가 크게 줄어드는 조건을 드디어 찾았기 때문이다. 우리는 똑같은 문제를 실험 참가자 두 집단에게 약간 다른 형태로 보여주었다.

예문1	예문2
브리티시컬럼비아의 모든 연령대와 모든 직업군에서 성인 남성을 대상으로 건강에 관한 설문 조사를 실시했다. 아래 질문의 답을 최대한 정확히 추정해보라. • 조사 대상 남성 가운데 심장마비를 1회 이상 경험한 사람은 몇 퍼센트겠는가? • 조사 대상 남성 가운데 55세가 넘고 심장마비를 1회 이상 경험한 사람은 몇 퍼센트겠는가?	브리티시컬럼비아의 모든 연령대와 모든 직업군에서 성인 남성 100명을 대상으로 건강에 관한 설문 조사를 실시했다. 아래 질문의 답을 최대한 정확히 추정해보라. • 조사 대상 100명 가운데 심장마비를 1회 이상 경험한 사람은 몇 명이겠는가? • 조사 대상 100명 가운데 55세가 넘고 심장마비를 1회 이상 경험한 사람은 몇 명이겠는가?

왼쪽 문제를 받은 집단에서는 오류가 65퍼센트 나왔고, 오른쪽 문제를 받은 집단에서는 오류가 25퍼센트에 그쳤다.

'조사 대상 100명 가운데 (…) 몇 명인가?'라는 질문이 '조사 대상 남성 가운데 (…) 몇 퍼센트인가?'보다 훨씬 더 쉬운 이유는 무엇일까? 100명이라는 표현이 머릿속에 공간 개념을 만들었다고 설명해볼 수도 있겠다. 한 방에 모인 많은 사람에게 스스로 부류를 나누라는 지시를 내린다고 상상해보자. '이름 첫 글자가 A부터 L에 속하는 사람들은 방 앞쪽 왼편 구석에 모일 것.' 그런 다음 그들에게 또다시 부류를 나누라고 지시한다. 이런 식으로 하면 포함관계가 분명해진다. 이름이 C로 시작하는 사람들은 앞쪽 왼편 구석에 모인 사람들의 부분집합이라는 것을 알 수 있다. 이 의학적 설문 조사에서, 방 한쪽 구석에 모인 심장마비를 경험한 사람들 중 55세가 안 된 사람들을 떠올릴 수도 있을 것이다. 누구나 머릿속에 이런 특정한 그림을 생생하게 떠올릴 수 있는 것은 아니지만 이후 많은 실험에서 이처럼 횟수나 개수 또는 인원수 등으로 표시하는 '빈도 표기'는 한 집단이 다른 집단에 완전히 포함될 때 그것을 쉽게 알아보게 한다는 사실이 밝혀졌다. 그러니까 '몇 명이겠는가?'라는 표현은 개인을 생각나게 하지만, '몇 퍼센트겠는가?'라는 표현은 그렇지 않다는 것이 이 수수께끼의 답으로 보인다.

이 연구에서 우리가 알아낸 시스템 2의 작동 원리는 무엇이었을까? 새로울 것은 없지만, 한 가지 결론은 시스템 2는 경계심이 신통치 않다는 것이다. 결합 오류 연구에 참가한 학부생과 대학원생 들은 벤다이어그램 논리를 분명히 알고 있었지만, 관련 정보가 코앞에 있을 때조차 그 논리를 적용하지 않았다. 적은 게 많은 것이라는 부조리는 크리스토퍼 시의 그릇 연구에서도 뻔히 드러났고, '몇 명이겠는가?' 문제에서도 쉽게 알 수 있었지만, 린다 문제나 그와 비슷한 다른 문제에서 결합 오류를 드러낸 사람들 수천 명에게는 그 부조리가 뻔해 보이지 않았다. 결합은 그럴듯해 보였고, 시스템 2의 승인을 받기에 충분했다.

이처럼 시스템 2의 게으름도 이 상황에 한몫한다. 만약 실험에 참가한 학생들이 문제를 맞혀야 방학을 얻을 수 있다거나, 문제 풀이에 무한정 시간을 주고 논리적으로 충분히 생각한 뒤에 확신이 들 때 답을 하라고 했다면, 아마 대부분이 결합 오류를 저지르지 않았을 것이다. 하지만 이 문제에 방학이 걸린 것도 아니고, 문제 풀이 시간도 촉박해서, 마치 '의견을 말해보시오'라는 질문을 받은 것처럼 대답하고 만족해했다. 시스템 2의 게으름은 삶에 나타나는 엄연한 사실이다. 그리고 대표성은 명백한 논리 규칙마저 차단할 수 있다는 사실 또한 다소 흥미롭다.

린다 이야기에는 깨진 그릇 연구와 대비되는 놀라운 점이 있다. 두 문제는 구조가 같은데도 결과가 다르게 나왔다. 그릇 세트에 깨진 그릇이 들어 있을 때 사람들은 그 세트에 매우 낮은 가격을 매긴다. 직관 규칙을 반영한 행동이다. 반면에 두 세트를 한꺼번에 본 사람들은 그릇이 많은 세트가 더 가치 있을 수 있다는 논리 규칙을 적용한다. 직관은 피험자 간 조건에서 판단을 지배하고, 논리 규칙은 공동평가에서 판단을 지배한다. 그에 반해, 린다 문제에서는 공동평가에서도 종종 직관이 논리를 앞선다. 조건에 따라 논리가 앞설 때도 물론 있지만.

아모스와 나는 확률 논리가 명백한 문제에서도 확률을 대담하게 무시해버리는 현상이 흥미로워 동료에게 보고할 가치가 있다고 생각했다. 그리고 이 연구 결과는 판단 어림짐작에 관한 우리 주장에 더욱 힘을 실어줄 뿐 아니라 우리 주장에 의심을 품은 사람들을 설득할 수 있으리라 믿었다. 하지만 그건 큰 오산이었다. 린다 문제는 논쟁 방식에서 하나의 사례연구가 되었다.

린다 문제는 크게 주목받았지만, 판단을 이해하는 우리 방식을 비판하는 기폭제가 되기도 했다. 우리가 이미 했던 대로, 다른 사람들도 문제 제시 방식과 힌트를 적절히 조합해 오류를 줄이는 방법을 찾아냈다. 그중에는 린다 문제와 관련해, 사람들이 '확률'이라는 단어를 '그럴듯함'으로 이해하는 것은 타당하다고 주장하는 사람도 있었다. 때로는 여기서 더 나아가, 우리가 시도한 새로운 연구가 통째로 잘못되었다고도 주장했다. 한 가지 두드러진 인지 착각이 약해지거나 해명될 수 있다면, 다른 착각이나 오류도 마찬가지라는 주장이다.[3] 이런 추론은 직관과 논리가 충돌할 때 나타나는 결합 오류만의 특징을 무시한다. 피험자 간 실험(린다 연구 등)에서 나타난 어림짐작의 증거로 우리가 체계적으로 제시한 것들은 반박되지 않았다. 반박은커녕 아예 다뤄지지 않았으며, 결합 오류에만 비판이 집중된 탓에 우리가 제시한 증거의 중요성이 축소됐다. 린다 문제의 순 효과라면 일반 사람들 사이에서 우리 연구의 인지도가 높아졌고, 이 분야 학자들 사이에서는 우리 연구 방식의 신뢰성이 다소 훼손되었다는 것이다. 우리가 전혀 의도하지 않은 결과였다.

법정에 들어가볼 기회가 있다면, 변호사가 상대를 비난하는 유형에는 두 가지가 있다는 것을 알 수 있다. 상대 주장을 부정하기 위해, 그 주장을 뒷받침하는 가장 강력한 근거에 이의를 제기하는 방법, 그리고 목격자의 신뢰성을 떨어뜨리기 위해 목격자 증언에서 가장 취약한 부분을 집중 공격하는 방법이다. 취약한 부분을 집중 공격하는 방식은 정치 토론에서도 흔히 나타난다. 나는 그것이 과학 논쟁에 적절치 않다고 생각하지만, 사회과학의 토론 규범에서는 정치판을 닮은 논쟁 방식도 막지 말아야 한다는 엄연한 현실을 받아들이게 되었다. 특히 중대한 사안이 걸린 문제라면 더욱 그러하고, 인간의 판단에 광범위하게 나타나는 편향은 중대한 사안이 분명하다.

여러 해 전에 린다 문제를 꾸준히 비판해온 랄프 헤르트비히Ralph Hertwig와 가벼운 대화를 나눈 적이 있다. 이견을 좁히려고 그와 공동 작업도 해보았지만 허사로 끝났었다.[4] 나는 그에게, 우리 입장을 강력히 뒷받침하는 여러 실험 결과는 다 놔두고 왜 다들 결합 오류만 파고드냐고 물었다. 그는 씩 웃으며 "그게 더 재미있잖아요"라고 말하더니, 린다 문제가 관심을 한 몸에 받았으니 그 정도는 감수해야 한다고 했다.

'적은 게 많은 것이다'와 관련한 말들

"그들은 아주 복잡한 시나리오를 짜놓고는 실현 가능성이 높다고 우긴다.
하지만 그렇지 않다. 그 시나리오는 단지 그럴듯할 뿐이다."

"비싼 제품에 값싼 사은품을 붙여 오히려 상품 가치를 떨어뜨렸다.
이 경우야말로 적은 게 많은 것이다."

"대개는 직접 비교하면 더 신중하고 더 논리적이 된다. 하지만 늘 그런 것은 아니다.
어떤 때는 정답이 코앞에 있어도 직관이 논리를 이긴다."

Thinking,
Fast and slow

16

인과관계는 통계를 이긴다

아래 시나리오를 보고 질문에 직관적으로 대답해보라.

밤에 택시 한 대가 뺑소니 사고에 연루되었다.

이 도시에는 '그린'과 '블루', 두 택시 회사가 운영 중이다.

관련 자료는 아래와 같다.

- 이 도시의 택시 중 85퍼센트는 그린, 15퍼센트는 블루 소속이다.
- 목격자는 사고 택시가 블루라고 했다. 법정은 사고 당일 밤과 똑같은 상황
  에서 목격자의 신빙성을 점검했고, 그 결과 목격자가 두 회사 택시를 제대
  로 알아본 경우가 80퍼센트, 잘못 알아본 경우가 20퍼센트였다.

사고에 연루된 택시가 그린이 아니라 블루일 확률은 얼마일까?

전형적인 베이즈 추론 문제다. 정보는 두 가지다. 기저율과 목격자 증언의 불완전한 신뢰성. 목격자가 없다면, 블루 택시가 유죄일 확률은 기저율에 해당하는 15퍼센트다. 또 두 회사가 규모가 같았다면, 기저율은 의미가 없고 오로지 목격자의 신뢰성만을 고려해 블루일 확률은 80퍼센트가 된다. 그런데 이 경우는 두 정보가 베이즈 규칙에 따라 결합되어,[1] 정답은 41퍼센트다.

그런데 이 문제에 맞닥뜨린 사람들이 어떻게 대답했을지 짐작이 가지 않는가. 이들은 기저율은 무시한 채 목격자 증언만 따진다. 그 결과 거의 공통적으로 80퍼센트라고 대답한다.

인과관계의 전형성

이제 똑같은 이야기를 기저율만 살짝 바꿔보자.

관련 자료는 아래와 같다.

- 두 회사가 운행하는 택시 수는 같지만, 그린 택시는 사고의 85퍼센트에 연루되었다.
- 목격자와 관련한 내용은 앞의 문제와 같다.

위 두 문제는 수학적으로는 구분이 안 되지만, 심리적으로는 사뭇 다르다. 첫 번째 문제를 읽은 사람은 기저율을 어떻게 사용해야 할지 몰라 무시하기 일쑤다. 반면에 두 번째 문제를 본 사람은 기저율에 상당한 비중을 두고, 따라서 이들의 추정치 평균은 베이즈 정리에서 나온 답과 크게 다르지 않다.[2] 왜 그럴까?

첫 번째 문제에서 블루 택시의 기저율은 그 도시에서 운행하는 택시에 관한 통계적 사실이다. 인과관계 이야기에 굶주린 사람이 이러니저러니 할 만한 내용이 아무것도 없다. 도시에서 운행되는 그린 택시와 블루 택시 수가 어떻게 뺑소니의 원인이 될 수 있겠는가?

반면에 두 번째 문제에서는 그린 택시 기사가 블루 택시 기사보다 사고를 다섯 배 넘게 많이 낸다. 그렇다면 결과는 뻔하잖은가. 그린 택시 기사들은 무모한 미치광이 집단이 틀림없다! 이제 그린 택시 기사의 무모함이라는 전형적인 모습이 만들어졌고, 이 모습은 그린 택시 회사의 알 수 없는 개별 기사들에게 적용된다. 이 전형성은 인과관계 이야기에 딱 들어맞는다. 무모함은 흔히 개별 기사와 관련한 사실이기 때문이다. 그렇다면 이 문제에는 결합되거나 중재되어야 하는 두 가지 인과관계 이야기가 있다. 하나는 무모한 그린 택시 기사에게 책임을 돌리기 쉬운 뺑소니 사고이고, 또 하나는 사고 기사가 블루 택시 회사 소속임을 강하게 암시하는 목격자 증언이다. 이 두 이야기에서 나온 추론은 서로 모순되어 상쇄 효과를 일으킨다. 그 결과, 두 택시가 확률이 거의 같게 나온다(베이즈 규칙에서 나온 블루 택시의 사고 발생 추정치는 41퍼센트로, 이는 그린 택시의 기저율이 블루 택시를 지목한 목격자의 신뢰도보다 영향력이 약간 더 크다는 뜻이다).

택시 예는 기저율의 두 가지 유형을 보여준다. '통계 기저율'은 해당 사례가 속한 모집단과 관련한 사실이며, 개별 사건과는 관련이 없다. 반면에 '인과관계 기저율'은 개별 사례가 어떻게 그렇게 되었는가를 바라보는 개인의 시각을 바꾼다. 이 두 가지 기저율 정보는 다음과 같이 달리 취급된다.

- 통계 기저율은 해당 사례와 관련한 특정 정보가 있을 때도 흔히 과소평가되고, 더러는 아예 무시된다.
- 인과관계 기저율은 해당 개별 사례와 관련 있는 정보로 취급되고, 다른 개별 사례 정보와도 쉽게 결합한다.

인과관계가 담긴 두 번째 택시 문제에는 그린 택시 기사가 위험하다는 전형성이 담겼다. 전형성은 집단에 관한 진술로, (적어도 일시적으로는) 그 집단에 속한 모든 이에게 해당한다고 간주된다. 두 가지 예를 보자.

도심 빈민 지역의 이 학교를 졸업한 학생들은 대부분 대학에 진학한다.
프랑스에서는 사이클링에 대한 관심이 널리 퍼져 있다.

이 진술들은 한 집단에 속한 개인들에게서 나타나는 성향을 규정한 것으로 해석되고, 인과관계 이야기로 손색이 없다. 이 특별한 학교를 졸업한 학생 다수가 대학에 가고 싶어 하고 또 실제로 진학하는데, 아마도 이 학교의 어떤 유익한 특성 때문일 것이다. 그리고 프랑스의 문화적 사회적 삶에는 많은 프랑스인을 사이클링에 관심 갖게 하는 어떤 힘이 있을 것이다. 사람들은 이 학교의 어떤 졸업생을 떠올리며 그가 대학에 진학할지 안 할지 생각해볼 때, 또는 어떤 프랑스 사람을 이제 막 만났는데 그 사람 앞에서 투르

드프랑스 사이클링 대회 이야기를 꺼낼지 말지 고민할 때, 위의 사실들을 떠올릴 것이다.

시스템 1의 기본 특징 하나는 일정한 범주를 표준, 원형, 전형 등으로 나타내는 것이다. 우리가 말, 냉장고, 뉴욕 경찰관 등을 생각할 때도 그런 식이다. 우리는 이런 범주에 속하는 사람이나 사물을 대표하는 하나 이상의 '표준'을 정해 그 집단의 대표 이미지로 기억한다. 이때 그 대표 이미지를 '전형'이라고 말한다. 전형적 이미지는 더러 치명적으로 잘못 만들어지기도 하고, 적대적으로 만들어진 이미지는 심각한 결과를 초래할 수도 있지만, 머릿속에서 전형이 만들어지는 현상을 피할 수는 없다. 옳든 그르든 전형은 우리가 범주를 생각하는 방식이다.

여기서 모순을 눈치챈 사람도 있을 것이다. 택시 문제에서 보면, 기저율 정보를 무시하는 것은 베이즈 추론을 외면한 인지 결함이지만, 인과관계 기저율에 의존하는 것은 바람직하다. 그런 택시 기사들을 전형화하면 판단의 정확도가 높아진다. 그러나 채용이나 프로파일링(개인을 인종, 나이, 경제력 등 여러 특징에 따라 범주화해 미래의 행동을 예측하는 것—옮긴이) 같은 다른 상황에서는 전형화에 반대하는 강력한 사회규범이 존재해 더러는 법률로 정해질 정도이며, 마땅히 그래야 한다. 민감한 사회적 맥락에서 개인을 판단할 때 그가 속한 집단의 통계를 근거로 잘못된 판단을 내려서는 안 된다. 우리 사회는 기저율을 개인을 판단하는 사실로서가 아니라 집단에 관한 통계적 사실로 취급하는 것이 도덕적으로 바람직하다고 여긴다. 한마디로, 인과관계 기저율을 거부한다.

프로파일링 반대를 비롯해 전형화에 반대하는 사회규범은 더욱 문명화하고 더욱 평등한 사회 건설에 대단히 이롭게 작용해왔다. 그러나 타당한 전형화마저 외면한다면 최선의 판단을 내리기 어렵다는 점을 기억해야 한다. 전형화 거부는 도덕적으로 칭찬받을 만하지만, 전형화 거부에 시간이나 수고 등의 비용이 들지 않는다는 단순한 생각은 잘못이다. 더 나은 사회를 위한 비용 지출이야 얼마든지 감수할 일이지만, 비용이 든다는 사실 자체를 거부해 내면의 가치와 정치적 정당성을 획득한다면 과학적 정당성이 떨어진다. 감정 어림짐작에 의존하는 이런 태도는 정치색이 짙은 주장에서 흔히 나타나, 내가 지지하는 입장은 비용이 안 들고 내가 반대하는 입장은 득 될 게 없다고 생각한다. 결코 성숙한 태도라 할 수 없다.

인과관계 상황

아모스와 나는 택시 문제의 여러 변형을 만들었지만, 인과관계 기저율이라는 막강한 개념을 만들지는 못했다. 이 개념은 심리학자 이체크 아이젠Icek Ajzen에게서 빌려왔다. 아이젠은 실험 참가자들에게, 예일대학에서 시험을 치른 일부 학생들을 묘사한 짧은 글을 보여주었다. 그리고 각 학생이 시험을 통과했을 확률을 추정해보라고 했다. 이때 적용한 인과관계 기저율 조작은 간단명료했다. 똑같은 학생들을 두고, 참가자 한 부류에게는 그들이 75퍼센트가 시험을 통과한 집단에서 뽑혔다고 하고, 다른 부류에게는 25퍼센트만 통과한 집단에서 뽑혔다고 했다. 이 조작의 위력은 대단했다. 25퍼센트만 통과했다면 시험은 분명 심각하게 어려웠을 거라는 즉각적인 추론이 가능하기 때문이다. 시험 난이도는 당연히 각 학생의 결과를 결정짓는 여러 인과관계 요소 가운데 하나다. 예상대로 참가자들은 인과관계 기저율에 대단히 민감하게 반응해, 통과율이 낮은 집단보다 통과율이 높은 집단에 속한 모든 학생의 시험 통과율을 높이 쳐줬다.

아이젠은 기발한 방법으로 인과관계와 무관한 기저율도 제시했다. 참가자들에게, 문제에 묘사된 학생들은 시험을 통과한 학생과 통과하지 못한 학생을 의도적으로 선별해 만든 표본에서 뽑혔다고 했다. 그리고 이를테면 시험 통과율이 낮은 표본에 대한 정보는 아래와 같이 제시했다.

> 연구원은 주로 실패 원인에 관심이 있어서, 75퍼센트가 시험을 통과하지 못한 학생들로 이루어진 표본을 만들었다.

여기서 차이에 주목하라. 이 기저율은 개별 사례들을 추출한 표본과 관련한 순전히 통계적인 사실이다. 개별 학생이 시험을 통과했는가 못 했는가를 묻는 애초의 질문과는 상관이 없다. 예상대로, 노골적으로 제시된 이 기저율은 판단에 어느 정도 영향을 미쳤다. 그러나 통계적으로 이와 동일한 인과관계 기저율보다는 영향력이 적었다. 시스템 1은 여러 요소가 인과관계로 얽힌 이야기는 잘 다루지만, 통계적 추론에는 약하다. 물론 베이즈 추론에 강한 사람들에게는 둘 다 똑같다. 이쯤 되면 만족스러운 결론을 얻었다고 단정하고 싶은 마음이 간절하다. 인과관계 기저율은 고려되고, 단지 통계일 뿐인 사실은 (어느 정도) 외면된다. 다음은 내가 아주 좋아하는, 상황이 좀 더 복잡한 연구다.

심리는 학습될 수 있는가?

무모한 택시 기사와 통과가 불가능해 보일 정도로 어려운 시험은 인과관계 기저율에서 끌어낼 수 있는 두 가지 추론을 잘 보여준다. 하나는 개인에 해당하는 전형적인 특성, 그리고 또 하나는 개인의 결과에 영향을 미치는 상황의 중대한 특성이다. 실험에 참가했던 사람들은 정확한 추론을 내놓았고, 판단도 개선되었다. 안타깝지만 늘 그렇게 좋은 결과가 나오는 것은 아니다. 이제 곧 소개할 고전적 실험에 따르면, 사람들은 기저율 정보에서 자신의 믿음과 상충하는 추론을 이끌어내지 않는다. 이 실험은 심리학을 가르치는 것은 대개 시간 낭비일 뿐이라는 불편한 결론도 내놓았다.

미시간대학의 사회심리학자 리처드 니스벳Richard Nisbett과 그의 제자 유진 보기다Eugene Borgida는 오래전에 한 가지 실험을 했다.[3] 이들은 학생들에게, 뉴욕대학에서 몇 해 전에 실시한 유명한 '도움 실험' 이야기를 들려주었다. 실험 참가자들에게 1인용 부스에 들어가 인터폰으로 사적인 생활과 문제를 이야기해보라고 한 실험이다. 이들은 차례로 약 2분 정도 이야기했다. 마이크는 한 번에 하나씩만 켜졌다. 각 조는 여섯 명으로 구성되었고, 이 중 한 명은 이들이 심어놓은 사람이었다. 이 '앞잡이'가 가장 먼저 나서서, 준비한 대본대로 이야기했다. 그는 뉴욕대학에 적응하는 문제를 이야기하면서, 특히 스트레스를 받을 때는 곧잘 발작을 일으킨다고, 누가 봐도 당혹스러운 말투로 고백했다. 그리고 다른 참가자들도 차례로 이야기했다. 다시 앞잡이의 마이크가 켜졌을 때, 그는 불안해하고 횡설수설하면서, 발작이 오는 것 같으니 도와달라고 했다. "누, 누가, 좀, 도, 와……, (숨넘어가는 소리) 죽을, 것, 같……, 발, 작이……. (숨이 막히고, 곧 잠잠해진다.)" 이 말을 끝으로 그의 마이크가 꺼지고 다음 참가자의 마이크가 자동적으로 켜졌다. 죽어가는 사람에게서는 더 이상 아무 소리도 들리지 않았다.

실험 참가자들은 어떤 행동을 보였을까? 이들은 자기들 중 한 사람이 발작을 일으켜 도움을 요청했다는 사실을 알 수 있었다. 그런데 그 요청에 응답할 수 있는 사람이 나 말고도 여럿이니, 나는 안전하게 부스에 남아 있자는 생각이 들 수 있다. 실제로 그랬다. 참가자 열다섯 명 중에 네 명만이 도움에 즉시 응답했다. 여섯 명은 아예 부스에서 나오지 않았고, 다섯 명은 발작을 일으킨 사람이 질식한 게 분명하다 싶을 때가 되어서야 나왔다. 나 말고 다른 사람도 똑같이 도움 요청을 들었다고 생각하면 책임감을 잘 느끼지 않는다는 사실을 보여주는 실험이다.[4]

이 결과가 놀라운가? 아마 그럴 것이다. 우리는 대부분 자신은 꽤 괜찮은 사람이고, 그런 상황에서는 달려가 도와줄 것이라고 생각한다. 그리고 다른 좋은 사람들도 똑같이 행동하리라 예상한다. 이 실험의 핵심은 물론 그 예상이 틀렸다는 것을 보여주는 것이다. 평범한 좋은 사람이라도 발작이라는 달갑잖은 상황을 처리할 다른 사람이 있다 싶으면 달려가 도움을 주지 않는다. 당신도 마찬가지라는 이야기다.

그렇다면 다음과 같은 말에 흔쾌히 동의하겠는가? '도움 실험을 읽으면서, 나라면 그 낯선 사람을 곧바로 도와주었을 거라고 생각했다. 발작을 일으킨 사람 주변에 나밖에 없다면 아마도 그랬을 것이다. 그런데 내 생각이 틀린 모양이다. 내 주변에 그를 도와줄 다른 사람이 있다면, 나는 나서지 않을지도 모르겠다. 다른 사람이 있으면 내 책임의식이 생각보다 많이 약해질 수도 있겠다.' 심리학을 가르치는 사람이, 사람들이 깨달았으면 하는 것도 바로 이것이다. 독자도 이와 같이 생각했는가?

심리학 교수가 도움 실험을 설명하면서 학생들에게 바라는 것은 허구의 예일 시험에서 그랬듯이 낮은 기저율을 인과관계로 바라보았으면 하는 것이다. 그러니까 두 경우 모두, 어떤 테스트를 통과하지 못한 비율이 놀랍도록 높다면 그 테스트가 아주 어렵다는 뜻이려니 추론하는 것이다. 학생들이 배워야 할 점은 해당 상황의 큰 특징, 이를테면 책임 분산 같은 특징 탓에 자신과 같은 평범하고 좋은 사람도 놀랍도록 냉정하게 행동할 수 있다는 것이다.

인간 본성에 대한 생각은 바꾸기 어렵고, 자신을 더 나쁜 쪽으로 생각하기는 그보다 훨씬 더 어렵다. 니스벳과 보기다는 학생들이 그런 변화도 거부하고, 달갑지 않은 상황도 외면하지 않을까 생각했다. 물론 이 내용으로 중간고사라도 본다면, 학생들은 도움 실험의 자세한 내용을 암기할 수 있고, 또 얼마든지 그러려고 할 것이며, 책임 분산이라는 말로 '공식적인' 해석도 거듭 내놓을 것이다. 하지만 그런다고 해서 인간 본성에 관한 이들의 믿음이 정말 바뀔까? 이를 알아보기 위해 니스벳과 보기다는 뉴욕대학 연구에 참가한 두 명의 짧은 인터뷰를 담은 동영상을 학생들에게 보여주었다. 인터뷰는 짧고 단조로웠다. 그 둘은 상냥하고, 평범하고, 좋은 사람 같았다. 이들은 취미, 여가 활동, 미래에 대한 계획을 이야기했는데, 지극히 평범한 내용이었다. 학생들은 인터뷰 하나를 본 뒤에 그 사람이 곤경에 빠진 낯선 사람을 얼마나 빠르게 도와주었을지 추측했다.

이 문제에 베이즈 추론을 적용하려면, 우선 인터뷰를 보지 않았다면 두 사람에 대해 어떤 추측을 했을지 자문해야 한다. 이 문제에는 기저율로 대답할 수 있다. 앞에서 도움 실험에 참가했던 열다섯 명 중 네 명만 낯선 사람을 도우러 달려갔었다. 그렇다면 어느 불특정 참가자가 도움을 주러 곧장 달려갔을 확률은 27퍼센트다. 따라서 불특정 참가자를 두고 추측할 때, 그는 앞장서 도움을 주지 않았을 확률이 높다. 다음으로, 베이즈 논리에는 개인과 관련한 정보가 필요하다. 그런데 인터뷰 동영상은 아무런 개인 정보를 담지 않도록 신중히 만들어졌고, 따라서 인터뷰에 나온 사람이 무작위로 선택된 학생보다 낯선 사람을 도울 확률이 더 높을지 낮을지 알 길이 없다. 이처럼 유용한 추가 정보가 없는 상태에서 베이즈 해법은 기저율을 따른다.

니스벳과 보기다는 학생들을 두 집단으로 나눠, 인터뷰 동영상을 보여주고 두 사람의 행동을 예측해보라고 했다. 이때 첫 번째 집단에는 도움 실험의 과정만 알려주고, 결과는 말해주지 않았다. 그러자 학생들은 인간 본성에 관한 자신의 생각과 그 상황에 대한 이해를 바탕으로 행동을 예측했다. 다들 예상하겠지만, 이들은 두 사람 모두 낯선 사람을 도우러 곧장 달려갔으리라고 예측했다. 두 번째 집단에게는 실험 과정과 결과를 모두 알려주었다. 두 집단의 예측을 비교해보면 다음과 같은 중요한 문제에 답할 수 있다. 학생들은 도움 실험의 결과에서 자신의 생각을 획기적으로 바꿀 무언가를 배웠을까? 답은 분명했다. 아무것도 배우지 못했다! 두 번째 집단의 학생들이 내놓은 예측도 실험의 통계적 결과를 모른 첫 번째 집단의 학생들이 내놓은 예측과 다를 바 없었다. 이들은 두 사람이 속한 집단의 기저율을 알고 있었는데도 동영상에 나온 두 사람이 곤경에 처한 낯선 사람을 도우러 달려갔으리라고 확신했다.

심리학을 가르치는 사람들에게는 이 연구가 시사하는 바가 실망스럽다. 우리는 학생들에게 도움 실험에 나오는 사람들의 행동에 대해 가르치면서 학생들이 전에는 몰랐던 것을 배우기를, 특정 상황에서 사람들의 행동을 바라보는 시각이 바뀌기를 기대한다. 니스벳과 보기다의 연구를 보면 그런 기대는 충족되지 않았고, 다른 깜짝 심리 실험을 추가로 실시했더라면 결과는 달라졌을 것이라고 믿을 만한 근거도 없다. 사실 니스벳과 보기다는 다른 연구에서도 비슷한 결과가 나왔다고 했다. 미미한 사회적 압박을 가하자 사람들은 우리(그리고 그들) 대부분이 예상하는 수준보다 훨씬 더 강한 전기 충격도 감수했다. 행동에 영향을 미치는 사회적 배경의 위력을 새롭게 평가하지 못하는 학생들은 이 실험에서 어떤 가치도 배우지 못했다. 이들이 낯선 사람이나 자신의 행동을 예측하는 걸 보면, 사람들의 행동을 바라보는 시각이 바뀌지 않았다는 것을 알 수 있다. 학생들은 실험 결과를 보고 놀라면서도, 니스벳과 보기다의 말로 표현하자면, 그 결과에서 "자신은 (그리고 친구와 지인 들도) 슬그머니 제외한다." 그러나 심리학을 가르치는 사람들은 절망해서는 안 된다. 니스벳과 보기다는 학생들에게 도움 실험의 요점을 이해시키는 방법을 제시한다. 두 사람은 새로운 학생들에게 이 실험의 절차를 가르쳐주되 결과는 알려주지 않았다. 그리고 두 개의 인터뷰 동영상을 보여준 뒤, 학생들에게 그 두 사람은 낯선 사람을 도와주지 않았다고만 말한 다음, 전체 참가자가 어떻게 행동했을지 추측해보라고 했다. 그러자 극적인 결과가 나왔다. 학생들의 추측은 거의 정확했다!

학생들에게 그들이 전에는 몰랐던 심리를 가르치려면 학생들을 놀라게 해야 한다. 그런데 어떤 식으로 놀라게 해야 할까? 니스벳과 보기다는 놀라운 통계치를 보여주는 방식은 전혀 도움이 되지 않는다는 사실을 알게 됐다. 반면 점잖은 두 사람이 낯선 사람을 돕지 않았다는 개별 사례를 들어 놀라게 했더니, 학생들은 그 사례를 곧장 일반화해서 누군가를 돕는 것이 생각보다 어려운 일이라고 추론했다. 니스벳과 보기다는 이 결과를 다음과 같은 인상적인 말로 요약한다.

> 일반적 사실에서 특수한 사실을 추론하기를 꺼리는 실험 참가자의 성향은 특수
> 한 사실에서 일반적 사실을 흔쾌히 추론하려는 성향으로만 대적이 가능했다.

대단히 중대한 결론이다. 인간 행동과 관련해 놀라운 통계를 배우고 거기서 깊은 인상을 받았다면 그 사실을 친구들에게 이야기할 수는 있지만, 그렇다고 세상을 이해하는 시각이 달라졌다고는 볼 수 없다. 심리학을 제대로 배웠는지 알아보려면, 어떤 상황을 마주했을 때 그것을 이해하는 시각이 달라졌는지를 봐야지, 단지 새로운 사실을 알았는지를 봐서는 안 된다. 통계를 이해하는 것과 개별 사례를 이해하는 것은 차이가 크다. 인과관계 해석이 들어간 통계는 인과관계와 무관한 정보보다 우리 사고에 더 막강한 영향을 미친다. 그러나 그럴듯한 인과관계 통계라도 오래 간직한 믿음이나 개인적 경험에서 나온 믿음을 바꾸기는 힘들다. 반면에 깜짝 놀랄 개별 사례는 그 효과가 막강해서 심리학을 가르치는 효과적인 도구가 된다. 그 사례에 담긴 부조화가 해소되도록 인과관계 이야기를 완성해야 하기 때문이다. 이 책에서 가끔 독자에게 직접적으로 문제를 제기하는 이유도 그래서다. 일반적인 사람들에 관한 놀라운 사실을 듣기보다 자신의 행동에 나타난 놀라운 점을 찾아낼 때 무언가를 배울 확률이 높다.

—

인과관계, 통계와 관련한 말들

"그들이 단순히 통계에서 무언가를 배울 것 같지는 않다.
그들에게 대표적인 개별 사례 한두 개를 보여주어 시스템 1을 자극하자."

"통계 정보가 무시되었다고 해서 걱정할 필요는 없다.
그 정보는 그 즉시 전형화를 만드는 데 사용될 것이다."

Thinking,
Fast and slow

17

평균 회귀

내가 심리학을 연구하면서 몹시 만족스러운 결과에 쾌재를 부른 순간이 있는데, 이스라엘 공군의 비행 교관들을 상대로 효과적 훈련과 관련한 심리학을 강의하던 때였다. 나는 기술 훈련의 중요한 원칙을 언급하면서, 실수를 벌하기보다는 잘했을 때 포상을 주는 것이 더 효과적이라고 말했다. 비둘기, 쥐, 인간, 기타 여러 동물 실험에서도 증명된 사실이었다.

열띤 강연이 끝나자 경험이 풍부한 교관 한 사람이 손을 들더니, 자기만의 짧은 강의를 시작했다. 잘했을 때 포상하는 방식이 새에게는 통할지 몰라도 공군 사관생도에게는 최선이 아니라는 이야기다. 그가 한 말은 이렇다. "생도들이 곡예비행을 깔끔하게 끝내면 자주 칭찬을 했었습니다. 그런데 똑같은 기술을 다음에는 더 못하는 겁니다. 반대로, 생도들이 못했을 때 이어폰으로 고함을 지르면 다음에는 대개 더 잘하더군요. 그러니까 포상은 효과가 있고, 벌은 효과가 없다는 식으로 말하지 마세요. 사실은 그 반대니까요."

내가 수년 동안 가르쳐온 통계 원칙을 새로운 관점에서 바라보는 통찰력을 얻은 감격스러운 순간이었다. 그 교관은 옳다. 동시 완전히 틀렸다! 그의 관찰은 날카롭고 정확했다. 그가 비행을 칭찬하면 다음에는 비행이 실망스러워지고, 벌을 하면 대개는 더 좋아진다. 그러나 포상과 벌의 효과에 대한 그의 추론은 완전히 빗나갔다. 그가 관찰한 것은 '평균 회귀regression to the mean'라고 알려진 것으로, 이 경우에는 비행의 질이 무작위로 들쭉날쭉했던 것에 불과하다. 교관은 당연히 평균보다 훨씬 잘한 생도만을 칭찬했다. 그러나 그 생도는 그날만 운 좋게 잘했을 수 있고, 따라서 그가 칭찬을 받았든, 안 받았든 나중에는 더 못할 확률이 높다. 같은 이치로, 교관은 생도가 평소보다 못했을 때만 이어폰에 대고 고함을 질렀을 테고, 따라서 생도는 교관의 행동과는 무관하게 다음에는 더 잘할 확률이 높다. 교관은 무작위 과정에서 으레 생기게 마련인 변동을 인과관계로 해석한 것이다.

어쨌거나 내가 답을 해야 하는데, 예측 관련 대수학을 강의해봐야 열심히 들을 사람이나 있겠는가. 나는 분필로 강의실 바닥에 표적을 그렸다. 그리고 강의실에 있는 모든 장교에게 한 사람씩 돌아서서 표적을 안 보고 표적을 향해 동전을 연속해 두 개 던져보라고 했다. 그리고 표적과의 거리를 재어 그 두 번의 결과를 칠판에 적었다. 그런 다음, 첫 번째 동전의 결과를 제일 잘한 것부터 제일 못한 것까지 순서대로 다시 적었다. 그러자 처음에 아주 잘 던졌던 사람들 (전부가 아닌) 대다수가 두 번째에는 결과가 나빠졌고, 처음에 못 던졌던 사람들은 전반적으로 결과가 좋아졌다. 나는 교관들에게, 지금 칠판에 보이는 것이 연이은 곡예비행 성적과 같은 예라고 지적했다.

칭찬이나 벌에 상관없이, 비행을 못했다면 다음에는 대개 잘하고, 잘했다면 다음에는 못하기 쉽다.

그날 내가 발견한 사실은 비행 교관들이 불행한 우연에 갇혔다는 것이다. 비행을 못했을 때 생도를 벌했기 때문에, 다음에는 비행이 더 나아져 그 벌이 사실은 효과가 없었어도 벌한 보상을 받게 마련이다. 비단 교관들만 이런 난처한 상황에 빠지는 것은 아니다. 나는 우연히 인간이 처한 환경에서 중요한 사실을 보게 됐다. 삶이 우리에게 주는 피드백은 비뚤어진 구석이 있다는 것이다. 우리는 상대가 우리에게 잘할 때 우리도 그들에게 잘하고, 그렇지 않을 때 못되게 구는 성향이 있다 보니, 상대에게 잘하면 통계 원리에 따라 결과적으로 벌을 받고, 못되게 굴면 포상을 받는다.

실력과 운

몇 년 전에, 온라인 잡지 〈에지 Edge〉 편집자인 존 브록먼 John Brockman은 여러 과학자에게 "좋아하는 방정식"을 물었다. 내 대답은 이랬다.

성공 = 실력 + 운
대성공 = 약간의 추가적 실력 + 상당한 운

성공에는 운이 따라야 한다는 새삼스러울 게 없는 사실을 프로골프에서 첫 이틀 동안의 경기에 적용하면 놀라운 결과가 나타난다. 상황을 단순화해, 이틀 동안 경쟁자들의 평균이 72타였다고 가정하자. 이 중에서 첫날 성적이 아주 좋아 66타를 기록한 선수에 주목해보자. 이 탁월한 점수에서 어떤 사실을 알 수 있을까? 그 즉시 추론할 수 있는 것은 이 선수의 실력이 대회에 참가한 선수들의 평균보다 뛰어나다는 점이다. 그런데 위의 성공 공식에서 보면, 다른 추론도 가능하다. 첫날 성적이 좋았던 선수는 그날 평균을 웃도는 운을 누렸을 수 있다. 성공에는 실력도 있어야 하지만 운도 따라야한다고 믿는 사람에게는 그 선수가 운이 좋았다는 결론은 그 선수가 실력이 있다는 결론만큼이나 타당하다.

마찬가지로 그날 5오버파 77타를 친 선수에 주목하면, 그가 실력이 부족하다는 추론도 가능하지만 운이 나빴다는 추론도 가능하다. 물론 이 중 어떤 추론도 확신할 수는 없다. 77타를 친 선수가 사실은 실력이 좋은데 그날 유독 경기가 안 풀렸을 가능성도 얼마든지 있다. 첫날 점수를 바탕으로 한 다음과 같은 추론은 비록 불확실하지만 그럴듯하고, 틀릴 가능성보다는 맞을 가능성이 높다.

첫날 평균 이상의 점수=평균 이상의 실력 + 그날의 행운
첫날 평균 이하의 점수=평균 이하의 실력 + 그날의 불운

이제, 두 선수의 첫날 점수를 바탕으로 둘째 날 점수를 예상한다고 해보자. 보통은 다음 날도 실력이 똑같다고 예상해서, 첫 번째 선수는 '평균 이상', 두 번째 선수는 '평균 이하'로 추정할 것이다. 그러나 운은 다른 문제다. 그 선수의 둘째 날(또는 다른 어떤 날도) 운을 예상할 수 없으니, 운은 특별히 좋거나 나쁘기보다 평균으로 추측해야 맞다. 다시 말해, 다른 정보가 없다면 선수의 둘째 날 점수는 첫날 성적을 그대로 되풀이하지 않으리라고 추

측하는 게 최선이다. 따라서 최선의 답은 다음과 같다.

- 첫날 성적이 좋았던 선수는 둘째 날에도 성적이 좋을 수 있지만, 첫날보다는 부진하기 쉽다. 첫날에 평소보다 운이 좋았을 수 있는데, 그런 행운이 지속될 가능성은 낮기 때문이다.
- 첫날 성적이 나빴던 선수는 둘째 날에도 성적이 평균 이하로 나올 수 있지만, 첫날보다는 잘 나올 것이다. 첫날에 평소보다 운이 나빴을 수 있는데, 그런 불운이 지속될 가능성은 낮기 때문이다.

그리고 둘째 날에도 여전히 첫 번째 선수가 두 번째 선수보다 성적은 좋겠지만 두 선수의 차이는 줄 것이라고 예상할 수도 있다.

내가 수업 시간에, 둘째 날에는 성적이 첫날 점수보다 평균에 더 가까워진다고 예측하는 것이 최선이라고 말하면, 학생들은 항상 깜짝 놀란다. 이처럼 평균에 가까워지는 것을 평균 회귀라 부른다. 애초의 점수가 극단에 가까울수록 그다음에는 평균으로 회귀할 확률이 높다고 예상할 수 있는데, 점수가 극단적으로 높으면 운도 대단히 좋은 날이라고 볼 수 있기 때문이다. 회귀 예측은 타당하지만, 정확성은 장담할 수 없다. 첫날 66타를 기록한 선수 중에 몇몇은 둘째 날에 운이 더 따라줘서 더 좋은 점수를 낼 수도 있다. 그러나 대부분은 점수가 내려갈 것이다. 평균 이상의 운이 계속 따라주지는 않을 테니까.

이제 시간의 화살을 거꾸로 돌려보자. 선수들을 둘째 날 성적순으로 나열해놓고, 첫날 성적을 살펴보자. 그러면 정확히 똑같은 평균 회귀 현상을 발견할 것이다. 즉 둘째 날 최고 성적을 올린 선수들은 그날 운도 좋았기 쉽고,

따라서 첫날에는 그보다는 운이 덜 따르고 성적도 덜 좋았으리라고 추측하는 게 최선이다. 뒤에 일어난 사건으로 앞서 일어난 사건을 추측할 때 회귀가 나타난다면 회귀에는 인과관계가 없다고 확신할 수 있다.

회귀 효과가 도처에 흔히 나타나다 보니, 회귀를 인과관계 이야기로 잘못 설명하기도 한다. 잘 알려진 예가 '스포츠 일러스트레이티드 징크스'다. 〈스포츠 일러스트레이티드Sports Illustrated〉라는 잡지에 표지 사진이 실린 선수는 다음 시즌에 실적이 부진하다는 주장이다. 과도한 자신감 그리고 높은 기대치에 부응하려는 압박감이 그 이유로 곧잘 거론된다. 그러나 더 간단한 설명이 있다. 그 잡지 표지에 등장한 선수는 앞선 시즌에 성적이 대단히 좋았을 테고, 여기에는 아마 운의 도움도 있었을 것이다. 그리고 운은 변덕스럽다.

나는 아모스와 함께 직관적 예측을 주제로 논문을 쓰던 중에, 동계올림픽 남자 스키점프를 보게 되었다. 각 선수마다 점프를 두 번 한 뒤에 결과를 더해 최종 점수를 낸다. 나는 선수가 두 번째 점프를 준비하는 동안 아나운서의 말을 듣고 깜짝 놀랐다. "노르웨이 선수가 첫 번째 점프에서 아주 높은 점수를 기록했는데요, 선두 자리를 지켜야 한다는 압박감에 두 번째 점프는 처음보다 기록이 좋지 않을 수도 있을 겁니다." "스웨덴 선수가 첫 번째 점프에서 성적이 좋지 않았는데, 이제 더 잃을 게 없으니 부담이 없을 테고, 따라서 처음보다 좋은 성적을 낼 수도 있을 거예요." 이 아나운서는 분명 평균 회귀를 눈치챘고, 증거도 없는 인과관계 이야기를 지어낸 것이다. 그가 한 이야기는 맞을 수도 있다. 점프하기 전에 선수의 맥박을 재어본다면, 첫 번째 점프 기록이 안 좋은 선수가 이후에 마음이 편안해졌을 수도 있다. 그리고 그렇지 않을 수도 있다. 기억해야 할 점은 첫 번째 점프와 두 번째 점프 사이의 변화에 인과관계 설명이 필요치 않다는 점이다. 첫 번째 점프 결과에 운도 작용했다는 사실은 수학적으로도 어쩔 수 없는 결과다. 인과관계 설명을 좋아하는 우리에게 썩 만족스러운 이야기는 아니지만, 사실이 그런 걸 어쩌겠나.

회귀 이해하기

회귀 현상은 감지되든 안 되든, 제대로 설명되든 안 되든, 우리 인간의 머리로는 이해하기 힘든 낯선 현상이다. 어찌나 낯설던지, 중력 이론과 미분학이 나온 지 200년이 지나서야 처음 인식하고 이해하기 시작했다. 그것도 19세기에 영국의 한 뛰어난 인물이 힘들게 겨우 이해했을 정도다.

평균 회귀는 찰스 다윈의 사촌 격이자 매우 박식한 프랜시스 골턴Francis Galton이 19세기 후반에 발견해 이름 붙였다. 그는 1886년에 〈키 유전에서 평범함으로 회귀Regression towards Mediocrity in Hereditary Stature〉라는 논문을 발표했다. 그가 이 발견을 얼마나 기뻐했는지 엿볼 수 있는 논문이다. 논문에는 연이은 여러 세대의 씨앗 크기, 그리고 자손의 키를 그 부모의 키와 비교한 내용이 실렸다. 씨앗 연구에 대해서는 다음과 같이 썼다.

대단히 주목할 만한 결과가 나왔고, 나는 그것을 근거로 1877년 2월 9일 영국왕립과학연구소에서 강연을 했다. 실험 결과, 후대 씨앗의 크기는 그 위 세대를 닮지 '않고' 항상 평범한 수준에 좀 더 가까워졌다. 즉 위 세대가 크면 다음 세대는 그보다 작고, 위 세대가 작으면 다음 세대는 그보다 크다. (…) 나아가 후대가 평범함으로 회귀하는 정도는 그 위 세대가 평범함에서 얼마나 멀어지는가에 거의 비례했다.

골턴은 세계에서 가장 오래된 독립 연구 학회인 영국왕립과학연구소의 똑똑한 청중이라면 "주목할 만한 결과"에 자기처럼 당연히 놀랄 것이라고 예상했다. 사실, 진짜 주목할 만한 일은 우리가 숨 쉬는 공기만큼이나 흔한 통계의 규칙성에 골턴이 놀란 것이다. 회귀 효과는 도처에서 볼 수 있는데도, 눈치채지 못할 뿐이다. 그것은 빤히 보이는 곳에 숨어 있다. 골턴이 후대의 크기가 평균으로 회귀하는 현상에서 한 걸음 더 나아가 넓은 의미에서 두 측정치 사이의 상관관계가 불완전할 때 불가피하게 평균 회귀가 일어난다는 사실을 발견하기까지는 몇 해가 더 걸렸는데, 이 결론을 얻기까지 당시 가장 똑똑한 수학자들의 도움이 필요했다.[1]

골턴이 극복해야 했던 장애물 하나는 이를테면 몸무게와 피아노 연주처럼 측정 기준이 다른 변수 사이에서 회귀를 어떻게 측정하느냐는 것이었다. 이때는 모집단을 참고 표준으로 이용한다. 초등학교 전 학년에서 학생 100명을 뽑아 몸무게와 피아노 연주를 측정해 높은 수치부터 낮은 수치까지 순위를 매겼다고 상상해보자. 여기서 제인이 피아노 연주는 세 번째, 몸무게는 스물일곱 번째였다면, 제인은 몸무게가 많이 나가는 것보다 더 훌륭한 피아노 연주자라고 말할 수 있다. 상황을 단순화하기 위해 다음과 같이 가정해보자.

어떤 나이에서든
- 피아노 연주의 성공 여부는 오로지 주간 연습 시간에 달렸다.
- 몸무게는 오로지 아이스크림 소비량에 달렸다.
- 아이스크림 소비량과 주간 연습 시간은 상관관계가 없다.

이제 순위를 이용해 (또는 통계 전문가들이 좋아하는 말로 '표준 점수'를 이용해) 다음과 같은 방정식을 만들 수 있다.[2]

몸무게 = 나이 + 아이스크림 소비량

피아노 연주 = 나이 + 주간 연습 시간

몸무게로 피아노 연주를 예측하거나 피아노 연주로 몸무게를 예측할 때, 평균으로 회귀하는 현상을 볼 수 있다. 톰에 대해 아는 것이라고는 몸무게가 열두 번째(평균보다 한참 위)라는 사실 뿐일 때, 그 아이는 나이가 평균보다 많을 것이고, 다른 아이들보다 아이스크림을 더 많이 먹을 것이라고 (통계적으로) 추론할 수 있다. 바버라에 대해 아는 것이라고는 피아노 연주가 여든 번째(평균보다 한참 아래)라는 사실 뿐일 때, 다른 아이들보다 어릴 것이고, 대부분의 다른 아이들보다 연습 시간이 적을 것이라고 추론할 수 있다.

두 측정치 사이의 '상관계수'는 둘이 공유하는 요소의 상대적 비중을 0에서 1 사이의 값으로 나타낸다. 예를 들어, 우리는 양쪽 부모와 유전자의 절반을 공유하며, 환경에 비교적 영향을 덜 받는 키 같은 특성은 부모와 자녀의 상관관계가 0.50을 크게 벗어나지 않는다.[3] 상관관계 측정의 의미를 알아보기 위해, 상관계수의 몇 가지 예를 보자.

• 물체의 크기를 영국식으로 측정할 때와 미터법으로 측정할 때, 정확히만 측정한다면 두 측정치의 상관관계는 1이다. 한 가지 측정에 영향을 미치는 요소는 다른 측정에도 영향을 미친다. 즉 결정 요인을 100퍼센트 공유한다.

- 미국 남자 성인들이 자기 입으로 말한 키와 몸무게는 상관관계가 0.41이다.[4] 여기에 여성과 아이 들을 넣으면, 상관관계는 훨씬 높아질 것이다. 개인의 성별과 나이는 키와 몸무게에 모두 영향을 미쳐, 키와 몸무게가 공유하는 요소의 상대적 비중을 더욱 높이기 때문이다.
- 미국 대학입학자격시험SAT 점수와 대학 학점 평균GPA의 상관관계는 약 0.60이다. 그러나 적성검사와 대학원 성적의 상관관계는 이보다 훨씬 낮은데, 측정된 적성이 선별 집단 사이에서 큰 차이가 없기 때문이다. 다들 적성이 비슷하다면, 적성 측정치 차이가 대학원 성적 측정에 큰 역할을 할 가능성은 적다.
- 미국에서 수입과 교육 수준의 상관관계는 약 0.40이다.[5]
- 가족 수입과 그들 전화번호의 마지막 네 자리 숫자와의 상관관계는 0이다.

골턴이 상관관계와 회귀는 두 가지 개념이 아니라 똑같은 개념을 바라보는 두 가지 다른 관점이라는 것을 이해하기까지 여러 해가 걸렸다.[6] 이 일반적 규칙은 간단명료하지만 그 결과는 놀랍다. 두 측정치 사이에 상관관계가 완벽하지 않다면 으레 평균으로 회귀한다는 것이다. 골턴의 통찰력을 제대로 이해하기 위해, 대다수 사람들이 재미있어하는 다음 진술을 보자.

대단히 똑똑한 여성은 자기보다 덜 똑똑한 남성과 결혼하는 성향이 있다.

파티에서 위 진술을 설명해보라고 한다면 흥미로운 대화를 유도할 수 있고, 사람들은 흔쾌히 의견을 낼 것이다. 그리고 통계를 조금 안다는 사람도 곤바로 인과관계 해석을 내놓기 쉽다. 아주 똑똑한 여자는 똑같이 똑똑한 남자와의 경쟁을 피하려 한다거나, 아니면 똑똑한 남자는 똑똑한 여자와 경쟁하길 원치 않으니 여자가 배우자를 선택할 때 타협할 수밖에 없다거나 하는 해석이다. 그리고 이보다 훨씬 더 황당한 설명도 나올 수 있다. 이제 다음 진술을 보자.

두 배우자의 지능지수 사이의 상관관계는 완벽하지 않다.

이 진술은 누가 봐도 옳고, 전혀 흥미롭지 않다. 두 수치 사이에 완벽한 상관관계가 있다고 생각하는 사람이 어디 있겠는가? 설명하고 말고 할 것도 없다. 그런데 앞의 흥미로운 진술과 뒤의 시시한 진술이 수학적으로는 동일하다. 두 배우자 지능의 상관관계가 완벽하지 않다면 (그리고 남자와 여자가 지능이 평균적으로 다르지 않다면) 아주 똑똑한 여자가 평균적으로 자기보다 덜 똑똑한 남자와 결혼하는 것은 수학적으로 불가피하다(남자와 여자가 바뀐 경우도 마찬가지다). 여기서 나타나는 평균 회귀는 불완전한 상관관계보다 더 흥미롭지도, 해명이 더 그럴듯해 보이지도 않는다.

회귀 개념을 이해하느라 애를 먹은 골턴에 공감하는 사람도 있을 것이다. 통계학자 데이비드 프리먼David Freedman은 형사재판이나 민사재판에서 회귀라는 주제가 등장한다면, 배심원에게 회귀를 설명해야 하는 쪽이 재판에서 질 것이라고 이야기하곤 했다. 회귀 설명이 왜 그렇게 힘들까? 그 주된 이유는 이 책에서 반복되는 주제 때문이다. 그러니까 우리 머리는 인과관계 설명에 지나치게 편향되어 있어서 '오직 통계와 관련한 사실'은 잘 다루지 못한다. 어떤 사건에 주의가 집중되면 우리 연상기억은 그 원인을 찾으려 한다. 더 정확히 말하면, 기억에 저장된 원인이란 원인은 모조리 들춰내려 한다. 회귀라는 느낌이 들 때도 인과관계 해명이 떠오르는데, 그 해명은 엉터리다. 평균 회귀는 설명될 수 있어도, 인과관계는 없다. 골프 경기에서 우리 주의를 끄는 사건은 첫날 성적이 좋았던 선수들이 다음 날 부진에 빠지곤 하는 것이다. 이에 대한 최선의 설명은 그 선수들이 첫날에는 운이 특별히 좋았다는 것인데, 이 설명에는 우리가 좋아하는 인과관계가 부족하다. 우리는 회귀 효과에 대한 그럴듯한 해명을 듣고 싶어서 큰돈을 들여 자문을 구하기도 한다. 하지만 방송에 나와 "올해 경기가 좋은 이유는 작년에 안 좋았기 때문"이라고 정확히 지적하는 경제 평론가는 방송을 오래 하기 힘들다.

회귀 개념을 이해하기 힘들게 하는 장본인은 시스템 1과 시스템 2, 둘 다다. 특별한 설명이 없다면, 그리고 통계 설명을 어느 정도 한 뒤에도 상당한 경우에, 상관관계와 회귀 사이의 관계는 여전히 모호하다. 시스템 2가 그것을 이해하고 배우기가 쉽지 않다. 시스템 1이 인과관계 해석을 끊임없이 요구하기 때문이기도 하다.

우울증 아이에게 자양강장 음료 3개월 이상 먹이면 큰 효과

내가 지어낸 신문 기사 제목이다. 그러나 내용만큼은 사실이다. 우울증이 있는 아이들에게 일정 기간 자양강장 음료를 먹이면, 임상적으로 상당한 개선 효과를 볼 수 있을 것이다. 그런가 하면 우울증이 있는 아이들이 일정 시간 동안 물구나무서기를 하거나 하루에 20분씩 고양이를 안고 있어도 개선 효과를 기대할 수 있다. 이런 제목을 읽는 사람들은 대부분 그 즉시 자양강

장 음료를 마시거나 고양이를 안는 행위가 우울증 개선의 원인이었다고 추론하겠지만, 그런 결론은 당치 않다. 우울증이 있는 아이들은 극단적인 집단에 속해서, 다른 아이들보다 더 우울해하는데, 극단적 집단은 시간이 흐르면서 평균으로 회귀한다. 여러 번의 연속한 테스트에서 나온 우울증 점수 사이의 상관관계는 완벽하지 않으므로 평균으로 회귀할 것이다. 다시 말해, 우울증이 있는 아이들은 구태여 고양이를 끌어안거나 자양강장 음료를 마시지 않아도 시간이 흐르면서 어느 정도는 호전될 것이다. 자양강장 음료가 (또는 다른 어떤 처방이) 효과가 있다고 결론 내리려면, 이 처치를 받은 환자 집단을 처치를 받지 않은 (또는 위약을 받은) '통제 집단'과 비교해야 한다. 통제 집단은 회귀만으로도 개선된 결과가 나올 테고, 그렇다면 처치를 받은 환자는 회귀로 설명되는 수준 이상의 개선을 보였는지 알아봐야 한다.

회귀 효과를 인과관계로 잘못 해석하는 경우는 비단 일반 신문이나 잡지 독자에만 해당하지 않는다. 통계학자 하워드 웨이너는 단순한 상관관계를 인과관계로 혼동해 똑같은 실수를 저지른 유명 연구원의 명단을 길게 나열하기도 했다.[7] 회귀 효과는 연구에서 흔히 나타나는 골칫거리라서 노련한 과학자는 근거 없는 인과관계 추론의 덫을 두려워하는 건전한 경계심을 키운다.

직관적 예측의 오류를 보여주는 사례로 내가 즐겨 사용하는 것 하나는 맥스 베이저먼Max Bazerman의 뛰어난 글 《판단과 결정Judgment in Managerial Decision Making》에 나온 사례를 약간 변형한 것이다.

어느 백화점 체인의 매출을 예측해달라는 요청을 받았다고 해보자. 모든 지점은 규모와 상품 구성이 비슷하지만, 위치나 경쟁 그리고 무작위 요소들 탓에 매출 실적이 다르다. 이 상황에서 2011년 매출 실적을 토대로 2012년 매출을 예측해야 한다. 매출이 전반적으로 10퍼센트 늘 것이라는 경제 전문가들의 일반적 예측을 반영하라는 지시도 있었다. 아래 표를 어떻게 완성하겠는가?

지점	2011년	2012년
1	$11,000,000	_____
2	$23,000,000	_____
3	$18,000,000	_____
4	$29,000,000	_____
총계	$81,000,000	$89,100,000

이 17장을 읽은 사람이라면 각 지점의 매출에 10퍼센트를 더하는 뻔한 해법은 틀리다는 것쯤은 잘 안다. 회귀도 적용해야 한다. 그러려면 매출 실적이 낮은 지점은 10퍼센트 넘게 더하고, 다른 지점은 그보다 덜 더해야 한다(어떤 곳은 빼야 한다). 하지만 일반 사람들에게 이 문제를 풀라고 하면 당혹스러운 답이 돌아올 것이다. 뻔한 문제를 왜 묻는가? 그러나 골턴이 어렵게 발견했듯이 회귀 개념은 결코 뻔하지 않다.

평균 회귀와 관련한 말들

"그는 자기가 경험해보니 칭찬보다 비판이 더 효과적이라고 말한다.
그가 경험한 사례가 사실은 모두 평균으로 회귀했을 뿐이라는 점을 그는 모르고 있다."

"그의 두 번째 인터뷰가 첫 번째 인터뷰만큼 인상적이지 못한 까닭은
우리를 실망시키지 않아야 한다는 그의 부담감 때문일 수도 있지만,
첫 번째 인터뷰가 워낙 좋았기 때문일 가능성이 더 높다."

"우리 심사 절차는 문제가 없지만 완벽하지는 않아서, 회귀가 생길 가능성을 예상해야 한다.
최고의 후보가 종종 우리 기대에 못 미치더라도 놀라지 말아야 한다."

직관적 예측 길들이기

살다 보면 예측을 해야 할 일이 많다. 경제 전문가는 인플레이션과 실업을 예측하고, 재무분석 전문가는 기업 실적을 예측하고, 군사 전문가는 사상자를 예측하고, 벤처 투자자는 수익성을 예측하고, 출판인이나 제작자는 독자나 관객을 예측하고, 도급업자는 프로젝트 완성 시간을 추산하고, 요리사는 메뉴에 나온 요리의 주문량을 예상하고, 건설 기술자는 건물을 짓는 데 필요한 콘크리트 양을 추정하고, 소방 지휘관은 화재 진압에 필요한 소방차 수를 추산한다. 일상에서는 배우자에게 이사를 가자고 하면 어떤 반응이 나올지, 새 직장에 앞으로 어떻게 적응할지 등을 예상한다.

예측이 들어가는 판단 중에는 건설 기술자의 판단처럼 상세한 분석표, 정확한 계산, 비슷한 사례에서 나온 결과를 명확히 분석한 뒤에 내리는 판단도 있다. 반면에 직관과 시스템 1이 관여하는 판단도 있는데, 이때의 직관은 크게 두 가지 형태가 있다. 하나는 주로 반복된 경험에서 생긴 기술과 전문성에서 나오는 직관이다. 게리 클라인Gary Klein이《인튜이션Sources of Power》을 비롯해 여러 곳에서 묘사했듯이 체스 대가, 소방 지휘관, 의사의 빠르고 자동적인 판단과 선택이 전문적 직관을 바탕으로 하는데, 이 경우에는 머릿속에서 익숙한 단서를 찾아내기 때문에 당면한 문제의 해법이 재빨리 떠오른다.

또 하나의 직관은 당면한 어려운 문제를 쉬운 문제로 바꿔치기하는 어림짐작에서 나오는 직관으로, 본인은 전문적 직관과 구분하지 못할 수 있다. 그리고 때로는 빈약한 증거를 기반으로 회귀를 고려하지 않았을 때조차 직관적 판단을 무척 자신만만하게 내놓기도 한다. 그러나 다수의 판단은, 특히 전문 영역에서의 판단은, 분석과 직관의 결합에서 나온다.

비회귀 직관

앞에서 다루었던 인물로 다시 돌아가자.

현재 주립대학 4학년인 줄리는 네 살 때 글을 막힘없이 읽었다. 대학 평점은 몇 점이겠는가?

미국 교육에 익숙한 사람이라면 3.7이나 3.8 정도의 숫자가 금세 떠오른다. 어떻게 그럴 수 있을까? 여기에는 시스템 1이 몇 단계 작동한다.

- 증거(줄리의 읽기 능력)와 예측 목표(대학 평점)의 인과관계 고리를 찾는다. 이 고리는 간접적일 수 있다. 줄리 사례에서는 어렸을 때의 읽기 능력과 높은 평점이 모두 학업 실력을 암시하는데, 여기에 연결 고리가 필요하다. 우리(시스템 2)는 줄리가 이를테면 낚시 대회에서 이겼다거나 고등학생 때 역도 실력이 뛰어났다는 정보는 학업과 무관하다고 여겨 무시할 게 분명하다. 효과적인 양분화 과정이다. 이처럼 우리는 무관하거나 거짓인 정보를 무시하는 능력이 있다. 그러나 증거에 나타난 작은 약점을 바로잡는 것은 시스템 1의 능력 밖이다. 그러다 보니 직관적 예측은 증거가 가진 실제 예측력에 거의 전적으로 둔감하다. 따라서 줄리의 어린 시절 읽기 능력처럼 연결 고리가 발견되면, 보이는 것이 전부라는 원리가 적용되어, 연상기억이 저절로 재빨리 작동해 현재의 정보를 바탕으로 가능한 한 최선의 이야기를 만들어낸다.

- 다음으로, 증거를 관련 기준에 따라 평가한다. 네 살 때 글을 막힘없이 읽는 아이는 얼마나 조숙한 걸까? 이 능력을 설명할 관련 순위나 백분위수는 무엇일까? 이 아이와 비교할 집단(준거집단)이 따로 명시되는 일은 없지만, 일상적 대화는 원래 그런 식이다. 이를테면 어떤 대학 졸업자를 "꽤 똑똑하다"고 표현했다고 해서, "'꽤 똑똑하다'고 말할 때, 어떤 준거집단을 염두에 두었는가?"라고 물을 필요는 없다.

- 다음 단계는 바꿔치기와 세기 짝짓기다. 줄리의 대학 평점을 묻는 질문에 줄리의 어린 시절 인지력을 보여주는 빈약한 증거를 평가해 그것으로 답을 대신한다. 결국 줄리가 대학 평점에서 차지하는 백분위수는 어린 시절 읽기 능력에서 차지한 백분위수와 똑같이 취급된다.

- 질문에 평점으로 대답하라고 명시되었으니, 또 한 번 세기 짝짓기를 해

야 한다. 줄리의 학업 성취도에 대한 전반적인 인상을 기반으로, 즉 줄리의 실력을 나타내는 증거를 기반으로 그에 걸맞은 평점을 찾아야 한다. 그런 다음 마지막으로, 줄리의 상대적 학업 수준에 대한 인상을 그에 걸맞은 평점으로 옮겨 대답한다.

세기 짝짓기에서 나온 예측은 그 예측의 기반이 되는 증거만큼이나 극단에 치우쳐서, 사람들은 다음의 두 가지 다른 질문에 같은 답을 한다.

조숙한 읽기 능력에서 줄리의 백분위수는 몇인가?
대학 평점에서 줄리의 백분위수는 몇인가?

이제까지 이 모든 작용이 시스템 1의 특성이라는 점을 쉽게 알아보았을 것이다. 앞에서는 그 작용을 단계에 따라 순서대로 나열했지만, 물론 연상기억은 그런 식으로 활성화하지 않는다. 연상기억은 증거와 질문으로 촉발되어, 그것을 기반으로 다시 연상 작용이 일어나고, 마침내 가장 논리적으로 일관된 답에 도달한다.

아모스와 나는 실험에서, 참가자에게 대학 신입생 여덟 명의 인물 묘사를 평가하라고 했다. 그러면서 그 인물 묘사는 상담 전문가가 학기 초 면담을 기초로 작성했다고 소개했다. 여기에는 형용사 다섯 개가 들어가는데, 이를테면 다음과 같은 식이다.

똑똑하다, 자신만만하다, 아는 게 많다, 부지런하다, 호기심이 많다.

그리고 참가자 일부에게 다음 두 가지를 물었다.

학업 능력과 관련해 이 인물 묘사가 얼마나 인상적인가?
신입생 인물 묘사 중 몇 퍼센트가 이보다 더 인상적일 것 같은가?

이 질문에 답을 하려면 증거로 제시된 상담사의 인물 묘사를 내가 표준으로 삼는 인물 묘사와 비교해 평가해야 한다. 사실 그런 표준이 존재한다는 것부터가 상당히 놀라운 일이다. 사람들은 자기에게 어떻게 그런 표준이 생겼는지 잘 몰라도 상담사의 묘사에 나타난 열정의 정도를 꽤 정확히 감지한다. 그 결과, 위 인물 묘사를 보면서 상담사는 해당 학생을 그런대로 괜찮지만 특별히 뛰어난 학생은 아니라고 생각한다는 것을 알아챈다. '똑똑하다', '아는 게 많다', '부지런하다'보다 강도가 센 '머리가 비상하다, 창조적이다', '학구적이다, 박학다식하다', '열정적이다, 완벽하다' 같은 형용사를 쓸 수도 있기 때문이다. 따라서 그 학생은 상위 15퍼센트에 들어가지만 3퍼센트에는 못 들어갈 것 같다고 결론 내린다. 적어도 같은 문화권에서는 이런 판단에 상당한 의견 일치를 보인다.

그런가 하면 다른 참가자들에게는 아래 질문을 던졌다.

이 학생은 나중에 평점을 몇 점 받을 것 같은가?
신입생 중 몇 퍼센트가 그보다 더 높은 평점을 받겠는가?

앞의 두 질문과 이번 두 질문의 미묘한 차이를 감지하려면 다시 한 번 잘 살펴야 한다. 그 차이는 빤히 보여야 하는데도 실제로는 그렇지 않다. 증거,

즉 주어진 신입생의 인물 평가만 따지면 그만인 처음 두 질문과 달리, 두 번째 질문 두 개는 불확실한 것 투성이다. 이 질문은 1학년 말의 실제 성적과 관련이 있다. 면담 이후 그해에 어떤 일이 일어났는가? 해당 학생의 대학 첫 해 실제 학업 성취도를 형용사 다섯 개로 얼마나 정확히 예측할 수 있는가? 상담사가 면담을 토대로 직접 평점을 예측한다면, 그 예측은 매우 정확할까?

이 연구의 목적은 참가자들이 한 번은 증거를 평가하고 또 한 번은 궁극의 결과를 예측했을 때, 그 두 가지 백분위 판단을 서로 비교하는 것이다. 결과는 간단했다. 두 가지 판단은 똑같았다! 전자의 두 가지 질문과 후자의 두 가지 질문은 엄연히 다르지만(하나는 인물 묘사에 관한 것이고, 하나는 학생의 미래 학업 성취도에 관한 것이다) 참가자들은 둘을 같은 것으로 취급했다. 줄리 문제에서도 그랬듯이, 미래 예측이 현재 증거 평가와 구분되지 않다 보니 예측이 평가와 일치한다. 어쩌면 이것이 바꿔치기의 역할을 보여주는 우리가 가진 최고의 증거가 아닐까 싶다. 사람들은 예측을 해야 할 때 증거를 평가해놓고, 자신이 대답한 문제는 원래의 문제가 아니라는 사실을 눈치채지 못한다. 머릿속에서 이 과정이 인정되다 보니 체계적으로 편향된 예측이 나오고, 평균 회귀는 완전히 무시된다.

내가 이스라엘 공군에 복무할 때, 여러 차례의 면접과 현장 시험을 토대로 장교 훈련을 받을 사람을 선발하는 부대에 배속된 적이 있다. 사람을 제대로 선발했는지, 그러니까 이들의 앞날을 제대로 예측했는지 알아보는 정해진 기준은 나중에 이들이 사관학교 생도가 되어 받는 최종 학점이었다. 그런데 우리가 매긴 순위는 타당성이 다소 빈약하다고 알려져 있었다(이 문제는 뒤에서 다시 다룰 예정이다). 이후로 내가 교수가 되어 아모스와 공동으로 직관적 판단을 연구할 때도 이 부대는 여전히 존재했다. 나는 부대 사람들과 계속 연락하며 지내던 터라 그들에게 한 가지 부탁을 했다. 평소처럼 후보 평가를 하고, 거기에 더해 그들이 생도가 되어 사관학교에 다닌다면 학점을 몇 점 받을지 최대한 정확히 추측해달라는 부탁이었다. 이들은 수백 건의 예측을 모아주었다. 이 예측에 참여한 장교들은 모두 그 학교가 생도들에게 적용하는 A, B 식의 등급 체계와 A, B를 생도들 사이에 분배하는 대략의 비율에 익숙한 사람들이었다. 결과는 놀라웠다. 예측에서 나온 A, B의 상대적 빈도는 사관학교의 최종 학점에서 나오는 A, B의 빈도와 거의 일치했다.

바꿔치기와 세기 짝짓기의 설득력 있는 사례를 보여주는 결과다. 예측에 참여한 장교들은 다음 두 가지 작업을 구별하는 데 완전히 실패한 것이다.

- 생도 후보들이 부대에 있는 동안에 보여준 실력을 평가하는 평소의 임무
- 생도 후보들이 생도가 된다면 학교에서 받을 학점을 예측해달라는 내 부탁

이들은 세기 짝짓기를 적용해, 생도 후보를 평가한 점수를 사관학교에서 사용하는 학점으로 그대로 옮겨놓았을 뿐이다. 예측의 (상당한) 불확실성을 다루지 않은 탓에 회귀를 전혀 반영하지 않은 예측을 내놓았다는 점이 다시 한 번 확인된 셈이다.

직관적 예측 수정하기

읽기 능력이 조숙했던 줄리의 사례로 돌아가 보자. 줄리의 대학 평점을 정확히 예측하는 방법은 앞에서 소개했다. 연이은 이틀 동안의 골프 경기나 몸무게와 피아노 연주 사례처럼 읽기 연령과 대학 평점을 결정하는 요소로 간단한 식을 만들면 다음과 같다.

읽기 연령 = 공통 요소 + 읽기 연령에 한정된 요소 = 100퍼센트

대학 평점 = 공통 요소 + 평점에 한정된 요소 = 100퍼센트

공통 요소에는 유전으로 결정되는 적성, 학업 흥미를 가족이 지원하는 정도, 그리고 한 사람이 읽기 능력이 조숙한 아이가 되고 동시에 학업 성취도가 높은 청년이 될 수 있는 모든 요인을 포함한다. 그리고 물론 조숙한 아이나 학업 성취도가 높은 청년 중 한쪽에만 영향을 준 요소도 많을 것이다. 욕심이 지나친 부모의 성화에 시달렸다거나, 연애 문제가 잘 풀리지 않아 학점에 타격을 입었다거나, 청소년기에 스키 사고를 당해 가벼운 장애가 생겼다거나 등등.

두 가지 측정치(이 경우는 읽기 연령과 대학 평점) 사이의 상관관계는 그 둘을 결정한 요소들에서 공통 요소가 차지하는 비율과 동일하다는 사실을 기억하라. 그 비율을 최대한 정확히 추측한다면 몇 퍼센트겠는가? 가장 낙관적인 내 예상치는 약 30퍼센트다. 이 추정을 마쳤다면 편향되지 않은 예측을 내놓는 데 필요한 모든 것을 갖춘 셈이다. 그렇다면 이제 이런 비편향 결론에 이르는 법을 4단계로 간단히 정리하면 다음과 같다.

1. 우선 평점의 평균을 추정하라.

2. 증거에서 받은 인상에 어울리는 평점을 정하라.

3. 증거와 평점의 상관관계를 추정하라.

4. 상관관계가 0.3이면, 1번의 평점 평균에서 2번의 평점 쪽으로 30퍼센트만큼 이동하라.

1단계에서는 기준치를 정한다. 줄리가 대학 4학년이라는 사실밖에 아는 것이 없을 때 예상할 법한 평점이다. 다른 정보가 없다면 평균을 기준치로 예상할 것이다(톰 W에 대해 들은 바가 없을 때 그가 다니는 경영대학원의 기저율을 적용하는 것과 비슷하다). 2단계에서는 증거를 평가해 그것에 어울리는 평점을 직관적으로 예측한다. 3단계에서는 기준치에서 직관 쪽으로 움직인다. 이때 움직이는 정도는 상관관계 예측에 달렸다. 마지막으로 4단계에서 직관에 영향을 받은, 그러나 훨씬 더 평균에 가까운 예측을 내놓는다.[1]

이 예측은 일반적인 방식이다. 학점 평균이나 투자 수익, 기업의 성장 같은 수량 변수를 예측할 때면 언제든지 적용할 수 있다. 직관에 기초하지만, 직관을 다소 조정해 평균으로 회귀하는 방식이다. 자신의 직관적 예측이 정확하다고 신뢰할 이유가 충분하면, 그러니까 증거와 예측의 상관관계가 높으면, 조정 폭은 적다.

직관적 예측은 평균으로 회귀하지 않으며, 따라서 편향되었기 때문에 수정이 필요하다. 골프 경기에서 각 선수의 둘째 날 성적이 첫날 성적과 똑같을 것이라고 예상한다고 해보자. 이 예측에는 평균 회귀가 없다. 첫날 성적이 아주 좋았던 선수는 평균적으로 둘째 날은 그보다 덜 좋게 마련이고, 첫날 부진했던 선수는 대개 다음 날 더 좋아지게 마련이다. 비회귀 예측을 실제 결과와 비교해 보면 그것이 편향되었음을 알 수 있을 것이다. 이런 예측은 평균적으로, 첫날 최고였던 선수를 지나치게 낙관적으로 보는 반면, 출발이 영 안 좋았던 선수는 지나치게 비관적으로 본다. 선수의 실력이라는 증거만큼이나 극단에 치우친 예측이다. 마찬가지로 어린 시절의 재능으로 대학 학점을 예측할 때 평균 회귀를 고려하지 않는다면, 어려서 읽기가 빨랐던 사람의 이후 학업 성취도에 곧잘 실망하고, 상대적으로 더뎠던 사람의 이후 학점에 깜짝 놀라며 기뻐할 것이다. 직관적 예측을 수정하면 편향이 없어져, 실제 값을 과장하거나 축소하는 정도가 같아질 수 있다. 예측에서 편향을 없애도 오류가 아주 사라지지는 않지만, 그 오류는 전보다 줄어들고 한쪽으로만 일방적으로 치우친 결과는 나오지 않는다.

극단적 예측 변호하기?

앞에서 톰 W 이야기를 하면서, 전공 분야라든가 시험 통과 같은 구체적 결과를 예측하는 경우를 설명했는데, 이때 예측은 특정 사건에 확률을 부여하는 식으로(톰 W 사례에서는 가능성이 가장 높아 보이는 경우부터 그렇지 않은 경우까지 순위를 매기는 식으로) 표현한다. 그러면서 구체적 예측에 공통으로 나타나는 편향, 즉 기저율 무시나 정보의 질에 둔감한 태도 등에 맞서는 과정도 설명했다.

대학 평점이나 회사의 수익처럼 수치 또는 규모를 예측할 때 나타나는 편향은 결과의 확률을 판단할 때 나타나는 편향과 닮았다. 따라서 그것을 수정하는 절차도 비슷하다.

- 둘 다 기준치 예측baseline prediction을 포함한다. 해당 사건에 대해 아는 바가 전혀 없을 때 내놓는 예측이다. 일정한 범주와 관련한 예측에서는 그 범주의 기저율이 기준치가 된다. 숫자와 관련한 예측에서는 관련 있는 범주에서의 평균 결과가 기준치가 된다.
- 둘 다 직관적 예측을 포함한다. 확률이든 대학 평점이든, 머릿속에 떠오르는 숫자로 표현한다.
- 둘 다 기준치와 직관적 반응의 중간쯤으로 예측하는 것이 목표다.
- 유용한 증거가 없다면 기준치를 그대로 택한다.
- 반대로 애초의 예측을 고수할 수도 있다. 단, 그 예측을 뒷받침하는 증거를 비판적으로 검토한 뒤에도 여전히 그 예측에 자신이 있을 때라야 그렇다.
- 대부분의 경우에는 직관적 판단과 진실의 상관관계가 완벽하지 않다고 생각할 만한 이유가 생길 테고, 결국에는 두 지점의 중간쯤으로 결론을 내릴 것이다.

이 과정을 거치면 적절한 통계분석을 했을 때와 비슷한 결과를 낸다. 따라서 편향되지 않은 예측, 타당한 확률 평가, 적절한 수치 결과 추정이 가능하다. 이런 절차를 거치면 직관적 예측을 과신하는 편향, 직관적 예측이 극단에 치우치는 편향을 바로잡을 수 있다.

직관적 예측 수정은 시스템 2가 하는 일이다. 관련 있는 참고 범주를 찾아내고, 기준치를 예측하고, 증거의 질을 평가하는 데는 상당한 노력이 필요하다. 이런 노력을 감수하는 때는 오직 잠재적 위험이 높을 때, 실수를 하지 않으려고 신경을 곤두세울 때다. 그리고 직관을 수정하다 보면 삶이 복잡해질 수 있다는 것을 알아야 한다. 비편향 예측의 특성 하나는 아주 드문 예측이나 극단에 치우친 예측은 관련 정보가 대단히 유효할 때만 내놓는다는 것이다. 따라서 어느 정도 타당한 예측을 내놓으려면, 아주 드물거나 평균에서 먼 결과를 예측하는 일은 절대 없을 것이고, 편향된 예측을 하지 않는 사람이라면, 이번은 극단적 사례라면서 극단적 예측을 내놓고 만족해하는 일은 절대 없을 것이다. 법학전문대학원의 최우수 학생이 연방대법관이 되었을 때, 또는 대단히 유망하다고 생각했던 신생 기업이 마침내 큰 성공을 거두었을 때, 절대로 '내 그럴 줄 알았지!'라고 말할 수 없다. 증거의 한계를 생각하면, 어떤 고등학생이 뛰어나다고 해서 그가 프린스턴대학에서 전 과목 A를 받으리라고는 절대 예측하지 않는다. 같은 이유로, 벤처 투자자가 이제 출발한 신생 기업을 두고 성공 확률이 '매우 높다'라는 말을 들을 일도 절대 없다.

직관적 예측 조절 원칙에 대한 반감도 진지하게 다룰 필요가 있다. 편향을 없애는 것이 항상 가장 중요한 문제는 아니기 때문이다. 예측에서 나올 모든 오류를, 오류의 방향과는 무관하게, 똑같이 취급해야 한다면, 비편향 예측을 선호하는 것은 정당하다. 그러나 어느 한 유형의 오류가 다른 오류보다 훨씬 더 안 좋은 상황이 있을 수 있다. '다음 큰 거 한 방'을 노리는 벤처 투자자가 제2의 구글이나 페이스북을 놓쳤을 때의 손실은 나중에 망할 신생 기업에 적당히 투자했을 때의 손실보다 훨씬 크다. 벤처 투자자의 목표는 극단적 사례를 정확히 지목하는 것이다. 비록 벤처 기업의 전망을 과대평가해 손해 보는 일이 많을지언정 그러하다. 보수적으로 운영하면서 거액을 대출해주는 은행의 경우, 대출해준 곳 하나가 망했을 때의 손실은 대출금을 다 갚았을 다른 여러 고객을 거절했을 때의 손실보다 클 수 있다. 이 같은 경우에는 극단에 치우친 언어("전망이 아주 좋다", "채무불이행 위험이 심각하다") 사용이, 그 판단의 기초가 된 정보의 타당성이 약하더라도 그런 말이 주는 위안을 고려해볼 때, 어느 정도는 정당화될 수도 있다.

어쨌거나 합리적인 사람이라면, 편향되지 않은 적절한 예측을 하는 데 문제가 없어야 한다. 합리적인 벤처 투자자라면 가장 유망한 신생 기업이라도 성공 확률은 그리 크지 않다는 사실을 잘 안다. 따라서 여러 투자처 가운데 가장 유망한 기업을 고르는 것이 자기가 할 일이라 여기고, 투자하려는 신생 기업의 전망을 두고 자신을 속일 필요성을 느끼지 않는다. 마찬가지로 합리적인 사람이라면 회사 수익을 예측할 때 숫자 하나에만 집착하지 않는다. 그보다는 가능성이 가장 높은 결과를 둘러싼 수많은 불확실성을 고려해야 한다. 합리적 인간이 실패 가능성이 높은 기업에 거액을 투자한다면, 성공했을 때의 포상이 매우 크기 때문이지, 성공할 가능성이 높다고 자신을 속여서가 아니다. 하지만 우리는 늘 합리적은 아니며, 더러는 심각한 충격을 피하기 위해 왜곡된 추정으로 안도감을 찾아야 할 때도 있다. 그러나 극단적 예측으로 자신을 속이기로 했다면, 내 멋대로 예측했다는 사실을 계속 알고라도 있어야 옳다.

내가 제안하는 수정 절차의 가장 값진 점은 자신이 얼마나 알고 있는가를 생각해보게 한다는 점이다. 학계에서 흔히 마주치는 예를 하나 소개하겠다. 하지만 삶의 다른 영역에도 비슷한 사례는 얼마든지 있다. 어느 대학에서, 과학 분야에서 최고의 성과를 낼 만한 젊은 교수를 채용하고자 한다. 심사 위원들은 후보를 두 명으로 좁혔다.

킴은 얼마 전에 대학원 과정을 마쳤다. 추천서가 화려하고, 말을 잘해서 모든 면접관에게 깊은 인상을 남겼다. 하지만 이렇다 할 과학 성과는 없다.

제인은 지난 3년 동안 박사후과정 연구원으로 지냈다. 성과도 좋았고 연구 경력도 훌륭했다. 하지만, 말솜씨와 면접이 킴만큼 인상적이지는 않았다.

직관적으로는 킴에게 끌리기 쉽다. 강렬한 인상을 남겼고, 보이는 것이 전부라는 원리도 있으니까. 그러나 킴은 제인보다 정보가 훨씬 적다. 여기서 다시 소수 법칙으로 돌아간다. 제인보다 킴에게서 나온 정보 표본이 작고, 작은 표본을 관찰해 내놓은 결과는 극단에 치우치기 쉽다. 그리고 작은 표본에서 나온 결과에는 운이 많이 작용해, 킴이 앞으로 어떤 성과를 낼지 예측할 때는 평균으로 좀 더 많이 회귀해야 한다. 킴이 제인보다 평균으로 회귀할 가능성이 더 크다는 사실을 인정한다면, 결국에는 덜 인상적이더라도 제인을 뽑을 수 있다. 교수를 뽑는 일이라면 나도 제인에게 표를 던질 것 같다. 그러나 킴이 더 유망해 보이는 직관적 인상을 억누르기가 쉽지는 않을 것이다. 직관을 따르기는 직관을 거스르기보다 더 자연스럽고, 또 직관을 따라야 마음도 더 편안하다.

이와는 다른 맥락에서도 비슷한 문제를 상상해볼 수 있다. 이를테면 벤처 투자자가 활동 시장이 다른 신생 기업 두 곳을 놓고 투자할 곳을 고른다고 해보자. 신생 기업 한 곳은 수요를 꽤 정확하게 예측할 수 있는 상품을 생산한다. 다른 한 곳은 좀 더 흥미롭고 직관적으로 더 유망해 보이지만, 전망은 다소 불확실하다. 이때 그 불확실성을 감안해도 두 번째 기업이 여전히 더 전망이 좋은지는 신중히 검토해봐야 한다.

회귀를 바라보는 두 시스템의 시각

극단에 치우친 예측, 그리고 빈약한 증거를 기반으로 드문 사건을 흔쾌히 예측하는 성향은 모두 시스템 1이 작동한 결과다. 연상 체계가 예측의 극단성과 그 예측의 바탕이 되는 증거에서 인지되는 극단성을 짝짓는 것은 자연스러운 일이며, 바꿔치기가 작동하는 원리이기도 하다. 그리고 시스템 1이 판단에 과도한 자신감을 보이는 것도 자연스러운 현상이다. 앞에서 보았듯이 자신감은 눈앞에 있는 증거로 만들 수 있는 최고의 이야기에 나타나는 논리적 일관성으로 결정되기 때문이다. 따라서 직관은 지나치게 극단적인 예측을 할 것이고, 우리는 그 예측을 과신하기 쉽다는 점을 명심하라.

회귀는 시스템 2의 문제이기도 하다. 평균 회귀는 대화 소재로 삼기에도 이해하기에도 생소하고 어려운 개념이다. 골턴은 이 개념을 이해하느라 애를 먹었다. 많은 통계 교사들도 회귀가 나오는 수업이 두렵고, 학생들도 이 중요한 개념을 모호하게 이해할 뿐이다. 시스템 2의 특별한 훈련이 필요한 영역이다. 예측을 증거와 짝짓는 것은 우리가 직관으로 하는 일일 뿐 아니라 타당해 보이는 일이기도 하다. 우리는 경험으로 회귀를 이해하지는 못한다. 앞의 비행 교관 사례처럼, 회귀가 드러났을 때조차도 엉터리 인과관계 해석을 붙이기 일쑤다.

직관적 예측과 관련한 말들

"그 신생 기업은 놀라운 가능성을 증명해 보였지만 앞으로도 잘하리라는 보장은 없다.
아직 시장성이 많이 떨어지고, 회귀할 여지도 많다."

"직관적으로 예측하면 매우 낙관적이지만, 아마 지나친 낙관일 것이다.
예측의 바탕이 된 증거의 신뢰도를 생각해보고, 그 예측을 평균으로 회귀해보자."

"실패할 확률이 높아 보여도 이번 투자는 좋은 기회일 수 있다.
단, 그 기업이 제2의 구글이 되리라고 확신한다고는 말하지 말자."

"그 브랜드에 대한 평을 하나 읽어봤는데 아주 훌륭했다. 하지만 우연일 수 있다.
그러니 평이 많이 달린 브랜드 중에서 제일 나아 보이는 것으로 고르자."

Overconfidence

어떤 믿음을 확신하는 사람들은 인지적 편안함과 논리적 일관성으로 무장하고 있다.
하지만 생각하기가 편하고 이야기에 일관성이 있다고 해서, 확신하는 믿음이 진짜라는 보장은 없다.
우리는 세상을 이해하는 우리 능력을 과대평가하고, 우연의 역할을 과소평가한다.

과신

3

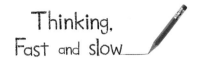

이해 착각

주식거래인, 철학자, 통계학자인 나심 탈레브는 심리학자라고도 볼 수 있다. 탈레브는 《블랙 스완》에서 '서사 오류narrative fallacy'라는 개념을 도입해, 과거를 설명하는 엉성한 이야기가 어떻게 우리 세계관을 형성하고 미래를 예상하게 하는지 설명했다.[1] 세상을 이해하려고 부단히 시도하다 보면 어쩔 수 없이 서사 오류가 생기는 법이다. 사람들은 단순하고 추상적이기보다 구체적이며, 운보다는 실력이나 어리석음 또는 의도에 더 큰 역할을 부여하는 이야기에 끌리고, 일어나지 않은 무수한 사건보다 일어난 몇 가지 눈에 띄는 사건에 주목한다. 최근에 일어난 두드러진 사건들은 모두 인과관계 서사의 핵심이 될 후보들이다. 탈레브에 따르면, 우리 인간은 과거를 설명하는 조잡한 이야기를 꾸며놓고 그것을 진짜라 믿으며 자신을 끊임없이 속인다.

좋은 이야기는 사람의 행동과 의도를 단순하고 일관되게 설명한다. 우리는 항상 사람들의 행동을 그 사람의 일반적 성향과 성격이 겉으로 드러난 것이라고 해석해, 그 성향과 성격을 선불리 결과와 짝지으려 한다. 앞에서 다루었던 후광 효과도 여기에 한몫해, 어떤 사람의 특별히 중요한 한 가지 특성을 판단해놓고 그 사람의 모든 자질을 안다고 생각한다.[2] 예를 들면 야구에서 투수가 잘생기고 체격도 좋다고 생각되면, 그 사람이 공도 잘 던질 거라고 판단하기 쉽다.[3] 부정적인 후광도 있어서, 어떤 선수가 못생겼다는 생각이 들면, 그 사람의 운동 능력까지 평가 절하할 확률이 높다. 후광 효과는 한결같이 동일한 평가를 내려 서사를 단순하고 일관되게 유지하게 한다. 좋은 사람은 뭘 해도 옳고, 나쁜 사람은 그냥 다 나쁘다. "히틀러는 개와 어린아이를 좋아했다"라는 말을 아무리 여러 번 들어도 늘 충격인 이유는 악마 같은 인간에게서 나타나는 자상함의 흔적은 후광 효과로 생긴 예상과 어긋나기 때문이다. 이런 불일치는 우리 생각을 불편하게 하고 감정을 모호하게 한다.

설득력 있는 서사는 불가피성이라는 착각을 키운다. 구글이 어떻게 정보 통신 업계에서 거대 기업이 되었는가를 설명하는 이야기를 보자. 스탠퍼드 대학에서 컴퓨터과학을 전공하는 창의적인 대학원생 둘이 인터넷 정보 검색의 획기적인 방법을 알아낸다. 이들은 회사를 차릴 궁리를 하며 자금을 모으고 몇 가지 결단을 내리는데, 모두 순조롭게 진행된다. 이들이 세운 회사는 불과 몇 년 만에 미국에서 손꼽힐 정도로 주가가 치솟고, 두 사람은 지구상에서 최고 부자가 된다. 이들의 행운을 보여주는 기억에 남을 사건이 하나 있는데, 여기서 이들의 이야기는 더욱 설득력을 얻는다. 이들은 구글을 창립한 지 1년이 지나 100만 달러도 안 되는 금액에 회사를 팔려고 했지만, 가격이 너무 높다는 이유로 팔리지 않았다.[4] 운이 좋았던 이 사건 하나만 언급한다면, 운이 결과에 영향을 미친 다양한 경로를 제대로 못 보고 지나치기 쉽다.

구글의 역사를 자세히 살피면 창립자들이 어떤 결정들을 내렸는지 구체적으로 나열할 수 있겠지만, 여기서는 그들의 선택이 거의 다 좋은 결과로 이어졌다고만 말해두자. 더 완벽한 서사를 위해 구글에 패배한 회사들은 어떤 조치를 취했었는지 설명할 수도 있다. 그 불운한 경쟁사들은 앞을 내다볼 줄 모르고 늑장을 부린 데다 자기들을 삼킬 위협을 다룰 능력이 전혀 없었다고 묘사되기 십상이다.

나는 이 이야기를 일부러 무미건조하게 말했지만 독자들은 무슨 뜻인지 감을 잡을 것이다. 아주 그럴싸한 이야기가 있다는 뜻 아닌가. 좀 더 살을 보태면 구글의 성공 요인을 이해하는 데 도움이 되고, 또 기업의 성공 요인에 관한 보편적이고 값진 교훈을 얻었다는 기분도 든다. 그러나 안타깝게도 구글 이야기를 이해했고 교훈을 얻었다고 생각한다면 대체로 착각일 가능성이 높다. 사건 설명의 타당성을 시험하는 방법은 그 사건을 미리 예견할 수 있었냐는 것이다. 구글의 믿기 힘든 성공 이야기 중에 어느 것도 그 시험을 통과하기 힘들다. 다른 결과를 가져왔을 무수한 사건을 포함할 수 있는 이야기는 없기 때문이다. 인간의 머리는 일어나지 않은 일을 설명하는 데 서툴다. 실제로 일어난 중요한 사건에는 선택이 들어간 때가 많다는 사실은 결과에서 차지하는 실력의 역할을 과장하고 운의 역할을 축소하려는 유혹을 더욱 부채질한다. 중요한 결정이 모두 좋은 결과로 이어진 탓에 거의 완벽한 혜안이 발휘된 것만 같지만, 불운이 끼어들었다면 성공의 여러 단계 중 어느 하나를 망쳤을 수도 있다. 후광 효과는 화룡점정 격으로, 성공 신화에 불굴의 기운을 더한다.

다가오는 장애물을 하나씩 피하면서 급류를 타는 노련한 래프팅 선수를 보며 스릴을 느끼듯이 구글 신화에서도 재앙의 위험이 끝없이 나타나는 탓에 스릴이 있다. 그러나 두 경우에서 배울 점은 다르다. 노련한 래프팅 선수는 그동안 급류를 수백 번씩 타면서, 눈앞에서 휘몰아치는 물살을 읽어 장애물을 예측하는 법을 터득했다. 자세를 약간 고쳐 몸을 똑바로 유지하는 법도 익혔다. 그러나 젊은이가 거대 기업을 세우는 법을 익힐 기회는 많지 않고, 경쟁사의 놀라운 혁신 같은 암초를 피할 가능성도 많지 않다. 물론 구글 신화에는 실력도 크게 작용했지만, 운도 그 신화에 거론되는 수준보다 훨씬 중요한 역할을 했다. 그리고 운이 많이 개입했을수록 그 신화에서 배울 점은 적어진다.

여기서 작용하는 것은 보이는 것이 전부라는 막강한 원리다. 가지고 있는 제한된 정보를 마치 그것이 전부인 양 받아들이는 것을 피하기 어렵다. 사람들은 가지고 있는 정보로 최상의 이야기를 만들고, 그 이야기가 괜찮다 싶으면 믿어버린다. 모순적이지만 아는 것이 별로 없을 때, 그림을 맞출 조각이 적을 때, 오히려 조리 있는 이야기를 만들기가 더 쉽다. 세상은 순리대로 돌아간다는 편안한 확신은 자신의 무지를 외면하는 무한에 가까운 능력에서 나온다.

"2008년 금융 위기가 불가피하다는 것을 위기가 닥치기 훨씬 전부터 알았다"고 말한 사람이 한둘이 아니다. 이 문장에는 중요한 사건을 토론하는 자리에서는 입 밖에 내지 말아야 하는 대단히 부적절한 단어가 들어 있다. 그렇다, "알았다"는 단어다. 위기가 닥치리라고 미리 짐작한 사람이라도 그 사실을 알았을 수는 없다. 그들은 위기가 실제로 일어났다는 이유로, 이제 와서 그 사실을 알았다고 말한다. 중요한 개념을 잘못 사용하는 것이다. 평상시에는 기존에 알려진 것이 사실이고 그것이 사실임을 증명할 수 있을 때라야 '안다'라는 말을 쓴다. 그런데 위기가 닥치리라고 생각했던 사람들이 그 당시에 그 생각을 확실하게 증명할 길은 없었다(그리고 실제로 그렇게 생각한 사람은 그렇게 생각했다고 말하는 사람보다 적다). 똑똑하고 잘 알 만한 많은 사람이 앞으로의 경제에 비상한 관심을 보였지만, 그런 파국이 임박했다고는 생각하지 않았다. 그런 점에서 나는 그 위기를 미리 알 수는 없었다고 추론한다. 이런 맥락에서 '안다'는 말을 사용할 때의 고약한 점은 자격도 없는 사람이 선견지명이 있는 척하는 것이 아니다. 그 표현에는 세상을 실제보다 더 인지 가능한 대상으로 본다는 의미가 들어 있다는 것이 문제다. 영원히 치명적인 착각에 빠질 수 있는 발상이다.

이 착각의 핵심은 과거를 이해한다는 믿음인데, 이 믿음에는 미래도 알 수 있어야 한다는 의미가 내포되어 있다. 그러나 우리는 생각보다 과거를 잘 이해하지 못한다. 이런 착각을 양산하는 말은 '안다' 말고도 더 있다. 흔히 '직감'과 '예감'이란 말도 과거 생각이 옳다고 판명됐을 때 사용된다. "그 결혼이 오래 못 갈 거란 예감이 들었는데, 그 예감이 틀렸지 뭐야"라는 말은 어색하다. 틀렸다고 밝혀진 직감을 언급하는 문장도 다 어색하다. 미래를 명확히 바라보려면 과거 생각을 지칭할 때 사용하는 말부터 정리할 필요가 있다.

사후 판단의 사회적 비용

과거를 두고 서사를 만드는 인간의 머리는 논리를 짜 맞추는 기관이다. 예상치 못한 일이 일어나면 우리는 즉시 세계관을 조정해 그 놀라운 상황을 수용한다. 승률이 같은 두 팀이 맞붙은 미식축구를 본다고 상상해보자. 경기는 한 팀이 완승을 거두면서 끝났다. 이제 세계를 바라보는 모델이 바뀌어, 승리한 팀은 진 팀보다 훨씬 강한 팀으로 인식된다. 이 새로운 인식은 미래뿐 아니라 과거를 바라보는 시각도 바꿔놓는다. 놀라운 사건에서 무언가를 배우는 일은 얼마든지 있을 수 있지만 이때 다소 위험한 결과가 나타나기도 한다.

인간의 정신은 일반적으로 과거의 지식이나 바뀐 신념을 재구성하는 능력이 불완전하다는 한계가 있다. 일단 세계를 (또는 세계의 일부를) 새로운 시각으로 바라보기 시작하면, 그 전에는 어떤 생각을 했었는지 기억하는 능력이 빠른 속도로 떨어진다.

많은 심리학자가 사람들이 마음을 바꿀 때 어떤 일이 일어나는지 연구했다. 실험 진행자는 사형제도처럼 사람들이 입장을 완전히 정하지 않은 주제를 골라 그 주제를 어떻게 생각하는지 주의 깊게 측정한다. 그런 다음, 참가자들에게 찬성 또는 반대의 설득력 있는 주장을 들려주거나 보여준다. 그리고 사람들의 입장을 다시 한 번 알아본다. 그러면 대개는 자기가 듣거나 본 설득력 있는 주장에 가까운 입장을 내놓는다. 마지막으로 참가자들에게 앞서 자신이 어떤 의견을 갖고 있었는지 묻는다. 생각보다 무척 어려운 작업이다. 과거 생각을 재구성해보라고 하면 사람들은 현재의 입장을 회고하면서(바꿔치기), 다수가 그 전에는 다르게 생각했다는 사실을 믿지 못한다.[5]

과거의 생각을 재구성하지 못하다 보니 과거 사건에 자신이 놀랐던 정도를 과소평가할 수밖에 없다. 바루크 피시호프는 예루살렘 학생 시절, '내 그럴 줄 알았지'라는 식의 '사후 판단 편향hindsight bias'을 처음으로 증명해 보였다. 피시호프는 (역시 우리 제자인) 루스 베이스Ruth Beyth와 함께, 리처드 닉슨이 1972년에 중국과 소련을 방문하기 전에 설문 조사를 실시했다. 닉슨

외교 정책의 열다섯 가지 가능한 결과를 두고 그것이 일어날 확률을 묻는 것으로, 가령 이런 질문들이 있었다. 마오쩌둥은 닉슨과의 만남을 수락할까? 미국은 중국을 국가로 인정할까? 수십 년간 적대 관계였던 미국과 소련이 의미 있는 사안에 합의할 수 있을까?[6]

닉슨이 미국으로 돌아온 뒤, 피시호프와 베이스는 똑같은 사람들에게 열다섯 가지 가능한 결과에 예전에 자신이 어떻게 대답했었는지 기억해보라고 했다. 결과는 명확했다. 열다섯 가지 결과 중에 실제로 일어난 사건의 경우, 응답자는 자신의 과거 예상 확률을 과장했다. 반면에 일어나지 않은 사건의 경우, 원래 일어나지 않을 것으로 생각했다며 엉터리로 회상했다. 다른 실험에서도 사람들은 자신뿐 아니라 타인의 과거 예상까지 그 정확도를 과장하는 성향을 보였다. O. J. 심슨 살인 사건 공판이나 빌 클린턴 전 미국 대통령 탄핵처럼 대중의 관심을 사로잡은 사건에서도 비슷한 결과가 나타났다. 자신의 과거 생각을 실제로 일어난 상황에 맞게 수정하는 성향은 막강한 인지 착각을 만들어낸다.

사후 판단 편향은 의사 결정자들을 평가할 때 심각한 악영향을 미친다. 관찰자들은 결정의 질을 평가할 때 결정 과정의 타당성은 따지지 않고 결과가 좋았는지 나빴는지를 따진다.[7] 위험이 낮은 외과 처치를 하다가 예상치 못한 사고로 환자가 사망했다고 해보자. 사건이 일어난 뒤에 배심원들은 그 처치가 사실은 위험성이 높았고, 처치를 지시한 의사는 더 신중했어야 한다고 믿기 쉽다. 이런 결과 편향 탓에, 처음에는 타당하다고 믿었던 결정을 사후에 제대로 평가하기는 불가능에 가깝다.

사후 판단은 의사, 재무 설계사, 3루 코치, 최고경영자, 사회복지사, 외교관, 정치인 등 누군가를 대신해 결정을 내리는 사람들에게 특히 매정하다.

원래 좋은 결정이었으나 결과가 나쁘면 우리는 그 결정자를 쉽게 비난하고, 결과가 나온 뒤에야 좋은 결정이었음을 알게 된 경우에는 결정자를 칭찬하는 데 인색하다. '결과 편향'은 분명히 존재한다. 결과가 나쁘면 의뢰인은 벽에 빤히 쓰인 불길한 글자도 못 읽느냐며 비난하기 일쑤지만, 사실 그 글자는 보이지 않는 잉크로 쓰여 나중에나 식별이 가능하다는 사실을 망각한 것이다. 사전에는 신중해 보였던 행동도 사후에는 무책임하게 부주의한 결정으로 보일 수 있다. 캘리포니아 학생들에게 실제 법정 사건을 기초로, 미네소타의 도시 덜루스가 막대한 비용을 들여 다리에 24시간 감시 장비를 대여 설치해, 쓰레기가 물의 자유로운 흐름을 방해하는 위험에 대비하기로 한 결정이 옳았는지 물었다. 이때 한 집단에게는 그 시가 결정을 내릴 때 확보할 수 있었던 증거만 보여주었다. 그러자 24퍼센트가 비용을 들여서라도 홍수 감시 장비를 설치해야 한다고 느꼈다. 두 번째 집단에게는 실제로 쓰레기가 강을 막아 큰 홍수 피해를 초래했었다는 정보를 알려주었다. 그랬더니 56퍼센트가 감시 장비를 설치했어야 했다고 대답했다. 사후 판단에 휘둘리지 말라고 분명히 지시했는데도 이런 결과가 나왔다.[8]

결과가 나쁠수록 사후 판단 편향은 더 커진다. 특히 9.11 같은 대참사가 발생하면 사건을 예상하지 못한 공무원들을 태만했거나 무지했다고 쉽게 단정해버린다. 2001년 7월 10일, 미국중앙정보국CIA은 알카에다가 미국에 대규모 공격을 계획하고 있을 수 있다는 정보를 입수했다. CIA 국장 조지 테닛George Tenet은 이 정보를 조지 W. 부시 대통령이 아니라 콘돌리자 라이스 국가안보 보좌관에게 전달했다. 나중에 이 사실이 불거지자 〈워싱턴포스트The Washington Post〉의 전설적인 편집국장 벤 브래들리Ben Bradlee는 "역사를 좌우할 이야기를 손에 넣었으면 대통령에게 전달하는 게 상식 아닌가"라고 단호히 말했다. 그러나 7월 10일에는 이 짧은 정보가 역사를 좌우할 줄은 아무도 몰랐고 알 수도 없었다.[9]

정해진 절차에 충실한 것을 두고 나중에 왈가왈부하기는 어려우니, 나중에 자신의 결정이 도마에 오를 것 같다 싶으면 관료적 해법대로 위험 부담을 최대한 피하면서 정해진 절차를 고수하기 쉽다.[10] 배임 소송이 갈수록 흔해지면서, 의사들은 여러 방식으로 절차를 바꿨다. 검사를 더 많이 실시하고, 갈수록 많은 환자를 다른 전문가에게 보내고, 전통적 처치법이 도움이 안 될 것 같은데도 그대로 사용했다. 이런 행위는 환자를 이롭게 하기보다 의사를 보호하면서, 이해 충돌의 여지를 만들었다. 이처럼 책임 증가에는 장점과 단점이 공존한다.

사후 판단 편향과 결과 편향은 일반적으로 위험을 회피하게 하지만, 무모한 도박을 벌여 승리한 장군이나 사업가처럼 무책임하게 위험을 감수하는 사람들에게 과분한 포상을 안겨주기도 한다. 운이 좋아 좋은 결과를 낸 지도자가 과도한 위험 부담을 떠안았다는 이유로 처벌받는 일은 절대 없다. 오히려 성공을 예견하는 타고난 재주와 혜안을 가졌다고 평가받는다. 반면에 그들을 의심한 분별 있는 사람들은 나중에 소심하고 나약한 그저 그런 부류로 취급된다. 몇 번의 성공적인 도박은 무모한 지도자에게 선견지명과 대담함이라는 후광을 씌워줄 수 있다.

성공 제조법

시스템 1이 논리를 짜 맞춰주는 덕에 우리는 세계를 실제보다 더 깔끔하고, 단순하고, 예측 가능하고, 조리 있는 것으로 인식한다. 과거를 이해했다는 착각은 미래를 예측하고 통제할 수 있다는 또 다른 착각을 낳는다. 이런 착각은 마음을 편안하게 하고, 존재의 불확실성을 충분히 인지할 때 생기는 불안감을 덜어준다. 우리에게는 행동은 적절한 결과로 이어지고 성공하면 지혜와 용기가 보상받는다는 믿음이 필요하다. 많은 경영 서적이 이 욕구를 충족하도록 만들어진다.

지도자와 경영 방식이 시장에서 기업의 성과에 영향을 미칠까? 물론이다. 그리고 그 영향력은 최고경영자들과 그들이 내린 결정의 특징을 객관적으로 평가해 그것을 회사의 이후 성과와 관련시킨 체계적 연구로 확인되었다. 한 연구에서, 최고경영자들의 특징을 그들이 그 자리에 오른 이후 도입된 경영 규칙과 절차뿐 아니라 그 전에 그들이 주도한 회사의 전략을 이용해 분류했다.[11] 최고경영자는 회사의 성과에 당연히 영향을 미친다. 그러나 그 효과는 경제 신문의 조언을 따르는 것보다 훨씬 적다.

상관관계의 강도는 0에서 1까지의 상관계수로 측정한다. 앞에서 평균 회귀를 다룰 때, 상관계수를 두 개의 측정치가 공통 요소로 결정되는 정도로 정의했다. 회사의 성공과 최고경영자의 자질의 상관관계를 아주 후하게 잡아본다면 0.30까지 나오지 않을까 싶다. 30퍼센트가 겹친다는 이야기다. 이 숫자의 의미를 따져보기 위해 아래 문제를 생각해보자.

회사가 여러 쌍 있다. 쌍을 이룬 두 개의 회사는 전반적으로 비슷하지만 둘 중 한 곳이 다른 곳보다 최고경영자가 낫다. 더 나은 최고경영자가 있는 회사가 그렇지 않은 회사보다 더 성공하는 경우는 얼마나 자주 발생하겠는가?[12]

질서정연하고 예측 가능한 세상에서는 상관관계가 완벽할 테고(상관계수 1), 모든 쌍에서 더 나은 최고경영자가 회사를 더 성공적으로 이끈다고 나타날 것이다. 비슷한 회사 사이에서 상대적 성공이 최고경영자도 손쓸 수 없는 요소들(운이라 불러도 좋다)로만 결정된다면, 뒤처지는 최고경영자가 이끄는 회사가 더 성공할 확률은 50퍼센트로 볼 수 있다. 그런데 상관관계가 0.30이라면 여러 쌍 중에 약 60퍼센트에서 더 나은 최고경영자가 회사를 더 성공적으로 이끌 것이다. 무작위 추측보다 겨우 10퍼센트포인트 높은 수치여서, 흔히 최고경영자를 영웅으로 떠받드는 태도를 옹호하기 어렵다.

이 확률을 더 높게 예상했다면(우리 대부분이 그랬겠지만) 자신이 사는 세상의 예측 가능성을 과대평가하는 성향이 있다는 뜻이다. 여기서 주의할 점은 성공 가능성이 1:1에서 3:2로 높아졌다면 경마에서나 사업에서나 상당히 유리한 축에 속한다는 것이다. 그러나 경영 관련 글을 쓰는 사람들에게는 회사 성과에 큰 힘을 발휘하지 못하는 최고경영자는 그가 속한 회사의 실적이 우수하더라도 그다지 매력적이지 않다. 평균적으로 우연보다 약간 나은 성과를 올린 경영 지도자들을 열정적으로 묘사한 책을 사려고 공항 서점에 사람들이 줄을 선 모습을 상상할 수 있겠는가. 소비자들은 성공과 실패의 결정적 요인을 명확하게 언급한 글을 읽고 싶어 하고, 착각일지언정 고개를 끄덕일 만한 이야기를 듣고 싶어 한다.

스위스에 있는 경영대학원 교수인 필 로젠츠바이크Phil Rosenzweig는 통찰력 있는 저서 《헤일로 이펙트The Halo Effect》에서, 착각에 불과한 확실성을 원하는 수요가 경영 분야에서 인기 있는 두 가지 글쓰기 장르와 어떻게 맞아떨어지는가를 설명한다.[13] 두 장르 중 하나는 특정 개인과 기업의 (예사로운) 성공과 (가끔의) 실패의 역사를 다룬 것이고, 또 하나는 성공한 기업과 덜 성공한 기업의 차이를 분석한 것이다. 성공과 실패를 다룬 이야기는 지도자의 유형과 경영 방법이 회사 성과에 미치는 영향을 끊임없이 과장하는 통에 그다지 도움이 안 된다는 게 로젠츠바이크의 결론이다.

현재 상황을 평가하기 위해, 어떤 회사의 최고경영자에 대한 평가를 이를테면 다른 회사 최고경영자 같은 전문 경영인들에게 맡겼다고 상상해보자. 이들은 그 회사가 최근에 실적이 좋았는지 나빴는지 잘 알고 있다. 앞서 구글 사례에서 보았듯이, 이런 지식은 후광 효과를 발생시킨다. 실적이 좋은 회사의 최고경영자는 융통성 있다, 체계적이다, 결단력 있다는 말을 듣기 쉽다. 그런데 1년이 지나 그 회사 상황이 나빠졌다고 해보자. 똑같은 최고경영자가 이제는 갈팡질팡한다, 고지식하다, 권위적이다, 같은 말로 묘사된다. 두 평가 모두 그 순간에는 타당하게 들린다. 성공한 지도자를 고지식하다거나 갈팡질팡한다고 말하거나, 애를 먹고 있는 지도자를 융통성 있다거나 체계적이라고 말한다면 터무니없지 않은가.

후광 효과는 위력이 대단해서, 우리가 같은 사람이나 같은 행동을 두고도 상황이 좋을 때는 체계적이라고 보고, 상황이 나쁠 때는 고지식하다고 본다는 사실을 스스로 받아들이기가 쉽지 않다. 후광 효과 탓에 우리는 인과관계를 거꾸로 해석해, 사실은 회사가 망한 탓에 최고경영자가 고지식하게 보일 때도 최고경영자가 고지식한 탓에 회사가 망했다고 믿기 쉽다. 이해 착각은 그런 식으로 일어난다.

성공한 기업을 체계적으로 연구해 경영의 교훈을 탐색하는 책이 왜 그렇게 인기가 높은지는 후광 효과와 결과 편향으로 설명된다. 이런 장르의 서적 중에 가장 잘 알려진 사례 하나는 짐 콜린스Jim Collins와 제리 포라스Jerry I. Porras가 쓴 《성공하는 기업들의 8가지 습관Built to Last》이다. 이 책은 하나가 다른 하나보다 좀 더 성공한, 서로 경쟁 관계인 기업들 18쌍을 철저히 비교 분석한다. 이 비교에는 기업 문화, 전략, 경영 등 다양한 분야에서 순위를 매긴 자료를 이용했다. 저자들은 "세상의 모든 최고경영자, 관리자, 기업인이 이 책을 읽어야 한다고 생각한다"며 "독자도 비전 있는 회사를 세울 수 있다"고 큰소리친다.[14]

《성공하는 기업들의 8가지 습관》과 같은 책들이 전달하려는 기본 내용은 좋은 경영은 알아볼 수 있다는 점, 그리고 좋은 결과로 보답받으리라는 점이다. 이 둘은 모두 과장이다. 정도의 차이는 있되 성공한 기업들을 서로 비교하는 것은, 정도의 차이는 있되 운이 좋은 기업들을 비교하는 것이기 쉽다. 운의 중요성을 안다면, 성공한 기업과 덜 성공한 기업을 비교할 때 대단히 일관되게 나타나는 반복된 유형에 특히 조심해야 한다. 무작위 조건에서도 반복적으로 나타나는 유형이 있다면 그것은 단지 신기루에 지나지 않을 수 있다.

운은 큰 몫을 하기 때문에 성공을 관찰해서 지도력과 경영의 질을 추론하기는 어렵다. 어떤 최고경영자가 훌륭한 비전과 탁월한 능력을 가지고 있다는 사실을 미리 정확하게 안다 한들 그 회사의 앞으로의 실적을 동전을 던져 판가름할 때보다 더 정확히 예견하기는 여전히 불가능할 것이다.[15] 《성공하는 기업들의 8가지 습관》에서 나타난, 성공한 기업과 덜 성공한 기업 사이의 기업 수익 및 주식 수익 격차는 대체적으로 그때 이후 거의 다 사라졌다. 유명한 《초우량 기업의 조건In Search of Excellence》에서 다룬 기업들의 평균 수익도 단기간에 급격히 떨어졌다.[16] 〈포천Fortune〉이 실시한 '가장 존경받는 기업Most Admired Companies' 연구에서는 20여 년 동안 순위가 최하위권인 기업들이 가장 존경받는 기업들보다 더 높은 주식 수익을 올린 것으로 나타났

다.[17]

여기서도 사람들은 성공한 기업은 현실에 안주했고 부진한 기업은 더 열심히 노력했다거나 하는 식으로 인과관계 설명을 찾아내고픈 유혹을 느낀다. 그러나 그런 식으로 생각하면 오산이다. 원래의 격차에는 운이 많이 작용했기 때문에 평균 격차는 줄어들게 마련이다. 운은 상위 기업의 성공에도, 하위 기업의 부진에도 모두 작용했다. 우리는 이미 삶의 이런 통계적 사실을 마주한 바 있다. 평균 회귀다.[18]

사업 흥망에 관한 이야기는 사람들이 정신적으로 원하는 것을 제공해 독자의 공감을 얻는다. 분명한 원인을 지목하면서 운의 결정적 역할과 회귀의 불가피성은 외면하는 단순한 성패의 메시지가 그것이다. 이런 이야기는 사실을 이해했다는 착각을 꾸준히 유도하면서, 일단 믿고 보는 독자들에게 지속적 가치가 거의 없는 교훈을 전달한다.

—

사후 판단과 관련한 말들
"이 실수는 명백해 보이지만, 그 판단은 사후 판단일 뿐이다. 미리 알 수는 없었다."
"그는 지나치게 단순한 이 성공 이야기에서 지나치게 많은 것을 배우려 한다.
서사 오류에 빠진 경우다."
"그는 그 회사가 경영이 부실하다고 말하지만 증거는 없다. 그가 아는 것이라고는
주가가 떨어졌다는 사실뿐이다. 사후 판단과 후광 효과가 합쳐진 결과 편향이다."
"결과 편향에 빠지지 말자. 이번 결정은 비록 결과는 좋았지만 어리석은 결정이었다."

Thinking,
Fast and slow

20

타당성 착각

시스템 1은 사소한 증거만 있어도 쉽게 넘겨짚도록 설계되었지만, 넘겨
짚는 정도를 스스로 파악할 수 있도록 설계되지는 못했다. 보이는 것이 전
부다 보니 눈앞의 증거만 중요할 뿐이다. 확신은 논리적 일관성에서 나오기
때문에 내 의견에 확신이 있다면 시스템 1과 시스템 2가 일관된 이야기를
구성했다는 뜻이다. 이때 증거의 양과 질은 크게 중요하지 않다. 빈약한 증
거로도 아주 좋은 이야기를 만들 수 있기 때문이다. 우리의 중요한 믿음 중
에는 증거가 전혀 없는 것도 있다. 유일한 증거라면 우리가 사랑하고 신뢰
하는 사람도 같은 믿음을 가지고 있다는 정도다. 우리가 아는 것이 얼마나
적은가를 생각하면, 우리 믿음에 대한 확신은 터무니없다. 하지만 그래서
필수적이기도 하다.

타당성 착각

수십 년 전, 땡볕 아래서 땀을 흘리며 문제를 해결하는 군인 여러 팀을 지켜본 적이 있다. 시간은 한없이 길게 느껴졌다. 이스라엘 군에 복무할 때였다. 나는 심리학 학사 학위가 있었고, 보병 장교로 1년을 지낸 뒤에 심리 분과에 배속되었다. 그곳에서 장교 훈련을 받을 후보들을 평가하는 작업을 지원하는 임무를 맡았다. 우리는 2차 세계대전 중에 영국군이 개발한 방법을 사용했다.

그중에 '지도자 부재 집단의 도전'이라는 시험이 장애물이 설치된 야외에서 진행되었다. 서로 모르는 여덟 명의 후보가 계급장을 떼고 자신을 식별하는 번호표만 붙인 채 한 팀이 되어, 땅에 있는 긴 통나무를 들어 높이 2미터가 조금 안 되는 벽까지 끌고 간다. 그런 다음 팀 전체가 벽 건너편으로 넘어가야 하는데, 이때 통나무는 땅이나 벽에 닿지 않아야 하고, 사람 몸도 벽에 닿아서는 안 된다. 잘못해서 벽에 닿으면, 그 사실을 분명히 알리고 처음부터 다시 시작해야 한다.

이 문제를 해결하는 방법은 여러 가지다. 흔한 방법은 몇 사람이 장대를 거대한 낚싯대 드리우듯 비스듬하게 기울여 붙잡고 다른 사람이 그 장대를 기어올라 벽 너머로 건너가는 방법이다. 아니면 다른 사람의 어깨에 올라타 벽 너머로 건너뛸 수도 있다. 이때 마지막 사람은 나머지 사람들이 비스듬히 붙잡고 있는 장대를 펄쩍 뛰어올라 붙잡은 뒤, 공중에서 장대를 타고 건너편으로 무사히 뛰어내린다. 이 지점에서 실패가 많아 처음부터 다시 시작하곤 한다.

나는 동료와 함께 이 시험을 지켜보면서, 누가 책임자 역할을 하는지, 누가 지도자 역할을 하려다 퇴짜를 맞는지, 각 군인은 팀 전체에 어떤 식으로 협조하는지 기록했다. 우리는 완고한 사람, 고분고분한 사람, 거만한 사람, 인내하는 사람, 성마른 사람, 집요한 사람, 잘 포기하는 사람이 누구인지 관찰했다. 자기 의견이 팀에서 퇴짜를 맞은 뒤로는 열심히 협력하지 않는 경쟁적 악의도 목격했다. 위기가 닥쳤을 때의 반응도 다양해서, 실수로 팀 전체의 노력을 허사로 만든 동료를 꾸짖는 사람도 있고, 지친 팀이 처음부터 다시 시작해야 할 때 앞에 나서서 팀을 이끄는 사람도 있었다. 우리는 스트레스를 받는 상황에서는 진짜 본성이 드러나리라고 생각했다. 각 후보에게서 받은 인상은 하늘 색깔만큼이나 분명하고 강렬했다.

후보들의 여러 차례의 시도를 지켜본 뒤에는 그들의 지도력을 요약하고, 누가 장교 훈련을 받을 자격이 있는지 점수를 매겨 결정해야 했다. 우리는 서로 상의하면서 우리가 받은 인상을 검토했다. 이 과정은 특별히 어렵지 않았다. 각 군인의 지도력을 이미 파악했다고 생각했기 때문이다. 그들 중에는 지도력이 강해 보이는 사람도 있었고, 겁쟁이거나 거만한 바보 같은 사람, 그저 그렇지만 속수무책은 아닌 듯한 사람도 있었다. 꽤 나약해 보이는 사람도 적잖았는데, 그들은 장교 후보에서 제외했다. 각 후보를 다각도로 관찰한 결과가 일관된 이야기로 수렴되자, 우리는 평가를 확신하면서 우리가 관찰한 모습이 곧 미래의 모습이라고 느꼈다. 팀이 어려움에 빠졌을 때 앞장서서 팀을 벽 너머로 이끈 군인이 그 순간에는 지도자였다. 그가 훈련이나 전투에서도 이번 시험에서처럼 능력을 발휘할 것이라고 예상하는 게 당연해 보였다. 다른 예상은 우리 눈앞의 증거와 맞지 않았다.

각 군인의 행동에서 우리가 받은 인상이 전반적으로 일관되고 명확한 탓에 우리가 공식적으로 내놓은 예상 역시 분명했다. 머릿속에 대개 똑같은 점수가 떠올랐고, 거기에 좀처럼 의심을 품지 않았으며, 전혀 다른 인상을 받지도 않았다. 우리는 주저 없이 단정했다. "이 사람은 절대 해낼 수 없다." "저 친구는 그저 그렇지만, 무리 없이 해낼 것이다." "그 친구는 스타가 될 것이다." 우리는 예측을 의심하거나, 완화하거나, 모호하게 말할 필요를 못 느꼈다. 그러다가 문제가 생기면 '물론 모든 가능성은 열려 있다'고 말할 준비가 되어 있었다. 개개의 후보에게서 분명한 인상을 받긴 했어도 우리 예상은 대개 부질없다는 것도 잘 알기 때문이다.

우리 예측이 정확하지 않다는 증거는 차고 넘쳤다. 우리는 몇 달에 한 번씩 피드백 시간을 마련해, 사관학교에서 생도들의 행동을 살피고, 우리가 예전에 평가한 내용과 한동안 그들을 지켜본 지휘관의 의견을 비교했다. 결과는 늘 똑같았다. 사관학교에서 그들이 어떤 성과를 낼지 예측하는 우리 능력은 보잘것없었다. 우리 예상은 눈 감고 찍는 것보다 크게 나을 것도 없었다.

우리는 이 실망스러운 소식에 한동안 풀이 죽어 있었다. 하지만 어쨌거나 여기는 군대가 아닌가. 쓸모가 있든 없든, 반복되는 일상을 따라야 하고 명령에 복종해야 한다. 다음 날 또 한 무리의 후보가 도착했다. 우리는 이들을 장애물이 설치된 야외로 인솔해 벽을 마주 보도록 세워놓았고, 이들은 통나무를 들어 올렸다. 그리고 예전처럼 몇 분이 지나 이들의 본성이 드러나는 광경을 똑똑히 지켜보았다. 우리 예측이 형편없다 한들 우리가 후보들을 평가하는 방법은 달라지지 않았고, 판단과 예측에 대한 자신감도 그대로였다.

놀라운 일이다. 우리 예측이 엉터리라는 증거가 나왔으니 후보들을 판단할 때 자신감을 잃어야 마땅한데도 그렇지 않았다. 그 증거에 따라 우리 예측을 조정해야 했지만 역시 그러지 않았다. 우리 예측이 무작위 추측보다 나을 게 없다는 사실을 알면서도 여전히 타당하다고 느끼며 예측을 멈추지 않았다. 내 머릿속에 뮐러리어 착시가 떠올랐다. 두 직선이 길이가 같다는 걸 알면서도 여전히 다르게 보이는 착시다. 나는 두 경우의 유사성에 무릎을 치면서, 여기에 '타당성 착각'이라는 이름을 붙였다. 내 인지 착각을 처음 발견한 순간이었다.

수십 년이 흘러, 내 생각과 이 책의 핵심 주제의 많은 부분을 이 오래된 이야기에서 발견할 수 있었다. 군인이 앞으로 어떤 능력을 발휘할지에 대한 우리 예상은 바꿔치기, 그리고 특히 대표성 어림짐작의 분명한 예였다. 우리는 군인의 행동을 인위적 상황에서 한 시간 관찰한 뒤에 그가 장교 훈련을 어떻게 해낼지, 전투에서 지도력을 어떻게 발휘할지 알 수 있다고 느꼈다. 우리 예상은 전혀 회귀하지 않았다. 우리는 사소한 증거를 가지고 주저 없이 실패와 성공을 예상했다. 보이는 것이 전부였던 셈이다. 우리는 직접 관찰한 행동에서 깊은 인상을 받았고, 그 후보가 장교가 되었을 때의 업무 수행 능력을 결정할 요소가 무엇인지 몰랐지만 그 무지를 반영할 방법도 없었다.

돌이켜볼 때 이 이야기에서 가장 놀라운 점은 예측이 불가능하다는 보편적인 사실을 알면서도 개별 사례에 대한 우리 예측을 여전히 확신했다는 것이다. 이제 와 생각해보면, 그때의 우리 태도는 니스벳과 보기다가 수업 시간에, 발작을 일으킨 낯선 사람을 도와주지 않는 경우가 대다수라고 이야기하자 학생들이 보인 반응과 비슷했다. 그들은 분명 제시된 기저율을 믿었지만, 영상에 나온 사람이 낯선 사람을 도울지 돕지 않을지를 판단하는 데는 그 통계에 영향을 받지 않았다. 니스벳과 보기다가 증명했듯이, 사람들은 일반적 사실에서 좀처럼 특정 사례를 유추하지 않는다.

판단에 대한 주관적 확신은 그 판단이 옳을 확률을 합리적으로 평가한 결과가 아니다. 해당 정보가 조리 있고, 머릿속에서 그 정보를 처리하기가 편안해서 생기는 느낌일 뿐이다. 불확실성을 진지하게 인정해야 하는데도 판단을 확신하는 까닭은 머릿속에서, 꼭 옳지는 않더라도 조리 있는 이야기가 만들어졌기 때문이다.

주식 선별에서 능력 착각

1984년에 나는 아모스 그리고 우리 친구 리처드 세일러Richard Thaler와 함께 월스트리트의 한 회사를 찾아갔다. 이 회사 고위 투자 관리자가 투자에 나타나는 판단 편향을 토론할 목적으로 우리를 초대한 것이다. 나는 투자에 대해 아는 게 거의 없어 그에게 무엇을 물어야 하는지도 몰랐는데, 그때 우리가 주고받은 대화 하나는 아직도 기억한다. "선생님이 주식을 팔면, 누가 사나요?" 내 질문에 그는 몸을 슬쩍 창문 쪽으로 향하며, 구매자는 주식을 파는 자신과 매우 흡사한 누군가가 아니겠느냐는 투로 넌지시 대답했다. 참 이상했다. 왜 누구는 주식을 팔고, 누구는 주식을 사는 걸까? 주식을 판 사람은 주식을 산 사람은 모르고 자기만 아는 게 무엇이라고 생각할까?

이후로 주식시장에 관한 내 의문은 커다란 수수께끼로 굳어졌다. 거대 산업이 '능력 착각'을 기초로 세워진 게 아닐까? 날마다 수십억 주가 거래되는 주식시장에서, 많은 사람이 주식을 사고, 또 많은 사람이 그들에게 주식을 판다. 개별 주식 1억 주 이상이 하루에도 수차례 주인이 바뀌면서 거래되는 일이 허다하다. 주식을 산 사람과 판 사람은 서로 같은 정보를 가지고 있다는 것을 잘 안다. 이들이 주식을 교환하는 주된 이유는 의견이 다르기 때문이다. 주식을 산 사람은 현재 가격이 너무 낮아 오를 가능성이 있다고 생각하는 반면, 판 사람은 현재 가격이 높아 떨어질 가능성이 있다고 생각한다. 여기서 수수께끼는 왜 양측이 똑같이 현재 가격이 잘못되었다고 생각하느냐다. 이들은 무슨 근거로 자기들이 시장보다 주가에 대해 더 잘 안다고 믿는 걸까? 이런 믿음은 거의 다 착각이다.

대체로, 주식시장의 작동 원리를 설명하는 기본 이론은 주식시장에 참여하는 사람이면 누구나 인정한다. 버턴 맬킬Burton Malkiel의 명저 《시장 변화를 이기는 투자A Random Walk Down Wall Street》는 투자 업계에서는 안 읽은 사람이 없을 정도. 맬킬 생각의 핵심은 한 회사의 가치를 알 수 있는 모든 지식과 그 회사 주식의 미래에 관한 최고의 예상을 결합한 것이 바로 주가라는 이야기다. 내일 주가가 오르리라고 믿는다면 오늘 그 주식을 더 많이 사들일 것이다. 그러면 그 영향으로 주가는 올라간다. 만약에 시장에서 모든 자산 가격이 올바르게 책정되었다면, 누구도 거래로 이익이나 손해를 볼수 없다. 가격이 완벽하다면 꾀를 부릴 여지도 없고, 어리석은 짓을 범할 위험도 없다. 그러나 우리는 이제 그 이론이 전적으로 옳지는 않다는 걸 잘 안다. 개인 투자자 중에는 거래에서 줄곧 손해만 보는 사람도 많다. 침팬지가 다트를 던져도 그보다는 낫겠다 싶을 정도다. 이런 놀라운 결과의 증거를 처음 수집한 사람은 한때 내 제자였던 캘리포니아대학 버클리 캠퍼스의 금융 교수 테리 오딘Terry Odean이다.[1]

오딘은 7년에 걸쳐 개인 투자자들이 증권사에 맡긴 1만 개의 위탁 계좌를 대상으로 거래 내역을 연구했다. 여기서 투자자들이 증권사를 통해 거래한

16만 3,000건에 가까운 거래 내역을 낱낱이 분석할 수 있었다. 오딘은 방대한 자료에서 투자자가 어느 주식의 일부를 팔고 곧바로 다른 주식을 사들이는 모든 경우를 찾아냈다. 이런 거래로 투자자는 두 주식의 미래에 대해 명확한 생각을 가지고 있음을 드러낸다. 그러니까 사기로 한 주식은 팔기로 한 주식보다 주가가 오르리라고 예상한 것이다.

이 예상의 근거가 명확한지 알아보기 위해 오딘은 투자자가 판 주식과 새로 산 주식의 수익을 그 거래 이후 1년간 비교해보았다. 결과는 누가 봐도 좋지 않았다. 평균적으로 개인 투자자가 판 주식이 산 주식보다 수익이 연간 무려 3.2퍼센트포인트나 높았다. 그 두 번의 거래에 드는 상당한 비용을 훨씬 웃도는 상당한 차이다.

이 수치는 평균이란 점을 명심하자. 누군가는 이보다 수익이 훨씬 높았고, 누군가는 훨씬 낮았다. 그러나 대다수 개인 투자자에게는 그저 발 씻고 잠이나 자는 편이 머리를 쓰는 것보다 더 나은 방법임은 분명하다. 오딘과 그의 동료 브래드 바버Brad Barber가 이후에 실시한 연구는 그 결론을 뒷받침한다. 이들은 〈주식거래는 당신의 부를 위협한다Trading Is Hazardous to Your Wealth〉라는 논문에서, 주식거래를 매우 활발히 하는 사람들은 평균적으로 수익이 최악인 반면, 거래량이 매우 적은 투자자들이 되레 수익이 가장 높았다고 주장했다. 〈사내들이 다 그렇지Boys Will Be Boys〉라는 논문에서는 무익한 생각을 기초로 행동하는 경우가 여자보다 남자가 월등히 많고, 그 결과 여자가 남자보다 투자 실적이 더 좋다고 주장했다.[2]

물론 어느 거래나 상대편이 있게 마련이다. 일반적으로 기관 투자자와 전문 투자자 들인데, 이들은 개인 투자자가 주식을 팔거나 사면서 저지르는 실수에서 이익을 챙긴다. 바버와 오딘은 이런 실수에 초점을 맞춘 연구도 진행했다. 개인 투자자는 사들인 주식 중에 주가가 오른 주식을 팔아 계속 이익을 보고 싶어 하고, 주가가 떨어진 주식은 계속 쥐고 있으려 한다.[3] 불행하게도 이들에게는 최근에 가치가 오른 주식이 최근에 가치가 떨어진 주식보다 단기적으로 더 실적이 좋아 보여, 이처럼 엉뚱한 주식을 팔아치운다. 주식을 살 때도 문제다. 예상대로 개인 투자자는 세간의 주목을 끄는 회사로 몰린다. 그런 회사가 뉴스에 나오기 때문이다. 전문 투자자는 뉴스를 좀 더 선별적으로 받아들인다.[4] 이런 연구 결과를 보면 금융 전문가들이 자신을 "똑똑한 돈smart money"이라 부르는 것도 괜한 소리는 아니다.

이처럼 전문가는 아마추어에게서 상당한 돈을 빼낼 수 있지만, 해마다 꾸준히 시장보다 높은 수익을 올리는 능력을 갖추고 주식을 고르는 사람은 거의 없다.[5] 그런 능력이나 기술이 있다면 무엇보다도 꾸준히 실적을 올려야 하는데, 펀드매니저 같은 전문 투자자도 그렇지 못하다. 그런 능력이 존재한다면 실적에서 개인차가 꾸준히 드러나야 한다. 논리는 간단하다. 어느 한 해의 개인차가 순전히 운 때문이라면, 투자자나 펀드의 순위가 이랬다저랬다 하고, 전년 대비 상관관계가 제로여야 한다. 그렇지 않고 그런 능력이 실제로 존재한다면 순위는 좀 더 안정적일 것이다. 이런 꾸준한 개인차는 골프 선수, 자동차 판매원, 치과 교정의, 고속도로에서 순식간에 통행료를 걷는 사람이 정말 실력이 있는가를 판가름하는 척도다.

뮤추얼펀드는 경험이 많고 부지런한 전문가들이 운영하는데, 이들은 고객에게 최선의 결과를 내주기 위해 주식을 사고파는 사람들이다. 그럼에도 50년 이상의 연구에서 밝혀진 증거는 분명하다. 펀드매니저 대다수에게도 주식 선별은 포커보다 주사위 굴리기에 가깝다는 것이다. 어느 해든 뮤추얼펀드 셋 중에 적어도 둘은 전반적인 시장의 실적보다 더 낮은 실적을 기록

한다.[6]

더 중요한 점은 뮤추얼펀드 실적에서 전년 대비 상관관계는 제로보다 약간 높은 정도로 매우 낮다는 점이다. 다시 말해, 어느 한 해의 펀드 실적이 높았다면, 주사위 굴리기처럼 주로 운발이라는 뜻이다. 이를 연구한 사람들이 보편적으로 동의한 사실은 주식을 선별하는 거의 모든 사람이 알게 모르게(대개는 자신도 모르게) 운에 좌우되는 게임을 한다는 것이다. 주식을 거래하는 사람들은 주관적 경험을 바탕으로, 불확실성이 높은 상황에서도 자신은 타당한 예측을 한다고 믿는다. 그러나 대단히 효율적인 시장에서 경험 많은 사람들의 예측이 눈 감고 찍는 것보다 더 정확할 것도 없다.

몇 년 전에 금융 능력 착각을 가까이서 살필 드문 기회가 있었다. 대단히 부유한 고객에게 금융 상담과 기타 서비스를 제공하는 회사에서 투자 자문을 하는 사람들을 상대로 강의를 해달라는 요청이 들어왔던 때였다. 나는 강의 준비를 하느라 자료를 요청했다가 작은 보물을 건네받았다. 익명의 재무 설계사 25명의 8년간의 투자 결과를 요약한 스프레드시트였다. 각 설계사의 연간 점수는 연말 보너스를 결정하는 주요 요소였다. 해마다 실적에 따라 설계사들의 순위를 매기고, 그들의 능력에 개인차가 꾸준히 나타나는지, 매해 꾸준히 고객에게 높은 수익을 돌려주는 설계사가 있는지 알아보는 일은 어렵지 않았다.[7]

나는 이 문제에 답하기 위해, 첫 번째 해와 두 번째 해, 첫 번째 해와 세 번째 해, 그리고 일곱 번째 해와 여덟 번째 해에 이르기까지, 두 해씩 짝을 지어 그 두 해의 순위를 놓고 상관계수를 계산했다. 그러면 각 쌍에 한 개씩, 모두 28개의 상관계수가 나온다. 나는 관련 이론을 알고 있었고, 설계사에게 일정한 능력이 있다는 명확한 증거는 나오지 않으려니 예상하고 있었다. 그렇다 해도 상관계수 28개의 평균이 0에 가까운 0.01로 나오자 깜짝 놀랐다. 능력 차이를 암시하는 일정한 상관관계가 나오지 않은 것이다. 능력 게임이 아니라 주사위 굴리기에서나 나올 법한 결과다.

그 회사에서 주식 선별 게임의 본질을 아는 사람은 없는 것 같았다. 설계사들은 스스로를 진지한 일을 수행하는 유능한 전문가라 느꼈고, 그들의 상사도 그렇게 생각했다. 세미나 전날, 리처드 세일러와 나는 회사의 고위 경영자 몇 사람과 함께 저녁식사를 했다. 보너스 액수를 결정하는 사람들이었다. 우리는 그들에게 설계사 순위에서 전년 대비 상관관계가 어느 정도로 나왔을지 맞혀보라고 했다. 그들은 결과를 안다는 듯 웃으며, "아주 높지는 않을 것"이라거나 "실적은 분명 들쭉날쭉할 것"이라고 대답했다. 그러나 누구도 상관관계 평균이 제로라고는 예상하지 못했다.

우리가 경영자들에게 던진 메시지는, 적어도 포트폴리오에서는, 즉 금융 자산 구성에서는 회사가 운을 마치 능력인 양 여겨 포상하고 있다는 것이었다. 그들은 이 말에 충격을 받아야 마땅한데도 그러지 않았다. 그렇다고 우리를 불신하는 눈치는 아니었다. 그럴 수야 없지 않은가? 어쨌거나 우리는 그들의 자료를 분석했고, 그들은 그 분석이 의미하는 것을 알고도 남을 사람들이어서 우리는 정중하게, 자세한 설명은 덧붙이지 않았다. 그리고 다들 조용히 저녁식사를 계속했다. 나는 그 회사가 우리 연구 결과와 의미를 재빨리 묻어버린 채 예전과 다름없이 하던 일을 계속했으리라 의심치 않는다. 능력 착각은 개인의 오해에 그치지 않는다. 이 착각은 금융계 전반에 깊이 뿌리내렸다. 아주 기본적인 가정에 도전하는 (따라서 사람들의 생계와 자긍심을 위협하는) 사실들은 쉽게 무시된다. 우리 정신세계는 그런 사실을 흡수하지 못한다. 이런 성향은 실적을 통계로 분석한 연구에서 특히 두드러지는데, 기저율 정보를 제공해도 사람들은 그것이 자신의 경험과 배치될 때 쉽게 무시해버린다.

다음 날 아침, 우리는 연구 결과를 재무 설계사들에게 보고했고, 그들 역시 시큰둥한 반응을 보였다. 그들에게는 복잡한 문제를 주의 깊게 판단한 자신의 경험이 모호한 통계적 사실보다 훨씬 더 설득력이 있었다. 일이 끝난 뒤, 전날 함께 저녁식사를 했던 경영자 한 사람이 우리를 공항까지 태워다 주었다. 그는 방어적인 투로 말했다. "저는 이제까지 회사에 기여한 바가 큽니다. 누구도 그걸 뺏을 수 없어요." 나는 미소만 지을 뿐 아무 말도 하지 않았다. 그리고 생각했다. '내가 오늘 아침 그걸 빼앗았군. 당신의 성공이 주로 운발이었다면, 당신이 정당하게 받을 몫이 얼마나 될까?'

능력 착각과 타당성 착각의 근거는 무엇인가?

인지 착각은 착시보다 더 완강할 수 있다. 뮐러리어 착시를 알고부터는 두 선을 바라보는 방식을 바꾸지는 못해도 그것에 반응하는 행동은 바꿀 수 있었다. 이제는 화살표처럼 생긴 두 선의 길이를 보이는 대로 믿을 수 없다는 사실을 알았고, 전형적인 뮐러리어식 그림을 대할 때는 눈앞에 보이는 것을 믿을 수 없다는 사실도 알았다. 따라서 선의 길이를 질문받았다면, 눈앞에 보이는 착시가 아니라 알고 있는 지식대로 대답할 것이다. 그런데 군대에서 우리의 지도력 평가가 타당성이 매우 낮다는 사실을 알았을 때, 나와 동료는 머리로는 그 사실을 인정하면서도 이후에 우리 느낌이나 행동은 달라지지 않았다. 우리가 앞서 금융 회사에서 마주쳤던 반응은 더욱 극단적이었다. 나와 세일러가 경영진과 금융자산 관리자들에게 전달한 메시지는 곧바로 기억의 어두운 구석으로 치워져, 그 잠재적 위험이 차단되었다.

투자자들은 아마추어건 전문가건 왜 한결같이 자신이 시장보다 더 좋은 실적을 낼 수 있다고 굳게 믿는 것일까? 그 믿음은 그들 대다수가 인정하는 경제 논리에도 어긋나고, 개인적 경험을 냉철히 평가하면 알 수 있는 것들과도 맞지 않는다. 금융계에서 능력 착각이 만연하고 지속되는 이유를 설명하려면 이 책 앞에서 다룬 많은 주제를 다시 동원해야 한다.

그 착각의 가장 큰 심리적 원인은 주식을 선별하는 사람들은 대단한 능력이 필요한 일을 한다는 생각이다. 이들은 경제 자료와 전망을 참고하고, 손익계산서와 대차대조표를 살피고, 최고 경영진의 자질을 평가하고, 경쟁을 가늠한다. 이 모두가 광범위한 훈련이 필요한 진지한 작업이며, 따라서 이를 해내는 사람이라면 그런 능력을 발휘한 직접적인 (그리고 타당한) 경험을 가지고 있지 않겠는가. 안타깝게도 한 회사의 사업 전망을 내놓는 능력만으로는 주식거래에서 성공하기 어렵다. 주식시장의 핵심 질문은 그 회사에 대한 정보가 그곳 주가에 반영되었느냐다. 주식을 거래하는 사람들은 이 중요한 질문에 대답할 능력이 안 되는 게 분명한데도, 자신의 무지에 무지한 듯하다. 내가 장애물 시험을 지켜보며 깨달았듯이, 주식을 거래하는 사람들의 주관적 확신은 느낌일 뿐 판단이 아니다. 우리가 알고 있는 인지적 편안함과 연상적 일관성에 비춰볼 때, 주관적 확신은 시스템 1의 영역이 분명하다.

마지막으로 타당성 착각과 능력 착각은 막강한 전문가 사회의 지지를 받는다. 사람들은 아무리 터무니없는 제안도 자신과 뜻이 맞는 사람들이 지지하는 제안이라면 확고한 믿음을 갖는다. 금융계 전반의 전문성을 생각할 때, 그 업계 사람들 다수가 자신은 다른 사람이 못하는 것을 할 수 있는 소수의 선택된 사람이라고 믿는 것도 그다지 새삼스럽지 않다.

전문가의 착각

과거를 쉽게 설명하다 보니, 미래는 예측할 수 없다는 생각마저 날마다 조금씩 흔들린다. 나심 탈레브가 《블랙 스완》에서 지적했듯이, 과거의 서사를 일관되게 지어내고 믿는 성향 탓에 우리는 예측력의 한계를 받아들이기가 힘들다. 모든 일은 지나고 보면 이해가 된다. 금융 전문가는 저녁마다 그날 일어난 일들을 그럴듯하게 설명한다. 우리도 다 지난 오늘에서야 이해한 것을 어제 이미 예견할 수 있었다고 느끼는 강한 직관을 억누르지 못한다. 과거를 이해한다는 착각은 미래를 예견하는 능력을 과신하게 만든다.

'역사의 행군'이라는 흔히 사용되는 이미지는 질서와 방향을 암시한다. 행군은 한가로이 걷는 행위와 달리 무작정 걷는 것이 아니다. 우리는 대규모 사회운동과 문화적, 기술적 발전에 초점을 맞추거나 위대한 소수의 의도와 능력에 초점을 맞춰 과거를 설명할 수 있어야 한다고 생각한다. 거대한 역사적 사건이 운으로 결정된다는 생각은 비록 그것이 명백한 사실이라도 충격 그 자체다. 대규모 사회운동을 포함한 20세기 역사를 생각할 때 히틀러, 스탈린, 마오쩌둥을 빼놓고 생각하기 어렵다. 그러나 난자가 수정되기 직전에, 나중에 히틀러가 되는 배아가 여성이 될 수도 있는 확률이 50퍼센트인 순간이 있었다. 이를 앞의 세 인물에 모두 대입하면, 20세기에 세 인물 중 누구도 태어나지 않았을 확률은 8분의 1이었다. 그리고 이들이 없었다면 역사는 사뭇 달라졌을 것이다. 그러나 세 개의 난자가 그런 식으로 수정되어 중대한 결과가 생겼고, 따라서 장기적 상황 전개가 예측 가능하다는 생각은 실없는 생각일 뿐이다.

그러나 타당한 예측이 가능하다는 착각은 금융계뿐 아니라 사업계와 정치계에서도 예측으로 먹고사는 사람들 사이에 널리 퍼져 있다. 방송사와 신문사는 가까운 과거를 논평하고 미래를 예언하는 것이 직업인 전문가들을 패널로 초청한다. 시청자나 독자는 어느 정도 권위 있는, 아니면 적어도 대단히 통찰력 있는 정보를 얻었다는 느낌을 받는다. 전문가들과 그들을 옹호하는 사람들은 전문가가 그런 정보를 제공한다고 철석같이 믿는 게 분명하다. 펜실베이니아대학 심리학자 필립 테틀록Philip Tetlock은 20년간의 획기적 연구 결과를 정리해 2005년에 《전문가의 정치 판단: 얼마나 유용하고, 그 유용성을 어떻게 알 수 있을까?Expert Political Judgment: How Good Is It? How Can We Know?》라는 책을 내어, 소위 전문가라는 사람들의 예측을 설명했다. 테틀록은 이 주제와 관련한 이후 토론의 조건을 정한 셈이다.

테틀록은 "정치적, 경제적 추세를 두고 논평이나 조언을 하는 것"이 직업인 사람들 284명을 인터뷰했다. 그러면서 이들의 전문 분야와 이들이 잘 모르는 분야에서 어떤 사건이 그다지 멀지 않은 시기에 일어날 확률을 추정해보라고 했다. 고르바초프가 쿠데타로 축출되겠는가? 미국이 페르시아만에서 전쟁을 일으키겠는가? 특정 국가가 다음에 대규모 신흥 시장으로 떠오르겠는가? 테틀록은 이런 예측을 8만 건 넘게 모았다. 그리고 이들에게 어떻게 그런 결론을 내렸는지, 결론이 틀리면 어떻게 반응하는지, 자신의 입장과 상반된 증거를 어떻게 평가하는지도 함께 물었다. 응답자들은 각 질문마다 다음의 세 가지 결과를 놓고 대략의 확률을 추정해야 했다. 현상 유지냐, 정치적 자유 또는 경제성장 등을 더 이루겠느냐, 그런 것에서 더 멀어지겠느냐.

결과는 참담했다. 전문가들은 세 가지 결과에 똑같은 확률을 부여하는 것보다도 나쁜 결과를 내놓았다. 특정 주제를 연구하는 게 직업인 사람들이 원숭이가 다트를 던져 결국은 확률이 고르게 분포되는 것보다도 못한 예측을 내놓은 꼴이다. 전문가는 자신이 가장 잘 아는 영역에서조차 비전문가보다 크게 나을 게 없었다.

어떤 분야를 조금 더 아는 사람은 그보다 덜 아는 사람보다 아주 약간 더 나은 예측을 내놓는다. 그런데 가장 잘 아는 사람은 신뢰도가 오히려 떨어지는 경우가 종종 있다. 그 이유는 많은 지식을 습득한 사람은 자신의 능력을 더 많이 착각해 비현실적으로 자신만만해지기 때문이다. "우리는 지식의 한계 예상 수확 체감 지점에 순식간에 도달한다." 테틀록의 말이다. 그는 이렇게도 말한다. "지식이 고도로 전문화한 시대에는 새롭게 불거진 상황을 '읽는 능력'에서 주요 신문사의 기고자들(저명한 정치학자, 지역연구 전문가, 경제학자 등)이 〈뉴욕 타임스〉의 수준 높은 독자나 기자보다 조금이라도 더 낫다고 말할 근거가 없다." 유명한 사람의 예측일수록 예측은 더 화려했다. "잘나가는 전문가들은 세간의 주목을 받지 못한 채 근근이 살아가는 동료보다 과신 정도가 심하다."[8]

테틀록의 연구에 따르면, 전문가는 좀처럼 잘못을 시인하지도 않는다. 마지못해 오류를 인정해야 할 때면, 타이밍이 적절치 못했을 뿐이라는 둥, 예상할 수 없는 사건이 끼어들었다는 둥, 예상은 빗나갔지만 그럴 수밖에 없는 이유가 있었다는 둥 온갖 변명을 갖다 붙인다. 전문가도 결국은 인간일 뿐이다. 자신의 화려함에 도취되고, 잘못을 죽어도 인정하지 않는다. 전문가는 무엇을 생각하느냐가 아니라 어떻게 생각하느냐에 따라 길을 잃고 헤맬 수 있다고 테틀록은 말한다. 테틀록은 이사야 벌린Isaiah Berlin이 톨스토이에 관한 수필 〈고슴도치와 여우The Hedgehog and the Fox〉에서 썼던 말을 인용한다. 고슴도치들은 "중요한 것 하나를 알고" 세상을 보는 이론을 가지고 있어서, 특정 사건을 논리적으로 일관된 틀로 설명하고, 자기처럼 세상을 바라보지 않는 자들을 도저히 참지 못하며, 자기 예상을 확신한다. 특히 오류를 절대 인정하지 않는다. 고슴도치들에게 빗나간 예측이란 거의 항상 "타이밍의 문제"거나 "거의 맞을 뻔한" 예측일 뿐이다. 이들은 생각이 분명하고, 의견을 굽히는 법이 없는데, 프로듀서가 방송에서 원하는 것이 바로 그것이다. 어떤 문제를 놓고 의견이 다른 두 고슴도치가 서로 상대의 어리석은 생각을 공격한다면, 방송 프로그램으로는 제격이다.

반면에 여우들은 복잡한 사상가다. 이들은 중요한 것 하나가 역사의 행군을 이끈다고 생각하지 않는다(예를 들어 이들은 로널드 레이건이 소련에 당당히 맞서 냉전을 손쉽게 종결하는 모습을 받아들이지 않을 것이다). 여우들은 현실에서는 운을 포함한 여러 동력과 행위자가 무수히 상호작용하고 때로는 예상치 못한 큰 결과가 나타난다는 점을 인정한다. 테틀록의 연구에서, 실적은 여전히 보잘것없지만 가장 높은 점수를 얻은 것은 바로 이 여우들이다. 하지만 이들은 고슴도치들보다 텔레비전 토론에 초대될 가능성이 낮다.

전문가 잘못이 아니라 세상이 복잡한 탓

이 20장의 핵심은 미래를 예측하다 보면 오류를 많이 저지른다는 것이 아니다. 그건 새삼 말할 필요가 없다. 20장에서 배울 점 하나는 세상은 예측 불가능해서 예측 오류는 불가피하다는 것이다. 또 하나는 자기 생각에 강한 확신이 든다고 해서 그 확신을 정확성으로 해석해 신뢰해서는 안 된다는 것이다(오히려 낮은 확신이 더 유익할 수 있다).

단기적 추세는 예측할 수 있고, 앞선 행동과 성과로 앞으로의 행동과 성과를 제법 정확하게 예측할 수도 있다. 그러나 장애물 시험에서 나타난 행동으로 장교 훈련이나 전투에서 어떤 성과를 낼지 예측해서는 안 된다. 시험이나 현실에서의 행동은 당시 상황에만 해당하는 많은 요소로 결정된다. 여덟 명의 후보로 구성된 팀에서 자기주장이 강한 한 사람을 빼보라. 그러면 나머지 사람들의 성격은 달라질 것이다. 저격수의 총알이 단지 몇 센티미터만 빗나가도 하마터면 끝장났을 장교가 성과가 높은 장교로 남을 수 있다. 모든 시험의 타당성을 전부 부정하는 것은 아니다. 어떤 시험이 아주 중요한 결과를 예견하고 그 타당성이 0.20 또는 0.30이라면, 그 시험은 현실에 적용할 수 있다. 하지만 그 이상의 기대는 금물이다. 월스트리트에서 시장보다 더 정확하게 미래의 주가를 예상하려는 희망을 가지고 주식을 고르는 사람이 있다면, 그 사람에게 기대를 걸어서는 안 된다. 그리고 장기 예상을 내놓는 전문가에게 많은 것을 기대해서도 안 된다. 그들이 비록 가까운 미래를 바라보는 값진 혜안을 가졌을지라도 마찬가지다. 예상 가능한 미래와 예상 불가능한 먼 미래는 여전히 구별할 필요가 있다.

능력 착각과 관련한 말들

"그는 기록을 보건대 그 병이 어떻게 진전될지 예측이 거의 불가능하다고 말한다. 그의 확신은 어디서 나오는 걸까? 아마도 타당성 착각에 사로잡힌 것 같다."

"그 여자는 논리적으로 일관된 이야기로 자기가 아는 모든 것을 설명하고, 그 일관성에 마음이 편안해진다."

"그는 무슨 근거로 자기가 시장보다 더 똑똑하다고 믿는 걸까? 능력 착각에 빠진 건 아닐까?"

"그 여자는 고슴도치다. 모든 것을 설명할 이론을 가지고 있으며, 그 덕에 세상을 이해한다는 착각에 산다."

"문제는 그 전문가들이 충분한 훈련을 받았느냐가 아니라 그들의 세계가 예측 가능하냐다."

21

직관 대 공식

폴 밀 Paul Meehl은 낯설고 경이로운 인물로, 20세기의 다재다능한 심리학자로 손꼽힌다. 미네소타대학에서 교수로 임명될 때 그의 관련 분야는 심리학, 법학, 정신과학, 신경학, 철학이었다. 그는 종교, 정치학, 그리고 쥐의 학습을 주제로 글을 쓰기도 했다. 통계에도 뛰어난 그는 임상심리학의 공허한 주장을 맹렬히 비판했으며, 정신분석 전문의로도 활동했었다. 심리학 연구의 철학적 기반에 관해서도 진지한 글을 썼는데, 나는 대학원생 시절에 그 글을 외우다시피 했었다. 밀을 직접 만난 적은 없지만, 그가 쓴《임상 예측 대 통계 예측: 이론 분석과 증거 검토 Clinical vs. Statistical Prediction: A Theoretical Analysis and a Review of the Evidence》를 읽은 뒤로 그는 내 영웅이 되었다.

그가 나중에 "당혹스러운 내 작은 책"이라고 부른 이 얇은 책에는 훈련된 전문가의 주관적 느낌에 의존한 '임상 예측'이 일정한 규칙에 따라 몇 가지 점수와 순위를 조합해 만든 '통계 예측'보다 정확한지를 분석한 연구 20가지가 실렸다. 이 중에는 훈련된 상담사들이 대학 신입생들의 기말 학점을 예측하는 전형적인 연구도 있었다. 상담사들은 각 학생을 45분씩 면담하고 학생의 고등학교 성적, 몇 가지 적성검사 결과, 네 페이지 분량의 자기소개서도 살펴보았다. 반면에 통계 알고리즘을 이용한 예측에는 고등학교 성적과 한 가지 적성검사 결과만 이용됐다. 그런데도 이 통계 예측이 열네 명의 상담사 중에 열한 명의 예측보다 정확했다. 밀은 이 외에 가석방 규정 위반, 비행 조종 훈련 성패, 상습적 범행 등 다양한 예측에서도 비슷한 결과를 내놓았다.

밀의 책은 당연히 임상심리학자들 사이에서 충격과 불신을 불러일으켰고, 이때 촉발된 논란은 이 책이 출간된 지 50여 년이 지난 지금까지도 수많은 연구로 이어졌다. 임상 예측과 통계 예측을 비교한 연구는 거의 200건에 이르지만, 통계 알고리즘과 인간의 대결은 늘 같은 결과를 낳았다. 연구의 약 60퍼센트에서 알고리즘이 훨씬 더 정확했고 그 외에는 무승부였는데, 무승부는 통계의 승리나 마찬가지다. 통계 공식을 이용하면 전문가의 판단을 이용할 때보다 비용이 훨씬 덜 드는 게 보통이기 때문이다. 이에 대한 이렇다 할 예외는 아직 나오지 않았다.

결과를 예측하는 범위는 매우 다양해졌다. 암 환자 수명, 입원 기간, 심장병 진단, 영아돌연사망증후군에 걸릴 위험 같은 의학 변수부터 새로운 사업의 성공 전망, 은행의 신용 위험 평가, 노동자의 미래 직업 만족도 같은 경제 변수, 그리고 양부모로서의 적절성 평가, 비행 청소년의 상습 재범 가능성, 기타 폭력적 행위를 할 가능성 같은 정부 기관의 관심사, 그밖에 과학 발표 평가, 축구 경기 승자, 보르도 와인의 미래 가격에 이르기까지. 이런 영역은 불확실성도 매우 크고 예측도 거의 불가능하다. 우리는 이런 분야를 "타당성이 낮은 환경"이라 부른다. 이런 환경에서는 전문가가 단순한 알고리즘에 비해 예측 정확도가 같거나 오히려 낮았다.

밀은 책을 펴낸 지 30년이 지나 당당하게 이렇게 지적했다. "이처럼 양적으로 대단히 다양한 연구가 한결같이 책에서 언급한 연구와 동일한 방향으로 결론이 난 사회과학에서 논란은 있을 수 없다."[1]

프린스턴대학 경제학자이자 와인 애호가인 올리 아센펠터 Orley Ashenfelter 는 세계적으로 저명한 전문가를 능가하는 단순한 통계의 힘을 설득력 있게 증명했다. 그는 좋은 보르도 와인의 미래 가치를 와인이 제조된 해에 이용 가능한 정보로 예측하고 싶었다. 이 문제가 중요한 이유는 좋은 와인은 최고 품질에 이르기까지 숙성되려면 여러 해가 걸리고, 따라서 같은 포도밭에서 생산된 와인이라도 가격은 생산 연도에 따라 천차만별이기 때문이다. 단 12개월 차이가 가치를 열 배 이상 차이 나게 할 수 있다.[2] 와인의 미래 가격을 예측하는 능력은 대단히 중요하다. 투자자는 와인 가격이 오를 것이라는 기대로 마치 미술품을 구매하듯 와인을 사들이기 때문이다.

와인 생산 연도별 차이는 오로지 포도 성장기의 날씨 변화 때문이라는 게 일반적인 견해다. 여름이 덥고 건조할 때 최고의 와인이 생산되는데, 그렇다면 보르도 와인 업계는 지구온난화의 수혜자가 되는 셈이다. 여기에다 봄이 습하면 포도 질과는 무관하게 생산량이 증가한다. 아센펠터는 이런 통상적 지식을 이용해 (특정한 특성별, 숙성 기간별) 와인 가격을 예측하는 통계 공식을 만들었는데, 여기에 동원된 세 가지 날씨 특성은 포도 성장기인 여름의 평균 기온, 수확기의 강수량, 직전 겨울의 총 강수량이다. 그가 만든 공식은 앞으로 수년 뒤, 나아가 수십 년 뒤의 가격을 정확히 예측한다. 이 예상가는 오래 숙성되지 않은 와인의 현재 가격으로 예상하는 것보다 훨씬 더 정확하다. 폴 밀의 주장을 증명하는 이 새로운 예는 와인의 초기 가격 결정에 영향을 미치는 전문가들의 능력에 도전한다. 그리고 가격은 날씨를 비롯해 가능한 모든 정보를 반영해야 한다는 경제 이론에도 도전한다. 아센펠터 공식은 대단히 정확해서 공식에서 나온 예상가와 실제 가격의 상관관계는 0.90이 넘는다.

왜 전문가가 알고리즘보다 못할까? 밀이 예상하는 한 가지 이유는 전문가는 머리를 쓰려고 애쓰고, 틀을 벗어나 생각하고, 여러 변수를 복잡하게 조합해 예측을 내놓기 때문이다. 복잡함이 더러는 통할 수도 있지만, 대개는 타당성을 떨어뜨린다. 차라리 단순히 특성을 몇 가지 결합하는 편이 나을 때가 많다. 여러 연구에서 인간의 결정은 예측 공식의 결정보다 못하다고 나타났는데, 심지어 그 공식에서 나온 수치를 인간에게 보여줘도 마찬가지다. 인간은 관련 정보를 더 많이 가지고 있어서 공식을 이길 수 있다고 생각하지만, 그렇지 않은 때가 더 많다. 밀에 따르면, 공식 대신 판단을 이용하는 편이 나은 경우는 거의 없다. 밀은 유명한 사고실험에서 어떤 사람이 오늘 밤 영화를 보러 갈지 예측하는 공식을 설명하면서, 그 사람이 오늘 다리가 부러졌다는 정보가 들어왔다면 공식을 무시해야 옳다고 지적했다. 여기서 "부러진 다리 규칙"이라는 이름이 붙었다. 물론 이 말의 요점은 다리가 부러지는 경우는 결정적이기도 하지만 대단히 드물다는 것이다.

전문가의 판단이 공식보다 못한 또 다른 이유는 인간은 복잡한 정보를 가지고 빠른 판단을 내릴 때 변덕이 심하기 때문이다. 같은 정보를 두 번 평가하게 하면 다른 답을 내놓는 일도 흔하다. 변덕의 정도는 종종 심각한 우려 대상이 되기도 한다. 흉부 엑스레이 사진을 보고 '정상' 또는 '비정상'이라고 판단하는 경험 많은 방사선 전문의들에게 똑같은 엑스레이 사진을 다른 상황에서 보여주면 20퍼센트는 다른 답을 내놓는다.[3] 회계감사원 101명에

게 기업 내부 감사의 신뢰도를 평가하게 한 연구에서도 일관성이 없는 정도
가 비슷하게 나타났다.[4] 그런가 하면 회계감사원, 병리학자, 심리학자, 조직
관리자, 기타 전문가들의 판단 신뢰도를 조사한 연구 41건을 검토한 결과,
판단이 들쭉날쭉한 경우는 흔하며 심지어 똑같은 사례를 불과 몇 분 만에 다
시 검토하게 해도 판단이 달라지기도 한다는 것을 알 수 있었다.[5] 신뢰할 수
없는 판단이라면 무엇을 예측하든 타당한 예측이 될 수 없다.

이처럼 들쭉날쭉한 판단이 만연한 이유는 아마도 시스템 1이 전후 맥락에
지나치게 의존하기 때문일 것이다. 우리는 주변에 존재하는 눈에 띄지 않는
자극이 우리 생각과 행동에 상당한 영향을 미친다는 것을 점화 효과 연구에
서 배워 알고 있다. 이런 영향은 매순간 변동이 심하다. 더운 날 시원한 바람
이 스칠 때 순간적 기쁨을 느껴, 그 순간만큼은 무엇이든 좀 더 긍정적이고 낙
관적으로 평가할 수 있다. 가석방 심사를 할 때 도중에 식사를 하거나 간식을
먹다 보면 가석방 승인 여부가 달라질 수도 있다.[6] 우리는 머릿속에서 무슨 일
이 일어나는지 알 수 없는 탓에 주변 여건의 미세한 변화로 우리 판단이나 결
정이 달라졌을 수 있다는 사실을 스스로는 절대 눈치채지 못할 것이다. 그런
데 공식은 이런 문제와 무관하다. 투입된 정보가 같으면 공식은 언제나 똑같
은 답을 내놓는다. 예측 가능성이 낮은 상황에서(밀과 동료들이 검토한 대부분의
연구가 그랬다) 예측이 들쭉날쭉하다면 예측 타당성에 심각한 타격이 된다.

이 연구가 암시하는 결론은 놀랍다. 예측 정확도를 극대화하려면 최종 판
단은 공식에 맡겨라! 타당성이 낮은 환경에서는 더욱 그러하다. 예를 들어
의대 입학 허가 결정에서, 흔히 최종 판단은 지원자를 면접하는 교수 손에
달렸다. 그런데 면접 교수가 최종 입학까지 결정한다면, 면접이 입학생 선
발의 정확성을 떨어뜨리기 쉽다. 이 추측의 증거는 단편적이지만 근거는 명

확하다. 면접 교수는 자신의 직관을 과신해 개인적 느낌에 지나치게 무게를 두고 다른 정보는 너무 가볍게 여겨, 판단의 타당성이 떨어진다.[7] 마찬가지로 숙성이 덜 된 와인의 질을 평가해 미래 가격을 예측하는 전문가가 의지하는 정보원은 다름 아닌 와인 시음인데, 이 정보는 예측의 질을 높이기보다는 떨어뜨릴 게 거의 확실하다. 날씨가 와인의 질에 미치는 영향을 전문가들도 잘 안다 한들, 공식처럼 판단의 일관성을 유지하기는 어렵다.

밀의 최초 연구 이후 현장에 나타난 가장 중요한 발전은 로빈 도스의 유명한 논문 〈부적절한 선형 모형이 결정에 기여하는 강력한 장점The Robust Beauty of Improper Linear Models in Decision Making〉이다.[8] 사회과학에 널리 퍼진 통계 방식은 지금은 흔한 소프트웨어로 자리 잡은 '다중 회귀multiple regression'라 불리는 알고리즘에 따라 여러 예측 변수에 적절한 가중치를 부여하는 것이다. 논쟁의 여지가 없는 다중 회귀는 여러 예측 변수에 서로 다른 가중치를 부여해 한데 결합하는 최적의 공식을 찾아낸다. 그런데 도스가 관찰한 결과, 그런 복잡한 통계 알고리즘은 도움이 되지 않는다. 그보다는 결과를 예측하고 가치를 조정하기에 적절한 수치 몇 개를 선별해 (표준 점수나 순위를 이용해) 그것만 비교해도 충분하다. 그 몇 가지 예측 변수에 동일한 가중치를 부여해 결합하는 공식으로도, 애초의 표본에 최적화된 다중 회귀 공식만큼 새로운 사례를 정확하게 분석할 수 있다. 좀 더 최근의 연구는 여기서 한 걸음 더 나아가, 모든 예측 변수에 똑같은 가중치를 적용하는 공식이 더 나은 때가 많다는 사실을 보여준다. 이렇게 하면 표본을 추출할 때 생기는 문제에 영향을 받지 않기 때문이다.[9]

동일한 가중치를 부여해도 아무 문제가 없다는 놀라운 결과는 현실적으로 중요한 점을 시사한다. 미리 통계조사를 하지 않아도 유용한 알고리즘을 만들 수 있다는 것이다. 기존 통계나 상식에 기초한 동일 가중치의 단순한 공식만으로도 의미 있는 결론을 예측하는 매우 유용한 도구가 될 수 있다. 도스가 제시한 인상적인 사례 하나는 아래 공식으로 결혼 생활의 안정성을 얼마든지 예측할 수 있다는 주장이다.

성관계 횟수 - 부부 싸움 횟수

여기서 마이너스 결과가 나오길 바라는 사람은 없을 것이다.

이 연구의 중요한 결론은 급하게 대충 만든 알고리즘이라도 최적의 가중치를 부여한 공식과 견주어 손색이 없을 때가 종종 있으며, 전문가의 판단을 능가하는 경우가 많다는 것이다. 이 논리는 자산 관리자의 주식 선별부터 의사나 환자의 치료법 선택에 이르기까지 많은 영역에 적용할 수 있다.

이 방법을 적용한 고전적 사례 하나는 신생아 수십만 명의 목숨을 구한 단순한 알고리즘이다. 태어나 몇 분 동안 정상적으로 숨을 쉬지 않는 아이는 뇌 손상이나 사망에 이를 위험이 높다는 것은 산부인과 의사들 사이에 널리 알려진 사실이었다. 1953년에 마취과 의사 버지니아 애프거Virginia Apgar가 개입하기 전까지, 의사와 산파 들은 아기에게 문제가 없는지를 임상적으로 판단했다. 이때 의사마다 주목하는 신호가 달랐는데, 어떤 의사는 호흡 곤란을 살폈고 어떤 의사는 아기가 얼마나 빨리 울음을 터뜨리는지를 살폈다. 이처럼 정해진 절차가 없다 보니 종종 위험신호를 놓쳤고, 많은 신생아가 죽어갔다.

하루는 아침식사 중에 어느 레지던트가 애프거 박사에게 어떤 식으로 신생아를 체계적으로 검사하느냐고 물었다.[10] 애프거는 "간단해. 이렇게 하면 돼"라며, 다섯 가지 변수(심장박동 수, 호흡, 반사, 근육 긴장도, 혈색)와 세 가지 점수(각 변수의 정도에 따라 0, 1, 2)를 적었다. 애프거는 모든 분만실에서 이 절차를 사용하면 획기적인 변화가 오겠다는 생각에, 아기가 태어나고 1분 뒤에 이 규칙에 따라 아기를 점검하기 시작했다. 총점이 8점 이상이라면 혈색이 분홍빛에, 몸을 꼼지락거리고, 울음을 터뜨리고, 얼굴을 찡그리고, 맥박이 100이상으로 건강한 상태일 것이다. 반면에 4점 이하라면 푸른빛이 돌고, 몸이 처지고, 활기가 없고, 맥박은 느리거나 약해서 즉각적인 조치가 필요할 것이다. 분만실 사람들은 애프거 점수를 적용하면서 마침내 아기의 상태를 점검하는 일관된 기준을 갖추게 되었고, 이 공식은 신생아 사망률 감소에 크게 기여했다. 애프거 검사는 지금도 분만실에서 날마다 사용된다. 아툴 가완디Atul Gawande가 최근에 내놓은《체크! 체크리스트A Checklist Manifesto》에는 체크리스트 활용과 단순한 규칙 준수의 장점을 보여주는 사례가 많이 실렸다.[11]

알고리즘에 대한 적대감

임상심리학자들은 밀의 의견에 처음부터 적대감과 불신을 보였다. 이들은 장기 예측을 내놓는 자신의 능력을 믿으며 능력 착각에 빠졌던 게 분명하다. 가만히 생각해보면 이런 착각이 어떻게 생겨났는지 쉽게 알 수 있고, 밀의 연구에 대한 임상의들의 반감에 쉽게 공감이 간다.

임상의는 자신이 내린 판단의 정확도를 날마다 확인하는데, 통계는 그런 현실을 반박하며 임상 처치의 부정확함을 증명한다. 심리학자들은 환자를 직접 치료하면서 많은 직감을 터득하고, 그에 따라 환자가 심리치료에 어떻게 반응할지, 다음에 어떤 일이 일어날지 추측한다. 이 직감의 많은 부분이 옳다고 입증되고 있고, 이는 임상 기술의 현실을 잘 보여준다.

문제는 면담 치료로 단기 예측을 할 때는 치료사들이 다년간의 경험을 바탕으로 정확한 판단을 내리는 반면에, 환자의 미래를 장기적으로 예측할 때는 치료사들도 번번이 실패한다는 것이다. 장기 예측은 훨씬 어려운 일이어서 최고의 공식도 기껏해야 그런대로 괜찮은 결과를 낼 뿐이며, 장기적인 피드백을 받기까지는 여러 해가 걸리는 탓에 임상의도 이를 제대로 배울 기회가 없었다. 그러나 임상의가 잘할 수 있는 일과 절대 잘할 수 없는 일의 구분은 명확치 않으며, 임상의 본인도 그 구분이 모호할 것이다. 이들은 자신의 능력을 확신하지만, 능력의 한계를 안다고 확신할 수는 없다. 그러다 보니 몇 가지 변수를 기계적으로 조합해도 미묘하고 복잡한 인간의 판단을 능가할 수 있다는 생각이 경험 많은 임상의에게는 말도 안 되는 거짓처럼 보이는 것도 무리는 아니다.

임상 예측과 통계 예측의 장점을 둘러싼 논쟁에는 언제나 도덕적 문제가 포함된다. 경험 많은 임상의가 통계적 방법을 비난하며 쓰는 말을 밀은 이렇게 옮겼다. "기계적이다, 원자론적이다, 부가적이다, 확정적이다, 인위적이다, 비현실적이다, 무작위적이다, 불완전하다, 수명이 다했다, 현학적이다, 파편적이다, 시시하다, 강압적이다, 정적이다, 피상적이다, 고지식하다, 무익하다, 학술적이다, 사이비 과학 같다, 무조건적이다." 반면에 임상을 지지하는 사람들은 임상 처치를 이렇게 칭송한다. "역동적이다, 보편적이다, 의미 있다, 전체적이다, 미묘하다, 공감이 잘된다, 맞춤형이다, 유형화되었다, 체계적이다, 풍부하다, 깊이 있다, 진실하다, 민감하다, 정교하다, 현실적이다, 살아 있다, 구체적이다, 자연스럽다, 사실적이다, 배려한다.”

우리도 다 알 만한 태도다. 망치를 든 존 헨리John Henry(터널 공사에 기계가 도입되자 기계가 인간을 대체할 수 없다며 기계와 터널 뚫기 대결을 벌여 승리를 거둔 뒤 숨졌다고 알려진 인물—옮긴이)든, 딥블루 컴퓨터와 대결하던 체스 천재 가리 카스파로프Garry Kasparov든, 인간이 기계와 경쟁할 때면 우리는 같은 인간에게 마음이 끌리게 마련이다. 알고리즘이 인간에게 영향을 미치는 결정을 내린다는 사실에 반감을 느끼는 현상은 인위적인 것보다 자연적인 것을 선호하는 다수의 성향에 뿌리내리고 있다. 유기농 사과를 먹겠는가, 다른 평범한 사과를 먹겠는가 물었을 때, 사람들은 대개 “100퍼센트 자연산” 사과를 선호한다. 두 사과가 맛도 같고, 영양 가치도 동일하고, 똑같이 몸에 좋다고 알려줘도 다수는 여전히 유기농 과일을 선호한다.[12] 심지어 맥주에도 “100퍼센트 자연산” 또는 “보존료 무첨가”를 붙이면 판매량이 증가한다.

전문성에서 신비주의를 벗겨내는 것에 대한 깊은 반감은 보르도 와인의 가격을 예상하는 아센펠터 공식에 대한 유럽 와인 관계자들의 반응에서 잘 드러난다. 아센펠터 공식은 가격을 예측하고 싶어 하는 사람들의 소원을 들어준 공식이다. 따라서 세계 어디서든 와인을 사랑하는 사람이라면 나중에 좋은 맛을 낼 와인을 찾아내는 능력을 향상시켜준 아센펠터에게 고마워했으려니 생각하기 쉽다. 그러나 천만의 말씀이다. 〈뉴욕 타임스〉는 프랑스 와인계의 반응이 “격분과 히스테리의 중간쯤”이라고 했다. 아센펠터에 따르면, 한 와인 전문가는 아센펠터의 연구 결과를 “황당하고 터무니없다”고 표현했다. 또 어떤 사람은 “영화를 보지도 않고 판단하는 것과 마찬가지”라고 비웃었다.

알고리즘에 반대하는 편견은 관련 결정이 매우 중대할 때 더욱 확대된다. 밀은 이렇게 말했다. "일부 임상의는 '맹목적이고 기계적인' 방정식이 치료 가능한 환자를 엉터리로 분류하는 바람에 치료받지 못하는 경우를 상상하면서 경악하는데, 그들을 어떻게 달래야 할지 정말 난감하다." 그에 반해 밀을 비롯한 알고리즘 지지자들은 실수를 줄일 알고리즘이 있는데도 직관에 의존해 부적절한 결정을 내리는 것은 비윤리적이라고 목소리를 높인다. 이들의 합리적 주장은 설득력이 있지만, 엄연한 심리적 현실과 배치된다. 대다수 사람에게는 실수의 원인이 중요하다. 알고리즘의 오류로 아이가 죽는다는 이야기는 똑같은 비극이 인간의 실수로 일어났다는 이야기보다 더 끔찍하고, 이러한 감정적 세기의 차이는 고스란히 도덕적 선호도로 옮겨진다.

다행히 알고리즘이 일상에서 차지하는 역할이 꾸준히 확대되고 있고, 따라서 알고리즘에 대한 적대감도 누그러질 것이다. 우리는 책이나 음악을 고를 때 소프트웨어가 추천하는 목록의 도움을 받는다. 인간의 판단이 직접 개입하지 않고 신용 한도가 결정되는 것도 이제는 당연하게 여긴다. 이 외에도 이를테면 우리가 달성하려고 노력해야 하는 좋은 콜레스테롤 수치와 나쁜 콜레스테롤 수치의 비율 등 단순한 알고리즘 형태의 여러 지침이 갈수록 늘고 있다. 스포츠에서 일부 중요한 결정을 내릴 때 공식이 인간보다 나을 수 있다는 것을 일반인들도 이제는 잘 안다. 가령 프로미식축구팀에서 특정한 신인 선수에게 얼마를 지불해야 할지, 네 번째 다운에서 언제 펀트를 해야 할지 같은 결정이 그러하다. 알고리즘이 하는 일이 점점 많아지면서, 사람들이 밀의 당혹스러운 작은 책에 묘사된 결정 유형을 처음 마주했을 때 느끼는 불편함은 줄어들 것이다.

밀에게 배우는 교훈

1955년, 21세의 이스라엘 공군 대위였던 나는 군 전체에 적용될 면접 체계를 구축하는 일을 맡았다. 그런 책임이 어떻게 그렇게 젊은 사람에게 부여되었는지 의아할 수 있겠지만, 이스라엘이 건국된 지 겨우 7년밖에 안 되었을 때라는 점을 기억하라. 당시 이스라엘의 모든 기관이 이제 막 설립되던 중이었고, 누군가는 그 일을 맡아 해야 했다. 지금은 이상하게 들리겠지만, 그때는 심리학 학사 학위가 있다는 이유로 내가 군에서 그나마 가장 교육받은 심리학자로 인정받은 것 같다. 뛰어난 연구원이었던 내 직속상관은 화학에 학위를 가지고 있었다.

내게 임무가 주어졌을 때는 면접이 이미 일반적 관행이 되어 있었다. 징집된 군인은 모두 정신검사를 받았고, 전투지에서 근무할 군인은 성격을 알아보는 면접을 거쳐야 했다. 면접 목적은 신병의 적성을 파악해, 보병대나 포병대 또는 기갑부대 등 전투지의 다양한 부대 중 어느 곳에 적합한지 파악하는 것이었다. 면접관 역시 머리가 좋고 사람을 다루는 데 관심이 있다고 판단되어 선발된 젊은이들이었다. 대부분이 여성이었는데, 당시에 여성은 전투지 근무에서 제외되었다. 이들은 15분에서 20분 정도의 면접을 수행하는 방법을 몇 주에 걸쳐 훈련받은 뒤에 투입되어, 신병이 군 생활을 얼마나 잘할지를 다방면으로 살폈다.

후속 평가 결과, 안타깝게도 이 면접은 신병이 앞으로 군 생활을 잘해나갈지를 예상하는 데 거의 쓸모가 없었다. 나는 면접을 새로 구상하라는 지시를 받았고, 새 면접은 더 유용하되 시간은 더 걸릴 수 있었다. 어쨌거나 면접을 새로 만들어 정확도를 평가해야 했다. 그러나 전문가의 자질로 보면 내게는 면접을 구상하는 것이 아마존강에 다리는 놓는 것보다 쉬울 것도 없었다.

천만다행으로 나는 이 일을 맡기 약 1년 전에 폴 밀의 "작은 책"을 읽었다. 그러면서 단순한 통계 규칙이 '임상적' 직관보다 낫다는 그의 주장을 확신하게 되었다. 나는 당시 면접이 실패한 이유는 적어도 부분적으로는 면접관이 자신이 가장 관심 있는 것, 그러니까 신병의 정신적 삶의 역동성을 알아내려 했기 때문이라고 결론 내렸다. 사실 그보다는 제한된 면접 시간을 한껏 활용해, 평범한 환경에서 신병이 어떻게 생활하는지 가급적 구체적인 정보를 얻어내야 했다. 밀에게서 배운 또 하나는 면접관이 신병을 총체적으로 평가해 최종 결정을 내리는 방식을 포기해야 한다는 것이다. 밀의 책에 따르면, 그런 평가는 신뢰할 수 없으며, 그보다는 개별적으로 평가한 여러 특성을 모아 통계를 내는 방법이 더 효과적이다.

나는 여러 면접관이 몇 가지 성격 특성을 평가해 각자 점수를 매기는 방식을 택했다. 전투지 근무가 적합한지를 보여주는 최종 점수는 표준 공식에 따라 계산하고, 면접관은 여기에 의견을 보태지 않는다. 나는 전투부대 임무 수행과 관련 있을 특성으로 '책임감', '사회성', '사나이의 자부심'을 포함해 여섯 가지를 꼽았다. 그런 다음 각 특성과 관련해 입대 전 개인 생활을 묻는 사실적 질문을 몇 개씩 만들었다. 직업은 몇 개나 가졌었는가, 일이나 공부를 할 때 얼마나 규칙적이고 시간을 잘 지켰는가, 친구들과는 얼마나 자주 교류했는가, 관심을 갖거나 참여한 스포츠는 무엇인가 등의 질문이다. 신병이 각 특성에서 어떤 행동을 보이는지를 가급적 객관적으로 평가하려는 의도였다.

나는 표준화되고 사실적인 질문에 초점을 맞추어, 우호적인 첫인상이 이후 판단에 영향을 미치는 후광 효과를 차단하고자 했다. 후광 효과를 막기 위한 또 하나의 예방책으로, 면접관에게 여섯 가지 특성을 순서대로 평가하게 했다. 한 가지 특성에 1점에서 5점까지의 점수를 주고, 다음 특성으로 넘어가는 식이다. 그게 전부다. 신병이 군대에 잘 적응할지는 더 이상 신경 쓰지 말라고 지시했다. 면접관은 신병의 과거에서 관련 요소를 뽑아내어 그 정보를 바탕으로 각 성격에 점수를 주면 그만이다. 나는 면접관에게 당부했다. "여러분이 할 일은 신뢰할 만한 평가를 내리는 것입니다. 예측 타당성은 제게 맡겨두십시오." 내가 그들의 점수를 통합할 공식을 만들겠다는 뜻이었다.

면접관들은 폭동을 일으킬 기세였다. 이 똑똑한 젊은이들은 자기보다 나이도 많지 않은 사람에게 직관은 접어두고 온전히 지루한 사실적 질문에만 집중하라는 명령을 받은 것이 탐탁지 않았다. 한 사람은 이렇게 불평했다. "우리가 로봇인가요?" 나는 타협안을 제시했다. "일단 지시대로 정확히 면접을 진행해주십시오. 그리고 다 끝나면, 원하는 대로 해보세요. 눈을 감고 군인으로서 신병의 모습을 상상한 뒤에 그에게 1점에서 5점까지의 점수를 주는 겁니다."

이 새로운 방법으로 면접이 수백 건 실시되었고, 몇 달이 지나 이 신병들이 배치된 부대의 지휘관들에게서 이들에 대한 평가를 수집했다. 결과는 만족스러웠다. 밀의 책에 나온 대로, 새로운 면접 절차는 예전 절차보다 상당히 개선된 결과를 내놓았다. 군인으로서의 활동을 예측하는 점수 여섯 개를 합산한 결과는 결코 완벽하지 않았지만 총체적 평가를 내리는 예전 방식보다 훨씬 정확했다. '아예 쓸모없는' 면접에서 '그런대로 쓸모 있는' 면접으로 발전한 것이다.

우리는 면접관들이 '눈을 감고' 내린 직관적 판단 역시 여섯 개 점수를 합산한 것만큼이나 꽤 정확했다는 점에 놀랐다. 이때 깨달은 사실을 나는 평생 잊지 못한다. 비웃음을 산 선발 면접에서조차 직관이 가치를 발휘했지만, 그것은 객관적 정보를 제대로 수집하고 개별 특성에 제대로 점수를 매긴 뒤에나 가능했다. 나는 면접 공식을 만들면서, '눈을 감은' 직관적 평가에도 여섯 개 특성 평가를 합산한 것과 똑같은 비중을 두었다. 이때 깨달은 사실을 좀 더 일반화하면, 직관적 판단은 내 판단이든 남의 판단이든 무작정 신뢰하지 않되 무시하지도 말아야 한다.

그 뒤 약 45년이 흘러 노벨 경제학상을 받은 뒤에 나는 이스라엘에서 깜짝 유명인이 되었다. 그때 여러 곳을 방문했는데, 한번은 누군가가 나를 예전에 내가 복무했던 부대에 데려다주겠다고 했다. 신병을 면접하는 부대는 여전히 그곳에 있었다. 나는 심리 부대 지휘관을 소개받았고, 그 여성은 현재의 면접 절차를 설명해주었는데, 내가 만든 절차에서 크게 달라지지 않았음을 알 수 있었다. 그 면접이 여전히 잘 운영된다는 사실을 보여주는 상당한 조사 결과도 있었다. 지휘관은 면접이 어떻게 진행되는지 설명하고는 끝에 이런 말을 덧붙였다. "그리고 면접관에게 말합니다. '이제 눈을 감으세요.'"

공식 응용하기

이번 장에서 다룬 내용은 군의 인력 관련 결정 외에 다른 문제에도 얼마든지 적용할 수 있다. 밀과 도스의 정신을 이어받아 면접 절차를 만들기는 어렵지 않지만 상당한 훈련이 필요하다. 회사에서 영업사원을 채용해야 한다고 해보자. 최고의 사원을 뽑으려고 진지하게 고민한다면, 이렇게 해보라.

우선 그 직책에서 성공하기 위해 필요한 특성을 몇 가지 고른다(전문성, 붙임성, 신뢰성 등). 과욕은 금물이다. 여섯 개면 충분하다. 선택한 특성들은 가능한 한 서로 별개여야 하고, 몇 가지 사실적 질문을 던져 그 특성들을 평가할 수 있어야 한다. 다음으로 각 특성마다 사실적 질문 목록을 작성하고, 가령 1점에서 5점 사이의 점수를 준다는 식으로 측정 방식을 정하라. 각 특성을 '매우 약하다' 또는 '매우 강하다'라는 식으로 평가할 수 있어야 한다.

이런 준비는 약 30분 정도 걸리는데, 채용할 사람의 자질을 명확히 차별화할 수 있는 작은 투자다. 이때 후광 효과를 피하려면, 특성 하나에 점수를 매긴 다음 다른 특성으로 넘어가는 식으로 한 번에 하나씩 정보를 수집해야지, 이 특성에서 저 특성으로 왔다 갔다 해서는 안 된다. 마지막으로 여섯 개의 점수를 합하라. 최종 결정을 내리는 사람은 '눈을 감으면' 안 된다. 더 마음에 드는 사람이 있어도 최종 점수가 가장 높은 사람을 뽑겠다고 다짐하라. '부러진 다리'가 끼어들어 순위가 바뀌었으면 좋겠다는 소망을 억눌러라. 방대한 연구 결과를 믿어라. 흔히 하듯이 준비 없이 면접을 실시해 '그 사람 눈을 들여다보니 마음에 들더라' 하는 식으로 직관적 판단에 의지해 사람을 뽑을 때보다 객관적 점수로 뽑을 때 최고의 지원자를 찾을 확률이 훨씬 높아진다.

—

인간의 판단 대 공식과 관련한 말들
"인간의 판단 대신 공식을 쓸 수 있다면, 그 방법을 고민이라도 해봐야 한다."
"그는 자신의 판단이 복잡하고 섬세하다고 생각하지만,
몇 가지 점수를 더하는 편이 더 나을 수 있다."
"지원자의 과거 성과를 보여주는 자료에 우리가 얼마나 비중을 둘지 미리 정하자.
그렇지 않으면 그 사람에 대한 첫인상에 지나치게 무게를 둘 수 있다."

전문가의 직관: 언제 신뢰해야 할까?

학계에서 전문가들의 논쟁은 최악의 상황을 불러온다. 과학 신문이나 잡지에는 흔히 어떤 연구를 비판하는 글로 시작해 그에 대한 답변, 그리고 답변에 재답변이 이어지는 식의 의견 교환이 가끔씩 실리곤 한다. 나는 이런 의견 교환이 낭비라는 생각에 변함이 없다. 특히 첫 비판의 논조가 날카로우면 답변과 재답변은 비꼬기의 경연장이 되기 일쑤다. 답변은 신랄한 비판에 조금도 양보하지 않고, 처음에 비판했던 사람은 그 비판에 실수나 잘못이 있었다고 시인하는 법이 없다. 나도 크게 잘못되었다고 생각한 비판에 몇 번 대답한 적이 있다. 대답하지 않으면 오류를 시인하는 꼴이 될 수 있어서였다. 하지만 악의적인 의견 교환이 유익했던 적은 단 한 번도 없었다. 나는 의견 차이를 다룰 다른 방법을 고민하다가 '적대적 협력'에 몇 번 참여한 적이 있다. 의견이 다른 과학자들이 자신의 차이점을 주제로 공동 논문을

쓰거나 공동 연구를 진행하는 작업이다. 그러다 긴장이 고조되면 중재인이 연구를 조율한다.[1]

내가 참여한 적대적 협력 가운데 가장 만족스럽고 생산적이었던 연구는 게리 클라인과의 공동 연구였다. 클라인은 내가 진행하는 부류의 연구를 좋아하지 않는 학자와 기타 전문가가 모인 단체의 지적인 지도자다. 이 단체 사람들은 자신을 '자연주의적 결정NDM, Naturalistic Decision Making'을 지지하는 사람들이라 말하는데, 대개 전문가의 업무 방식을 연구하는 조직에서 일하는 사람들이다. 이들은 어림짐작과 편향에 초점을 맞춘 연구를 단호히 거부한다. 그러면서 그것은 실패에 치중한 모델이며, 정말로 중요한 관찰 대상인 사람들의 실제 행동보다 인위적 실험에 자극받은 모델이라고 비난한다. 이들은 인간의 판단을 엄격한 알고리즘으로 대체하는 것에 무척 회의적이며, 폴 밀은 이들의 영웅 목록에 들어가지 않는다. 게리 클라인은 여러 해 동안 자신의 입장을 분명하게 표현해왔다.[2]

우리의 공동 연구는 훈훈한 우정에서 출발하지 않았는데, 여기에는 뒷이야기가 좀 있다. 나는 직관이 늘 문제가 있다고는 결코 생각한 적이 없다. 그리고 클라인이 1970년대에 쓴 논문 초고를 처음 본 이후로 소방관의 전문성에 관한 그의 연구의 팬이 되었고, 노련한 전문가들이 직관력을 어떻게 개발하는가에 관한 연구를 담은 그의 책《인튜이션》에 깊은 인상을 받았다. 나는 그에게 직관의 경이로움과 단점을 구분하는 경계를 함께 생각해보자고 제안했다. 그도 내 제안에 관심을 보였고, 우리는 성공을 확신하지 못한 채 연구를 시작했다. 우선 구체적인 질문에 대답하는 것에서 출발했다. 직감이 있다고 주장하는 노련한 전문가를 언제 신뢰할 수 있을까? 클라인은 직관을 좀 더 신뢰하는 쪽이고 나는 좀 더 회의적인 쪽이 분명했다. 그런데

이 일반적 질문에 대답하는 원칙에 우리가 합의할 수 있을까?

7, 8년 넘게 우리는 많은 토론을 벌이고, 의견 차이를 조율하고, 더러는 폭발 직전까지 가고, 논문 초안을 수없이 작성하고, 서로 친구가 되었으며, 드디어 연구 과정을 암시하는 제목으로 공동 논문을 발표했다. 〈직관적 전문성의 조건: 이견을 내지 못한 연구Conditions for Intuitive Expertise: A Failure to Disagree〉. 아닌 게 아니라 우리가 서로 이견을 가진 주제는 없었다. 그러나 진심으로 서로 동의한 것도 아니었다.

경이로움과 허점

말콤 글래드웰Malcom Gladwell이 베스트셀러 《블링크Blink》를 내놓을 때 클라인과 나는 공동 연구를 진행하고 있었고, 우리는 다행히 의견 일치를 보던 중이었다. 《블링크》는 걸어가는 소년을 표현한 고대 조각상 쿠로스를 눈앞에서 지켜보는 미술품 전문가의 인상적인 이야기로 시작한다.[3] 전문가 몇 사람은 강한 본능적 반응을 보였다. 그 조각상은 직감적으로 가짜 같았는데, 그들의 심기를 불편하게 하는 것의 정체를 똑 부러지게 말하기 어려웠다. 《블링크》를 읽은 수백만 독자들은 이 이야기를 직관의 승리로 기억한다. 전문가들은 어떻게 그런 생각이 들었는지 자신도 모른 채(이것이 직관의 정의다) 다들 가짜라고 동의했다. 이 이야기는 전문가가 끌리는 신호를 체계적으로 찾아내기란 불가능하다고 말하는 것 같지만, 클라인과 나는 그 결론을 거부했다. 우리 생각에 그 문제는 연구해볼 필요가 있었고, 제대로 연구했더라면(연구 방법은 클라인이 알고 있다) 아마도 성공하지 않았을까 싶다.

쿠로스 예를 읽은 많은 독자가 전문가의 직관이라는 마법에 가까운 견해에 끌리는 게 분명했지만, 정작 글래드웰의 입장은 그렇지 않다. 그는 이어지는 내용에서 직관의 대대적인 실패 사례를 보여준다. 미국인이 워런 하딩Warren Harding을 대통령으로 뽑았을 때 대통령으로서 그의 유일한 자질은 그 역할의 적임자처럼 생겼다는 것이었다. 각진 턱에 키가 큰 그는 강인하고 결단력 있는 지도자의 모습을 완벽하게 구현하고 있었다. 사람들은 자신의 믿음을 뒷받침할 만한 근거도 없이 강인하고 결단력 있어 보이는 사람에게 표를 던졌다. 진짜 질문을 대체한 엉뚱한 질문에 답을 하면서, 하딩이 대통령직을 어떻게 수행할지를 직관적으로 예측한 것이다. 이 책의 독자는 사람들이 그런 직관을 확신하리라고 예상할 수 있을 것이다.

재인으로서의 직관

클라인이 직관에 대해 일정한 견해를 갖게 된 초기 경험은 나와는 사뭇 다르다. 나는 직접 타당성 착각을 관찰한 뒤에, 그리고 폴 밀이 증명한 임상 예측의 빈약함을 읽은 뒤에, 직관에 대한 견해를 갖게 되었다. 반면에 클라인은 소방 지휘관을 연구하면서 직관에 대한 견해를 갖게 되었다. 그는 소방 지휘관을 따라 화재 진압 현장에 가보고 나중에 지휘관을 인터뷰하면서 결정을 내리는 순간에 어떤 생각을 하는지 물었다. 클라인은 우리 공동 논문에 그때의 상황을 다음과 같이 썼다.

(나와 동료는) 소방 지휘관이 선택 가능한 여러 방법을 비교하지 않은 채 어떻게 현

명한 결정을 내릴 수 있는지 조사했다. 처음에는 지휘관이 가능한 방법을 두어 개로 좁힌 뒤에 분석한다는 가설을 세웠지만, 그 가설은 틀렸다고 판명되었다. 지휘관들은 보통 한 가지 방법만 생각해냈고, 이들에게 필요한 것은 그게 전부였다. 이들은 10여 년간 실전 경험과 가상 경험을 하면서, 가능한 방법을 찾아내기 위한 일정한 유형 목록을 축적했고, 필요할 때면 그 방법부터 검토했다. 그러면서 머릿속을 자극해 지금 맞닥뜨린 상황에 그 방법이 효과가 있을지 판단했다. (…) 지금 고려하는 행동 방식이 적절하다 싶으면 실천에 옮길 테고, 단점이 있으면 수정할 것이다. 수정이 쉽지 않다면 가능한 다음 대안을 떠올려 이 과정을 반복하는 식으로 적절한 행동 방식을 찾는다.

클라인은 이 설명을 정리해 결정 이론을 만들어 '재인 기반 결정RPD: recognition-primed decision' 모델이라 불렀다('재인再認'은 어떤 대상을 과거에 보았거나 접촉했던 경험을 기억해내는 인지 행위를 이른다—옮긴이). 소방관뿐 아니라 체스 같은 다른 영역의 전문가에게도 해당하는 모델이다. 이 과정에는 시스템 1과 시스템 2가 모두 개입한다. 첫 단계에서는 연상기억이 저절로 작동해 임시 계획이 머릿속에 떠오른다. 시스템 1의 작동이다. 다음 단계에서는 그 계획이 효과가 있을지 의식적으로 점검한다. 시스템 2가 작동한 결과다. 유형을 기억해내는 방식의 직관적 결정은 허버트 사이먼이 예전에 제시했던 생각을 발전시킨 것이다. 허버트 사이먼은 아마도 결정을 연구하는 모든 사람에게 영웅이자 이 분야 창시자로 인정받고 존경받는 유일한 학자일 것이다.[4] 이 책 머리말에서 허버트 사이먼이 말한 직관의 정의를 인용했는데, 지금 그 말을 다시 인용한다면 더없이 적절하겠다. "상황에 신호가 숨어 있다. 전문가는 이 신호를 이용해 기억에 저장된 정보에 접근하고, 그 정보에서 답을 얻는다. 직관은 재인 그 이상도, 이하도 아니다."[5]

이 강력한 발언은 일상적인 기억에서 경험하는 마법 같은 직관의 위력을 깎아내린다. 우리는 불타는 집에서 붕괴 직전에 탈출한 소방관의 이야기에 감탄한다. 소방관은 "어떻게 그런 생각이 들었는지 자신도 모른 채" 그 위험을 직감으로 알아채기 때문이다.[6] 그러나 우리 역시 방에 들어올 때 본 사람이 친구 피터라는 사실을 어떻게 그 자리에서 알아챘는지 인식하지 못한다. 사이먼의 말에 담긴 교훈은, 자기도 모르게 무언가를 아는 놀라운 현상은 직관에만 나타나는 특징이 아니라 우리 사고 체계가 원래 그렇다는 것이다.

능력 습득하기

직관을 지원하는 정보는 어떻게 '기억에 저장'될까? 어떤 직관은 아주 빠르게 습득된다. 우리는 두려워해야 하는 순간을 학습하는 뛰어난 능력을 조상에게서 물려받았다. 실제로 한 번의 경험만으로도 장기적인 혐오와 두려움을 학습하는 데 부족함이 없는 때가 많다. 이상한 음식을 딱 한 번 먹어본 기억만으로도 그 식당이 여전히 꺼려지는 막연한 기분을 느끼는 사람이 많다. 그리고 불쾌한 일이 일어났던 장소에 가면 그 일이 다시 일어날 이유가 없는데도 누구든 긴장하게 마련이다. 내게도 그런 장소가 있다. 샌프란시스코 공항 가는 길에 있는 장소인데, 몇 년 전에 길에서 분노가 폭발한 어떤 운전자가 고속도로부터 나를 따라오더니 창문을 내리고 쌍욕을 퍼부었던 곳이다. 그 사람이 왜 그렇게 분개했는지 도무지 알 수가 없었는데, 공항을 가다가 그곳에만 이르면 그의 목소리가 떠오른다.

그 사건을 기억하는 것은 나 스스로도 의식할 수 있고, 그 기억을 떠올리면 왜 그런 기분이 드는지 얼마든지 설명할 수 있다. 그러나 특정한 장소에 갔을 때, 또는 누군가가 특정한 말투로 어떤 이야기를 했을 때, 불쾌한 기분이 들지만 그 불쾌함을 유발한 사건을 의식하지 못할 때가 많다. 지나고 나서 생각할 때 그 불쾌함이 이전의 안 좋은 경험에서 나왔다면, 우리는 그 불쾌함을 직관이라 부를 것이다. 이런 식의 감정 학습은 파블로프의 유명한 조건반사 실험에서 나타난 것과 밀접하게 연관된다. 파블로프 실험에서 개는 종소리를 먹이가 나오는 신호로 인식하는 법을 배운다. 파블로프의 개가 배운 것은 학습된 희망이라 할 수 있다. 그런데 학습된 두려움은 이보다 훨씬 쉽게 획득된다.

두려움은 경험이 아닌 말로도 꽤 쉽게 학습된다. 위험을 '육감'적으로 느낀 소방관도 분명히 그가 개입하지 않은 유형의 화재를 두고 수차례 토론하고 생각했을 것이고, 머릿속에서 여러 신호를 미리 예상하면서 대응 방식을 생각했을 것이다. 내 경험으로 보건대, 전투 경험이 없는 젊은 소대장이라도 부대를 이끌고 비좁은 협곡을 지날 때면 긴장이 고조된다. 그런 지역은 매복하기 좋은 장소라고 배웠기 때문이다. 반복도 별로 필요치 않은 학습이다.

감정은 빠르게 학습될 수 있지만, '전문성' 습득에는 흔히 오랜 시간이 걸린다. 고난도의 체스나 프로농구, 화재 진압 같은 복잡한 작업에서 전문성을 습득하는 과정은 복잡하고 느리다. 한 영역에서의 전문성은 한 가지 능력이 아니라 작은 능력의 대규모 집합이라 그렇다. 체스가 좋은 예다. 체스 전문가는 복잡한 상황을 한눈에 이해하지만, 그 정도 실력을 키우기까지 여러 해가 걸린다. 체스 달인을 연구한 결과, 적어도 1만 시간(하루에 다섯 시간씩 약 6년)을 집중적으로 연습해야 최고 수준에 오를 수 있었다.[7] 진지한 체스 선수는 그 시간 동안 고도로 집중하면서, 서로를 위협하거나 방어할 수 있는 말들의 배열로 이루어진 기보 수천 가지에 익숙해진다.

높은 수준의 체스 학습은 읽기 학습에 비유할 수 있다. 초등학교 1학년 때는 개별 철자를 인식하고 그것을 모아 음절과 단어를 만들려고 애쓰지만, 성인이 되어 능숙하게 글을 읽을 때면 전체 단락을 인식한다. 읽기 전문가쯤 되면 새로운 유형에서 낯익은 요소를 모으는 능력을 습득하고, 한 번도 본 적 없는 단어를 빠르게 '인식'하고 정확하게 발음도 한다. 이를 체스에 대입하면, 말의 움직임에서 반복되는 유형이 철자가 되고, 체스 배치는 긴 단어나 문장이 된다.

읽기 실력이 뛰어난 사람이라면 루이스 캐럴이 쓴 시 〈재버워키Jabberwocky〉 시작 부분을 처음 보고도 완벽한 리듬과 억양으로 즐겁게 읽을 수 있을 것이다.

'Twas brillig, and the slithy toves

Did gyre and gimble in the wabe:

All mimsy were the borogoves,

And the mome raths outgrabe.

(의미 없는 단어들을 조합해 그럴듯하게 만든 문장으로, 사람들은 이 글을 마치 마법 주문 외듯 낭송하곤 한다—옮긴이)

체스에서 전문성을 습득하기란 읽기를 배우는 것보다 더 어렵고 시간도 많이 걸린다. 체스 '알파벳'에는 철자가 더 많기 때문이고, 체스 '단어'는 많은 철자로 구성되기 때문이다. 그러나 수천 시간 연습하면 한눈에 체스 판을 읽을 수 있다. 머릿속에 떠오르는 몇 가지 수는 거의 항상 놀랍고 더러는 창조적이다. 체스 선수는 한 번도 본 적 없는 '단어'를 다루고, 낯익은 단어를 해석할 새로운 방법을 찾는다.

능력이 발휘되는 환경

클라인과 나는 직관적 능력의 본질과 그 능력을 획득하는 법에 대해 우리 생각이 같다는 사실을 금방 알게 되었다. 하지만 아직 의견 일치를 보지 못한 주된 질문이 남았다. 직관이 있다고 주장하는 자신만만한 전문가를 언제 신뢰할 수 있을까?

우리는 마침내, 우리가 의견이 다른 이유는 서로 다른 전문가를 염두에 두고 있기 때문이기도 하다는 결론을 내렸다. 클라인은 소방 지휘관, 임상 간호사, 기타 진짜 전문가 들과 많은 시간을 함께 보냈다. 반면에 나는 임상의, 주식을 선별하는 사람, 정치학자 등 쉽게 지지하기 어려운 장기 전망을 내놓는 사람들과 더 많은 시간을 보냈다. 그러다 보니 어쩌면 당연하게도 클라인의 기본적 태도는 신뢰와 존중이었고, 나는 회의주의였다. 클라인은 직관을 주장하는 전문가를 신뢰할 준비가 되어 있었는데, 그 이유는 그가 내게 말한 대로, 진정한 전문가는 자기 지식의 한계를 알기 때문이었다. 나는 전문가 중에는 자기가 무엇을 하는지 자기도 제대로 알 수 없다는 사실을 인식하지 못하는(타당성 착각) 가짜 전문가도 많다고, 그리고 주관적 확신은 흔히 너무 확고하고 무익한 때가 많아서 보편적 제안이나 진술로 받아들이기 힘들다고 주장했다.

앞에서 언급했듯이 나는 사람들이 어떤 믿음을 확신하는 근원을 추적하다가 인지적 편안함과 논리적 일관성이라는 두 가지 요소를 찾아냈다. 우리는 자신에게 하는 이야기가 반박의 여지도 없고 대립되는 다른 이야기도 떠오르지 않은 채 술술 풀릴 때 확신을 갖는다. 그러나 생각하기가 편하고 이야기에 일관성이 있다고 해서, 확신하는 믿음이 진짜라는 보장은 없다. 연상 체계는 의심을 억누르고, 현재의 주도적인 이야기와 잘 맞는 생각과 정보를 떠올린다. 보이는 것이 전부인 머릿속은 모르는 사실을 무시함으로써 너무나 쉽게 큰 확신을 갖는다. 따라서 많은 사람이 근거 없는 직관을 확신하는 현상은 그리 놀랍지 않다. 클라인과 나는 마침내 중요한 원칙에 동의했다. 사람들이 자기 직관을 확신한다고 해서 그 직관이 타당하다는 뜻은 아니다. 바꿔 말하면, 내 판단을 이 정도는 믿어라, 라고 말하는 사람이 있다면, 그 사람이 자기 자신일지라도 절대 믿어서는 안 된다.

주관적 확신을 신뢰할 수 없다면, 어떻게 직관적 판단의 타당성을 평가할 수 있을까? 판단에 진정한 전문성이 담긴 때는 언제이고, 판단이 타당성 착각에 지나지 않을 때는 언제일까? 이 질문의 답은 능력을 획득하는 다음 두 가지 기본 조건에서 나온다.

- 주변 환경이 대단히 규칙적이어서 예측이 가능할 때
- 오랜 연습으로 그 규칙성을 익힐 수 있을 때

이 두 조건이 충족되면, 직관도 능력이 될 수 있다. 체스는 주변 환경이 규칙적인 극단적 사례이지만, 브리지 게임과 포커 역시 때로는 능력이 필요한 막강한 통계적 규칙성이 있다. 의사, 간호사, 운동선수, 소방관이 마주하는 상황도 복잡하지만 기본적으로는 질서정연하다. 게리 클라인의 설명처럼, 직관이 정확하다면 타당성이 대단히 높은 신호 덕분이다. 전문가의 시스템 2가 그 신호에 이름을 붙이지 못했더라도 시스템 1은 그 신호의 사용법을 터득했다. 반면에 주식을 선별하는 사람이나 정치학자처럼 장기 전망을 내놓는 사람들은 타당성이 제로인 환경에서 활동한다. 이들의 실패는 예측하려는 사건이 기본적으로 예측 불가능하다는 사실을 증명하는 셈이다.

어떤 환경은 불규칙한 것 이상으로 안 좋다. 로빈 호가스Robin Hogarth는 전문가들이 경험에서 엉뚱한 것을 배울 수 있는 '사악한' 환경을 언급했다. 그는 루이스 토머스Lewis Thomas가 언급했던 20세기 초 어느 의사 사례를 예로 든다. 이 의사는 환자가 장티푸스를 앓을 위험이 있는지 직관으로 파악했다. 그는 환자의 혀를 촉진하면서 자신의 육감을 시험했는데, 안타깝게도 한 환자를 촉진한 뒤에 손을 씻지 않은 채 다른 환자를 촉진하곤 했다. 환자가 차례로 병이 들자 의사는 임상적으로 절대적 확신을 하기에 이른다. 그의 예측은 정확했다. 그러나 전문적 직관을 발휘했기 때문은 결코 아니었다.

폴 밀이 언급했던 임상의들은 무능한 사람들이 아니다. 이들이 실패한 이유는 재능이 부족해서가 아니라 이들에게 맡겨진 일이 간단히 해결되는 일이 아니었기 때문이다. 타당성이 제로인 환경에서 장기적 정치 전망을 내놓는 사람들만큼 극단적이지는 않더라도, 임상의들 역시 타당성이 낮은 환경에서 활동하다 보니 예측 정확도가 낮을 수밖에 없다. 우리가 이렇게 생각하는 이유는 최고의 통계 알고리즘도 인간의 판단보다는 정확할지언정 결코 매우 정확하지는 않았기 때문이다. 사실 밀과 그를 따르는 사람들이 실시한 연구는 '결정적 증거'를 내놓은 적이 없다. 다시 말해, 알고리즘은 눈치챘지만 임상의는 전혀 눈치채지 못한 타당성 높은 신호를 제시한 적이 없다. 사실 인간에게는 효율적 학습 능력이 있어서, 그 정도로 무능하지는 않다. 강력한 예측 신호가 나타나면, 인간은 그것을 놓치지 않을 것이다. 그럴 만한 기회가 충분하니까. 통계 알고리즘은 소란스러운 환경에서 인간보다 크게 앞서는데, 그 이유는 두 가지다. 하나는 약한 타당성 신호를 감지할 가능성이 인간보다 높기 때문이고, 또 하나는 그 신호를 꾸준히 사용함으로써 그런대로 괜찮은 정확도를 유지할 가능성이 인간보다 훨씬 높기 때문이다.

예측 불가능한 세계에서 예측이 부정확하다고 누군가를 비난하는 것은 옳지 않다. 그러나 불가능한 일을 성공적으로 수행할 수 있다고 믿는 전문가는 비난받아 마땅하다. 예측 불가능한 상황에서 자신의 직관이 정확하다고 주장하는 것은 좋게 말해 자기기만이다. 타당한 신호가 없는데 직감이 '명중'했다면 운이 좋았거나 거짓말이라는 뜻이다. 이 결론이 믿기지 않는다면, 직관은 마술이라는 믿음을 아직도 버리지 못했다는 증거다. 명심하라. 일정한 규칙성이 없는 환경에서 직관은 신뢰할 수 없다.

피드백과 실행

주변 환경에 있는 규칙성 중에도 발견하고 적용하기가 좀 더 쉬운 게 있다. 운전할 때 브레이크를 다루는 나만의 방식을 어떻게 개발했는지 생각해보라. 커브 도는 능력을 완벽하게 익히는 과정에서 언제 액셀이 작동되도록 놔둬야 하는지, 브레이크를 언제 얼마나 세게 밟아야 하는지 차츰 익혀갔다. 커브도 여러 가지인데, 운전을 하면서 다양한 커브를 경험하다 보면 어떤 커브를 만나도 적절한 때에 적절한 세기로 브레이크를 밟을 수 있게 된다. 이 기술을 습득하는 조건은 이상적이다. 커브를 돌 때마다 즉각적이고 분명한 피드백을 받기 때문이다. 브레이크를 잘 조절하면 부드럽게 커브를 도는 가벼운 포상을 받고, 브레이크를 너무 세게 밟거나 약하게 밟으면 차를 다루기가 어려운 가벼운 벌을 받는 식이다. 항만에서 대형 선박을 수로로 안내하는 도선사들이 처하는 상황에도 규칙성은 있지만, 선박 안내 기술은 훨씬 더 어려워서 경험만으로는 터득하기가 쉽지 않다. 이들이 어떤 행동을 하고 난 뒤에 주목할 만한 결과가 나타나기까지 시간이 오래 걸리기 때문이다. 전문가가 직관적 전문성을 개발할 가능성이 있는지는 기본적으로 충분한 실행 기회뿐 아니라 피드백의 질과 속도에도 달렸다.

전문성은 단일한 능력이 아니라 여러 능력의 집합이며, 같은 전문가라도 자기 업무에서는 전문성이 높지만 다른 업무에서는 초보적 수준에 머물 수 있다. 체스 선수는 전문가가 되기까지 '모든 수'(또는 거의 모든 수)를 목격하는데, 이 점에서 체스는 예외적이다. 외과 의사라도 어떤 수술에는 대단히 능숙하지만 어떤 수술에는 그렇지 못할 수 있다. 게다가 전문가의 업무 중 어떤 부분은 다른 부분보다 상대적으로 훨씬 쉽게 배울 수 있다. 심리치료사들은 자기가 한 말에 환자가 즉각 반응하는 것을 목격할 때가 많다. 이런 피드백 덕에 환자의 분노를 누그러뜨리거나 환자에게 자신감을 불어넣거나 환자의 주의를 집중하게 하는 단어나 어조를 찾아내는 직관력을 개발할 수 있다. 반면에 여러 환자에게 가장 적합한 보편적 처치를 찾아낼 가능성은 없다. 이들이 환자의 장기적 결과를 피드백 받는 일은 매우 드물거나 지체되거나 (흔히 그렇듯) 아예 없는 탓에 경험에서 무언가를 배운다는 주장은 너무 막연해 지지하기 어렵다.

전문의 중에도 마취 전문의는 마취 효과를 금방 확인할 수 있어서 좋은 피드백을 받는 경우에 속한다. 반면에 방사선 전문의는 자기가 내린 진단의 정확도와 자기가 발견하지 못한 병리 현상에 관한 정보를 거의 얻지 못한다. 따라서 유용한 직관력을 발전시키기에는 마취 전문의가 더 유리하다. 만약 마취 전문의가 '뭔가 잘못된 것 같다'라고 하면, 수술실에 있는 모든 사람이 위급 상황에 대비해야 한다.

주관적 확신의 경우처럼 여기서도 전문가는 자기 전문성의 한계를 모를 수 있다. 경험 많은 심리치료사는 환자가 지금 무슨 생각을 하는지, 다음에 무슨 말을 할지 직감으로 알아낼 수 있다는 것을 본인도 잘 안다. 그러면서 환자가 다음 해에 얼마나 좋아질지 예상할 수 있다고 결론 내리고 싶어 하지만, 이 역시 옳지 않다. 단기 예측과 장기 예측은 다른 문제이며, 치료사는 단기 예측을 배울 기회는 많지만 장기 예측을 배우기는 어렵다. 마찬가지로 금융 전문가는 금융 거래의 많은 측면에서 능력을 발휘할 수 있지만, 주식을 선별하는 능력은 없다. 중동 지역 전문가는 많은 것을 알고 있지만 미래를 알 수는 없다. 임상심리학자, 주식을 선별하는 사람, 학자는 자신의 일부 업무에서는 직관력을 발휘하지만, 어떤 상황 또는 어떤 업무에서 직관에 배신을 당할지는 알 수 없다. 전문가의 과도한 확신은 이처럼 전문 능력의 한계를 인식하지 못한 데서 나오기도 한다.

타당성 평가

게리 클라인과 나는 오랜 여정 끝에, "노련한 전문가를 언제 신뢰할 수 있을까?"라는 맨 처음 질문에 보편적인 답을 내놓았다. 우리는 타당할 법한 직관과 가짜일 법한 직관이 구별 가능하다는 결론을 내렸다. 이를테면 어떤 예술 작품이 진짜인지 가짜인지 판단할 때, 겉모습보다는 출처에 집중한다면 대개 더 나은 결과를 얻을 수 있다. 주변 환경에 규칙성이 있다면, 그리고 감정 위원이 그 규칙성을 터득할 가능성이 있다면, 연상 체계는 그 상황을 인식해 빠르고 정확한 예측과 결정을 내놓을 것이다. 이런 조건이 충족되면 직관을 신뢰해도 좋다.

안타깝게도 연상기억은 실제로는 거짓이지만 주관적으로는 그럴듯해 보이는 직관을 내놓기도 한다. 재능 있는 젊은 체스 선수가 성장하는 과정을 지켜본 사람이라면 실력은 어느 한순간 완벽해질 수 없으며, 완벽에 가까워지는 중에 확신을 품은 채 실수를 저지를 때도 있다는 것을 잘 안다. 규칙성 있는 환경에서도 전문가의 직관을 평가할 때는 언제나 신호를 학습할 기회가 충분했는지 고려해야 한다.

규칙성이 떨어지거나 타당성이 낮은 환경에서는 판단 어림짐작이 개입한다. 시스템 1은 일관성을 억지로 만들면서까지 어려운 문제를 쉬운 문제로 바꿔 빠르게 대답하는 능력이 있다. 시스템 1은 엉뚱한 질문에 빠르게 대답하고, 그 답은 시스템 2의 느슨하고 관대한 검토를 거뜬히 통과한다. 이를테면 사람들은 회사의 상업적 미래를 예측하고 싶어 하고, 또 실제로 회사의 미래를 예측하고 있다고 믿지만, 사실 그 평가는 현재 경영진의 능력과 활력에서 받은 인상에 지배된다. 바꿔치기는 저절로 일어나기 때문에 사람들은 자신(시스템 2)이 인정하고 사용하는 판단의 출처를 모르는 경우가 많다. 머릿속에 오로지 한 가지 판단만 떠오른다면, 그 판단이 전문가로서의 확신을 가지고 내린 타당한 판단인지 주관적으로 판별하기가 불가능할 것이다. 주관적 확신이 정확도를 판단하는 좋은 지표가 아닌 이유가 바로 이것이다. 엉터리 질문에 대답할 때도 확신은 넘칠 수 있다.

그렇다면 클라인과 내가 전문가들의 직관을 평가할 때 왜 그들의 확신은 제쳐두고 주변 환경의 규칙성과 그들의 학습 전력을 따질 생각을 진즉에 하지 않았는지 물을 사람도 있겠다. 이 질문은 처음부터 해법의 윤곽이 드러나 있다는 점에서 좋은 질문이다. 우리는 소방 지휘관과 소아과 간호사 들이 타당한 직관의 경계의 한쪽에 있고, 밀이 연구한 전문가들은 주식을 선별하는 사람이나 학자 등과 함께 반대편에 있으리라는 사실을 처음부터 알고 있었다.

우리가 여러 해를 소비하고, 수많은 시간을 토론하고, 초안을 끊임없이 교환하고, 단어를 두고 이메일로 수백 번 협상하고, 연구를 포기할 뻔했던 이유를 재구성하기란 쉽지 않다. 그러나 이런 일은 어떤 작업을 잘 마무리할 때면 늘 일어나는 일이다. 주요 결론을 이해하고 나면 그 결론은 항상 당연했다는 듯이 보이는 법이다.

우리 논문 제목이 암시하듯, 클라인과 나는 애초 예상보다 이견이 적었고, 제기된 중요한 문제들에는 거의 다 공동으로 해법을 내놓았다. 그러나 초기 이견은 단순히 지적인 이견이 아니라는 사실도 알게 됐다. 우리는 태도와 감정과 취향이 달랐고, 그것은 여러 해가 지나도 거의 변치 않았다. 이 점은 우리가 재미있고 흥미롭게 느낀 사실에서 더욱 두드러졌다. 클라인은 '편향'이라는 단어가 언급될 때마다 여전히 흠칫 놀라고, 알고리즘이나 공식이 말도 안 되는 결론에 도달했다는 이야기를 들을 때면 여전히 즐거워한다. 나는 알고리즘이 이따금씩 실패하는 경우를 알고리즘을 개선할 기회로 보는 성향이 있다. 반면에 타당성이 제로인 상황에서 직관의 힘을 주장하는 거만한 전문가가 그에 합당한 벌을 받을 때면 클라인보다 더 기뻐한다. 그러나 우리가 지적 합의에 도달했다는 사실이 감정 차이가 여전하다는 사실보다 더 중요한 것만은 분명하다.

—

전문가의 직관과 관련한 말들

"그는 이 일에 어느 정도나 전문성이 있는가? 실행 경험은 얼마나 되는가?"

"그는 정말로 기저율과 반대되는 직관을 정당화할 정도로
신규 업체가 처한 상황에 규칙성이 있다고 믿는가?"

"그는 자기 결정을 확신하지만, 주관적 확신은 판단의 정확도를
가늠하는 지표가 되기 힘들다."

"그는 정말로 배울 기회가 있었는가? 자신의 판단에 대해 얼마나 빨리,
얼마나 명확하게 피드백을 받았는가?"

23

외부 관점

　나는 아모스와 공동 연구를 시작하고 몇 해 지나 고등학교 교과과정에 판단과 결정을 넣어야 한다고 이스라엘 교육부 관리들을 설득했다. 교과과정을 설계하고 그에 따라 교과서를 집필하기 위해 내가 소집한 팀에는 경험 많은 교사, 심리학 분야의 내 제자, 그리고 당시 히브리대학 교육대학원 원장이자 교과과정 개발 전문가인 시모어 폭스Seymour Fox가 포함되어 있었다.

　우리는 약 1년간 매주 금요일 오후에 만나면서 학습 계획서를 구체적으로 작성하고, 챕터 두 개를 쓰고, 교실에서 시험 삼아 수업도 몇 차례 해보았다. 그러면서 다들 상당한 진전을 이루었다고 느꼈다. 하루는 불확실한 양을 추정하는 절차를 토론하던 중에 문득 실제로 한번 해보자는 생각이 들었다. 나는 사람들에게 교과서 초안을 완성해 교육부에 제출하기까지 얼마나 걸릴지 추정해보라고 했다. 우리가 이미 교과과정에 넣기로 한 절차를 그대로 실행해볼 심산이었다. 이 절차에 따르면 집단에서 정보를 이끌어내는 적절한 방법은 공개 토론으로 시작하는 게 아니라 각 구성원의 판단을 비공개로 수집하는 작업으로 시작한다. 흔히 하는 공개 토론보다 이 방식이 집단 구성원이 가지고 있는 지식을 활용하기에 더 적합하다. 나는 추정치를 모아 칠판에 결과를 적었다. 여러 추정치는 얼추 2년을 중심으로 최저는 1년 반, 최고는 2년 반이었다.

이때 또 한 가지 생각이 들었다. 나는 교과과정 전문가인 시모어에게 우리처럼 교과과정을 아예 처음부터 새로 짰던 팀이 있었냐고 물었다. 당시는 '새로운 수학' 같은 몇 가지 교육 혁신을 도입하던 때였고, 시모어는 그런 팀이 꽤 있었던 것으로 기억한다고 알려주었다. 그렇다면 그 팀들의 진행 상황을 자세히 아느냐고 묻자, 그는 몇 팀을 아주 잘 안다고 했다. 나는 그들이 언제 지금 우리만큼의 진전을 이루었는지 기억해보라고 했다. 그들은 그 시점부터 교과서 집필을 마칠 때까지 얼마나 걸렸을까?

그는 말이 없었다. 그러다 마침내 입을 여는 순간 얼굴이 붉어지는 듯하더니 당혹스러운 표정으로 대답했다. "아, 그게, 전에는 몰랐는데, 이제 생각해보니 우리와 비슷한 단계에 있던 팀이 모두 작업을 끝낸 건 아니었어요. 상당히 많은 팀이 끝을 보지 못했죠."

걱정스러웠다. 우리는 일을 끝내지 못하리라고는 한 번도 생각해본 적이 없었다. 나는 불안감이 커졌고, 그에게 "상당히 많은 팀"이라면 어느 정도냐고 물었다. 그는 "약 40퍼센트"라고 했다. 연구실에 우울한 기운이 드리웠다. 다음 질문은 뻔했다. "끝낸 팀은 얼마나 걸렸나요?" 그가 대답했다. "7년 안에 끝낸 팀은 없었던 것 같아요. 10년 넘게 걸린 팀도 없었고."

나는 지푸라기라도 잡는 심정으로 물었다. "우리 능력과 재원이 그 팀들과 비교해 어느 정도 수준인가요? 그들과 비교해 우리 순위를 매긴다면요?" 시모어는 이 질문에 주저 없이 대답했다. "평균 아래예요. 많이 아래는 아니지만." 이 말은 팀에서 상당히 낙관적인 추정치를 제시했던 시모어를 포함해 모든 이에게 충격 그 자체였다. 내가 질문을 던지기 전까지 시모어의 머릿속에는 그가 아는 다른 팀의 진행 상황과 우리 미래에 대한 그의 예측 사이에 아무런 연관성이 없었다.

시모어의 이야기를 들을 때 우리 기분은 단지 우리가 '아는' 사실만으로는 제대로 설명되지 않는다. 우리는 모두 분명히 '알고' 있었다. 최소 7년과 실패 확률 40퍼센트가 조금 전에 우리가 종이에 적어낸 숫자보다 우리 작업의 운명에 더 가깝다는 것을. 그러나 우리는 우리가 아는 사실을 인정하지 않았다. 새로 등장한 예측은 여전히 비현실적으로 보였다. 꽤 잘 진행되는 것 같은 작업이 그렇게 오랜 세월이 지나야 끝날 수 있다고는 상상할 수 없었기 때문이다. 우리 앞에 놓인, 일어날 것 같지 않은 그 이상한 사건들의 전말을 보여줄 마법 구슬 따위는 없었다. 우리가 볼 수 있는 것이라고는 약 2년 안에 교과서를 집필해야 한다는 그럴듯한 계획뿐이었는데, 다른 팀은 실패하거나 터무니없이 오래 걸렸음을 보여주는 통계와 상반되는 계획이었다. 우리가 들은 것은 기저율 정보였고, 우리는 거기서 인과관계 이야기를 추론해야 했다. 그렇게 많은 팀이 실패했다면, 그리고 그나마 성공한 팀도 아주 오래 걸렸다면, 교과과정 설계는 우리 예상보다 훨씬 어려운 일이 분명했다. 그러나 그런 추론은 이제까지 상당한 진전을 이루었다는 우리 경험과 상충된다. 시모어가 알려준 통계는 결국 다른 기저율과 비슷한 취급을 받았다. 적어놓고 재빨리 제쳐두기.

우리는 그날로 일을 접었어야 했다. 우리 중에 누구도 실패 확률이 40퍼센트인 이 일에 6년을 더 쏟아부을 생각은 없었으니까. 끝까지 매달리는 것은 옳지 않다는 것쯤은 분명히 감지했어야 하는데도, 누구도 그 경고를 당장 일을 그만둘 설득력 있는 이유로 받아들이지 않았다. 우리는 몇 분간 두서없는 토론 끝에, 마치 아무 일도 없었다는 듯 힘을 합쳐 하던 일을 계속했다. 교과서는 8년(!) 뒤에 마침내 완성되었다. 그때 나는 이미 이스라엘에 살지도 않았고 그 팀을 나온 지도 오래였다. 팀은 예상치 못한 많은 우여곡절 끝에 작업을 완성했다. 교육부의 애초 열정은 교과서가 나올 때는 이미 시들해진 상태였고, 새 교과서는 한 번도 사용되지 않았다.

당혹스러운 이 이야기는 내 인생에서 가장 값진 교훈으로 남았다. 나는 여기서 세 가지를 배웠다. 하나는 매우 다른 두 가지 예측 방식을 구분하는 법을 그 즉시 우연히 알게 된 것인데, 아모스와 나는 훗날 이를 '내부 관점 inside view', '외부 관점 outside view'이라 이름 붙였다.[1] 두 번째는 교과서 집필에 약 2년이 걸릴 것이라는 애초 우리 예상은 '계획 오류 planning fallacy'를 그대로 보여준다는 점이다. 우리 추정치는 현실적 평가라기보다 최상의 시나리오에 가까웠다. 뒤늦게 인정한 세 번째는 교훈은 그날 그 작업을 포기하지 않았던 어리석음, 그러니까 내가 '비합리적 인내'라고 부른 어리석음이다. 선택의 기로에 선 우리는 모험은 포기하지 않고 합리성을 포기하고 말았다.

내부 관점에 끌리는 성향

오래전 금요일 그날, 교과과정 전문가 시모어는 똑같은 문제를 두고 두 가지 판단을 내렸고, 사뭇 다른 답에 도달했다.[2] 내부 상황을 고려하는 내부 관점은 시모어를 비롯해 우리 모두가 해당 작업의 앞날을 평가할 때 자동적으로 채택한 관점이다. 우리는 당시 상황에 초점을 맞추고, 우리 경험 안에서 증거를 찾으려 했다. 당시 우리는 개략적인 계획을 세워두고 있었다. 앞으로 몇 챕터를 쓸 예정인지, 이미 완성한 두 챕터에 시간이 얼마나 걸렸는지를 알고 있었으니까. 하지만 우리 중에 좀 더 신중한 사람이 있었다면 자신의 추정치에 오차 범위로 몇 개월을 더했을 것이다.

잠깐의 경험만으로 앞날을 예측한 것은 실수였다. 우리는 눈앞의 정보를 근거로 예측하고 있었다. 보이는 것이 전부였던 셈이다. 우리가 쓴 두 챕터는 아마도 다른 챕터보다 쉬웠을 것이고, 당시 우리 몰입도는 최고였을 것이다. 그러나 더 큰 문제는 전 미국 국방장관 도널드 럼즈펠드Donald Rumsfeld가 했던 유명한 말 "모른다는 사실조차 모르는 것"을 감안하지 않았다는 점이다. 그날 교과서 집필을 그토록 오래 끌게 될 일련의 사건을 예견하기란 불가능했다. 이혼, 질병, 관련 공무원과의 공조 난항 등 그 일을 지연시킨 사건들을 미리 알 수는 없었다. 그런 일들은 집필 속도를 떨어뜨릴 뿐 아니라 오랜 기간 아예 손을 놓게 만든다. 물론 시모어가 아는 다른 팀에서도 그런 일들이 발생했을 것이다. 그들도 얼마든지 실행 가능해 보였던 일을 7년을 끌게 하거나 아예 마무리하지 못하게 하는 사건을 미리 상상할 수는 없었을 테니까. 그들도 우리처럼 자신이 마주한 성공과 실패 가능성이 어느 정도인지 몰랐을 것이다. 하지만 어떤 계획이든 여러 경로로 실패할 수 있고, 그 대부분이 예견하기 어려울지언정, 대규모 작업에서 '무언가'가 잘못될 확률은 높다.

시모어는 내 두 번째 질문을 받고 우리와 비슷한 사례를 떠올렸다. 그리고 그 참고 부류에서 성공의 기저율을 추정했다. 실패 확률 40퍼센트, 완성까지 소요 시간 7~10년. 이 비공식 조사는 과학 기준을 충족하는 증거라 할 수 없지만, 어떤 사례에 대해 아는 것이라고는 그 사례가 속한 범주가 전부일 때 그 범주의 기저율로 해당 사례를 예측하는 기준치 예측에 타당한 기초는 제시한 셈이다. 앞에서도 살펴보았듯이 '기준치 예측'은 이후 조정을 위한 기준점이어야 한다. 만약 어느 여성의 키를 추측할 때 그 여성이 뉴욕시에 산다는 사실밖에 모른다면, 뉴욕시에 사는 여성의 평균 키를 최대한 정확히 추측하는 것이 기준치 예측이다. 그런데 이때 그 여성의 아들이 고등학교 농구팀의 선발 센터라거나 하는 특정 경우에만 해당하는 정보가 있다면, 애초 추정치를 평균에서 적절한 방향으로 옮기는 식으로 약간 조정할 것이다. 시모어가 우리 팀을 다른 팀에 비교한 것을 보면, 우리 팀의 결과는 그렇지 않아도 암담했던 기준치 예측보다 약간 더 안 좋으리라고 예측했어야 했다.

비슷한 다른 상황을 고려하는 외부 관점 예측이 우리 문제에서 놀랍도록 정확했던 것은 요행이 분명하고, 따라서 그 일로 외부 관점의 타당성이 증명되었다고 보아서는 안 된다. 외부 관점을 옹호하려면 보편적 근거를 기반으로 해야 한다. 그러니까 참고 부류가 적절히 선택되었다면, 외부 관점은 대략의 수치를 제시할 테고, 우리 사례에서 그랬듯이 내부 관점 예측은 그 수치의 근처도 가지 않을 수 있다.

심리학자에게는 시모어가 모순되는 두 가지 판단을 내렸다는 사실이 대단히 놀랍다. 그는 적절한 참고 부류의 통계를 추정하는 데 필요한 지식을 가지고 있었는데도 그 지식을 전혀 사용하지 않은 채 추정치를 내놓았다. 내부 관점에서 나온 시모어의 예측은 기준치 예측을 이용한 조정을 거치지 않았다. 그는 기준치 예측을 생각지도 못했다. 그의 예측은 우리의 특수한 여건을 기반으로 했다. 톰 W 실험의 참가자들처럼 시모어도 관련 기저율을 알고 있었지만, 정작 그것을 적용해야 할 때는 미처 생각하지 못했다.

당시 시모어를 뺀 나머지 사람들은 외부 관점을 알 수 없었고, 따라서 타당한 기준치 예측을 내놓을 수 없었다. 그러나 우리는 추측을 하면서 다른 팀에 대한 정보가 필요하다고 느끼지도 않았다는 점에 주목해야 한다. 내가 외부 관점을 물었을 때 나를 포함해(!) 다들 깜짝 놀랐다. 흔히 일어나는 일인데, 사람들은 개별 사례에 관한 정보가 있으면 그 사례가 속한 부류의 통계를 살필 필요를 느끼지 못한다.

그런데 막상 외부 관점을 알게 되었을 때, 우리는 단체로 그 정보를 무시했다. 당시 우리 행동을 지금은 이해할 수 있다. 그것은 심리학 교육의 무용성을 보여주는 실험과 비슷하다. 니스벳과 보기다의 학생들은 약간의 정보(짧고 단조로운 인터뷰)를 알고 있는 개별 사례를 예측할 때, 그들이 방금 배운 전체 결과는 완전히 무시했다. '무미건조한' 통계 정보가 해당 사례에 대한 개인적 느낌과 일치하지 않을 때, 그 통계는 일상적으로 무시된다.[3] 외부 관점은 내부 관점과의 경쟁에서 힘을 쓰지 못한다.

내부 관점을 선호하는 성향은 더러 도덕적 의미를 함축한다. 한번은 유명한 변호사인 사촌에게 참고 부류에 관해 질문을 던진 적이 있다. "이번 같은 경우에 피고가 승리할 가능성이 얼마나 될까?" 그는 "모든 경우는 유일무이하다"고 단호하게 대답했는데, 그의 눈빛에서 그가 내 질문을 부적절하고 피상적이라고 느낀다는 사실을 분명히 알 수 있었다. 사례의 유일무이함을 자신만만하게 강조하는 태도는 의학계에서도 흔히 나타난다. 이와 반대되는 증거 중심 의학이 발달하고 있는 최근 추세와도 맞지 않는 태도다. 의학 통계와 기준치 예측은 환자와 의사가 나누는 대화에 점점 자주 등장한다. 그러나 외부 관점을 바라보는 의학계의 상반된 감정은 통계와 체크리스트를 활용하는 절차의 비인간성을 우려하는 태도에서 여전히 드러난다.[4]

계획 오류

외부 관점 예측과 최종 결과를 고려하면, 금요일 오후에 우리가 내놓은 애초의 추정치는 거의 망상에 가까웠다. 새삼스러운 일은 아니다. 작업 결과를 지나치게 낙관적으로 예측하는 사례는 곳곳에서 발견된다. 아모스와 나는 '계획 오류'라는 말을 만들어, 다음과 같은 상황을 설명했다.[5]

- 비현실적으로 최상에 가까운 시나리오를 짤 때
- 비슷한 사례의 통계를 참고했다면 더 나은 예측을 할 수 있었을 때

계획 오류 사례는 개인, 정부, 업계에 널렸다. 끔찍한 사례를 열거하자면 끝도 없다.

- 1997년 7월, 에든버러에 스코틀랜드 의회 건물을 새로 짓자는 제안이 나왔고, 총 비용은 4,000만 파운드로 예상되었다.[6] 그리고 1999년 6월에 해당 예산이 1억 900만 파운드 책정되었다. 2000년 4월에는 의원들이 1억 9,500만 파운드를 "상한액"으로 책정했다. 그러다가 2001년 11월이 되자 "최종 비용" 추정치라며 2억 4,100만 파운드를 요청했다. 2002년에는 이 최종 비용 추정치가 두 번 올라 그해 말에 2억 9,460만 파운드가 되었다. 이 추정치는 2003년에 다시 세 번 더 올라 그해 6월에 3억 7,580만 파운드가 되었다. 건물은 2004년에 마침내 완공되었고, 약 4억 3,100만 파운드가 들었다.
- 2005년에 1969년과 1998년 사이에 전 세계에서 착수한 철도 프로젝

트를 조사한 적이 있다. 그 결과, 예상 승객 수가 부풀려진 경우가 90퍼센트를 넘었다. 심지어 실제 승객 수가 예상치를 밑돈다는 사실이 널리 알려졌는데도 조사 기간 30년 동안 예측은 나아지지 않았다. 프로젝트 기획자들은 철도 이용객 수를 평균 106퍼센트 부풀려 예상했고, 비용은 평균 45퍼센트 초과되었다. 관련 증거가 점점 쌓여가도 전문가들의 증거 의존률은 높아지지 않았다.[7]

• 2002년에 주방을 개조한 미국 가정을 조사한 결과, 이들이 예상한 비용은 평균 1만 8,658달러였다. 그런데 실제로 들어간 비용은 평균 3만 8,769달러였다.[8]

기획자와 의사 결정자의 낙관이 비용 초과의 유일한 원인은 아니다. 주방 개조 업체든 무기 업체든 일상적으로 애초의 계획에 추가된 부분에서 이익을 얻는다고 (비록 고객에게는 말하지 않더라도) 선뜻 인정한다. 이런 경우에 예측 실패는 고객이 시간이 지나면서 자신의 희망 사항이 얼마나 늘어날지 상상하지 못한 탓도 있다. 그러다 보니 실제로 지불하는 비용은 현실적인 계획을 짜고 그 계획을 지켰더라면 지불했을 비용보다 훨씬 많아진다.

애초의 예산 오류에 고의성이 없다고도 장담할 수 없다. 비현실적인 계획은 상관이나 고객이 계획을 승인해주길 바라는 욕심에서 나올 때도 자주 있다. 여기에는 단지 비용이 초과되었다고 해서, 완공 시일이 더 걸린다고 해서, 애초 계획을 중간에 그만두는 일은 흔치 않다는 사실을 아는 탓도 있다.[9] 이런 경우에 계획 오류를 피할 가장 큰 책임은 그 기획을 승인하기로 결정한 사람에게 있다. 이들이 외부 관점의 필요성을 인지하지 못한다면, 계획 오류가 나올 수밖에 없다.

계획 오류 줄이기

그날 금요일 오후 이후로도 계획 오류를 진단하거나 해결하려는 노력은 더 없었지만, 계획 오류 개선에 대한 생각은 많은 진전을 이루었다. 아모스와 나는 직관적 예측을 개선하는 문제를 다룬 초기 논문에서, 비슷한 사례에 나타나는 통계를 무시하는 흔한 성향이 어쩌면 미래 예측에 나타나는 오류의 주범일 수 있다고 주장하면서, 분석자나 기획자는 외부 관점을 이용하려고 애써야 한다고 제안했다. 덴마크의 유명한 기획 전문가이자 지금은 옥스퍼드대학 교수인 벤트 플루비에르Bent Flyvbjerg는 다음과 같은 강력한 말로 우리 주장을 지지했다.

> 예측 방식을 개선해 정확도를 높이는 방법에 대한 단일한 충고로는 가장 중요한 충고가 아닐까 싶다. 위험이 따르는 비슷한 다른 사업에서 나온 정보를 이용하는 것을 '외부 관점'을 택한다고 말하며, 이 방법으로 계획 오류를 바로잡을 수 있다.

계획 오류에 대처하는 이 방법에 이제는 '참고 부류 예측reference class forecasting'이라는 전문적인 명칭까지 붙었다. 플루비에르는 여러 나라에서 교통 프로젝트에 이 방법을 적용해왔다. 외부 관점을 실행할 때는 대규모 데이터베이스를 이용하는데, 이 데이터베이스는 전 세계 수백 개 프로젝트에 기획과 결과와 관련한 정보를 제공하며, 더불어 비용과 시간이 얼마나 초과될 수 있는지, 유형이 다른 프로젝트는 얼마나 실적이 부진할 수 있는지를 알려주는 통계 정보를 제공할 수도 있다.

플루비에르가 적용한 아래 예측법은 기저율을 무시하지 않기 위해 추천하는 방법과 비슷하다.

1. 적절한 참고 부류(주방 개조, 대규모 철도 프로젝트 등)를 찾아낸다.
2. 참고 부류의 통계를 입수한다(철도 1마일당 비용, 지출이 예산을 초과한 비율 등). 이 통계를 이용해 기준치 예측을 내놓는다.
3. 이 프로젝트에서 비슷한 다른 프로젝트보다 낙관 편향이 나오리라 예상하는 특별한 이유가 있다면, 해당 사례에만 적용되는 특별한 정보를 이용해 기준치 예측을 수정한다.

플루비에르 분석의 목적은 공공 프로젝트를 진행하는 당국에 비슷한 프로젝트에서 나타난 비용 초과나 시간 초과 통계를 알려주어 유용한 지침을 제공하는 것이다. 의사 결정자들은 프로젝트를 최종 승인하기 전에 비용과 편익을 현실적으로 평가한 자료가 필요하다. 이들은 비용 초과에 대비해 예비 예산은 얼마나 필요한지도 알고 싶어 한다. 사실 이런 예비 조치가 되레 그런 상황을 발생시키는 경우도 흔하다. 어떤 공무원은 플루비에르에게 이렇게 말했다. "예비 예산과 수주 업체의 관계는 고기와 사자의 관계나 다름 없어요. 다 먹어치울 겁니다."

각 조직은 재원을 경쟁적으로 확보하면서 지나치게 낙관적인 계획을 발표하는 경영자의 성향을 통제해야 하는 어려움에 직면한다. 제대로 운영되는 조직이라면 계획이 정확하게 실행될 때는 기획자를 포상하고, 다가올 어려움을 예측하지 못했을 때, 그리고 예측할 수 없는 어려움("모른다는 사실조차 모르는 것")이 생길 여지를 감안하지 못했을 때 벌칙을 준다.

결정과 오류

그날 금요일 오후 이후로 30년도 더 흘렀다. 나는 종종 그때를 떠올리며, 해마다 강의에서 그 일을 여러 번 언급했다. 지인 중에는 그 이야기에 질린 사람도 있지만, 나는 여전히 거기서 새로운 교훈을 얻곤 했다. 아모스와 함께 계획 오류를 처음 발표한 뒤로 거의 15년이 지나, 댄 로밸로Dan Lovallo와 함께 그 주제를 돌아보았다. 우리는 함께 결정 이론을 대략적으로 만들어 보았다. 낙관 편향은 위험을 떠안는 중요한 원인이라는 내용이었다. 경제의 표준 모델인 합리적 모델에 따르면, 사람들은 승산이 좋을 때 위험을 감수한다. 성공했을 때의 이익이 커야 실패로 비싼 대가를 치를 확률을 어느 정도 감수한다는 이야기다. 우리는 여기에 대안 모델을 제시했다.

위험이 따르는 프로젝트의 결과를 예측할 때 경영자들은 너무나 쉽게 계획 오류에 희생된다. 그리고 그 오류에 빠져 이익, 손실, 확률을 합리적으로 저울질하기보다 망상에 가까운 낙관주의에 기초해 결정을 내린다. 이익을 부풀리고 비용을 축소해 예측하며, 실수와 오산 가능성을 간과한 채 성공 시나리오를 짠다. 그 결과, 예산대로 또는 일정대로 끝날 것 같지 않거나 기대한 수익을 내기 어려울 것 같은, 심지어 끝낼 수나 있을까 싶은 계획을 밀어붙인다.

이 관점에서 보면, 사람들은 (항상은 아니지만) 흔히 자기가 맞닥뜨린 승산을 지나치게 낙관하는 탓에 위험한 프로젝트에 착수한다. 뒤에서 이 주제를 몇 번 더 다룰 예정이다. 사람들이 왜 소송을 제기하고, 왜 전쟁을 일으키고, 왜 소규모 사업을 시작하는지를 이해하는 데 도움이 될 내용이다.

검증 부재

나는 여러 해 동안 교과과정 이야기의 핵심은 내가 지인 시모어에게 배운 교훈이라고 생각했다. 그는 우리 프로젝트의 미래를 추측하면서 비슷한 다른 프로젝트에 대해 그가 알고 있는 지식을 활용하지 않았다는 교훈이다. 그러면서 나는 이 이야기에서 멀찌감치 떨어져, 똑똑한 질문자이자 영악한 심리학자 역할을 맡았다. 그러다가 최근에 와서야 실제 내 역할은 멍청이 대장에다 무능한 지도자였다는 것을 깨달았다.

그 프로젝트는 내가 시작한 것이었고, 따라서 그 일이 적절한지, 주요 문제는 팀에서 충분히 논의되었는지를 분명히 하는 것은 내 책임이었는데도 나는 그런 검증을 하지 않았다. 내 문제는 더 이상 계획 오류가 아니었다. 시모어가 요약한 통계를 듣는 순간 계획 오류에서 벗어난 셈이다. 그 자리에서 추궁을 받았더라면, 나는 우리 예측이 말도 안 되게 낙관적이었다고 말했을 것이다. 그리고 더 심하게 추궁을 받았더라면, 프로젝트가 잘못된 가정에서 출발했고, 적어도 패배를 선언하고 짐을 싸는 방안도 심각하게 고려해야 한다고 시인했을 것이다. 하지만 누구도 나를 추궁하지 않았고, 토론도 없었다. 우리는 그 일이 얼마나 오래 걸릴지 드러내놓고 예측하지 않은 채 일을 계속 추진하기로 암묵적으로 동의했다. 애초에 그런 예측을 하고 시작했던 것은 아니니, 일을 계속 밀고 나가기는 어렵지 않았다. 처음부터 타당한 기준치 예측을 내놓았더라면 그 일에 뛰어들지 않았겠지만, 이미 상당한 노력을 투자한 뒤였다(매몰 비용 오류의 사례로, 이에 대해서는 뒤에서 자세히 다룰 예정이다).[10] 그 시점에서 포기한다면 우리는(특히 나는) 당혹스러웠을 것이고, 또 포기할 만한 절박한 이유는 없어 보였다. 위기 상황에서 방향을 바꾸기는 쉽지만, 그때는 위기가 아니었고, 우리가 모르는 사람들에 관한 몇 가지 새로운 사실이 드러났을 뿐이었다. 외부 관점은 우리와 직접 관련 있는 나쁜 소식보다 무시하기가 훨씬 더 쉬웠다. 당시 우리 상태를 가장 적절히 표현한다면 무기력일 것이다. 우리는 눈앞에서 벌어지는 일을 생각하지 않으려 했다. 그러면서 하던 일을 계속했다. 그 이후로 내가 팀에 속해 있는 동안에 합리적인 기획을 다시 시도해본 적은 없었다. 팀원들이 합리성을 가르치는 사람이라는 걸 생각하면 대단히 심각한 일이다. 지금의 나는 그때보다는 현명해지지 않았을까 싶다. 그리고 외부 관점을 알아보려는 습관을 갖게 되었다. 하지만 그 습관이 몸에 밸 것 같지는 않다.

—

외부 관점과 관련한 말들
"그는 내부 관점을 택했다. 이제 그만 자기 경우를 잊고 다른 사례에서 어떤 일이 일어났는지 알아봐야 한다."
"그는 계획 오류에 빠져, 최상의 시나리오를 짜고 있다. 그 계획이 실패할 가능성이 곳곳에 도사리고 있는데도 전혀 예상하지 못한다."
"당신은 이 법률 사건에서, 한 개인이 의사를 상대로 의료 과실을 주장한 사건이라는 점 외에 아는 게 없다 치자. 어떤 기준치 예측을 내리겠는가? 이런 사건이 승소하는 경우는 얼마나 되겠는가? 합의를 보는 경우는 얼마나 되겠는가? 합의를 본다면 합의금은 얼마겠는가? 지금 우리가 토론하는 이 사건은 비슷한 청구권 사건에 비해 승산이 높은가 낮은가?"
"우리는 실패를 인정하고 싶지 않아서 추가 투자를 하고 있다. 매몰 비용 오류의 사례다."

24

자본주의의 동력

계획 오류는 만연한 낙관 편향이 드러난 한 가지 사례일 뿐이다. 우리는 대부분 세상을 실제보다 더 온화하게 보고, 우리 속성을 실제보다 더 좋게 보며, 우리가 세운 목표의 성취 가능성을 실제보다 더 높게 본다. 그리고 미래를 예측하는 우리 능력을 과장하는 성향도 있어서 낙관적 과신을 낳는다. 낙관 편향은 그것이 결정에 미치는 영향을 생각해볼 때, 아마도 가장 중요한 인지 편향일 것이다. 낙관 편향은 축복이 될 수도 있고 위험이 될 수도 있어서, 기질적으로 낙관적인 사람은 행복하지만 동시에 신중해야 한다.

낙관주의자

낙관주의는 흔하지만 일부 운 좋은 사람은 유독 더 낙관적이다. 유전적으로 낙관 편향을 타고난 사람은 자신을 이미 행운아라고 느끼기 때문에 구태여 행운아라고 말해줄 필요도 없다.[1] 낙관적 태도는 주로 유전되며, 매사에 밝은 면을 보려는 이런 성향은 건강하고 행복한 삶에 유익한 보편적 기질 중 하나다.[2] 자녀를 위해 소원 하나를 쓸 수 있다면, 낙관적 기질을 진지하게 고민해보라. 낙관주의자들은 보통 더 명랑하고 행복하며, 따라서 인기가 좋다. 실패나 어려움에도 꿋꿋하게 적응하고, 우울증에 빠질 확률도 적고, 면역 체계는 더 강하고, 건강도 잘 챙기고, 남보다 더 건강하다고 느끼며, 실제로 더 오래 살 확률도 높다. 자신의 예상 수명을 보험 통계보다 더 길게 잡은 사람들을 연구한 결과, 이들은 더 오랜 시간 일하고, 미래 수입을 더 낙관적으로 예상하고, 이혼 뒤에도 재혼할 확률이 더 높고('희망이 경험을 이긴' 전형적인 예), 개별 종목에 베팅하는 성향이 있다.[3] 물론 낙관주의가 축복이 되는 경우는 편향이 적을 때이고, 현실감각을 잃지 않은 채 '긍정적인 것을 강조'할 수 있는 사람에 한해서다.

낙관적인 사람들은 우리 삶에 다른 사람보다 더 큰 영향을 미친다. 이들의 결정은 우리 삶을 바꿔놓는다. 이들 중에는 평범한 사람보다는 발명가, 도전적 사업가, 정치 지도자와 군사 지도자가 많다. 이들은 도전하고 위험을 무릅쓴 덕에 지금의 위치에 왔다. 재능 있는 사람이고, 이제까지 운도 좋았던 사람이다. 그들 생각보다 더 운이 좋은 게 거의 틀림없다. 이들은 분명 기질적으로 낙관적이다. 소규모 사업 창업자들을 대상으로 조사한 결과, 이들은 중간급 관리자보다 일반적으로 삶을 더 긍정적으로 바라보았다.[4] 그리고 성공한 경험이 있어서 자기 판단과 상황 통제력을 확신했다. 게다가 남들의 존경을 받으니 자신감은 더 굳건해진다.[5] 이 논리는 하나의 가설로 이어진다. 타인의 삶에 지대한 영향을 미치는 사람들은 낙관적이고 과신하기 쉽고, 본인 생각보다 더 많은 위험을 감수한다는 가설이다.[6]

개인이나 기관이 중대한 위험을 자발적으로 감수할 때마다 낙관 편향이 관여한다는, 때로는 지배한다는, 증거도 있다. 위험을 감수하는 사람들은 흔히 확률을 가볍게 보고, 실제 승산을 알아보려고 애쓰지도 않는다. 낙관주의자들은 잠재적 위험을 잘못 읽기 때문에 자신이 신중하지 않을 때도 신중하다고 믿는 경우가 많다. 이들은 앞으로의 성공을 확신하는 탓에 긍정적 태도를 유지하고, 그 덕에 사람들에게서 쉽게 재원을 끌어오고, 직원의 사기를 높이고, 성공 전망을 끌어올린다. 낙관주의는 다소 기만적인 측면이 있을지라도 행동을 해야 할 때는 도움이 될 수 있다.

사업가의 망상

미국에서 소규모 사업이 5년까지 살아남을 확률은 약 35퍼센트다. 그러나 소규모 사업을 시작하는 사람은 그 통계가 자기에게도 해당한다고 생각하지 않는다. 설문 조사 결과, 미국 사업가들은 자기 업계의 전망을 좋게 보는 성향이 있어서, "동종 업계 모든 사업"의 성공률을 묻는 질문에 평균 60퍼센트라고 대답했다. 실제 확률의 거의 두 배다. 자기가 시작한 벤처 사업의 승산을 평가할 때 편향은 더욱 빛을 발한다. 이들의 무려 81퍼센트가 자신의 성공 가능성을 10점 만점에 7점 이상으로 생각했고, 33퍼센트는 실패 확률이 제로라고 대답했다.[7]

이런 식의 편향은 새삼스럽지 않다. 최근에 이탈리아 식당을 개업한 사람을 인터뷰한다면, 성공 가능성이나 자신의 운영 능력을 낮게 평가하는 사람은 없을 것이다. 그렇다면 이런 궁금증이 들어야 한다. 식당 주인이 실제 확률을 알아보려고 애썼더라면, 그래도 여전히 그 사업에 돈과 시간을 투자했을까? 다시 말해 (새로 문을 연 식당의 60퍼센트가 3년이 지나 문을 닫는다는) 실제 확률을 알았다면 그 확률에 주목했을까? 그는 아마도 그런 외부 관점을 고려해야 한다고는 생각도 못했을 것이다.

낙관적 기질의 장점 하나는 장애물을 만나도 하던 일을 계속한다는 것이다. 그러나 그 인내에는 대가가 따를 수 있다. 토머스 아스테브로Thomas Astebro의 인상적인 연구 시리즈는 낙관주의자들이 안 좋은 소식을 접했을 때 어떤 일이 일어나는가에 주목했다. 그는 캐나다 단체인 '발명가 지원 프로그램Inventor's Assistance Program'의 자료를 이용했다. 발명가에게 약간의 수수료를 받고 그들 아이디어의 상업적 전망을 객관적으로 평가하는 자료를 제공하는 곳이다. 이들은 각 발명품을 사람들의 욕구, 생산비, 예상되는 수요 추세 등 37개 기준에서 면밀히 점수를 매겨 평가한다. 평가자들은 각 항목에 점수를 매긴 뒤 이를 요약해 A, B, C 등으로 나타내는데, D나 E는 실패가 예상된다는 뜻이다. 이들이 검토하는 발명품은 70퍼센트 이상이 실패예상 통보를 받는다. 이 확률은 놀랍도록 정확해서, 매우 낮은 점수를 받은 411개 발명품 가운데 상업화에 성공한 것은 고작 다섯 개뿐이고 나머지는 모두 실패했다.[8]

실패가 빤히 예상되는 점수를 받은 발명가 중에 약 절반은 개발을 포기했다. 그런데 47퍼센트는 가망 없다는 통보를 받고도 개발을 지속했고, 끈질 긴(또는 고집 센) 이들은 처음 손실이 평균 두 배로 불어난 뒤에야 사업에서 손을 뗐다. 비관적 조언을 받고도 일을 계속 추진한 경우는 낙관적 성향에 서 높은 점수를 받은 발명가들 사이에서 비교적 흔히 나타났다. 그리고 발 명가들은 일반적으로 다른 사람들보다 낙관주의에서 더 높은 점수를 받았 다. 전반적으로 사적인 발명에서 나오는 수익은 "사모펀드와 고위험 증권에 서 나오는 수익보다 낮았다." 좀 더 일반적으로 말하면, 자영업에서 얻는 이 익은 그저 그런 수준이다. 그래서 좋은 기술이 있다면 그 기술로 자기 사업 을 하기보다 그 기술을 다른 업체에 팔 때 평균적으로 이익이 더 높다. 이런 사실로 볼 때, 낙관주의는 널리 퍼져 있고, 완고하고, 비용이 많이 든다고 볼 수 있다.[9]

심리학자들은 대부분의 사람이 대부분의 바람직한 특징에서 대부분의 다 른 사람보다 자기가 더 우수하다고 진심으로 믿는다고 결론 내렸다. 실험실 에서 사람들은 이 믿음에 선뜻 적은 액수의 내기를 걸기도 한다.[10] 이런 우 월감 확신은 시장에서 당연히 중대한 결과를 가져온다. 대규모 사업을 하는 사람들은 자신이 다른 회사 자산을 그곳 소유주보다 더 잘 관리할 수 있다 는 잘못된 믿음에 기초해, 더러 값비싼 합병과 인수에 엄청난 베팅을 한다. 이때 주식시장은 다른 회사를 사들인 매수 기업의 가치를 떨어뜨리는 공통 된 반응을 보인다. 대기업 통합은 성공보다 실패가 많다는 걸 경험으로 알 기 때문이다. 잘못된 인수는 이제까지 '자만 가설'로 설명되었다. 매수 기업 의 경영진은 그들 자신이 생각하는 만큼 유능하지 않다는 가설이다.[11]

경제학자 울리크 맬멘디어Ulrike Malmendier와 제프리 테이트Geoffrey Tate는 최고경영자들이 개인적으로 보유한 회사 주식의 양으로 낙관적인 경영자들을 가려냈고, 대단히 낙관적인 지도자는 과도한 위험 부담을 떠안는다는 사실을 알게 됐다. 이들은 주식을 발행하기보다 빚을 떠안았고, "매입 대상 기업에 돈을 너무 많이 지불하고, 기업 가치를 파괴하는 합병을 감행"할 공산이 남보다 크다.[12] 맬멘디어와 테이트가 측정한 결과, 놀랍게도 최고경영자가 지나치게 낙관적이면, 합병에서 매수 기업의 주가는 심각하게 타격을 입었다. 주식시장은 자신감이 지나친 최고경영자를 식별하는 능력이 있는 모양이다. 이 결과는 비록 최고경영자에게 유죄판결을 내린다 해도 다른 한편으로는 한 가지 혐의를 벗겨주는 셈이다. 즉 기업 지도자가 건전하지 않은 베팅을 하는 이유는 남의 돈으로 베팅을 하기 때문이 아니다. 오히려 반대로, 개인적 위험이 클 때 큰 위험 부담을 떠안는다. 자신감이 지나친 최고경영자가 초래하는 피해는 언론이 그들을 유명인으로 떠받들어줄 때 더 심각해진다. 이는 유명 언론이 최고경영자에게 상을 주면 주주가 손해를 본다는 뜻이기도 하다. 맬멘디어와 테이트는 이렇게 쓴다. "최고경영자가 상을 받으면 그 기업은 주가와 경영 실적이 모두 떨어진다. 동시에, 최고경영자는 보수가 올라갈 뿐 아니라 책을 쓰거나 다른 기업에 사외이사로 참여하는 등 대외 활동에 더 많은 시간을 쓰며, 인위적인 이익 조정에 관여하기 쉽다."[13]

여러 해 전에, 아내와 함께 밴쿠버아일랜드로 휴가를 떠나 숙소를 찾던 중에 숲 한가운데서 사람들의 발길이 뜸한 길가에 있는 멋지지만 방치된 듯한 모텔을 발견했다. 주인은 매력적인 젊은 부부였고, 묻지도 않은 자기들의 사연을 들려주었다. 두 사람은 앨버타에서 학교 선생을 하다가 삶을 바꿔보기로 결심하고 노후를 대비해 모아둔 돈으로, 지어진 지 10년이 넘은 이 모텔을 사들였다. 이들은 "예전 주인 예닐곱 명이 성공하지 못해서" 모텔을 싸게 살 수 있었다는 이야기를 진지하고 당당하게 우리에게 들려주었다. 그러면서 대출을 받아 옆에 식당을 지어 건물을 더 돋보이게 할 계획이라고 말했다. 이들은 예닐곱 명이 실패한 곳에서 성공을 예상하는 이유를 설명할 필요를 느끼지 못했다. 대담함과 낙관주의는 모텔 소유주부터 슈퍼스타 최고경영자에 이르기까지 사업하는 사람들이 지닌 공통분모다.

위험을 감수한 사람 대부분은 끝내 실망스러운 결과를 맛볼지언정, 사업가들이 낙관적 시각으로 위험을 감수한 덕에 자본주의 사회에서 경제가 역동적으로 돌아가는 것은 사실이다. 그러나 런던경제대학의 마르타 코엘료Marta Coelho는 소규모 사업 창업자들이 필시 실패로 끝날 결정을 내리고 정부에 그 결정을 지원해달라고 요청하는 어려운 정책 문제를 지적했다. 정부는 수년 내에 파산할 게 뻔한 미래의 사업가를 지원해줘야 하는가? 행동경제학자 다수가 '자유지상주의적 온정주의libertarian paternalism' 방식을 좋아해서, 사람들이 알아서 저축하도록 내버려두기보다 저축을 좀 더 많이 하도록 장려해야 한다고 생각한다. 그러나 정부가 소규모 사업을 지원해야 하는지, 지원한다면 어떤 식으로 해야 하는지의 문제는 이렇다 할 만족스러운 답이 없다.

경쟁 간과

사업가들의 낙관주의를 희망 사항으로 해석하면 편하겠지만, 낙관주의를 그런 감정만으로 설명할 수는 없다. 여기에는 아래와 같은 인지 편향, 특히 시스템 1의 주요 특징인 보이는 것이 전부라는 편향이 중요한 역할을 한다.

- 내 목표에 집중하고 내 계획을 기준점으로 삼은 채 관련 기저율을 간과하면서, 계획 오류에 빠진다.
- 내가 하고 싶은 일과 내가 할 수 있는 일에 초점을 맞춘 채, 타인의 계획과 능력은 간과한다.
- 과거를 설명할 때도, 미래를 예상할 때도, 능력의 역할에 집중하고 운의 역할을 간과하는 탓에 쉽게 '통제 착각'에 빠진다.
- 아는 것에 집중하고 모르는 것을 간과해, 자신의 생각을 과신한다.

'운전자의 90퍼센트가 자신은 평균보다 운전을 잘한다고 생각한다'는 조사 결과는 심리학계에 널리 알려진 사실로, 이제는 문화의 일부가 되었으며, 더 일반적인 '평균 이상 효과'의 대표적인 예로 자주 거론된다. 그러나 최근에 이에 대한 해석이 자기 과장에서 인지 편향으로 바뀌었다.[14] 아래 두 질문을 보자.

당신은 운전을 잘하는가?
당신은 평균보다 운전을 잘하는가?

첫 번째 질문은 쉬워서 재빨리 대답할 수 있는데, 대부분의 운전자가 그렇다고 대답한다. 두 번째는 운전자들의 평균 실력을 알아야 하는 훨씬 어려운 질문이라 응답자 대부분은 진지하고 정확하게 대답하기가 거의 불가능하다. 하지만 이쯤 되면 독자들도 사람들이 어려운 질문을 쉬운 질문으로 바꿔 대답한다는 사실이 놀랍지 않을 것이다. 사람들은 평균을 생각하지도 않은 채 자신을 평균과 비교한다. '평균 이상 효과'를 자기 과장 성향이 아닌 인지 편향으로 해석하는 증거는, 사람들에게 그들이 어렵게 생각하는 일에 대해 물으면("당신은 낯선 사람과 말을 트는 것에서 평균보다 나은가?") 주저 없이 자신을 평균 이하로 평가한다는 것이다. 한마디로 사람들은 자기가 그런대로 잘하는 활동에서는 자신의 상대적 위치를 지나치게 낙관하는 성향이 있다.

나는 혁신적 기업을 창업한 사람과 거기에 참여한 사람들에게 다음과 같은 질문을 던질 기회가 몇 번 있었다. 회사에서 당신이 얻은 결과는 어느 정도나 실제 노력에서 나오는가? 너무 뻔한 질문이어서 보통 그 자리에서 대답하는데, 내가 조사한 작은 표본에서는 그 답이 80퍼센트 아래로 내려간 적이 없었다. 이 대담한 사람들은 성공을 확신하지 못할 때조차 자기 운명은 거의 전적으로 자기 손에 달렸다고 생각한다. 명백히 틀린 생각이다. 신생 회사의 성패는 회사 내부의 노력뿐 아니라 경쟁사의 성과와 시장 변화에도 달렸다. 그러나 보이는 것이 전부라는 원리가 작용해, 사업가들은 자기가 가장 잘 아는 것, 이를테면 계획과 활동, 자금 동원력처럼 눈앞에 보이는 위험과 기회에 주목한다. 경쟁사를 잘 모르다보니 경쟁이 거의 없는 미래를 상상하는 것도 무리는 아니다.

경쟁 간과 개념을 만든 콜린 캐머러Colin Camerer와 댄 로밸로는 당시 디즈니 스튜디오 회장의 말을 인용해 그 개념을 설명했다. 그는 대규모 예산이 들어간 그 많은 영화(〈메모리얼 데이Memorial Day〉, 〈인디펜던스 데이Independence Day〉 등)가 왜 한날 개봉되느냐는 질문을 받자 다음과 같이 대답했다.

자만이죠. 자만. 자기 사업만 생각하는 사람은 '우리 스토리 부서도 훌륭하겠다, 마케팅 부서도 훌륭하겠다, 이제 개봉만 하면 돼' 그렇게 생각하는 거예요. 다른 사람도 죄다 똑같이 생각하는 줄도 모르고. 어떤 주말에는 다섯 편이 한꺼번에 개봉하는데, 그 상영관을 무슨 수로 채우겠어요?

자만을 언급한 솔직한 답이지만, 경쟁 스튜디오보다 우월하다고 생각했던 오만이나 거만을 지적한 말은 아니다. 결정을 내릴 때 경쟁은 고려 대상이 아니라는 뜻일 뿐이다. 그리고 이 결정에서도 어려운 질문이 좀 더 쉬운 질문으로 대체되었다. '다른 스튜디오가 개봉할 영화를 생각하면, 몇 명이나 우리 영화를 보겠는가?'라는 질문을 던져야 하지만, 스튜디오 경영자들은 '우리 영화는 재미있는가, 우리 조직은 영화를 제대로 홍보할 수 있는가?'라는 더 단순한 질문, 가장 쉽게 이용할 수 있는 지식과 관련 있는 질문을 던졌다. 시스템 1에게 친숙한, 보이는 것이 전부라는 원리와 바꿔치기는 경쟁 간과와 평균 이상 효과를 낳는다. 경쟁을 간과한 결과, 과도한 진입 현상이 벌어진다. 시장에서 이익을 내며 버틸 수 있는 수보다 더 많은 경쟁작이 시장에 뛰어들어, 평균적으로 손해를 볼 수밖에 없다.[15] 이제 막 시장에 뛰어든 스튜디오에게는 실망스러운 일이지만, 이 효과가 경제 전반에 미치는 영향은 긍정적일 수 있다. 사실 지오반니 도시 Giovanni Dosi와 댄 로벨로는 비록 자기는 실패했어도 그 과정에서 좀 더 자격 있는 경쟁사에 새로운 시장을 소개해준 꼴인 기업을 가리켜 '낙관적 순교자'라 부른다. 경제에는 이롭지만 투자자에게는 나쁜 기업이다.

과신

듀크대학 교수들은 대기업 최고재무책임자들을 상대로 S&P의 이듬해 수익을 예측해보라는 설문 조사를 여러 해 실시했다. 그렇게 1만 1,600건의 예측을 모아 정확도를 알아보았다. 결과는 명확했다. 대기업의 재무 책임자들은 주식시장의 단기 미래를 전혀 감 잡지 못해서, 이들의 추정치와 실제 수치의 상관관계는 제로보다 오히려 약간 낮았다! 이들이 시장 상황이 안 좋을 거라고 말했을 때 실제로는 더 좋아진 때가 약간 더 많았다. 여기까지는 그러려니 할 수도 있다. 진짜 안 좋은 소식은 최고재무책임자는 자신의 예측이 쓸모없다는 사실을 모르는 것 같다는 것이다.

설문 참가자들은 S&P 수익 예측 외에도 두 가지 추정치를 더 내놓았다. 하나는 가치가 너무 높게 매겨졌다고 90퍼센트 확신하는 수치, 또 하나는 너무 낮게 매겨졌다고 90퍼센트 확신하는 수치다. 두 수치 사이의 간격을 '80퍼센트 신뢰 구간'이라 부르고, 그 구간 밖에 놓이는 뜻밖의 결과를 '깜짝 결과'라 부른다. 보통 사람이 여러 사례를 놓고 이 추정을 해보면, 그 추정치의 약 20퍼센트가 깜짝 결과로 분류된다. 그런데 최고재무책임자들을 대상으로 한 설문에서는 깜짝 결과가 예상보다 세 배 이상 높은 67퍼센트가 나왔다. 이 말은 최고재무책임자가 시장을 예측하는 자신의 능력을 터무니없이 과신한다는 뜻이다. 과신은 보이는 것이 전부라는 원리가 나타난 또 하나의 사례다. 우리는 머릿속에 떠오르는 정보에 의존해 수량을 추정하고, 조리 있는 이야기를 구성해 그 추정치를 그럴듯하게 포장한다. (어쩌면 정말 몰라서) 머릿속에 떠오르지 않는 정보를 이용하기란 사실상 불가능하다.

듀크대 교수들은 깜짝 결과를 20퍼센트로 줄일 신뢰 구간을 계산했다.

결과는 놀라웠다. 깜짝 결과가 나오는 비율을 보통 수준으로 유지하려면, 최고재무책임자들은 해마다 이렇게 말했어야 했다. '다음 해 S&P 수익이 −10퍼센트에서 +30퍼센트 사이일 확률은 80퍼센트다.' 최고재무책임자들의 지식을(더 정확히 말하면, 무지를) 제대로 반영하려면 신뢰 구간은 그들이 실제로 말한 신뢰 구간보다 네 배 이상 더 넓어야 한다.

여기에 사회심리학이 등장한다. 신뢰할 만한 최고재무책임자가 내놓는 답치고는 누가 봐도 터무니없기 때문이다. 동료에게 'S&P 수익이 −10퍼센트에서 +30퍼센트 사이일 확률이 높다'라는 정보를 주는 최고재무책임자는 비웃음을 받으면서 사무실에서 쫓겨나기 십상이다. 신뢰 구간이 넓다는 것은 무지를 시인하는 꼴인데, 재무에 일가견이 있다는 이유로 벌어먹고 사는 사람에게는 사회적으로 용납될 수 없는 일이다. 비록 자신은 아는 바가 거의 없다는 사실을 알았다 해도 그 사실을 시인해버리면 대가가 따를 수 있다. 트루먼 대통령은 어떤 입장을 말하고 나서 반대 입장을 덧붙일 때 사용하는 "다른 한편으로는on the other hand"이라는 말을 입에 달고 사는 경제학자들에 신물이 나서, 명확한 입장을 가진 "팔이 하나인one-armed 경제학자"를 찾는다는 유명한 말을 남겼다.

과신하는 전문가의 말을 받아들이는 조직은 값비싼 대가를 치를 수 있다. 최고재무책임자들을 연구 조사한 결과, S&P 수익을 확신하고 낙관하는 사람들은 자기 회사의 전망도 과신하고 낙관했는데, 그러다 보니 다른 사람보다 위험을 더 많이 떠안았다. 나심 탈레브가 주장했듯이, 경제주체가 주변 환경의 불확실성을 제대로 평가하지 않으면 피해야 할 위험을 떠안을 수밖에 없다. 그러나 낙관주의는 사회에서도 시장에서도 높은 평가를 받아, 진실을 말하는 사람보다 위험한 엉터리 정보를 제공하는 사람이 포상을 받는다. 대침체로 이어졌던 금융 위기의 교훈 하나는 전문가들 사이에, 그리고 기관들 사이에 경쟁이 과열되어 위험과 불확실성에 집단적으로 무지해지는 시기가 있다는 것이다.

과신을 선호하는 사회적, 경제적 압력은 재무나 금융 예측에만 국한하지 않는다. 다른 분야도 이름 있는 전문가라면 높은 자신감을 보고 싶어 하는 사람들의 기대에 부응해야 한다. 필립 테틀록의 관찰에 따르면, 자신감이 과도한 전문가일수록 뉴스에 초대받아 한껏 뽐낼 기회가 많아진다. 과신은 의학계에서도 풍토병처럼 퍼진 게 아닌가 싶다. 중환자실에서 사망한 환자를 조사한 연구에서, 부검 결과를 그 환자가 살아 있을 때 의사가 내린 진단과 비교했다. 의사도 진단에 자신감을 보였다. 그 결과, "사망 전 진단을 임상의가 '전적으로 확신'한 경우 중 40퍼센트가 오진"이었다.[16] 여기서도 의뢰인이 전문가의 과신을 부채질한다. "임상의가 머뭇거리는 모습은 일반적으로 단점이자 나약함의 신호로 간주된다. 확신은 불확실함보다 높이 평가되는데, 환자 앞에서 불확실함을 드러내는 것에 대한 거부감이 팽배하다."[17] 자신의 무지를 고스란히 인정하는 전문가는 확신에 찬, 그래서 고객의 신뢰를 받기가 쉬운 다른 경쟁자로 대체될 수도 있다. 불확실성을 편향되지 않게 평가하는 것이야말로 합리성의 초석인데도 사람들과 여러 기관은 그것을 원치 않는다. 위태로운 상황에서 극도의 불확실성은 사람들을 무력하게 하고, 위험 부담이 높은 상황에서 추측만 가능할 뿐이라고 시인하는 행위는 용납되지 않는다. 그래서 더러는 그저 아는 척하는 것이 더 나은 해결책이 된다.

과장된 낙관주의를 떠받드는 감정, 인지, 사회 요소가 모두 합쳐지면 사람을 들뜨게 만들어, 더러는 승산을 알았다면 피했을 위험까지 떠안게 된다. 경제에서 잠재적 위험을 잘 떠안는 사람이 위험 부담이 큰 도박을 유난히 좋아한다는 증거는 없다. 단지 소심한 사람보다 위험을 잘 인지하지 못할 뿐이다. 댄 로밸로와 나는 '과감한 예측과 소심한 결정'이란 말을 만들어, 위험을 떠안는 이면의 사정을 설명했다.[18]

강한 낙관주의가 결정에 미치는 영향은 좋게 말해, 장점도 있고 단점도 있지만, 낙관주의가 실행에 기여하는 바는 분명 긍정적이다. 낙관주의의 주된 이점은 중간에 좌절해도 회복할 수 있다는 것이다. 긍정심리학의 창시자인 마틴 셀리그먼Martin Seligmen에 따르면, "낙관적 해명"은 자아상을 지켜 원래 상태로 회복하는 데 도움이 된다. 기본적으로 낙관적 태도는 성공의 공은 챙겨도 실패의 벌은 거의 떠안지 않는다. 이런 태도는 적어도 어느 정도는 학습될 수 있으며, 셀리그먼은 보험 방문 판매(인터넷이 없던 시절의 흔한 방식)처럼 실패율이 높은 다양한 직업에서 이 훈련 효과를 증명했다. 화난 주부가 면전에서 문을 꽝 닫았을 때 '지독한 여자군'이라는 생각이 '나는 무능한 영업사원이야'라는 생각보다 분명히 한 수 위다. 낙관주의는 과학 연구가 성공하는 데도 필수라는 게 내 생각이다. 성공한 과학자치고 더러는 자신을 속여서라도 자기가 하는 일의 중요성을 부풀리는 능력이 부족한 사람을 본 적이 없으며, 그 능력이 부족한 사람은 사소한 실패가 계속되고 좀처럼 성공을 맛보지 못하는 상황에서, 다시 말해 과학 연구의 운명 앞에서 풀이 죽는다.

실패 사전 점검: 부분 치료

확신에 찬 낙관주의는 훈련으로 극복할 수 있을까? 나는 낙관적이지 않다. 이제까지 사람들을 훈련해, 자신의 판단 정확도를 반영하는 신뢰 구간을 말하게 하려는 시도가 수없이 있었지만, 그런대로 성공했다는 보고는 몇 건 안 된다. 그중에 자주 언급되는 성공 사례가 정유사 로열더치셸Royal Dutch Shell의 지질학자들 이야기인데, 결과가 알려진 다양한 과거 사례를 학습한 뒤에 시추 가능 지점을 예상하자 지나친 확신이 줄었다.[19] 이 외에도 판단을 내릴 때 다른 가설을 고려하게 하면 과신이 (완전히 제거되지는 않아도) 줄었다. 그러나 과신은 시스템 1의 특성에서 나온 직접적 결과이며, 이 특성은 길들일 수는 있어도 없앨 수는 없다. 주관적 확신은 스스로 만든 이야기의 논리적 일관성으로 결정되지, 그것을 뒷받침하는 정보의 양과 질로 결정되지 않기 때문이다.

낙관주의와 개인을 길들이는 능력은 개인보다 조직이 나을 수도 있다. 이와 관련해 좋은 방법을 알려준 사람은 내 '적대적 협력자'이자, 편견 주장에 맞서 직관적 결정을 옹호하고 알고리즘에 거세게 반대하는 게리 클라인이다. 그는 자신의 제안을 '실패 사전 점검premortem'이라 이름 붙였다. 점검 절차는 간단하다. 조직이 중요한 문제를 거의 다 결정했지만 아직 공식화하지 않았을 때, 그 결정을 잘 아는 사람들을 모아 짧게 회의를 한다. 회의는 다음과 같은 간단한 말로 시작한다. "1년 미래로 갔다고 상상합시다. 우리는 이 계획을 그대로 실행했어요. 결과는 참담했습니다. 5분에서 10분 정도 시간을 줄 테니, 그 참담함의 내력을 짧게 써보세요."

게리 클라인의 실패 사전 점검은 대개 그 즉시 뜨거운 반응을 불러일으킨다. 내가 다보스에서 가볍게 이 이야기를 꺼내자 뒤에 있던 사람이 구시렁 댔다. "그나마 그걸 알았으니 다보스에 온 보람이 있군!"(나중에 알고 보니 그는 세계적 기업의 최고경영자였다.) 실패 사전 점검은 두 가지 주요 장점이 있다. 일단 어떤 결정이 내려졌다 싶으면 집단적으로 그 결정에 순응하기 쉬운데 그런 상황을 막는다는 점, 그리고 박식한 사람들이 바람직한 방향으로 상상력을 펼칠 수 있다는 점이다.

팀이 한 가지 결정에 의견을 모으면, 특히 거기에 지도자의 입김이 들어가면, 그 계획을 바라보는 대중의 의심은 차츰 억제되고, 그 의심은 마침내 팀과 지도자를 향한 잘못된 충정의 증거로 취급된다. 의심 억제는 결국 과신을 낳고, 팀에서는 결정을 지지한 사람만 발언권을 갖는다. 실패 사전 점검의 큰 장점은 의심에 정당성을 부여한다는 것이다. 나아가 결정에 의심을 품은 사람을 격려해, 앞서 생각하지 못한 위협 요소를 찾아보게 한다. 실패 사전 점검은 만병통치약이 아니며 돌발적인 심각한 상황까지 철저히 막지도 못하지만, 보이는 것이 전부라는 편향과 무비판적 낙관주의 편향에 취약한 계획의 피해를 줄이는 데 기여한다.

—

낙관주의와 관련한 말들
"그들은 통제 착각에 빠져, 문제를 심각하게 과소평가한다."
"저들은 경쟁 간과 병에 걸린 급성 환자 같다."
"그들은 실제로 아는 것보다 더 많이 안다고 믿는 것 같다. 과신의 사례다."
"실패 사전 점검을 실시해야 한다. 누군가는 우리가 간과한 위협을 생각해낼지도 모른다."

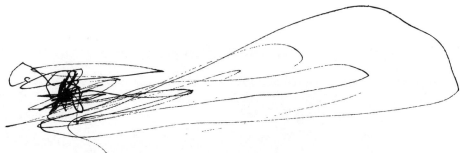

Choices

문제가 어떤 틀로 짜여지는가에 따라 같은 문제에 상반된 답이 나온다.
위험 회피와 위험 추구 사이의 선호도는 사실과는 관계없다.
똑같은 객관적 결과라도 그것을 어떻게 구성하느냐에 따라 선호도가 역전된다.

25

베르누이 오류

1970년대 초 어느 날, 아모스는 내게 등사기로 찍은 논문을 건네주었다. 스위스 경제학자 브루노 프레이Bruno Frey가 경제 이론을 다루면서 사람의 심리를 단정해 말한 글이었다. 논문의 검붉은 표지 색은 지금도 기억이 생생하다. 브루노 프레이는 그 글을 거의 기억하지 못하지만, 나는 첫 문장을 지금도 외울 수 있다. "경제 이론에서 행위자는 합리적이고 이기적이며 취향은 바뀌지 않는다."

나는 화들짝 놀랐다. 동료 경제학자들이 바로 옆 건물에서 연구하고 있었지만, 우리의 지적 세계가 이렇게 다른 줄은 미처 몰랐었다. 사람은 결코 완벽히 합리적이지도, 노골적으로 이기적이지도 않으며, 취향은 절대 고정불변이 아니라는 것쯤은 심리학자에게는 자명한 사실이다. 경제학과 심리학은 서로 다른 생물 종을 연구하는 것만 같았다. 행동경제학자 리처드 세일

러는 훗날 두 분야의 연구 대상을 각각 '이콘Econ'과 '인간Human'이라 명명
했다.

심리학자들이 알고 있는 인간은 경제 이론대로 합리적으로만 행동하는
이콘과 달리 시스템 1을 가지고 있다. 이들의 세계관은 특정 순간에 이용 가
능한 정보에 좌우되며(보이는 것이 전부다), 따라서 이콘만큼 일관될 수도, 논
리적일 수도 없다. 이들은 때로는 너그럽고, 또 곧잘 자신이 속한 집단에 흔
쾌히 도움을 준다. 그리고 다음 해에는, 심지어 내일은 자신이 무엇을 좋아
할지 모르는 때도 많다. 여기서 두 분야의 경계를 넘나들며 흥미로운 대화
를 나눠볼 수 있었는데, 이 대화에서 앞으로의 내 연구 분야가 규정될 줄은
미처 몰랐다.

아모스는 내게 프레이의 논문을 보여준 뒤 곧바로 의사 결정을 다음 프로
젝트 주제로 삼자고 제안했다. 나는 그 주제에 관해 아는 바가 거의 없었지
만, 그 분야 전문가이자 스타인 아모스가 코치가 되어주겠다고 했다. 아모
스는 대학원생 때 이미 심리학 교재인 《수리심리학Mathematical Psychology》에
공동 저자로 이름을 올렸는데, 그는 그 책에서 내게 좋은 지침이 될 부분을
알려주었다.[1]

곧이어 나는 우리가 연구할 주제는 위험 부담이 따르는 선택을 앞둔 사
람들의 태도라는 것을 깨달았고, 그와 관련해 답을 찾아야 할 질문도 알게
되었다. 서로 다른 단순한 도박을 두고 선택할 때, 그리고 도박을 할지 아니
면 확실한 이익을 취할지를 두고 선택할 때, 그 선택을 지배하는 것은 무엇
인가?

결정을 연구하는 사람에게 단순한 도박(이를테면 '300달러를 딸 확률 40퍼센
트')은 유전학자에게 초파리와 같다. 도박을 선택할 때 나타나는 중요한 특

징은 연구원들이 실제로 이해하고자 하는 복잡한 결정에서 나타나는 특징을 그대로 보여준다. 도박은 선택 결과를 결코 확신할 수 없는 대표적인 경우다. 심지어 표면적으로는 확실해 보이는 결과도 사실은 확정된 것이 아니다. 아파트 매매 계약서에 서명할 때 나중에 그 아파트를 얼마에 팔 수 있을지 알 수 없고, 이웃집 아들이 곧 튜바를 불어댈 것이라는 사실도 알 수 없다. 삶에서 중요한 결정은 모두 어느 정도 불확실성을 안고 있다. 의사 결정을 공부하는 학생들이 특정 상황을 가정한 모델에서 배운 내용을 더 흥미로운 일상의 문제에 적용할 수 있기를 바라는 이유도 그 때문이다. 그러나 결정 이론가들이 단순한 도박을 연구하는 주된 이유는 물론 결정 이론가라면 너나없이 도박을 연구하기 때문이다.

이 분야에도 이론이 있다. 기대효용 이론expected utility theory인데, 합리적 행위자 모델의 기초가 된 이론이며, 오늘날까지도 사회과학에서 가장 중요한 이론으로 꼽힌다. 기대효용 이론은 심리학 모델로 만들어진 것은 아니었다. 합리성이라는 기본 규칙(공리)을 토대로 한 선택 논리였다. 다음 예를 보자.

바나나보다 사과를 더 좋아하는 사람이라면
바나나를 얻을 확률 10퍼센트보다 사과를 얻을 확률 10퍼센트를 선호할 것이다.

사과와 바나나는 (도박 등에서) 선택 대상을 나타내고, 10퍼센트는 확률을 나타낸다. 경제학자 오스카어 모르겐슈테른Oskar Morgenstern과 20세기 위대한 지식인인 수학자 존 폰 노이만John von Neumann은 몇 가지 공리를 바탕으로 도박에서의 합리적 선택 이론을 이끌어냈다. 경제학자들은 기대효용 이론에 두 가지 역할을 부여했다. 올바른 결정법을 안내하는 논리로서의 역할, 그리고 이콘의 결정법을 설명하는 역할이다. 그러나 심리학자인 아모스와 나는 인간이 실제로 어떤 식으로 위험 부담이 따르는 선택을 하는지를 인간의 합리성을 가정하지 않고 이해하기로 했다.

우리는 늘 하던 대로 날마다 때로는 사무실에서, 때로는 식당에서, 그리고 곧잘 아름다운 예루살렘의 조용한 거리를 오래 산책하며, 여러 시간 대화를 나눴다. 그리고 판단을 연구할 때 그랬듯이, 우리 자신의 직관적 호불호를 자세히 살폈다. 우리는 단순한 결정 문제를 만들어, 나라면 어떤 선택을 할지 자문했다. 예를 들면 이렇다.

다음 중 어느 쪽을 택하겠는가?
A. 동전을 던져, 앞면이 나오면 100달러를 받고 뒷면이 나오면 한 푼도 받지 않는다.
B. 무조건 46달러를 받는다.

우리가 알고 싶은 것은 어떤 선택이 가장 합리적이거나 가장 이익인가가 아니었다. 우리는 어느 쪽에 직관적으로 즉시 마음이 끌리는지 알고 싶었다. 우리는 거의 항상 같은 선택을 했다. 위의 예에서는 우리 둘 다 무조건 받는 B를 택했고, 독자도 분명 그랬을 것이다. 우리가 자신 있게 같은 선택을 했다면 다른 사람들도 마찬가지일 것이라고 생각했고, 그 생각은 거의 항상 틀리지 않았다. 그런 뒤에는 확고한 증거라도 얻은 것처럼 다음 단계를 진행했다. 물론 우리 예감을 나중에라도 증명해야 한다고 생각했지만, 실험 진행자와 참가자의 역할을 동시에 맡음으로써 연구를 빠르게 진행할 수 있었다.

우리는 도박을 연구한 지 5년이 지나 마침내 〈전망 이론: 위험 부담이 따르는 상황에서의 결정 분석Prospect Theory: An Analysis of Decision Under Risk〉이라는 논문을 완성했다. 우리 이론은 효용 이론을 본떴지만, 근본적인 방식에서 효용 이론을 탈피했다. 가장 중요한 점은 우리 모델은 현실을 그대로 묘사하는 것이며, 그 목적은 도박에서 선택을 할 때 합리성이라는 공리가 체계적으로 무시되는 현실을 기록하고 설명하는 것이었다. 우리는 논문을 〈이코노메트리카Econometrica〉에 제출했다. 경제학과 결정 이론에서 중요한 이론을 다룬 논문을 싣는 잡지다. 나중에 알고 보니 논문을 어디에 발표하느냐는 중요한 문제였다. 우리 논문을 심리학 학술지에 발표했더라면 경제학에는 거의 영향을 미치지 못했을 확률이 높다. 그렇다고 해서 경제학에 영향을 미치려는 의도는 아니었다. 어쩌다 보니 그 전해에 〈이코노메트리카〉에 의사 결정에 관한 최고의 논문들이 실렸고, 우리도 그 대열에 합류하고 싶었을 뿐이다. 이 선택에서도 우리는 운이 좋았다. '전망 이론prospect theory'은 우리가 진행했던 연구 가운데 가장 의미 있는 연구가 되었고, 우리 논문은 사회과학에서 대단히 많이 인용되었다. 그 뒤 2년이 지나 우리는 〈사이언스〉에, 선택 문제에서 말만 조금 바꿔도 선호도가 크게 달라질 수 있다는 틀짜기 효과를 설명하는 글을 실었다.

사람들의 결정 과정을 지켜본 처음 5년 동안 우리는 위험 부담이 따르는 선택과 관련해 10여 가지 사실을 알아냈다. 그중 여러 개가 기대효용 이론과 정면으로 부딪혔다. 몇 가지는 예전에도 알려진 것이고, 몇 가지는 새롭게 찾아낸 것이다. 우리는 이어서, 우리가 관찰한 결과를 충분히 설명할 수 있도록 기대효용 이론을 수정한 이론을 만들었다. 전망 이론이다.

우리는 심리학의 한 분야인 정신물리학의 정신에 입각해 문제에 접근했다. 정신물리학은 독일의 심리학자이자 신비주의자인 구스타프 페히너Gustav Fechner, 1801~1887가 만들고 이름 붙인 심리학 분야다. 페히너는 정신과 물질의 관계에 집착했다. 한편에는 빛의 에너지, 음의 주파수, 돈의 액수 같은 다양한 물리적 수량이 존재하고, 다른 한편에는 밝기, 음높이, 가치 등 주관적 느낌이 존재한다. 희한하게도 물리적 수량이 바뀌면 주관적 느낌의 세기나 질도 달라진다. 페히너는 관찰자의 머릿속에 있는 주관적 수량과 물질계에 존재하는 객관적 수량을 연결하는 정신물리학 법칙을 찾고자 했다. 그는 다양한 차원에서, 그 관계는 로그함수적 관계라는 의견을 제시했다. 그러니까 자극의 세기를 1.5배든 열 배든 특정 배수로 높였을 때 심리적 크기가 일정 정도로 커졌다면, 자극의 세기를 같은 배수로 다시 높였을 때 심리적 크기도 아까와 같은 크기로 커진다는 이야기다. 예를 들어, 소리 에너지라는 물리적 힘을 10에서 100으로 높일 때 심리적 세기가 4만큼 커졌다면, 자극의 세기를 100에서 1,000으로 높일 때도 심리적 세기는 4만큼 커진다는 뜻이다.

베르누이 오류

페히너도 익히 알았지만, 심리적 세기와 자극의 물리적 크기를 연관시키는 함수를 찾으려 했던 사람은 그가 처음이 아니다. 스위스 과학자 다니엘 베르누이Daniel Bernoulli는 1738년에 페히너의 추론을 앞질러, 같은 논리를 심리적 가치 또는 돈의 만족도(요즘 말로 하면 '효용')와 실제 금액의 관계에 적용했다. 그의 주장에 따르면, 100더컷(옛 유럽 화폐 단위―옮긴이)을 가진 사람에게 10더컷짜리 선물의 효용은 200더컷을 가진 사람에게 20더컷짜리 선물의 효용과 같다. 물론, 맞는 말이다. 우리는 수입이 달라졌을 때 이를테면 '임금이 30퍼센트 올랐다'라는 식으로 보통 퍼센트로 말한다. 30퍼센트 인상이라고 하면 부자에게나 가난한 사람에게나 거의 비슷한 심리 반응을 불러일으키지만, 100달러가 올랐다고 하면 그렇지 않다.[2] 페히너 법칙에서처럼, 부의 변화에 대한 심리 반응은 애초에 가지고 있던 부의 양에 반비례하고, 따라서 효용은 부의 로그함수라는 결론이 나온다. 이 함수가 정확하다면, 100만 달러와 10만 달러 사이의 심리적 거리는 1억 달러와 1,000만 달러 사이의 심리적 거리와 같다.[3]

베르누이는 심리학적 혜안으로 부의 효용을 들여다보면서, 당시 수학자들에게 가장 중요한 주제였던 도박 평가를 급진적이고 새로운 방법으로 바라보았다. 베르누이 이전 수학자들은 도박은 기댓값으로 평가된다고 생각했다. 기댓값은 가능한 여러 결과에 각각의 확률로 가중치를 부여해 계산한 가중평균이다. 예를 들면 아래와 같다.

100달러를 딸 확률은 80퍼센트이고 10달러를 딸 확률은 20퍼센트일 때,
기댓값 = 100 × 0.8 + 10 × 0.2 = 82달러

이제 다른 질문을 생각해보자. 위의 도박을 하든, 무조건 80달러를 받든, 둘 중 하나를 택하라고 하면 어느 쪽을 택하겠는가? 이때 거의 모든 사람이 무조건 80달러를 받는 쪽을 택한다. 불확실한 전망을 기댓값으로 평가한다면 도박을 선호할 것이다. 80달러보다 82달러가 더 크니까. 그러나 현실에서

사람들은 도박을 그런 식으로 평가하지 않는다는 게 베르누이의 지적이다.

베르누이가 관찰한 바에 따르면, 사람들은 거의 다 위험(가능한 결과 중 최악의 결과가 나올 가능성)을 싫어한다. 도박을 할지, 도박의 기댓값과 같은 금액을 무조건 받을지를 선택하라고 하면 무조건 받는 쪽을 택할 것이다. 실제로 위험을 회피하는 사람들은 무조건 받는 액수가 기댓값보다 적어도 무조건 받는 쪽을 택하는데, 불확실성을 피하려고 웃돈을 내는 셈이다. 이처럼 베르누이는 페히너보다 100년 전에 정신물리학을 만들어 위험 회피를 설명했다. 베르누이의 생각은 간단명료했다. 사람들의 선택은 금액 가치가 아니라 결과에 대한 심리적 가치, 즉 효용을 기초로 한다는 것이다. 따라서 도박의 심리적 가치는 받을 수 있는 금액의 가중평균이 아니라, 확률로 가중 평가한 결과의 효용의 평균이다.

| 표3 |

부(백만)	1	2	3	4	5	6	7	8	9	10
효용 단위	10	30	48	60	70	78	84	90	96	100

〈표 3〉은 베르누이가 계산한 효용함수다. 부가 100만에서 1,000만까지 변할 때 각각의 효용을 나타낸다. 부가 100만일 때 100만을 더하면 효용이 20 커지지만, 부가 900만일 때 100만을 더하면 효용은 고작 4 커진다. 베르누이는 도박의 기댓값과 동일하거나 그보다 약간 적은 액수라도 무조건 받는 것을 선호하는 일반적인 위험 회피 현상을 부의 한계가치 감소로 설명할 수 있다고 주장했다. 〈표 3〉의 효용을 기준으로, 아래 선택을 보자.

100만을 받을 가능성과 700만을 받을 가능성은 50 대 50이다.

효용: 10 × 0.5 + 84 × 0.5 = 47

400만을 무조건 받는다.

효용: 60

도박의 기댓값과 '무조건' 받는 금액은 400만으로 같지만, 부의 효용 감소 탓에 두 가지 선택의 심리적 효용은 다르다. 부가 100만에서 400만으로 300만 늘면 효용은 50 늘지만, 같은 300만이라도 400만에서 700만으로 늘면 효용은 고작 24 늘어난다. 위에서 도박의 효용은 47이고, 400만의 효용은 60이다. 60이 47보다 크니까 이 효용함수에 따라 사람들은 무조건 400만을 받으려 할 것이다. 부의 한계효용이 줄어들 때 사람들은 위험을 회피하는 쪽을 택한다.

간결하고 탁월한 베르누이의 논문은 경이롭다. 그는 기대효용(당시 그의 표현으로는 "개연적 기대")이라는 새로운 개념을 이용해, 상트페테르부르크의 한 상인이 암스테르담에서 향신료를 싣고 오는 선박에 웃돈으로 얼마를 기꺼이 지불할지 계산했다. 단, "이 상인은 당시 암스테르담에서 페테르부르크에 도착하는 선박 100척 중에 다섯 척꼴로 실종된다는 사실을 잘 알고 있었다." 베르누이는 가난한 사람은 왜 보험을 들고 부자는 왜 그들에게 보험을 파는지를 효용함수로 설명했다. 앞의 표에서 볼 수 있듯이 1,000만을 가진 사람이 100만을 잃는다면 효용으로 치면 4(100에서 96)를 잃는 셈이고, 300만을 가진 사람이 100만을 잃는다면 그보다 훨씬 큰 효용 18(48에서 30)을 잃는 셈이다. 가난한 사람은 기꺼이 웃돈을 지불하고 위험 부담을 부자에게 넘기는데, 이것이 바로 보험이다. 베르누이는 기댓값이 무한대인 도박이 있어도 사람들은 거기에 돈을 많이 쓰지 않는다는 유명한 '상트페테르부르크 역설'에도 해법을 제시한다.[6] 사람들이 위험을 다루는 방식을 부의 선호도를 기준으로 분석한 베르누이의 방법은 대단히 인상적이고 세월이 흘러도 여전히 유효해서, 거의 300년이 지난 지금도 경제 분석에 활용된다.

그런데 베르누이 이론에 심각한 결함이 있다는 걸 생각하면, 베르누이 이론이 오래 지속되는 것이 더욱 놀랍다. 어떤 이론의 오류는 대개 그것이 드러내놓고 주장하는 내용보다는 그 이론이 간과하거나 암묵적으로 단정한 것에 숨어 있다. 이를테면 다음 시나리오를 보자.

오늘 잭과 질의 부는 각각 500만이다.

어제 잭의 부는 100만, 질의 부는 900만이었다.

현재 둘 다 똑같이 행복할까?(둘 다 똑같은 효용을 가지고 있을까?)

베르누이 이론은 부의 효용을 사람들을 행복하게 하는 것이라고 규정한다. 잭과 질은 현재 부가 같으니, 베르누이 이론대로라면 둘 다 똑같이 행복해야 한다. 하지만 오늘 잭은 마냥 들떠 있고 질은 낙심해 있다는 것쯤은 심리학자가 아니어도 얼마든지 알 수 있다. 설령 오늘 잭은 200만밖에 없고 질은 500만이 있다 해도 잭이 질보다 훨씬 더 기쁠 것이다. 따라서 베르누이 이론은 틀린 게 분명하다.

잭과 질이 느끼는 행복은 두 사람이 가지고 있던 부(잭은 100만, 질은 900만)를 기준 삼아 최근에 그것이 어떻게 '변했는가'로 결정된다. 이 같은 상대적 비교는 무언가를 느끼거나 인지할 때 늘 나타난다. 똑같은 소리도 그것을 속삭이는 소리로 감지했는지, 으르렁거리는 소리로 감지했는지에 따라 매우 크게 들리기도 하고 아주 희미하게 들리기도 한다. 주관적으로 느끼는 소리 크기를 예상하려면 그 소리의 절대적 세기를 아는 것만으로는 부족하다. 그때그때 그것과 비교되는 기준 소리도 알아야 한다. 마찬가지로 종이에 있는 회색 부분이 어둡게 보일지 밝게 보일지를 예상하려면 배경부터 알아야 한다. 그리고 일정량의 부의 효용을 예상하려면 비교 기준부터 알아야 한다.

베르누이 이론이 놓친 부분을 보여주는 또 하나의 예로, 아래 앤서니와 베티를 보자.

앤서니의 현재 부는 100만이다.

베티의 현재 부는 400만이다.

두 사람은 현재의 부를 걸고, 도박을 할지 무조건 돈을 받을지 선택해야 한다.

도박: 100만을 받을 가능성과 400만을 받을 가능성은 50 대 50이다.

무조건 받기: 무조건 200만을 받는다.

베르누이의 설명에 따르면, 앤서니와 베티 앞에 놓인 선택은 똑같다. 예상되는 두 사람의 부는 도박을 한다면 250만이고, 무조건 돈을 받기로 한다면 200만이다. 따라서 베르누이는 앤서니와 베티가 같은 선택을 하리라고 예상하겠지만, 그 예상은 옳지 않다. 베르누이 이론은 여기서 또 한 번 오류가 드러난다. 앤서니와 베티가 선택을 할 때 고려하는 '준거점'을 반영하지 않았기 때문이다. 앤서니와 베티의 입장에서 생각해보면, 현재의 부가 대단히 중요하다는 것을 금방 알 수 있다. 두 사람은 아래와 같이 생각할 것이다.

> **앤서니(현재 부는 100만):** '무조건 받는 쪽을 택하면 내 부는 틀림없이 두 배가 된다. 몹시 구미가 당긴다. 그렇지 않고 도박을 택하면 내 부가 네 배가 될 가능성과 한 푼도 얻지 못할 가능성이 반반이다.'

> **베티(현재 부는 400만):** '무조건 받는 쪽을 택하면 나는 틀림없이 부의 반을 잃는다. 끔찍한 일이다. 그렇지 않고 도박을 택하면 내 부의 4분의 3을 잃을 가능성과 한 푼도 잃지 않을 가능성이 반반이다.'

앤서니와 베티는 서로 다른 선택을 할 것이다. 무조건 200만을 받기로 선택하면 앤서니는 기쁘지만, 베티는 비참하다. '무조건' 돈을 받는 것과 도박에서 '최악의' 결과의 차이에도 주목하라. 앤서니의 경우, 그것은 부가 두 배가 되는 것과 한 푼도 얻지 못하는 것의 차이다. 베티의 경우, 부의 반을 잃는 것과 부의 4분의 3을 잃는 것의 차이다. 그렇다면 베티는 아주 나쁜 선택만 남은 사람들이 흔히 그러하듯 도박을 할 가능성이 높다. 앞서 말했듯이 앤서니도 베티도, 두 가지 선택에 딸린 부의 양을 기준으로 생각하지 않는다. 앤서니는 이익을 생각하고, 베티는 손실을 생각한다. 두 사람이 마주한 선택은 같아도 이들이 평가하는 심리적 결과는 완전히 다르다.

베르누이 모델에 담긴 기대효용 이론은 준거점 개념이 부족해, 앤서니에게는 이로운 결과가 베티에게는 안 좋은 결과라는 명백한 사실을 나타내지 못한다. 그리고 앤서니의 위험 회피는 설명할 수 있어도 위험을 감수하고 도박을 하려는 베티의 선택을 설명하지는 못한다. 베티의 선택은 사업을 하는 사람에게서, 그리고 좋지 않은 선택만 남겨진 사람에게서 흔히 나타난다.

이 모든 오류는 다소 뻔하지 않은가? 사람들은 당연히 베르누이도 직접 비슷한 예를 만들어 그것을 포괄하는 좀 더 복잡한 이론을 개발했으려니 생각하겠지만, 어떤 이유에서인지 그는 그런 이론을 개발하지 않았다. 아니면 당시 동료들이 그의 이론에 반대했거나 훗날 학자들이 그의 논문을 읽고 무시했겠거니 생각할 수 있지만, 어쩐 일인지 그런 사람도 없었다.

이처럼 효용 이론에 명백히 반대되는 사례가 있는데도 효용 개념이 어떻게 그렇게 오래 살아남았는지 참 희한한 일이다. 나 자신에게서도 흔히 발견되는 학자들의 정신적 나약함으로밖에 달리 설명할 도리가 없다. 나는 이를 '맹목적 이론 추종'이라 부른다. 어떤 이론을 인정하고 사고의 도구로 이용하기 시작하면, 그것의 단점을 발견하기가 매우 어렵다. 어쩌다 그 이론에 맞지 않는 사례를 발견하면, 나는 못 찾았지만 그것을 설명할 완벽한 논리가 분명히 있으리라고 단정한다. 그 이론을 받아들인 전문가 집단을 신뢰하면서, 의심이 들어도 일단 믿고 보는 태도다. 많은 학자가 앤서니와 베티의 이야기나 잭과 질의 이야기 같은 사례를 한두 번쯤 떠올리면서 효용 이론과 맞지 않는다고 생각했을 게 분명하다. 하지만 '효용 이론은 효용이 부의 상태만이 아니라 부가 변해온 과정에도 좌우된다는 사실을 무시한 탓에 심각하게 잘못됐다'고 지적하는 수준까지는 나아가지 않았다.[5] 심리학자 대니얼 길버트의 말마따나 믿지 않기란 쉬운 일이 아니며 시스템 2는 쉽게 지친다.

베르누이 오류와 관련한 말들

"그는 3년 전에 2만 달러 보너스를 받고 매우 기뻐했지만,
그 뒤로 임금이 20퍼센트 올라서 똑같은 효용을 얻으려면
더 많은 보너스를 받아야 할 것이다."

"두 지원자 모두 우리가 제시하는 임금을 기꺼이 수락했지만, 준거점이 다른 탓에
만족도는 다를 것이다. 둘 중 한 사람은 현재 훨씬 높은 임금을 받고 있다."

"그 여자는 남자를 상대로 위자료 청구 소송을 제기하려 한다. 합의하고 싶지만 남자가
법정에서 해결하길 원한다. 어쩌면 당연하다. 여자는 어떻게 해도 이득이니 위험을 회피하려
하지만, 남자는 안 좋은 옵션만 남아서 차라리 위험 부담을 떠안는 쪽을 택하려 한다."

26

전망 이론

아모스와 나는 운 좋게도 능력과 무지가 적절히 섞인 덕에 우연히 베르누이 이론의 핵심 문제점을 발견할 수 있었다. 나는 아모스의 제안으로, 그가 쓴 책에서 유명한 학자들이 사람들에게 고작 몇 페니를 따거나 잃는 도박에서 어떤 선택을 하겠느냐고 물어 돈의 효용을 측정했던 실험을 설명한 부분을 읽었다. 고작 1달러도 안 되는 범위에서 부가 바뀌는 것으로 부의 효용을 측정한 실험이다. 그런데 사람들은 정말로 부의 미세한 변화로 도박을 평가할까? 몇 페니를 따고 잃을 때의 반응을 연구한다고 해서 어떻게 부의 정신물리학을 알 수 있을까? 최근의 정신물리학 이론들은 부의 주관적 가치를 연구하려면 부의 변화가 아니라 부에 관해 직접 질문을 던져야 한다고 주장했다.[1] 효용 이론을 잘 몰라서 맹목적으로 추종할 수도 없던 나는 어쩌 좀 이상했다.

다음 날 아모스와 만났을 때, 내가 느낀 어려움을 새로운 발견이 아닌 모호한 생각으로서 전달했다. 그러면서 내가 이상하게 느낀 실험이 어째서 타당한지 명쾌하게 설명해주길 잔뜩 기대했다. 하지만 그는 뜻밖의 반응을 보였다. 그에게 현대 정신물리학의 타당성 여부가 그 즉시 너무나 분명해졌다. 그는 훗날 금융 분야에서 업적을 인정받아 노벨상을 받은 경제학자 해리 마코위츠Harry Markowitz가 제안한, 효용은 부의 상태보다 부의 변화에 달렸다는 이론을 떠올렸다. 마코위츠의 생각은 약 25년간 통용되었지만 많은 관심을 끌지는 못했다. 그러나 우리는 바로 이거다 싶었고, 우리가 만들 이론은 결과를 부의 상태가 아니라 이익과 손실로 따질 것이라고 재빨리 결론 내렸다. 우리는 지각에 대해서는 잘 알고 있었지만 결정 이론에는 무지했는데, 오히려 그 덕에 연구가 한 단계 크게 발전할 수 있었다.

우리는 곧 심각한 맹목적 이론 추종을 극복했다는 걸 알게 되었다. 예전에 우리가 거부했던 생각이 이제는 틀렸을 뿐 아니라 터무니없어 보였기 때문이다. 우리는 현재의 부를 몇만 달러 범위에서 평가할 수 없다는 사실을 깨닫고 기뻤다. 그렇다면 부의 효용 탓에 작은 변화에도 태도가 달라진다는 생각은 이제 옹호할 수 없을 것 같았다. 뻔한 사실을 그토록 오래 눈치채지 못한 원인을 더 이상 재구성할 수 없다면 이론이 발전했다는 뜻일 것이다. 그럼에도 우리가 결과를 이익과 손실로 따지는 것의 의미를 탐색하는 데는 여러 해가 걸렸다.

효용 이론에서 이익 효용은 두 가지 부의 상태를 놓고 그 효용을 비교해 평가한다. 예를 들어 부가 100만 달러인 사람이 추가로 500달러를 얻을 때의 효용은 100만 500달러의 효용과 100만 달러의 효용의 차이다. 그리고 부가 100만 500달러라면, 500달러를 잃을 때의 비효용 역시 두 가지 상태의 부의 효용 차이다. 효용 이론에서 이익 효용과 손실 효용은 플러스와 마이너스만 다를 뿐이다. 500달러를 잃었을 때의 비효용이 500달러를 얻었을 때의 효용보다 클 수 있다는 엄연히 존재하는 사실을 표현할 길이 없다. 이론을 맹목적으로 추종하다 보면 그럴 수 있듯이, 이익과 손실에서 나타날 수 있는 차이는 예상된 적도, 연구된 적도 없다. 이익과 손실의 구별은 중요하지 않다고 단정했고, 따라서 그것을 연구할 이유도 없었다.

아모스와 나는 우리가 부의 변화에 초점을 맞춤으로써 새로운 주제를 탐구할 길을 열었다는 사실을 금방 깨닫지는 못했다. 우리는 주로 승산이 높은 도박과 낮은 도박의 차이에만 관심을 가졌다. 그러던 어느 날, 아모스가 지나가는 말처럼 물었다. "손실은 어떨까?" 우리는 그 즉시 깨달았다. 우리가 초점을 다른 곳으로 돌리면 우리에게 낯익은 위험 회피가 위험 추구로 대체된다는 것을. 아래 문제를 생각해보자.

문제 1: 다음 중 어느 것을 택하겠는가?
　　무조건 900달러를 받거나, 90퍼센트 확률로 1,000달러를 받거나.

문제 2: 다음 중 어느 것을 택하겠는가?
　　무조건 900달러를 잃거나, 90퍼센트 확률로 1,000달러를 잃거나.

문제 1에서는 대다수가 위험을 회피하는 성향을 보인다. 900달러를 받는 주관적 가치는 1,000달러는 받는 가치의 90퍼센트보다 확실히 더 크다. 이 문제에서 위험 회피 선택을 해도 베르누이에게는 놀랄 게 없다.

이제 문제 2를 보자. 여기서는 대부분의 사람이 도박을 택한다. 이때 위험 추구 선택은 문제 1에서 위험 회피와 똑같은 방식으로 설명할 수 있다. 즉 900달러를 잃을 때의 (마이너스) 가치는 1,000달러를 잃을 때의 (마이너스) 가치의 90퍼센트보다 훨씬 크다. 무조건 손해를 보는 상황은 어떻게든 피하고 싶고, 그러다 보니 위험을 감수한다. 나중에 살펴보겠지만, 확률 평가(90퍼센트 대 100퍼센트) 역시 문제 1에 나타난 위험 회피와 문제 2에 나타난 도박 선호에 모두 영향을 미친다.

주어진 옵션이 모두 안 좋으면 위험을 추구한다는 사실에 주목한 사람은 우리가 처음이 아니지만, 맹목적 이론 추종이 팽배했고 또 지배적인 이론도 이익과 손실의 발생 가능성에 서로 다르게 반응하는 태도를 설명할 이렇다 할 방법을 제시하지 않았던 탓에 그 태도 차이는 무시되어야 했다. 반면에 우리는 이익과 손실로 결과를 평가해야 한다고 결정한 덕에 그 차이에 주목했다. 이처럼 잠재적 위험을 플러스 전망과 마이너스 전망으로 바라보는 상반된 태도를 관찰한 결과, 우리는 베르누이의 선택 모델에서 핵심 오류를 증명할 방법을 찾아내는 중요한 성과를 거두었다. 다음을 보자.

문제 3: 지금의 부와 상관없이 추가로 1,000달러를 받았다. 이제 다음 중 하나를 선택해야 한다.
50퍼센트 확률로 1,000달러를 받거나, 무조건 500달러를 받거나.

문제 4: 지금의 부와 상관없이 추가로 2,000달러를 받았다. 이제 다음 중 하나를 선택해야 한다.
50퍼센트 확률로 1,000달러를 잃거나, 무조건 500달러를 잃거나.

부의 최종 상태(베르누이 이론에서 문제가 되는 유일한 요소)만 보면 문제 3과 문제 4는 똑같다는 걸 쉽게 알 수 있다. 둘 다 똑같은 항목 두 개를 놓고 선택해야 한다. 지금보다 무조건 1,500달러 더 부유해지거나, 아니면 도박을 선택해 50퍼센트 확률로 1,000달러 혹은 2,000달러 더 부유해지거나. 따라서 베르누이 이론대로라면 두 문제에서 같은 선택을 해야 한다. 독자도 직관대로 대답해보라. 그러면 다른 사람들은 어떤 선택을 했을지 짐작할 수 있다.

- 첫 번째 선택에서는 응답자 대다수가 무조건 500달러 받는 쪽을 선호했다.
- 두 번째 선택에서는 다수가 도박을 선호했다.

문제 3과 문제 4에서 선택이 달랐다는 것은 베르누이 이론의 핵심을 반박하는 결정적 증거다. 오직 부의 효용이 문제라면, 명백히 똑같은 진술이니 똑같은 선택이 나와야 한다. 두 문제는 주어진 옵션을 평가할 때 준거점이 얼마나 중요한가를 여실히 보여준다. 문제 3은 준거점이 현재의 부보다 1,000달러 높고, 문제 4는 2,000달러 높다. 따라서 1,500달러만큼 부자가 된다면 문제 3에서는 500달러 이익이고, 문제 4에서는 500달러 손실이다. 비슷한 예는 얼마든지 만들 수 있다. 앤서니와 베티 이야기도 구조가 비슷하다.

독자는 위 문제에서 선택에 앞서, 거저 생긴 1,000달러 또는 2,000달러에 얼마나 주목했는가? 대부분의 사람은 좀처럼 주목하지 않는다. 사실 거기에 주목할 이유를 못 느낀다. 그 돈은 준거점에 포함되고, 준거점은 대체적으로 무시되기 때문이다. 사람들은 효용론을 주장하는 사람들이 모르는 자신의 호불호를 알고 있다. 순자산이 고작 1,000~2,000달러 많아지거나 적어지는 정도로는 (빈곤층이 아닌 한) 잠재적 위험을 대하는 태도가 달라지지 않는다. 그리고 이익과 손실을 대하는 태도는 부의 평가에서 나오지 않는다는 것도 알고 있다. 100달러 받는 것을 좋아하고 100달러 잃는 것을 싫어하는 이유는 그 금액이 부를 바꾸기 때문이 아니다. 단지 받는 게 좋고, 잃는 게 싫어서다. 그리고 대개는 받는 것을 좋아하는 정도보다 잃는 것을 싫어하는 정도가 더 크다.

위의 네 가지 문제는 베르누이 모델의 단점을 잘 드러낸다. 그의 이론은 너무 단순하고, 상황에 따른 가변적 요소가 부족하다. 여기에는 이익과 손실을 평가할 때 비교 대상이 되는 이전 상태인 '준거점'이 빠졌다. 베르누이 이론에서는 효용을 결정하기 위한 부의 상태만 알면 그만이지만, 전망 이론에서는 준거가 되는 상태도 알아야 한다. 따라서 전망 이론은 효용 이론보다 복잡하다. 과학에서 복잡성은 비용으로 간주되는데, 이 비용이 정당하려면 기존 이론으로는 설명할 수 없는 사실에 대한 새롭고 (가급적이면) 흥미로운 예상을 많이 내놓아야 한다. 이것이 우리 앞에 놓인 도전이었다.

당시 아모스와 나는 시스템 1과 시스템 2라는 두 시스템을 연구하고 있지 않았지만, 지금 생각해보면 전망 이론의 핵심에는 세 가지 인지적 특징이 있는 게 분명하다. 이 특징들은 금전적 결과를 평가하는 데 핵심 역할을 하며, 저절로 일어나는 많은 지각, 판단, 감정에 공통으로 존재한다. 시스템 1의 작동 원리로 보아야 하는 이 세 가지 특징은 다음과 같다.

• 평가는 '적응 수준'이라고도 불리는 중립적 준거점과의 비교에서 나온다. 이 원칙을 잘 보여주는 설득력 있는 예는 쉽게 찾을 수 있다. 그릇

세 개에 물을 담아보자. 왼쪽 그릇에는 얼음물을 담고 오른쪽 그릇에는 따뜻한 물을 담는다. 가운데 그릇에는 실온의 물을 담는다. 양손을 찬물과 더운물에 1분 정도 동시에 담갔다가 다시 동시에 가운데 그릇에 담가보자. 똑같은 실온의 물인데도 한쪽 손은 따뜻하게, 다른 손은 차갑게 느낄 것이다. 금전적 결과에서 보면, 준거점은 평상시에는 현재 상태지만, 때로는 기대하는 결과일 수도 있고, 동료들의 임금 인상이나 보너스처럼 나도 받을 자격이 있다고 느끼는 결과일 수도 있다. 준거점보다 높은 결과는 이익이고, 낮은 결과는 손실이다.

• 민감성 감소 원칙은 감각에도, 부의 변화 평가에도 모두 적용된다. 어두운 방에서는 불을 약하게 켜도 큰 효과를 낸다. 그러나 조명이 강한 방에서 약한 불빛은 아예 느껴지지 않을 수도 있다. 마찬가지로 주관적으로 느끼는 900달러와 1,000달러의 차이는 100달러와 200달러의 차이보다 훨씬 적을 수 있다.

• 세 번째는 손실 회피다. 직접 비교하든 상대적으로 비교하든 손실은 이익보다 더 커 보인다. 플러스 기대치 또는 경험치와 마이너스 기대치 또는 경험치 사이의 이 같은 비대칭성에는 진화의 역사가 담겨 있다. 위협을 기회보다 더 절박하다고 보는 생물은 생존과 번식 가능성이 더 높다.

결과의 가치를 지배하는 이 세 가지 원칙을 그래프로 표시하면 〈그림 10〉과 같다. 여담으로, 전망 이론을 상징하는 깃발이 있다면, 깃발에 이 그래프를 새기면 적절하겠다.[2] 이 그래프는 이익과 손실의 심리적 가치를 표시하는데, 전망 이론에서 이익과 손실은 가치의 '운반체'다(베르누이 모델에서는 부의 상태가 가치의 운반체다). 그래프는 중립적 준거점을 중심으로 왼쪽과 오른

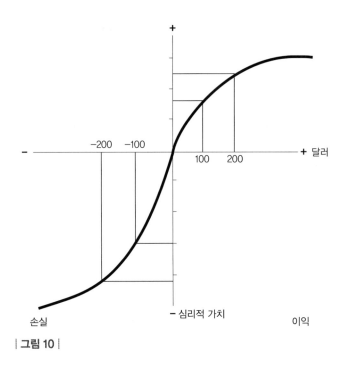

| 그림 10 |

쪽으로 명확히 나뉜다. 눈에 띄는 특징은 전체적으로 S자 형태를 이룬다는
것인데, 이익과 손실의 민감성 감소를 나타낸다. 마지막으로 S자 곡선의 두
부분은 대칭이 아니다. 이 함수의 기울기는 준거점에서 급격하게 바뀐다.
손실에 대한 반응은 같은 금액에 해당하는 이익에 대한 반응보다 더 강하다
는 뜻이다. 손실 회피 성향이다.

손실 회피

우리가 살면서 마주하는 많은 선택은 손실이 생길 위험과 이익을 얻을 기

회가 뒤섞여서, 도박을 할지 말지 결정해야 한다. 신생 기업을 평가하는 투자자, 소송을 제기할지 망설이는 변호사, 공격을 고려하는 전시 중의 장군, 선거에 출마할지 결정해야 하는 정치인 등이 모두 승리와 패배의 가능성을 마주한다. 아래 문제는 이익과 손실의 전망이 뒤섞인 기본적 예인데, 이때 어떤 반응을 보일지 생각해보라.

문제 5: 동전 던지기 도박을 제안받았다.

　　　동전 뒷면이 나오면 100달러를 잃는다.

　　　동전 앞면이 나오면 150달러를 딴다.

　　　이 도박은 해볼 만한가? 도박을 하겠는가?

여기서 선택을 하려면, 150달러를 땄을 때의 심리적 이익과 100달러를 잃었을 때의 심리적 비용을 비교해야 한다. 어떤 느낌이 드는가? 딸 수 있는 금액이 잃을 수 있는 금액보다 크니 도박의 기댓값은 누가 봐도 플러스이지만, 사람은 거의 다 이 도박을 하지 않는다. 이 도박을 거부하는 것은 시스템 2의 작용이지만, 비판적 감정은 시스템 1에서 나온다. 대부분의 사람은 150달러를 따는 희망보다 100달러를 잃는 두려움을 더 크게 느낀다. 우리는 이런 현상을 수차례 관찰한 끝에 "손실은 이익보다 더 커 보인다"고, 사람들은 '손실 회피' 성향을 보인다고 결론 내렸다.

손실 회피 정도를 측정하려면 자신에게 이런 질문을 던져볼 수 있다. 최소 얼마를 딴다면 100달러를 잃는 것과 균형이 맞겠는가? 많은 사람이 손실의 무려 두 배인 약 200달러를 제시한다. 이 같은 '손실 회피율'을 추정한 실험이 여럿인데, 대개 1.5배에서 2.5배 정도로 나온다.[3] 물론 평균이어서,

손실 회피 정도가 이보다 훨씬 강한 사람도 있다. 금융시장에서 위험을 감수하는 전문가들은 손실에 이보다 훨씬 더 관대하다. 아마도 득실이 요동칠 때마다 감정적으로 반응하지 않기 때문일 것이다. 실험에 참가한 사람들에게 "전문 거래인처럼 생각하라"고 주문하면, 손실 회피 성향이 줄고, 손실에 대한 감정적 반응(감정 흥분을 생리 지표로 측정)도 크게 약해진다.[4]

여러 위험에 대한 손실 회피 비율을 조사하려면 아래 질문을 던져보라. 사회적 상황은 무시하고, 대담하게 또는 조심스럽게 보이려고 하지 말고, 오직 가능한 손실과 그것을 상쇄할 이익의 주관적 느낌에만 초점을 맞춰보자.

- 50 대 50 확률의 도박이 있다. 잘못하면 10달러를 잃을 수 있다. 해볼 만한 도박이 되려면 최고 얼마를 딸 수 있어야겠는가? 10달러라고 말한다면, 위험에 무심한 사람이다. 10달러보다 적은 액수를 말한다면, 위험을 추구하는 사람이다. 10달러보다 많은 액수를 제시한다면, 위험을 회피하는 사람이다.
- 동전 던지기로 500달러를 잃을 수 있다면 어떻겠는가? 그 손실을 상쇄하려면 얼마를 딸 수 있어야겠는가?
- 2,000달러를 잃는다면 어떻겠는가?

문제에 답을 하다 보면, 판돈이 커질수록 손실 회피 계수가 극적으로는 아니어도 점점 커진다는 사실을 알 수 있다. 물론 손실이 파산에 이를 정도로 크거나 생계가 위협받는다면 내기는 그만두어야 한다. 그런 경우에는 손실 회피 계수가 매우 크거나 무한대일 수 있다. 운이 좋으면 수백만 달러를 딸지언정 도저히 받아들일 수 없는 위험도 있는 법이다.

〈그림 10〉을 잘 보면 흔히 나타나는 혼동을 피할 수 있다. 이번 장에서 다음과 같은 두 가지 주장을 폈는데, 이 둘이 모순된다고 느낀 사람도 있을 것이다.

- 이익과 손실이 뒤섞인 도박에서 손실 회피 성향 탓에 위험을 극도로 회피하는 선택을 한다.
- 확실한 손실과 확실치는 않지만 그보다 더 큰 손실을 비교해야 하는 안 좋은 옵션만 있을 때는 민감성 감소 성향 탓에 위험 부담을 떠안는 선택을 한다.

여기에는 모순이 없다. 이익과 손실이 뒤섞인 경우에 손실은 이익보다 두 배는 커 보이는데, 손실과 이익의 가치함수에서 곡선의 기울기를 비교하면 알 수 있다. 안 좋은 상황에서는 가치 곡선이 구부러지면서(민감성 감소) 위험을 추구한다. 900달러를 잃었을 때의 고통은 1,000달러를 잃은 고통의 90퍼센트보다 더 크다. 이 두 가지 통찰력이 전망 이론의 핵심이다.

〈그림 10〉에 나온 가치함수의 기울기는 이익에서 손실로 바뀔 때 급격히 변한다. 잃을 수 있는 금액이 애초 부에 비해 아주 적을 때조차 상당한 손실 회피 성향을 보이기 때문이다. 부의 상태를 대하는 태도가 작은 위험도 극도로 회피하는 성향을 설명할 수 있을까? 베르누이 이론의 이런 명백한 오류가 250년 넘게 학자들의 관심을 끌지 못했다는 것은 맹목적 이론 추종의 놀라운 사례다. 행동경제학자 매슈 라빈Matthew Rabin은 2000년에 마침내 손실 회피를 부의 효용으로 설명하려는 시도는 터무니없고 실패할 것이라는

사실을 수학적으로 증명해 보이면서 주목을 받았다. 라빈 정리는 판돈이 적고 승산도 괜찮은 도박을 거부하는 사람은 더 큰 도박에서 수학적으로 어리석은 수준의 위험 회피 성향을 드러낸다는 사실을 보여준다.[5] 예를 들어 대부분의 '인간'은 다음과 같은 도박을 거부한다는 점에 주목한다.

100달러를 잃을 확률 50퍼센트, 200달러를 딸 확률 50퍼센트

라빈은 효용 이론대로라면 이 도박을 거부하는 사람은 다음 도박도 거부할 것이라고 주장한다.[6]

200달러를 잃을 확률 50퍼센트, 2만 달러를 딸 확률 50퍼센트

물론 정신이 나가지 않고서야 이 도박을 거절할 사람이 어디 있겠는가! 매슈 라빈과 리처드 세일러는 이 증거를 다룬 열정적인 논문에서 이렇게 썼다. 바로 위의 예에서 도박은 "예상 수익이 9,900달러이고, 200달러 넘게 잃을 확률은 정확히 제로다. 형편없는 변호사라도 이 도박을 거절하는 사람은 법적으로 미쳤다고 선언할 수 있을 것이다."[7]

라빈과 세일러는 열정이 넘쳤는지 논문을 마무리하면서, 성난 고객이 죽은 앵무새를 애완동물 가게에 무르려고 한 유명한 '몬티 파이튼' 코미디를 회상했다. 고객은 새의 상태를 장황하게 설명하다가 "이건 '과거' 앵무새다"라는 말로 끝을 맺는다. 두 사람은 이렇게 이야기한다. "이제 경제학자들은 기대효용을 '과거' 가설로 인식할 때가 되었다." 많은 경제학자가 이 경박한 말을 모독에 가깝게 받아들였다. 그러나 부의 효용을 이용해 작은 손

실을 대하는 태도를 설명하려 한 맹목적 이론 추종은 우스개의 표적이 되어 마땅하다.

전망 이론의 사각지대

이제까지 전망 이론의 장점을 칭송하고, 합리성 모델과 기대효용 이론을 비판했다. 그렇다면 이제 균형을 맞출 시간이다.

경제학을 전공한 대학원생이라면 거의 다 전망 이론과 손실 회피를 들어 보았겠지만, 경제학 입문서의 '찾아보기'에서 이 용어를 발견하지는 못했을 것이다. 때로는 이런 누락이 가슴 아프지만, 기초 경제 이론에서 합리성의 중심적 역할을 생각하면 얼마든지 있을 수 있는 일이다. 학부생에게 기본 개념과 결과를 쉽게 설명하려면, '이콘'은 바보 같은 실수를 하지 않는다고 단정해야 한다. 이런 단정은 정말로 필요하며, 비합리적이고 근시안적으로 결과를 평가하는 전망 이론의 '인간'을 소개하면 문제가 생길 것이다.

전망 이론을 경제학 개론서에 줄곧 포함하지 않는 데는 충분한 이유가 있다. 경제학의 기본 개념들은 본질적으로 지적인 도구이며, 시장에서 활동하는 경제주체의 본성을 단순하고 비현실적으로 단정해도 그 개념을 이해하기가 쉽지 않다. 소개하는 차원으로라도 이런 단정에 의문을 제기하는 순간, 혼란이 일어나고 실망감이 들 수 있다. 따라서 경제학의 기본 도구 습득에 우선순위를 두는 것도 일리가 있다. 나아가 전망 이론이 말하는 합리성 부재는 경제 이론이 예측하는 내용과 무관할 때도 많은데, 그런 예측은 정확히 맞아떨어질 때도 있고, 또 많은 경우에 훌륭한 근사치를 제공한다. 그러나 상황에 따라 두 이론의 차이가 매우 클 때가 있다. 전망 이론이 묘사하는 인간은 부와 총체적 효용의 장기적 전망에 따라 움직이지 않고, 이익과 손실이 불러일으키는 즉각적인 감정에 따라 움직이기 때문이다.

나는 두 세기 넘게 의문이 제기되지 않은 베르누이 모델의 단점을 이야기할 때 맹목적 이론 추종을 강조했다. 그러나 물론 맹목적 이론 추종은 기대효용 이론에만 국한하지 않는다. 전망 이론도 그 나름의 단점이 있고, 그 단점에 맹목적으로 눈을 감는 태도 역시 전망 이론을 효용 이론의 주된 대안으로 수용하는 데 기여했다.

준거점(주로 현재 상태)은 가치가 제로라는 전망 이론의 단정을 생각해보자. 이 단정은 타당해 보이지만, 터무니없는 결과를 낳기도 한다. 아래 전망을 자세히 살펴보라. 이런 확률이라면 어떤 기분이 들겠는가?

A. 100만 달러를 딸 확률 100만분의 1.

B. 12달러를 딸 확률 90퍼센트, 한 푼도 못 딸 확률 10퍼센트.

C. 100만 달러를 딸 확률 90퍼센트, 한 푼도 못 딸 확률 10퍼센트.

세 가지 도박 모두 한 푼도 못 따는 결과가 나올 수 있으며, 전망 이론은 그 세 경우의 결과에 똑같은 가치를 부여한다. 한 푼도 못 따는 상황이 준거점이며 그 가치는 제로다. 경험에 비춰볼 때, 정말로 그럴까? 물론 아닐 것이다. 처음 두 경우에는 한 푼도 못 딴다면 그럴 수도 있으려니 할 테고, 거기에 제로 가치를 부여하는 것은 일리가 있다. 반면에 세 번째 경우에 한 푼도 못 따면 대단히 실망스럽다. 비공식적으로 약속된 임금 인상과 마찬가지로 큰 금액을 얻을 확률이 높으면 일시적으로 새로운 준거점이 생긴다. 기대가 큰 만큼 한 푼도 못 따면 큰 손실로 느껴진다. 전망 이론은 이런 상황에 취약하다. 어떤 결과(이 경우는 한 푼도 못 따는 경우)가 거의 일어날 것 같지 않거나 다른 결과의 가치가 매우 높을 때도 애초 결과의 가치를 바꿀 수 없다. 쉽게 말해, 전망 이론은 실망을 다루지 못한다. 실망과 실망 예측은 엄연히 존재하는데도 그것을 인정하지 못하는 것은 내가 베르누이 이론을 비판하면서 사용한 반증만큼이나 명백한 단점이다.

전망 이론과 효용 이론은 후회도 고려하지 않는다. 두 이론이 공통적으로 단정하는 것은 가능한 옵션들은 개별적이고 독립적으로 평가되고, 그중에서 가치가 가장 높은 옵션이 선택된다는 것이다. 아래 예에서 볼 수 있듯이, 이 단정은 명백히 틀렸다.

문제 6: 90퍼센트 확률로 100만 달러를 받겠는가, 무조건 50달러를 받겠는가?

문제 7: 90퍼센트 확률로 100만 달러를 받겠는가, 무조건 15만 달러를 받겠는가?

두 가지 경우에 도박을 택하고 무조건 받는 것을 '포기'할 때 예상되는 고통을 비교해보라. 돈을 못 받으면 두 경우 모두 실망스럽겠지만, 문제 7에서는 도박을 택했다가 돈을 못 받으면 '탐욕스러운' 결정으로 15만 달러를 차버린 것이 후회되어 더욱 고통스러울 것이다. 그 후회스러운 결과를 마주했을 때의 느낌은, 선택할 수 있었지만 선택하지 않은 것에 달렸다.

몇몇 경제학자와 심리학자는 후회와 실망이라는 감정을 토대로 결정 모델을 만들었다.[8] 그러나 그 이론들은 전망 이론보다 영향력이 적었다고 말해도 무방하고, 그 이유에는 배울 점이 있다. 후회와 실망의 감정은 실제로 존재하며, 결정을 내리는 사람은 선택의 순간에 그런 감정을 당연히 예상한다. 문제는 후회 이론은 전망 이론과 구별되는 눈에 띄는 예측을 거의 내놓지 못한다는 점인데, 그렇다면 더 간결한 전망 이론이 우월한 셈이다. 전망 이론의 복잡성은 기대효용 이론과의 경쟁에서 받아들일 만했다. 전망 이론은 기대효용 이론이 설명하지 못한 것을 예측했기 때문이다.

여러 사항을 고려해 더욱 현실적인 단정을 내린다 해도 훌륭한 이론을 만들기에는 충분치 않다. 과학자는 이론을 작업 도구 보따리처럼 사용하는데, 새 도구가 아주 유용하지 않다면 더 무거운 보따리를 짊어지려 하지 않을 것이다. 많은 학자가 전망 이론을 받아들인 이유는 그것이 '옳아서'가 아니라 효용 이론에 덧붙인 개념, 특히 준거점과 손실 회피 개념이 복잡하지만 가치 있기 때문이었다. 그 개념은 새로운 예측을 내놓았고, 그 예측은 사실로 판명되었다. 우리는 운이 좋았다.

—

전망 이론과 관련한 말들

"그는 극단적인 손실 회피 성향이 있어 꽤 괜찮은 기회마저 차버린다."

"돈도 많은 그가 사소한 이익과 손실에 감정적으로 반응하는 게 말도 안 된다."

"그는 이익보다 손실에 두 배 정도 더 무게를 두는데, 일반적인 현상이다."

27

소유 효과

경제학 수업을 들어본 적이 없는 사람이라도 〈그림 11〉이나 그와 비슷한 그래프를 본 적이 있을 것이다. 두 가지 상품에 대한 개인의 '무차별 곡선'을 나타내는 그래프다.

경제학 개론 수업에서 학생들은 이 곡선 위의 점은 소득과 휴가 일수의 특정 조합을 나타낸다고 배운다. '무차별 곡선'은 만족도가 동등한, 즉 효용이 같은 두 재화의 조합을 연결한다. 만약 소득이 얼마든, 휴가가 며칠이든 간에, 추가 소득이 생긴다면 일정한 가격에 휴가를 얼마든지 '판매'하겠다면, 무차별 곡선은 평행선이 된다. 그렇지 않고 곡선이 아래로 볼록한 이유는 한계효용 체감 때문이다. 여가가 많을수록 추가로 생기는 여가 일수에 관심이 적어져서, 이후에 추가되는 하루는 그 전 하루보다 가치가 떨어진다는 이야기다. 마찬가지로 소득이 많을수록 추가로 생기는 소득에 관심이 적

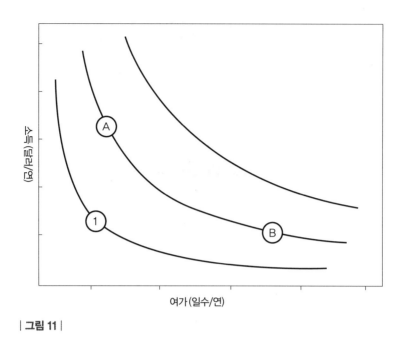

| 그림 11 |

어지고, 휴가를 하루 더 얻기 위해 기꺼이 포기하는 액수는 더 늘어난다.

무차별 곡선 위의 모든 점은 끌리는 정도가 같다. '무차별'의 의미도 바로 그것이다. 무차별 곡선에서 어디에 놓이든 상관없다. A와 B가 하나의 무차별 곡선에 있다면, A를 택하든 B를 택하든 상관이 없으며, A에서 B로 옮길 때 또는 B에서 A로 옮길 때 인센티브가 필요치 않다. 지난 100여 년간의 경제 교과서에는 여러 형태의 무차별 곡선이 빠지지 않고 실렸고, 학생 수백만 명이 이 곡선을 눈여겨보았다. 그러나 이 곡선에서 빠진 것을 발견한 학생은 거의 없었다. 여기서도 학생과 학자 들은 우아한 이론의 막강한 힘에 눈이 어두워져 심각한 결함을 보지 못했다.

이 곡선에 빠진 것은 개인의 현재 소득과 여가다.[1] 월급을 받는 사람이라면, 고용 조건에 월급과 휴가 일수가 명시되고, 이는 무차별 곡선에서 한 점으로 표시된다. 이 점이 내 준거점이고 현재 상태인데, 무차별 곡선은 그 점을 표시하지 않는다. 그러다 보니 무차별 곡선을 사용하는 이론가들은 사람들에게 준거점은 문제 되지 않는다는 그릇된 믿음을 심어주게 된다. 하지만 지금쯤이면 독자들은 준거점이 문제가 된다는 것을 알고도 남는다. 이 역시 베르누이 오류다. 무차별 곡선은 암묵적으로, 어떤 순간이든 효용은 전적으로 현재 상황에 따라 결정될 뿐 과거와는 무관하다고 단정하는 셈이며, 결국 앞으로 하게 될 업무를 따져볼 때 현재의 업무 조건은 상관이 없다고 단정하는 꼴이다. 이 경우를 비롯해 많은 경우에 대단히 비현실적인 단정이다.

준거점의 중요성이 명백한 경우를 자주 보는데도 무차별 곡선에 준거점이 빠졌다는 것은 맹목적 이론 추종의 놀라운 사례다. 노사 협상에서도 기존 계약 조건을 준거점 삼아 서로 양보를 요구한다는 것은 노사 양측이 잘 아는 사실이다. 그리고 흥정에서 양보를 하면 손실 회피 성향 탓에 마음이 착잡해진다. 준거점의 역할은 사람들이 개인적으로도 많이 경험한다. 직업이나 거주지를 바꾸면, 또는 바꾸려고 생각만 해도, 새로운 직업이나 거주지의 특징이 지금과 비교해 플러스 또는 마이너스라고 생각되던 때가 있을 것이다. 그리고 그런 판단에서 이익보다 불이익이 더 크게 보였을 것이다. 손실 회피 성향 때문인데, 더 나빠지는 변화를 받아들이기는 쉽지 않다. 예를 들어 실직자가 새로운 일자리를 얻기 위해 받아들일 최저임금은 예전 임금의 평균 90퍼센트이며, 이 수치는 1년마다 10퍼센트가 조금 안 되는 정도로 떨어진다.[2]

준거점이 선택에 미치는 영향을 평가하기 위해 앨버트와 벤의 사례를 보자. 둘은 '쾌락을 추구하는 쌍둥이'로, 취향이 똑같고 똑같은 일을 처음 시작해 지금도 하고 있는데 아직은 소득도, 여가도 거의 없다. 이들의 현재 상황은 〈그림 11〉에서 1번에 해당한다. 회사는 이들에게 더 나은 A와 B를 제안하면서, 누가 1만 달러 임금 인상을 받고(A), 누가 매달 유급 휴가를 하루 더 받을지(B) 알아서 결정하라고 한다. 두 사람은 어느 쪽이든 상관없어서 동전 던지기를 한다. 그 결과 앨버트가 임금 인상을 받고, 벤이 추가 휴가를 받는다. 어느 정도 시간이 흘러, 쌍둥이 두 사람이 새로운 상황에 익숙해졌다. 이제 회사는 두 사람이 원하면 상황을 서로 바꿔도 좋다고 말한다.

〈그림 11〉로 표시된 표준 이론은 시간이 흘러도 선호도는 일정하다고 단정한다. 두 쌍둥이는 A와 B를 똑같이 좋아해서, 둘을 바꾸는 데 인센티브는 거의 또는 전혀 필요치 않다. 그러나 전망 이론은 이와 대조적으로, 두 쌍둥이는 지금 상태를 유지하는 쪽을 절대적으로 선호할 것이라고 주장한다. 현재 상태를 선호하는 것은 손실 회피의 결과다.

앨버트에 주목해보자. 처음에는 그래프에서 1번에 있었고, 그 준거점에서 봤을 때 A와 B는 똑같이 매력적이었다.

A 선택: 연간 1만 달러 임금 인상.

B 선택: 연간 12일 추가 휴가.

앨버트는 A를 선택해 기준점이 바뀌었는데, 나중에 B로 바꿀지 고민할 때 그의 선택은 여건이 달라졌다.

A를 유지: 이익도 없고, 손실도 없다.

B로 변경: 12일 추가 휴가와 임금 1만 달러 삭감.

B로 변경한다면 주관적인 손실 회피를 느낀다. 임금 1만 달러 삭감은 아주 나쁜 소식이다. 예전에는 12일 휴가가 1만 달러만큼이나 구미가 당겼지만, 지금은 12일 휴가로는 1만 달러 손실을 보상받기에 충분치 않다. 앨버트는 B로 옮길 때의 불이익이 이익을 넘어서기 때문에 현 상태를 유지할 것이다. 벤도 마찬가지여서, 이제는 소중해진 여가를 잃는 것이 추가 소득의 혜택보다 크기 때문에 현 상태를 유지하려 할 것이다.

이 예는 무차별 곡선의 표준 모델이 예견하지 않는 선택의 두 가지 측면을 드러낸다. 첫째, 취향은 고정된 것이 아니어서 준거점에 따라 달라진다. 둘째, 변화의 불이익은 이익보다 더 커 보이는 탓에 현 상태를 선호하는 편향이 생긴다. 물론 손실 회피 때문에 현 상태를 절대 바꾸려 하지 않는다는 뜻은 아니다. 새로운 기회에서 오는 혜택이 부풀려진 손실보다도 클 수 있다. 손실 회피가 의미하는 것은 단지 준거 상황을 선호하는 매우 편향된 (그리고 일반적으로 큰 변화보다는 작은 변화를 선호하는 편향된) 선택을 할 수 있다는 것이다.

흔히 통용되는 무차별 곡선과 베르누이가 부의 상태로 결과를 표시한 것은 공통적으로 한 가지 잘못된 단정에 기초한다. 어떤 상태에 관해 내가 느끼는 주관적 만족, 즉 효용은 오직 그 상태에만 달렸지, 과거 이력과는 상관없다는 것이다. 이 잘못된 단정을 바로잡은 것은 행동경제학의 성과 중 하나다.

소유 효과

어떤 접근법이나 어떤 움직임이 언제 시작되었는지는 정확히 말하기 어려운 때가 많은데, 오늘날 행동경제학이라고 알려진 것의 기원은 정확히 꼬집어 말할 수 있다. 1970년대 초, 로체스터대학의 매우 보수적인 경제학과에 다니던 대학원생 리처드 세일러는 이단적인 생각을 품기 시작했다. 날카로운 재치와 비꼬는 성향을 지닌 세일러는 합리적 경제주체 모델로는 설명할 수 없는 행동을 즐겨 수집했다. 특히 교수들에게서 비합리적인 경제행위를 즐겨 찾던 중에 한 가지 놀라운 사실을 발견했다.

R교수(이후 밝혀진 바에 따르면 훗날 시카고 경영대학원 원장이 되는 리처드 로제트Richard Rosett)는 표준 경제 이론의 신봉자이자 대단한 와인 애호가였다. 세일러는 R교수가 자신이 수집한 와인을 절대 팔지 않는다는 사실을 알게 되었다. 1975년에 당시 금액으로 무려 100달러에도 와인을 팔지 않았다. R교수는 경매에서 와인을 샀지만, 그 정도 품질의 와인에 35달러 넘게 지불하는 법이 없었다. 그는 35달러에서 100달러 사이로는 절대 사지도, 팔지도 않았다. 경제 이론과는 상당히 동떨어진 행동이다. 이론대로라면 그에게 특정 와인의 가치는 하나뿐이다. 어떤 와인이 그에게 50달러 가치가 있다면, 50달러가 넘는 가격에 언제든지 그 와인을 팔 뜻이 있어야 한다.[3] 그리고 그에게 그 와인이 없다면, 최고 50달러를 주고 살 의향도 있어야 한다. 이처럼 겨우 받아들일 만한 판매가와 겨우 받아들일 만한 구매가는 똑같아야 하는데도 현실적으로는 판매 최저가(100달러)는 구매 최고가(35달러)보다 훨씬 높았다. 마치 상품을 소유하면 그 가치가 높아진다는 듯이.

리처드 세일러는 그가 말한 '소유 효과'의 사례를 많이 찾아냈다. 흔히 거래되지 않는 상품이 특히 그랬다. 비슷한 상황을 쉽게 상상할 수 있다. 인기 있는 밴드의 콘서트가 매진되었는데, 그 표를 가지고 있다고 해보자. 원래 가격인 200달러에 샀다. 사실 그 밴드의 열렬한 팬이라 500달러까지 주고도 표를 살 의향이 있었다. 그런데 인터넷을 보니 나보다 더 부자거나 더 열성적인 팬들이 3,000달러를 주고도 표를 사려고 한다. 그렇다면 가지고 있는 표를 팔까? 팬들은 대부분 매진된 콘서트의 표를 팔지 않는다. 표를 팔 마음이 생기는 최저가는 3,000달러가 넘고, 표를 살 마음이 생기는 최고가는 500달러다. 소유 효과의 예다. 기본적인 경제 이론을 믿는 사람이라면 어리둥절할 것이다.[4] 세일러는 이런 종류의 수수께끼를 해명할 근거를 찾고 있었다.

그러던 중, 그가 어느 학회에서 예전의 우리 제자를 만나 전망 이론 초고를 얻었을 때 드디어 기회가 찾아왔다. 그는 원고를 상당히 흥미롭게 읽었다며 원고를 보는 순간, 전망 이론의 손실 회피 가치함수라면 소유 효과와 그가 수집한 다른 수수께끼를 설명할 수 있겠다는 생각이 들었다고 했다. 그러니까 R교수가 특정한 와인을 한 병 '소유한' 상태에 유일무이한 하나의 효용이 있다는 틀에 박힌 생각을 포기하는 것이 해법이었다. 전망 이론에 따르면, 와인을 흔쾌히 사거나 팔 의향은 준거점, 즉 교수가 와인을 지금 소유했느냐 소유하지 않았느냐에 달렸다. 와인을 소유했다면, 와인을 '포기하는' 고통을 고려한다. 와인을 소유하지 않았다면, 와인을 '얻는' 기쁨을 고려한다. 두 가지 가치는 손실 회피 때문에 동일하지 않았다. 좋은 와인을 포기할 때의 고통은 같은 정도로 좋은 와인을 얻을 때의 기쁨보다 더 크다.[5] 26장에 나온 손실과 이익 그래프를 기억해보라. 함수의 기울기는 부정적인 영역에서 더 가파르다. 손실에 대한 반응이 그와 상응하는 이익에 대한 반응보다 더 크다는 뜻이다. 이것이 세일러가 찾던 소유 효과의 설명이었다. 그리고 경제 문제에 전망 이론을 처음 적용한 이때의 일은 행동경제학 발달에 획기적인 사건이 아니었나 싶다.

세일러는 아모스와 내가 스탠퍼드대학에 머물 것이라는 사실을 알고 일정을 조정해 그곳에서 1년을 머물렀다. 우리는 이 시기를 매우 생산적으로 보냈고, 서로에게 많은 것을 배우면서 친구가 되었다. 7년 뒤에 그와 나는 다시 1년 동안 함께 지낼 기회가 생겨, 심리학과 경제학 대화를 이어갔다. 오랫동안 행동경제학의 주된 후원처였던 러셀세이지재단Russell Sage Foundation은 세일러에게 이후에도 몇 차례 이어질 보조금을 처음 지급하면서, 밴쿠버에서 1년 동안 나와 함께 지낼 수 있게 해주었다. 그해에 우리는 이 지역 경제학자 잭 네치Jack Knetsch와 긴밀히 협력하며 연구했다. 우리는 공통적으로 소유 효과, 경제 공정성 규칙, 그리고 매운 중국 음식에 큰 관심이 있었다.

우리 연구는 소유 효과가 보편적이지 않다는 사실에서 출발했다. 5달러 지폐를 1달러짜리로 바꿔달라는 요청을 받으면, 손해 본다는 생각 없이 1달러짜리 다섯 장을 내준다. 신발을 살 때도 손실 회피 성향은 별로 없다. 돈을 받고 신발을 포기하는 상인도 손실이라는 느낌은 받지 않는다. 상인의 관점에서 보면, 그가 건네주는 신발은 고객에게서 받아내려는 돈의 성가신 대용품일 뿐이다. 고객도 상인에게 돈을 지불하면서 손실이라고 생각하지 않는다. 그가 쥐고 있던 돈은 사고자 했던 신발의 대용품이기 때문이다. 이런 일상적 거래는 5달러 지폐를 1달러 지폐로 바꾸는 것과 근본적으로 다르지 않다. 일상적 상품 거래에서는 양측 모두 손실 회피가 없다.

이런 시장 거래가 R교수가 와인을 팔지 않으려는 행동이나 프로미식축구 챔피언 결정전인 슈퍼볼의 입장권을 가진 사람이 높은 가격에도 표를 팔려 하지 않는 행동과 다른 점은 무엇일까?[6] 두드러진 차이는 상인이 고객에게 파는 신발과 고객이 신발을 사려고 지불하는 돈은 모두 '교환을 위해' 소유한다는 점이다. 둘 다 다른 상품과 바꾸는 것이 목적이다. 그러나 와인이나 슈퍼볼 입장권 같은 상품은 '사용하기 위해', 그러니까 소비하거나 즐기기 위해 소유한다. 소득이 바탕이 되는 여가나 생활수준도 판매나 교환이 목적이 아니다.

나는 네치, 세일러와 함께, 사용하려고 소유하는 상품과 교환하려고 소유하는 상품의 차이를 드러낼 실험을 만들기 시작했다. 우리는 실험경제학의 창시자이자 여러 해 뒤에 나와 노벨상을 공동 수상한 버넌 스미스Vernon Smith에게서도 아이디어를 빌려왔다. 스미스의 실험에서는 '시장'에서 참가자에게 화폐 대용의 토큰을 제한된 개수만큼 나눠준다. 토큰을 가진 사람은 실험이 끝날 때 그것을 현금으로 바꿀 수 있다. 이때 상환 가치를 사람마다 다르게 할당하는데, 시장에서 거래되는 상품은 사람에 따라 가치가 다르다는 사실을 반영한 것이다. 똑같은 토큰이라도 누군가에게는 10달러, 다른 누군가에게는 20달러의 가치가 있을 수 있으며, 그 사이의 어떤 가격에 교환되든 그것은 양쪽 모두에게 이로울 것이다.

스미스는 수요와 공급이라는 기본 체계가 얼마나 훌륭히 작동하는지를 생생하게 입증할 방법을 고안했다. 사람들은 저마다 토큰을 구매 또는 판매할 의사를 잇달아 공개적으로 제안할 것이고, 다른 사람들은 그 제안에 공개적으로 반응할 것이다. 모든 사람이 이 교환을 주시하고, 토큰이 교환되는 가격을 지켜본다. 그 결과, 물리법칙처럼 일정한 상황이 발생한다. 물이 아래로 흐르듯이, (상환 가치가 낮아서) 자기에게 별로 가치가 없는 토큰을 소유한 사람은 토큰에 더 높은 가치를 부여하는 사람에게 이익을 남기고 토큰을 판다. 거래가 끝났을 때, 토큰은 실험 진행자에게서 많은 돈으로 바꿀 수 있는 사람들 손에 들어가 있다. 시장에는 마법이 작동했다! 게다가 경제 이론은 시장에서 최종적으로 얼마에 가격이 결정되고, 토큰이 몇 개나 주인이 바뀔지를 정확히 예측한다. 이에 따르면, 시장에서 참가자 절반에게 무작위로 토큰을 나눠주면, 토큰의 절반이 주인이 바뀔 것이다.[7]

우리는 스미스가 사용한 방법을 약간 바꿔 실험했다. 실험은 매번 토큰을 몇 차례 서로 거래하는 것으로 시작했는데, 여기까지는 스미스가 실시한 실험과 일치하는 결과가 나왔다. 대략의 거래 횟수는 전형적으로 표준 경제 이론이 예견한 횟수와 아주 가깝거나 똑같았다. 토큰이 가치 있는 이유는 물론 실험 진행자에게 현금으로 바꿀 수 있기 때문이며, 그 자체의 사용가치는 없다. 그런 다음 우리는 사람들이 사용가치를 평가하리라 예상되는 물건으로 똑같은 시장을 만들었다. 실험을 진행하는 대학의 마크가 새겨진 멋진 머그컵이었다. 당시 컵은 약 6달러였다(지금은 약 두 배 정도 될 것이다). 이 컵을 참가자 절반에게 무작위로 나눠주었다. '판매자'는 앞에 컵을 놓아두었고, '구매자'는 컵을 구경했다. 모두가 희망 거래가를 제시했다. 구매자는 컵을 사려면 자기 돈을 써야 했다. 결과는 놀라웠다. 희망 판매가 평균은 희망 구매가 평균의 약 두 배였고, 대략의 거래 횟수는 표준 이론이 예상한 횟수의 절반에도 못 미쳤다. 사용할 목적의 상품을 거래할 때는 시장의 마법이 통하지 않았다.

우리는 절차를 약간 변형해 실험을 몇 가지 더 진행했지만 결과는 늘 같았다. 내가 가장 좋아하는 실험은 판매자와 구매자에다 '선택자'라는 세 번째 집단을 추가한 실험이다. 상품을 가지려면 자기 돈을 써야 하는 구매자와 달리 선택자는 컵을 그냥 받을 수도 있고, 일정한 돈을 받을 수도 있었다. 그리고 컵을 받을 때의 바람직한 가격도 제시했다. 결과는 아래와 같았다.

판매자	7.12달러
선택자	3.12달러
구매자	2.87달러

판매자와 선택자가 똑같은 선택을 두고 내린 결정이라는 걸 생각하면 둘의 격차는 놀랍다. 판매자는 컵을 가지고 집에 돌아갈 수도 있고, 돈을 가지고 집에 돌아갈 수도 있다. 선택자에게 주어진 선택도 정확히 똑같다. 이 결정의 장기적 효과는 두 집단에게 동일하다. 유일한 차이라면 그 순간의 감정이다. 판매자가 정한 높은 가격에는 이미 자신이 소유한 물건을 포기하고 싶지 않다는 마음이 담겨 있다. 장난감을 꽉 쥐고 있다가 빼앗기면 강하게 반발하는 아이들의 저항 심리와 비슷하다. 손실 회피는 시스템 1의 즉각적 평가에 내재된 성향이다.

한편, 구매자는 컵을 사려면 돈을 지불해야 하고 선택자는 공짜로 얻을 수 있지만, 그래도 구매자와 선택자가 정한 가격은 비슷하다. 이는 구매자가 컵에 돈을 쓰는 것을 손실로 보지 않을 때 일어날 수 있는 일이라고 우리가 예상했던 바다. 뇌 영상법도 이런 차이를 입증한다. 평상시에 사용하는 물건을 팔 때는 뇌에서 혐오, 고통과 관계있는 영역이 활성화한다. 살 때도 이 영역이 활성화하지만, 가격이 너무 높다고 생각될 때, 그러니까 판매자가 교환가치를 넘어서는 돈을 챙긴다고 느낄 때만 그러하다. 뇌 영상법은 매우 낮은 가격에 물건을 사면 즐거워한다는 사실도 보여준다.[8]

판매자가 정한 컵의 현금 가치는 선택자와 구매자가 정한 가치보다 두 배 이상 높다. 이 비율은 위험한 선택에서 나타나는 손실 회피 계수에 매우 가깝다. 금전적 이익과 손실에 대한 가치함수를 위험이 없는 결정과 위험이 따르는 결정에 그대로 적용할 때 예상할 수 있는 결과다.[9] 2:1 비율은 가격 변동에 대한 일반 가정의 반응을 비롯해 다양한 경제 영역의 연구에서 나타난다. 경제학자들이 예측하듯이, 고객은 가격이 떨어지면 달걀, 오렌지 주스, 생선 등의 구매를 늘리고, 가격이 오르면 구매를 줄이는 성향이 있다. 그러나 경제 이론의 예측과 반대로, 가격 인상(준거점에 비추어 손실) 효과는 물건을 얻는 효과보다 약 두 배 크다.[10]

머그컵 실험과 더불어 같은 시기에 잭 네치가 실시한 훨씬 더 간단한 실험도 소유 효과를 증명하는 전형적인 실험으로 인정받는다. 네치는 두 번의 수업 시간에 설문지를 돌린 뒤, 학생들이 설문지를 작성하는 내내 그들 앞에 사례품을 놓아두었다. 한 번은 비싼 펜이었고, 한 번은 스위스 초콜릿이었다. 수업이 끝나고 실험 진행자는 펜을 놓아두었던 때는 초콜릿을, 초콜릿을 놓아두었던 때는 펜을 보여주면서, 원하면 바꿔도 좋다고 했다. 그러자 약 10퍼센트만 바꿔갔다. 펜을 받은 사람 대부분은 그대로 펜을 가지려 했고, 초콜릿을 받은 사람 대부분도 좀처럼 바꾸려 하지 않았다.

전문 거래인처럼 생각하기

전망 이론의 기본 개념은 준거점이 존재한다는 것, 그리고 손실은 그에 상응하는 이익보다 더 커 보인다는 것이다. 여러 해 동안 실제 시장에서 관찰한 결과는 이 개념의 위력을 잘 보여준다.[11] 그중에서도 경기가 나쁠 때 보스턴의 콘도 시장을 연구한 결과가 대표적이다.[12] 이 연구는 비슷한 콘도를 다른 가격에 구입한 사람들의 행동을 비교했다. 합리적 행위자라면 과거에 얼마에 샀는가는 상관이 없다. 오직 현재의 시장가치만 중요할 뿐이다. 그러나 저가의 주택 시장에서 인간은 그렇게 생각하지 않는다. 준거점이 높아 큰 손실을 볼 것 같은 소유주는 자신의 콘도에 높은 가격을 매기고 오랜 시간 그것을 팔려고 애쓰다가 결국에는 돈을 더 받는다.

준거점과 손실 회피 개념을 처음 받아들일 때는 판매가와 구매가의 비대칭성(더 이해하기 쉽게 말하면, 판매와 선택의 비대칭성) 증명이 매우 중요했다. 그러나 준거점은 불안정하다는 점, 특히 실험실이라는 평범하지 않은 환경에서는 더욱 불안정하다는 점, 그리고 준거점을 바꾸면 소유 효과를 제거할 수 있다는 점은 이제 어렵지 않게 이해할 수 있다.

보통의 상업 거래나 금융시장에서 흔히 그러하듯 소유주가 자기 물건을 미래에 교환할 가치의 매개체로 본다면 소유 효과는 나타나지 않는다. 야구 카드 거래를 연구한 실험경제학자 존 리스트가 발견한 바에 따르면, 거래 초보자는 자기가 소유한 카드를 내놓으려 하지 않았지만 거래 경험이 쌓일수록 그런 성향이 사라졌다. 더 놀라운 점은 새로운 물건을 소유했을 때 거래 경험이 소유 효과에 미치는 영향이 크다는 것이다.[13]

리스트는 야구 카드 거래소에 간단한 설문 조사에 참여해달라는 공고를 붙였다. 참여한 사람에게는 가치가 같은 머그컵과 초콜릿 중에 하나를 선물로 주겠다고 했다. 선물은 무작위로 나눠주었다. 설문 참여자들이 떠날 때, 리스트는 한 사람 한 사람에게 이렇게 말했다. "머그컵(또는 초콜릿)을 드렸는데, 원하시면 초콜릿(또는 머그컵)으로 바꾸셔도 좋습니다." 잭 네치의 실험을 그대로 본뜬 이 실험에서, 거래 경험이 적은 사람 중에서는 18퍼센트만이 선물을 기꺼이 바꾸려 했다. 반면에 거래 경험이 많은 사람들은 소유 효과를 거의 보이지 않아, 무려 48퍼센트나 바꿔 갔다! 이들은 적어도 거래가 일상인 시장에서만큼은 거래에 거리낌이 없었다.

잭 네치가 실시한 또 다른 실험에서는 상황을 미세하게 바꿔도 소유 효과가 사라졌다.[14] 참가자들은 자기가 가진 물건을 거래해도 좋다는 말을 듣기 전에 한동안 그 물건을 실제로 소유했을 때만 소유 효과를 보였다. 보통의 경제학자라면 네치가 심리학자들과 너무 오랜 시간을 함께 보냈다고 말하고 싶을지도 모르겠다. 그가 여러 가지로 변형해 실시한 실험에서 사회심리학자들이 중요하다고 추측하는 변수들에 대한 관심이 드러났기 때문이다. 사실 실험경제학자들과 심리학자들 사이의 방법론적 관심의 차이는 현재도 진행 중인 소유 효과 토론에서 명백히 드러났다.[15]

거래 베테랑은 질문을 정확히 던지는 법을 터득한 게 분명하다. 이를테면 이런 식이다. "나는 가질 수 있는 다른 물건을 포기하면서까지 저 컵을 얼마나 '갖고' 싶은가?" 이콘의 질문이 그런 식이다. 그리고 그런 질문을 던질 때 소유 효과는 사라진다. 물건을 얻는 기쁨과 그것을 포기하는 고통 사이의 비대칭성은 이 질문과 무관하기 때문이다.

최근에 연구된 '빈곤 상태에서의 결정' 심리에 따르면, 빈곤층도 소유 효과가 나타나지 않는 집단이다.[16] 전망 이론에서 가난은 자신의 준거점을 밑도는 삶이다. 가난한 사람은 필요한 물건도 살 형편이 안 될 수 있어서, 언제나 '상실감'을 느낀다. 따라서 이들이 받는 적은 돈은 이익이 아니라 줄어든 손실로 인식된다. 이 돈은 준거점을 향해 조금 올라가는 데 도움이 되지만, 가난한 사람은 항상 가치함수에서 가파른 부분에 머물러 있다.

가난한 사람도 전문 거래인처럼 생각하지만, 역동성은 사뭇 다르다. 가난한 사람은 전문 거래인과 달리 얻는 것과 포기하는 것의 차이에 무심하지 않다. 문제는 가난한 사람의 선택은 언제나 여러 손실 사이의 선택이란 것이다. 한 가지 상품에 지출한 돈은 대신 구입할 수도 있었던 다른 물건의 손실이다. 가난한 사람에게 비용은 곧 손실이다.

우리는 지출이 고통인 사람들을 잘 알고 있다. 객관적으로 꽤 잘사는 사람도 그럴 수 있다.[17] 돈을 대하는 태도에서 문화 차이가 드러날 때도 있다.

특히 대학 마크가 새겨진 머그컵처럼 꼭 필요하지 않은 사소한 물건이나 충동구매에 돈을 쓸 때는 더욱 그러하다. 이런 차이는 미국과 영국에서 실시한 '머그컵 연구' 결과가 크게 다른 이유를 설명해줄지도 모른다. 미국 학생들을 대상으로 실시한 실험에서는 구매가와 판매가가 크게 벌어졌지만, 영국 학생들 사이에서는 그 격차가 훨씬 적었다. 소유 효과는 아직도 연구할 점이 많다.

소유 효과와 관련한 말들

"그는 사무실 두 곳 중 하나를 고르라는 말에 다 좋다고 했는데, 막상 사무실이 결정되고 하루가 지나자 사무실을 바꾸려 하지 않았다. 소유 효과다!"

"협상이 통 진전되지 않는다. 양보하면 서로에게 이득인데도 물러서지 않는다. 손실은 이익보다 더 커 보이는 법이다."

"가격을 올렸더니 수요가 자취를 감췄다."

"집을 애초 구입가보다 싸게 내놓는다는 것은 그에게 있을 수 없는 일이다. 손실 회피가 작동하는 탓이다."

"그는 구두쇠여서 1달러를 써도 무조건 손실로 친다."

28

나쁜 사건

손실 회피 개념은 심리학이 행동경제학에 가장 크게 기여한 부분이 틀림없다. 결과는 이익과 손실로 평가할 때가 많고 손실은 이익보다 커 보인다는 당연한 사실을 생각하면, 참 이상한 일이다. 아모스와 나는 우리가 할머니들도 잘 아는 주제를 연구하고 있다고 농담 삼아 말하곤 했다. 하지만 우리가 할머니들보다는 많이 알고 있으며, 이제는 손실 회피를 두 시스템이라는 더 넓은 맥락에, 특히 부정과 도피가 긍정과 접근을 압도한다는 생물학적, 심리학적 관점에 포함시킬 수 있게 되었다. 우리는 놀랍도록 다양한 사례에서 손실 회피 결과를 볼 수 있다. 상품이 운송 중 분실됐을 때는 오직 직접적 현금 손실만 보상된다거나, 대규모 개혁 시도가 걸핏하면 실패한다거나, 프로골프 선수들은 버디 퍼팅보다 (보기를 피하려는) 파 퍼팅에서 정확도가 올라간다거나 하는 등이다. 총기가 좋았던 우리 할머니라도 평소에 당연히 여겼던 일반적인 생각에서 이처럼 구체적인 예측이 나온다면 깜짝 놀랐을 것이다.

부정성 지배

| 그림 12 |

그림 12에서 왼쪽 그림을 보면 심장박동이 빨라진다.[1] 오싹한 느낌을 주는 것의 정체를 판단하기도 전에 일어나는 일이다. 그런 다음에야 겁에 질린 사람의 눈을 알아본다. 오른쪽 그림에서는 미소를 짓느라 볼이 올라간 탓에 눈이 가늘어져 행복해 보이고, 사람을 전혀 흥분시키지 않는다. 어느 실험에서, 사람들을 뇌 스캐너에 눕히고 두 그림에 대한 반응을 살폈다. 각 그림을 100분의 2초도 안 되게 잠깐 보여준 뒤에, 곧바로 어두운 사각형과 밝은 사각형이 무작위로 나타나는 '시각적 잡음'으로 그림을 덮었다. 그림을 본 사람 중에 누구도 눈 그림을 봤다는 사실을 의식하지 못했지만, 뇌의 한 부분은 분명히 인식했다. 뇌에서 주로 위협을 감지하고 더불어 여러 감정에 관여하는 편도체다. 눈으로 보고도 인식하지 못한 위협적 그림에 편도체가 격렬히 반응하는 모습이 뇌 사진에 나타났다. 위협에 대한 정보는 '본다'는 의식적 체험을 지원하는 시각 피질을 건너뛴 채 초고속 신경 통로를 거쳐, 뇌에서 감정을 다루는 부분으로 직접 전달되었을 것이다.[2] 이 경로는

도식화된 행복한 표정보다 도식화된 화난 표정(잠재적 위협)을 더 빨리, 더 효율적으로 처리한다.[3] 행복한 표정을 하고 있는 군중 틈에서 화난 표정은 '튀지만', 화난 군중 틈에서 행복한 표정은 눈에 띄지 않는다는 실험 결과도 있다.[4] 인간이나 다른 동물의 뇌는 나쁜 소식에 우선순위를 두도록 설계되었다. 포식자 감지 시간이 100분의 몇 초만 줄어도 번식할 때까지 살아남을 확률이 높아진다. 시스템 1이 저절로 작동하는 데는 이런 진화의 역사가 담겼다. 그러나 좋은 소식을 그렇게 빠르게 인식하는 체계는 아직 발견되지 않았다. 물론 우리나 우리와 가까운 동물은 짝짓기 기회나 먹이를 먹을 기회를 알려주는 신호를 재빨리 포착하고, 광고주는 그에 따라 광고 게시판을 디자인한다. 그러나 여전히 위협은 기회보다 특별히 취급되며, 마땅히 그래야 한다.

뇌는 순전히 상징적인 위협에도 재빨리 반응한다. 감정이 실린 말은 재빨리 주의를 끌고, 나쁜 말(전쟁, 범죄 등)은 좋은 말(평화, 사랑 등)보다 더 빨리 주의를 끈다. 실제 위협은 없지만 나쁜 일을 상기시키기만 해도 시스템 1은 그것을 위협으로 받아들인다. 이 책 앞에서 '구토'라는 단어를 예로 들었듯이, 무언가를 상징하기만 해도 연상 작용에 따라 비록 정도는 약해도 현실에서 실제로 그것과 마주칠 때처럼 반응할 때가 많은데, 이를테면 감정을 드러내는 여러 생리적 지표가 나타나기도 하고, 심지어 몸을 피한다든가 다가간다든가 또는 몸을 흠칫 움츠린다든가 앞으로 기울인다든가 하는 미세한 몸짓을 드러내기도 한다. 위협에 민감하게 반응하는 성향은 자신이 강하게 반대하는 의견이 표명될 때 그것을 처리하는 과정에도 영향을 미친다. 예를 들어, 안락사를 어떻게 보느냐에 따라, "나는 안락사가 용인될 수 있다고/없다고 생각한다"라고 시작하는 문장에서 뇌가 '위협'을 감지하는 데

4분의 1초도 안 걸릴 것이다.[5]

혐오 전문가인 심리학자 폴 로진Paul Rozin의 관찰에 따르면, 바퀴벌레는 한 마리로도 체리 한 그릇의 유혹을 완전히 망쳐놓지만, 체리 하나는 바퀴벌레 한 사발에 아무런 영향을 주지 못한다. 로진은 부정적인 것이 긍정적인 것을 여러 방식으로 압도하는데, 손실 회피는 광범위한 부정성 지배를 보여주는 수많은 사례 중 하나라고 지적한다.[6] 〈나쁜 것이 좋은 것보다 강하다Bad Is Stronger Than Good〉라는 논문에서는 여러 학자가 그 증거를 다음과 같이 요약했다. "나쁜 감정, 나쁜 부모, 나쁜 피드백은 좋은 감정, 좋은 부모, 좋은 피드백보다 영향력이 크고, 나쁜 정보는 좋은 정보보다 더 철저히 가공된다. 자아는 좋은 자기규정을 추구하기보다 나쁜 자기규정을 배척하는 데 더 적극적이다. 나쁜 인상과 나쁜 고정관념은 좋은 인상과 좋은 고정관념보다 더 빨리 형성되고, 나쁜 인상이나 나쁜 고정관념이 부정되면 좋은 인상이나 좋은 고정관념이 부정될 때보다 더 강력한 저항이 일어난다."[7] 이들은 유명한 부부 관계 전문가 존 가트맨John Gottman의 연구를 인용한다. 가트맨은 부부관계가 장기적으로 순탄하려면 긍정적인 것을 추구하기보다 부정적인 것을 피하는 것이 훨씬 더 중요하다고 보았다. 그러면서 안정적인 관계를 유지하려면 좋은 상호작용이 나쁜 상호작용을 적어도 5:1로 앞서야 한다고 추산했다. 이런 비대칭성은 사람들과의 관계에서 훨씬 더 강하게 나타난다. 수년간 쌓아올린 우정이 한 번의 행동으로 무너질 수 있다는 것은 다들 잘 아는 사실이다.

좋은 것과 나쁜 것을 구분하는 성향은 타고난다. 아기들도 세상에 나올 때 이미 고통은 나쁜 것이고 단것은 (어느 정도는) 좋은 것이라는 식으로 반응한다. 그러나 많은 경우, 좋은 것과 나쁜 것의 경계는 시간이 흐르면서 변하고 그때그때 상황에 따라 달라지는 준거점이다. 추운 밤에 시골에 갔다가 옷도 제대로 챙겨 입지 못한 채로 폭우를 만나 옷이 흠뻑 젖었다고 상상해보자. 거기다 칼바람까지 불어 더없이 비참하다. 그런데 주변을 서성이다 피신처가 될 만한 큰 바위를 발견한다. 생물학자 미셸 카바냐크Michel Cabanac는 그 순간의 경험을 극도로 유쾌한 경험이라고 부르곤 했다. 쾌락이 흔히 그렇듯이, 주변 상황을 생물학적으로 의미 있게 개선하기 때문이다.[8] 물론 이 유쾌한 안도감은 오래 지속되지 않을 테고, 곧 바위 뒤에서 다시 떨면서 새로운 고통을 느끼며 더 나은 피신처를 찾아 나설 것이다.

목표가 되는 준거점

손실 회피는 두 가지 동기의 상대적 크기와 관련 있다. 다시 말해, 우리는 이익 달성보다 손실 회피 성향이 강하다. 이때 준거점은 현 상황일 때도 있지만, 미래의 목표일 때도 있다. 목표를 달성하지 않으면 손실이고, 목표를 넘어서면 이익이다. 부정성 지배에서 예상할 수 있듯이 두 가지 동기의 위력은 다른데, 목표 달성 실패 회피는 목표 초과 달성 욕구보다 훨씬 강하다.[9]

사람들이 정하는 단기 목표에는 달성하려고 애쓰지만 초과할 필요는 못 느끼는 것도 종종 있다. 이런 목표는 일단 달성하면, 열심히 노력하지 않기 쉬운데, 그러다 보니 경제 논리에 어긋나는 결과가 나온다. 한 예로, 뉴욕 택시 기사들은 월간 또는 연간 소득 목표가 있을 수 있지만, 그들의 노력을 좌우하는 목표는 대개 그날 하루의 수입이다. 일일 목표는 어떤 날은 달성하기가 무척 쉽고 (그래서 목표를 초과하고) 어떤 날은 그렇지 않다. 비 오는 날에는 빈 차로 오래 다니는 법이 없어서, 그날의 목표를 금방 채운다. 하지만 쾌청한 날에는 손님을 찾아 거리를 배회하며 시간을 낭비하기 일쑤다. 경제학 논리대로라면 택시 기사들은 비 오는 날에는 여러 시간 일하고, 낮은 가격에 여가를 '구매'할 수 있는 맑은 날에는 여가를 즐겨야 맞다. 그러나 손실 회피 논리는 반대다. 고정된 하루 목표가 있는 기사들은 손님이 적을 때는 더 많은 시간을 일하고, 비에 흠뻑 젖은 손님이 어디론가 가자고 호소할 때는 집에 일찍 들어갈 것이다.[10]

펜실베이니아대학의 경제학자 데빈 포프Devin Pope와 모리스 슈바이처Maurice Schweitzer는 골프의 파가 준거점의 완벽한 사례라고 생각했다. 골프 코스에는 홀마다 타수가 있다. 파의 수는 (뛰어난 수준이 아닌) 괜찮은 수준의 기준을 제시한다. 프로골프 선수라면 버디(파보다 1타 적을 때)는 이익이고, 보기(파보다 1타 많을 때)는 손실이다. 경제학자들은 골프 선수가 홀 가까이 왔을 때 마주할 상황 두 가지를 비교했다.

- 보기를 피하는 퍼팅
- 버디를 잡는 퍼팅

골프에서는 모든 타가 중요하지만 특히 프로골프에서는 모든 타가 '대단히' 중요하다. 그러나 전망 이론에서는 타 중에서도 특히 중요한 타가 있다. 이를테면 파를 달성하지 못하면 손실이지만, 버디를 놓치면 손실이 아니라 놓친 이익이다. 포프와 슈바이처는 손실 회피 성향을 기초로, 선수들은 버디 퍼팅을 할 때보다 (보기를 피하려는) 파 퍼팅을 할 때 좀 더 공을 들일 것이라고 추론했다. 이들은 250만 개 이상의 퍼팅을 정밀 분석해 이 예측을 점검했다.

분석 결과, 이들이 옳았다. 퍼팅이 쉽든 어렵든, 홀에서 얼마나 떨어져 있든, 선수들은 버디 퍼팅보다 파 퍼팅을 할 때 성공 확률이 높았다. (보기를 피하려는) 파 퍼팅과 버디 퍼팅의 성공률 차이는 3.6퍼센트였다. 사소한 수준은 아니다. 이들의 연구 대상에는 타이거 우즈도 끼어 있었다. 그는 전성기 때 버디 퍼팅도 파 퍼팅만큼이나 잘해냈다. 한 타로도 평균 토너먼트 점수가 올라가고, 수입은 시즌당 거의 100만 달러가 올라갈 수도 있었다. 이런 맹렬한 기세의 선수라면 의식적으로 버디 퍼팅을 게을리할 리 없지만, 보기를 극도로 회피하다 보면 당장의 퍼팅에 유독 집중하는 게 아닐까 싶다.

퍼팅 연구는 이론상의 개념이 생각의 보조 도구로 얼마나 유용한지 잘 보여준다. 여러 달에 걸쳐 파와 버디 퍼팅을 분석하는 것이 가치가 있으리라고 어느 누가 생각했겠는가? 일부 경제학자를 제외하고는 누구도 놀라지 않을 손실 회피 개념에서 정확하고 반직관적인 가설이 나왔고, 여기서 프로 골프 선수를 비롯해 모두가 깜짝 놀랄 사실이 발견되었다.

현상 유지

손실 회피 동기와 이익 획득 동기의 크기가 비대칭인 경우를 찾아보기로 마음먹는다면 도처에서 그 예를 찾을 수 있다. 협상할 때, 특히 기존 계약을 재협상할 때면 늘 나타나는 특징이며, 노사 협상 그리고 무역이나 군비제한을 다루는 국제 토론에서도 흔히 나타난다. 기존 조건이 준거점이 되고, 협상에서 제안된 변화는 한쪽이 다른 쪽을 위해 양보한 것으로 보인다. 손실 회피 탓에 비대칭성이 생기고, 이 때문에 타협이 어려워진다. 상대가 내게 양보한 것은 내게는 이익이지만 상대에게는 손실이다. 따라서 상대는 내게 기쁨을 준 것보다 더 큰 고통을 맛본다. 그러다 보니 상대는 그 양보에 나보다 더 높은 가치를 둔다. 물론 상대가 내게 요구한 양보도 내게는 대단히 고통스러운데 상대가 그것에 매긴 가치는 충분치 않아 보인다. 줄어든 파이를 두고 협상을 벌일 때는 특히 어렵다. 손실을 나눠야 하기 때문이다. 반면에 더 커진 파이를 두고 흥정을 벌일 때 사람들은 훨씬 더 느긋해지는 성향이 있다.

협상을 벌이는 사람들이 흥정을 하면서 주고받는 메시지 중에 상당수는 준거점을 전달하고 상대측에 기준점을 제시하려는 시도다.[11] 그러나 그 메시지가 늘 진심은 아니다. 협상하는 사람들은 흔히 어떤 물건에 강한 애착이 있는 듯 행세하지만(군비축소를 두고 흥정할 때 특정 유형의 미사일에 애착을 보이는 등) 사실 그 물건은 협상 카드이며 궁극적으로는 교환에서 그 물건을 넘겨줄 것이다. 이들은 상호 이익이라는 규범에 영향을 받기 때문에 고통스러운 양보를 제시할 때는 상대에게도 똑같이 고통스러운 (그리고 어쩌면 똑같이 가짜인) 양보를 요구한다.

사람을 포함해 동물은 이익을 얻을 때보다 손실을 막을 때 더 열심히 싸운다. 텃세를 부리는 동물의 세계에서 이 원칙은 애초의 주인이 성공하는 이유를 말해준다. 이 상황을 관찰한 어느 생물학자는 이렇게 말한다. "어떤 영역을 점령한 동물이 경쟁자의 도전을 받으면, 거의 항상 주인이 이긴다. 그것도 대개는 몇 초 안에."[12] 인간 세계에서도 기관이 자체 개혁을 시도할 때, 회사가 조직 개편과 구조조정을 실시할 때, 그리고 관료 체제를 합리적으로 개선하거나 세법을 간소화하거나 의료비를 줄이려 할 때 일어나는 많은 일도 그와 똑같은 간단한 원칙으로 설명할 수 있다. 처음부터 예상되는 일이지만, 개혁 계획을 세우고 전반적인 개선 작업을 진행하다 보면 거의 항상 다수에게 이익이 돌아가고 소수에게 불이익이 돌아가게 마련이다. 그러나 불이익을 받는 쪽이 정치적 영향력이 조금이라도 있다면, 이익을 받는 쪽보다 더 적극적이고 단호하게 행동할 것이고, 그러다 보니 결과가 그들에게 이롭게 편향되어, 애초 계획보다 비용은 많이 들고 효과는 떨어진다. 모든 개혁에는 현재 이해 당사자를 보호하는 '조부 조항'grandfather clause'(새 법령을 적용할 때 이전 관련자들은 제외하는 조항—옮긴이)이 들어간다. 해고보다 점진적 축소로 노동력을 줄인다거나, 임금이나 수당 삭감을 미래의 노동자에게만 적용하는 경우다. 손실 회피는 기관에서든 개인의 삶에서든 현재 상태에서 최소의 변화만을 이끌어내려는 막강한 보수주의적 힘이다. 이런 보수주의는 이웃과의 삶에서, 결혼 생활에서, 직장에서 우리를 안정적으로 지켜주면서, 우리 삶을 기준점 가까이 붙잡아놓는 인력으로 작용한다.

법에 나타난 손실 회피

나와 리처드 세일러, 잭 네치는 밴쿠버에 함께 머무는 동안, 경제 거래의 공정성을 연구하게 되었다. 관심 있는 주제이기도 했지만, 매주 새로운 설문을 만들어야 하는 의무와 기회가 함께 생겼기 때문이기도 했다. 캐나다 정부의 수산해양부는 토론토에서 전문직 실직자를 위한 프로그램을 운영하면서, 보수를 주고 전화 설문을 맡겼다. 이 일을 맡은 대규모 설문팀은 매일 밤 일했고, 계속 활동하려면 새로운 설문이 끊임없이 필요했다. 우리는 매주 설문을 네 갈래 유형으로 만든다는 데 동의했다. 질문 종류는 구애받지 않았는데, 유일한 제한이라면 설문지에 적어도 한 번은 어류를 언급해, 수산해양부와의 연관성을 유지해야 했다. 이 작업은 여러 달 지속되었고, 우리는 걸신들린 듯 자료를 수집했다.

우리는 사람들이 상인, 고용주, 지주의 행동에서 어떤 점을 부당하다고 생각하는지 연구했다.[13] 사실, 궁극적으로 알고 싶은 것은 부당함을 향한 비난이 이익 추구를 제한하는가였다. 연구 결과는 그랬다. 그리고 대중이 기업의 행위 중에 용인되는 것과 용인되지 않는 것을 평가할 때 사용하는 도덕규범은 손실과 이익을 명확히 구분한다는 사실도 드러났다. 이때 기존 임금, 가격, 임차료 등이 준거점이 되는데, 침해되어서는 안 되는, 자기 몫을 가질 자격을 인정하는 기준이다. 기업이 준거점이 되는 거래보다 과도한 손실을 고객이나 노동자에게 강요한다면, 기업 역시 자기 몫을 가질 자격을 보호하기 위한 어쩔 수 없는 선택이 아닌 한 부당하다. 아래 예를 보자.

어느 철물점이 그동안 눈삽을 15달러에 팔았다. 그런데 눈보라가 거세게 몰아친 다음 날 아침에 가격을 20달러로 올렸다. 이 행위는 다음 중 어디에 해당하는지 평가하라.

지극히 공정하다 / 그럴 수 있다 / 부당하다 / 매우 부당하다

이 철물점은 수요가 높아지자 가격을 올렸고, 이는 표준 경제 모델을 따른 적절한 행위였다. 그러나 설문 조사에 참여한 사람들은 그렇게 생각하지 않았다. 응답자의 82퍼센트가 철물점의 행위를 '부당하다' 또는 '매우 부당하다'고 평가했다. 이들은 눈보라가 치기 전의 가격을 준거점으로 보았고, 오른 가격을 철물점이 손님에게 강요한 손실로 보았다. 철물점은 어쩔 수 없어서가 아니라 단지 그럴 수 있었기 때문에 손님에게 손실을 강요했다.

우리가 발견한 바에 따르면, 공정성이라는 기본 규칙은 시장의 힘을 악용해 타인에게 손실을 강요하는 행위를 용납하지 않았다. 아래 예는 다른 맥락에서 이 규칙을 잘 설명해준다(1984년에 수집한 자료라 오늘날의 달러 가치로 바꾸려면 약 100퍼센트 물가 상승률을 반영해야 한다).

> 작은 복사 가게에 직원이 한 명 있는데, 6개월 일했고 시간당 9달러를 받는다. 장사는 꾸준히 잘됐다. 그러던 중 근처 공장이 문을 닫자 실업자가 많아졌다. 이제 다른 작은 가게들이 믿을 만한 사람을 시간당 7달러에 고용했고, 이들은 9달러를 받는 직원과 일하는 수준이 비슷했다. 그러자 복사 가게 주인은 직원의 임금을 7달러로 내린다.

응답자는 이때도 부정적이어서, 83퍼센트가 '부당하다' 또는 '매우 부당하다'고 대답했다. 그러나 이 문제를 약간 바꾸면 고용주의 의무에 대한 본질이 명확해진다. 실업률이 높은 지역에서 장사가 잘되는 가게라는 상황은 똑같다.

> 현재 직원이 떠나자 가게 주인은 새 직원에게 시간당 7달러를 주기로 결정한다.

이 상황에서는 상당수(73퍼센트)가 이 행위를 '그럴 수 있다'고 생각했다. 고용주가 시간당 9달러를 지급할 도덕적 의무는 없다고 보는 것 같다. 자기 몫을 챙길 자격은 그때그때 다르다. 시장 여건상 임금 삭감이 타당할지언정 현재 노동자는 기존 임금을 그대로 받을 권리가 있다. 반면에 대체된 노동자는 이전 노동자의 준거 임금을 그대로 받을 자격은 없으며, 따라서 고용주는 부당하다고 낙인찍힐 위험 없이 임금을 덜 줄 수 있다.

회사 입장에서 자기 몫을 챙길 자격은 현재의 이윤을 유지하는 것이다. 손실을 볼 위험에 직면하면 손실을 타인에게 떠넘길 수도 있다. 응답자의 절대 다수는 회사가 이윤이 감소할 때는 노동자의 임금을 삭감할 수도 있다고 생각했다. 우리는 이 규칙이 회사의 자격 그리고 회사와 관련 있는 개인들의 자격을 따로 보는 이중 잣대를 보여준다고 설명했다. 회사도 손실의 위험을 느끼면 이기적으로 행동할 수 있다. 사람들은 회사가 손실의 일부를 떠안으리라고 기대조차 하지 않는다. 손실은 남에게 떠넘겨도 무방하다.

회사가 이윤을 높이거나 이윤 감소를 막기 위해 할 수 있는 일을 규정하는 규칙은 따로 있었다. 공정성 규칙은 생산비가 낮아졌을 때 회사더러 그 횡재를 고객이나 노동자와 나누라고 요구하지 않았다. 물론 우리 설문 응답자들은 이윤이 높아졌을 때 그것을 나누는 회사를 더 좋아했고, 그런 행위를 더욱 공정하다고 생각했지만, 나누지 않는다고 해서 회사를 부당하다고 규정하지는 않았다. 오직 회사가 힘을 이용해 노동자나 고객과 맺은 비공식 계약을 깼을 때, 그리고 이윤을 늘리려고 타인에게 손실을 떠넘겼을 때만 분개했다. 경제 공정성을 연구하는 사람들에게 중요한 과제는 이상적인 행동을 찾아내는 것이 아니라 용납할 만한 행동과 비난과 벌을 자초하는 행동을 구분하는 경계를 찾는 것이다.

우리는 이 연구 보고서를 〈아메리칸 이코노믹 리뷰 American Economic Review〉에 제출할 때 사람들의 반응을 낙관하지 않았다. 우리 논문은 당시 많은 경제학자가 지혜로 여기던 생각, 즉 경제행위는 자기 이익에 지배되고, 공정성에 대한 관심은 대개 중요하지 않다는 생각에 도전했다. 우리는 설문 조사에서 나온 증거에 의존했고, 경제학자들은 대개 그런 설문 조사를 중시하지 않는다. 그런데 잡지 편집자가 우리 논문을 두 명의 경제학자에게 보내 평가를 요구했고, 그들은 그런 관습에 얽매이지 않았다(그들이 누구인지는 나중에 알게 되었는데, 그 편집자가 찾아낼 수 있는 가장 우호적인 사람이었다). 편집자의 조치는 적절했다. 우리 논문은 자주 인용되고, 논문의 결론은 시간의 검증을 통과했다. 좀 더 최근에 나온 연구도 준거점에 의존하는 공정성 관찰을 지지했고, 공정성에 대한 관심은 경제에서도 중요하다는 사실을 보여주었는데, 이는 우리가 추측은 했으나 증명하지 못했던 부분이다.[14] 공정성 규칙을 위반하는 고용주는 생산성 감소로 벌을 받고, 부당한 가격정책을 펴는 상인은 판매 감소를 각오해야 한다. 사람들이 광고 전단을 보면서, 최근에 비싸게 산 물건을 같은 판매자가 지금은 더 싸게 팔고 있다는 사실을 알았다면, 이후에 그 판매자에게 물건을 구입하는 경우가 15퍼센트 줄었는데, 고객 한 명당 평균 90달러 손실이었다. 고객은 더 낮은 가격을 준거점으로 인지하고, 적정 가격보다 비싸게 산 자신이 손해를 봤다고 생각한다. 이때의 손실은 광고 전단에서 낮은 가격을 보고 물건을 더 많이 사서 얻은 이익보다 훨씬 커 보였다.

부당한 손실의 피해자가 보복할 수 있는 위치에 있다면, 부당하게 손실을 입힌 행위는 위험할 수 있다. 게다가 실험 결과, 사람들은 부당한 행위를 목격하면 그 일이 자신과 관련 없어도 해당 행위를 처벌하는 데 곧잘 동참했다. 신경경제학자(경제학에 뇌 연구를 접목한 학자)들은 자기공명영상MRI 기계로, 자기도 모르는 누군가에게 부당하게 행동한 사람을 처벌하는 데 개입한 사람의 뇌를 살펴보았다. 그러자 놀랍게도 이타적 처벌을 할 때면 뇌의 '쾌락 중추' 활동이 활발해졌다.[15] 사회질서와 공정 규칙을 준수하는 행위는 그 자체로 포상을 받는 셈이다. 이타적 처벌은 사회를 하나로 뭉치게 하는 접착제가 될 수 있다. 그러나 우리 뇌가 관대함을 포상할 때는 비열한 행위를 처벌할 때보다 신뢰도가 떨어진다. 여기서 다시 한 번, 손실과 이익의 뚜렷한 비대칭성을 볼 수 있다.

손실 회피와 자기 몫을 챙길 자격의 영향력은 금전적 거래의 영역을 훨씬 넘어선다. 법학자들은 그것이 법과 사법 행위에 미치는 영향력을 재빨리 간파했다. 데이비드 코언David Cohen과 잭 네치는 법적 판단에서 실제 손실과 놓친 이익이 명확히 구분되는 예를 많이 발견했다.[16] 예를 들어 어떤 상인의 물건이 운송 중에 분실되었다면 실제로 발생한 비용은 보상받을 수 있겠지만, 잃어버린 이익을 보상받기는 어렵다. 실질적 소유자가 결국 법적 소유권도 있다는 친숙한 규칙은 준거점의 도의적인 면을 인정하는 규칙이다. 최근 토론에서, 에얄 자미르Eyal Zamir는 법률에서 손실 회복과 놓친 이익 보상을 구분하는 것은 그 둘이 개인의 행복에 미치는 효과가 비대칭인 탓에 정당화될 수 있다는 도발적인 주장을 폈다.[17] 손실을 입은 사람은 단지 이익을 얻지 못한 사람보다 상실감이 크다면, 법의 보호도 더 받아야 하지 않겠는가.

손실과 관련한 말들

"이 개혁안은 통과되지 않을 것이다. 개혁으로 손해를 볼 사람은
이익을 볼 사람보다 더 열심히 싸울 테니까."
"양측은 서로 상대의 양보가 덜 고통스럽다고 생각한다. 물론 둘 다 틀렸다.
그것은 손실의 비대칭성에서 생긴 오해일 뿐이다."
"파이가 더 커지면 재협상은 한결 쉬워질 것이다.
그렇게 되면 손실을 나누는 게 아니라 이익을 나누는 것이기 때문이다."
"최근에 이 부근 임대료가 올랐는데도 우리 건물 입주자들은 임대료 인상을 타당하다고
생각하지 않는다. 그들은 현재 조건을 그대로 유지할 자격이 있다고 느낀다."
"우리 고객은 가격 급등에 분개하지 않는다. 원가 상승을 알기 때문이다.
내가 이윤을 남길 권리가 있다는 것을 그들도 인정한다."

Thinking,
Fast and slow

29

네 갈래 유형

복잡한 대상을 종합적으로 평가할 때면(자동차를 살 때, 사윗감을 판단할 때,
불확실한 상황을 내다볼 때 등) 각각의 특성에 가중치를 부여한다. 쉽게 말해,
각 특성마다 평가에 미치는 영향이 다르다는 뜻이다. 가중치 부여는 알게
모르게 일어나며, 시스템 1이 작동한 결과다. 자동차를 전반적으로 평가할
때는 연비, 승차감, 외형에 서로 다른 비중을 둘 수 있다. 사윗감을 평가할
때는 재산을 볼 수도 있고 외모나 신뢰감을 볼 수도 있다. 마찬가지로 불확
실한 전망을 평가할 때는 가능한 결과에 무게를 둔다. 가중치는 해당 결과
가 나타날 확률과 관련 있다. 100만 달러를 딸 확률 50퍼센트는 같은 액수
를 딸 확률 1퍼센트보다 훨씬 더 매력적이다. 사람들은 의식적이고 의도적
으로 가중치를 부여하기도 한다. 그러나 대개는 시스템 1의 전반적 평가를
그저 지켜볼 뿐이다.

확률 변화

결정 연구에서 도박 비유가 인기 있는 이유 하나는 예상되는 결과에 가중치를 부여하는 자연스러운 규칙을 보여주기 때문이다. 발생 확률이 높은 결과일수록 그 결과에 부여하는 비중도 커야 한다는 규칙이다. 도박의 기댓값은 여러 결과의 평균인데, 각 결과에는 그것이 일어날 확률로 가중치가 부여된다. 가령 '1,000달러를 딸 확률이 20퍼센트, 100달러를 딸 확률이 75퍼센트'라면 기댓값은 275달러다. 베르누이 이전 시대에는 도박을 기댓값으로 평가했다. 베르누이도 기대 원칙이라 알려진 이 방법을 써서 결과에 가중치를 부여했지만, 그가 이 방법을 적용한 경우는 결과의 심리적 가치를 따질 때였다. 그의 이론에서는 도박의 심리적 가치, 즉 효용은 확률로 가중치가 부여된 결과의 효용 평균이다.

기대 원칙은 사람들이 위험이 따르는 결과의 확률을 어떻게 생각하는지 정확히 묘사하지 않는다. 아래는 100만 달러를 받을 가능성이 5퍼센트씩 증가하는 네 가지 경우다. 네 경우 모두 동일한 정도로 반가운 소식일까?

A. 0퍼센트 → 5퍼센트

B. 5퍼센트 → 10퍼센트

C. 60퍼센트 → 65퍼센트

D. 95퍼센트 → 100퍼센트

기대 원칙은 각 경우 모두 100만 달러를 받는 효용이 정확히 5퍼센트 늘어난다고 주장한다. 정말 그럴까? 당연히 아니다.

'0퍼센트 → 5퍼센트'와 '95퍼센트 → 100퍼센트'는 '5퍼센트 → 10퍼센트' 또는 '60퍼센트 → 65퍼센트'보다 더 인상적이라고 누구나 인정한다. 가능성이 0퍼센트에서 5퍼센트로 높아지면 상황이 역전되어, 불가능했던 일이 가능해져 돈을 받을 희망이 생긴다. 이런 경우는 질적 변화인 반면, 5퍼센트 → 10퍼센트는 단지 양적 증가에 불과하다. 5퍼센트에서 10퍼센트로 바뀌는 변화에서는 돈을 받을 가능성이 두 배가 되지만, 그러한 전망의 심리적 가치는 두 배가 되지 않는다는 것쯤은 다들 알고 있다. 0퍼센트 → 5퍼센트의 큰 파급력은 '가능성 효과'를 잘 보여준다. 가능성이 매우 낮은 결과에 비중을 '부당하게' 많이 부여하게 되는 효과다. 복권을 잔뜩 사는 사람은 거액의 당첨금을 탈 아주 낮은 가능성을 보고 기댓값보다 훨씬 많은 돈을 쓸 의향이 있는 사람이다.

95퍼센트에서 100퍼센트로 높아지는 것도 질적 변화이며, '확실성 효과'라는 큰 파급력을 가진다. 사람들은 거의 확실한 결과에도 확률에 비해 가중치를 적게 부여한다. 확실성 효과를 알아보기 위해, 100만 달러를 상속받았는데 탐욕스러운 이복동생이 법원에 유언장에 대한 이의를 제기했다고 상상해보자. 결과는 내일 나올 예정이다. 변호사는 내가 훨씬 유리하며 승소할 확률은 95퍼센트라고 나를 안심시키면서도 재판 결과를 완벽히 예측하기란 불가능하다는 점을 애써 상기시켰다. 이때 위험 조정 회사가 나타나, 그 자리에서 91만 달러를 주고 소송 중인 내 사건을 사겠다고 제안한다. 받아들일지 말지 선택해야 한다. 회사가 제시한 금액은 판결을 기다리는 사건의 기댓값(95만 달러)보다 무려 4만 달러나 적지만, 이 제안을 거절할 수 있을까? 살다가 이런 일이 실제로 일어난다면, 확실성 효과를 이용해 확실성을 보장해주고 거액을 챙기는 '체계적 합의 structured settlement'라는 거대 산업이 존재한다는 사실을 알고 있는 게 좋다.

가능성과 확실성이 손실 영역에 미치는 영향력은 비슷하다. 사랑하는 사람이 수술실에 실려 들어갈 때 다리를 절단할 확률이 5퍼센트라면 아주 나쁜 소식이다. 10퍼센트의 절반보다 훨씬 더 나쁘다. 우리는 가능성 효과 탓에 작은 위험에 지나치게 비중을 두어, 기댓값보다 훨씬 많은 돈을 들여 그 위험을 없애려는 성향이 있다. 그런가 하면 어떤 재앙의 발생 확률이 95퍼센트일 때와 100퍼센트일 때의 심리적 차이는 그보다 훨씬 커서, 95퍼센트일 경우에는 모든 게 잘될지도 모른다는 5퍼센트의 희망이 실제보다 훨씬 확대된다. 이처럼 낮은 확률에 지나치게 무게를 두는 성향 탓에 도박과 보험의 매력이 커진다.

결론은 간단명료하다. 사람들이 어떤 결과에 부여하는 결정 가중치는 그 결과가 발생할 확률과 같지 않으며, 기대 원칙과 반대다. 가능성 효과 때문에 일어날 것 같지 않은 결과에 과도한 가중치가 부여되고, 거의 확실한 결과에는 그 확실성에 비해 낮은 가중치가 부여된다. 따라서 어떤 값에 확률로 가중치를 부여하는 '기대 원칙'은 심리학적 기반이 약하다.

하지만 상황은 간단치 않다. 합리적인 결정을 내리고 싶다면 기대 원칙을 '반드시' 따라야 하기 때문이다. 이는 폰 노이만과 모르겐슈테른이 1944년에 소개한 효용 이론 공리의 핵심이다. 이들은 불확실한 결과에 확률에 비례하지 않는 가중치를 부여한다면 일관성이 없어지고 또 다른 낭패를 본다는 사실을 증명했다.[1] 이들이 합리적 선택이라는 공리에서 도출한 기대 원칙은 곧바로 기념비적인 성과로 인정되었고, 이로써 기대효용 이론은 경제학과 기타 사회과학에서 합리적 행위자 모델의 핵심으로 자리 잡았다. 30년이 지나 아모스는 내게 이들의 연구를 소개하면서 재미있고도 존경스럽다고 했다. 그러면서 그 이론에 도전하는 유명한 이론도 함께 소개했다.

알레의 역설

폰 노이만과 모르겐슈테른의 이론이 발표된 지 몇 년이 지난 1952년에 파리에서 잠재적 위험과 관련한 경제학을 토론하는 회의가 열렸다. 당시 내로라하는 경제학자 상당수가 모였는데, 미국에서는 훗날 노벨상을 수상하는 폴 새뮤얼슨Paul Samuelson, 케네스 애로Kenneth Arrow, 밀턴 프리드먼Milton Friedman을 비롯해 최고의 통계학자 지미 새비지Jimmie Savage 등이 참석했다.

회의를 준비한 사람 중에는 역시 몇 년 뒤에 노벨상을 받는 모리스 알레Maurice Allais가 있었다. 그는 유명한 참석자들을 테스트할 선택에 관한 질문 두 개를 몰래 준비해두었다. 이번 29장과 관련해 말하자면, 알레는 참석자들이 확실성 효과에 쉽게 영향을 받는 탓에 기대효용 이론과 그 이론의 토대가 되는 합리적 선택이라는 공리에서 벗어난 행동을 한다는 것을 증명할 속셈을 가지고 있었다. 알레가 만든 선택 문제를 간단하게 재구성하면 다음과 같다.[2] 독자는 A와 B에서 각각 어떤 선택을 하겠는가?

A. 61퍼센트 확률로 52만 달러를 받거나, 63퍼센트 확률로 50만 달러를 받거나.

B. 98퍼센트 확률로 52만 달러를 받거나, 100퍼센트 확률로 50만 달러를 받거나.

대부분의 사람은 A에서는 왼쪽을, B에서는 오른쪽을 선택한다. 이렇게 선택한 사람은 논리를 무시하고 합리적 선택이라는 규칙을 어긴 '죄인'이다. 파리에 모인 내로라하는 경제학자들도 '알레의 역설'이라는 좀 더 복잡한 문제에서 비슷한 죄를 저질렀다.

이 선택에 어떤 문제가 있는지 알아보려면, 구슬이 100개가 들어 있는 단지에서 무작위로 구슬을 꺼내 결과를 결정한다고 상상해보자. 빨간 구슬이 나오면 돈을 받고, 흰 구슬이 나오면 돈을 못 받는다. A에서는 거의 모든 사람이 왼쪽 단지를 선호한다. 오른쪽 단지보다 빨간 구슬이 적지만(빨간 구슬이 왼쪽 단지에는 61개, 오른쪽 단지에는 63개가 들었다), 받는 금액 차이가 승패 차이보다 더 눈에 띄기 때문이다. 그러나 B에서는 상당수가 50만 달러를 무조건 받을 수 있는 오른쪽 단지를 선택한다. 게다가 A, B에서 모두 자신의 선택에 만족한다. 문제의 논리를 자세히 따져보기 전까지는.

두 문제를 비교하면, B의 단지 두 개가 A의 단지 두 개보다 돈을 받을 확률이 높다는 것을 알 수 있다. B의 두 단지는 A의 두 단지에서 각각 흰 구슬 37개를 빨간 구슬로 바꿔놓은 셈이니까. 하지만 B의 두 단지에 빨간 구슬이 똑같이 37개 늘었어도 그 효과는 왼쪽 단지가 오른쪽 단지보다 확실히 더 크다. 빨간 구슬 하나가 왼쪽 단지에서는 52만 달러 가치가 있지만, 오른쪽 단지에서는 50만 달러 가치밖에 안 되기 때문이다. 그런데도 A에서는 왼쪽 단지를 선택해놓고, B에서는 오른쪽 단지를 선택한다. 이런 식의 선택은 논리적으로 말이 안 되지만, 심리적으로는 얼마든지 설명이 가능하다. 확실성 효과 때문이다. B에서 100퍼센트와 98퍼센트의 2퍼센트 차이는 A에서 63퍼센트와 61퍼센트의 2퍼센트 차이보다 압도적으로 더 인상적이다.

알레가 예상했듯이, 회의에 참석한 수준 높은 학자들은 회의가 끝날 무렵 알레가 사실을 밝히기 전까지 자신의 선호도가 효용 이론에 맞지 않는다는 사실을 눈치채지 못했다. 알레는 자신의 발표가 폭탄선언쯤 되려니 예상했다. 주요 결정 이론가들이 합리성을 바라보는 자신의 견해와 맞지 않는 선호도를 보이지 않았는가! 알레는 참석자들이, 알레가 "미국 학파"라고 다소 경멸적으로 이름 붙인 접근법을 포기하고, 알레가 개발한 선택 논리를 대안으로 채택하겠거니 믿었던 모양이다. 그러나 곧 크게 실망하고 만다.[3]

결정 이론의 열렬한 팬이 아닌 경제학자들은 대부분 알레의 문제를 무시했다. 널리 사용되고 유용하다고 인정되는 이론이 도전을 받을 때 흔히 그렇듯이, 이들은 알레의 문제를 이례적인 사례로 언급하고는 마치 아무 일도 없었던 듯 기대효용 이론을 계속 사용했다. 반면에 통계학자, 경제학자, 철학자, 심리학자를 아우르는 결정 이론가들은 알레의 도전을 사뭇 진지하게 받아들였다. 아모스와 내가 연구를 시작할 때, 우리 목적 하나는 알레의 역설을 설명할 만족할 만한 이론을 만들자는 것이었다.

알레를 비롯해 대부분의 결정 이론가들은 인간의 합리성을 여전히 신뢰한 채 합리적 선택이라는 규칙을 변형해 알레의 선택 유형도 그 규칙에 포함되도록 만들려 했다. 여러 해 동안 확실성 효과를 정당화하려는 시도가 있었지만, 모두 설득력이 떨어졌다. 아모스는 이런 노력을 진득하게 봐주지 못했다. 그는 효용 이론에 어긋나는 사례를 합리화하려는 이론가들을 "잘못된 사람을 옹호하는 변호사"라 불렀다. 우리는 방향을 바꿨다. 효용 이론을 합리적 선택의 논리로 그대로 놔둔 채, 사람들은 완벽하게 합리적인 선택을 한다는 생각을 버렸다. 그리고 사람들의 선택이 합리적이든 아니든 그 선택을 설명할 심리학 이론을 개발하는 작업에 착수했다. 우리는 전망 이론에서 결정 가중치를 확률과 다르게 취급할 것이다.

결정 가중치

아모스와 나는 전망 이론을 발표하고 여러 해가 지나, 판돈이 작은 도박에서 사람들의 선호도를 설명할 결정 가중치를 측정하는 실험을 실시했다. 여기서 나온 이익 추정치는 〈표 4〉와 같다.[4]

| 표 4 |

확률(%)	0	1	2	5	10	20	50	80	90	95	98	99	100
결정 가중치	0	5.5	8.1	13.2	18.6	26.1	42.1	60.1	71.2	79.3	87.1	91.2	100

극단에서는 결정 가중치가 확률과 동일하다는 것을 알 수 있다. 불가능한 결과에서는 둘 다 0이고, 확실한 결과에서는 둘 다 100이다. 그런데 극단에 가까운 부분에서는 결정 가중치가 확률과 확연히 다르다. 가장 낮은 부분에서는 가능성 효과가 나타나, 일어날 가능성이 거의 없는 사건에 가중치가 지나치게 부여된다. 이를테면 확률이 2퍼센트인 경우에 결정 가중치가 8.1이다. 합리적 선택이라는 공리를 받아들인다면 2가 되어야 한다. 아주 드문 사건에 가중치가 약 네 배 높게 부여된 것이다. 그 반대편 확률에서 나타나는 확실성 효과는 더 놀랍다. 돈을 따지 '못할' 위험이 2퍼센트일 때 도박의 효용은 100에서 87.1로 약 13퍼센트나 줄어든다.

가능성 효과와 확실성 효과에서 나타나는 비대칭성을 알아보기 위해, 우선 100만 달러를 딸 확률이 1퍼센트라고 가정해보자. 그 결과는 내일 알 수 있다. 이번에는 100만 달러를 딸 것이 거의 확실하지만 못 딸 가능성도 1퍼센트 있다고 해보자. 이번에도 결과는 내일 알 수 있다. 이때 두 번째 상황에서의 불안감은 첫 번째 상황에서의 희망보다 더욱 두드러진다. 금전적 이익이 아니라 심각한 수술에서도 확실성 효과가 가능성 효과보다 더 두드러진다. 치명적 결과가 나올 것이 거의 확실한 수술에서 기대하는 일말의 희망을 위험률이 1퍼센트인 수술에서 느끼는 두려움과 비교해보라.

확률 양 끝에서 확실성 효과와 가능성 효과가 나타난다면, 그 중간 확률에 대한 민감도 역시 부적절할 수밖에 없다. 5퍼센트와 95퍼센트 사이에서 결정 가중치 변화 폭(13.2에서 79.3)은 확률 변화 폭보다 훨씬 작아서, 합리적으로 기대되는 폭의 약 3분의 2 수준이다. 신경과학자들도 이를 뒷받침하는 사실을 발견했다. 뇌에서 돈을 딸 확률 변화에 반응하는 영역을 찾아낸 것인데, 이때의 반응은 선택에서의 결정 가중치와 매우 비슷했다.[5]

확률이 극도로 낮거나 높은 사건(1퍼센트 이하 또는 99퍼센트 이상)은 특별한 경우다. 아주 드문 사건에 그 사건에만 해당하는 유일한 결정 가중치를 부여하기는 어렵다. 그런 사건은 효율성을 고려해 결정 가중치를 제로로 부여하면서 아예 무시할 때가 있는가 하면, 반대로 가중치를 지나치게 부여할 때도 있기 때문이다. 우리 대부분은 핵연료가 녹아내릴 걱정을 하거나 모르는 친척에게서 엄청난 유산을 상속받는 상상을 하면서 시간을 보내지는 않는다. 그러나 일어날 것 같지 않은 사건이 주의를 끌면, 그 확률에 어울리지 않는 과도한 가중치를 부여한다. 게다가 확률이 낮은 사건에서는 위험 변화에 거의 전적으로 무감각하다. 이를테면 암에 걸릴 확률이 0.001퍼센트일 때와 0.00001퍼센트일 때 큰 차이를 못 느끼는데, 사실 전자는 미국 인구에서 3,000명, 후자는 30명이 암에 걸릴 수 있다는 뜻이다.

위협에 주목하면 걱정이 앞서는데, 결정 가중치는 걱정의 정도를 반영한다. 그리고 가능성 효과 때문에 걱정은 위협이 일어날 확률에 비례하지 않는다. 걱정을 없애려면 잠재적 위험을 줄이거나 완화하는 것으로는 충분치 않다. 그 확률이 제로가 되어야 한다.

아래는 경제학자들이 소비자가 평가한 잠재적 건강 위험의 합리성을 연구하면서 만든 질문을 조금 바꾼 것이다. 연구 결과는 1980년대에 발표되었다. 설문 대상은 어린 자녀를 둔 부모들이었다.[6]

현재 한 병에 10달러인 스프레이 살충제를 사용한다고 가정해보자. 이 살충제는 1만 병당 15건의 흡입 중독 사고와 15건의 아동 중독 사고를 유발한다.

그런데 더 비싼 어떤 살충제는 같은 사고의 위험률이 1만 병당 각각 다섯 건이라고 한다. 얼마면 그 살충제를 기꺼이 사겠는가?

부모들은 위험률이 1만 병당 15건에서 다섯 건으로 3분의 2가 줄어든 살충제에 평균 2.38달러를 더 쓸 의향이 있었다. 그리고 위험을 완전히 없앨 수 있다면 그보다 세 배가 넘는 8.09달러를 더 쓰겠다고 했다. 다른 문제에서도 부모들은 두 가지 위험(흡입 중독과 아동 중독)을 별개의 걱정거리로 취급하면서, 각 위험을 완전히 없애는 확실성을 대가로 웃돈을 지불할 의향을 보였다. 웃돈은 걱정이라는 심리와 잘 어울리지만 합리성 모델에는 맞지 않는다.[7]

네 갈래 유형

　아모스와 나는 전망 이론을 연구하기 시작하면서 금세 두 가지 결론을 얻었다. 사람들은 부보다는 이익과 손실에 가치를 부여한다는 것, 그리고 사람들이 결과에 부여하는 결정 가중치는 확률과는 다르다는 것이다. 둘 다 완전히 새로운 내용은 아니지만, 그 둘을 합치면 우리가 '네 갈래 유형fourfold pattern'이라 부른, 지금은 굳어진 이름의 유별난 선호 유형을 설명할 수 있다. 네 갈래 유형의 시나리오는 아래와 같다.

| 그림 13 |

	이익	손실
높은 확률/ 확실성 효과	• 1만 달러를 딸 확률 95% • 실망할 두려움 • **위험 회피** • 불리한 타협안 수용	• 1만 달러를 잃을 확률 95% • 손실을 피할 수 있다는 희망 • **위험 추구** • 이로운 타협안 거절
낮은 확률/ 가능성 효과	• 1만 달러를 딸 확률 5% • 큰 이익을 얻을 수 있다는 희망 • **위험 추구** • 이로운 타협안 거절	• 1만 달러를 잃을 확률 5% • 큰 손실을 입을 두려움 • **위험 회피** • 불리한 타협안 수용

• 각 칸의 맨 윗줄은 확률, 즉 전망의 예다.

• 두 번째 줄은 그 전망에서 나오는 주된 감정이다.

• 세 번째 줄은 맨 윗줄의 도박과 그 기댓값을 무조건 받는 것(또는 잃는 것)을 두고 선택할 때(예: "95퍼센트 확률로 1만 달러 받기"와 "9,500달러 무조건 받기") 대부분의 사람이 보이는 행동 방식이다. 무조건 받는 쪽을 택

하면 위험 회피이고, 도박을 택하면 위험 추구다.
- 네 번째 줄은 민사소송에서 타협안을 논의할 때 피고 또는 원고의 예상 되는 태도다.

선호 성향을 나타내는 네 갈래 유형은 전망 이론의 핵심 성과 중 하나로 꼽힌다. 네 칸 중 셋은 익숙한데, 하나(오른쪽 상단)는 새롭고 예상 밖이다.

- 왼쪽 상단은 베르누이가 말한 대로다. 사람들은 큰 이익을 얻을 가능성 이 높은 전망 앞에서는 위험 회피 성향을 보인다. 그래서 도박의 기댓 값보다 적은 금액을 무조건 받는 쪽을 흔쾌히 택한다.
- 왼쪽 하단에 나타나는 가능성 효과는 복권이 인기 있는 이유를 말해준 다. 당첨금이 아주 크면 복권을 사는 사람은 당첨 확률이 극히 낮다는 사실에 무관심하다. 복권은 가능성 효과의 궁극적 사례다. 복권이 없으 면 당첨될 수 없고, 복권이 있으면 당첨 가능성이 있는데, 그 가능성이 극히 낮은지, 조금 낮을 뿐인지는 문제 되지 않는다. 물론 사람들이 복 권에서 얻는 것은 당첨 가능성만이 아니다. 당첨의 달콤한 꿈을 꿀 권 리도 함께 얻는다.
- 오른쪽 하단은 보험의 존재 이유를 보여준다. 사람들은 기댓값보다 훨 씬 많은 돈을 보험료로 지불한다. 보험회사가 비용을 충당하고도 이윤 을 내는 이유가 이 때문이다. 여기서도 사람들은 거의 일어날 것 같지 않은 불행에 필요 이상의 돈을 쓴다. 걱정을 없애고 마음의 평화를 사 는 셈이다.

오른쪽 상단에 나온 결과는 처음에는 놀랍다. 복권의 인기를 말해주는 왼쪽 하단을 제외하면 위험을 회피하는 쪽으로 생각하게 마련이니까. 그러나 나쁜 옵션만 남았다면, 이익에서 위험 회피 성향을 보이듯 손실에서 위험 추구 성향을 보인다고 앞에서 언급한 바 있다. 부정적 전망만 있을 때 위험을 추구하는 성향을 목격한 사람은 우리가 처음이 아니다. 적어도 두 사람이 그 사실을 보고했었다. 하지만 그 사실을 크게 강조하지는 않은 채 지나갔다.[8] 그런데 우리는 다행스럽게도 위험 추구를 쉽게 해석할 틀을 가지고 있었고, 그것이 우리 사고의 획기적 전환점이 되었다. 우리는 위험 추구의 두 가지 이유를 찾아냈다.

첫째는 민감성 감소다. 무조건적인 손해는 확실한 기피 대상이다. 900달러를 잃을 때의 반응의 크기는 1,000달러를 잃을 때의 반응의 90퍼센트를 넘는다. 두 번째는 어쩌면 이보다 더 강렬한 요소인데, 90퍼센트 확률에 해당하는 결정 가중치는 71로, 확률보다 훨씬 적다는 것이다. 결국 무조건 손실을 보는 경우와 높은 확률로 그보다 큰 손실을 볼 도박을 두고 선택해야 할 때, 민감성 감소는 확실한 손실을 더 회피하게 만들고, 확실성 효과는 도박에 대한 반감을 떨어뜨린다. 반면에 긍정적인 결과를 놓고 선택할 때 이 두 요소는 확실한 이익의 매력을 증가시키고 도박의 매력을 떨어뜨린다.

가치함수의 모양과 결정 가중치 모두 〈그림 13〉의 상단에 나오는 유형을 설명한다. 그런데 하단 유형에서는 이 두 요소가 반대 방향으로 작동한다. 그 결과, 민감성 감소 탓에 이익에서는 여전히 위험 회피를, 손실에서는 위험 추구를 선호하지만, 낮은 가능성에 지나치게 무게를 두면 이 효과를 뒤집어 이익에서는 도박을, 손실에서는 조심스러운 행동 유형을 보인다.

인간이 맞닥뜨리는 많은 불행한 상황은 오른쪽 상단에서 일어난다. 아주 나쁜 옵션만 남았을 때 필사적으로 도박에 매달리면서, 큰 손실을 피할 수 있다는 작은 희망을 얻는 대가로 상황이 더 나빠질 높은 가능성을 떠안는다. 이런 식으로 위험을 떠안다 보면 그런대로 관리할 만한 실패가 재앙으로 변하기도 한다. 큰 손실을 피할 수 없다고 생각하면 너무 고통스럽고, 마음을 푹 놓을 수 있다는 희망은 너무 유혹적이어서, 손실을 줄여야 한다는 분별 있는 결단을 내리지 못한다. 더 나은 기술에 밀려 점점 설 자리를 잃어가는 사업에 매달려 다시 일어서려는 헛된 시도를 하면서 남은 재산을 탕진하는 상황도 그런 경우다. 전쟁에서는 패배를 인정하기가 너무 힘들다 보니 패배하는 쪽은 상대편의 승리가 확실해진 순간이 한참 지났는데도 싸움을 그치지 않는다.

법의 이면에서 도박하기

법학자 크리스 거스리Chris Guthrie는 민사소송에서 원고와 피고가 가능한 해결책을 고민하는 두 가지 상황에 네 갈래 유형을 적용한 설득력 있는 사례를 제시했다. 두 상황은 원고의 승산이 다르다.

앞에서 본 시나리오에서처럼, 민사소송에서 원고가 거액의 손해배상을 청구했다고 가정해보자. 소송은 순탄하게 진행 중이고, 변호사는 원고에게 승소할 확률이 95퍼센트라는 의견을 내놓으면서 한 가지 주의를 덧붙인다. "배심원단이 개입하기 전까지는 결과를 절대 확신할 수 없다." 그러더니 손해배상 청구액의 90퍼센트만 받을 수 있는 타협안을 받아들이라고 설득한다. 네 갈래 유형에서 왼쪽 상단에 해당한다. 이때 마음속에 이런 물음이 떠오른다. '비록 낮은 확률이지만 한 푼도 못 받는 상황을 흔쾌히 받아들일 수 있을까? 청구 금액의 90퍼센트도 큰돈이니, 지금 그걸 받고 소송을 그만두는 것도 한 가지 방법이겠지.' 여기서 결국 같은 결과를 이끌어내는 두 가지 감정이 생긴다. 확실한 (그리고 상당한) 이익에 끌리는 감정, 그리고 타협을 거절했다가 패소했을 때 느낄 깊은 실망과 후회에 대한 두려움이다. 이때 느끼는 압박감은 흔히 조심스러운 행동으로 이어진다. 그러다 보니 승산이 큰데도 위험 회피를 택하기 쉽다.

이제 똑같은 소송을 피고 입장에서 생각해보자. 승소할 희망을 완전히 포기하지는 않았지만 소송이 잘 안 풀린다는 사실을 알고 있다. 그런데 원고 쪽 변호사가 청구 금액의 90퍼센트를 지불하고 소송을 끝내면 어떻겠느냐는 타협안을 제시했다. 그 아래로는 타협해주지 않을 게 분명하다. 타협을 해야 할까, 소송을 밀고 나가야 할까? 패소할 확률이 매우 높다는 점에서 이 상황은 오른쪽 상단에 해당한다. 계속 싸우고 싶은 유혹도 강하다. 원고가 제시한 타협안은 곧 다가올 최악의 결과만큼이나 고통스럽다. 여기서도 두 가지 감정이 생긴다. 확실한 손실은 매우 불쾌하고, 승소 가능성은 상당히 솔깃하다. 승산이 낮은 피고는 결국 매우 비우호적인 타협안을 받아들이기보다 도박을 준비하면서 위험을 추구하기 쉽다. 위험을 회피하려는 원고와 위험을 추구하려는 피고의 대결에서 피고가 더 좋은 패를 쥔 셈이다. 피고의 이런 우위가 타협안에 반영되어, 원고는 통계적으로 예상되는 재판 결과보다 낮은 금액의 타협안을 내놓는다. 네 갈래 유형에서 나온 이런 예측은 법학생과 현재 활동 중인 판사를 대상으로 한 실험에서, 그리고 민사소송의 이면에서 이루어지는 실제 협상을 분석한 결과에서 확인되었다.[9]

이제 원고가 어이없는 건으로 거액의 손해배상을 청구한 '마구잡이 소송'

을 생각해보자. 원고는 패소가 거의 확실해 보인다. 양측은 승산 가능성도 잘 알고, 타협안에서 원고는 청구 금액의 극히 일부만 받으리라는 것도 양측이 잘 안다. 이 협상은 네 갈래 유형에서 하단에 해당한다. 거액을 받을 확률이 낮은 원고는 그중 왼쪽이다. 이 마구잡이 소송은 거액의 당첨금이 걸린 복권과 마찬가지다.[10] 이런 상황에서는 원고가 낮은 당첨 확률에 지나치게 무게를 두기 쉬워서, 협상에서 대담하고 공격적으로 나온다. 피고는 아주 나쁜 결과가 나올 확률이 낮은 이 소송이 귀찮기만 하다. 그래도 만에 하나 패소하면 손실이 커서 소송에 지나치게 무게를 두며 위험을 피하게 되고, 나쁜 평결이 나올 흔치 않은 경우에 대비해 보험 들듯이 적절한 금액에 타협을 보려 한다. 이처럼 이제 입장이 바뀌어, 원고는 도박을 하려 들고 피고는 안전한 쪽을 택하려 든다. 결국 마구잡이 소송을 제기한 원고는 타협에서 통계적으로 합당한 금액보다 더 많은 금액을 얻어낼 가능성이 높다.

네 갈래 유형이 설명하는 결정은 명백히 불합리하다 할 수 없다. 각 경우마다 공격적 자세나 협조적 자세를 취하는 원고나 피고의 기분은 얼마든지 이해가 된다. 그러나 기댓값에서 벗어나면 장기적으로 비용이 많이 든다. 뉴욕시 같은 거대 조직을 생각해보라. 시를 상대로 마구잡이 소송이 연간 200건 발생하는데, 그중 5퍼센트에서 건당 100만 달러의 비용이 든다고 해보자. 나아가 모두 건당 10만 달러에 합의를 볼 수 있다고도 가정해보자. 시는 모든 경우마다 두 가지 정책을 놓고 고민한다. 합의냐 소송이냐. (문제를 단순화하기 위해 법무 비용은 생략한다.)

- 시가 200건 모두 소송을 진행한다면 10건에서 패소해 총 1,000만 달러가 들 것이다.

- 시가 모든 건을 건당 10만 달러에 합의한다면, 총 2,000만 달러의 손실을 볼 것이다.

비슷한 많은 결정을 장기적 관점에서 보면, 낮은 확률의 큰 손실을 피하려고 웃돈을 지불할 경우 결국 비용이 더 많이 든다는 것을 알 수 있다. 이런 분석은 네 갈래 유형에 속하는 모든 경우에 해당한다. 기댓값을 꾸준히 이탈하면 장기적으로는 손해다. 그리고 이 규칙은 위험 회피와 위험 추구에 모두 해당한다. (직관적 결정에서 흔히 그러하듯) 거의 일어나지 않을 결과에 지속적으로 지나치게 무게를 두면 결국 더 안 좋은 결과로 이어진다.

—

네 갈래 유형과 관련한 말들

"그는 마구잡이 소송에서 타협해. 가능성이 아무리 낮아도
어이없는 손실은 피하고 싶은 유혹이 생긴다.
낮은 확률에 지나치게 무게를 두는 행위다.
앞으로 비슷한 상황을 많이 만나기 쉬우니, 굴복하지 않는 편이 나을 것이다."
"우리는 휴가를 두고 막판 거래는 절대 하지 않는다.
더 많은 비용을 치르더라도 휴가는 확실히 챙길 것이다."
"그들은 본전을 찾을 가능성이 있는 한 손실을 줄이지 않을 것이다.
손실에서 위험을 추구하는 경우다."
"그들은 가스 폭발 위험이 극히 낮다는 걸 알지만, 그마저 줄이고 싶어 한다.
가능성 효과 때문이며, 그들은 마음의 평화를 원한다."

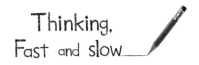

30

드문 사건

　나는 버스 자살 폭탄 테러가 상대적으로 자주 발생하던 시기에 이스라엘을 여러 차례 갔었다(물론 절대적 빈도로 보면 꽤 드문 일이었다). 폭탄 테러는 2001년 12월과 2004년 9월 사이에 23건 발생해 총 236명이 사망했다. 당시 이스라엘의 하루 버스 이용객은 줄잡아 130만 명이었다. 따라서 폭탄 테러를 당할 위험은 매우 낮았지만, 실제 느낌은 그렇지 않았다. 사람들은 되도록 버스를 타지 않았고, 타더라도 불안한 눈초리로 폭탄을 숨겼을 법한 불룩한 옷이나 짐을 살폈다.

　렌터카를 이용해 버스 탈 일이 많지 않던 나 역시 그런 상황에 영향을 받아 행동했다는 걸 알고는 실망스러웠다. 빨간불일 때 버스 옆에 정차하고 싶지 않았고, 신호가 바뀌면 평소보다 빨리 자리를 떴다. 알 만한 사람이 그렇게 행동하다니, 나 자신이 부끄러웠다. 잠재적 위험은 무시할 정도라는 것도 알았고, 내 행동이 그런 사건에 영향을 받는다면 대단히 낮은 확률에 지나치게 높은 '결정 가중치'를 부여한 탓이라는 것도 알고 있었다. 사실 버스 옆에 정차해 있다가 다칠 확률보다 운전 중에 일어나는 사고로 다칠 확률이 훨씬 높았다. 그러나 버스를 피하는 내 행동은 생존을 걱정하는 합리적 판단과는 거리가 있었다. 나는 그 순간의 느낌에 따라 행동하고 있었다. 버스 옆에 있으면 폭탄이 떠올랐고 마음이 불편했다. 그래서 다른 생각을 하려고 버스를 피했다.

내 경험은 테러가 어떤 식으로 작동하고, 왜 효과가 높은지를 잘 보여준다. 테러는 회상 용이성 폭포를 유발한다. 극도로 생생한 죽음과 피해 현장의 모습은 언론이 주목하고 대화에도 자주 등장하는 탓에 꾸준히 강조되면서 버스를 본다거나 하는 특별한 순간에 연상 작용이 일어나 그 모습이 훨씬 더 가까이 느껴진다. 감정 흥분은 연상 작용에 따라 저절로 일어나며, 통제할 수 없고, 충동적으로 자신을 보호하는 행동을 하게 한다. 시스템 2는 사건 발생 확률이 낮다는 것을 '알지만', 그렇다고 해서 저절로 생기는 불안이나 그 불안을 회피하고 싶은 마음을 없앨 수는 없다.[1] 시스템 1은 차단이 안 된다. 감정은 확률과 따로 놀 뿐 아니라 정확한 확률에도 둔감하다. 두 도시가 자살 폭탄 테러 경고를 받았다고 가정해보자. 그중 한 도시에는 폭탄 두 개가 터질 것이라고 했고, 다른 도시에는 하나가 터질 것이라고 했다. 두 번째 도시의 위험률은 절반인데, 과연 그곳 주민은 첫 번째 도시 주민보다 안전하다고 느낄까?

뉴욕시에는 복권을 파는 상점이 많고, 장사도 제법 잘된다. 당첨금이 큰 복권을 대하는 심리는 테러를 대하는 심리와 비슷하다. 이 지역 사람들은 누구나 큰돈을 받을 수 있는 짜릿한 가능성을 가지고 있고, 그 가능성은 가정과 직장의 대화에서 더욱 확대된다. 복권을 사는 즉시 즐거운 상상으로 보상을 받는데, 버스를 피하는 즉시 두려움에서 멀어지고 안정을 되찾는 보상을 받는 것과 비슷하다. 둘 다 실제 확률은 중요치 않다. 오직 가능성이 중요할 뿐이다. 처음 전망 이론을 만들면서 "발생 확률이 극히 낮은 사건은 무시되거나 과도한 가중치가 부여된다"고 주장했지만, 정확히 어떤 조건에서 그런 일이 발생하는지 구체적으로 밝히지 않았고, 심리적 해석도 제시하지 않았다. 그러다가 감정과 생생한 이미지에 관한 최근 연구에 큰 영향을 받아 결정 가중치를 바라보게 되었다.[2] 일어날 것 같지 않은 일에 지나치게 비중을 두는 것은 지금은 익숙해진 시스템 1의 특징에 그 뿌리가 있다. 감정과 생생함은 회상 속도, 회상 용이성, 확률 판단에 영향을 미치고, 따라서 매우 드물게 일어나지만 무시할 수 없는 사건에 왜 과도한 반응을 보이는지 설명해준다.

과대평가와 과대 가중치

다음 미국 대통령이 제3당 후보에서 나올 확률이 얼마라고 판단하는가?
다음 미국 대통령이 제3당 후보에서 나온다면 1,000달러를 받고 그렇지 않으면 한 푼도 받지 않는 내기가 있다면, 얼마를 내고 참여하겠는가?

두 질문은 다르지만 명백히 연관되어 있다. 첫 번째 질문은 일어날 것 같지 않은 사건의 확률을 묻는다. 두 번째 질문은 똑같은 사건을 두고 내기를 하는 식으로 결정 가중치를 매겨보게 한다.

사람들은 확률을 어떻게 판단하고, 결정 가중치를 어떻게 매길까? 우선 그 답을 두 가지로 단순화해보면 다음과 같다.

- 사람들은 일어날 것 같지 않은 사건의 발생 확률을 과대평가한다.
- 사람들은 결정을 내릴 때 일어날 것 같지 않은 사건에 과대 가중치를 부여한다.

과대평가와 과대 가중치는 다른 현상이지만, 그 둘에는 똑같은 심리 작용인 주목, 확증 편향, 인지적 편안함이 관여한다.

구체적인 진술은 시스템 1의 연상 작용을 촉발한다. 제3당 후보가 승리하는 아주 드문 일을 생각했을 때 연상 체계는 평소처럼 그것을 확증하는 방향으로 작동하면서 그 말을 진실로 만들어주는 증거, 사례, 이미지를 선별적으로 끄집어낸다. 편향된 과정이지만, 상상의 결과는 아니다. 현실의 한계 속에서 그럴듯한 시나리오를 찾을 뿐, 상상 속에서 제3당 대통령을 옹립하는 소설을 쓰지는 않는다. 확률 판단은 결국 그럴듯한 시나리오가 머릿속에 얼마나 쉽게 떠오르는지, 또는 얼마나 막힘없이 떠오르는지로 결정된다.

우리는 늘 질문받은 사건에 초점을 맞추지는 않는다. 그 사건이 일어날 가능성이 높을 때는 그 반대 사건에 초점을 맞추기도 한다. 아래 예를 보자.

동네 병원에서 태어난 아기가 사흘 안에 퇴원할 확률은?

아기가 퇴원할 확률을 질문받았지만, 우리는 틀림없이 정상적인 기간에 퇴원하지 '못하는' 사건에 초점을 맞춘다. 우리 머리는 이상하거나 다르거나 드문 사건에 자동적으로 초점을 맞추는 유용한 능력이 있다. (나라마다 다르겠지만) 미국 아기들은 보통 태어난 지 2, 3일 안에 퇴원한다는 사실을 재빨리 인지하고 비정상적인 다른 상황, 그러니까 일어날 것 같지 않은 사건에 관심을 집중한다. 여기에 회상 용이성 어림짐작이 끼어들기 쉽다. 그러면서 의료사고 시나리오가 몇 개나 떠오르는지, 얼마나 쉽게 떠오르는지에 따라 판단을 내린다. 그리고 확증할 준비가 된 탓에 그런 사건의 빈도를 지나치게 부풀려 추정할 가능성이 높다.

드문 사건이 일어날 확률은 그것을 대체할 사건이 구체화되지 않을 때 과대평가될 가능성이 가장 높다. 나는 심리학자 크레이그 폭스Craig Fox가 아모스의 제자였을 때 실시한 연구에 등장하는 사례를 즐겨 이용한다.[3] 폭스는 프로농구 팬들을 모아놓고 NBA 플레이오프 우승과 관련한 몇 가지 판단과 결정을 조사했다. 특히 플레이오프에 참가한 여덟 개 팀의 우승 확률을 추정해보라고 했다. 이때 각 팀의 우승이 차례로 주목할 사건이 된다.

어떤 결과가 나왔을지는 얼마든지 예상할 수 있지만, 폭스가 발견한 구체적 결과를 안다면 놀랄 것이다. 어떤 농구 팬에게 시카고 불스가 우승할 가능성을 물었다고 해보자. 주목할 사건은 분명한데, 그것을 대체할 사건, 그러니까 다른 일곱 개 팀 중 한 팀이 우승하는 사건은 분산되고 기억을 자극하지도 않는다. 확증할 준비가 된 팬의 기억과 상상은 불스의 우승 이야기를 만들려고 노력한다. 같은 사람에게 이번에는 로스앤젤레스 레이커스의 우승 가능성을 추정해보라고 하면, 똑같은 선별 작업을 레이커스에게 이롭게 진행한다. 미국 최고의 여덟 개 프로농구팀은 모두 대단히 훌륭해서, 그 중에 상대적으로 약한 팀이 챔피언으로 부상하는 상황도 얼마든지 상상할 수 있다. 그 결과, 여덟 개 팀의 우승 확률 추정치를 모두 합하니 무려 240퍼센트였다! 물론 말도 안 되는 결과다. 총합은 '반드시' 100퍼센트가 되어야 한다. 그런데 우승 팀이 동부 컨퍼런스에서 나올지, 서부 컨퍼런스에서 나올지를 물으면 그런 말도 안 되는 결과가 사라진다. 이 문제에는 주목할 사건과 그것을 대체할 사건이 동등하게 명시되어 있고, 그 확률 판단은 총합이 100퍼센트로 나온다.[6]

폭스는 결정 가중치를 평가하기 위해, 농구 팬들에게 토너먼트 결과에 내기를 걸어보라고도 했다. 이들은 각 내기에 적절한 액수(내기를 해볼 만하다 싶은 액수)를 부여했다. 내기에서 이기면 160달러를 받는다. 이때 여덟 개 팀 각각에 건 액수를 합쳐보니 287달러였다. 여덟 개 내기에 모두 돈을 걸었다면 평균 127달러를 손해 볼 것이다. 내기 참가자들은 토너먼트에 여덟 개 팀이 있다는 사실, 그리고 여덟 개 팀에 모두 내기를 걸었을 때 받을 수 있는 평균 액수는 160달러를 넘을 수 없다는 사실을 분명히 알고 있었지만, 그럼에도 가중치를 지나치게 부여한 것이다. 이들은 자신이 주목한 사건의 확률을 과대평가했을 뿐 아니라, 그와 관련한 내기에도 성급하게 뛰어들었다.

이 결과는 계획 오류와 낙관주의를 새롭게 부각시켰다. 어떤 계획의 결과를 예상할 때 계획을 성공적으로 실행하는 모습은 구체적이고 상상하기도 쉽다. 반면에 그 반대인 실패를 생각하려면 실패 경로가 수없이 많아서 생각이 분산된다. 따라서 사업 전망을 평가하는 사업가와 투자자는 가능성을 과대평가하고 자신의 추정치에 과대 가중치를 부여하기 쉽다.

생생한 결과

이제까지 살펴보았듯이 확률과 결정 가중치의 관계에서 볼 때 전망 이론은 효용 이론과 다르다. 효용 이론에서는 결정 가중치와 확률이 같다. 확실한 사건의 결정 가중치는 100이고, 90퍼센트 가능성에 해당하는 결정 가중치는 정확히 90으로, 10퍼센트 가능성에 해당하는 결정 가중치의 아홉 배다. 전망 이론에서는 확률 변화가 결정 가중치에 미치는 영향이 상대적으로 적다. 앞서 언급한 실험에서, 90퍼센트 가능성에 해당하는 결정 가중치는 71.2였고, 10퍼센트 가능성에 해당하는 결정 가중치는 18.6이었다. 확률은 아홉 배 차이가 나지만 결정 가중치는 고작 3.83배 차이여서, 이 구간에서는 확률에 다소 둔감해진다는 것을 알 수 있다. 두 이론 모두 결정 가중치는 결과가 아닌 확률에 의존한다고 본다. 따라서 90퍼센트 가능성에 해당하는 결정 가중치는 100달러를 받을 때나, 장미 열두 송이를 받을 때나, 전기 충격을 받을 때나 모두 똑같다고 예상한다.[5] 그러나 이 예상은 틀린 것으로 드러난다.

시카고대학 심리학자들은 눈길을 끄는 제목의 논문을 발표했다. 〈돈, 키스, 전기 충격: 위험을 대하는 감정 심리에 관하여 Money, Kisses, and Electric Shocks: On the Affective Psychology of Risk〉. 이들의 연구에 따르면, 돈을 따거나 잃는 결과보다 (가상의) 감정적 결과에서("가장 좋아하는 영화배우와 키스하기" 또는 "고통스럽지만 위험하지 않은 전기 충격 받기") 확률에 훨씬 더 둔감했다. 이런 결과는 이 외에도 더 있다. 심장박동 측정 같은 생리 측정을 이용한 다른 연구에서는 곧 닥칠 전기 충격에 대한 두려움은 본질적으로 그 충격을 받을 확률과 무관했다. 전기 충격을 받을 가능성이 조금이라도 있으면 두려움은 극대화된다. 앞서 시카고대학 연구팀은 "감정이 지배하는 이미지"는 확률에 대한 반응을 압도한다고 주장했다. 그리고 10년이 지나 프린스턴대학 심리학자 팀이 이 결론에 도전했다.

프린스턴 팀은 감정적 결과에서 확률에 둔감한 것은 정상적이고 흔한 현상이라고 주장했다. 오히려 돈을 건 도박이 예외다. 도박에서는 확률에 비교적 민감하게 반응하는데, 확실한 기댓값이 있기 때문이다.

얼마를 건다면 아래 도박을 해볼 만하겠는가?
A. 59달러를 딸 확률 84퍼센트
B. 유리 꽃병에 붉은 장미 열두 송이를 받을 확률 84퍼센트

여기서는 무엇에 주목할까? 두 문제의 두드러진 차이는 문제 A가 문제 B보다 훨씬 쉽다는 것이다. A에서 내기의 기댓값은 정확히 계산하지 않아도 얼추 50달러 근처라고 금방 알아챘을 테고(정확히 49.56달러), 이 정도 추정치로도 얼마를 걸어야 이 내기가 할 만한지 고민하는 데 유용한 기준점이 될 수 있다. 그런데 B에서는 그런 기준점을 구할 수 없고, 따라서 대답하기가 훨씬 어렵다. 응답자들은 똑같은 상황을 두고 확률이 21퍼센트라면 얼마를 걸지도 평가했다. 예상대로 확률이 높은 도박과 낮은 도박의 차이는 장미보다 돈이 걸린 경우에 훨씬 두드러졌다.

프린스턴 팀은 확률에 둔감한 것은 감정 때문이 아니라는 주장을 뒷받침할 목적으로, 아래의 도박을 피하기 위해 돈을 선뜻 지불할 의향을 비교했다.

다른 사람의 방 세 개짜리 아파트에 페인트칠을 하면서 주말을 보낼 확률 21퍼센

트(또는 84퍼센트)

주말에 기숙사를 이용한 뒤, 그곳 샤워실 세 곳을 청소할 확률 21퍼센트(또는 84퍼
센트)

위에서 두 번째 상황은 첫 번째보다 감정적 요소가 훨씬 많이 들어간 게
분명하지만, 두 결과에 매긴 결정 가중치는 다르지 않았다. 그렇다면 감정
의 세기는 답이 아닌 게 분명하다.

다음 실험에서는 놀라운 결과가 나왔다. 여기서는 참가자들에게 상품을
말로 설명해주고 명확한 가격 정보도 주었다.

받을 확률 84퍼센트: 유리 꽃병에 붉은 장미 열두 송이. 59달러 가치.

받을 확률 21퍼센트: 유리 꽃병에 붉은 장미 열두 송이. 59달러 가치.

이런 도박은 화폐가치를 쉽게 평가할 수 있는데, 여기에 구체적인 화폐가
치를 명시해도 애초의 평가는 달라지지 않은 채 여전히 확률에 둔감했다.
사람들은 장미를 받는 도박을 평가할 때 가격 정보를 기준점으로 이용하지
않았다. 과학자들이 이따금씩 하는 말처럼, 우리에게 무언가를 말해주려는
놀라운 결과다. 대체 무슨 이야기를 들려주려는 걸까?

내 생각에, 그것은 감정적 결과든 그렇지 않은 결과든 어떤 결과를 생생
하게 표현하면 불확실한 전망을 평가할 때 확률의 역할이 줄어든다는 것이
다. 이 가설은 내가 굳게 믿는 한 가지 예측을 시사한다. 즉 금전적 결과에
그와 무관한 생생한 설명을 자세히 덧붙이면 계산을 망칠 수 있다. 다음 상
황에서 내기 금액으로 얼마가 적당할지 비교, 평가해보라.

다음 월요일에 59달러를 받을 확률 21퍼센트(또는 84퍼센트)

다음 월요일 아침에 59달러가 담긴 커다란 파란색 보드지 봉투를 받을 확률 21퍼
센트(또는 84퍼센트)

이 새로운 가설로 보자면, 두 번째 경우에 확률에 덜 민감해지는데, 파란
색 봉투가 추상적 개념의 일정한 금액보다 더 생생하고 유려한 묘사를 불러
일으키기 때문이다. 사람들은 머릿속에서 이 사건을 구성한다. 이때 사건의
확률이 낮다는 것을 알지만, 그 이미지는 생생하게 머릿속에 들어와 박힌
다. 인지적 편안함 역시 확실성 효과에 기여해서, 머릿속에 어떤 사건의 생
생한 이미지가 있으면 그 사건이 일어날 가능성 역시 생생하게 재현되고 가
중치도 부풀려진다. 이처럼 과장된 가능성 효과와 과장된 확실성 효과가 합
쳐지면 결정 가중치는 21퍼센트와 84퍼센트라는 확률 차이에도 좀처럼 반
응하지 않는다.

생생한 확률

어떤 사건이 막힘없이 생생하게 떠오르고 상상하기 쉬우면 결정 가중치
에 영향을 미친다는 생각을 뒷받침하는 사례는 많다. 어느 유명한 실험에
서, 참가자들에게 단지 두 개 중 하나를 선택해 구슬을 꺼내라고 했다. 단지
에서 빨간 구슬이 나오면 상품을 받는다.

A단지에는 구슬이 열 개 있고, 그중 한 개가 빨간 구슬이다.

B단지에는 구슬이 100개 있고, 그중 여덟 개가 빨간 구슬이다.

어떤 단지를 택하겠는가? 상품을 탈 확률은 A단지는 10퍼센트, B단지는 8퍼센트이니 옳은 선택을 하기는 쉬워야 한다. 그런데 현실은 그렇지 않다. 약 30~40퍼센트의 학생들이 빨간 구슬이 나올 가능성이 높은 단지가 아니라 빨간 구슬 '개수'가 많은 단지를 택했다. 시모어 엡스타인Seymour Epstein은 이 결과가 시스템 1의 피상적인 사고 처리 특성을 잘 보여준다고 주장했다 (그는 시스템 1을 '경험 시스템'이라 불렀다).[6]

이런 상황에서 사람들이 놀랍도록 어리석은 선택을 한다는 사실이 많은 연구원의 관심을 끌었다. 이 편향에 붙여진 이름도 많지만, 나는 폴 슬로빅을 따라 '분모 무시'라 부르겠다. 전체에 해당하는 분모를 고려하지 않는다는 뜻이다. 상품을 탈 수 있는 구슬에 관심이 쏠리면, 상품을 탈 수 없는 구슬의 개수에도 똑같은 관심을 쏟기 힘들다. 적어도 내 경험상 생생한 상상도 분모 무시를 유발한다. 나는 구슬이 적은 A단지를 생각하면 흐릿한 흰 구슬에 둘러싸인 한 개의 빨간 구슬이 눈앞에 떠오른다. 그리고 구슬이 많은 B단지를 생각하면 역시 흐릿한 흰 구슬에 둘러싸인, 상품을 탈 수 있는 여덟 개의 빨간 구슬이 눈에 선명한데, A단지보다 훨씬 희망적이다. 상품을 탈 수 있는 구슬 여러 개의 유난히 생생한 모습이 사건의 결정 가중치를 높여, 가능성 효과가 올라간다. 확실성 효과도 마찬가지다. 상품을 탈 확률이 90퍼센트인 경우, 열 개 구슬 중 한 개가 꽝일 때보다 100개 구슬 중 열 개가 꽝일 때 상품을 타지 못하는 사건이 더욱 두드러져 보인다.

분모 무시는 위험을 전달하는 여러 방법이 왜 효과가 제각각인지를 어느 정도 설명할 수 있다. "아이들을 치명적인 질병에서 보호하는 백신이

0.001퍼센트 확률로 영구 장애를 일으킨다"는 이야기를 들은 적이 있을 것이다. 위험은 작아 보인다. 같은 위험을 이렇게 설명해보자. "백신을 맞은 아이 10만 명 가운데 한 명은 영구 장애가 생길 것이다." 두 번째 문장은 첫 번째 문장과 달리 우리 머릿속에 백신을 맞고 영구 장애가 생긴 한 아이의 모습을 떠오르게 한다. 그리고 백신을 맞았지만 이상이 없는 9만 9,999명의 아이들은 배경 속에 묻혀버린다. 분모 무시에서 예상되듯이, 확률이 낮은 사건은 '가능성', '위험', '확률' 같은 추상적인 말로 표현할 때보다 상대적 빈도로 묘사할 때 더 큰 가중치가 붙는다. 이미 살펴보았듯이, 시스템 1은 범주보다 개체를 더 능숙하게 다룬다.

빈도로 나타낼 때의 효과는 크다. 어느 연구에서, "1만 명당 1,286명이 사망하는 질병"이라는 정보를 얻은 사람은 "전체 인구 중 24.14퍼센트가 사망하는 질병"이라는 정보를 얻은 사람보다 그 병을 더욱 위험하다고 판단했다.[7] 첫 번째 질병은 두 번째 질병보다 더 위협적으로 보인다. 하지만 사실은 전자가 후자보다 위험률이 절반이다! 분모 무시를 더욱 직접적으로 증명한 연구에서, 사람들은 "1만 명당 1,286명이 사망하는 질병"을 "100명당 24.4명이 사망하는 질병"보다 더 위험하다고 판단했다. 실험 참가자들에게 두 가지 형식을 대놓고 직접 비교하라고 하면, 그러니까 시스템 2를 동원해야 하는 작업을 시키면, 이 효과는 분명히 줄거나 사라질 것이다. 그러나 삶은 대개 '실험 참가자 간 실험'이라 한 번에 한 가지 형식만 볼 수 있을 뿐이다. 지금 보고 있는 형식의 대안 형식을 만들고 그것이 다른 반응을 이끌어낸다는 사실을 발견하려면 시스템 2가 이례적으로 활발히 작동해야 한다.

노련한 법정심리학자나 정신과 의사도 위험이 표현되는 형식에 영향을 받는다.[8] 어느 실험에서, 전문직 종사자들에게 과거에 폭력을 휘두른 적이 있는 존스 씨를 정신병원에서 퇴원시켜도 안전할지 물었다. 이들에게 그 위험성에 대한 한 전문가의 평가도 알려주었는데, 이때 똑같은 통계를 아래 두 가지 방식으로 알려주었다.

존스 씨와 비슷한 환자들이 퇴원한 뒤 처음 몇 달 동안 사람들에게 폭력을 휘두를 확률은 10퍼센트로 추정된다.

존스 씨와 비슷한 환자들 100명당 열 명이 퇴원한 뒤 처음 몇 달 동안 사람들에게 폭력을 휘두를 것으로 추정된다.

정보를 빈도로 접한 사람들은 확률로 접한 사람들보다 퇴원에 반대하는 확률이 거의 두 배였다(41퍼센트 대 21퍼센트). 다시 말해, 묘사가 생생할수록 똑같은 확률에 부과되는 결정 가중치는 더 높아진다.

이처럼 형식이 중요하다 보니 사건을 조작할 여지도 생기고, 꿍꿍이속을 가진 사람들은 이를 이용해먹을 방법도 알고 있다. 슬로빅과 그의 동료들은 다음 기사를 인용한다. "한 해에 전국에서 약 1,000건의 살인 사건이 약을 복용하지 않는 심각한 정신질환자에 의해 자행된다." 똑같은 사실을 이렇게 표현할 수도 있다. "미국인 2억 7,300만 명 중에 해마다 1,000명이 그런 식으로 사망할 것이다." 또 이런 식도 있다. "그런 사람에게 살해될 확률은 연간 약 0.00036퍼센트다." 또 있다. "미국인 1,000명이 해마다 그런 식으로 사망하는데, 자살자의 30분의 1을 조금 밑도는 수준이고, 후두암 사망자의 약 4분의 1이다." 슬로빅은 이렇게 지적한다. "이런 극적인 방식을 옹호하는 사람들의 속내는 뻔하다. 일반 대중이 정신질환자가 저지르는 폭력을 두려워하길 바라는 것인데, 이 두려움이 정신질환 공공 의료 서비스 분야의 재정 지원을 확대할 것이라는 희망 때문이다."

뛰어난 변호사가 DNA 증거의 신뢰도를 떨어뜨리고 싶다면 배심원단에게 "DNA 검사가 틀릴 확률은 0.1퍼센트"라고 말하지 않을 것이다. 그보다는 "사형선고가 내려질 수 있는 중범죄 사건 1,000건 중 한 건에서 DNA 검사가 맞지 않는다"라는 말이 합리적 의심의 한계 수준을 훨씬 더 쉽게 넘어갈 수 있다.[9] 이 말을 들은 배심원들은 문제가 있는 DNA 증거 때문에 잘못된 유죄판결을 받고 법정에 앉아 있는 한 남자의 이미지를 떠올린다. 물론 반대로 검사는 배심원들의 머릿속을 소수점으로 채울 희망에 더 추상적인 형태를 선호할 것이다.

전반적 인상에 기초한 결정

이제까지의 증거가 제시하는 가설은 일어날 것 같지 않은 사건이나 결과라도 유난히 두드러져 보이거나 그곳에 관심이 집중되면 사건이 과대평가되고 해당 결과에 과도한 비중이 부여된다는 것이다. 사건을 생생하게 설명하거나, 확률 전달 방식을 바꾸거나, 또는 사건을 단순히 언급하기만 해도, 그 사건은 더욱 두드러져 보인다. 물론 사건에 주목해도 확률이 높아지지 않는 예외도 있다. 이론이 잘못되어 그 사건을 머릿속에 떠올려봐도 여전히 일어날 것 같지 않은 경우나, 사건의 결과가 어떻게 나타날지 상상할 수 없어서 결국 그 사건은 일어나지 않을 것이라고 확신하게 되는 경우다. 이렇듯 두드러진 사건을 과대평가하고 거기에 과대 가중치를 부여하는 편향은 절대적 현상은 아니지만, 광범위하고 굳건하게 나타난다.

최근 몇 년 사이에 '경험에 기초한 선택' 연구에 관심이 높아졌다.[10] 전망 이론에서 분석한 '서술에 기초한 선택'과는 다른 규칙을 따르는 선택이다. 이와 관련한 전형적인 실험에서, 참가자들은 버튼 두 개를 마주한다. 각 버튼을 눌렀을 때 금전적 포상이 나올 수도 나오지 않을 수도 있는데, 이는 그 때그때 정해지는 가능성에 따라 무작위로 결정된다(예를 들어, '12달러를 받을 확률 5퍼센트' 또는 '1달러를 받을 확률 95퍼센트'). 이 과정은 순전히 무작위라 참 가자에게 제시되는 표본이 통계적으로 의미가 있다는 보장은 없다. 두 개의 버튼과 연관된 기댓값은 얼추 같지만 위험률(변동성)은 다르다(예를 들어, 버튼 하나는 총 시도 횟수 중에 5퍼센트로 10달러를 딸 수 있고, 다른 하나는 50퍼센트로 1달러를 딸 수 있다). 이때 참가자가 이 버튼, 저 버튼, 여러 번 눌러보면서 그 결과를 관찰해가며 선택한다면 경험에 기초한 선택이 된다. 그러다가 중요한 순간에 두 버튼 중 하나를 선택하고, 그에 해당하는 결과를 얻어낸다. 반면에 실험 참가자에게 각 버튼과 연관된 위험 전망을 말로 설명해주고 ("12달러를 받을 확률 5퍼센트"처럼) 버튼 하나를 누르라고 한다면 서술에 기초한 선택이 된다. 전망 이론대로, 서술에 기초한 선택은 가능성 효과를 낳아, 드문 결과에 실제 가능성보다 훨씬 큰 비중을 둔다. 이와 정반대로 경험에 기초한 선택에서는 가중치를 과도하게 부여하는 일이 절대 없으며, 가중치를 지나치게 적게 부여하는 일은 흔하다.

경험에 기초한 선택을 실험하는 의도는 똑같은 대상, 똑같은 경우인데도 때에 따라 다른 결과가 나오는 여러 상황을 나타내기 위해서다. 이를테면 평소에 그런대로 괜찮은 음식을 내놓던 식당이 가끔은 아주 뛰어나거나 형편없는 음식을 내놓기도 한다. 또, 평소에는 좋은 친구가 더러 기분이 고약해져 공격적이 된다. 캘리포니아는 지진이 나기 쉬운 지역이지만 실제로 지진은 거의 일어나지 않는다. 많은 실험 결과, 식당을 고르거나 지진 피해를 줄이려고 보일러를 묶어놓는 등의 결정을 내릴 때는 드문 사건에 과도한 비중을 두지 않는다.

경험에 기초한 선택을 둘러싼 해석은 아직 결론 나지 않았지만, 실험실에서 그리고 현실에서 드문 사건에 과소 가중치를 부여하는 주된 이유 하나에는 다들 동의하는 편이다.[11] 실험 참가자 다수가 드문 현상을 결코 경험하지 않았다는 이유다. 캘리포니아 사람 대다수는 큰 지진을 겪어본 적이 없으며, 금융 위기가 불어닥친 2007년에 은행 고위 임원 중에 개인적으로 심각한 금융 위기를 경험한 사람은 없었다. 랄프 헤르트비히와 이도 에레브Ido Erev는 "드문 사건(주택 시장 거품 붕괴 등)이 일어날 가능성은 객관적 확률에 합당한 정도보다 사람들의 관심을 덜 받는다"고 지적한다.[12] 그러면서 사람들이 장기적인 환경 위협에 미적지근한 반응을 보이는 것을 예로 든다.

이런 무관심 사례는 중요하고 설명하기도 쉽다. 그런데 사람들은 드문 사건을 실제로 경험했을 때도 이처럼 지나치게 적은 가중치를 부여한다. 이를테면 내게 복잡한 문제가 있는데, 같은 층에 있는 동료 아델과 브라이언이 그 문제에 답을 줄 수 있을 것 같다고 가정해보자. 나는 두 사람을 여러 해 알았고, 그들 성격을 관찰하고 경험할 기회도 많았다. 아델은 꽤 일관되고, 사람들을 아주 적극적으로는 아니어도 그런대로 잘 돕는 편이다. 브라이언은 평소에 아델만큼 호의적이거나 도움을 주는 편은 아니지만, 가끔은 놀랄 정도로 자상하게 시간을 내어 조언을 해준다. 누구에게 도움을 요청해야 할까?

이 결정과 관련한 두 가지 견해를 생각해보자.

- 이 결정은 두 가지 도박 사이에서의 선택이다. 아델은 무조건 받는 쪽에 가깝고, 브라이언은 아델보다 약간 안 좋은 결과가 나올 확률이 높지만 아주 좋은 결과가 나올 확률도 약간 있다. 가능성 효과 때문에 드문 사건에 과대 가중치가 부여되고, 브라이언을 선호하는 쪽으로 결론 날 것이다.
- 이 결정은 아델과 브라이언의 전반적인 인상 사이에서의 선택이다. 나는 그들을 상대했던 좋은 경험과 나쁜 경험을 토대로 그들의 평상시 행동을 나름대로 해석한다. 드물게 발생한 사건이 너무 극단적이어서 내 머릿속에 따로 떠오르지 않는 한(브라이언이 도와달라는 동료에게 욕을 한 적이 있다든가), 내 기준은 전형적인 사건, 최근의 사건에 편향되고, 결국 아델을 선호할 것이다.

두 가지 시스템이라는 관점에서 볼 때, 두 번째 해석이 훨씬 더 타당해 보인다. 시스템 1은 아델과 브라이언의 전반적인 인상을 묘사하는데, 여기에는 감정적 태도 그리고 사람을 가까이하거나 회피하는 성향을 포함한다. 누구의 문을 두드릴지 결정할 때 이런 성향 비교 외에 다른 것은 필요치 않다. 드문 사건이 머릿속에 또렷이 떠오르지 않는 한 그런 사건에 과대 가중치를 부여하는 일은 없을 것이다. 경험에 기초한 선택 실험에도 당연히 이와 똑같은 논리가 적용된다. 버튼 두 개에서 나오는 결과를 한참 관찰하면 버튼에도 통합된 '개성'이 생기고, 감정도 그에 따라 반응한다.

언제 드문 사건을 무시하고, 언제 드문 사건에 과대 가중치를 부여하는지는 전망 이론이 만들어졌을 때보다 지금 한결 쉽게 이해할 수 있다. 기억의 확증 편향이 작용하면 드문 사건이 일어날 확률은 (항상은 아니지만 자주) 과대평가된다. 사람들은 그 사건을 생각하면서 머릿속에서 그것을 진실로 만들려 애쓴다. 드문 사건에 특별히 주의가 집중될 때도 과대 가중치가 부여된다. 가능성이 명확하게 표시되면("1,000달러를 딸 확률 99퍼센트, 한 푼도 못 딸 확률 1퍼센트") 사람들은 그 사건에 별도로 주목한다. 과도한 걱정(예루살렘의 버스), 생생한 이미지(장미), 구체적인 묘사(1,000명 중 한 명), 선명한 회상(서술에 기초한 선택에서)도 모두 과대 가중치를 부여하는 원인이다. 그리고 과대 가중치가 부여되지 않는다면 아예 무시될 것이다. 우리 머리는 확률이 낮은 사건을 정확히 이해하도록 설계되지 않았다. 누구도 아직 경험하지 못한 사건을 맞닥뜨릴 수도 있는 지구인에게는 반가운 소식이 아니다.

___

드문 사건과 관련한 말들
"쓰나미는 일본에서조차 대단히 드물지만,
그 모습이 워낙 생생하고 강렬해 관광객은 쓰나미 발생 확률을 과대평가하기 쉽다."
"어떤 재난이 처음 발생했을 때는 과장되고 과대 가중치가 부여되지만,
그 재난이 주기적으로 반복되면 관심에서 멀어진다."
"한 가지 시나리오에만 주목하면 안 된다. 그러면 그 확률을 과대평가하게 된다.
다른 가능한 시나리오를 구체적으로 만들어,
각 시나리오의 확률 총합이 100퍼센트가 되게 하자."
"사람들이 그 위험성에 마음 졸였으면, 하는 것이 그들의 바람이다.
사망률을 1,000명당 한 명꼴이라고 묘사한 것도 그 때문이다.
분모 무시를 이용한 설명이다."

31

위험관리 정책

아래 두 가지 결정을 동시에 맞닥뜨렸다고 상상해보자. 먼저 두 가지 결정을 모두 살펴본 뒤에 하나씩 선택해보라.

결정 1: 다음 중 하나를 고르시오.

　　A. 240달러 무조건 받기

　　B. 1,000달러를 받을 확률 25퍼센트, 한 푼도 못 받을 확률 75퍼센트

결정 2: 다음 중 하나를 고르시오.

　　C. 750달러 무조건 잃기

　　D. 1,000달러를 잃을 확률 75퍼센트, 한 푼도 잃지 않을 확률 25퍼센트

이 한 쌍의 선택 문제는 전망 이론의 역사에서 중요한 위치를 차지할 뿐 아니라 합리성에 대해서도 새로운 사실을 말해준다. 두 문제를 처음 대충 훑어볼 때, 확실한 쪽(A와 C) 중에서도 A에는 솔깃하고 C에는 회피 반응을 보인다. '확실한 이익'과 '확실한 손실'을 감정적으로 평가하는 것은 시스템 1의 자동 반응이며, 조금 더 노력이 들어가는 (그리고 할 수도 있고 안 할 수도 있는) 계산으로 두 도박의 기댓값(B는 250달러 이익, D는 750달러 손실)을 구하기 전에 감정 반응부터 일어나게 마련이다. 사람들은 대부분 시스템 1이 편애하는 것을 선택하는데, 다수는 B보다 A를, C보다 D를 더 좋아한다. 확률이 보통이거나 높은 다른 많은 선택에서 그렇듯이, 사람들은 이익과 관련해서는 위험을 회피하려 하고, 손실과 관련해서는 위험을 추구하려 한다. 아모스와 내가 위 실험을 실시했을 때 응답자의 73퍼센트가 1번에서는 A를, 2번에서는 D를 선택했고, 3퍼센트만 B와 C를 선택했다.

선택하기 전에 먼저 두 가지 결정을 모두 살펴보라고 했으니, 다들 분명 그리했겠지만, 아무도 하지 않은 게 틀림없이 하나 있다. 네 가지 선택 조합(A와 C, A와 D, B와 C, B와 D)의 결과를 계산해 그중 어떤 조합이 가장 좋은지는 따져보지 않았을 것이다. 두 문제에서 각각의 선호도는 직관적으로 그럴듯하고, 그 선호도에 문제가 있으리라고 예상할 이유는 없었다. 게다가 두 문제를 섞으면 너무 복잡해져 종이와 펜을 동원해야 한다. 그런 탓에 다들 그런 계산은 하지 않았다. 그렇다면 아래 선택 문제를 보자.

AD. 240달러를 받을 확률 25퍼센트, 760달러를 잃을 확률 75퍼센트

BC. 250달러를 받을 확률 25퍼센트, 750달러를 잃을 확률 75퍼센트

식은 죽 먹기 아닌가! BC가 AD보다 확실히 우세하다. 이제 어떤 이야기가 나올지 감이 잡힐 것이다. 우세한 선택 BC는 결정 1, 결정 2에서 퇴짜를 맞은, 그러니까 실제 실험에서 응답자 3퍼센트만이 선택한 B와 C를 합친 것이다. 그리고 그보다 못한 선택 AD는 응답자 73퍼센트가 선택한 A와 D를 합친 것이다.[1]

넓은 틀짜기와 좁은 틀짜기

이 선택 조합은 인간의 합리성 한계에 관해 많은 것을 시사한다. 우선 이콘과 대비되는 '인간'의 선호 성향인 가망 없는 신기루를 좇는 성향에서 논리적 일관성을 따져볼 수 있다. 바로 위의 쉬운 문제를 다시 보라. 누가 봐도 뻔한 선택 문제를 분해해, 대다수 사람이 더 열등한 선택을 하는 한 쌍의 문제로 만들 수 있으리라고 상상할 수 있었겠는가? 그러나 이런 일은 얼마든지 가능하다. 이익과 손실로 구성된 단순한 선택 문제는 일관되지 못한 선호도를 보이는 선택 조합으로 무수히 분해될 수 있다.

이 사례가 보여주는 또 한 가지는 이익에서 위험을 회피하고 손실에서 위험을 추구하다 보면 비싼 대가를 치를 수 있다는 것이다. 이런 태도 탓에 기꺼이 (기댓값에) 웃돈을 얹어주면서 도박보다 확실한 이익을 택하고, 역시 웃돈을 얹어주면서 확실한 손실을 피한다. 두 가지 웃돈은 다 한 주머니에서 나오는 것이며, 두 종류의 문제를 동시에 만날 때 모순되는 태도가 나온다면 최상의 선택은 아닐 것이다.

결정 1과 결정 2를 해석하는 방법은 두 가지였다.

- 좁은 틀짜기narrow framing: 서로 별개라 생각되는 두 가지 단순한 결정의 연속.
- 넓은 틀짜기broad framing: 네 옵션을 한꺼번에 고려한 하나의 포괄적 결정.

이 경우 넓은 틀짜기가 명백히 우월하다. 넓은 틀짜기는 여러 결정을 동시에 고민해야 하는 모든 경우에 우월하다(또는 적어도 열등하지는 않다). 단순한 (양자택일) 결정 다섯 가지를 동시에 고민해야 하는 경우를 생각해보자. 넓은 틀짜기로 보면 32개 옵션을 놓고 고르는 단일한 선택이 되고, 좁은 틀짜기로 보면 단순한 선택 다섯 개의 연속이다. 연속한 다섯 번의 선택은 넓은 틀짜기에 포함된 32개 옵션 중 하나일 텐데, 과연 그것이 최선일까? 최선일 수도 있지만, 그 가능성은 극히 낮다. 합리적 행위자라면 넓은 틀짜기를 하겠지만, 인간은 좁은 틀짜기에 익숙하도록 타고났다.

이 사례가 보여주듯이 우리의 제한된 사고로는 논리적 일관성을 유지하기 어렵다. 인간은 보이는 것이 전부이고 머리 쓰기를 싫어해서, 여러 문제를 연결해 생각하라고 아무리 단단히 일러도, 문제가 나타날 때마다 그때그때 결정을 내리는 성향이 있다. 우리는 선호도를 일관되게 유지하는 성향을 타고나지도 않았고, 그럴 정신적 능력이 있는 것도 아니어서, 합리적 행위자 모델처럼 선호도가 마법처럼 일관되게 나타나지 않는다.

새뮤얼슨의 문제

20세기 경제학의 거인인 위대한 폴 새뮤얼슨은 지인에게, 동전을 던져 100달러를 잃을 수도 있고 200달러를 딸 수도 있는 도박을 하겠느냐는 유명한 질문을 던졌다. 지인의 반응은 이랬다. "100달러 잃는 게 200달러 따는 것보다 더 크게 느껴질 것 같으니 하지 않겠다. 하지만 그런 내기를 100번 하게 해준다면 하겠다." 결정 이론가가 아닌 이상, 사람들은 새뮤얼슨의 지인과 같은 직관을 가지고 있어서, 기댓값이 꽤 높지만 위험이 따르는 도박이라면 여러 번 반복해야 위험이 줄어드는 느낌이 들 것이다. 지인의 답이 흥미로웠던 새뮤얼슨은 내친김에 그 답을 분석해보았다. 그 결과, 아주 특별한 어떤 조건에서는 한 차례의 도박을 거절하는 효용 극대론자라면 여러 차례의 도박도 거절해야 한다는 사실을 증명했다.

놀랍게도 새뮤얼슨은 자신의 증명이 물론 타당하지만 합리성까지는 아니어도 상식에 어긋나는 결론에 이르렀다는 사실을 개의치 않는 것 같았다. 앞의 도박을 100번 반복할 기회가 생긴다면 정신이 나가지 않고서야 그 매력적인 기회를 거부할 이유가 없다. 매슈 라빈과 리처드 세일러는 이렇게 지적했다. "100달러를 잃을 확률과 200달러를 딸 확률이 50 대 50인 내기를 100번 해서 합산하는 도박은 예상 수익이 5,000달러이며, 돈을 조금이라도 잃을 확률은 2,300분의 1, 그리고 1,000달러 이상 잃을 확률은 고작 6만 2,000분의 1이다." 물론 이들의 요점은 효용 이론이 그런 어리석은 선호도와 일치할 때가 있다면, 합리적 선택 모델로서 문제가 있다는 것이다. 새뮤얼슨은 판돈이 작은 내기에서 심각한 손실 회피가 가져오는 어이없는 결과를 보여준 라빈의 증명을 본 적은 없지만, 보았더라도 놀라지 않았을 것이다. 그런 일련의 도박을 거부하는 것도 합리적 결정일 가능성까지 기꺼이 고려한 새뮤얼슨의 태도는 합리적 모델의 막강한 지배력을 그대로 보여준다.

아주 단순한 가치함수로 새뮤얼슨의 지인(편의상 '샘'이라 부르자)의 선호도를 설명한다고 해보자. 샘은 자신의 손실 회피 성향을 드러내려고 우선 '각 손실을 두 배로 부풀려' 내기를 수정했다. 그런 다음 고친 내기의 기댓값을 계산했다. 아래 표는 동전을 1회, 2회, 3회 던질 때의 결과다. 대단히 유용한 내용이니, 동공이 확대되는 수고를 감수하고 따져보자.

		기댓값
동전 던지기 1회	(100 손실 50%, 200 획득 50%)	50
손실을 2배로 계산	(200 손실 50%, 200 획득 50%)	0
동전 던지기 2회	(200 손실 25%, 100 획득 50%, 400 획득 25%)	100
손실을 2배로 계산	(400 손실 25%, 100 획득 50%, 400 획득 25%)	50
동전 던지기 3회	(300 손실 12.5%, 0 획득 37.5%, 300 획득 37.5%, 600 획득 12.5%)	150
손실을 2배로 계산	(600 손실 12.5%, 0 획득 37.5%, 300 획득 37.5%, 600 획득 12.5%)	112.5

위에서 보다시피 이 도박은 애초 기댓값이 50이다. 그런데 동전 던지기 1회만으로는 샘에게 가치가 없다. 1달러를 잃는 고통이 1달러는 따는 기쁨보다 두 배 강하기 때문이다. 이런 회피 성향을 반영해 도박을 수정하면, 샘에게 이 도박의 가치는 0이 될 것이다.

이제 동전 던지기를 2회 한다고 해보자. 돈을 잃을 확률은 25퍼센트로 떨어진다. 두 가지 극단의 결과(200 손실 또는 400 획득)는 가치로 보면 서로 상쇄된다. 일어날 확률이 같고, 손실은 획득보다 가중치가 두 배이기 때문이다. 그런데 중간 결과(한 번 잃고, 한 번 따고)는 플러스다. 따라서 동전 던지기 2회를 하나로 합친 도박은 플러스다. 여기서 좁은 틀짜기에 들어가는 비용과 여러 도박을 합칠 때의 마법을 볼 수 있다. 기댓값이 높은 도박 둘이 있는데, 개별적으로 보면 샘에게 가치가 없다. 샘이 그 도박을 하나씩 따로 제안받는다면 두 번 다 거절할 것이다. 그러나 두 번의 제안을 하나로 묶는다면, 가치가 50달러가 된다!

세 건의 도박을 하나로 묶으면 이익은 더 커진다. 극단의 결과는 여전히 상쇄되고, 그 중요성은 떨어졌다. 세 번째 던지기는 그 자체로만 평가하면 가치가 없을 수 있지만, 그 전 도박의 총 가치에 62.50달러 가치를 더했다. 샘이 5회 던지기 도박을 제안받는다면, 기댓값은 250달러이고, 조금이라도 잃을 확률은 18.75퍼센트, 금액으로는 203.125달러다. 이 이야기에서 눈여겨봐야 할 점은 샘의 손실 회피는 절대 누그러지지 않는다는 것이다. 그런데 기댓값이 높은 도박을 여러 차례 반복할수록 돈을 잃을 확률은 급격히 떨어지고, 손실 회피가 그의 도박 선호도에 미치는 영향도 줄어든다.

기댓값이 아주 높은 단 한 차례의 도박을 거절하는 샘을 위해, 그리고 샘처럼 손실을 비합리적으로 기피하는 사람들에게 내가 들려줄 설교는 이렇다.

어떤 도박에서든 손실을 피하려는 여러분의 마음은 이해합니다만, 그러면 손해도 클 겁니다. 부디 이렇게 한번 생각해보세요. 지금 임종 직전입니까? 꽤 괜찮은 작은 도박을 만날 기회가 이번이 마지막일까요? 물론 이와 똑같은 도박을 다시 만날 일은 거의 없겠지만, 여러분의 부에 비해 아주 적은 액수가 걸린 꽤 괜찮은 도박을 마주할 기회는 많을 겁니다. 그런 도박을 소소한 도박으로 이루어진 한 묶음의 일부로 볼 수 있다면, 그래서 경제적 합리성에 아주 가까이 다가가는 주문을 외우는 연습을 할 수 있다면, 여러분은 큰 금전적 이익을 볼 것입니다. 더러는 따기도 하고, 더러는 잃기도 하면서 말이죠. 주문의 주된 목적은 손해 볼 때 감정을 조절하는 것입니다. 주문 효과를 신뢰할 수 있다면, 기댓값이 플러스인 도박에서 작은 위험률을 받아들일지 말지 결정할 때, 주문 효과를 떠올려야 합니다. 주문을 외울 때 다음 요건을 명심하십시오.

- 주문은 여러 건의 도박이 서로 독립적일 때 효과가 있다. 똑같은 산업에 동시에 투자를 여러 건 할 때는 여기에 해당하지 않아서, 한꺼번에 손해를 볼 수도 있다.
- 손실이 발생해도 전 재산을 잃을 염려가 없을 때만 효과가 있다. 손실 발생이 곧 경제적 미래에 적신호가 된다면, 조심하라!
- 승산이 매우 낮은 도박에는 그 주문을 외워서는 안 된다.

이 요건에 맞는 감정 훈련이 되어 있다면, 작은 도박을 하나씩 따로 떼어 생각하는 일도, 작은 도박에서 손실을 회피하는 일도 없을 것입니다. 실제로 임종에 들기 전까지는, 어쩌면 임종 때까지도 말이죠.

실천 불가능한 조언이 아니다. 금융시장의 노련한 거래인들은 이를 실천하면서, '넓은 틀짜기'로 손실의 고통을 피하며 살아간다. 앞에서도 말했듯이, 실험에서 실험 참가자들에게 "전문 거래인처럼" 생각하도록 유도하면 (특정 맥락에서) 손실 회피를 거의 없앨 수 있다. 야구 카드 거래에서 경험이 많은 사람은 초보자처럼 소유 효과에 쉽게 영향을 받지 않는다는 이야기도 했었다. 실험에 참가한 학생들은 지시 형태에 따라 위험이 따르는 결정 (손해 볼 수 있는 도박을 받아들이거나 거부하는 등)에 영향을 받았다. 좁은 틀짜기에 따라 지시할 때는 학생들에게 "결정을 내릴 때마다 딱 한 번의 결정인 것처럼" 생각하고 감정을 받아들이라고 했다. 반면에 넓은 틀짜기에 따라 지시할 때는 "자신을 전문 거래인이라고 상상하라", "이런 결정을 일상적으로 하면서 산다고 생각하라", "이 결정은 여러 건의 금전적 결정 가운데 하나이고, 나중에 이런 결정이 하나의 '포트폴리오'를 구성한다고 생각하라"는 식으로 이야기했다. 실험 진행자는 거짓말 탐지기에 이용되는 피부의 전기 전도도 변화 측정과 같은 생리적 측정법을 동원해, 실험 참가자가 이익과 손실에 어떤 감정 반응을 보이는지 살폈다. 예상대로 넓은 틀짜기는 손실에 반응하는 감정을 약화시키고 위험을 떠안으려는 마음을 부추겼다.

손실 회피와 좁은 틀짜기가 합쳐지면 대가가 큰 재앙이 될 수 있다. 개인 투자자라면 투자가 얼마나 수익을 내고 있는지 점검하는 횟수를 줄여 이 재앙을 피할 수 있다. 넓은 틀짜기로 상황을 바라보면서 초연해진다면 시간도 절약하고 침통함도 느끼지 않을 수 있다. 요동치는 시장 상황을 시시각각으로 따라가는 것은 손해 보는 짓이다. 작은 손실이 빈번히 발생할 때의 고통은 작은 이익이 똑같이 빈번히 발생할 때의 즐거움보다 크기 때문이다. 개인 투자자는 1분기에 한 번 정도 점검하면 충분하다. 어쩌면 그것도 많을 수 있다. 단기 결과에 일부러 눈길을 주지 않는다면, 감정적인 삶의 질을 높일 뿐만 아니라 결정과 결과의 질도 높일 수 있다. 나쁜 소식에 단기적으로 반응할 때 나타나는 전형적인 현상은 손실 회피 증가다. 그러나 피드백을 몰아서 받는다면 나쁜 뉴스를 훨씬 덜 듣게 되고, 결국 위험 회피가 줄어 더 부자가 될 확률이 높다. 내가 투자하고 있는 모든 주식의 일간(또는 주간, 나아가 월간) 동향을 모른다면, 쓸데없이 금융자산 구성을 이리저리 바꾸는 일은 없을 것이다. 오랫동안 투자처를 바꾸지 않고 기존 투자에 묶여 있다면, 더

나은 성과를 낼 수 있다.[2]

위험관리 정책

좁은 틀짜기로 결정을 내리는 사람들은 위험한 선택을 마주할 때마다 그 때그때 호불호를 정한다. 그런데 관련 문제가 생길 때마다 일상적으로 적용하는 '위험관리 정책'을 가지고 있다면 더 나은 결과를 얻을 수 있다. 위험관리 정책의 친숙한 예는 "보험을 구매할 때 항상 자기 부담금이 가능한 한 높은 것을 택하고" "보증기간 연장 옵션을 구매하지 않는" 것이다. 위험관리 정책은 넓은 틀짜기다. 사고가 났을 때 순전히 자기 부담금으로만 처리할 때도 있고, 보험이 적용되지 않는 때도 있다. 관건은 이처럼 손해를 보더라도 장기적으로는 이익이 거의 확실하다는 생각으로 손실의 고통을 줄이거나 없앨 수 있어야 한다는 것이다.

여러 결정을 합산하는 위험관리 정책은, 앞에서 다루었던 외부 관점과 비슷하다. 외부 관점으로 계획을 세우면, 현 상황의 특수성을 주시하기보다 비슷한 여러 상황에서 나온 결과의 통계를 주시한다.

외부 관점과 위험관리 정책은 많은 결정에 영향을 미치는, 명백히 다른 두 가지 편향을 바로잡는다. 하나는 계획 오류에 나타나는 과장된 낙관이고, 하나는 손실 회피 성향으로 인한 지나친 신중함이다. 두 가지 편향은 서로 반대다. 과장된 낙관은 손실 회피의 심각한 피해를 막고, 손실 회피는 지나친 낙관의 어리석음을 막는다. 그 결과, 낙관주의자는 자신의 결정을 실제보다 더 신중하다고 믿고, 손실을 회피하는 사람은 보통은 받아들였을 사소한 제안도 적절히 거절하면서, 편안한 마음으로 결정을 내린다. 물론 모든 상황에서 두 편향이 서로를 상쇄한다는 보장은 없다. 조직 안에서 지나친 낙관주의와 지나친 손실 회피 성향을 모두 제거할 수 있다면 마땅히 그래야 한다. 그러면서 외부 관점과 위험관리 정책 결합을 목표로 삼아야 한다.

리처드 세일러는 어느 대기업의 25개 분야 최고 관리자들과 함께 의사 결정에 대해 토론했던 일화를 소개한다. 세일러는 이들에게 자신이 관리하는 자본의 상당액을 잃을 확률과 그 두 배를 얻을 확률이 같을 때 어떤 선택을 할지 물었다. 그러자 누구도 그런 위험한 도박에 뛰어들려 하지 않았다. 이번에는 역시 토론에 참석한 회사 최고경영자에게 똑같은 질문을 던졌다. 그러자 그가 주저 없이 대답했다. "저는 여기 관리자들이 모두 그 위험을 떠안았으면 좋겠습니다." 그 상황에서 최고경영자에게는 25건의 내기를 모두 아우르는 넓은 틀짜기를 선택하는 것이 자연스러운 일이었다. 동전 던지기를 100회 실시하는 셈처럼, 그 역시 전체 위험을 줄일 통계적 총합에 의지할 수 있을 테니까.

—

위험관리 정책과 관련한 말들
"그에게 전문 거래인처럼 생각하라고 해! 더러는 따기도 하고, 더러는 잃기도 하는 거라고."
"나는 앞으로 분기별로 한 번만 내 금융자산 구성을 평가하기로 했다.
손실 회피 성향이 너무 강해서 날마다 요동치는 주가를 보면 제대로 판단을 내리기 어렵다."
"그들은 보증기간 연장 옵션을 절대 사지 않는다. 그게 그들의 위험관리 정책이다."
"우리 경영진은 자기 영역에서는 하나같이 손실을 회피하려 든다.
지극히 자연스러운 일이지만, 그러다 보니 조직 전체가 적절한 위험을 떠안지 않는다."

Thinking,
Fast and slow

32

심리적 계좌

수입이 생존과 직결될 정도로 궁핍한 경우가 아니라면, 돈을 버는 주된 동기는 꼭 경제적인 이유만은 아니다. 수억 달러를 더 벌려는 억만장자에게 나, 고작 몇 달러를 벌려고 실험경제학 프로젝트에 참여하는 사람에게나 돈은 자존감과 성취도에서 자신의 위치를 알려주는 표시다. 우리는 이런 보상과 벌, 전망과 위협에 온 신경을 집중한다. 그리고 그것들을 주의 깊게 기록한다. 그것은 마치 사회생활을 하면서 받는 인센티브처럼, 우리 선호도에 영향을 미치고 행동을 촉발한다. 그 결과, 손실을 줄이려고 노력하면 실패를 인정하는 꼴이 될까봐 손실을 줄이지 않고, 나중에 후회할 행동은 애초에 거부하는 편향을 보이며, 또 행동마다 책임의 정도가 다른 탓에, 해야 할일을 하지 않은 것과 하지 말아야 할 일을 한 것, 행동하지 않은 것과 행동한 것 사이에 실체도 없는 선을 분명히 긋는다. 보상이나 벌을 궁극적으로는 감정의 형태로 받는 때도 종종 있다. 일종의 정신적 자기거래인데, 조직을 대표하는 사람이 이런 자기거래를 할 때는 불가피하게 이해 충돌이 일어난다.

심리적 계좌

리처드 세일러는 여러 해 동안, 우리가 삶을 조직하고 운영하는 데 사용하는 회계와 심리적 계좌의 유사점에 매료되었는데, 그중 어떤 것은 어리석고, 어떤 것은 매우 유용하다. 심리적 계좌에는 여러 형태가 있다. 우리는 돈을 여러 계좌에 넣어두는데, 실제 계좌일 때가 있는가 하면, 머릿속에만 존재하는 계좌일 때도 있다. 우리가 가진 돈에도 생활비로 쓰는 돈이 있고, 일반 저축이 있고, 아이들 교육이나 다급한 치료를 위해 따로 모아둔 돈이 있다. 필요한 돈을 계좌에서 꺼내 쓸 때는 나름대로 명확한 체계가 있다. 우리는 실제 계좌나 심리적 계좌를 자기 절제 목적으로도 이용하는데, 이를테면 가계 예산을 짤 때, 하루에 마시는 에스프레소 양을 제한할 때, 운동 시간을 늘릴 때 등이다. 절제에 돈이 들 때도 종종 있어서, 저축은 하되 신용카드 빚은 줄지 않을 수도 있다. 합리적 행위자인 이콘은 심리적 계좌에 기대지 않는다. 이콘은 결과를 포괄적 시각으로 바라보고, 외부 인센티브에 자극받아 행동한다. 그러나 '인간'에게 심리적 계좌는 좁은 틀짜기의 한 형태이며, 유한한 정신으로 대상을 통제하고 관리하는 수단이다.

심리적 계좌는 득점을 따질 때 널리 쓰인다. 프로골프 선수가 버디를 잡을 때보다 보기를 피할 때 퍼팅이 더 좋았다는 사실을 기억하라. 여기서 얻을 수 있는 결론 하나는 최고의 골프 선수는 홀마다 계좌를 따로 개설하지, 하나의 계좌에서 전반적인 성공을 이끌어내지 않는다는 것이다. 세일러가 초기 논문에서 언급한 재미있는 예는 심리적 계좌가 행동에 어떻게 영향을 미치는지 잘 보여준다.

> 열렬한 스포츠 팬 두 사람이 65킬로미터를 달려가 농구 경기를 볼 계획을 세웠다. 한 사람은 표를 샀고, 한 사람은 표를 사러 가던 중에 친구에게서 공짜로 표를 얻었다. 경기가 열리는 날 밤에 눈보라가 예보되었다. 둘 중 누가 용감하게 눈보라를 뚫고 경기를 보러 갈 확률이 높겠는가?

답은 금방 나온다. 우리는 돈을 주고 표를 산 사람이 경기장에 갈 확률이 높다고 생각한다. 심리적 계좌가 그 이유를 설명해준다. 우리는 두 팬 모두 보고 싶은 경기의 계좌를 개설했다고 가정한다. 경기를 안 보면 계좌를 마이너스 상태로 해지하는 꼴이 된다. 이렇게 되면 표를 어떻게 구했든 둘 다 실망하겠지만, 표를 산 사람에게는 마이너스가 더욱 두드러지는데, 경기를 못 볼 뿐만 아니라 돈까지 잃는 꼴이기 때문이다. 따라서 집에 있는 것이 이 사람에게는 더욱 실망스러운 일이라 경기를 봐야겠다는 마음이 더 생기고 결국 눈보라를 뚫고 차를 몰려는 유혹이 생기기 쉽다.[1] 이는 감정의 손익을 맞추는 암묵적인 계산이며, 시스템 1이 무의식적으로 수행하는 작업이다. 사람들이 심리적 계좌 내역에 느끼는 감정은 표준 경제학 이론에서는 인정받지 못한다. 이콘이라면 표 값은 이미 지불했고 환불할 수 없다는 걸 잘 안다. 이 비용은 '매몰'되었으며, 이콘은 돈을 주고 표를 샀는지, 친구에게서 표를 얻었는지(이콘에게도 친구가 있다면) 개의치 않는다. 합리적 행위를 하려면 시스템 2가 사실과 반대되는 가능성, 즉 '표를 친구에게 공짜로 얻었어도 나는 여전히 눈보라를 뚫고 운전을 할까?'라는 물음을 던져야 한다. 이런 어려운 질문을 던지려면 정신 활동이 왕성하고 잘 훈련되어 있어야 한다.

개인 투자자가 보유 주식 중 일부를 팔 때도 이와 비슷한 실수를 저지른다.

딸의 결혼 비용을 마련하려면 가지고 있는 주식을 일부 팔아야 한다. 각 주식을 얼마에 샀는지 기억하고, 따라서 지금 그때보다 주가가 올랐는지, 떨어졌는지도 알 수 있다. 보유 주식 중에 '블루베리 타일스'는 주가가 올라서 오늘 팔면 5,000달러 이익을 얻는다. '티파니 모터스'에도 똑같이 투자했는데, 현재 주가는 처음 살 때보다 5,000달러가 떨어졌다. 두 주식의 가격은 최근 몇 주 동안 변동이 없다. 이 상황에서 사람들은 대개 어느 것을 팔까?

이 선택을 그럴듯하게 바꿔 말하면 이렇다. "블루베리 타일스 계좌를 해지하면 계속 성공적인 투자자로 남을 수 있다. 반면에 티파니 모터스 계좌를 해지하면 또 한 번 실패한 투자자가 될 것이다. 어떤 선택을 해야 할까?" 이 문제를 자신이 기뻐할 선택과 고통스러워할 선택 중에 고르는 것으로 규정한다면, 당연히 블루베리 타일스를 팔아 자신의 투자 능력에 뿌듯해할 것이다. 조사 결과, 예상대로 절대 다수가 주가가 떨어진 주식보다 주가가 오른 주식을 팔겠다고 했다. '성향 효과disposition effect'라는 애매한 이름이 붙은 편향이다.[2]

성향 효과는 좁은 틀짜기의 한 예다. 투자자는 사들인 주식마다 계좌를 따로 개설해놓고, 계좌를 해지할 때마다 모두 이익을 내고 싶어 한다. 합리적 행위자라면 금융자산 구성을 포괄적 시각으로 바라보면서, 현재 주가가 올랐는지 떨어졌는지는 제쳐두고 앞으로 주가가 가장 안 오를 것 같은 주식을 판다. 아모스는 어느 재무 설계사와 나눈 대화를 내게 들려주었다. 그는 아모스에게 아모스가 가지고 있는 모든 주식과 그 주식을 얼마에 샀는지 빠짐없이 적어달라고 했다. 아모스가 "그건 별로 중요치 않잖아요?"라고 조심스레 묻자, 설계사는 깜짝 놀라는 표정을 지었다. 그는 항상 심리적 계좌 내역도 당연히 고려 대상이라고 믿는 것 같았다.

아모스의 예상대로 그 재무 설계사는 아마도 그런 믿음을 가지고 있었겠지만, 매수 가격은 무관하다고 여긴 아모스의 생각도 잘못이다. 매수 가격은 중요하고 심지어 이콘도 매수 가격을 고려해야 한다. 주가가 오른 주식을 팔지, 내린 주식을 팔지는 분명한 답이 있는 문제이며, 어느 것을 파느냐에 따라 결과가 달라지기 때문에, 성향 효과는 비싼 대가를 치르는 편향이다. 즉각적인 감정보다 부를 더 신경 쓰는 사람이라면 주가가 떨어진 티파니 모터스를 팔고, 주가가 오르는 블루베리 타일스는 그대로 가지고 있을 것이다. 적어도 미국에서는 세금이 강력한 인센티브가 되는데, 손실이 나면 세금이 줄고, 주가가 오른 주식을 팔면 세금을 더 내야 한다. 미국 투자자라면 이런 초보적 사실을 다들 알고 있어서, 1년 중에서도 특히 세금을 신경 쓰는 12월이 되면 주가가 떨어진 주식을 많이 팔아치운다. 물론 세금 혜택은 연중 언제든지 받을 수 있지만, 1년 중 11개월은 심리적 계좌가 금융 상식을 압도한다. 주가가 오른 주식은 당장 팔지 말아야 한다는 주장의 또 다른 근거는 최근에 주가가 오른 주식은 적어도 한동안은 계속 상승세를 탄다는 이미 입증된 시장의 이례적 현상이다. 이것의 순 효과는 커서, 블루베리보다 티파니를 팔 때 예상되는 이듬해 세후 추가 수익은 3.4퍼센트다. 당장 이익을 얻고 심리적 계좌를 해지한다면 즐겁기야 하겠지만, 그 즐거움에는 비용이 든다. 이콘은 그런 실수는 절대 하지 않을 테고, 시스템 2를 사용하는 노련한 투자자라면 초보 투자자보다는 그런 실수가 적다.[3]

합리적인 결정자는 현재의 투자가 미래에 가져올 결과에만 관심을 둔다. 앞선 실수를 정당화하는 것은 이콘의 관심사가 아니다. 더 좋은 투자를 할 수 있는데도 구태여 손해 보는 계좌에 추가로 투자하겠다는 결정을 '매몰 비용 오류'라 부른다. 크고 작은 결정에서 나타나는 값비싼 실수다. 돈을 주고 표를 샀다는 이유로 눈보라를 뚫고 차를 모는 것은 매몰 비용 오류다.

회사가 어떤 프로젝트에 이미 5,000만 달러를 썼다고 상상해보자. 이 프로젝트는 예정보다 늦어지고 있으며, 수익도 기획 단계에서 예상한 만큼 나오지 않을 것 같다. 이 프로젝트를 한 번 더 살리려면 6,000만 달러가 추가로 필요하다. 차라리 이 금액을 더 높은 수익이 예상되는 새로운 프로젝트에 투자하자는 대안이 제시된다. 회사는 어떤 결정을 내릴까? 회사는 대개 매몰 비용이 아까워 눈보라를 뚫고 차를 몰면서, 값비싼 실패로 끝난 계좌를 해지하는 수모를 감당하느니 어차피 낭비한 돈, 조금 더 쓰자는 식으로 행동한다. 이 상황은 네 갈래 유형(〈그림 13〉) 중에 오른쪽 상단에 속한다. 확실한 손실과 승산이 낮은 도박을 두고 고민하다가 흔히 현명하지 못한 선택을 하는 경우다.

헛수고에 점점 더 몰두하는 것은 회사의 시각으로 보면 실수지만, 망해가는 프로젝트를 '소유한' 경영자의 관점에서 보면 꼭 그렇지도 않다. 프로젝트를 취소하면 경영자의 이력에 영원한 오점이 될 테니, 개인적 이익을 위해서는 애초의 투자를 만회하려는 희망으로, 하다못해 심판의 날을 늦추려는 시도로, 조직의 자원을 이용해 조금 더 도박을 하는 것이 최선이다. 이처럼 매몰 비용이 생기면 관리자를 자극하는 동기가 회사와 주주의 목표와 어굿나는데, '대리인 문제'라고 알려진 낯익은 현상이다. 이사회는 이런 충돌을 잘 알고 있어서, 이전 결정에 얽매여 손실을 줄이는 데 소극적인 최고경영자를 곧잘 교체하곤 한다. 이사진은 새 최고경영자가 전임자보다 유능하다고 확신하지는 않는다. 다만 전임자의 심리적 계좌를 가지고 있지 않으니, 현재의 가능성을 평가할 때 과거 투자의 매몰 비용을 좀 더 쉽게 무시할 수 있으리라고 생각할 뿐이다.

사람들은 매몰 비용 오류에 빠져 부진한 업무, 불행한 결혼, 가망 없는 연구 프로젝트에서 너무 오랫동안 헤어나지 못한다. 나는 젊은 과학자가 지금의 프로젝트를 그만두고 새로운 프로젝트를 시작하는 편이 나을 때도 다 죽어가는 프로젝트를 살리려고 안간힘을 쓰는 경우를 자주 보았다. 다행히, 적어도 어떤 상황에서는 매몰 비용 오류가 극복될 수 있다는 연구도 있다.[4] 경제와 경영 수업에서 매몰 비용 오류를 지적하며 잘못이라고 가르치는데, 꽤 좋은 효과를 내는 것 같다. 그 증거로, 이 분야 대학원생들은 다른 사람들보다 실패한 프로젝트에서 더 적극적으로 빠져나온다.

후회

후회는 감정이며, 자신에게 내리는 벌이기도 하다. 후회의 두려움은 수많은 결정에 영향을 미치고("이건 하지 마. 후회할 거야"라는 흔한 경고를 생각해보라) 실제로 후회의 경험은 친숙하다. 두 명의 네덜란드 심리학자가 후회의 감정을 적절하게 설명한 적이 있다. 이들은 후회에 동반되는 감정으로 "더 신중했어야 한다는 생각, 축 처지는 느낌, 이미 저지른 실수와 잃어버린 기회에 대한 미련, 자신을 벌주고 잘못을 고치려는 성향, 사건을 되돌려 다시 처리하고 싶은 마음"을 꼽았다.[5] 뼈저린 후회는 지나간 행동 대신 다른 행동을 하는 자신의 모습을 아주 쉽게 상상할 수 있을 때 느끼는 감정이다.

후회는 실제로 일어난 일의 대안이 쉽게 떠오를 때 생기는 사후 가정적 감정 가운데 하나다. 비행기 추락 사고가 일어나면 항상 그 비행기를 '타지 말았어야 하는' 승객들의 특별한 이야기가 회자된다. 마지막 순간에 자리를 얻었다거나, 다른 비행기에서 내려 갈아탔다거나, 전날 비행기를 타기로 했었는데 비행기가 지연되었다거나 하는 이야기다. 이런 가슴 아픈 사연의 공통된 특징은 예외적 사건에 휘말렸다는 것인데, 예외적 사건은 평범한 사건보다 상상 속에서 되돌리기가 훨씬 쉽다. 연상기억은 평범한 세상과 그 세상의 규칙을 재현한다. 평범하지 않은 사건은 주의를 끌고, 같은 상황에서 평범했었을 사건도 같이 떠오르게 한다.

아래 시나리오에서 후회와 평범함의 연관성을 알아보자.[6]

브라운 씨는 웬만해서는 히치하이커를 태워주지 않는다. 그런데 어제 한 남자를 태웠다가 돈을 털렸다.

스미스 씨는 히치하이커를 자주 태워준다. 어제도 한 남자를 태웠는데, 그만 돈을 털리고 말았다.

이 상황에서 두 사람 중에 누가 더 크게 후회하겠는가?

결과는 예상대로다. 응답자의 88퍼센트가 브라운, 12퍼센트가 스미스를 지목했다.

후회는 비난과 다르다. 다른 참가자에게는 똑같은 사건을 두고 이렇게 물었다.

누가 사람들에게 더 큰 비난을 받겠는가?

결과는 브라운이 23퍼센트, 스미스가 77퍼센트였다.

후회와 비난은 모두 기준과의 비교에서 나오지만, 관련 기준은 다르다. 브라운과 스미스가 느끼는 감정은 이들이 평소에 히치하이커를 어떻게 대하느냐에 지배된다. 히치하이커를 태워주는 것은 브라운에게는 평범하지 않은 사건이고, 따라서 거의 모든 사람이 그가 더 뼈저리게 후회하려니 예상한다. 그러나 섣불리 판단하기 좋아하는 사람이라면 두 사람을 이성적 행동이라는 통속적인 기준과 비교할 것이고, 습관적으로 비이성적인 위험을 무릅쓰는 스미스를 비난하기 쉽다.[7] 우리는 스미스는 자기 운명에 책임져야 하고, 브라운은 운이 없었다고 말하고 싶은 유혹을 느낀다. 그러나 둘 중에 더 자책할 사람은 브라운이다. 이 경우만 평소와 다르게 행동했기 때문이다.

결정을 내리는 사람은 자신이 자칫 후회하기 쉽다는 것을 잘 안다. 그리고 후회의 괴로운 감정을 미리 예상하면서 결정에 영향을 받는다. 다음 예가 보여주듯이, 후회와 관련한 직관은 놀랍도록 일관되고 설득력이 있다.[8]

폴은 A회사 주식을 가지고 있다. 지난해에 B회사 주식으로 갈아탈까 고민하다가 그만두었다. 이제 와서 보니, 그때 B회사 주식으로 갈아탔더라면 1,200달러를 더 벌 수 있었다.

조지는 B회사 주식을 가지고 있었다. 그러다가 지난해에 A회사 주식으로 갈아탔다. 이제 와서 보니, 그때 B회사 주식을 그대로 가지고 있었더라면 1,200달러가 이익이었다.

둘 중 누가 더 후회할까?

결과는 분명했다. 응답자의 8퍼센트가 폴, 92퍼센트가 조지를 지목했다. 두 사람의 상황이 객관적으로 똑같다는 걸 생각하면 이해할 수 없는 결과다. 둘 다 현재 A 주식을 가지고 있으며, 만약 B 주식을 가졌더라면 똑같은 액수의 이익을 보았을 것이다. 유일하게 다른 점이라면 조지는 어떤 행동을 함으로써 현재 상황에 놓였고, 폴은 행동을 하지 않음으로써 같은 상황에 놓였다. 이 짧은 사례는 많은 것을 말해준다. 사람들은 똑같은 결과를 두고도, 행동하지 않음으로써 그 결과가 생겼을 때보다 행동함으로써 그 결과가 생겼을 때 (후회를 비롯해) 더 격렬한 반응을 보인다. 이는 도박에서도 증명되었다. 사람들은 대개 도박을 하지 않아서 어느 정도 이익을 봤을 때보다 도박을 해서 그만큼의 돈을 땄을 때 더 기뻐한다. 이런 비대칭은 손실에서 더 강하게 나타날 수 있으며, 후회뿐 아니라 비난에도 해당한다.[9] 여기서 핵심은 하지 말아야 할 일을 한 것과 해야 할 일을 하지 않은 것의 차이가 아니라, 아무것도 하지 않았을 때 자동으로 선택되는 기본 옵션과 그 옵션에서 일탈한 행동의 차이다.[10] 기본 옵션에서 일탈할 때는 평범한 것을 상상하기가 쉽다. 그리고 그 일탈로 안 좋은 결과가 생기면, 일탈과 평범함의 불일치가 고통의 근원이 될 수 있다. 주식을 가지고 있을 때 기본 옵션은 주식을 팔지 않는 것이고, 아침에 동료를 만났을 때 기본 옵션은 그와 인사를 나누는 것이다. 주식을 파는 것과 동료에게 인사를 하지 않는 것은 모두 기본 옵션에서 멀어진 것이며, 자연스럽게 후회나 비난의 대상이 될 수 있다.

기본 옵션의 위력을 여실히 보여주는 실험이 있다. 참가자들은 컴퓨터로 블랙잭 도박에 참여했다. 어떤 참가자는 "카드를 더 받겠는가Hit?"라는 질문을 받았고, 또 어떤 참가자는 "카드를 그만 받겠는가Stand?"라는 질문을 받았다. 어떤 질문이든 나중에 결과가 안 좋으면, 거절했을 때보다 수락했을 때 후회가 훨씬 더 컸다! 질문은 누가 봐도 '썩 내키지는 않는다'라는 답이 자동적으로 나오도록, 즉 거절하도록 만들어졌다. 후회는 이 자동 반응에서 멀어질 때 생긴다. 능동적 행동이 기본 옵션인 또 다른 예는 마지막 경기에서 대패한 팀의 코치의 행동이다. 사람들은 이 코치가 사람이나 전략을 바꾸겠거니 기대하고, 따라서 아무 조치도 취하지 않으면 비난을 받거나 후회하기 쉽다.[11]

이처럼 후회할 위험이 상황에 따라 들쭉날쭉한 탓에 사람들은 통상적이고 위험을 회피하는 선택을 선호한다. 이 편향은 여러 상황에서 나타난다. 소비자에게 선택이 후회로 이어질 수 있다는 점을 상기시키면, 소비자는 통상적인 옵션을 더 선호하고, 이름 없는 상품보다 유명 제품을 선택한다.[12] 펀드매니저들도 연말이 다가오면 업무 평가에 기대를 걸고 포트폴리오에서 통상적이지 않거나 문제가 될 법한 주식을 정리한다.[13] 심지어 생사가 걸린 결정도 영향을 받는다. 중환자를 치료하는 의사를 상상해보자. 일반적인 치료법도 있고, 이례적인 치료법도 있다. 의사는 통상적이지 않은 치료법이 치유 가능성이 높다고 믿을 만한 이유가 있지만, 결정적 증거는 없다. 이례적인 치료법을 쓴다면 후회와 비난, 그리고 어쩌면 소송의 위험까지도 떠안아야 한다. 지나고 보면, 평범한 선택은 쉽게 머릿속에 떠오르고, 비정상적인 선택은 기억에서 되돌려지기 쉽다. 좋은 결과가 나오면 용기를 낸 의사가 좋은 평판을 받겠지만, 잠재적 이익은 잠재적 비용보다 작다. 대개는 실패보다 성공이 더 평범한 결과이기 때문이다.

책임

여러 도박을 두고 선택할 때, 소유 효과가 나타날 때, 가격 변동에 반응할 때 등 여러 상황에서 손실은 이익보다 약 두 배 크게 느껴진다. 그런데 손실 회피 계수가 이보다 훨씬 높게 나타나는 상황도 있다. 특히 건강처럼 삶에서 돈보다 중요한 부분에서는 손실 회피가 매우 강하게 나타난다.[14] 게다가 중요한 소유물을 '팔기' 싫어하는 성향은 혹시라도 생길 수 있는 끔찍한 결과를 책임져야 할 때 극적으로 커진다. 리처드 세일러가 소비자 행동을 주제로 초기에 쓴 훌륭한 논문에는 설득력 있는 예가 실렸는데, 이를 약간 수정하면 다음과 같다.[15]

어떤 질병에 노출되었다. 이 병에 걸리면 일주일 안에 고통 없이 즉시 사망한다. 지금 이 병에 걸렸을 확률은 1,000분의 1이다. 백신이 있는데, 증상이 나타나기 전에 맞아야 효과가 있다. 이 백신에 최대 얼마를 지불할 의향이 있는가?

사람들 대부분은 흔쾌히 큰돈을 지불하려 하지만, 한없이 큰돈을 낼 수는 없다. 죽음의 가능성을 마주한다는 건 불쾌하지만, 낮은 확률을 피하려다 거덜이 나버리면 바람직하지 않을 것이다. 이제 이 문제를 살짝 바꿔보자.

위 질병을 연구하는 데 지원자가 필요하다. 자격 요건은 이 병에 걸릴 1,000분의 1의 확률에 자신을 노출하는 것이 전부다. 이 연구에 지원한다면 최소 얼마를 요구하겠는가?(단, 백신을 구입해서는 안 된다.)

예상대로 지원자가 정한 금액은 앞에서 백신을 맞는 데 지불하겠다는 금액보다 훨씬 높았다. 세일러는 그 비율은 전형적으로 대략 50:1이라고 비공식적으로 발표했다. 이처럼 지나치게 높은 '판매가'는 이 문제의 두 가지 특징을 보여준다. 우선 건강을 팔지 않겠다는 생각이다. 이 거래는 정당하지 않으며 따라서 개입하지 않겠다는 마음이 높은 가격으로 나타난다. 더 중요한 두 번째 특징은 결과가 안 좋으면 그 책임은 지원자 몫이 될 수 있다는 점이다. 어느 날 아침에 눈을 뜨니 곧 사망에 이를 증상이 나타난다면, 첫 번째 경우보다 두 번째 경우에 후회가 클 것이다. 판매가 따위에는 눈길도 주지 않은 채 건강을 판다는 생각을 처음부터 거부할 수 있었기 때문이다. 기본 옵션 상태에서 아무것도 하지 않는 선택이다.

29장에서 언급한, 잠재적 위험성이 있는 살충제에 대한 부모의 반응을 알아본 설문 조사에는 살충제의 위험이 증가할 때 그것을 얼마나 받아들일 수 있는지를 알아보는 질문도 있었다. 응답자는 흡입 중독과 아동 중독의 위험이 1만 병당 15건꼴인 살충제를 사용한다고 가정했다. 그런데 이보다 덜 비싸고 똑같은 위험 발생률이 1만 병당 16건인 살충제도 있다. 이때 가격 격차가 어느 정도면, 덜 비싼 (그리고 덜 안전한) 살충제로 바꿀 마음이 생기겠느냐고 물었다. 그러자 응답한 부모의 3분의 2 이상이 그 어떤 가격에도(!) 살충제를 바꾸지 않겠다고 했다. 아이들의 안전을 돈과 바꾼다는 생각에 노골적으로 반감을 드러낸 것이다. 그리고 가격이 싸면 바꿔보겠다는 소수의 응답자가 제시한 가격 하락폭은 훨씬 더 안전한 제품에 기꺼이 돈을 더 내겠다며 제시한 액수를 한참 뛰어넘었다.

미세한 양일지언정 아이의 위험을 돈과 바꾸기 싫어하는 부모의 마음은 누구라도 이해하고 공감할 수 있다. 그러나 그런 태도가 일관성이 없고, 우리가 보호하려는 대상의 안전을 오히려 해칠 수 있다는 점에 주목할 필요가 있다. 사랑이 넘치는 부모라도 아이를 보호할 시간과 돈이 유한하니('내 아이 안심 저축'이라는 심리적 계좌는 예산이 한정되었으니) 이 자원을 최대한 효율적으로 배치해야 옳을 것이다. 살충제의 위험을 미세하게 높여 절약한 돈으로 이를테면 더 안전한 유아용 자동차 보조 의자나 전기 콘센트 덮개를 구입하는 등 아이의 주변 환경을 더 안전하게 만들 수 있다. 위험을 조금이라도 높일 수 있는 그 어떤 거래도 금기시하는 태도는 안전을 위한 예산을 효율적으로 사용하는 방법이 아니다.[16] 이런 거부감은 아이를 최대한 안전하게 지키려는 소망보다 자신의 후회를 두려워하는 이기심에 자극받았을 수도 있다. 의도적으로 그런 거래를 하는 부모의 마음속에 '혹시?' 하는 생각은 그 살충제의 폐해가 드러났을 때 느낄 후회나 수치심의 이미지와 연결된다.

위험을 다른 이점과 맞바꾸는 것을 격렬히 거부하는 성향은 위험을 관리하는 법률이나 규제에 막대한 영향을 미친다. 이런 추세는 특히 유럽에서 두드러져, 해로울 수 있는 행동은 무조건 금지하는 예방 수칙이 교리처럼 널리 받아들여진다.[17] 규제 정책에서 나온 예방 수칙은 사람이나 환경에 해가 될 수 있는 행동을 하려는 자에게 안전 증명 부담을 전적으로 떠맡긴다. 다수의 국제단체는 위험 발생 가능성이 과학적으로 증명되지 않았다고 해서 위험을 감수해도 좋다는 뜻이 아니라는 점을 분명히 한다. 법학자 캐스 선스타인이 지적하듯이, 예방 수칙은 비용이 많이 들고, 그것을 엄격히 해석하면 아무것도 할 수 없는 지경에 이를 수 있다. 그는 예방 수칙을 통과하지 못했을 혁신적인 기술을 길게 나열한다. "비행기, 에어컨, 항생제, 자동차, 염소Cl, 홍역 백신, 심장 절개 수술, 라디오, 냉장 기술, 천연두 백신, 엑스레이." 과도한 예방 수칙은 당연히 지지받지 못한다. 그러나 '강화된 손실 회피'는 널리 퍼진 강력한 도덕적 직관이다. 그것은 시스템 1에서 나온다. 손실을 피하려는 강력한 도덕적 태도와 효율적인 위험관리 사이의 딜레마를 해결할 간단하고 설득력 있는 답은 없다.

우리는 스스로 자청한 감정 고통을 예상하고 피하는 데 많은 시간을 쓴다. 삶을 기록하면서 경험하는, 자신에게 부과한 무형의 벌(때로는 보상)을 우리는 얼마나 진지하게 다뤄야 할까? 이 벌은 이콘에게는 해당하지 않지만, 인간에게는 큰 비용이 된다. 사람들은 이 벌을 피하기 위해 개인의 부, 정책 건전성, 사회의 행복에 해가 되는 행동을 하기도 한다. 하지만 후회와 도덕적 책임이라는 감정은 엄연히 존재하며, 이콘은 그런 감정을 느끼지 않는다는 사실은 중요치 않을 수 있다.

후회를 예상해 선택이 달라진다면 과연 합리적일까? 후회에 약한 것은 졸도에 약한 것과 마찬가지로 삶의 일부이며, 인간은 거기 적응해야 한다. 제법 부자이고 내심 신중한 투자자라면, 부의 증가를 극대화하지는 않더라도 후회를 가급적 미리 걱정하지 않는 쪽으로 금융자산을 구성하는 여유를 부릴 수도 있을 것이다.

적절한 예방 조치로 후회에 면역력을 키우는 방법도 있다. 어쩌면 후회가 예상될 때 터놓고 드러내는 것이 가장 유용한 방법일지도 모른다. 상황이 안 좋을 때, 후회할 가능성을 조심스레 따져보고 결정했던 때를 기억한다면, 후회를 조금 덜 느낄 수도 있다. 후회와 사후 판단 편향은 함께 온다는 것도 알아야 한다. 그래야 사후 판단을 막을 행동을 할 수 있다. 나도 사후 판단을 피하려는 나름의 행동 방침이 있는데, 장기적 결과를 가져올 결정을 내릴 때 아주 신중하든가 아주 대충하든가 둘 중 하나를 택하는 것이다. 사후 판단은 어중간하게 고민할 때 더 악화되어, 나중에 "더 좋은 선택을 할 뻔했는데"라며 혼잣말을 하기도 한다.

대니얼 길버트와 그의 동료들은 사람들이 예상하는 후회는 실제로 느낄 후회보다 더 크게 마련이며 그 이유는 자신이 펼칠 심리적 방어의 효과를 과소평가하기 때문이라는 도발적 주장을 폈다. 그러면서 그 심리적 방어에 '심리적 면역 체계'라는 이름을 붙였다.[18] 이들은 후회에 지나치게 무게를 두지 말라고 당부하면서, 다소 후회가 되더라도 거기서 받을 상처는 예상만큼 크지 않을 것이라고 말한다.

—

심리적 계좌 관리와 관련한 말들

"그는 현금 구매와 카드 구매에 별개의 심리적 계좌를 가지고 있다. 나는 그에게 돈은 다 같은 돈이라고 끊임없이 상기시킨다."

"우리는 단지 손해 보면서까지 심리적 계좌를 해지하고 싶지 않아서 그 주식을 쥐고 있다. 성향 효과다."

"그 식당에서 아주 훌륭한 음식을 발견했는데, 행여 후회할까봐 다른 음식은 절대 시키지 않는다."

"영업사원은 내게 가장 비싼 유아용 자동차 보조 의자를 보여주면서 가장 안전한 제품이라고 했고, 나는 더 싼 제품에 손이 가지 않았다. 덜 안전한 제품을 싸다는 이유로 구매하는 행위는 금기라는 느낌이 들었다."

33

역전

폭력 범죄 피해자들을 보상하는 임무를 맡았다고 해보자. 지금 총상으로 오른팔을 못 쓰게 된 한 남자의 사례를 검토 중이다. 집 근처 편의점에 들렀다가 우연히 그곳에 든 강도와 마주친 사람이다.

피해자의 집 근처에는 편의점이 둘 있는데, 피해자는 평소에 둘 중 한 곳을 더 자주 들렀다. 다음 두 가지 시나리오를 생각해보자.

(1) 강도 사건이 발생한 곳은 피해자가 평소에 자주 가던 편의점이다.

(2) 피해자가 자주 가던 편의점이 상을 당해 문을 닫는 바람에 다른 편의점에 갔다가 총상을 입었다.[1]

피해자가 어느 편의점에서 총을 맞았는가가 보상에 영향을 미쳐야 할까?

사람들은 이 경우에 두 가지 시나리오를 동시에 비교하는 공동평가로 판단을 내린다. 그런데 만약 두 번째 시나리오가 더 높은 보상을 받을 자격이 있다고 생각한다면, 거기에 더 높은 달러 가치를 매겨야 한다고 해보자.

사람들은 거의 만장일치로, 두 상황에 똑같이 보상해야 한다고 말한다. 불구가 된 피해를 보상하는데 사건이 일어난 장소가 무슨 상관이란 말인가? 사람들은 두 시나리오를 동시에 평가함으로써 피해자 보상과 관련 있는 요소를 가려내는 자신의 도덕적 원칙을 점검한다. 대다수 사람이 생각하기에, 장소는 피해자 보상과 관련이 없다. 명확한 비교가 필요한 상황에서 흔히 그렇듯이, 이 문제에서도 사람들은 시스템 2를 동원하고 느리게 생각한다.

처음 이 시나리오를 만든 심리학자 데일 밀러와 캐시 맥팔랜드Cathy McFarland는 두 시나리오를 각각 다른 사람들에게 보여주고 단일평가를 하게 했다. 각 참가자에게 시나리오를 하나만 보여주고 거기에 달러 가치를 매기게 하는 실험 참가자 간 실험을 진행한 것이다. 그 결과, 다들 예상하겠지만, 피해자가 늘 가던 편의점에서 총상을 입었을 때보다 어쩌다 들른 편의점에서 총상을 입었을 때 보상액이 높게 나왔다. 안타까움(후회의 사촌)은 '늘 가던 편의점에만 갔었어도……'라는 생각에서 나오는 사후 가정적 감정이다. 바꿔치기와 세기 짝짓기에 능숙한 시스템 1은 이 이야기에서 느끼는 감정의 세기를 금액으로 환산해, 서로 다른 보상액을 제시한다.

두 실험을 비교하면 크게 대조되는 점이 나타난다. 두 가지 시나리오를 동시에 고려하면(실험 참가자 내 실험) 거의 모든 사람이 안타까움은 타당한 고려 대상이 아니라는 원칙에 동의한다. 아쉽게도 이 원칙은 두 시나리오를 동시에 봤을 때만 적용되는데, 삶은 그런 식으로 전개되지 않는다. 삶은 대개 실험 참가자 간 실험 같아서, 우리 마음을 바꿔놓았을 대안이 등장하지 않을 뿐 아니라 보이는 것이 전부라는 원칙까지 작용한다. 그러다 보니 도덕 문제에 개입했던 믿음이 감정 반응에는 영향을 미치지 않기도 하고, 서로 다른 상황에서 머릿속에 떠오르는 도덕적 직관은 일관되지 못한 채 따로 놀기도 한다.

강도 시나리오를 단일평가할 때와 공동평가할 때 나타나는 이런 모순은 판단과 선택의 역전이라는 넓은 부류에 속한다.[2] 이 같은 선호도 역전은 1970년대 초에 처음 발견되었고, 이후 여러 해 동안 다양한 종류의 역전이 많이 발표되었다.

경제학에 대한 도전

선호도 역전은 심리학자와 경제학자가 나눈 대화의 역사에서 중요한 위치를 차지한다. 아모스와 같은 시기에 미시간대학원을 다닌 심리학자 세라 리히텐슈타인과 폴 슬로빅은 주목할 만한 역전을 발표했다.[3] 두 사람은 내기를 두고 선호도를 실험했는데, 이 실험을 단순하게 변형해 소개하면 아래와 같다.

36개 칸으로 나뉜 룰렛을 이용한 다음 두 가지 내기 중 하나를 선택해야 한다.

내기A: 160달러를 딸 확률 11/36, 15달러를 잃을 확률 25/36

내기B: 40달러를 딸 확률 35/36, 10달러를 잃을 확률 1/36

안전한 내기와 위험한 내기 중의 선택이다. 많지 않은 액수를 딸 거의 확실한 확률의 내기냐, 아니면 큰돈을 딸 낮은 확률과 적은 돈을 잃을 높은 확률의 내기냐, 둘 중 하나를 골라야 한다. 사람들은 대개 안전을 추구하는 성향이 강해, 상당수가 B를 선택한다.

이제 두 가지 내기를 따로 생각해보자. 이 내기를 소유했다면, 최소 얼마에 내기를 팔겠는가? 누구와도 협상을 하지는 않는다는 점을 명심하라. 그러니까 내기를 흔쾌히 포기할 최저 가격을 결정해야 한다. 실제로 해보라. 이때 내기에서 얼마를 딸 수 있는가가 가장 중요한 요소이고, 내기의 가치는 그 값을 기준점 삼아 정해진다. 실험 결과, 예상대로 판매가는 B보다 A가 높게 나타났다. 선호도 역전이다. 둘 중 하나를 택할 때는 A보다 B를 택하지만, 내기를 소유하고 있다고 상상하면 B보다 A에 더 높은 값을 매긴다. 강도 시나리오에서처럼, 선호도 역전이 일어나는 이유는 공동평가를 하면 단일평가에서는 그다지 두드러지지 않는 한 가지 요소, 즉 내기A가 내기B보다 덜 안전하다는 사실에 주의를 집중하기 때문이다. 평소에 안 가던 편의점에 들른 피해자의 안타까움이나 상금을 기준점으로 삼는 행위처럼 단일평가에서 판단을 좌우하던 특징들이 공동평가에서는 두드러지지 않거나 무관한 요소가 되어버린다. 단일평가에는 시스템 1의 감정 반응이 개입하기 쉽고, 신경 써서 세심하게 비교해야 하는 공동평가에는 시스템 2가 개입한다.

선호도 역전은 실험 참가자 내 실험에서 확인된다. 실험 참가자들은 양쪽 세트에 가격을 매기기도 하고, 둘 중 하나를 선택하기도 한다. 이들은 자신의 행동에 일관성이 없음을 눈치채지 못하는데, 그런 상황에서 이들의 반응이 재미있다. 세라 리히텐슈타인은 1968년에 실험을 진행하면서 참가자들을 대상으로 면담을 했는데, 이 면담은 이 분야의 고전으로 전해진다. 실험 참가자들은 두 개의 내기 중에 하나를 선택해놓고, 이어서 바로 전에 자기가 선택한 내기를 자기가 포기한 내기로 바꾸기 위해 기꺼이 돈을 더 지불하려는 행위를 반복했다. 실험 진행자는 당혹스러워하는 이들을 대상으로 긴 이야기를 나누었다.[4]

합리적인 이콘이라면 당연히 선호도 역전을 보이지 않을 것이고, 따라서 이 현상은 합리적 행위자 모델과 그 모델에 기초한 경제 이론에 도전했다. 이 도전은 무시될 수도 있었지만, 무시되지 않았다. 선호도 역전이 발표되고 몇 년이 지나 존경받는 경제학자 데이비드 그레더David Grether와 찰스 플롯Charles Plott이 리히텐슈타인과 슬로빅이 설명한 현상을 직접 연구한 뒤에, 그 결과를 권위 있는 〈아메리칸 이코노믹 리뷰〉에 실었다.[5] 리히텐슈타인과 슬로빅의 연구는 아마도 경제학자들의 주목을 끈 최초의 실험심리학 연구였을 것이다. 그레더와 플롯의 논문 도입부는 학자가 쓴 논문치고는 이례적으로 극적이었는데, 그 의도는 명백했다. "경제학자들이 관심을 보여야 할 자료와 이론 한 무더기가 심리학계에서 개발되었다. 그 자료는, 액면 그대로 받아들인다면 선호 이론과 맞지 않으며, 경제학 내 연구 우선순위에 시사하는 바가 크다. (…) 이 논문에는 그 심리학자들의 연구가 경제학에 적용하기에 적절치 않다는 점을 증명할 목적으로 만든 일련의 실험에서 나온 결과를 실었다."

그레더와 플롯은 리히텐슈타인과 슬로빅이 발견한 내용을 설명할 가설 13개를 나열하고, 그것을 검증하기 위해 용의주도하게 만든 실험을 소개했다. 이들의 가설 중에는 실험 주체가 심리학자들인 탓에 그런 결과가 나왔다는 가설도 있었다. 심리학자들이 보기에는 당연히 거만한 태도였다. 여러 개 중에 마침내 살아남은 단 하나의 가설은 두 심리학자가 옳다는 가설이었다. 그레더와 플롯은 표준 선호 이론의 관점에서 보면 이 가설이 가장 만족스럽지 않다는 사실을 인정했다. "개인의 선택은 당시 상황에 좌우된다는 점을 인정해" 일관성 논리를 정면으로 위배하기 때문이었다.[6]

이 놀라운 결과로 경제학 이론의 토대가 되는 단정이 제대로 도전을 받았으니, 경제학자들은 번민에 차서 자아를 탐색하겠거니 생각하기 쉽다. 그러나 심리학과 경제학을 비롯한 사회과학 분야는 그런 식으로 돌아가지 않는다. 이론에 대한 믿음은 강고해서, 기존 이론을 진지하게 부정하려면 한 가지 당혹스러운 발견만으로는 부족하다.[7] 사실 그레더와 플롯의 존경스러울 정도로 솔직한 논문은, 어쩌면 그레더와 플롯 자신을 포함해, 경제학자들의 확신에 직접적인 영향을 미치지는 못했다. 그러나 경제학자들이 심리학 연구를 진지하게 받아들이고 학문의 경계를 넘어 더욱 진전된 대화를 나누려는 자세를 보이는 계기가 되었다.

범주

"존은 키가 큰 편인가?" 존의 키가 150센티미터라면, 나이에 따라 답이 달라진다. 여섯 살이면 아주 큰 편이고, 열여섯 살이라면 아주 작은 편이다. 시스템 1은 관련 기준을 자동적으로 끄집어내고, 키가 크다는 의미를 자동적으로 조절한다. 그런가 하면 범주를 넘나들며 세기를 짝짓기해 다음 질문에 답할 수도 있다. "존의 키에 비해 이 식당 음식은 얼마나 비싼가?" 이때 답은 존의 나이에 달렸다. 존이 여섯 살일 때보다는 열여섯 살일 때, 식당 음식은 훨씬 덜 비싸다.

그런데 아래 경우를 보자.

존은 여섯 살이다. 키는 150센티미터다.
짐은 열여섯 살이다. 키는 155센티미터다.

단일평가라면 존은 키가 아주 크고, 짐은 크지 않다는 데 누구나 동의한다. 두 경우는 비교 기준이 다르기 때문이다. 그런데 "존은 짐에 비해 키가 큰가?"라고 둘을 직접 비교해 물으면, 그렇지 않다고 대답할 것이다. 놀랄 것도, 모호할 것도 없는 답이다. 그런데 다른 상황에서, 어떤 대상이나 사건이 비교 맥락을 스스로 구성하다 보면 심각한 문제에서 일관성 없는 선택이 나올 수 있다.

단일평가와 공동평가가 항상 서로 일치하지 않는다거나 판단은 늘 뒤죽박죽이라고 생각해서는 안 된다. 우리가 사는 세상은 여섯 살짜리 남자아이라든가 탁자라든가 하는 여러 범주로 나뉘고, 범주마다 기준이 있다. 판단과 선호도는 범주 안에서는 일관되지만, 범주가 다른 대상을 비교하고 평가할 때는 일관성을 잃을 수 있다. 예를 들어 다음 세 질문에 대답해보라.

사과와 복숭아 중에 어느 것을 더 좋아하는가?
스테이크와 전골 중에 어느 것을 더 좋아하는가?
사과와 스테이크 중에 어느 것을 더 좋아하는가?

첫째, 둘째 질문은 같은 부류에 속한 대상을 묻기 때문에 바로 대답할 수 있다. 게다가 단일평가에서 나온 순위("사과를 얼마나 좋아하는가?"와 "복숭아를 얼마나 좋아하는가?")를 그대로 적용했을 수도 있다. 사과와 복숭아가 모두 과일 이미지를 떠올리기 때문이다. 서로 다른 과일이 똑같은 기준에 따라 비교되고, 공동평가뿐 아니라 단일평가에서도 암묵적으로 서로 비교되니 선호도 역전은 없다. 이런 범주 내 질문과 달리, 사과와 스테이크를 비교할 때는 고정된 답이 없다. 사과와 복숭아 조합과 달리 사과와 스테이크 조합은 자연스러운 대체물이 아니며, 똑같은 욕구를 충족하지도 않는다. 어떤 때는 스테이크가 먹고 싶고, 어떤 때는 사과가 먹고 싶지만, 스테이크를 먹는다고 사과를 먹고 싶은 욕구가 해소되거나 사과를 먹는다고 스테이크를 먹고 싶은 욕구가 해소된다고 보기 힘들다.

신뢰하는 조직에서 이메일을 하나 받았다고 상상해보자. 아래 명분에 기부를 해달라는 내용이다.

많은 돌고래 번식지가 오염되어 돌고래 개체 수가 감소하리라 예상됩니다. 돌고래에게 오염되지 않은 번식지를 마련해주기 위해 민간 기부의 특별 기금을 조성했습니다.

이 문제를 보고 무엇이 연상되었는가? 비슷한 다른 명분이 알게 모르게 머릿속에 떠올랐을 것이다. 특히 멸종 위기 종을 보존하려는 프로젝트가 떠올랐기 쉽다. 그리고 시스템 1이 자동적으로 '좋음 대 나쁨' 차원의 평가를 내리고, 머릿속에 여러 동물이 떠오르면서 그 가운데 돌고래의 순위가 막연하게 자리 잡을 것이다. 돌고래는 이를테면 족제빗과의 페럿이나 뱀 또는 잉어보다 훨씬 사랑스러워서, 저절로 비교 대상이 되는 종들 가운데 꽤 높은 순위에 오른다.

여기서 대답해야 하는 것은 잉어보다 돌고래를 더 좋아하느냐가 아니라 돈의 가치다. 물론 과거에도 비슷한 요청을 받았던 경험으로 미루어, 이 요구에 절대 응하지 않을 사람도 있을 수 있다. 하지만 아주 잠깐만 이 요청을 수락했다고 상상해보자.

다른 많은 어려운 질문이 그렇듯이, 돈의 가치를 평가해야 하는 질문도 바꿔치기와 세기 짝짓기로 해결할 수 있다. 돈과 관련한 질문은 어렵지만, 그보다 쉬운 문제는 얼마든지 있다. 돌고래를 좋아한다면 돌고래를 살린다는 명분에 호감을 느낄 것이다. 그다음에는 저절로 돌고래를 좋아하는 정도가 기부 정도로 바뀌어 금액이 떠오른다.[8] 과거에 환경과 관련해 기부했을 때, 그 금액이 정치 기부나 모교 미식축구팀 기부와는 달랐을 수 있다. 우리는 기부금이 어느 정도면 내게 '아주 큰' 액수이고, 어느 정도면 '큰 액수'이거나 '적당한 액수' 또는 '적은 액수'인지도 가늠할 수 있다. 그리고 특정 종에게 느끼는 감정의 크기도 있다('아주 좋아한다'부터 '전혀 좋아하지 않는다'까지). 이 감정을 액수로 환산해, 이를테면 '아주 좋아한다'를 '꽤 큰 금액을 기부한다'로 바꿔 일정한 액수를 정할 수 있다.

이번에는 다른 호소문을 받았다고 해보자.

장시간 햇빛에 노출된 농장 노동자는 일반 사람들보다 피부암에 걸릴 위험이 높습니다. 하지만 건강검진을 자주 받는다면 위험을 줄일 수 있습니다. 위험군에 속한 사람들에게 건강검진을 실시할 기금을 조성하고자 합니다.

다급한 문제일까? 다급함을 측정할 때 어떤 범주가 기준으로 떠올랐는가?

이 문제를 공중보건 문제로 자동적으로 범주화했다면, 농장 노동자의 피부암 위험은 같은 부류의 다른 문제들보다 순위가 더 높지 않았을 것이다. 그리고 멸종 위기 종에서 차지하는 돌고래의 순위보다 틀림없이 낮았을 것이다. 따라서 피부암의 상대적 중요성에 대한 느낌을 금액으로 환산할 때 멸종 위기 종 보호에 내놓은 금액보다 적은 액수를 떠올렸기 쉽다. 실제로 단일평가 실험에서, 사람들은 농장 노동자보다 돌고래에 더 많은 액수를 제시했다.

이제 공동평가로 두 가지 명분을 비교해보자. 돌고래와 농장 노동자 중에 어느 쪽이 더 많은 기부금을 받을 자격이 있을까? 공동평가는 단일평가에서는 두드러지지 않았지만 일단 감지되면 결정적 역할을 하는 특징을 부각한다. 농장 노동자는 인간이고, 돌고래는 인간이 아니다. 당연한 사실이지만 단일평가에서는 영향을 미치지 않는 특징이다. 단일평가에서 돌고래가 사람이 아니라는 사실은 머릿속에 떠오르는 모든 대상이 그 특징을 가지고 있기 때문에 새삼 부각되지 않는다. 농장 노동자가 인간이라는 사실도 모든 공중보건 문제가 인간을 대상으로 하기 때문에 머릿속에 떠오르지 않는다. 단일평가의 좁은 틀짜기에서는 돌고래에게 더 높은 세기 점수가 부여되고, 세기 짝짓기에 따라 더 많은 기부금이 돌아간다. 공동평가는 문제의 대표성을 바꿔놓는다. '인간 대 동물'이라는 대표적 특징은 둘을 같이 놓고 봐야 두드러진다. 공동평가에서 사람들은 농장 노동자에게 군건한 지지를 보내고, 사랑스러운 비인간 종 보호보다 농장 노동자의 복지에 기부를 훨씬 더 많이 한다. 내기와 강도 사건처럼 여기서도 단일평가와 공동평가에서 판단이 달라진다.

시카고대학의 크리스토퍼 시는 선호도 역전을 보여주는 여러 근거를 제시했는데, 아래도 그중 하나다. 평가 대상은 중고 음악 사전이다.

	A사전	B사전
발행 연도	1993	1993
수록 단어 수	10,000	20,000
상태	새 것 같음	표지 찢어짐, 그 외는 새 것 같음

단일평가에서는 A사전에 더 높은 가치를 부여한다. 그러나 공동평가에서는 당연히 선호도가 달라진다. 이 결과는 크리스토퍼 시가 말하는 '평가 가능성 가설evaluability hypothesis'을 잘 보여준다. 단일평가에서는 수록 단어 수에 비중을 두지 않는다. 그 자체로는 평가가 가능하지 않기 때문이다. 반면에 공동평가에서는 그 점에서 B사전이 낫다는 사실이 금방 드러나고, 수록 단어 수는 표지 상태보다 훨씬 중요하다는 사실도 명백해진다.[9]

부당한 역전

법 집행에서도 여러 영역에서 예상 가능한 일관되지 못한 판단이 곧잘 나온다. 그 증거는 모의 배심원단 연구를 비롯한 여러 실험에서, 그리고 입법, 규제, 소송의 여러 유형을 관찰한 결과에서 찾을 수 있다.

어느 실험에서, 텍사스 배심원 명부를 가지고 모의 배심원단을 모집한 뒤, 몇 가지 민사사건에서 징벌적 손해배상을 평가하게 했다. 이때 신체 상해 사건과 금전적 피해 사건을 한 쌍으로 제시했는데, 두 가지 시나리오 중에 하나를 먼저 평가하게 하고, 그다음에 쌍을 이루는 다른 사건을 마저 보여주면서 둘을 비교하게 했다. 아래는 그중 한 쌍을 요약한 것이다.

사건1: 한 아이가 성냥을 가지고 놀다가 파자마에 불이 붙어 중간 정도의 화상을 입었다. 파자마를 생산한 회사는 파자마를 만들 때 방염 처리를 제대로 하지 않았다.

사건2: 한 은행의 비양심적 거래로 다른 은행이 1,000만 달러 손해를 보았다.

참가자 절반은 우선 단일평가로 사건1부터 판단한 뒤에 공동평가로 두 사건을 비교했다. 다른 절반은 같은 방식으로 사건2부터 판단했다. 단일평가에서 배심원들은 화상을 입은 아이보다 사기를 친 은행에 더 큰 징벌적 손해배상을 내렸는데, 아마도 금전적 피해 규모가 기준점으로 작용해 높은 액수를 부과하지 않았나 싶다.

그러나 두 사건을 같이 놓고 검토하자 개인 피해자를 향한 동정심이 기준점 효과를 압도해, 화상 사건의 손해배상 금액을 올려 은행 사건보다 더 높게 책정했다. 이런 식으로 여러 쌍을 평가해 평균을 내보니, 상해 피해자가 받을 손해배상 금액은 공동평가 때가 단일평가 때보다 두 배 이상 높았다. 아이가 화상을 입은 사건을 따로 떼어놓고 본 배심원들은 자신이 느낀 감정의 세기에 맞는 금액을 제시했다. 이들은 아이에 대한 손해배상이 금융기관에 대한 거액의 손해배상에 비춰볼 때 적절치 않아 보일 것이라고는 예상하지 못했다. 공동평가에서 은행에 대한 손해배상은 은행의 손해 규모를 기준점 삼아 일정하게 유지되지만, 화상을 입은 아이에 대한 손해배상은 아이에게 상해를 입힌 부주의가 촉발한 분노를 반영해 증가했다.

이제까지 보았듯이 합리성은 일반적으로 더 광범위하고 더 포괄적인 틀에서 나오며, 공동평가는 단일평가보다 분명히 더 광범위하다. 물론 누군가가 내가 보는 정보를 통제하고 내 선택에서 큰 이익을 챙길 수 있다면 공동 평가를 조심해야 한다. 영업사원은 고객에게 상품을 보여주는 방식을 조작하면 선호도에 지대한 영향을 미칠 수 있다는 사실을 재빨리 터득한다. 이런 의도적인 조작을 제외하면, 시스템 2가 개입하는 비교 판단은 보통 시스템 1의 감정의 세기를 반영하는 단일평가보다 일관될 가능성이 높다. 사람들은 어떤 조직이 신중한 판단을 이끌어내려 한다면 판단을 내리는 사람에게 개별 사건을 평가하는 데 필요한 광범위한 맥락을 제시하겠거니, 예상하게 마련이다. 그런데 나는 캐스 선스타인에게서, 징벌적 손해배상을 평가하는 배심원들은 다른 사례를 고려하는 것이 노골적으로 금지된다는 말을 듣고는 깜짝 놀랐다. 법체계는 심리학의 상식과 반대로 단일평가를 선호했다.

선스타인은 직업안전보건국이나 환경보호청 등 미국 정부 조직이 부과하는 행정처벌을 비교했다. 그리고 이렇게 결론 내렸다. "같은 범주 안에서 보면, 적어도 피해가 심할수록 처벌도 무거워야 한다는 점에서는 처벌 내용이 지극히 타당해 보였다. 직업 안전과 보건 관련 법을 위반한 경우를 보면 가장 큰 처벌은 위반을 반복할 때, 그다음 큰 처벌은 위반이 의도적이고 심각할 때, 그리고 가장 가벼운 처벌은 꼭 필요한 기록을 남기지 않았을 때 내려진다."[10] 그러나 처벌 정도는 기관마다 큰 차이를 보였는데, 공정성에 대한 전반적 관심보다 정치와 역사가 반영된 결과였다. 노동자의 안전과 관련한 규제를 '심각하게 위반'했을 때 과태료는 최고 7,000달러인 반면, '야생 조류 보전법'을 위반했을 때 과태료는 최고 2만 5,000달러다. 이런 금액은 같은 기관 내의 다른 처벌과 비교하면 타당하지만, 다른 기관과 비교하면 이상하다. 이번 장에 소개한 다른 예도 그렇듯이, 넓은 틀에서 두 경우를 동시에 비교할 때만 이런 앞뒤가 안 맞는 상황을 발견할 수 있다. 행정처벌 체계는 같은 기관 안에서 보면 일관되지만, 여러 기관을 통틀어 보면 들쭉날쭉하다.

역전과 관련한 말들

"에어컨의 용량을 나타내는 열량 단위(BTU)가 얼마나 다양한지를 직접 보기 전까지, 그 열량 단위는 내게 아무 의미도 없었다. 역시 공동평가는 필수다."

"당신은 그의 연설이 탁월했다고 말한다. 그의 다른 연설과 비교했기 때문이다. 하지만 다른 사람의 연설과 비교하면 그는 아직도 멀었다."

"더 넓은 틀에서 보면 더 합리적인 결정을 내릴 수 있을 때가 많다."

"각 경우를 따로 떼어서 생각하면 시스템 1의 감정 반응에 좌우되기 쉽다."

Thinking,
Fast and slow

34

틀과 사실

2006년 월드컵 결선에서 이탈리아와 프랑스가 맞붙었다. 다음 두 문장은 그 결과를 나타낸다. "이탈리아가 이겼다." "프랑스가 졌다." 두 진술은 의미가 같은가? 그 답은 전적으로 '의미'의 의미가 무엇인가에 달렸다.

논리적 추론으로 보면, 경기 결과를 묘사한 두 진술은 똑같은 실제 상황을 가리키고 있어서 서로 바꿔 쓸 수 있다. 철학적으로 말하면, 두 진술의 진리 조건은 동일하다. 즉 하나가 참이면, 다른 하나도 참이다. 이는 이콘이 세상을 이해하는 방식이다. 이콘의 믿음과 선호도는 사실에 근거한다. 특히 이콘이 선택하는 대상은 그것을 묘사하는 말에 영향을 받지 않는 실제 세계다.

'의미'를 다른 각도에서 보면, "이탈리아가 이겼다"와 "프랑스가 졌다"는 같은 의미가 전혀 아니다. 이때 문장의 의미는 그 말을 이해할 때 연상 체계에서 일어나는 일을 가리킨다. 두 문장은 명백히 다른 연상 작용을 일으킨다.

"이탈리아가 이겼다"고 말하면 이탈리아 팀이 생각나고 승리 요인이 떠오른다. "프랑스가 졌다"고 말하면 프랑스 팀이 생각나고, 프랑스 축구 스타 지단이 이탈리아 선수를 머리로 들이받는 잊을 수 없는 장면 등 패배 원인이 떠오른다. 문장이 일으키는 연상 작용, 그러니까 시스템 1이 문장에 반응하는 과정으로 보면, 두 문장의 진짜 '의미'는 다르다. 이처럼 논리적으로 동일한 진술이 다른 반응을 유발하는 탓에 인간은 이콘만큼 합리적일 수 없다.

감정 틀짜기

아모스와 나는 이야기 구성 방식이 믿음과 선호도에 미치는 부당한 영향에 '틀짜기 효과'라는 이름을 붙였다.[1] 이때 우리가 이용한 예 하나는 아래와 같다.

95달러를 딸 확률이 10퍼센트이고 5달러를 잃을 확률이 90퍼센트인 도박이 있다면, 하겠는가?
100달러에 당첨될 확률이 10퍼센트이고 꽝이 나올 확률이 90퍼센트인 복권을 5달러에 사겠는가?

우선 이 둘이 같은 질문이란 사실부터 이해하자. 두 경우 모두 95달러만큼 부자가 되거나 5달러만큼 가난해질 수 있는 불확실한 전망을 받아들일지를 결정해야 한다. 사실을 기반으로 선호도를 결정하는 사람이라면 두 질문에 같은 답을 내놓겠지만, 그런 사람은 드물다. 실제로 사람들은 둘 중 하나에 훨씬 더 긍정적인 답을 내놓다. 바로 두 번째 질문이다. 나쁜 결과를 훨씬 더 쉽게 받아들일 수 있을 때는 도박에서 돈을 잃었을 때보다 복권을 사느라 비용이 들었는데 당첨되지 않았을 때다. '손실'은 '비용'보다 부정적 느낌이 훨씬 더 강하다는 것은 어쩌면 당연하다. 우리 선택은 사실에 기반을 두지 않는다. 시스템 1이 사실에 매달리지 않기 때문이다.

우리는 리처드 세일러에게 배운 것을 토대로 문제를 만들었다. 세일러는 대학원생 때 "비용은 손실이 아니다"라고 적힌 종이를 칠판에 붙여놨다고 했다. 소비자의 행동에 관한 초기 글에서 그는 주유소에서 카드 결제와 현금 결제에 요금을 다르게 부과하는 것을 허용해야 하는지에 관한 논쟁을 다루었다.[2] 신용카드사는 그런 행위를 불법으로 규정하기 위해 강력한 로비를 벌이면서도 만일에 대비해 대책을 마련해두었다. 요금 차이가 허용된다면, 그 차이는 카드 추가 요금이 아니라 현금 할인이라고 이름 붙여야 한다는 것이다. 그 논리 이면의 심리는 타당했다. 사람들은 추가 요금 지불보다 할인 포기를 더 흔쾌히 택할 것이다. 이 둘은 경제적으로는 같을지 몰라도 감정적으로는 다르다.

유니버시티칼리지런던의 신경과학자 팀은 틀짜기 효과 연구에 뇌의 여러 영역별 활동 기록을 접목한 훌륭한 실험을 실시했다. 이들은 신뢰할 만한 뇌 반응 수치를 얻기 위해, 많은 문제를 동원해 실험했다. 〈그림 14〉는 그중 한 문제의 두 가지 틀을 나타낸다.

우선 실험 참가자에게 일정한 금액을 받았다고 상상하라고 한다. 여기서는 50파운드라고 하자.

그런 다음 확정된 결과를 택할지 아니면 돌림판을 돌리는 도박을 택할지 결정하게 한다. 도박을 택한다면, 돌림판이 흰색에서 멈췄을 때 애초의

50파운드를 그대로 다 받고 검은색에서 멈췄을 때는 한 푼도 못 받는다. 확정된 결과를 택한다면 도박의 기댓값을 무조건 받는데, 돌림판에서 흰색이 나올 확률은 40퍼센트여서 기댓값은 20파운드다.

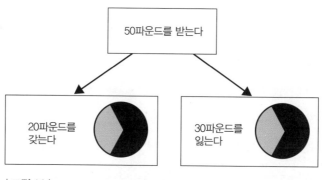

| 그림 14 |

〈그림 14〉는 도박이 아닌 확정된 결과를 설명한다. 확정된 결과는 두 가지 방법으로 틀을 짤 수 있다. '20파운드를 갖는다'고 하거나 '30파운드를 잃는다'고 하거나. 이 두 가지 틀의 객관적 결과는 정확히 똑같고, 사실만으로 판단하는 이콘은 두 가지 틀에 똑같은 방식으로 반응해, 틀에 상관없이 확정된 결과를 택하거나 도박을 택한다. 그러나 인간의 머릿속은 사실에만 매달리지 않는다는 것을 우리는 이미 알고 있다. 인간은 단어에 따라 끌리거나 회피하는 성향이 있어서, 시스템 1은 똑같은 확정된 결과를 놓고도 '갖는다'라고 표현하면 끌리지만 '잃는다'라고 표현하면 회피하는 편향을 보인다.

이 실험은 수많은 질문으로 구성되었고, 각 참가자에게 '갖는다'와 '잃는다'라는 두 가지 틀 중에 선택하는 문제를 여러 개 제시했다. 예상대로 참가자 20명 모두 어느 정도 틀짜기 효과를 보였다. '갖는다'라고 틀짜기를 하면 무조건 받는 확정된 결과를 택하는 경우가 많고, '잃는다'라고 틀짜기를 하면 도박을 택하는 경우가 많았다. 하지만 참가자들이 다 같지는 않아서, 틀 짜기에 유독 영향을 많이 받는 사람이 있고, 사실에 기초해 틀과 상관없이 같은 선택을 하는 사람이 있었다. 이에 따라 참가자 20명을 '합리성 지수'라 는 노골적인 제목 아래 순위를 매겼다.

실험에서 참가자가 결정을 내릴 때마다 뇌 활동을 기록했는데, 반응 결과 는 두 가지 범주로 나뉘었다.

1. 참가자의 선택이 틀에 좌우된 경우
   • '갖는다'라는 틀짜기에서는 '무조건 받기'를 선호했다.
   • '잃는다'라는 틀짜기에서는 도박을 선호했다.
2. 참가자의 선택이 틀과 무관한 경우

이 놀라운 결과는 결정을 내릴 때 뇌에서 일어나는 일을 연구하는 새로운 학문인 신경경제학의 잠재력을 보여준다. 신경과학자들은 이런 실험을 수 천 가지 실시한 결과, 작업 성격에 따라 뇌의 특정 영역에 "불이 켜진다"는 사실을 발견했다. 산소 흐름이 증가하는 것인데, 신경 활동이 활발해진다는 표시다. 뇌는 시각적 대상에 주목할 때, 공을 차는 상상을 할 때, 얼굴을 인 식할 때, 집을 생각할 때, 각각 활성화하는 영역이 다르다. 흥분될 때, 누군 가와 갈등을 빚을 때, 문제 풀이에 집중할 때는 또 다른 영역에 불이 켜진다. 신경과학자들은 '뇌의 이 부분은 이런저런 일을 한다'라는 말을 조심스레 피해가지만, 뇌의 영역별 '성격'에 대해 많은 것을 알아냈고, 뇌 활동 분석으 로 심리 해석에 크게 기여했다. 틀짜기 연구에서 발견한 주요 사실 세 가지 는 다음과 같다.

- 흔히 흥분과 연관되는 영역(편도체)은 참가자의 선택이 틀에 좌우될 때 활발해지는 성향을 보였다. 감정이 많이 실린 '갖는다'와 '잃는다'라는 말은 그 즉시 확정된 결과를 택하거나(이익으로 틀짜기할 때) 확정된 결과를 피하는(손실로 틀짜기할 때) 성향을 유발한다. 감정 자극은 편도체에 빠르게 접근하는데, 편도체는 시스템 1 개입을 암시하는 강력한 증거다.

- 뇌에서 갈등, 자제력과 연관된다고 알려진 영역(전측 대상회)은 참가자가 자연스러운 행동을 하지 않았을 때, 그러니까 '잃는다'라고 명시되었는데도 확정된 결과를 택했을 때, 더욱 활발해졌다. 시스템 1의 성향을 거스르면 갈등을 유발하는 모양이다.

- 틀짜기 효과에 덜 민감한 가장 '합리적인' 참가자들은 뇌의 앞부분에서 활동이 증가했다. 결정을 이끄는 논리적 추론과 감정을 결합한다고 알려진 영역이다. 놀랍게도 '합리적' 인간은 신경에서 갈등하는 증거가 강하게 드러난 사람이 아니었다. 엘리트 참가자들은 (항상은 아니지만 자주) 별다른 갈등 없이 사실을 기반으로 결정을 내리는 것으로 보인다.

이 연구는 실제 선택과 신경 활동을 함께 관찰함으로써, 단어가 불러일으키는 감정이 어떻게 최종 선택으로 '새어나가는지'를 훌륭히 보여준다.

아모스가 하버드 의과대학에서 동료들과 함께 실시한 실험은 감정 틀짜기의 고전이다. 실험에 참가한 의사들에게 폐암의 두 가지 치료법인 수술과 방사선 치료의 결과를 담은 통계 자료를 나눠주었다. 5년까지의 생존율을 보면 수술이 분명히 더 효과적이지만, 단기적으로 보면 수술이 방사선 치료보다 더 위험하다. 이때 참가자 절반에게는 생존율을 보여주고, 절반에게는 똑같은 정보를 사망률로 바꿔 보여주었다. 이를테면 수술의 단기적 결과를 아래의 두 가지 방식으로 보여주었다.

한 달 생존율은 90퍼센트다.
첫 달에 사망할 확률은 10퍼센트다.

예상대로 후자보다 전자의 틀에서 수술이 인기가 훨씬 더 높았다(전자에서는 의사의 84퍼센트가 수술을 택하고, 후자에서는 50퍼센트가 방사선 치료를 택했다). 두 가지 설명은 누가 봐도 논리적으로 똑같고, 사실을 기반으로 결정을 내리는 사람이라면 전자에서든 후자에서든 같은 선택을 할 것이다. 그러나 앞에서 보았듯이 시스템 1은 감정이 실린 단어에 무심하지 않다. 사망률은 나쁘고, 생존율은 좋다. 그리고 생존율 90퍼센트는 희망적인데, 사망률 10퍼센트는 끔찍하다.[3] 이 연구에서 발견한 중요한 사실은 의사도 의학 지식이 없는 일반 사람들(환자나 경영대학원생 등)만큼이나 틀짜기 효과에 휘둘린다는 것이다. 의학 교육도 틀짜기의 위력 앞에서는 무용지물이 분명하다.

'갖는다/잃는다' 연구와 '생존율/사망률' 실험은 한 가지 중요한 점이 달랐다. 뇌 영상 연구에서는 참가자들에게 서로 다른 틀로 만든 문제를 여러 개 제시했다. 이들은 주의를 분산시키는 틀짜기 효과를 인식할 기회도 있었고, '잃는' 양을 '갖는' 양으로 치환한다든가 하는 흔한 틀을 적용해 문제를 단순화할 수도 있었다. 그러려면 똑똑해야 (그리고 시스템 2가 긴장해야) 할 텐데, 그 어려운 일을 해낸 소수의 참가자들은 그 실험이 찾아낸 '합리적' 행위자일 것이다. 반면에 생존률이라는 틀에서 두 가지 치료법의 통계를 본 의사들은 같은 통계를 사망률이라는 틀에서 봤더라면 다른 선택을 하지 않았을까, 고민할 만한 이유가 없었다. 틀을 다시 짜는 일은 번거롭고, 시스템

2는 보통 게으르다. 특별한 이유가 없는 한, 우리는 대부분 제시된 틀에 따라 수동적인 결정을 내리고, 그러다 보니 우리 선호도가 어느 정도나 사실보다 틀에 좌우되는지를 발견할 기회도 드물다.

공허한 직관

아모스와 나는 논문에서 우리가 논의한 틀짜기를 소개하며 '아시아 질병 문제'로 알려진 예를 들었다.[4]

> 미국이 이례적인 아시아 질병에 대비한다고 상상해보자. 이 질병이 발생하면
> 600명이 사망하리라 예상된다. 이 질병에 맞설 프로그램이 두 가지 제안되었는
> 데, 그 둘의 결과를 과학적으로 정확히 예측한 수치가 다음과 같다고 해보자.
>   프로그램 A를 채택하면 200명을 살릴 것이다.
>   프로그램 B를 채택하면 600명을 살릴 확률이 3분의 1이고, 한 명도 못 살릴 확
>   률이 3분의 2다.

응답자의 상당수는 프로그램 A를 선택한다. 이들은 도박보다 정해진 결과를 더 좋아한다.

이번에는 프로그램 결과를 다른 틀로 바꿔 제시한다.

> 프로그램 a를 채택하면 400명이 사망할 것이다.
> 프로그램 b를 채택하면 한 명도 사망하지 않을 확률이 3분의 1이고, 600명이

사망할 확률이 3분의 2다.

두 가지 틀을 자세히 비교해보라. 프로그램 A와 a는 결과가 같다. 프로그램 B와 b도 같다. 그런데 두 번째 틀에서는 대다수가 프로그램 b를, 즉 도박을 택한다.

두 가지 틀에서 선택이 달라지는 현상은 전망 이론에 딱 들어맞는다. 전망 이론에 따르면, 도박과 확정된 결과를 놓고 선택할 때는 그 둘의 결과가 좋은가 나쁜가에 따라 선택이 달라진다. 결과가 다 좋으면 도박보다 확정된 결과를 선호하는 성향이 있고(위험 회피), 결과가 다 부정적이면 확정된 결과를 거부하고 도박을 선택하는 성향이 있다(위험 추구). 이 결론은 돈이 걸린 문제에서 도박과 확정된 결과를 놓고 선택하는 경우에 이미 입증되었다. 이 질병 문제는 목숨을 구하느냐 잃느냐로 결과를 따질 때도 똑같은 규칙이 적용된다는 것을 보여준다. 이 틀짜기 실험에서도 위험 회피와 위험 추구 사이의 선호도는 사실에 얽매이지 않는다는 것을 알 수 있다. 똑같은 객관적 결과라도 그것을 어떻게 구성하느냐에 따라 선호도가 역전된다.

아모스와 내가 똑같이 경험한 사례도 이 이야기에 암울한 분위기를 더한다. 아모스는 공중보건 전문가들을 상대로 강연 요청을 받았다. 백신과 기타 프로그램을 두고 결정을 내리는 사람들이다. 아모스는 이 기회에 아시아 질병 문제를 내보기로 했다. 청중 절반에게는 '목숨을 구하는' 질문을, 절반에게는 '목숨을 잃는' 질문을 보여주었다. 그러자 이들도 다른 사람들처럼 틀짜기 효과에 쉽게 영향을 받았다. 모든 사람의 건강에 영향을 미치는 결정을 내리는 공직자들이 그런 피상적인 조작에 쉽게 휘둘린다는 사실이 다소 걱정되지만, 중요한 결정도 시스템 1에 지배는 아니더라도 영향을 받는다는 사실에 익숙해져야 한다.

더 난감한 상황은 사람들이 자신의 일관되지 못한 태도를 마주했을 때 일어났다. "당신은 이 경우에는 무조건 200명을 살리는 쪽을 택했고, 저 경우에는 400명의 죽음을 받아들이기보다 차라리 도박을 택했다. 이제 그 두 가지 선택에 일관성이 없다는 걸 알았으니, 다시 선택한다면 어떤 결정을 내리겠는가?" 이 물음에 사람들은 대개 당혹스러운 침묵으로 대답한다. 처음 선택을 이끌어낸 직관은 시스템 1에서 나왔고, 그 직관은 20파운드 갖는 것을 선호하거나 30파운드 잃는 것을 회피할 때의 직관만큼이나 근거가 빈약했다. 확실하게 목숨을 구하는 것은 좋고, 죽음은 나쁠 뿐이다. 실험에서 대다수 사람이 자신의 시스템 2는 이 문제에 대답할 도덕적 직관이 없다는 것을 깨닫는다.

나는 위대한 경제학자 토머스 셸링Thomas Schelling의 저서 《선택과 결과Choice and Consequence》에 실린 예를 틀짜기 효과의 사례로 즐겨 사용하는데, 셸링에게 감사한 일이다.[5] 셸링의 책은 우리가 틀짜기 연구를 발표하기 전에 쓰였고, 틀짜기가 셸링의 주된 관심사는 아니었다. 그는 세법과 관련해 자녀가 있는 경우의 세액공제를 주제로 하버드 케네디스쿨에서 강의하던 때의 경험을 털어놓았다. 셸링은 학생들에게, 모든 자녀가 표준 공제 대상이며, 공제액은 납세자의 소득과 별개라고 말해주었다. 그는 학생들에게 아래 질문에 의견을 물었다.

가난한 사람보다 부자가 자녀 공제를 더 많이 받아야 할까?

학생들은 부자가 공제를 더 많이 받는 일은 있을 수 없다고 생각했고, 아마 다른 사람들도 대개는 그렇게 생각할 것이다.

다음으로 셸링은 세법이 자의적이라는 점을 지적했다. 이 법은 자녀가 없는 가정을 기준으로 정해놓고, 자녀 수에 따라 세액을 공제해준다. 그런데 자녀가 둘인 가정을 기준으로 삼을 수도 있다. 이렇게 되면 자녀가 둘이 안 되는 가정이 세금을 추가로 내야 한다. 셸링은 이제 이렇게 물었다.

자녀가 없는 가난한 가정은 자녀가 없는 부자 가정과 동일한 추가 세금을 내어야 할까?

학생들은 이 질문에도 앞의 질문만큼이나 거세게 반발했고, 역시 다른 사람들도 그렇게 생각할 것이다. 그런데 셸링은 두 질문에 동시에 반대하면 논리적으로 앞뒤가 안 맞는다고 설명했다. 두 가지 질문을 붙여놓고 보라. 자녀가 없는 가정이 낼 세금과 자녀가 둘인 가정이 낼 세금의 차이는 첫 번째 경우는 감소로, 두 번째 경우는 증가로 나타날 것이다. 첫 번째 경우에서 자녀가 있는 가정은 가난한 사람도 부자와 똑같은 (또는 더 큰) 혜택을 받아야 한다고 생각한다면, 두 번째 경우에서는 자녀가 없는 가정은 가난한 사람도 부자와 적어도 똑같은 추가 세금을 내야 한다고 말해야 한다.

여기에 시스템 1이 작동한다는 것을 알 수 있다. 시스템 1은 부자와 가난한 사람의 문제에 즉각 반응한다. 헷갈리면 가난한 사람을 편들라! 셸링이 낸 문제의 놀라운 점은 간단해 보이는 이 도덕 규칙이 신뢰할 만하지 않다는 것이다. 문제가 어떤 틀로 짜여지는가에 따라 같은 문제에 상반된 답이 나온다. 그렇다면 이제 어떤 질문이 나올지 알 만하다. 틀짜기에 따라 답이 달라진다면, 세법은 자녀 문제에서 부유한 가정과 가난한 가정을 어떻게 다

뭐야 할까?

여기서도 다시 한 번 말문이 막힐 것이다. 부자와 가난한 사람의 차이를 고민하는 도덕적 직관은 있지만, 이 직관은 임의의 기준점에 따라 작동할 뿐 진짜 문제를 고민하지 않는다. 실제 상황을 반영한 이 문제는 각 가정이 세금을 얼마나 내야 하는지, 세법의 그물망을 어떻게 채워야 하는지를 묻는다. 사람들은 이 문제 해결에 지침이 될 설득력 있는 도덕적 직관이 없다. 도덕 감정은 틀짜기에, 사실 자체보다는 사실 묘사에 좌우된다. 틀짜기의 본질이 던지는 메시지는 엄중하다. 틀짜기를 근본적인 선호도를 가리거나 왜곡하는 개입으로 보아서는 안 된다는 것이다. 적어도 이 경우에는, 그리고 아시아 질병 문제와 폐암의 두 가지 치료법 문제에서도, 틀짜기가 가리거나 왜곡하는 근본적인 선호도 따위는 없다. 우리 선호도는 일정한 틀로 짜여진 문제에 관한 것이고, 도덕적 직관은 묘사에 관한 것이지, 본질에 관한 것이 아니다.

좋은 틀

모든 틀이 다 같은 것은 아니다. 똑같은 사실을 묘사할 때(또는 생각할 때) 분명히 더 나은 틀이 있다. 아래 한 쌍의 문제를 보자.

한 여성이 80달러짜리 연극 표를 두 장 샀다. 극장에 도착해 지갑을 열어보니 표가 없다. 이 여성은 연극을 보기 위해 다시 표 두 장을 살까?

한 여성이 한 장에 80달러 하는 연극 표를 두 장 사려고 극장에 간다. 극장에 도착해 지갑을 열어보니 표를 사려고 넣어둔 160달러가 없어 가슴이 철렁 내려앉는다. 신용카드를 쓸 수는 있다. 이 여성은 표를 살까?

두 문제 중 하나만 본 응답자는 이야기를 구성하는 틀에 따라 다른 결론을 내린다. 표를 잃어버린 여성 이야기를 본 사람들은 대부분 그 여성이 연극을 안 보고 그냥 집에 가리라고 생각하고, 돈을 잃어버린 여성 이야기를 본 사람들은 대부분 표를 사서 연극을 볼 것이라고 생각한다.

이에 대한 설명은 이제 익숙하다. 이 문제에는 심리적 계좌와 매몰 비용 오류가 담겼다. 틀이 다르면 심리적 계좌도 다르고, 손실의 중요성은 그 손실이 어느 계좌에서 처리되느냐에 달렸다. 특정 연극의 표를 잃어버렸다면 당연히 그 연극과 연관된 계좌에서 처리된다. 비용은 두 배가 될 테고, 연극 한 편을 보는 비용치고 비싸다. 반면에 현금을 잃어버렸다면 '일반 수익' 계좌에서 처리된다. 이 여성은 자신이 생각했던 것보다 아주 약간 더 가난해지는데, 이때 자문할 내용은 가처분 재산이 약간 줄면 표를 사려는 결심이 바뀌겠느냐는 것이다. 응답자 대부분은 그렇지 않을 것이라고 생각했다.

위 이야기 중에 현금을 잃어버린 이야기는 좀 더 합리적인 결정을 이끌어낸다. 이 틀짜기가 좀 더 나은 이유는 손실은 비록 표를 잃어버린 경우라도 '매몰'로 처리되고 매몰 비용은 무시해야 하기 때문이다. 과거 이력은 문제가 아니며, 현재 주어진 선택과 그 선택의 예상되는 결과만이 문제될 뿐이다. 무엇을 잃어버렸든 중요한 것은 지금은 지갑을 열기 전보다 덜 부자라는 사실이다. 표를 잃어버린 사람이 내게 조언을 해달라고 한다면 나는 이렇게 말하겠다. "같은 액수의 돈을 잃어버렸다면 표를 다시 사겠습니까? 사겠다면, 지금 가서 표를 새로 사세요." 더 넓은 틀과 포괄적 계좌로 생각하면, 대개는 더 합리적인 결정이 나온다.

다음은 두 가지 틀이 서로 다른 수학 직관을 촉발하는 예다. 두 직관 중 하나는 다른 하나보다 월등히 우수하다. 2008년 심리학자 리처드 래릭Richard Larrick과 잭 솔Jack Soll은 〈사이언스〉에 〈MPG 착각The MPG Illusion〉이라는 논문을 싣고, 잘못된 틀을 수동적으로 받아들여 큰 손실과 심각한 정책 결과를 초래한 사례를 소개했다.[6] 사람들은 대개 차를 살 때 연비를 따진다. 연비가 좋아야 유지비가 적게 들기 때문이다. 그런데 미국에서 전통적으로 연비를 나타낼 때 사용하는 기준인 'mpg(갤런당 주행 마일)'는 개인에게나 정책 입안자에게나 매우 부실한 지침이다. 비용을 줄이려는 차 소유주 두 사람을 보자.

애덤은 무려 12mpg의 기름을 잡아먹는 차를 그보다 약간 덜 먹는 14mpg 차로 바꾼다.

환경을 생각하는 훌륭한 베스는 30mpg 차를 40mpg 차로 바꾼다.

두 운전자가 연간 같은 거리를 달린다고 해보자. 차를 바꿔서 기름을 더 많이 절약하는 사람은 누굴까? 사람들은 베스의 행위가 애덤보다 더 의미 있다고 생각하고, 독자도 직관적으로 분명히 그렇게 느꼈을 것이다. 애덤은 2마일, 베스는 10마일을 줄였고, 애덤은 6분의 1(12 → 14), 베스는 3분의 1(30 → 40)을 줄였다. 그렇다면 이제 시스템 2를 써서 따져보자. 두 사람이 1만 마일을 달린다면, 애덤은 833갤런이라는 어마어마한 양에서 그래도 여전히 많은 양인 714갤런을 소비해, 119갤런을 절약한다. 베스는 333갤런에서 250갤런으로 고작 83갤런을 절약한다. 따라서 mpg는 잘못된 틀이며, '마일당 소비 연료(갤런)' 또는 대부분의 나라가 사용하는 '100킬로미터당 소비 연료(리터)'로 대체해야 한다. 래릭과 솔이 지적하듯, mpg가 촉발하는 잘못된 직관적 틀 탓에 자동차 구매자뿐 아니라 정책 입안자까지도 판단을 그르친다.

캐스 선스타인은 오바마 대통령 시절에 정보규제사무국장을 지냈다. 그가 리처드 세일러와 함께 쓴 《넛지Nudge》는 행동경제학을 정책에 반영하는 기초 안내서다. 2013년부터 출시되는 모든 자동차에 붙은 '열 소비율과 환경' 스티커에는 미국 역사상 처음으로 '마일당 소비 갤런' 정보가 표시된다는 사실은 결코 우연이 아니다. 안타깝게도 친숙한 기존의 mpg 정보가 큰 글씨로 표시되고, 새로 도입한 올바른 정보는 그 옆에 작은 글씨로 표기되지만, 어쨌거나 올바른 정책 전환은 분명하다. 〈MPG 착각〉이 발표되고 그 뒤 부분적으로나마 올바른 정책이 실행되기까지 걸린 5년이라는 시간은 아마도 심리학이라는 사회과학이 공공 정책에 의미 있게 반영된 최고 속도로 기록될 것이다.

많은 나라에서 운전면허증에, 사고로 사망할 경우 장기 기증을 할지 안 할지 표시해둔다. 이 표시 형식도 훨씬 더 나은 틀이 따로 있다. 장기를 기증할지 말지를 결정하는 일이 중요하지 않다고 말할 사람은 없겠지만, 사람들 대부분이 별생각 없이 이 선택을 한다는 명백한 증거가 있다. 유럽의 여러 나라에서 장기 기증률을 비교한 것이 그 증거인데, 이 수치는 문화가 비슷한 이웃 나라들 사이에서도 크게 달랐다.[7] 2003년에 나온 기사에서, 오스트리아는 장기 기증률이 거의 100퍼센트인 데 반해 독일은 12퍼센트에 그쳤고, 스웨덴은 86퍼센트인 데 반해 덴마크는 고작 4퍼센트였다.

이 엄청난 차이는 질문 형식이 유발한 틀짜기 효과다. 기증률이 높은 나라는 장기를 기증하고 싶지 않다면 기증 거부 칸에 따로 표시를 해야 하는

'거부 선택' 형식을 택한 나라다. 그러니까 이 간단한 조치를 하지 않으면 기증하겠다는 뜻으로 간주된다. 반면에 기증률이 낮은 나라는 기증하고 싶다면 기증 찬성 칸에 따로 표시를 해야 하는 '찬성 선택'을 택한 나라다. 이게 전부다. 사람들이 장기를 기증할지 안 할지를 예견하는 최고의 단일 지표는 해당 칸에 별도로 표시하지 않았을 때 자동으로 선택되는 기본 옵션을 무엇으로 지정했느냐다.

시스템 1의 특징으로 설명되는 다른 틀짜기 효과와 달리, 장기 기증 효과는 시스템 2의 게으름으로 가장 잘 설명된다. 이미 결심이 선 사람들은 해당 칸에 표시를 하겠지만, 질문에 대답할 준비가 되지 않았다면 해당 칸에 표시를 할지 말지 애써 생각해봐야 한다. 나는 장기 기증 여부를 표시할 때, 해당 칸에 있는 수학 문제를 풀어야 한다면 어떨까, 상상해본다. 어떤 칸에는 '2+2=?'라고 묻고, 다른 칸에는 '13×37=?'라고 묻는다. 이러면 기증률은 틀림없이 요동칠 것이다.

구성 형식의 중요성을 인정한다면, 정책적 고민이 생긴다. 어떤 형식을 택해야 할까? 답은 간단명료하다. 장기 기증이 활발해야 사회에 이롭다고 생각한다면, 운전자의 기증률을 100퍼센트 가까이 끌어내는 구성 형식과 4퍼센트 끌어내는 구성 형식을 두고 중립을 취하지는 않을 것이다.

이제까지 거듭 살펴보았듯이 중요한 선택은 해당 상황의 하찮은 특징에 좌우된다. 중요한 결정을 그런 식으로 내리고 싶지 않건만, 정말 당혹스러운 일이다. 게다가 우리는 우리 생각이 그런 식으로 작동한다고 느끼지 않지만, 인지 착각의 증거를 부정할 수는 없다.

이 증거를 합리적 행위자 이론과의 대결에서 승점으로 기록해두자. 제대로 된 이론이라면 특정한 어떤 사건은 일어날 수 없다고 주장한다. 다시 말해, 그 이론이 옳다면, 그런 사건은 일어나지 않아야 한다. 그러다가 '일어날 수 없는' 사건이 일어나면 그 이론은 부정된다. 그러나 결정적인 반박 증거가 나타나 이론이 부정된 뒤에도 오래 살아남는 이론이었는데, 합리적 행위자 모델도 우리가 목격한 증거를 비롯해 많은 반박 증거에도 불구하고 살아남았다.

장기 기증 사례는 인간의 합리성을 둘러싼 논란이 실제 세계에 지대한 영향을 미칠 수 있다는 점을 보여준다. 합리적 행위자 모델을 신봉하는 사람들은 중요한 문제에서 선택을 어떤 식으로 제시하느냐는 당연히 선호도에 영향을 미치지 않는다고 생각하는데, 이 점이 합리적 모델에 의문을 제기하는 사람들과의 중대한 차이다. 합리적 모델 신봉자들은 틀짜기에는 관심도 두지 않을 것이고, 그러다 보니 우리는 더 안 좋은 결과를 심심찮게 떠안는다.

합리성에 회의적인 사람들은 그런 결과에 새삼 놀라지 않는다. 하찮은 것이 선호도를 결정하는 위력에 주목하도록 훈련된 덕이다. 이 책을 읽은 독자들도 그런 훈련이 되었으면 하는 게 내 바람이다.

—

틀 그리고 사실과 관련한 말들
"돈을 얼마나 잃었는가가 아니라 얼마나 잃지 않았는가의 관점에서 결과를 틀짜기한다면
결과를 더 긍정적으로 받아들일 것이다."
"준거점을 바꾸어 문제의 틀을 다시 짜자. 우리가 그것을 소유하지 않았다고 상상해보자.
그렇다면 그것의 가치를 어느 정도로 평가하겠는가?"
"손실을 '일반 수익'을 다루는 심리적 계좌에서 처리하라. 그러면 기분이 한결 나을 것이다."
"그들은 자기들이 보내는 이메일을 받지 않으려면 수신 거부 칸에 표시하라고 말한다.
만약 이메일을 받으려면 수신 찬성 칸에 표시하라고 말한다면
이메일 발송 목록이 줄어들 것이다."

Two Selves

우리는 기억 자아는 소중히 대하면서 정작 경험 자아에는 무관심하다.
즐거운 경험을 위해 여행을 떠났는데, 정작 사진만 잔뜩 찍고 돌아온 경험은 없는가?
인간은 기억 자아를 자신과 동일시하는 경향이 있다.

두 자아

35

두 자아

'효용utility'이라는 말은 오랫동안 두 가지 다른 뜻으로 쓰였다. 제러미 벤담Jeremy Bentham은《도덕 및 입법 원리 입문An Introduction to the Principles of Morals and Legislation》을 다음과 같은 유명한 문장으로 시작했다. "자연은 인류를 두 통치자의 지배 아래 두었다. '고통'과 '쾌락'이다. 우리가 무엇을 해야 하는지 알려주는 일도, 무엇을 할지 결정하는 일도 오직 이 둘의 몫이다." 벤담은 다소 어색한 각주를 달아, '효용'이라는 말을 쓴 것을 사과하면서 더 나은 말을 찾지 못했다고 했다. 나는 벤담이 말한 효용을 따로 구분하기 위해 그것을 '경험효용experienced utility'이라 부르겠다.

지난 100년 동안 경제학자들은 효용을 벤담과는 다른 뜻으로 사용했다. 경제학자와 결정 이론가 들이 사용한 이 용어의 의미는 '욕구 충족력wantability'이다.[1] 나는 이를 '결정효용decision utility'이라 불렀다. 이를테면 기대효용 이론은 결정효용을 지배해야 하는 합리성 원칙에 관한 것이지, 쾌락과는 아무 상관이 없다. 물론 사람들이 원하는 것이 즐기는 것이고, 스스로 선택한 것을 즐긴다면 두 가지 효용은 일치한다. 그 둘이 일치한다는 단정에는 경제주체가 합리적이라는 보편적인 생각이 은연중에 녹아 있다. 합리적 행위자라면 현재와 미래의 자기 취향을 알 테고, 자기 이익을 극대화할 좋은 결정을 내릴 것이다.

경험효용

내가 경험효용과 결정효용이 일치하지 않을 가능성에 매료된 계기는 오래전으로 거슬러 올라간다. 아모스와 전망 이론을 연구하던 나는 문제를 하나 만들었다. 고통스러운 주사를 날마다 한 대씩 맞는 사람을 상상해보자. 고통에 적응되는 일은 없어서, 고통은 날마다 똑같다. 이런 상황에서, 사람들은 남은 주사 횟수를 20회에서 18회로 줄일 때와 6회에서 4회로 줄일 때 똑같은 가치를 부여할까? 둘을 구분한다면 그럴 만한 정당한 사유가 있을까?

결과는 뻔해서 따로 자료를 모으지는 않았다. 사람들은 주사 횟수를 10분의 1 줄일 때(20회 → 18회)보다 3분의 1 줄일 때(6회 → 4회) 더 많은 돈을 들이리라는 것쯤은 다들 자신을 생각해봐도 알 수 있다. 두 번의 주사를 피하는 결정효용은 6회에서 4회로 줄어들 때가 20회에서 18회로 줄어들 때보다 더 크고, 누구든 6회에서 4회로 줄이는 데 돈을 더 쓸 것이다. 그런데 이런 차이는 터무니없다. 고통의 정도가 날마다 달라지지 않는다면 전체 고통의 양에서 두 번의 주사를 줄이는 효용이 이제까지 주사를 몇 대 맞았는가에 따라 달라진다는 논리를 어떻게 정당화할 수 있겠는가? 이 문제는, 오늘날의 용어로 말하자면, 경험효용은 주사 횟수로 측정 가능하다는 것을 보여준다. 그리고 적어도 일부 경우에, 경험효용은 결정을 내리는 기준이다. 똑같은 경험효용을 얻는 데(또는 똑같은 손실을 피하는 데) 다른 금액을 지불하겠다고 결정했다면 실수다. 뻔한 말처럼 들리겠지만, 결정 이론에서 결정이 잘못되었다고 판단하는 유일한 근거는 다른 상황에서의 선호도와 일관성이 없다는 것이다. 아모스와 나는 이 문제를 토론했지만, 더 깊이 파고들지는 않았다. 그리고 여러 해가 지나 나는 다시 이 문제로 돌아왔다.

경험과 기억

경험효용은 어떻게 측정할까? "의료 처치를 하는 동안 헬렌이 겪은 고통은 어느 정도일까?" 또는 "해변에서 20분간 머무는 동안 헬렌이 얻은 즐거움은 어느 정도일까?"라는 질문에 어떻게 대답해야 할까? 영국 경제학자 프랜시스 에지워스Francis Edgeworth는 19세기에 이 주제를 고민하면서 '쾌락 측정기'를 제안했다. 기상청에서 사용하는 장치와 유사한 상상의 도구로, 개인이 어느 순간에 느끼는 쾌락이나 고통의 정도를 측정한다.[2]

기온과 기압이 날마다 다르듯 경험효용도 매번 다르고, 그 결과는 시간함수로 표시할 수 있다. 이 함수에서 헬렌이 의료 처치 중에 겪는 고통이나 휴가에서 느끼는 쾌락이 어느 정도인가를 묻는 질문의 답은 '곡선 아래 넓이'가 된다. 에지워스 개념에서는 시간이 아주 중요한 역할을 한다. 헬렌이 해

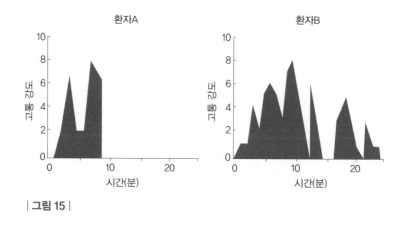

| 그림 15 |

변에 20분이 아니라 40분 머문다면, 그리고 이때의 즐거움이 시종일관 강렬하다면, 경험효용의 총량은 두 배가 된다. 마찬가지로 주사 횟수가 두 배가 되면 주사 치료의 고통도 두 배가 된다. 이것이 에지워스의 이론이었고, 우리는 이제 이 이론이 들어맞는 조건을 정확히 이해할 수 있다.[3]

〈그림 15〉는 고통스러운 대장 내시경 검사를 받는 두 환자의 상태를 나타내는 그래프다. 내가 돈 레델마이어Don Redelmeier와 함께 설계한 연구에서 썼던 그래프다.[4] 토론토대학 연구원이자 의사인 레델마이어는 1990년대 초에 이 방법을 사용했다. 요즘은 대장 내시경 검사 때 일상적으로 순간적 기억상실 약제나 마취제를 투여하지만, 우리가 자료를 수집할 때만 해도 그런 약은 지금처럼 널리 쓰이지 않았다. 실험에서 환자는 60초마다 그 순간에 느끼는 고통의 정도를 보고했다. 그래프에 나온 수치에서 0은 '전혀 고통스럽지 않다', 10은 '견딜 수 없이 고통스럽다'를 나타낸다. 검사는 환자 A의 경우 8분, 환자 B의 경우 24분 지속되었고, 그래프에서 보다시피 각 환자가 느끼는 고통은 변화가 컸다(고통이 0인 마지막 순간은 검사가 끝난 뒤에 기록되었다). 총 154명의 환자가 실험에 참가했는데, 검사가 가장 빨리 끝난 경우는

4분, 가장 오래 걸린 경우는 69분이었다.

이제 쉬운 문제를 생각해보자. 두 환자가 고통의 척도를 비슷하게 가늠한다고 가정하면, 어떤 환자가 더 고통스러웠을까? 두말하면 잔소리다. 환자 B가 더 고통스러운 시간을 보냈다는 데는 이견이 없다. 어떤 고통의 수준에서든 환자 B는 환자 A와 적어도 같은 시간의 고통을 느꼈고, '곡선 아래 넓이'가 환자 A의 경우보다 훨씬 넓다. 물론 이렇게 된 주요인은 B의 검사 시간이 훨씬 길었기 때문이다. 나는 환자가 매 순간 직접 보고한 고통을 계산한 수치를 '쾌락 측정기 총합'이라 부르고자 한다.

검사가 끝나고 모든 참가자에게 그 과정에서 느낀 '고통의 총합'을 물었다. 고통의 총합이라고 말한 이유는 그들이 이제까지 보고한 고통 전체를 회고하도록 유도해, 쾌락 측정기 총합을 다시 확인하기 위해서였다. 그런데 놀랍게도 환자들은 고통 전체를 회고하지 않았다. 통계분석 결과, 우리가 다른 여러 실험에서 발견한 유형을 설명해주는 두 가지 사실이 드러났다.

- 정점과 종점 원칙: 환자들이 회고하는 전체 평가를 가장 정확히 예측하는 수치는 최악의 순간에 보고한 고통과 검사가 끝날 때에 보고한 고통의 평균이었다.
- 지속 시간 무시: 검사가 지속된 시간은 전체 고통 평가에 어떤 식으로도 영향을 미치지 않았다.

이제 이 원칙을 환자 A와 B의 상태에 적용할 수 있다. 두 환자가 매긴 최악의 고통 점수는 똑같이 8점이었지만, 검사가 끝나기 전 마지막에 매긴 점수는 환자 A가 7점인 반면 환자 B는 1점에 그쳤다. 따라서 정점과 종점의 평균은 환자 A가 7.5점, 환자 B가 4.5점이다. 예상대로 이 검사에 환자 A가 환자 B보다 훨씬 안 좋은 기억을 가지고 있었다. 환자 A는 불행하게도 고통스러운 순간에 검사가 끝나는 바람에 불쾌한 기억을 남기고 말았다.

이 정도면 자료는 충분하다 못해 넘친다. 체계가 다른 경험효용의 두 수치인 쾌락 측정기 총합과 회고 평가. 쾌락 측정기 총합은 개인이 그때그때 보고한 느낌을 계산한다. 우리는 이 판단을 지속 시간 가중 판단이라고 한다. '곡선 아래 넓이'를 계산할 때 모든 순간에 똑같은 비중을 두기 때문이다. 이를테면 9 수준의 고통이 2분간 지속된다면 똑같은 고통이 1분간 지속될 때보다 두 배 고통스럽다. 그러나 이 실험을 비롯해 여러 실험 결과, 회고 평가는 지속 시간과 무관하고, 다른 순간보다도 정점과 종점의 두 순간에 무게를 둔다. 그렇다면 두 측정치 중 어느 쪽이 중요할까? 이 상황에서 의사는 무엇을 해야 하나? 이 선택은 실제 의료 행위에 시사하는 바가 있다. 우리는 다음 사실에 주목했다.

• 환자가 기억하는 고통을 줄이는 것이 목표라면, 고통이 최고조에 이를 때의 강도를 낮추는 것이 전 과정의 지속 시간을 최소화하는 것보다 더 중요할 수 있다. 같은 이유로, 전 과정이 끝날 때의 고통이 비교적 약할 때 환자가 더 좋은 기억을 가질 수 있다면 갑작스러운 고통 완화보다 점진적인 완화가 더 나을 수 있다.
• 실제로 느끼는 고통의 총량을 줄이는 것이 목표라면, 정점의 고통이 커서 환자에게 끔찍한 기억을 남기더라도 전 과정을 빠르게 진행하는 편이 더 적절할 수 있다.

위 두 가지 방법 중에 어느 쪽에 더 끌리는가? 관련 설문 조사를 진행하지는 않았지만, 내 생각에, 대다수는 고통의 기억을 줄이는 쪽을 택할 것 같다. 이 딜레마를 두 자아(시스템 1, 시스템 2와는 다르다)의 이해 충돌로 보면 편하다. "지금 아픈가?"라는 질문에 대답하는 '경험하는 자아'와 "전체적으로 어떠했는가?"라는 질문에 대답하는 '기억하는 자아'의 충돌이다. 인생을 살면서 간직하는 것은 기억이 전부이다시피 해서, 우리가 삶을 생각할 때 채택할 수 있는 유일한 관점은 기억하는 자아의 관점이다.

내가 강의를 끝내고 어느 청중에게 들은 짧은 이야기는 기억과 경험을 구별하는 어려움을 잘 보여준다. 그는 음반을 틀어놓고 긴 교향곡을 넋을 놓고 듣고 있었는데, 곡이 끝날 무렵 음반 흠집으로 깜짝 놀랄 잡음이 나는 바람에 "음악 감상을 통째로 망쳤다"고 했다. 그런데 사실은 감상을 망친 게 아니라 감상의 기억을 망쳤을 뿐이다. 감상하는 자아, 즉 경험하는 자아는 곡을 거의 다 들을 때까지 좋은 경험을 했고, 마무리가 안 좋았다고 해서 그 경험이 취소될 수는 없다. 이미 일어난 일이다. 내게 질문을 던졌던 그 사람은 결말이 안 좋았다는 이유로 그때의 경험을 통째로 망쳤다고 했지만, 그것은 음악을 들으며 행복했던 40분을 무시한 평가다. 실제 경험은 과연 아무짝에도 쓸모가 없을까?

경험과 그 기억을 혼동하는 것은 인지 착각의 좋은 예이며, 사람들은 경험을 기억으로 바꿔치기 하는 탓에 과거 경험을 망쳤다고 생각한다. 경험하는 자아는 발언권이 없다. 기억하는 자아는 더러 엉터리지만, 삶의 점수를 기록하고 삶의 교훈을 지배하는 자아이며, 결정을 내리는 자아다. 우리가 과거에서 배우는 교훈은 미래 기억의 질을 극대화하되, 미래 경험의 질도 극대화한다는 보장은 없다. 한마디로 기억하는 자아의 횡포다.

어떤 자아가 중요할까?

기억하는 자아의 결정 능력을 입증하기 위해 나는 동료들과 함께 실험을 설계했다. 내가 '찬물에 손 넣기'(딱딱한 전문 용어로는 '저온 혈압 상승')라 부르는 미약한 고문을 이용한 실험이다. 참가자에게 고통스러울 정도로 차가운 물에 한쪽 손을 손목까지 담그게 했다가 빼도 좋다는 말과 함께 따뜻한 수건을 건네준다. 참가자들은 한 손을 담그고 있는 동안 다른 손으로 자판기 화살표 키를 눌러 자신이 참고 있는 고통을 꾸준히 보고했다. 경험하는 자아의 직접적 의사 전달이다. 우리는 중간 정도의 참을 만한 고통을 유발하는 온도를 유지했다. 물론 참가자는 언제든지 손을 뺄 수 있었다. 하지만 미리 손을 뺀 사람은 없었다.

참가자는 이 실험을 두 가지로 실시했다.

짧은 실험에서는 섭씨 14도 물에 60초 동안 손을 담가야 했는데, 물은 고통스러울 정도로 차갑지만 못 견딜 정도는 아니었다. 60초가 지났을 때 실험 진행자는 참가자에게 손을 빼라는 지시와 함께 따뜻한 수건을 건네주었다.

긴 실험은 90초 동안 지속되었다. 처음 60초는 짧은 실험과 똑같다. 그리고 60초가 지났을 때 실험 진행자는 참가자에게 알리지 않은 채 밸브를 열어 약간 더 따뜻한 물이 흘러들게 했다. 이때부터 30초 동안 물의 온도가 약 1도 올랐는데, 참가자 대부분이 고통의 세기가 약간 줄었다고 느낄 정도였다.

우리는 참가자들에게 찬물에 손 넣기 실험을 세 가지 할 예정이라고 말했지만, 사실은 각각 다른 손으로 짧은 실험과 긴 실험만 실시했을 뿐이다. 두 실험 사이에는 7분의 간격이 있었다. 두 번째 실험이 끝나고 7분 뒤에 참가자들에게 세 번째 실험을 택하라고 했다. 세 번째는 앞의 두 실험 중 하나를 반복할 예정인데, 왼손으로 했던 실험을 반복할지, 오른손으로 했던 실험을 반복할지는 직접 선택할 수 있다.[5] 물론 참가자 중에 절반은 짧은 실험을 왼손으로, 절반은 오른손으로 했으며, 또 절반은 짧은 실험을 먼저, 절반은 긴 실험을 먼저 했다. 용의주도하게 설계한 실험이었다.

실험은 경험하는 자아와 기억하는 자아 사이에, 그리고 경험효용과 결정효용 사이에 이해 충돌이 일어나도록 설계되었다. 경험하는 자아의 관점에서 보면, 당연히 긴 실험이 더 나쁘다. 하지만 우리는 기억하는 자아의 관점은 다를 것이라고 예상했다. 정점과 종점 원칙에 따라 긴 실험보다 짧은 실험이 더 나쁜 기억을 남겼을 것이고, 지속 시간 무시 원칙에 따라 고통이 90초 지속될 때와 60초 지속될 때의 차이는 무시될 것이다. 따라서 긴 실험이 참가자에게 더 좋은(하다못해 덜 나쁜) 기억을 남겼을 테고, 참가자는 긴 실험을 반복하겠다고 선택할 것이다. 아니나 다를까, 긴 실험의 마지막 단계에서 고통이 줄었다고 보고한 참가자 중에 무려 80퍼센트가 긴 실험을 반복하겠다고 선택해, 세 번째 실험에서 쓸데없이 고통을 30초 더 떠안는 결과를 초래했다.

긴 실험을 택한 참가자는 고통을 즐기는 마조히스트가 아니며, 일부러 고통을 더 겪기로 선택한 것도 아니다. 단지 실수였을 뿐이다. 애초에 '90초 동안 담그겠는가, 그 앞부분만 하고 끝내겠는가?'라고 물었다면 당연히 짧은 실험을 택했을 것이다. 하지만 우리는 그렇게 묻지 않았고, 참가자들은 자연스럽게 회피 정도가 약한 기억을 반복하기로 택했을 뿐이다. 참가자들도 두 실험 중 어느 것이 더 오래 진행되는지 잘 알고 있었지만(우리가 직접 물어보았다), 그 지식을 써먹지 않았다. 이들의 결정은 가장 마음에 드는 것이나 가장 덜 싫은 것을 고르는 직관적 선택이라는 단순한 규칙에 지배되었다. 기억의 원칙은 두 가지 옵션을 얼마나 싫어하는지 판단했고, 이 판단이 선택으로 이어졌다. 결정효용과 경험효용의 불일치는 주사 실험뿐 아니라 찬물에 손 넣기 실험에서도 그대로 드러난다.

이 실험에서 나타난 선호도는 앞서 다룬 '적은 게 많은 것' 효과를 보여주는 또 하나의 예다. 크리스토퍼 시의 연구에서는 24개로 구성된 그릇 세트에 그릇을 몇 개 추가했더니 오히려 전체 가치가 떨어졌는데, 추가한 그릇 중에 깨진 그릇이 있어서였다. 활동가 린다의 예도 있었다. 린다를 은행 창구 직원이라기보다 여성운동을 하는 은행 창구 직원이라고 판단한 사람이 더 많았던 경우다. 이 유사성은 우연이 아니다. 이 세 가지 상황은 시스템 1의 한 가지 특징으로 설명이 가능하다. 시스템 1은 합이 아니라 평균, 일반적인 것, 원형의 집합을 대변한다. 찬물에 손 넣기 실험은 여러 순간의 집합인데, 기억하는 자아는 그 실험에서 원형이 될 만한 순간을 저장한다. 그러다 보니 충돌이 발생한다. 경험하는 자아의 보고로 상황을 평가하는 객관적 관찰자에게 중요한 것은 실험하는 동안의 고통을 합친 '곡선 아래 넓이'이고, 그것이 합계의 본질이다. 반면에 기억하는 자아가 가지고 있는 기억은 정점과 종점에 큰 영향을 받는 대표적 순간이다.

물론 동물의 기억이 총합을 저장하도록 진화되었을 수 있고, 그런 경우도 분명히 있다. 다람쥐에게는 저장한 먹이의 총량을 아는 것이 중요하며, 도토리의 평균 크기가 총량을 대체할 수 없다. 그러나 일정한 시간 동안의 고통이나 쾌락의 총합은 생물학적으로 크게 중요하지 않을 수 있다. 이를테면 쥐는 쾌락이든 고통이든 지속 시간을 무시하는 성향을 보인다. 한번은 쥐 실험에서, 불이 켜지면 곧 전기 충격이 온다는 것을 몇 차례 계속 보여주었다. 쥐는 금세 불빛을 두려워했고, 두려움의 세기는 몇 가지 생리적 반응으로 측정할 수 있었다. 실험 결과, 충격 지속 시간은 두려움에 거의 영향을 주지 않았다. 중요한 것은 자극이 주는 고통의 세기였다.[6]

이와 관련해 흔히 실시하는 비슷한 연구에서, 쥐의 뇌에서 특정 영역을(그리고 인간의 뇌에서 비슷한 영역을) 전기로 자극하면 강렬한 쾌감을 일으켰는데, 더러는 그 쾌감이 워낙 강렬해서, 쥐가 직접 레버를 눌러 뇌를 자극할 수 있게 해놓으면, 레버를 누르느라 먹이를 먹을 틈이 없어 굶어 죽기도 했다. 이때 쾌감을 일으키는 전기 자극을 세기와 지속 시간을 달리해 갑작스럽게 가해보면, 역시 세기만 영향을 미친다는 것을 알 수 있다. 어느 정도까지는 자극 지속 시간을 늘려도 그 자극을 얻으려는 욕구가 커지지 않는 것으로 보인다.[7] 인간의 기억하는 자아를 지배하는 원칙에는 긴 진화의 역사가 담겼다.

본능 대 합리성

여러 해 전에 나를 사로잡았던 주사 문제에서 가장 유용한 생각은 똑같이 고통스러운 주사를 여러 번 맞을 때의 경험효용은 주사 횟수만으로도 측정할 수 있다는 것이었다. 모든 주사가 똑같은 정도로 피하고 싶다면, 주사를 20회 맞는 것은 10회 맞는 것보다 두 배로 안 좋은 일이고, 20회에서 18회로 줄이는 것과 6회에서 4회로 줄이는 것은 가치가 같다. 결정효용이 이 경험효용과 맞지 않는다면, 결정에 문제가 있다는 뜻이다. 찬물에 손 넣기 실험에서도 같은 논리가 작용했다. 고통이 90초간 지속된다면 그 앞부분 60초 간만 지속될 때보다 안 좋다. 그런데도 90초를 견디겠다고 흔쾌히 선택한다면, 그 결정은 문제가 있다. 주사 문제에서 결정과 경험의 불일치는 민감성 감소에서 나왔다. 18회와 20회의 차이는 6회와 4회의 차이보다 덜 극적이고 가치도 적어 보인다. 반면에 찬물에 손 넣기 실험에서는 이 오류가 기억의 두 가지 원칙인 지속 시간 무시 그리고 정점과 종점 원칙을 반영한다. 이처럼 두 사례는 작동 체계가 다르다. 그러나 경험을 제대로 반영하지 못한 결정을 내렸다는 점은 같다.

되도록 최선의 경험을 이끌어내지 못하는 결정, 그리고 앞으로 느낄 감정에 대한 엉터리 예측. 이 둘은 선택의 합리성을 신봉하는 사람들에게 달갑지 않은 소식이다. 찬물에 손 넣기 연구에서 드러난 대로, 우리는 내 이익과 관련한 선호도를 전적으로 신뢰할 수는 없다. 그것이 내 경험에 근거했어도, 그 경험의 기억이 고작 몇 분 전에 생긴 것일지라도 그러하다. 취향과 결정은 기억에서 나오고, 기억은 엉터리일 수 있다. 이 사실은 인간은 선호도가 일관되고 그것을 극대화하는 방법을 알고 있다는, 합리적 행위자 모델의 기초가 되는 생각에 문제를 제기한다. 이런 들쭉날쭉한 선호도는 타고난 것이다. 우리는 고통과 쾌락을 경험하는 시간을 두고도 강한 선호도를 보인다. 고통은 짧고 쾌락은 길면 좋겠다. 하지만 시스템 1이 좌우하는 기억은 고통이나 쾌락이 가장 강렬했던 순간(정점)과 그것이 끝날 때의 느낌을 대표적으로 기억하도록 진화했다. 지속 시간을 무시하는 기억은 쾌락은 길고 고통은 짧았으면 하는 우리 바람을 들어주지 않을 것이다.

두 자아와 관련한 말들

"결혼 생활이 실패라는 생각은 전적으로 기억하는 자아의 관점이다.
이혼은 막판에 불협화음을 낸 교향곡과 같다. 끝이 나쁘다고 해서 전체가 나쁜 것은 아니다."

"당신 태도는 지속 시간 무시의 안 좋은 사례다. 당신은 나쁜 부분보다
좋은 부분을 열 배 길게 경험했는데도 두 부분에 같은 비중을 두고 있다."

36

이야기로서의 삶

경험 측정을 연구하던 초기에 베르디의 오페라 〈라 트라비아타〉를 보았다. 이 오페라는 멋진 음악으로 유명하지만, 귀족 청년과 화류계 여성 비올레타의 사랑 이야기도 감동적이다. 청년의 아버지는 가족의 명예를 지키고 곧 다가올 딸의 결혼을 생각해, 비올레타에게 아들을 포기하라고 설득한다. 비올레타는 놀라운 희생정신을 발휘해, 사랑하는 남자를 퇴짜 놓는 척한다. 그리고 얼마 안 가 폐결핵이 도지고, 마지막 장에서 친구들에 둘러싸여 젊은 나이에 죽음을 맞이한다. 그 전에 소식을 전해 들은 청년은 비올레타를 만나러 파리로 달려간다. 연인이 온다는 소식에 비올레타는 희망과 기쁨으로 기운을 차리지만 곧 다시 쇠약해진다.

이 오페라를 아무리 많이 본 사람이라도 청년이 파리로 달려갈 때면 긴장과 걱정에 마음을 졸인다. 청년이 제때 도착할까? 청년에게는 사랑하는 여인이 죽기 전에 도착해야 하는 절박함이 있다고 다들 생각한다. 마침내 청년이 도착하고, 멋진 사랑의 이중창이 울려 퍼진다. 그리고 아름다운 음악이 10분 동안 흐른 뒤에 비올레타는 죽음을 맞이한다.

오페라를 보고 집으로 돌아오는 길에 궁금증이 생겼다. 우리는 마지막 10분에 왜 그토록 큰 관심을 둘까? 그리고 곧바로 깨달았다. 오페라를 보면서 비올레타 삶의 전체 길이에는 전혀 관심이 없었다는 것을. 만약 비올레타가 28세에 죽은 줄 알았는데 사실은 27세에 죽었다는 이야기를 들었다면 그가 행복한 1년을 놓쳤다는 사실은 전혀 안타깝지 않았겠지만, 마지막 10분이 없었을 수 있다는 사실만큼은 내게 심각한 문제였을 것이다. 게다가 두 사람이 10분이 아니라 일주일을 함께 있었다고 해도 두 연인의 재회를 보며 느꼈던 내 감정은 변함이 없었을 것이다. 하지만 청년이 너무 늦게 왔더라면 〈라 트라비아타〉는 전혀 다른 이야기가 되었을 것이다. 이야기는 원래 지나간 시간에 관한 것이 아니라 의미 있는 사건, 기억에 남을 순간에 관한 것이다. 따라서 지속 시간 무시는 흔한 일이며, 마지막 순간이 인물을 규정하는 일은 흔하다. 이 중요한 특징은 서사 규칙에도 등장하고, 대장 내시경이나 휴가 또는 영화를 기억할 때도 나타난다. 그것은 기억하는 자아가 작동하는 방식이다. 기억하는 자아는 이야기를 만들고, 그것을 미래의 참고 자료로 간직한다.

삶을 이야기로 생각하고 그 이야기가 잘 마무리되길 바라는 마음은 오페라에만 해당하지는 않는다. 여러 해 동안 딸과 소원하게 지낸 여성이 죽었다는 이야기를 들으면, 죽음에 임박해 두 사람이 화해했는지 궁금하기 마련이다. 이때 우리 관심은 딸의 감정에만 머물지 않는다. 우리는 엄마의 삶이 담긴 서사도 더 좋아지길 바란다. 사람에 대한 관심은 그들의 감정에 대한 관심이 아니라 그들 이야기의 질에 대한 관심으로 나타날 때도 많다. 실제로 우리는 이미 죽은 사람의 이야기를 바꾸는 사건에도 마음이 움직인다. 이를테면 아내가 자신을 사랑한다고 믿으며 죽은 남자가 있는데, 알고 보니 그 아내는 여러 해 동안 다른 남자를 만났고 오직 돈 때문에 남편을 떠나지 않았을 때, 남편은 행복하게 살았는데도 우리는 죽은 남편에게 연민을 느낀다.[1] 어떤 과학자가 중요한 사실을 발견했는데 죽은 뒤에 그것이 틀렸다고 증명되면, 우리는 그 과학자도 느끼지 않은 수치심을 대신 느낀다. 물론 가장 중요하게는 누구나 자기 삶의 이야기에 깊은 관심을 둔 채, 소박한 영웅이 등장하는 훈훈한 이야기가 되길 간절히 바란다.

심리학자 에드 디너Ed Diener와 그의 제자들은 지속 시간 무시와 정점과 종점 원칙이 삶 전체에 대한 평가를 지배하는지 궁금했다. 이들은 실험에서, 젠이라는 허구의 인물을 만들어 그의 삶을 짧게 묘사했다. 결혼한 적도 없고 아이도 없으며, 교통사고로 고통 없이 그 자리에서 사망한 여성이다. 이 이야기는 두 가지로 묘사되었다. 첫 번째 이야기에서 젠은 일을 즐기고, 휴가도 떠나고, 친구를 만나거나 취미를 즐기며 평생(30년 또는 60년) 대단히 행복했다. 두 번째 이야기에서는 젠의 삶이 5년 늘어나 35세나 65세에 사망한다. 이 5년 동안 젠은 즐겁게 살았지만 그 전만큼 즐겁지는 않았다. 실험 참가자들은 이처럼 개략적인 젠의 생애를 읽은 뒤에 두 가지 질문을 받았다. "삶을 통틀어 볼 때, 젠의 삶은 얼마나 가치 있다고 생각되는가?" "젠이 살면서 경험한 행복 또는 불행의 총합은 어느 정도라고 말하겠는가?"

응답 결과는 지속 시간 무시와 정점과 종점 효과를 여실히 보여주었다. 실험 참가자 간 실험(참가자 한 사람에게 하나의 이야기만 보여준 방식)에서, 젠의 삶이 두 배로 길어져도 삶의 가치나 젠이 느낀 총 행복의 판단에 전혀 영향을 미치지 않았다. 젠의 삶은 그 삶의 원형을 보여주는 한 조각의 시간으로 대표될 뿐, 여러 조각의 연속으로 표현되지 않는 게 분명했다. 즉 젠의 '총 행복'은 젠의 생애를 전형적으로 보여주는 한 시기의 행복이지, 전 생애에 나타난 행복의 총합이 아니었다.

이 사실에서 예상되듯, 디너와 제자들은 '적은 게 많은 것' 효과도 발견했다. 응답자는 평균(원형)으로 총합을 대신하려는 성향이 강해서, 아주 행복한 삶에 '약간 행복한' 삶 5년을 더하면 삶의 총 행복을 훨씬 낮게 평가했다.

나는 똑같은 실험을 실험 참가자 내 실험 형식으로도 해보라고 이들을 다그쳤다. 각 참가자에게 두 가지 이야기를 모두 보여주고 연이어 판단하게 하는 방식이다. 이제까지 판단 오류를 여러 번 봤지만, 이성적인 사람이라면 약간 행복한 5년을 더 산다고 삶이 심각하게 나빠졌다고 말할 수 없었다. 하지만 내 생각이 틀렸다. 실망스러운 5년이 추가되면 전체 삶이 나빠진다는 직관은 압도적이었다.

이런 판단 유형이 워낙 터무니없어서, 디너와 제자들은 실험에 참가한 젊은이들이 어리석어 그러려니 생각했다. 그런데 학생들의 부모나 나이가 좀 더 있는 친구들을 대상으로 같은 질문을 던져도 결과는 달라지지 않았다. 짧은 사건뿐만 아니라 전체 삶을 직관적으로 평가할 때도 정점과 종점 원칙이 중요할 뿐 지속 시간은 문제 되지 않았다.[2]

노동의 고통과 휴가의 이로움은 지속 시간 무시를 반박하는 증거로 빠짐없이 거론된다. 누구나 직관적으로, 노동이 여섯 시간 지속될 때보다 24시간 지속될 때 훨씬 더 고통스럽고, 좋은 휴양지에서 3일을 보낼 때보다 6일을 보낼 때 더 즐겁다고 느낀다. 이런 상황에서는 지속 시간이 중요해 보인다. 그러나 그 유일한 이유는 마지막 순간의 질이 총 지속 시간에 따라 달라지기 때문이다. 집안일을 하는 사람은 여섯 시간보다 24시간의 노동 뒤에 더 지치고 무력해지고, 휴가를 즐기는 사람은 3일보다 6일을 쉰 뒤에 더 기운이 난다. 이런 상황을 직관적으로 평가할 때 관건은 지금 체험하는 상황이 점진적으로 악화 또는 개선되느냐, 그리고 마지막 순간에 어떤 기분이냐다.

기억상실증 환자의 휴가

휴가를 선택한다고 해보자. 작년에 갔던 낯익은 해변에서 편안하게 한 주를 즐기고 싶은가? 아니면 새로운 추억을 하나 더 만들고 싶은가? 이 같은 욕구를 충족시키기 위해 여러 산업이 발달해, 휴양지는 재충전을 위한 휴식을 제공하고, 여행 업계는 사람들이 이야기를 만들고 추억을 수집하게 한다. 여행지에서 많은 관광객이 정신없이 사진을 찍어대는 걸 보면 추억을 저장하는 것이 여행의 중요한 목표일 때가 많다고 짐작할 수 있는데, 이 목표가 휴가 계획을 결정하고 실제 휴가에서의 기분을 좌우한다. 사진작가는 어떤 광경을 보았을 때 그것을 음미할 순간이 아니라 설계해야 할 미래의 기억으로 여긴다. 찍어놓은 사진을 오래 또는 자주 보는 일은 매우 드물고 심지어 아예 안 본다 해도 사진은 기억하는 자아에 유익할 수 있지만, 경험하는 자아에게 사진 촬영은 경치를 즐기는 최선의 방법은 아닐 수 있다.

휴가 여행을 평가할 때 오래 남을 것 같은 기억과 이야기를 기준 삼는 때가 많다. '기억에 남을'이라는 말은 흔히 휴가에서 절정이었던 부분, 그러니까 휴가 목표를 명확히 드러낸 부분을 묘사할 때 쓰인다. 그런가 하면 다른 상황에서는(이를테면 사랑하는 순간에는) 지금 이 순간을 절대 잊지 못할 거라는, 정확하지 않을 수도 있는 선언이 그 순간의 성격을 바꿔놓는다. 이처럼 어떤 순간이 내게 기억에 남을 순간이라면 평소와 다른 무게와 의미가 부여된다.

에드 디너 팀은 휴가를 결정하는 것은 기억하는 자아라는 증거를 제시했다. 이들은 학생들에게 봄방학 동안 날마다 일기를 쓰면서 그날의 경험을 평가하라고 주문했다. 그리고 방학이 끝난 뒤에 방학 전반에 점수를 매겨보라고도 했다. 마지막으로, 이후 방학도 방금 끝난 봄방학처럼 보낼지 물었다. 통계분석 결과, 앞으로 방학을 어떻게 보낼지는 전적으로 최종 평가에 좌우되었다. 최종 평가가 일기에 나타난 그날그날의 경험을 정확하게 반영하지 못할 때도 그러했다. 찬물에 손 넣기 실험에서처럼 옳든 그르든 사람들은 '기억'을 기준으로 그 경험을 되풀이할지 말지 결정한다.

이후의 휴가를 주제로 사고실험을 해보면 우리가 경험하는 자아를 어떻게 대하는지 알 수 있다.

휴가가 끝날 때 사진과 동영상을 모조리 폐기할 것이다. 나아가 휴가의 기억을 모두 지워버릴 약을 삼킬 것이다.
이 조건이 휴가 계획에 어떤 영향을 미치겠는가? 추억으로 남을 보통의 휴가에 비해 이 휴가에는 어느 정도의 비용을 기꺼이 지불하겠는가?

사람들이 이 시나리오에 어떤 반응을 보일지는 정식으로 연구한 적이 없지만, 사람들과 이 문제를 이야기해보면 기억 소각은 휴가의 가치를 크게 떨어뜨린다. 더러는 자신을 기억상실증 환자 대하듯 하면서, 예전에 즐겁게 지낸 곳을 다시 찾아가 전반적인 즐거움을 극대화하겠다는 사람도 있었다. 또 어떤 사람은 아예 휴가를 떠나지 않겠다며 기억하는 자아에만 관심을 둘뿐, 기억상실증에 걸린 경험하는 자아에는 기억상실증에 걸린 낯선 사람을 대할 때만큼도 관심을 두지 않았다. 특히 등산이나 밀림 트래킹에는 자기도 참여하지 않고 기억상실증에 걸린 다른 사람도 참여시키지 않겠다고 말한 사람이 많았다. 등산이나 트래킹은 당시에는 대단히 고통스럽지만, 목표를 달성하는 고통과 기쁨이 훗날 추억이 되리라는 기대로 참여하는 활동이기 때문이다.

또 하나의 사고실험으로, 의식이 있는 상태에서 고통스러운 수술을 해야 한다고 상상해보자. 고통에 비명을 지르며 수술을 중단하라고 애원하게 될 것이라는 이야기를 듣는다. 그런데 기억상실을 유도하는 약을 투여해 수술 기억을 완전히 지워주겠다고 약속받는다. 이 조건에 어떤 느낌이 드는가? 여기서 다시 내가 비공식적으로 관찰한 바에 따르면, 경험하는 자아가 겪는 고통에 사람들 대다수가 놀랄 정도로 무심했다. 전혀 개의치 않는다고 말하는 사람도 있었다. 나는 고통스러워하는 내가 안쓰럽지만 고통받는 낯선 사람보다 더 안쓰러울 것도 없겠다는 생각이 들었고, 다른 사람들도 그렇게 생각했다. 이상하게 들리겠지만, 나는 곧 기억하는 자아이고, 내 삶을 살고 있는 경험하는 자아는 마치 낯선 사람 같다.

—

이야기로서의 삶과 관련한 말들
"그는 최근 일로 위기에 처한, 진실한 삶이라는 이야기를 필사적으로 지키려 한다."
"하룻밤의 만남을 위해 그 먼 거리를 마다하지 않는 것은
지속 시간 무시를 보여주는 단적인 예다."
"당신은 휴가를 온통 추억 쌓기에 바치는 것 같다.
기억에 오래 남지는 않더라도 카메라는 내려놓고 순간을 즐겨야 하지 않겠나?"
"그는 알츠하이머에 걸려, 자기 삶의 이야기를 더 이상 간직하지 못한다.
하지만 경험하는 자아는 지금도 아름다움과 온화함에 민감하게 반응한다."

Thinking,
Fast and slow

37

체감 행복

약 15년 전 삶의 질 연구에 관심을 갖게 되었을 때, 그 주제에 대해 알려진 거의 모든 것이, 행복을 측정하는 방법으로 널리 인정받던 설문을 약간 변형해 수백만 명에게 질문을 던져 얻은 응답에서 나왔다는 사실을 알게 되었다. 삶을 돌이켜보게 하는 이 질문은 명백히 기억하는 자아에게 던지는 질문이다.

모든 것을 고려할 때 요즘 삶 전체에 얼마나 만족하는가?[1]

나는 대장 내시경 검사와 찬물에 손 넣기 실험에서 나타난 엉터리 기억을 연구하면서 삶의 질이란 주제를 떠올렸고, 삶에 대한 전반적인 만족도로 삶의 질을 평가하는 것에 자연스레 의심이 들기 시작했다. 기억하는 자아는 훌륭한 목격자가 아니라는 것이 실험에서 증명된 뒤로 나는 경험하는 자아의 삶의 질에 주목했다. 그리고 "헬렌은 3월에 행복했다"라는 말이 타당하려면, 아래 상황이어야 한다고 제안했다.

그만두기보다 지속하려는 활동에 대부분의 시간을 썼고, 빠져나오고 싶은 상황에는 거의 시간을 쓰지 않았으며, (인생이 짧은 탓에 대단히 중요한) 어느 쪽으로나 관심을 두지 않을 중립적인 상태에는 너무 많은 시간을 소비하지 않았어야 한다.

그만두기보다 지속하고 싶은 일은 정신적, 물질적 쾌락을 포함해 여러 가지다. 헬렌이 지속하고 싶어 하는 상황의 한 가지 예는 어떤 일에 깊이 몰두하는 것이다. 미하이 칙센트미하이가 '몰입'이라 부른 것으로, 예술가가 창조 활동을 하는 순간에 경험하는 상태, 그리고 많은 사람이 영화를 보거나 책을 읽거나 낱말 퍼즐을 풀면서 짜릿함을 느끼는 상태를 말한다. 방해받고 싶지 않은 상태다. 내게는 행복했던 어린 시절의 기억이 있다. 어머니가 장난감을 가지고 놀던 나를 억지로 공원으로 데리고 나갈 때면 나는 항상 울음을 터뜨렸고, 그네나 미끄럼틀을 타던 나를 집으로 데리고 들어갈 때면 또 울었다. 방해에 저항하는 이런 행위는 장난감을 가지고 놀든 그네를 타든 재미있게 놀고 있다는 뜻이었다.

나는 헬렌의 객관적 행복을 측정할 때, 대장 내시경 검사를 받는 환자 두 명의 고통을 평가할 때처럼, 삶의 연속적인 순간에 경험한 행복의 추이를 평가하자고 제안했다. 여기서 나는 에지워스가 한 세기 전에 사용한 쾌락 측정법을 따랐다. 처음 이 방법에 열광할 때는 헬렌의 기억하는 자아를, 경험하는 자아의 실제 삶의 질을 제대로 파악하지 못하는 오류투성이 목격자로 무시하는 성향이 있었다. 나중에 보니 그 입장은 지나치게 극단적이었지만, 연구의 출발점으로는 그런대로 괜찮았다.

체감 행복

나는 전문 분야가 다른 심리학자 세 명과 경제학자 한 명으로 '드림 팀'을 꾸려, 경험하는 자아의 행복 측정법을 개발하기 시작했다.[2] 안타깝게도 경험을 연속적으로 기록하기란 불가능했다. 자기 경험을 끊임없이 보고하면서 정상적으로 살 수는 없는 노릇이다. 그나마 가장 가까운 대안은 칙센트미하이가 고안한 경험 표집experience sampling이었다. 이 방법이 처음 사용된 이후로 기술이 발달해, 지금은 낮에 불시에 휴대전화 알람이나 진동을 울리는 프로그램으로 경험을 표집한다. 알람이 울리면 휴대전화에 지금 무엇을 하고 있고, 누구와 함께 있는가를 묻는 간단한 질문 메뉴가 뜬다. 그러면서 그 순간 행복, 긴장, 분노, 걱정, 몰두, 신체적 고통 등 다양한 느낌의 세기를 묻는다.[3]

경험 표집은 비용도 많이 들고 번거롭다(그러나 대다수 사람이 예상하는 것만큼 번거롭지는 않아서, 잠깐이면 질문에 대답할 수 있다). 우리는 좀 더 실용적인 대안이 필요하다는 생각에 '일상 재구성법Day Reconstruction Method'을 개발했다. 우리는 이 방법으로 경험 표집과 비슷한 결과를 낼 수 있기를, 그리고 사람들이 시간을 보내는 방식에 대한 추가 정보를 얻을 수 있기를 기대했다.[4] 참가자들(초기 연구에서는 모두 여성이었다)은 두 시간이 걸리는 실험에 참여했다. 우선 전날을 자세히 회상하면서, 영화의 여러 장면처럼 하루를 사건별로 쪼개라고 했다. 그런 다음 경험 표집법을 기초로, 각 사건마다 질문 메뉴에 답하게 했다. 참가자들은 목록에서 자신이 참여했던 활동을 고르고, 주의를 가장 많이 기울였던 활동에 표시했다. 만났던 사람들 목록도 작성해, 여러 감정의 세기를 0~6점(0: 느낌 없음, 6: 가장 강렬한 느낌)으로 평가했다. 우리 측정법은 과거 상황을 자세히 회상할 수 있다면 그때의 감정도 회상할 수 있고 나아가 감정을 암시하는 생리 현상도 다시 체험한다는 증거를 기반으로 한다.[5]

우리는 실험 참가자들이 어떤 사건의 대표적인 순간에 느낀 기분을 꽤 정확하게 회상하리라고 여겼다. 일상 재구성법 중 여러 항목을 경험 표집법과 비교해보니, 일상 재구성법도 유효한 측정 도구였다. 참가자는 사건이 시작된 시간과 끝난 시간도 보고했고, 따라서 깨어 있는 하루 동안 느낀 감정의 지속 시간 가중치를 계산할 수 있었다. 다시 말해, 일상의 감정을 수치로 요약할 때 오래 지속된 사건은 짧게 끝난 사건보다 더 중요하게 다루었다. 설문에는 삶의 만족도를 묻는 질문도 있었는데, 우리는 그 답을 기억하는 자아의 만족도로 해석했다. 이런 식으로 일상 재구성법을 이용해 미국, 프랑스, 덴마크 여성 수천 명을 상대로 그들이 느끼는 삶의 질과 삶의 만족도를 결정하는 요소를 연구했다.

어떤 순간이나 어떤 사건을 경험하는 것은 어느 하나의 행복 수치로 쉽게 표시되지 않는다. 긍정적 감정에는 사랑, 환희, 몰두, 희망, 즐거움 등 여러 형태가 있다. 부정적 감정도 분노, 수치심, 우울, 외로움 등 여러 형태로 나타난다. 긍정적 감정과 부정적 감정은 동시에 존재하지만, 삶의 순간들은 거의 다 궁극적으로는 긍정적 또는 부정적으로 분류할 수 있다. 이를테면 어떤 사건에서 긍정적 형용사와 부정적 형용사에 점수를 매긴 뒤 비교해 그 사건이 불쾌했는지 알아볼 수 있다. 우리는 부정적 감정에 부여한 점수가 여러 긍정적 감정에 부여한 점수보다 높을 때 해당 사건을 불쾌한 사건으로 분류했다. 조사 결과, 미국 여성은 전체 시간의 19퍼센트를 불쾌한 상태로 보내는데, 프랑스 여성(16퍼센트)이나 덴마크 여성(14퍼센트)보다 다소 높은 수치다.

우리는 개인이 불쾌한 상황에 소비하는 시간의 비율을 'unpleasant(불쾌한)'의 u를 따서 'U지수'라 불렀다.[6] 예를 들어 하루 중 깨어 있는 16시간 가운데 네 시간을 불쾌한 상황에 소비하는 사람은 U지수가 25퍼센트다. U지수의 장점은 주관적 점수가 아니라 시간이라는 객관적 수치에 기초한다는 것이다. U지수가 20퍼센트에서 18퍼센트로 떨어졌다면, 불편한 감정이나 고통에 소비하는 총 시간이 10분의 1 줄었다는 뜻이다.

이 연구에서 드러난 눈에 띄는 점은 심적 고통에 개인 편차가 크다는 것이다.[7] 조사 대상의 약 절반은 하루 종일 불쾌한 일을 겪지 않았다고 말한 반면, 의미 있는 소수는 하루 중 많은 시간을 상당한 마음고생에 시달렸다. 아마도 전체 조사 대상자 중 소수가 대부분의 고통을 겪는 모양이다. 그것이 신체적 또는 정신적 질병 탓이든, 불행한 성격 탓이든, 삶에서의 불운과 개인의 비극 탓이든.

U지수를 활동별로 계산할 수도 있다. 예를 들어 출퇴근 때나 업무 중에, 또는 부모, 배우자, 자녀와의 소통 중에 부정적 감정이 드는 시간의 비율을 측정할 수 있다. 미국 중서부의 어느 도시에 사는 여성 1,000명은 U지수가 아침 출근 때는 29퍼센트, 업무 중에는 27퍼센트, 아이를 볼 때는 24퍼센트, 집안일을 할 때는 18퍼센트, 사람들과 어울릴 때는 12퍼센트, 텔레비전을 볼 때도 12퍼센트, 성행위를 할 때는 5퍼센트로 나타났다. U지수는 주말보

다 주중에 약 6퍼센트 높았는데, 주말에는 싫어하는 활동을 하는 시간이 적고 업무와 관련한 긴장과 스트레스를 받지 않기 때문이다. 가장 놀라운 점은 아이들과 시간을 보낼 때의 감정이다. 미국 여성은 집안일보다도 아이 돌보기를 약간 덜 즐거워했다. 프랑스 여성과 미국 여성의 몇 가지 차이점 중 하나인데, 프랑스 여성은 미국 여성에 비해 아이들과 보내는 시간이 적은 대신 그 시간을 더 즐거워했다. 아마도 아이들을 보육 시설에 맡기는 경우가 많고, 오후에 아이들을 차에 태워 이런저런 활동에 데려다주는 시간이 적기 때문이 아닐까 싶다.

어떤 순간이든 개인의 기분은 자신의 기질과 전반적 행복에 달렸지만, 행복을 느끼는 기분은 하루 사이에, 한 주 사이에 크게 요동치는 것 또한 사실이다. 순간의 기분은 주로 현 상황에 좌우된다. 이를테면 직장에서의 기분은 복지 혜택이나 직급처럼 전반적인 업무 만족도에 영향을 주는 요소에 거의 영향을 받지 않는다. 그보다 더 중요한 요소는 상황에 따른 요소로 가령 동료와 어울릴 기회, 소음, 시간 압박(부정적 감정의 중요한 요인), 바로 앞에 있는 상사(우리의 첫 번째 연구에서, 혼자 있는 것보다 더 나쁘다고 나온 유일한 항목) 등이다. 핵심은 무엇에 주목하느냐다. 감정 상태는 주로 우리가 주목하는 것에 달렸고, 우리는 보통 현재 활동과 당장의 주변 환경에 주목한다. 그러나 예외적으로, 주관적 체험의 질이 그 순간의 사건보다 되풀이되는 생각에 지배될 때도 있다. 사랑에 빠져 행복하면 차가 막혀 꼼짝 못해도 즐겁고, 슬플 때는 웃긴 영화를 봐도 우울하다. 그러나 보통의 경우, 기쁨과 고통은 그 순간 일어나는 일에서 나오고, 우리가 그 일에 주의를 기울이고 있을 때 생긴다. 예를 들어 음식을 먹으면서 즐거움을 얻으려면 음식을 먹고 있다는 사실에 주목해야 한다. 우리 조사 결과, 프랑스 여성과 미국 여성은 먹는 데 거의 같은 시간을 쓰지만, 프랑스 여성이 미국 여성보다 먹는 행위에 두 배 더 주목하는 성향이 있었다. 미국 여성은 먹으면서 다른 일을 하는 때가 많았고, 그러다 보니 먹는 즐거움이 줄었다.

이런 결과는 개인과 사회에 모두 시사하는 바가 있다. 시간 활용은 삶에서 우리가 어느 정도 통제 가능한 영역이다. 자기 의지로 기질을 더 쾌활하게 만들 수 있는 사람은 거의 없지만, 삶을 관리해 출퇴근에 시간을 덜 쓰고, 좋아하는 사람들과 어울리는 데 시간을 더 쓸 수는 있을 것이다. 어떤 활동을 하느냐에 따라 기분이 달라지는 걸 보면, 텔레비전 시청 같은 수동적인 여가 활동보다 사람을 만나거나 운동을 하는 등 좀 더 적극적인 활동에 시간을 쓰는 것도 기분이 좋아지는 한 가지 방법일 것이다. 사회적 관점에서 볼 때 노동자의 교통수단을 개선하고, 일하는 여성을 위한 보육 시설을 만들고, 노인이 사람들을 만날 기회를 확대한다면 사회의 U지수를 떨어뜨리는 효율적인 방법이 될 수 있다. U지수가 1퍼센트만 떨어져도 고통을 수백만 시간 줄이는 상당한 효과를 낸다. 전국적으로 시간 활용과 체감 행복을 조사하면 다양한 방식으로 사회 정책에 도움이 될 수 있다. 우리 팀의 경제학자 앨런 크루거Alan Krueger는 이 방법의 여러 요소를 전국적 통계에 도입하려는 노력을 주도했다.

체감 행복 측정은 이제 미국, 캐나다, 유럽에서 전국적으로 대규모 설문 조사를 벌일 때 일상적으로 사용되며, 갤럽 세계 여론조사Gallup World Poll는 이 측정법을 미국을 비롯한 150여 개 국가에서 수백만 명에게 확대 실시했다.[8] 갤럽의 이 여론조사는 일상 재구성법만큼 자세하지는 않지만 응답자에게 전날 느낀 여러 감정을 이끌어낸다. 방대한 표본 추출 덕에 극도로 세밀

한 분석이 가능한데, 그 결과 체감 행복에서 상황 요소, 신체 건강, 사회적 교류의 중요성이 확인되었다. 당연한 이야기지만, 두통은 사람을 우울하게 한다. 그리고 하루의 기분을 두 번째로 정확히 예측하는 요소는 친구나 가족과 연락을 했거나 만났는가의 여부다. 조금 과장해 말하면, 행복은 내가 사랑하는 사람 그리고 나를 사랑하는 사람과 시간을 보내는 것이다.

갤럽 자료를 보면 행복의 두 가지 측면을 비교할 수 있다.

• 사람들이 살면서 체감하는 행복
• 자기 삶을 평가할 때 내리는 판단

갤럽은 '캔트릴 자기규정 성취도Cantril Self-Anchoring Striving Scale'로 알려진 질문으로 사람들에게 삶을 평가하게 한다.

사다리를 상상해보자. 맨 아래 발판에는 0, 맨 위 발판에는 10이 쓰여 있다. 사다리의 맨 위는 당신에게 가능한 최상의 삶이고, 맨 아래는 당신에게 가능한 최악의 삶이다. 지금 이 순간, 당신은 어느 발판에 서 있다고 느끼는가?

삶의 여러 측면 중에는 그것을 체감할 때보다 평가할 때 더 높은 평가를 받는 것이 있다. 이를테면 교육이 그렇다. 교육 수준이 높으면 삶을 더 높게 평가할 수 있지만, 체감 행복과는 관련이 없다. 실제로 적어도 미국에서는 교육 수준이 높은 사람이 스트레스를 더 많이 받는 경향이 있다는 보고도 있다. 반면에 건강이 안 좋으면 삶을 평가할 때보다 체감할 때 훨씬 더 안 좋은 영향을 미친다. 아이들과 시간을 보내는 것도 일상적으로 감정 소모가 큰 일이어서 부모라면 대개 스트레스와 분노를 호소하지만, 삶을 평가할 때 그것이 미치는 부정적 영향은 크지 않다. 종교 활동도 삶을 평가할 때보다 긍정적 감정 유발과 스트레스 감소 등 삶을 체감할 때 큰 영향을 미친다. 그런데 의외로 종교가 우울함이나 걱정을 줄이는 효과는 없었다.

미국인 1,000명을 상대로 날마다 조사하는 '갤럽 헬스웨이스 행복 지수Gallup-Healthways Well-Being Index'에서 45만 건 이상의 응답을 분석한 결과, 행복과 관련해 가장 흔히 묻는 "돈으로 행복을 살 수 있을까?"라는 질문에 명확한 답을 얻을 수 있었다. 결론은 돈이 없으면 비참해지지만, 돈이 많으면 삶에 대한 만족도는 높아질지 몰라도 (평균적으로) 체감하는 행복은 높아지지 않는다.[9]

심각한 가난은 살면서 겪는 다른 불행을 증폭시킨다. 특히 질병은 여유로운 사람보다 궁핍한 사람을 훨씬 더 불행하게 한다. 수입이 상위 3분의 2에 해당하는 사람은 두통이 생기면 슬프거나 걱정된다고 말하는 비율이 19퍼센트에서 38퍼센트로 증가하는 반면, 하위 10분의 1에 해당하는 사람은 38퍼센트에서 70퍼센트로 증가한다. 애초 수준도 더 높고, 증가 폭도 훨씬 더 크다.[10] 궁핍한 사람과 그렇지 않은 사람과의 큰 차이는 이혼과 외로움에서도 나타난다. 체감 행복이 주말에 더 커지는 현상도 궁핍한 사람에게서 훨씬 드물게 나타난다.

생활비가 많이 드는 지역에서 체감 행복이 더 이상 커지지 않는 가계소득은 약 7만 5,000달러였다(생활비가 덜 드는 지역에서는 이보다 낮을 수 있다).[11] 이 수준을 넘어서면 소득과 관련한 체감 행복 증가는 평균적으로 정확히 제로였다. 소득이 더 높으면 생활환경이 좋아질 뿐 아니라 좋은 곳에서 휴가를 보내거나 오페라 표를 사는 등 여러 즐거움을 돈으로 살 수 있다는 점을 생각하면 의외의 결과다. 설문에서 살면서 느끼는 감정을 말할 때 왜 이런 추가적 즐거움이 포함되지 않는 걸까? 그럴듯한 해석으로는 소득이 높으면 삶에서 소소한 즐거움을 즐기는 능력이 떨어질 수 있다는 것이다. 이 생각을 뒷받침할 만한 증거가 있다. 학생들에게 부를 생각하게 하면 초콜릿을 먹을 때 즐거운 표정이 줄어든다![12]

소득이 체감 행복과 삶의 만족도에 미치는 영향은 확연히 대비된다. 소득이 높아지면 만족도도 올라가지만, 어느 수준을 넘어서면 실제 체감에 더 이상 긍정적 영향을 미치지 않는다. 여기서 일반적인 결론은 대장 내시경 실험만큼이나 명확하다. 사람들이 평가하는 삶과 실제로 느끼는 삶은 관련이 없다 할 수 없지만 엄연히 다르다. 내가 몇 년 전에 생각한 대로, 삶에 대한 만족도는 다소 부정확한 체감 행복 수치가 아니다. 둘은 전적으로 다른 것이다.

—

체감 행복과 관련한 말들
"정책 목표는 인간의 고통을 줄이는 것이라야 한다.
우리 목표는 사회의 U지수를 줄이는 것이다.
그러자면 우울함과 극도의 빈곤을 우선적으로 다뤄야 한다."
"더 행복해지는 가장 쉬운 방법은 시간 소비를 조절하는 것이다.
즐거운 일에 더 많은 시간을 쓸 수 있겠는가?"
"소득이 만족스러운 수준을 넘어서면, 돈을 들여 더 즐거운 경험을 할 수는 있지만,
돈이 덜 드는 것에서 즐거움을 느끼는 능력은 떨어질 수 있다."

38

삶을 돌아볼 때

〈그림 16〉은 독일 사회경제패널Sozio-oekonomisches Panel 소속 앤드루 클라크Andrew Clark, 에드 디너, 야니스 조젤리스Yannis Georgellis가 동일한 사람들을 대상으로 해마다 삶에 대한 만족도를 조사해 분석한 것이다.[1] 응답자들은 전년도에 자기 주변에서 일어난 주요 변화도 보고했다. 그래프는 응답자들이 보고한 결혼 전후의 만족도다.

이 그래프를 사람들에게 보여주면 거의 틀림없이 쓴웃음을 짓는데, 쉽게 이해할 만하다. 결국 사람들은 결혼으로 더 행복해지리라는 믿음으로, 또는 둘이 영원히 함께하면 지금의 행복이 계속 유지되리라는 희망으로 결혼을 결심한다. 대니얼 길버트와 티머시 윌슨이 소개한 유용한 표현을 빌리자면, 많은 경우에 결혼 결심은 집단적인 '감정 예측' 오류를 반영한다.[2] 결혼 당일에도 신랑, 신부는 이혼율이 높고 결혼 생활에 실망할 확률은 더 높다는

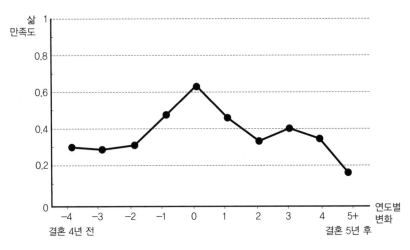

| 그림 16 | 결혼

사실을 뻔히 알지만 그 통계는 그저 남 얘기라 믿는다.

〈그림 16〉에 나타난 깜짝 놀랄 뉴스는 삶에 대한 만족도가 급격하게 떨어지는 것이다. 사람들은 대개 이 그래프를 결혼 생활이 일상이 되면서 결혼 초의 기쁨이 금방 사라지는 적응 과정으로 해석한다. 그러나 판단 어림짐작에 초점을 맞춘 다른 해석도 가능하다. 여기서 우리 의문은 삶을 평가해보라는 질문을 받으면 사람들은 머릿속에 어떤 생각을 떠올릴까, 하는 것이다. "삶 전체에 얼마나 만족하는가?" 또는 "요즘 얼마나 행복한가?" 같은 질문은 "전화번호가 어떻게 되는가?"라는 질문처럼 단순하지 않다. 실험 참가자는, 그리고 우리 모두는 단 몇 초 만에 어떻게 이런 질문에 대답할까? 이역시 또 하나의 판단 문제로 생각하면 좋다. 다른 질문도 그렇듯이, 이미 준비된 답을 가지고 있는 사람도 있을 수 있다. 예전에 자기 삶을 평가할 기회가 있었던 사람이다. 하지만 아마도 대다수는 정확한 답을 재빨리 찾지 못한 채, 즉석에서 더 쉬운 질문으로 바꿔 대답할 것이다. 시스템 1이 작동한

결과다. 이 관점에서 〈그림 16〉을 보면, 그래프가 달리 보인다.

삶 전반을 평가해야 할 때 단순한 여러 질문에 답을 하면서 그 평가를 대신할 수 있다. 앞에서 학생들에게 지난달에 데이트를 몇 번 했는지 묻자, "요즘 얼마나 행복한가?"라는 질문에 마치 데이트가 삶에서 유일하게 의미 있는 행위인 양 데이트 횟수를 기준으로 답을 했던 연구를 기억할 것이다.[3] 비슷한 맥락으로, 잘 알려진 다른 실험에서, 노르베르트 슈바르츠는 동료들과 함께 참가자들을 실험실로 불러 삶에 대한 만족도를 묻는 설문 조사를 실시했다.[4] 그는 설문을 시작하기 전에, 실험 참가자에게 서류를 한 장 복사해달라고 부탁했다. 이때 참가자 절반은 복사기에 10센트 동전이 꽂힌 것을 발견했다. 실험 진행자가 미리 꽂아둔 동전이다. 그러자 이 사소한 행운을 누린 참가자들은 삶에 대한 전반적인 만족도를 훨씬 높게 평가하는 게 아닌가! 기분 어림짐작도 삶에 대한 만족도 질문에 대답하는 한 가지 방법인 셈이다.

데이트 설문과 복사기에 동전 꽂아두기 실험은 애초 예상대로, 전반적인 행복에 대한 답은 에누리해서 들어야 한다는 사실을 보여준다. 물론 삶을 평가해보라는 질문을 받았을 때 지금의 기분만 머릿속에 떠오르는 것은 아니다. 얼마 전에 일어났거나 곧 일어날 중요한 일들, 이를테면 배우자의 건강이나 10대 자녀가 만나는 안 좋은 친구들처럼 반복되는 관심사 또는 중요한 성취나 뼈아픈 실패 등이 떠오를 수 있다. 질문과 관련 있는 수많은 사건 중에 몇 가지는 떠오르고, 다수는 떠오르지 않을 것이다. 삶에 재빨리 점수를 매길 때면 복사기에 꽂힌 동전처럼 전적으로 무관한 사건에 영향을 받지 않는다 해도, 삶에서 비중이 크지 않은, 그저 머릿속에 쉽게 떠오르는 몇 가지 사건에 영향을 받는다.

근래에 결혼했거나 곧 결혼할 사람은 삶을 돌아보는 일반적 질문을 받았을 때 결혼을 떠올리기 쉽다. 미국에서는 대부분 자기 뜻에 따라 결혼하기 때문에, 결혼을 떠올리면 행복하다. 문제는 무엇에 주목하느냐다. 〈그림 16〉은 사람들이 삶에 대한 질문을 받았을 때 얼마 전에 치렀거나 곧 다가올 결혼을 생각할 확률로도 읽을 수 있다. 머릿속을 지배하는 결혼은 시간이 흐르고 새로움이 시들면서 비중이 줄어들게 마련이다.

그래프에서, 결혼을 중심으로 전후 2, 3년간은 삶에 대한 만족도가 이례적으로 높다. 그런데 이 갑작스러운 변화가 질문에 대답할 때 의존하는 어림짐작의 시간에 따른 변화를 나타낸다면, 행복에 관해서든 결혼에 적응하는 과정에 관해서든 이 결과에서 배울 건 거의 없다. 그 어림짐작 변화에서는 행복이 조수처럼 수년간 높아지다가 서서히 잦아든다는 사실을 추론할 수 없다. 삶에 관한 질문을 받았을 때 행복한 결혼을 떠올리는 사람이라도 다른 시간까지 더 행복하다는 보장은 없다. 하루 중 많은 시간을 행복한 결혼 생활을 생각하는 게 아니라면, 그 생각이 행복에 직접적으로 영향을 주지는 않을 것이다. 사랑에 푹 빠져 행복한 나날을 보내는 운 좋은 신혼부부도 결국은 현실로 돌아올 테고, 이들의 체감 행복은, 우리 대부분이 그렇듯, 다시 주변 환경과 그 순간의 활동에 좌우될 것이다.

일상 재구성법 연구에서, 배우자와 사는 여자와 그렇지 않은 여자는 체감 행복에서 전반적인 차이가 없었다. 두 집단이 시간을 어떻게 쓰는지 자세히 들여다보면 그 이유를 알 수 있다. 배우자가 있는 여자는 혼자 보내는 시간이 적지만 친구와 함께 보내는 시간도 훨씬 적다. 잠자리에서 보내는 시간은 황홀하지만, 비교적 인기 없는 집안일, 밥하기, 아이 돌보기에도 많은 시간을 쓴다. 그리고 물론 남편과 보내는 그 많은 시간이 즐거운지 아닌지는 개인마다 다르다. 결혼은 평균적으로 체감 행복에 영향을 미치지 않는데, 행복과 무관해서가 아니라 결혼이 삶의 어떤 부분은 더 좋은 쪽으로, 어떤 부분은 더 나쁜 쪽으로 바꿔놓기 때문이다.

  개인이 처한 환경과 삶에 대한 만족도 사이의 상관관계가 낮은 이유 하나는 체감 행복과 삶에 대한 만족도 모두 유전적 기질에 크게 좌우되기 때문이다. 행복하게 사는 기질은 키나 지능처럼 유전되는데, 이는 태어나면서 떨어져 산 쌍둥이 연구에서도 증명되었다. 똑같이 운이 좋은 사람이라도 얼마나 행복한가는 개인마다 천차만별이다. 또, 결혼처럼 긍정적 효과와 부정적 효과가 서로 상쇄되는 탓에 행복과의 상관관계가 낮은 경우도 있다. 같은 상황이라도 누군가에게는 좋고 누군가에게는 나쁠 수 있으며, 새로운 환경에는 장점과 단점이 모두 존재한다. 그런가 하면 높은 소득처럼 삶의 만족도에 미치는 효과가 대개는 긍정적이지만 돈에 유독 신경을 많이 쓰는 사람이 있어서 전체 그림은 복잡한 경우도 있다.

  고등교육의 영향을 대규모로 조사한 어느 연구는, 비록 연구 목적은 달랐지만, 젊은이들이 세운 목표가 일생에 미치는 효과를 보여주는 놀라운 사실을 밝혀냈다.[5] 이 연구의 토대가 된 자료는 1976년에 엘리트 학교에서 고등교육을 시작한 약 1만 2,000명을 대상으로 1995~1997년에 실시한 설문 조사다. 이들은 17, 18세 때 "경제적으로 매우 풍족한 삶"이라는 목표에 "중요하지 않다"부터 "필수적이다"까지 4단계 중 하나에 표시하는 설문 조사에 참여했었다.[6] 그리고 20년이 지나 다시 설문에 참여해, 1995년의 소득 그리고 현재 삶에 대한 전반적인 만족도 등에 대답했다.

  목표는 큰 차이를 낳았다. 경제적 포부를 밝힌 지 19년이 지나, 높은 소득을 원했던 학생들 다수는 실제로 그 포부를 달성했다. 예를 들어, 설문 작성자 중 의사를 비롯해 의료계 전문직 종사자 597명을 보면, 과거에 돈의 중요성을 한 단계 높이 평가할 때마다 1995년 소득이 무려 1만 4,000달러 이상 증가했다. 직업이 없는 기혼 여성들도 과거의 경제적 포부를 실현한 경우가 많아서, 포부가 한 단계 높아질수록 배우자의 수입에서 나오는 가계소득이 1만 2,000달러 이상 증가했다.

18세 때 소득에 어느 정도의 중요성을 부여했는가에 따라 성인이 되어 소득에 얼마나 만족할지도 예측할 수 있었다. 우리는 고소득 집단(가계소득 20만 달러 이상)의 삶에 대한 만족도를 저소득부터 중간 소득까지의 집단(5만 달러 이하)과 비교했다. 경제적으로 매우 풍족한 삶을 필수 목표라고 응답했던 사람들의 경우에는 소득이 삶의 만족도에 미치는 영향이 더 커서, 5점 만점에 0.57점이었다. 반면에 돈은 중요하지 않다고 응답했던 사람들은 그 수치가 고작 0.12였다.[7] 돈을 원했고 그만큼 벌어들인 사람은 평균보다 훨씬 더 만족스러워했고, 돈을 원했지만 그만큼 벌지 못한 사람은 훨씬 더 실망스러워했다. 다른 목표도 마찬가지다. 성인이 되어 삶에 불만을 갖는 비결(?) 하나는 달성하기가 대단히 어려운 목표를 세우는 것이다. 20년 뒤의 삶에 대한 만족도를 볼 때 젊은이가 세울 수 있는 가장 장래성 없는 목표는 "공연 예술 분야에서 성공하기"였다. 10대의 목표는 앞으로 그들에게 어떤 일이 일어날지, 어떤 사람이 될지, 얼마나 만족하며 살지에 영향을 미친다.

나는 이 연구 결과에 일부 영향을 받아, 이제까지 생각해온 행복의 정의를 바꾸기로 했다. 사람들의 목표는 앞으로 어떤 일을 할지, 그 일을 어떻게 느낄지에 워낙 중요해서, 오직 체감 행복에만 주목하는 것은 정당화하기 어렵다. 사람들이 바라는 바를 무시하는 행복의 개념은 옳지 않다. 그리고 사람들이 살면서 느끼는 감정은 무시한 채 자기 삶을 돌아볼 때 느끼는 감정에만 주목하는 것도 마찬가지로 정당화하기 어렵다. 두 자아의 행복을 모두 고려하는 혼합된 관점의 복잡성을 인정해야 한다.

주목 착각

자기 삶을 묻는 질문에 응답하는 속도에서, 그리고 현재 기분이 응답에 미치는 영향에서, 우리는 사람들이 자기 삶을 평가할 때 세심한 주의를 기울이지 않는다고 추론할 수 있다. 사람들은 어림짐작을 사용하는 게 분명하다. 보이는 것이 전부라는 원칙과 바꿔치기의 사례다. 삶을 바라보는 그들의 시각이 데이트에 대한 질문이나 복사기에 꽂힌 동전에 영향을 받았다고 해도, 그들이 삶에는 데이트나 행운 이상의 것이 존재한다는 사실을 잊은 것은 아니다. 동전 하나를 주웠다고 해서 행복의 개념이 갑자기 바뀌겠는가? 하지만 시스템 1은 삶의 작은 부분으로 삶 전체를 쉽게 대체해버린다. 삶에서 특정 부분에 주목하면 전체 평가에서 그 부분이 커 보인다. 이는 '주목 착각focusing illusion'의 본질이며, 주목 착각을 한 문장으로 요약하면 다음과 같다.

지금 삶에서 무언가를 생각하고 있다면, 그것이 무엇이든 지금 생각하는 만큼 중요하지 않다.

이 생각을 하게 된 계기는 캘리포니아에서 프린스턴으로 이사 가는 문제를 두고 벌어진 가족과의 토론이었다. 아내는 동부 해안 사람들보다 캘리포니아 사람들이 더 행복하다고 주장했다. 나는 기후는 행복을 결정하는 중요한 요소가 아님을 증명할 수 있다고 했다. 추운 스칸디나비아반도에 사는 사람들이 행복하기로 세계에서 손꼽히지 않는가. 내가 관찰한 바로는 변치 않는 삶의 환경은 행복에 거의 영향을 미치지 않았고, 따라서 캘리포니아 사람들이 행복하다는 직감은 감정 예측 오류라고 아내를 설득하려 했지만 허사였다.

얼마 뒤에 이 일이 여전히 머릿속을 맴도는 상태로 지구온난화를 주제로 한 사회과학 워크숍에 참석했다. 어떤 동료는 다음 세기에 지구에 살 인류의 행복을 바라보는 자신의 시각을 바탕으로 주장을 펼쳤다. 나는 캘리포니아에 살면 어떤 기분일지도 모르는 마당에 더워진 지구에 살면 어떤 기분일지 예상하는 것은 터무니없다고 주장했다. 이런 의견을 주고받은 직후에 나는 동료 데이비드 슈케이드David Schkade와 함께 다음의 두 문제를 조사할 연구비를 지원받았다. 캘리포니아 사람들이 다른 지역 사람들보다 더 행복한가? 캘리포니아 사람들의 상대적 행복과 관련해 가장 널리 퍼진 믿음은 무엇인가?[8]

우리는 캘리포니아, 오하이오, 미시간의 주요 대학에 다니는 학생들을 상대로 대규모 표본을 모집했다. 이들 중 일부에게는 삶의 여러 측면에서 만족도를 소상히 물었다.[9] 그리고 다른 일부에게는 그들과 "관심사와 가치가 같은" 다른 지역 사람은 똑같은 설문에 어떻게 응답할지 예상하라고 했다.

자료를 분석하면서, 우리 가족 토론에서 내가 승리했다는 사실이 분명해졌다.[10] 예상대로 두 지역 학생들은 기후를 대하는 태도가 크게 달랐다. 캘리포니아 학생들은 자기 지역 기후를 즐겼고, 오하이오와 미시간의 중서부 학생들은 경멸했다. 그러나 기후는 행복을 결정하는 중요한 요소가 아니었다. 결정은커녕 캘리포니아 학생들과 중서부 학생들의 삶에 대한 만족도는 어느 모로나 차이가 없었다.[11] 그런데 캘리포니아 사람들이 더 행복할 거라고 믿는 사람은 아내만이 아니었다. 두 지역 학생들도 똑같이 잘못된 관점을 가지고 있었고, 이 오류를 추적해보니 기후의 중요성을 과장한 게 원인이었다. 우리는 이 오류를 '주목 착각'이라 불렀다.

주목 착각의 본질은 보이는 것이 전부라는 원칙이다. 여기서는 기후를 지나치게 중시하고 행복의 다른 요소는 지나치게 경시한 경우다. 이 착각이 얼마나 강한지 알아보려면 몇 초만 시간을 내어 다음 문제를 생각해보라.

당신 차에서 얼마나 즐거움을 느끼는가?[12]

머릿속에 떠오르는 대로 바로 대답해보라. 지금 가지고 있는 차를 얼마나 좋아하고 즐기는지는 본인이 잘 안다. 그렇다면 이제 다른 질문을 보자. "당신 차에서 즐거움을 느낄 때는 '언제'인가?" 이 질문의 답은 다소 놀라울 수 있지만 간단명료하다. 차를 생각하면 즐겁지만(또는 불쾌하지만) 그런 일이 아주 흔치는 않다는 것이다. 보통은 운전할 때 차를 생각하지 않는다. 운전할 때는 대개 다른 생각을 하고, 그 생각에 기분이 좌우된다. 여기서 또 한 번, 사람들은 자기가 차를 얼마나 즐기는지 따져볼 때 사실은 "'차를 생각할 때' 차에서 얼마나 즐거움을 느끼는가?"라는 훨씬 좁은 의미의 질문에 대답한다는 것을 알 수 있다. 이런 질문 바꿔치기 탓에 사람들은 차를 생각하는 일이 거의 없다는 사실을 무시하는데, 일종의 지속 시간 무시다. 그 결과로 주목 착각이 일어난다. 자기 차를 좋아한다면 거기서 나오는 즐거움을 과장하기 쉽고, 그러다 보면 새 차 구입을 고민할 때만이 아니라 현재 차의 장점을 생각할 때도 잘못된 판단을 내리기 쉽다.

캘리포니아 사람들의 행복을 판단할 때도 비슷한 편향이 일어나 판단을 왜곡한다. 캘리포니아 사람들의 행복을 질문받으면, 여름에 하이킹을 즐기거나 따뜻한 겨울 날씨에 감탄하는 등 캘리포니아에서 특별한 경험을 즐기는 사람의 모습을 떠올리기 쉽다. 주목 착각이다. 실제로 캘리포니아 사람들은 그런 일에 많은 시간을 쓰지 않는다. 게다가 캘리포니아에서 오래 산 사람이라면 삶 전체를 평가할 때 기후를 생각하는 일은 거의 없다. 평생 캘리포니아에 살면서 여행도 많이 다니지 않은 사람이라면 캘리포니아에 산다는 것은 발가락이 열 개인 것과 마찬가지다. 좋은 일이지만, 평소에 발가락 수를 생각하지는 않는다.

삶의 특정 부분을 생각할 때 그와 대비되는 생각이 쉽게 떠오른다면, 그 특정 생각이 더 부각된다. 기후가 더 좋은 곳에서 행복하게 살고 싶어서 최근에 오하이오를 떠나 캘리포니아로 이사 온 적극적인 사람을 생각해보자. 이 사람의 반응은 다른 캘리포니아 사람들과는 다를 것이다. 이사한 뒤 몇 년 안에 삶에 대한 만족도를 질문받으면 이사가 떠오르고, 두 곳의 대조적인 기후가 떠오르기 쉽다. 그러면 당연히 캘리포니아가 더 좋을 테고, 삶에서 그 부분에 주목한 탓에 그것의 진짜 비중을 왜곡할 수 있다. 하지만 주목 착각은 위안을 주기도 한다. 캘리포니아로 이사한 뒤로 정말로 더 행복하든 그렇지 않든, 기후를 생각하다 보면 더 행복하다고 믿게 된다. 주목 착각 탓에 타인의 행복뿐 아니라 현재 자신의 행복도, 나아가 미래의 행복까지도 오판할 수 있다.

하반신이 마비된 사람은 하루 중 몇 퍼센트를 우울한 기분으로 보낼까?[13]

이 질문을 받으면 거의 틀림없이, 하반신이 마비된 사람이 현재 자신의 상태를 생각하고 있는 모습을 떠올린다. 그리고 그의 기분을 추측하는데, 관련 사고가 일어난 지 얼마 안 됐다면 그 추측이 맞을 것이다. 사고 피해자는 사고가 일어나고 한동안은 다른 생각을 거의 하지 않는다. 하지만 시간이 지나면서, 거의 예외 없이, 자신이 처한 새로운 상황에 익숙해지고 관심도 멀어진다. 예외라면 만성적 고통, 큰 소음, 심각한 우울증에 시달릴 때다. 고통과 소음은 생물학적으로 주의를 끄는 신호로 받아들이게 되어 있고, 우울함에는 절망적 생각의 자기 강화적 순환이 포함되어 있다. 따라서 이때는 상황에 적응하기가 불가능하다. 그러나 하반신마비는 그런 예외가 아니다. 자세히 관찰해보면, 이들도 사고가 나고 빠르면 한 달 정도만 지나도 일상의 절반 이상은 꽤 괜찮은 기분으로 살아간다.[14] 물론 자신의 상황을 생각하면 분명 침울해지기야 하겠지만 이들도 대부분의 시간은 일하고, 책 읽고, 친구들과 농담을 즐기고, 신문 정치면을 보고 분노도 하면서 지낸다. 이런 때면 이들도 다른 사람들과 크게 다르지 않아서, 대개는 이들의 체감 행복이 다른 사람들과 비슷하리라고 예상할 수 있다. 좋은 상황이든 나쁜 상황이든 새로운 상황에 적응하려면 상황 자체를 생각하는 일이 점점 줄어야 한다. 그런 의미에서, 하반신마비나 결혼 같은 삶의 장기적 환경은 대부분 그것에 주목할 때만 기분에 영향을 미친다.

프린스턴대학에서 강의할 때의 특권 하나는 연구 논문을 심사하면서 똑똑한 학부생들을 지도할 기회가 생긴다는 것이다. 이와 관련한 흥미로운 경험 하나는 베루리아 콘Beruria Cohn이 설문 조사 기관의 도움을 받아 자료를 수집해 분석했던 프로젝트다. 이 설문에서 응답자들에게 하반신이 마비된 사람들은 하루 중 몇 퍼센트를 우울한 기분으로 보낼 것 같으냐고 물었다. 베루리아는 응답자들을 둘로 나눠, 한 부류에게는 하반신마비를 일으킨 사고가 한 달 전에 일어났다고 말해주고, 또 한 부류에게는 1년 전에 일어났다고 말해주었다. 각 응답자는 개인적으로 아는 사람 중에 하반신이 마비된 사람이 있는지도 말해야 했다. 하반신마비가 최근에 일어났다고 들은 응답자 중 개인적으로 그런 사람을 아는 이들은 그들이 전체 시간 중 75퍼센트를 우울하게 보내리라고 추정했고, 그런 사람을 몰라 상상에 의존해야 했던 이들은 그들이 70퍼센트의 시간을 우울하게 보내리라고 추정해, 두 집단이 거의 같은 의견을 내놓았다. 반면에 사건이 일어난 지 1년이 지났다고 들은 응답자 중 그런 사람을 개인적으로 아는 이들은 그들이 전체 시간 중 41퍼센트를 우울하게 보내리라고 했고, 그런 사람을 모르는 이들은 평균 68퍼센트라고 대답해, 두 집단이 큰 의견 차이를 보였다. 하반신이 마비된 사람을 개인적으로 아는 사람들은 그가 자신의 신체 조건에서 관심이 점점 멀어져 가는 것을 목격했지만, 다른 사람들은 그런 적응 과정이 일어나리라고 예상하지 못했다. 복권에 당첨된 지 한 달이 지났을 때와 1년이 지났을 때, 당첨자의 기분을 판단하는 조사에서도 정확히 똑같은 유형이 나타났다.

우리는 하반신이 마비된 사람 그리고 만성질환이나 그 밖의 힘든 상황으로 고생하는 사람의 삶에 대한 만족도가 체감 행복에 비해 상대적으로 낮을 것이라고 예상할 수 있다. 삶을 평가하라는 질문을 받으면 불가피하게 다른 사람의 삶과 자기가 살아온 삶이 모두 떠오르기 때문이다. 같은 맥락으로, 결장루 환자를 대상으로 한 최근 연구 결과, 환자의 체감 행복과 삶에 대한 평가가 극적인 차이를 보였다.[15] 경험 표집법으로 조사해보면, 이 환자들이

나 건강한 사람들이나 체감 행복에 차이가 없다. 그러나 결장루 수술 환자는 병이 없이 산다면 수명 단축도 얼마든지 감수하려 들 것이다. 게다가 결장루가 복원된 환자는 끔찍했던 시간을 기억하고, 그때로 돌아가지 않을 수만 있다면 남은 수명을 더 포기하려 할 것이다. 여기서도 같은 삶을 두고, 경험하는 자아는 제법 수월하게 참아내는데 기억하는 자아는 심각한 주목 착각에 빠지는 성향을 보인다.

대니얼 길버트와 티머시 윌슨은 '희망 오류miswanting'(어떤 대상이 나를 행복하게 할 거라는 착각으로 그것을 원하는 현상―옮긴이)라는 말을 소개하면서, 감정 예측 오류에서 나온 나쁜 선택을 설명했다.[16] 희망 오류는 일상어로 사용할 만하다. (길버트와 윌슨이 '주목주의focalism'라 부르는) 주목 착각은 희망 오류의 주요 진원지다. 특히 주목 착각에 빠지면 중요한 구매나 바뀐 환경이 미래의 삶의 질에 미치는 효과를 과장하기 쉽다.

삶을 일부 바꿔놓을 다음 두 가지를 비교해보자. 승차감이 좋은 새 차 구입하기와 포커 모임이나 독서 모임 등 매주 만나는 모임에 가입하기. 둘 다 처음에는 참신하고 흥미롭다. 하지만 시간이 흐르면서 차에는 운전 중에 관심을 두지 않게 되지만 열심히 참석하는 사회적 교류에는 늘 관심을 갖는다는 것이 둘의 큰 차이다. 그러나 보이는 것이 전부라는 원칙 때문에 차의 장기적 이익은 과장하기 쉬운 반면에, 이를테면 테니스나 첼로 배우기처럼 정신을 집중해야 하는 일 또는 사교 모임에 관해서는 그런 실수를 저지르지 않는다. 주목 착각은 흥미로운 물건을 보거나 흥미로운 경험을 할 때 나중에는 관심이 없어질지언정 처음에는 그것을 좋아하게 하는 편향을 만든다. 그리고 지속 시간이 무시되는 탓에, 장기적으로 계속 주목하는 경험이 제대로 평가받지 못한다.

시간, 그리고 다시 시간

5부에서는 시간의 역할이 후렴구처럼 반복되었다. 경험하는 자아의 삶을 일정한 가치를 지닌 순간의 연속으로 묘사하는 것은 논리적으로 타당하다. 어떤 사건의 가치는 단순히 매 순간 가치의 합(쾌락 측정기 총합)이다. 그러나 머릿속에서는 사건을 그런 식으로 표현하지 않는다. 기억하는 자아도 이야기를 하고 선택을 하지만, 그 이야기나 선택은 시간을 제대로 반영하지 않는다. 기억하는 자아가 이야기를 전달할 때는 몇 가지 중요한 순간들, 특히 시작, 정점, 종점이 중심이 된다. 지속 시간은 무시된다. 우리는 이처럼 어느 순간에 초점을 맞추는 성향을 찬물에 손 넣기 실험과 비올레타 이야기에서 목격했다.

그런가 하면 전망 이론에서는 형태가 다른 지속 시간 무시를 목격했는데, 이때는 어떤 상태가 그 상태로의 이행으로 나타난다. 복권에 당첨되면 당분간 지속될 새로운 상태의 부가 생긴다. 그러나 결정효용은 새로운 상태를 획득했을 때 그에 대한 반응의 예상 세기에 해당한다. 이후에 관심이 시든다거나 새로운 상황에 적응해야 한다는 것은 무시한 채 오직 한순간의 반응만 고려한다. 이처럼 새로운 상태로의 이행에 주목하되 시간의 흐름과 적응은 무시하는 현상은 만성적 질병에 대한 반응을 예상할 때도, 그리고 물론 주목 착각에서도 나타난다. 주목 착각에 빠지면 선별된 순간에만 집중하고 다른 순간에 일어나는 일은 무시하는 실수를 저지른다. 인간의 정신은 이야기에는 능숙하지만, 시간의 흐름을 처리하는 데는 서툴러 보인다.

우리는 지난 10년 동안 행복에 관해 많은 새로운 사실을 알게 되었다. 더불어 '행복'이라는 말의 의미는 단순하지 않으며, 따라서 단순한 의미로 사용해서는 안 된다는 것도 깨달았다. 더러는 과학 발전이 우리를 전보다 더 혼란스럽게 한다.

—

삶을 돌아볼 때와 관련한 말들

"그는 멋진 차를 사면 더 행복해지겠거니 생각했는데, 알고 보니 감정 예측 오류였다."

"그는 오늘 아침 출근길에 차가 고장 나는 바람에 기분이 영 안 좋다.
오늘은 그에게 업무 만족도를 묻지 않는 게 좋겠다."

"그는 거의 항상 생기 넘쳐 보이지만, 행복하냐고 물으면 아주 불행하다고 말한다.
그 질문을 받으면 최근의 이혼이 떠오르는 게 분명하다."

"큰 집을 사도 장기적으로는 더 행복해지지 않을 수 있다. 단지 주목 착각에 빠질 뿐이다."

"그는 두 도시를 오가며 시간을 나눠 쓰기로 했다.
아마도 심각한 희망 오류 사례가 아닐까 싶다."

Thinking,
Fast and slow

결론

나는 가상의 인물 둘을 소개하면서 이 책을 시작해, 두 종류의 경제주체를 살펴보고, 두 자아로 끝을 맺었다. 두 인물은 빠르게 생각하고 직관적인 시스템 1, 그리고 느리게 생각하고 고심하면서 시스템 1을 감시하고 제한된 자원으로 최대한 통제력을 유지하는 시스템 2다. 두 종류의 경제주체는 이론의 토대에 발을 딛고 사는 허구의 이콘, 그리고 실제 세계에서 행동하는 인간이다. 두 자아는 실제로 살아가는 경험하는 자아, 그리고 삶의 점수를 기록하고 선택하는 기억하는 자아다. 이번 마지막 장에서는 이 세 가지 차이를 반영한 사례를 뒤엣것부터 몇 가지 살펴보겠다.

두 자아

기억하는 자아가 경험하는 자아의 이익과 충돌할 가능성은 애초의 내 생각보다 더 어려운 문제였다. 초기에 실시한 찬물에 손 넣기 실험에서, 지속 시간 무시와 정점과 종점 원칙이 합쳐져 누가 봐도 터무니없는 선택이 나왔다. 사람들은 왜 불필요한 고통을 기꺼이 감수하는가? 우리 실험 참가자들은 이 선택을 기억하는 자아에 맡겼다. 실제로는 더 고통스러웠는데도 더 좋은 기억으로 남은 실험을 선호하는 자아다. 기억의 질을 따진 선택이 옳을 수도 있다. 예를 들면 외상 후 스트레스가 생길 수 있는 극단적 상황이 그렇다. 그러나 찬물에 손 넣기는 정신적 외상을 입을 만한 일은 아니다. 객관적 관찰자가 실험 참가자 대신 선택을 해준다면 고통을 겪는 참가자의 경험하는 자아를 생각해, 빨리 끝나는 실험으로 골라줬을 게 틀림없다. 실험 참가자가 자신을 위해 고른 선택은 분명히 실수였다. 베르디의 오페라에서나 30년 또는 60년을 고통 없이 산 젠의 삶에서나 이야기를 평가할 때 나타나는 지속 시간 무시와 정점과 종점 원칙은 똑같이 변명의 여지가 없다. 전체 삶을 마지막 순간으로 평가하거나, 어떤 삶이 더 바람직한지 결정할 때 지속 시간에 비중을 두지 않은 것은 말이 안 된다.

기억하는 자아는 시스템 2가 구성한다. 그러나 기억하는 자아가 사건과 삶을 평가하는 방식의 두드러진 특징은 우리 기억의 특성이다. 지속 시간 무시와 정점과 종점 원칙은 시스템 1에서 나오고, 시스템 2의 가치와는 맞지 않을 수 있다. 우리는 지속 시간이 중요하다고 믿지만, 우리 기억은 그렇지 않다고 말한다. 과거에 대한 평가를 지배하는 규칙은 시간을 중시하지 않기 때문에 결정에 좋은 지침이 못 된다. 우리가 존재하는 동안 시간은 궁극적으로 유한한 자원이지만, 기억하는 자아는 그 현실을 무시한다. 지속 시간 무시가 정점과 종점 원칙과 합쳐지면, 장기간 그런대로 행복한 것보다 단기간의 격렬한 쾌감을 선호하는 편향을 유발한다. 똑같은 편향이 정반대로 나타나면, 약한 고통이 오래 지속될 때보다 격렬하지만 참을 만한 고통이 짧게 지속될 때 더 두려움을 느낀다. 지속 시간을 무시하다 보면 가벼운 불쾌감이 오래 지속되어도 그것이 끝나면 상황이 더 나아진다는 이유로 쉽게 받아들인다. 그리고 장기간 행복할 기회가 생겨도 결말이 별로일 것 같으면 아예 포기해버린다. 이 생각을 불편한 지점까지 연장해보려면 흔히 하는 훈계를 생각해보라. "하지 마. 후회할 거야." 현명한 조언처럼 들린다. 후회가 예상된다는 것은 기억하는 자아가 내린 판단인데, 우리는 그 판단을 최종적이고 결정적인 것으로 받아들이는 성향이 있다. 그러나 기억하는 자아의 관점이 항상 옳지는 않다는 사실을 잊지 말아야 한다. 경험하는 자아를 염두에 둔 채 쾌락 측정기를 객관적으로 관찰한 사람이라면 다른 조언을 내놓을 것이다. 기억하는 자아의 지속 시간 무시와 정점과 종점을 지나치게 강조하는 태도, 그리고 사후 판단 성향이 합쳐지면 실제 경험을 왜곡해서 판단한다.

반대로 지속 시간에 비중을 둔 행복의 개념은 기억에 남을 순간이든 그렇지 않은 순간이든 삶의 모든 순간을 똑같이 취급한다. 삶의 어떤 순간은 기억에 남을 만해서, 또는 중요해서, 다른 순간보다 더 비중 있게 마련이다. 따라서 사람들이 기억에 남는 순간을 회고하며 보내는 시간도 지속 시간에 포함되어 비중이 더해져야 한다. 또, 어떤 순간은 이후의 경험을 바꿔놓음으로써 그 중요성이 더해질 수 있다. 예를 들어 바이올린을 한 시간 연습하면 몇 년 뒤에 바이올린을 여러 시간 연주하거나 음악을 들을 때 도움이 될 수 있다. 마찬가지로 외상 후 스트레스를 유발하는 짧지만 끔직한 사건의 비중에는 그것이 촉발하는 장기적 고통의 총 지속 시간이 더해져야 한다. 지속 시간에 무게를 둔 관점에서 보면, 어떤 순간이 기억에 남을 만하다거나 의미가 있다는 판단은 그 일이 한참 지난 뒤에야 가능하다. "늘 기억하겠다"거나 "지금은 의미 있는 순간이다"라는 표현은 아무리 진실하게 말해진다 해도, 거짓일 수 있는(그리고 실제로 종종 거짓인) 약속 또는 예측으로 간주해야 한다. 그런 말 중 상당수는 10년이 지나면 까마득히 잊힐 것이다.

지속 시간에 비중을 두는 논리는 설득력은 있어도 행복을 가늠하는 완벽한 이론이 될 수 없다. 사람들은 자신과 기억하는 자아를 동일시하고 자기 삶의 이야기에 관심을 갖기 때문이다. 사람들의 희망을 무시하는 행복 이론은 지속될 수 없다. 하지만 삶에서 실제로 일어나는 일은 무시한 채 오로지 삶을 어떻게 생각하는가에만 집중하는 이론 또한 오래 유지될 수 없다. 기억하는 자아와 경험하는 자아는 동시에 고려되어야 한다. 둘의 이해관계가 늘 일치하지는 않기 때문이다. 철학자라면 오랜 시간 씨름할 수 있는 문제다.

두 자아 중에 어느 쪽이 더 중요한가는 비단 철학자만의 문제는 아니다. 이 문제는 여러 분야에서, 특히 의료와 복지 분야에서, 정책에 시사하는 바가 있다. 이를테면 시각장애, 청각장애, 신부전 같은 다양한 장애나 병을 치료하는 데 투자하는 문제를 생각해보자. 어떤 기준으로 투자를 결정해야 할까? 사람들이 그 상태를 두려워하는 정도로? 환자들이 실제로 겪는 고통으로? 아니면, 환자들이 그 상태에서 벗어나고픈 욕구의 세기와 거기서 벗어나기 위해 환자들이 기꺼이 감수하려는 희생으로? 시각장애와 청각장애, 또는 결장루와 신장 투석의 고통 순위는 고통의 세기를 어떤 방법으로 측정하느냐에 따라 다를 것이다. 당장 쉬운 해법은 없지만, 워낙 중요해 무시할 수

없는 문제다.[1]

행복 측정치를 정부 정책의 지침으로 사용하는 문제는 최근 유럽의 여러 학계와 정부에서 큰 관심을 끌고 있다.[2] 몇 년 전만 해도 생각지도 못한 일이지만 이제는 사회적 고통의 총량을 나타내는 지표가 실업률, 신체장애, 소득 등과 더불어 국가적 통계에 포함될 날이 오리라는 인식이 생겨나고 있다. 이제까지 큰 진전을 거둔 프로젝트다.

이콘과 인간

일상적 대화에서 어떤 사람을 'reasonable'이라고 하면, 즉 사리 분별이 있고 타당한 판단을 내리는 사람이라고 하면, 그와 이성적인 의사소통이 가능하고, 그의 믿음이 전반적으로 현실과 조화를 이루며, 그의 선호도가 그 자신의 이익과 가치에 어긋나지 않는다는 의미다. 그런가 하면 'rational'이라는 말에는, 그러니까 '합리적'인 사람이라는 말에는 심사숙고하고, 꼼꼼히 계산하는 등 다소 냉정한 이미지가 내포되어 있다. 그런데 흔히 말하는 'rational'한 사람은 곧 'reasonable'한 사람이다. 그러나 경제학자와 결정 이론가에게 '합리적'이라는 말은 전혀 다른 의미를 갖는다. 이들에게 합리성을 검증하는 유일한 잣대는 믿음과 선호도가 타당한가, 분별이 있는가가 아니라 내면의 일관성이다. 귀신이 있다고 믿는 사람도 그 믿음이 한결같다면 합리적인 사람일 수 있다. 사랑받기보다 증오받기를 더 좋아하는 사람도 그 선호도가 한결같다면 합리적인 사람일 수 있다. 이때의 합리성은 논리적 일관성이며, 타당성이나 사리 분별과는 관계가 없다. 이 정의에 따르면 이콘은 합리적이지만 인간은 합리적이지 않다는 증거가 넘친다. 이콘은 점화 효과, 보이는 것이 전부라는 원칙, 좁은 틀짜기, 내부 관점, 선호도 역전에 말려들지 않겠지만, 인간은 그것들을 일관되게 피할 수 없다.

일관성으로 정의된 합리성은 실현이 불가능하다 싶게 제한적이며, 유한한 정신으로는 실천할 수 없는 논리 규칙들을 요구한다. 이 정의에 따르면 사리 분별이 있는 사람은 합리적일 수 없다. 하지만 그런 이유로 사리 분별이 있는 사람을 비합리적이라고 규정해서는 안 된다. '비합리적'이라는 표현은 충동적이고 감정적이며 합당한 주장을 완강하게 거부한다는 느낌을 풍기는 센 말이다.[3] 나는 아모스와의 공동 연구가 인간의 선택은 비합리적이라는 증거로 사용될 때면 곧잘 몸이 오그라든다. 사실 우리가 증명한 것은 합리적 행위자 모델로는 인간을 제대로 설명할 수 없다는 것뿐이다.

인간은 비합리적이지는 않지만, 종종 더 정확한 판단과 더 나은 결정을 내리도록 도움이 필요할 때가 있고, 정책과 제도가 그런 도움을 줄 수도 있다. 이런 주장은 해로울 것이 없어 보이는데도 적잖은 논쟁을 불러일으킨다. 저명한 시카고 경제학파의 해석대로, 인간의 합리성을 신뢰하는 태도와 밀접하게 연관된 사고가 있는데, 잘못된 선택을 바로잡아 인간을 보호하려는 행위는 불필요하고 심지어 부도덕하다는 생각이다. 합리적 인간은 자유로워야 하며, 자기 일은 자기가 알아서 처리할 책임이 있어야 한다는 사고방식이다. 이 학파의 대표적 인물인 밀턴 프리드먼은 유명한 저서 《선택할 자유Free to Choose》에서 자신의 견해를 펼쳤다.

경제주체는 합리적이라는 단정은 자유지상주의자libertarian가 공공 정책을 평가하는 지적 기반이 된다. 개인의 선택이 타인에게 해를 끼치지 않는 한 그 선택권에 간섭하지 말아야 한다는 생각이다. 가장 많은 돈을 지불하려는 사람에게 상품을 분배하는 시장의 효율성을 존중하는 태도는 이들의 정책에 더욱 힘을 실어준다. 시카고학파의 이런 태도를 보여주는 가장 유명한 사례는 〈합리적 중독 이론A Theory of Rational Addiction〉이라는 논문이다. 이 논문은 강렬하고 즉각적인 만족을 대단히 선호하는 합리적 행위자는 어떻게 합리적 결정을 내려 미래의 중독을 그 결정의 결과로 받아들이는지를 설명한다.[4] 나는 이 논문의 저자 중 한 사람이자 노벨상 수상자인 시카고학파 게리 베커Gary Becker의 이야기를 들은 적이 있다. 그는 가벼운 말투로, 그러나 전적으로 농담만은 아닌 주장을 폈는데, 비만이 유행병처럼 퍼지는 이유를 조만간 당뇨병 치료법이 나올 것이라는 믿음에서도 찾아봐야 한다는 이야기였다. 이 주장에는 새겨들을 점이 있었다. 사람들이 이상하게 행동할 때는 그럴 만한 이유가 있을 가능성부터 조사해야 한다. 타당한 이유가 없을 때라야 비로소 심리적 해석을 해야 한다. 어쩌면 베커의 비만에 대한 설명이 그 해석이 될 수도 있겠다.

이콘의 나라에서는 정부가 손을 떼고, 타인에게 해를 끼치지 않는 한 자기 선택대로 행동하도록 내버려두어야 한다. 오토바이를 타는 사람이 헬멧을 쓰지 않겠다고 하면, 자유지상주의자는 그의 선택을 지지할 것이다. 사람들이 노후 대비 저축을 하지 않겠다거나 중독성 물질을 사용하겠다고 할 때, 자기가 지금 어떤 행동을 하는지 모르는 사람은 없다. 이런 입장에는 더러 냉정한 구석도 있어서, 은퇴에 대비해 저축을 충분히 하지 않은 노인은 식당에서 음식을 실컷 먹어놓고 음식 값이 많이 나왔다고 투덜대는 사람만큼이나 동정심을 얻기 어렵다. 이렇다 보니 시카고학파와 극단적인 합리적 행위자 모델을 거부하는 행동경제학자들은 중대한 문제를 두고 이견을 보인다. 자유는 논쟁의 여지가 없는 가치여서, 양쪽 모두 자유를 지지한다. 그러나 행동경제학자들이 보기에, 삶은 인간의 합리성을 신봉하는 사람들의 생각보다 훨씬 복잡하다. 행동경제학자 중에도 시민에게 균형 잡힌 식사를 하라거나 정신 건강에 좋은 텔레비전 프로그램만 보라고 강요하는 국가를 좋게 보는 사람은 없다. 그러나 이들 생각에, 자유에는 대가가 따르고, 그 대가는 나쁜 선택을 한 개인과 그들을 도와야 한다는 의무감을 느끼는 사회가 감당해야 한다. 따라서 사회 구성원이 실수를 하지 않도록 도울지 말지를 결정하는 문제는 행동경제학자가 부딪히는 딜레마다. 시카고학파 경제학자들은 합리적 행위자는 실수를 하지 않는다고 믿기 때문에 그런 문제와 부딪히지 않는다. 이 학파를 지지하는 사람들은 자유를 공짜로 여긴다.

2008년에 경제학자 리처드 세일러와 법학자 캐스 선스타인이 공동으로 《넛지》를 썼고, 이 책은 곧바로 세계적인 베스트셀러이자 행동경제학의 경전이 되었다. 이 책에는 몇 가지 새로운 용어가 등장했는데, '인간'에 대비되는 '이콘'도 그중 하나다. 그리고 자유를 해치지 않으면서 좋은 결정을 내리게 하는 몇 가지 방법도 제시했다. 세일러와 선스타인은 국가나 기관이 '넛지', 즉 '사람들의 옆구리를 슬쩍 찔러' 장기적으로는 자기에게 이로운 결정을 내리게 해야 한다는 자유지상주의적 온정주의 입장을 지지한다. 연금 가입을 기본 옵션으로 지정한 제도는 그 사례 중 하나다. 아무 선택도 하지 않으면 자동으로 연금에 가입되고, 가입하지 않고 싶다면 간단히 거부 옵션에 체크 표시를 해야 하는 정책을 두고 개인의 자유가 침해되었다고 주장하기는 어렵다. 앞에서 보았듯이 개인의 결정을 어떤 식으로 틀짜기하느냐(세일러와 선스타인은 이를 '선택 설계choice architecture'라 부른다)는 결과에 큰 영향을 미친다. 이런 식의 간섭은 앞에서 설명했던 건전한 심리학을 기초로 한다. 자동으로 선택되는 옵션은 당연히 정상적인 선택으로 인식된다. 정상적인 선택에서 벗어나려면 의도적으로 다른 행동을 해야 하는데, 그러려면 더 신경을 써야 하고, 더 책임을 져야 하며, 그것을 하지 않았을 때보다 후회할 확률도 높다. 이런 요소들은 달리 무엇을 해야 할지 확신이 서지 않는 사람을 안내하는 강력한 힘이 될 수 있다.

인간은 자신의 약점인 시스템 1의 별난 성향과 시스템 2의 게으름을 타인이 의도적으로 이용하지 못하도록 자신을 보호할 필요성이 이콘보다 더 크다. 합리적 행위자는 신중하게 중요한 결정을 내리고, 자신에게 주어진 정보를 모두 이용한다고 알려져 있다. 이콘은 계약서에 서명하기 전에 세부 사항을 모두 읽고 이해하는 반면, 인간은 그렇지 않다. 부도덕한 기업은 세부 사항을 읽지 않고 습관적으로 서명하는 고객의 성향을 이용해, 중요한 정보를 계약서에 명시하되 고객은 읽지 않고 지나치도록 계약서를 만들어 상당한 합법적 이익을 챙긴다. 이때 극단적인 합리적 행위자 모델에 내포된 해악은 관련 정보를 공개하는 것 이상으로 고객을 보호할 필요가 없다는 생각이다. 정보를 적은 글씨가 깨알처럼 작거나 용어가 어렵다는 것은 문제되지 않는다. 이콘은 글자가 작아도 중요한 정보라면 놓치지 않는다. 이와 반대로 《넛지》는 기업에게 '인간' 고객도 읽기 쉽고 이해하기 쉽게 계약서를 만들라고 권장한다. 권장 사항 가운데 일부는 고객이 더 많은 정보를 알면 이익이 줄어드는 기업의 심각한 반발에 부딪혔는데, 좋은 징조다. 기업이 더 나은 상품으로 경쟁하는 세계는 사람들을 혼란에 빠뜨리는 데 능숙한 기업이 승자가 되는 세계보다 더 나은 세계가 아니겠는가.

자유지상주의적 온정주의의 주목할 만한 특징은 정치 성향에 관계없이 두루 지지를 받는다는 것이다. 행동경제를 도입한 정책의 대표적인 예는 '내일은 좀 더 저축을Save More Tomorrow'이라는 프로그램으로, 의회에서 이례적으로 진보층뿐 아니라 극단적 보수층까지 지지한 정책이다. 이 정책은 기업이 직원에게 제공하는 재정 설계로, 직원이 여기에 서명하면 고용주는 직원의 급여에서 일정한 액수를 직원을 위해 적립하되 급여가 인상될 때마다 적립액을 일정한 비율로 늘린다. 적립액 인상은 직원이 거부 의사를 밝히지 않는 한 자동으로 실행된다. 리처드 세일러와 슐로모 버나치Shlomo Benartzi가 2003년에 제안한 이 놀라운 혁신안 덕에 저축률이 올라가고 노동자 수백만 명의 미래가 밝아졌다. 이 책의 독자라면 이 정책의 탄탄한 기반이 된 심리 원칙을 알아차릴 것이다. 즉각적인 변화를 요구하지 않음으로써 즉각적 손실에 대한 저항을 피하고, 저축률 인상을 임금 인상에 묶어둠으로써 손실을 이미 정해진 이익으로 돌려 손실을 감당하기 쉽게 만들고, 자동 실행 정책으로 시스템 2의 게으름을 노동자에게 장기적으로 이익이 되게 이용한다. 물론 이 모든 과정에서 누구에게도 원치 않는 것을 강요하지 않으며, 잘못된 지시나 계략은 없다.

자유지상주의적 온정주의의 장점은 영국과 한국을 비롯한 많은 나라에서, 그리고 영국 보수당과 미국 오바마 행정부를 포함한 다양한 성향의 정치인들에게서 인정받고 있다. 실제로 영국 정부는 작은 조직을 만들어, 이 행동과학 원칙을 이용해 정부를 도와 목표를 효율적으로 달성하라는 임무를 부여했다. 이 조직의 공식 명칭은 '행동통찰팀Behavioural Insights Team'이지만, 정부 안팎에서 쉽게 '넛지팀Nudge Unit'으로 불린다. 세일러는 이 팀의 고문이다.

선스타인은 《넛지》를 쓴 뒤에, 오바마 대통령에게서 정보규제사무국 국장을 맡아달라는 요청을 받았다. 심리학과 행동경제학의 교훈을 정부 조직에 적용할 절호의 기회였다. 이 책의 독자라면 "명확하고 단순하고 한눈에 알아볼 수 있는 의미 있는 정보 공개"를 권장하는 정책을 비롯해 구체적 권고 정책 이면의 논리를 알아볼 수 있을 것이다. 더불어 독자는 "사람들에게 보여주는 방식은 대단히 중요하다. 예를 들어 손실에 주목해 잠재적 결과를 틀짜기한다면, 이익에 주목할 때보다 영향력이 클 것이다"라는 말의 의미도 알 수 있다.

연비 정보를 공개할 때 틀짜기 방식을 규제하는 사례는 앞에서도 언급했다. 같은 맥락의 사례로는 건강보험 자동 가입이라든가, 올바른 식습관을 소개할 때 이해하기 어려운 '음식 피라미드' 그림을 균형 잡힌 음식으로 가득 찬 '음식 접시' 그림으로 대체한다든가, 미국 농무부가 육류 제품에 "90퍼센트 지방 제거" 같은 문구를 허용하되 그것과 "글자 색깔, 크기, 서체, 배경 색깔을 동일하게 해" 살코기 함량 표기 근처에 "지방 10퍼센트"란 문구도 동시에 표기해야 한다고 규정한 것 등이다. 이콘과 달리 인간은 좋은 선택을 하는 데 도움이 필요하며, 정보를 제공하되 자유는 침해하지 않으면서 그런 도움을 줄 방법은 얼마든지 있다.

두 시스템

이 책은 정신 작용을 가공의 두 인물, 즉 저절로 작동하는 시스템 1과 애써 작동해야 하는 시스템 2의 불편한 상호작용으로 묘사했다. 이제 독자는 두 시스템의 성격에 꽤 익숙해져서, 서로 다른 상황에 그 둘이 어떻게 반응할지 예상할 수 있을 것이다. 그리고 물론 두 시스템이 뇌에서든 어디서든 실제로 존재하지는 않는다는 것도 기억할 것이다. "시스템 1이 X를 한다"라는 말은 "X는 저절로 일어난다"는 말을 달리 표현한 것이다. "시스템 2가

동원되어 Y를 한다"라는 말은 "흥분이 고조되고, 동공이 확장되며, 주의가 집중되고, Y가 실행된다"는 말을 역시 달리 쉽게 표현한 것이다. 내가 그렇듯이 독자도 '시스템'이라는 표현이 이해에 도움이 되고, 또 시스템의 실제 존재 여부를 혼동하지 않은 채 그 작동 원리를 직관적으로 이해했으면 하는 것이 내 바람이다. 이제 꼭 필요한 경고를 했으니, 이 용어를 끝까지 마저 사용하겠다.

주의 깊은 시스템 2는 우리가 '나'라고 생각하는 존재다. 시스템 2는 분명한 판단을 내리고 선택을 하지만, 종종 시스템 1에서 나온 생각과 감정을 지지하거나 합리화한다. 자신은 눈치채지 못하지만, 우리가 어떤 프로젝트에 낙관적인 이유는 프로젝트를 이끄는 사람을 보면 사랑스러운 동생이 생각나기 때문일 수 있으며, 어떤 사람이 싫은 이유는 그가 나를 치료하는 치과 의사를 닮았기 때문일 수 있다. 하지만 이유를 설명해보라고 하면, 기억을 더듬어 그럴듯한 다른 이유를 찾아낼 것이다. 그리고 그렇게 지어낸 이야기를 진짜로 믿어버린다. 그러나 시스템 2는 단지 시스템 1의 옹호자가 아니다. 시스템 2는 어리석은 생각과 부적절한 충동이 노골적으로 드러나지 않게도 한다. 주의 집중은 수많은 경우에 더 나은 행동으로 이어질 뿐 아니라 (딴생각을 하면서 좁은 길을 운전할 때의 위험을 생각해보라) 비교나 선택, 체계적이고 논리적인 사고 등에 필수다. 하지만 시스템 2는 합리성의 본보기는 못 된다. 시스템 2의 능력은 제한적이며, 시스템 2가 사용하는 지식 역시 제한적이다. 우리는 논리적 사고를 할 때 항상 명쾌하게 생각하는 것은 아니며, 실수를 하는 이유는 갑자기 끼어든 부정확한 직관 때문만은 아니다. 우리(시스템 2) 지식의 한계 탓에 실수를 할 때도 자주 있다.

나는 시스템 1을 설명하는 데 더 많은 시간을 썼고, 이 책에서 여러 쪽을 할애해 시스템 1의 탓으로 보이는 직관적 판단과 선택의 오류를 설명했다. 그러나 몇 쪽을 할애했는가는 직관적 사고의 경이로움과 단점의 균형을 보여주는 좋은 지표는 못 된다. 시스템 1은 잘못된 행동의 진원지인 경우가 많지만, 옳은 행동의 진원지 역시 시스템 1일 때가 많으며, 우리 행동은 대개 옳다. 일상적으로 우리 생각과 행동을 이끄는 것은 시스템 1이고, 대개는 옳은 길로 인도한다. 이때의 경이로움 하나는 연상기억 속에 존재하는 세계는 다채롭고 구체적이라는 것이다. 연상기억은 단 몇 초 만에 여러 평범한 사건에서 의외의 사건을 구별해내고, 그 의외의 사건 대신 원래 예상된 사건이 무엇이었는가를 바로 생각해내며, 평범한 사건이든 의외의 사건이든 그것이 일어나게 된 인과관계를 자동적으로 찾아낸다.

기억은 우리가 살면서 터득한 능력의 방대한 목록도 보유하고 있어서, 길을 가다 큰 돌을 보면 돌아가는 행위부터 고객의 분노가 폭발할라치면 얼른 피해가는 방법에 이르기까지 문제가 생길 때마다 그 자리에서 적절한 해법을 내놓는다. 이런 기술을 습득하려면 주변 환경이 규칙적이어야 하고, 연습할 충분한 기회가 있어야 하며, 사고와 행동이 올바른지 알려줄 빠르고 분명한 피드백이 필요하다. 이 조건이 충족되면 마침내 기술이 늘고, 머릿속에 재빨리 떠오르는 직관적 판단과 선택이 거의 정확해진다. 이 모두가 시스템 1의 작동, 즉 저절로 빠르게 일어나는 과정이다. 방대한 정보를 빠르고 능률적으로 처리한다면 시스템 1의 기술이 늘었다는 표시다.

이처럼 능숙하게 대처할 수 없는 일이 있는가 하면 그런 대체가 불가능한 일도 있다. 이때는 어떤 일이 벌어질까? 17×24를 묻는 질문처럼 구체적인 답을 요구하는 상황에서는 시스템 2가 소환되어야 한다. 그렇다고 해서 시스템 1이 망연자실하는 일은 극히 드물다. 시스템 1은 능력의 한계에 구애받지 않으며, 이런저런 계산을 남발한다. 시스템 1은 한 가지 문제에 답을 찾을 때, 관련 있는 여러 문제에 동시에 답을 찾아낸 다음, 머릿속에 쉽게 떠오르는 답으로 애초 질문의 답을 바꿔치기 한다. 이것이 어림짐작인데, 이렇게 나온 답이 진짜 답보다 더 간단하거나 소박하다는 보장은 없다. 단지 더 쉽게 떠오르고, 계산이 더 빠르고 쉬울 뿐이다. 어림짐작에서 나온 답은 무작위 답이 아니며, 정답에 가까울 때도 제법 있다. 물론 더러는 완전히 오답이다.

시스템 1은 정보를 다룰 때 인지적 편안함에 의지하지만, 그것이 믿을 만하지 않다고 해서 경고 신호를 보내지는 않는다. 직관적 답은 능숙한 기술에서 나온 것이든 어림짐작에서 나온 것이든, 빠르게 그리고 자신 있게 머릿속에 떠오른다. 시스템 2가 능숙한 기술에서 나온 답과 어림짐작에서 나온 답을 구별할 쉬운 방법은 없다. 시스템 2가 의지할 방법이라고는 천천히 스스로 답을 내보려고 시도하는 것뿐인데, 워낙 게을러 그 일이 선뜻 내키지 않는다. 그러다 보니 방망이와 공 문제에서 그랬듯이 시스템 1이 내놓는 많은 제안이 최소의 검토만 거친 채 쉽게 통과된다. 시스템 1이 오류와 편향의 주범이라는 오명을 얻는 이유가 바로 이 때문이다. 보이는 것이 전부라는 원칙, 세기 짝짓기, 연상적 일관성 같은 시스템 1의 특징은 예측 가능한 편향과 인지 착각을 유발하는데, 그 예는 기준점 효과, 비회귀 예측, 과신 등 무수히 많다.

편향을 어떻게 대해야 할까? 어떻게 하면 우리 스스로, 또는 우리가 따르고 우리를 위해 존재하는 제도의 힘으로, 판단과 결정에 도움을 받을 수 있을까? 간단히 말하자면, 상당한 노력을 기울이지 않는 한 거의 불가능하다. 내 경험상, 시스템 1은 쉽게 교육할 수 없다. 내 직관적 사고는, 주로 나이

덕분인 듯한 몇 가지 경우를 제외하면, 내가 이 문제를 연구하기 전만큼이나 여전히 과신, 극단적 예측, 계획 오류에 휘둘린다. 연구를 하면서 나아진 것이라고는 오류가 나기 쉬운 상황을 알아보는 능력뿐이다. 이를테면 '이 숫자가 기준점으로 작용할 것'이라거나 '틀짜기를 달리 하면 결정도 달라질 것'이라고 생각하는 식이다. 그리고 내 실수보다는 남의 실수를 알아보는 능력이 훨씬 더 발달했다.

시스템 1의 오류를 막는 법은 원칙적으로는 간단하다. 인지 지뢰밭에 들어갔다는 신호를 감지하고, 속도를 늦추고, 시스템 2에 강화를 요청하라. 다음에 뮐러리어 착시를 다시 만나면 이 과정을 거칠 것이다. 두 직선에 방향이 다른 꼬리가 달렸다면, 눈에 보이는 직선의 길이를 믿어서는 안 된다고 알아차린다. 안타깝게도 이 현명한 판단은 정작 그것이 절실히 필요할 때는 나타나지 않는다. 심각한 실수를 저지르기 직전에 경고음이 크게 울려주길 모두가 바라지만, 그런 일은 없다. 그리고 어떤 대상을 오감을 통해 지각한 뒤에 그것을 머릿속에서 해석해 받아들이는 인지 과정을 놓고 볼 때, 인지 착각은 대개 지각 착각보다 알아채기가 어렵다. 잘못된 직관의 목소리는 크고 선명하지만 이성의 목소리는 그보다 훨씬 희미하다. 그리고 중대한 결정을 두고 압박을 받는 상태에서는 직관에 의문을 제기하기가 내키지 않는다. 어려움에 처했을 때는 의심 따위는 품고 싶지 않게 마련이다. 그러다 보니 내가 지뢰밭에 들어가려 할 때보다 남이 지뢰밭에서 어슬렁거리는 모습을 볼 때 그 지뢰밭을 알아보기가 훨씬 쉽다. 행위자보다 관찰자가 인지적으로 덜 바쁘고 정보에 더 개방적이다. 이 책을 쓰면서, 결정을 내리는 사람보다 비판하는 사람이나 남 이야기를 수군대는 사람에 초점을 맞춘 이유도 그 때문이다.

오류를 피하는 데는 개인보다 조직이 한 수 위다. 조직은 당연히 좀 더 천천히 생각하고, 체계적 절차를 도입할 힘이 있기 때문이다. 조직은 정교한 훈련을 실시할 수 있을 뿐 아니라 참고 부류 예측이나 실패 사전 점검 같은 유용한 체크리스트를 도입해 실행할 수 있다.[5] 조직은 적어도 부분적으로는 조직 특유의 어휘를 제공해, 사람들이 지뢰밭에 다가갈 때 서로를 세심히 살펴주는 문화를 장려할 수 있다.[6] 조직은 주된 생산품이 무엇이든 간에, 판단과 결정을 생산하는 공장이다. 모든 공장은 초기 설계에서, 제작에서, 최종 점검에서, 상품의 질을 보장하는 방법을 확실히 가지고 있어야 한다. 이런 단계를 결정 생산에 대입하면, 해결할 문제 틀짜기하기, 결정에 필요한 정보 수집하기, 그리고 심사숙고와 검토다. 결정이라는 상품의 질을 높이려는 조직은 이들 각 단계에서 효율을 높일 방법을 수시로 궁리해야 한다. 일상적으로 해야 하는 일이다. 조직은 대부분 대형 사고를 겪은 뒤에야 총체적 점검을 실시하는데, 그러지 않으려면 상시적으로 품질관리를 해야 한다. 더 나은 결정을 내리기 위해 해야 할 일은 많다. 효율적 회의 진행에 꼭 필요한 능력을 키우는 체계적 훈련도 그중 하나인데, 놀랍게도 조직은 이런 훈련을 거의 하지 않는다.

궁극적으로 풍부한 어휘는 건설적 비판 기술에 필수다. 의료 행위에서처럼 판단 오류는 진단으로 잡아내는데, 여기에는 정확한 어휘가 필수다. 병명은 취약성, 환경 요소, 증상, 예후, 간호 등 그 질병에 대해 알려진 모든 것이 매달린 갈고리와 같다. 마찬가지로 '기준점 효과', '좁은 틀짜기', '과도한 일관성' 같은 말들은 편견, 편견의 원인과 영향, 편견을 깨기 위해 할 수 있는 일에 대해 우리가 아는 모든 것을 기억에서 불러 모은다.

정수기 앞에서 남 이야기를 수군댈 때 좀 더 정확한 어휘를 구사하는 것과 더 나은 결정 사이에는 직접적인 연관관계가 있다. 결정을 내리는 사람은 미심쩍어하며 머뭇거리는 자신의 목소리를 듣기보다 지금 남의 일을 두고 잡담을 나누는 사람들과 앞으로 비판을 늘어놓을 사람들의 목소리를 상상하는 데 더 능숙할 때도 있다. 결정을 내리는 사람이 자신을 비판하는 사람들을 교양 있고 공정한 사람으로 신뢰할 때, 그리고 자신의 결정은 결과뿐 아니라 과정으로도 평가받으리라고 예상할 때, 더 나은 선택을 내릴 것이다.

불확실한 상황에서의 판단: 어림짐작과 편향 [★]

Judgement Under Uncertainty: Heuristics and Biases

_ 아모스 트버스키, 대니얼 카너먼

수많은 결정이 이를테면 선거 결과나 피고의 유무죄, 달러의 미래 가치 등 불확실한 사건이나 상황이 일어날 가능성과 관련한 믿음에 좌우된다. 이런 믿음은 보통 "내 생각에……", "그럴 가능성은……", "……할 것 같지 않다" 등의 말로 나타나며, 더러는 승산이나 주관적 확률 같은 숫자로 나타나기도 한다. 무엇이 이런 믿음을 결정할까? 사람들은 불확실한 사건의 확률이나 불확실한 양의 가치를 어떻게 가늠할까? 바로 '어림짐작heuristic' 원리다. 사람들은 이 원리에 의존해 확률을 가늠하고 가치를 예측하는 복잡한 작업을 단순한 판단 문제로 바꿔버리는데, 이 논문에서 다룰 내용이 그것이

★ 이 논문은 〈사이언스〉(vol, 185, 1974)에 처음 실렸다. 그리고 이 연구는 미국 국방부 고등연구계획국 Advanced Research Projects Agency의 지원을 받았으며, 유진에 있는 오리건연구소 Oregon Research Institute와 체결한 N00014-73-C-0438 계약에 따라 미국 해군연구국 Office of Naval Research의 감독을 받았다. 이스라엘 예루살렘의 히브리대학 연구개발원 Research and Development Authority에서도 지원을 받았다.

다. 일반적으로 이런 어림짐작은 꽤 유용하지만, 더러는 심각하고 체계적인 오류를 낳기도 한다.

확률을 주관적으로 추정하는 작업은 거리나 크기 같은 물리량을 주관적으로 가늠하는 것과 비슷하다. 이런 판단은 모두 타당성이 부족한 자료에 기초하며, 판단 절차는 어림짐작 원리를 따른다. 예를 들어 어떤 대상까지의 눈에 보이는 거리는 어느 정도는 선명도로 결정한다. 물체가 선명하게 보일수록 가까이 있다는 뜻이다. 어떤 곳에서든 멀리 떨어진 물체일수록 가까이 있는 물체보다 덜 선명하게 보이니, 이 원리는 어느 정도 타당하다. 그런데 이 원리에 의존하다 보면 거리 측정에서 체계적 오류가 생길 수 있다. 특히 시력이 안 좋으면 물체 윤곽이 흐리게 보여, 거리를 과장하기 쉽다. 반대로 시력이 좋으면 물체가 또렷하게 보여, 거리를 축소하기 쉽다. 이처럼 선명도로 거리를 추정하면 공통된 편향을 유발한다. 이런 편향은 확률을 직관적으로 추정할 때도 나타난다. 이 논문에서는 확률을 추정하거나 가치 또는 값을 예측할 때 개입하는 세 가지 어림짐작을 설명한다. 그리고 그 어림짐작이 만들어내는 편향을 나열하고, 거기서 파생한 여러 현상과 그것의 이론적 측면을 논의한다.

대표성

사람들이 관심을 두는 다수의 확률 문제는 다음 유형 중 하나다. A가 B 부류에 속할 확률은? A사건이 B과정에서 일어날 확률은? B과정이 A사건을 일으킬 확률은? 사람들은 이런 문제에 대답할 때 전형적으로 대표성 representativeness 어림짐작에 의지하는데, 이 어림짐작에서 확률은 A가 B를 대표하는 정도, 다시 말해 A가 B를 닮은 정도로 가늠한다. 예를 들어 A가 B를 대표하는 정도가 크다면, A가 B에서 발생할 확률은 높다고 판단한다. 반면에 A가 B를 닮지 않았다면, A가 B에서 발생할 확률은 낮다고 판단한다.

대표성 판단을 알아보기 위해, 스티브의 예전 이웃이 스티브를 다음과 같이 설명한다고 생각해보자. "스티브는 아주 수줍고 내성적이며 언제든 남을 돕지만 사람이나 현실 세계에 관심은 거의 없다. 온순하고 찬찬한 그는 질서와 체계를 중시하고 아주 꼼꼼한 남자다." 사람들은 스티브가 특정 직업(농부, 영업사원, 비행기 조종사, 사서, 물리학자 등)을 가졌을 확률을 어떻게 추정할까? 그 직업 중에 가장 가능성이 높은 것에서 가장 낮은 것까지 어떻게 순위를 매길까? 대표성 어림짐작에서는 스티브가 이를테면 사서일 확률은 그가 사서의 전형적인 이미지를 대표하는 정도, 또는 그런 이미지와 닮은 정도로 추정한다. 실제로 이런 유형의 문제를 연구한 결과, 사람들은 정확히 그런 식으로 확률과 유사성을 판단해 직업에 순위를 매겼다.[1] 그런데 이 방법으로 확률을 추정하면 심각한 오류에 빠질 수 있다. 대표성, 즉 유사성은 확률을 판단할 때 마땅히 고려해야 하는 여러 요소에 영향을 받지 않기 때문이다.

해당 결과의 사전 확률에 둔감하다. 대표성에는 영향을 미치지 않지만 확률을 따질 때 고려해야 하는 요소 하나는 해당 결과의 사전 확률, 즉 기저율이다. 앞에서 스티브가 농부보다 사서일 확률이 높다고 추정한다면, 그리고 그 추정이 타당하려면, 전체 인구 중에 사서보다 농부가 훨씬 많다는 사실이 반영되어야 한다. 그러나 스티브를 농부와 사서의 전형적인 모습에 비교할 때는 기저율에 영향을 받지 않는다. 따라서 대표성으로 확률을 가늠한다면, 사전 확률은 무시될 것이다. 이 가설은 사전 확률을 조작한 실험에서 증명되었다.[2] 실험 참가자에게 사람들의 성격 특성을 짧게 묘사한 글을 보여주면서, 100명의 전문가 집단(엔지니어와 법률가)에서 무작위로 뽑은 사람들이라고 말해주었다. 참가자는 그 묘사를 보고 해당 인물이 법률가가 아닌 엔지니어일 확률을 추정해야 했다. 이때 한 실험에서는 참가자에게, 전체 집단은 엔지니어 70명, 법률가 30명으로 구성되었다고 말하고, 다른 실험에서는 엔지니어 30명, 법률가 70명으로 구성되었다고 말해주었다. 특정 성격 묘사가 법률가가 아닌 엔지니어에 해당할 가능성 odds은 법률가가 월등히 많은 두 번째 실험보다는 엔지니어가 월등히 많은 첫 번째 실험에서 더 높아야 한다. 베이즈 규칙을 적용해 구체적으로 말하면, 각 묘사에서 이 가능성 비율 odds ratio은 $(0.7/0.3)^2$ 즉 5.44이다. 그런데 참가자들은 베이즈 규칙을 완전히 무시한 채 두 실험에서 확률을 거의 똑같이 추정했다. 특정 묘사가 법률가가 아닌 엔지니어에 해당할 가능성을 판단할 때, 그 묘사가 두 가지 전형적인 모습 중에 어느 쪽을 더 대표하느냐의 정도를 기준으로 삼은 채, 그 범주의 사전 확률은 거의 또는 전혀 고려하지 않았다는 뜻이다.

참가자가 사전 확률을 제대로 이용했을 때는 다른 정보가 전혀 없을 때였다. 성격 묘사가 아예 없으면, 모르는 어떤 사람이 엔지니어일 확률은 첫 번째 실험과 두 번째 실험에서 차례로 0.7과 0.3로, 기저율을 그대로 반영해 말했다. 그러나 묘사가 끼어들면, 확률 판단에 아무런 도움이 되지 않는 묘사라도 사전 확률이 무시된다. 아래 묘사에 대한 반응이 이 현상을 잘 보여준다.

딕은 30세 남성이다. 결혼했고, 아이는 없다. 능력도 많고 의욕도 높아서 자기 분야에서 꽤 성공할 것 같다. 동료들에게 인기도 좋다.

딕이 엔지니어인지 법률가인지를 가리는 문제와 무관한 정보를 주기 위해 만든 묘사다. 따라서 딕이 엔지니어일 확률은 어떤 묘사도 제시하지 않았을 때와 마찬가지로, 주어진 집단에서 엔지니어가 차지하는 비율과 동일해야 한다. 그런데 딕이 속한 집단의 엔지니어 비율을 0.7이라고 말해주든 0.3이라고 말해주든 상관없이 참가자는 딕이 엔지니어일 확률을 0.5로 판단했다. 사람들은 어떤 증거도 주어지지 않을 때와 의미 없는 증거가 주어질 때 명백히 다르게 반응하는데, 구체적인 증거가 없을 때는 사전 확률을 적절히 이용하고, 의미 없는 증거가 주어지면 사전 확률을 무시한다.[3]

표본 크기에 둔감하다. 명시된 모집단에서 추출한 표본을 놓고 특정 결과를 얻을 확률을 추정할 때 사람들은 전형적으로 대표성 어림짐작을 이용한다. 예를 들어 남자 열 명을 무작위로 추출한 표본에서 평균 키가 약 180센티미터일 확률을 추정할 때, 그 수치와 해당 모수(여기서는 남자 모집단의 평균 키)[모수 母數 population parameter: 모평균, 모분산, 모표준편차 등 모집단의 특징을 나타내는 수—옮긴이]의 유사성을 이용하는 식이다. 그런데 표본 통계와 모수의 유사성은 표본 크기에 좌우되지 않는다. 따라서 대표성으로 확률을 추정하면 기본적으로 표본 크기를 반영하지 않는다. 실제로 참가자가 다양한 크기의 표본을 놓고 평균 키의 분포를 추정했을 때 모든 표본에서 동일한 추정치를 내놓았다. 예를 들어 평균 키가 180센티미터가 넘을 확률은 표본 크기가 1,000일 때나 100일 때나 10일 때나 모두 같았다.[4] 문제에서 표본 크기를 강조해도 그 중요성을 제대로 평가하지 못했다. 아래 문제를 보자.

어떤 도시에 병원이 둘 있다. 큰 병원에서는 날마다 아이가 약 45명 태어나고, 작은 병원에서는 약 15명 태어난다. 짐작하다시피 그중 약 50퍼센트는 남자아이다.

하지만 정확한 비율은 날마다 다르다. 어떤 날은 50퍼센트보다 많고, 어떤 날은 적다.

두 병원은 1년 동안 하루에 태어난 아이 중 60퍼센트 이상이 남자아이인 날을 기록했다. 두 병원 중에 어떤 곳이 그런 날이 더 많겠는가?

큰 병원 (21)

작은 병원 (21)

거의 같다(즉 각각 5퍼센트 이내) (53)

괄호 안의 숫자는 해당 항목을 답으로 고른 대학생 숫자다.

다수의 실험 참가자가 60퍼센트 이상이 남자아이일 확률은 두 병원이 같다고 판단했는데, 아마도 두 사건이 같은 통계로 묘사되고 따라서 일반적 모집단을 대표하는 정도가 같아 보이기 때문이 아닐까 싶다. 그러나 표본 추출 이론에 따르면 60퍼센트 이상이 남자아이인 날은 큰 병원보다 작은 병원에서 훨씬 많을 것으로 예상된다. 표본이 클수록 50퍼센트에서 멀어질 가능성은 적기 때문이다. 그러나 사람들은 이 같은 통계의 기본 개념을 직관적으로 파악하지 못하는 게 분명하다.

표본 크기에 둔감한 예는 사후 확률 판단에서도 보고되었다. 사후 확률은 어떤 표본이 여러 모집단 중에 특정 모집단에서 추출되었을 확률이다. 아래 예를 보자.

공이 가득 찬 단지를 상상해보자. 공의 3분의 2가 한 가지 색이고, 3분의 1은 다른 또 한 가지 색이다. 어떤 사람이 이 단지에서 공을 다섯 개 꺼내보니, 네 개는 빨간색이고 한 개는 흰색이다. 또, 다른 사람이 공을 20개 꺼내보니, 열두 개는 빨간색이고 여덟 개는 흰색이다. 단지에는 흰 공이 3분의 2, 빨간 공이 3분의 1이 아니라 빨간 공이 3분의 2, 흰 공이 3분의 1이라고 더 자신 있게 생각해야 할 사람은 둘 중 누구일까? 두 사람은 그 가능성odds을 어떻게 추정해야 옳은가?

이 문제에서 사전 확률이 동일하다고 전제하면 정확한 사후 가능성 비율, 즉 단지의 3분의 2에 해당하는 공이 빨간 공일 가능성 대 흰 공일 가능성은 4:1 표본에서는 1/8, 12:8 표본에서는 1/16이다. 그러나 대다수 사람들은 첫 번째 표본을 단지에 붉은 공이 훨씬 많다는 더 강력한 증거라고 느낀다. 꺼낸 공 가운데 빨간 공의 비율이 두 번째 표본보다 크기 때문이다. 직관적 판단은 표본 비율에 지배되지만, 실제 사후 가능성 결정에 핵심 역할을 하는 표본 크기에는 영향을 받지 않는다는 것을 다시 한 번 확인할 수 있다.[5] 그리고 직관으로 추정한 사후 가능성은 정확한 값보다 훨씬 덜 극단적이다. 증거의 영향력을 과소평가하는 현상은 이런 유형의 문제에서 반복적으로 나타난다.[6] 이를 흔히 '보수성conservatism'이라 한다.

우연성 오해. 사람들은 무작위로 발생한 연속적 사건은, 비록 그 사건이 몇 번 안 되더라도, 그 과정의 본질적 특성을 구현하리라고 생각한다. 동전 던지기를 예로 들면, 무작위처럼 보이지 않는 '앞앞앞뒤뒤뒤'나 공정해 보이지 않는 '앞앞앞앞뒤앞'보다 '앞뒤앞뒤뒤앞'이 발생 확률이 더 높을 것이라고 생각한다.[7] 이처럼 사람들은 이 과정의 본질적 특징이 연속적 사건 전반뿐 아니라 일부에서도 나타나리라 기대한다. 그러나 부분적인 대표성 배열은 우연성chance 기대를 체계적으로 이탈한다. 가능한 연속 배열은 너무 많고, 실행된 횟수는 너무 적다. 부분적 대표성을 믿는 또 다른 예는 잘 알려진 도박사의 오류다. 이를테면 룰렛을 돌려 이제까지 빨간색이 여러 번 나왔다면, 이제는 검은색이 나올 때가 되었다고 오해하기 쉽다. 다시 빨간색이 나오기보다 검은색이 나와야 연속적 사건의 대표성이 구현되는 것 같아서다. 우연은 보통 한쪽 방향으로 이탈했다면 그 반대 방향으로 이탈해 평형을 회복하려는 자기 수정 과정으로 보이곤 한다. 그러나 우연히 발생하는 사건이 여러 번 일어나도 이탈은 '수정'되지 않는다. 단지 희석될 뿐이다.

우연성 오해는 단순한 주제에만 국한하지 않는다. 경험 많은 실험심리학자들의 통계 직관을 연구한 결과, 이들 역시 작은 표본도 모집단을 얼마든지 대표한다는 '소수 법칙'이라 부를 법한 쉽게 사라지지 않는 믿음을 가지고 있었다.[8] 이 조사에서 나타난 반응을 보면, 어떤 가설이 일정한 모집단에서 유효하다면 거기서 추출한 표본에서도 표본 크기와 상관없이 그 가설과 관련해 통계적으로 의미 있는 결과가 나오리라고 기대한다는 것을 알 수 있다. 심리학자들도 작은 표본에서 나타난 결과를 지나치게 신뢰하고, 그 결과가 반복될 가능성을 심하게 과장했다. 이런 편향 탓에 실제 연구에서 크기가 작은 표본을 택해 그 결과를 확대해석하곤 한다.

예측력에 둔감하다. 사람들은 때로 이와 같은 수치 예측으로 주식의 미래 가치, 상품 수요, 미식축구 결과 등을 예상하는데, 이때 대표성이 동원되는 때가 많다. 예를 들어 어떤 회사를 간단히 설명해준 뒤에 그 회사의 미래 수익을 예측하라고 했다 치자. 설명에서 회사를 매우 호의적으로 묘사했다면 높은 수익이 그 설명의 대표적 이미지와 더 잘 어울려 보일 테고, 회사를 그저 그렇게 묘사했다면 그저 그런 수익이 더 잘 어울려 보일 것이다. 회사를 호의적으로 묘사하는 정도는 설명의 신뢰성이나 예측력과 무관하다. 따라서 설명의 호의적인 정도만으로 수익을 예측한다면 증거의 신뢰성에 둔감하고, 그 예측의 예상 정확도에도 둔감한 것이다.

이런 판단은 예측력을 고려해 예측의 극단과 범위를 조절해야 한다는 일반적인 통계 이론을 거스른다. 예측력이 아예 없다면, 모든 경우에 똑같은 예측을 내놓아야 한다. 그러니까 회사 설명이 수익과 관련해 아무런 정보도 주지 않는다면, 모든 회사에 똑같은 예측 값(평균 수익 등)을 내놓아야 한다. 예측력이 완벽하다면 당연히 예측 값은 실제 값과 맞아떨어지고 예측 범위는 실제 결과의 범위와 같을 것이다. 일반적으로 예측력이 높을수록 예측 값의 범위가 넓다.

여러 차례의 수치 예측 연구 결과, 직관적 예측은 이 규칙을 따르지 않으며, 실험 참가자는 예측력을 거의 또는 전혀 고려하지 않는다는 사실이 드러났다.[9] 이 중 한 연구에서는 참가자에게, 어느 교생의 수업을 묘사한 짧은 글을 여러 개 나눠주었다. 일부 참가자는 그 글에 나타난 수업의 질을 명시된 모집단과 비교해 백분위로 평가해야 했다. 그리고 다른 참가자는 각 교생이 5년 뒤에 어떤 위치에 있을지를 역시 백분위로 평가해야 했다. 두 가지 조건에서 나온 판단은 똑같았다. 다시 말해, 멀리 떨어진 때를 예측(5년 뒤 교사로서의 성공 여부)할 때나 그 예측의 기반이 된 정보(특정 수업의 질)를 평가할 때나 똑같은 판단을 내렸다. 그런 예측을 내놓은 참가자들도 5년 전의 한 차례 수업으로 교사의 능력을 예측할 때의 한계를 잘 알고 있었다. 그럼에도 그들의 예측은 평가만큼이나 극단적이었다.

타당성 착각. 이제까지 보았듯이 사람들은 주어진 정보(인물에 대한 묘사 등)를 가장 잘 대표하는 결과(직업 등)를 선택하는 식으로 예측하는 경우가 많다. 그리고 그 예측에 대해 느끼는 자신감은 주로 대표성 정도(선택한 결과와 주어진 정보와 조화의 질)에 좌우된다. 따라서 어떤 사람의 성격 묘사가 전형적인 사서의 모습과 일치하면, 그 묘사가 불충분하거나 믿을 수 없거나 오래되었어도 개의치 않고, 그 사람은 사서일 것이라는 예측에 큰 자신감을 갖는다. 예측 결과와 주어진 정보가 잘 들어맞을 때 느끼는 근거 없는 자신감을 '타당성 착각illusion of validity'이라 부를 수 있을 것이다. 예측 정확도를 떨어뜨리는 요소를 알고 있어도 이 착각은 없어지지 않는다. 선발 면접을 진행하는 심리학자들도 선발 면접이 대단히 부정확하다는 것을 보여주는 논문이 한둘이 아니라는 것을 알면서도 자신의 예측에 큰 자신감을 갖는 경우가 흔하다. 부정확함이 계속 입증되는데도 냉철한 선발 면접을 꾸준히 신뢰하는 현상은 타당성 착각의 위력을 증명하고도 남는다.

주어진 정보의 내적 일관성도 그 정보에 기초한 예측에 자신감을 갖게 하는 주요 요소다. 이를테면 최종 학점 평균 예측에서, 첫해 학점에 A와 C가 많이 들어 있는 학생보다 전부 B만 있는 학생을 예측할 때 더 자신감이 생긴다. 대단히 일관된 유형은 주어진 변수가 겹치거나 필요 이상으로 많을 때 또는 서로 상관관계가 있을 때 가장 흔히 나타난다. 따라서 그런 변수들을 기초로 예측할 때 큰 자신감을 갖기 쉽다. 그러나 상관관계 통계에 나타나는 초보적 사실을 보면, 일정한 타당성을 지닌 변수가 주어졌을 때, 그것에 기초한 예측이 매우 정확하려면 그 변수들이 겹치거나 과잉이거나 연관되기보다 서로 독립적이어야 한다는 것이다. 이처럼 주어진 정보가 불필요하게 많으면, 예측에 자신감을 높일지언정 예측 정확도를 떨어뜨리고, 한참 빗나간 예측에 자신감을 갖게 한다.[10]

회귀 오해. 많은 아이를 대상으로 두 가지 비슷한 적성검사를 했다고 가정해보자. 두 검사 중 하나에서 최고점을 받은 아이 열 명을 뽑아 그 아이들의 두 번째 검사 점수를 살펴본다면 다소 실망스럽기 쉽다. 반대로 한 가지 검사에서 최저점을 받은 아이 열 명을 뽑아 두 번째 검사 결과를 살펴본다면 평균적으로 다소 높은 점수가 나왔기 쉽다. 일반적으로 분포 정도가 같은 두 변수 X와 Y가 있다고 할 때, 개인의 X 평균이 전체 X 평균에서 k만큼 멀어진 사람들을 모아보면 그들의 Y 평균은 전체 Y 평균에서 k보다는 덜 떨어져 있기 쉽다. '평균 회귀'로 알려진 일반적인 현상으로, 프랜시스 골턴이 최소 100년 전에 처음 증명했다.

평균 회귀는 아버지와 아들의 키, 남편과 아내의 지능, 연속적 시험 결과를 비교할 때처럼 살면서 마주하는 여러 상황에서 볼 수 있다. 그런데도 회귀를 제대로 파악하는 직관은 발달하지 않아서 회귀가 일어나게 마련인 많은 상황에서 회귀를 예상하지 않고, 회귀 발생을 인지해도 그것을 설명할 다른 인과관계 이야기를 꾸며낸다.[11] 예상되는 결과는 주어진 정보의 대표적 이미지에 최대한 가까워야 하고, 따라서 애초에 주어진 변수가 극단적이었다면 결과 변수도 그만큼 극단적이어야 한다고 흔히들 생각하는데, 회귀는 그 생각과 맞지 않아 여전히 받아들이기 힘든 게 아닌가 싶다.

회귀의 중요성을 인지하지 못하면 심각한 결과를 초래할 수 있으며, 다음 사례는 이를 잘 보여준다.[12] 비행 훈련을 토론하는 자리에서, 경험 많은 교관들은 생도가 착륙을 부드럽게 잘해서 칭찬을 하면 다음에는 비행이 여지없이 더 나빠지고, 착륙이 안 좋아 호되게 질책하면 다음에는 대개 더 좋아지더라고 지적했다. 따라서 칭찬은 학습에 방해가 되고 질책은 학습에 유익하다며 일반적인 심리학 이론과 반대되는 결론을 내렸다. 평균 회귀의 관점에서 볼 때, 이 결론은 옳지 않다. 반복되는 시험에서도 흔히 나타나듯이, 한 번 성적이 좋았다면 다음에는 그보다 나빠지기 쉽고, 한 번 성적이 나빴다면 다음에는 그보다 좋아지기 쉽다. 생도의 처음 결과에 교관이 아무런 반응을 하지 않아도 결과는 마찬가지였을 것이다. 교관은 생도가 착륙을 잘한 뒤에 칭찬을 하고 착륙을 못한 뒤에 꾸짖은 탓에, 칭찬보다 벌이 효과가 좋다는 해로울 수 있는 엉터리 결론을 내리고 말았다.

이처럼 회귀를 이해하지 못하면 벌의 효과를 과대평가하고 보상의 효과를 과소평가한다. 훈련뿐 아니라 사회적 상호작용에서도 잘했을 때는 흔히 보상을 하고, 못했을 때는 흔히 벌을 준다. 따라서 회귀만 놓고 보면, 벌을 준 뒤에는 행동이 개선되고, 보상을 한 뒤에는 행동이 더 나빠지기 쉽다. 결과적으로, 가능성으로만 따지면 인간은 타인을 벌했을 때 보상을 받고, 타인에게 보상을 주었을 때 벌을 받게 마련이다. 사람들은 보통 이런 가능성을 감지하지 못한다. 실제로 이 분야 전문가들도 보상과 벌의 결과를 결정하는 눈에 띄지 않는 회귀의 역할을 눈치채지 못하는 경우가 많다.

회상 용이성

어떤 사건이 일어날 확률이나 어떤 부류의 빈도를 가늠할 때 그것이 머릿속에 얼마나 쉽게 떠오르느냐에 의존하는 경우가 있다. 예를 들어 중년에 심장마비가 일어날 위험을 따질 때 아는 사람 중에 심장마비를 일으킨 사람을 생각해볼 수 있다. 마찬가지로 어떤 사업이 실패할 확률을 가늠할 때 사업을 하면서 마주칠 다양한 어려움을 상상하기도 한다. 이런 판단 어림짐작을 '회상 용이성availability'이라 부른다. 회상 용이성은 빈도나 확률을 따질 때 유용한 실마리가 되는데, 규모가 큰 부류의 사례는 더 쉽고 더 빨리 생각나기 때문이다. 그러나 회상 용이성은 빈도와 확률 이외의 요소에도 영향을 받는다. 따라서 회상 용이성에 의존하다 보면 예상 가능한 편향을 드러내는

데, 그 예를 몇 가지 살펴보자.

사례 회상 용이성에서 나오는 편향. 어떤 부류의 크기를 거기에 속한 사례의 회상 용이성으로 가늠할 때, 두 부류의 크기가 같더라도 해당 사례가 쉽게 떠오르는 부류는 그렇지 않은 부류보다 더 커 보일 것이다. 이 효과를 증명하는 기초적 실험에서, 실험 참가자에게 남자와 여자가 섞인 유명인 목록을 읽어주고, 그 목록에 여자가 많은지 남자가 많은지 물었다. 이때 어떤 참가자 집단에는 여자보다 남자가 상대적으로 더 유명한 목록을 보여주고, 또 어떤 실험 참가자 집단에는 남자보다 여자가 더 유명한 목록을 보여주었다. 그러자 더 유명한 사람의 성별을 따라서 목록에 그 성별이 더 많다고 판단했다.[13]

사례 회상 용이성에 영향을 주는 요소는 이런 친밀감 외에 강렬한 인상도 있다. 불타는 집을 직접 보았다면 지역 신문에서 화재 사건을 읽었을 때보다 그런 사건이 일어날 확률을 더 높게 생각하기 쉽다. 게다가 사건이 비교적 최근에 일어났다면 회상하기가 더 쉽다. 길가에서 뒤집어진 차를 목격한다면 교통사고가 일어날 확률이 일시적으로 높아 보이는 것은 흔한 일이다.

관련 집합을 쉽게 찾을 때 나오는 편향. 영어 문장에서 (철자가 세 개 이상인) 단어 하나를 무작위로 뽑는다고 생각해보자. 그 단어는 r로 시작할 가능성이 높을까, r이 세 번째에 올 가능성이 높을까? 사람들은 이 문제를 풀 때 r로 시작하는 단어road와 r이 세 번째 오는 단어car를 떠올리면서 둘 중 어느 경우가 더 생각이 많이 나는지 상대적 빈도를 따진다. 그런데 특정 자음이 세 번째에 오는 단어보다 그 자음으로 시작하는 단어를 찾기가 훨씬 쉽다 보니, 사람들은 대개 그 자음으로 시작하는 단어가 더 많다고 생각한다. 첫번째보다 세 번째에 오는 경우가 더 많은 r이나 k 같은 자음도 마찬가지다.[14]

머릿속에서 찾아내는 집합은 상황마다 다르다. 영어 문장에서 추상적 단어(생각, 사랑)와 구체적 단어(문, 물)가 쓰이는 빈도에 순위를 매긴다고 해보자. 이 문제에 대답하려면 자연스럽게 그 단어가 쓰이는 문맥을 찾아보게 마련이다. 이때 구체적 단어(문)가 언급된 문맥보다 추상적 개념이 언급된 문맥(사랑 이야기에서 사랑)이 더 쉽게 생각난다. 이처럼 단어가 사용된 빈도를 그 단어가 나타나는 문맥의 회상 용이성으로 판단한다면, 추상적 단어는 구체적 단어보다 더 많이 쓰인다고 생각하기 쉽다. 이 편향을 관찰한 최근 연구에서, 사람들은 추상적 단어의 사용 빈도를 구체적 단어보다 훨씬 높게 추정했고, 이는 객관적 사실과도 일치했다.[15] 그리고 추상적 단어가 구체적 단어보다 훨씬 다양한 문맥에서 사용된다고도 판단했다.

상상 용이성 편향. 어떤 부류의 발생 빈도를 추정할 때 해당 사례는 생각나지 않지만 주어진 규칙대로 그 사례를 만들 수 있는 때가 있다. 그런 상황에서는 흔히 사례를 몇 개나 만들고, 얼마나 쉽게 만드느냐로 빈도나 확률을 추정한다. 하지만 사례를 얼마나 쉽게 만드느냐는 그것의 실제 발생 빈도와 무관할 때도 있어서 이런 추정은 편향에 휩싸이기 쉽다. 이를 알아보기 위해, 열 명으로 구성된 집단에서 k명($2 \leq k \leq 8$)으로 위원회를 만든다고 해보자. 이때 만들 수 있는 총 위원회 수는 몇 가지인가? 이 문제의 답은 이항계수 ($_{10}C_k$)로 구하는데, k=5일 때 최대로 252가지다. k명으로 이루어진 위원회 수는 (10-k)명으로 이루어진 위원회 수와 같다. k명으로 위원회를 구성할 때마다 비위원 (10-k)명으로 이루어진 집단도 딱 하나 있기 때문이다.

계산을 하지 않고 이 문제에 대답하는 방법 하나는 k명으로 이루어진 위원회를 머릿속으로 만들어보고 그 가짓수가 얼마나 쉽게 떠오르는지 가늠해보는 것이다. 이를테면 두 명처럼 적은 수로 이루어진 위원회는 여덟 명처럼 많은 수로 이루어진 위원회보다 더 쉽게 머릿속에 떠오른다. 위원회를 구성하는 가장 단순한 방법은 열 명의 집단을 여럿으로 분해하는 것이다. 이때 두 명으로 이루어진 위원회 다섯 개를 만들기는 쉬운 반면, 여덟 명으로 이루어진 위원회 두 개를 만들기는 불가능하다는 걸 알 수 있다. 따라서 상상 용이성이나 구성의 회상 용이성으로 빈도를 추정한다면, 작은 위원회가 큰 위원회보다 가능한 가짓수가 많아 보이는데, 이는 정답인 종 모양 함수와는 반대다. 사실 이 분야에 지식이 없는 실험 참가자들이 다양한 크기의 서로 다른 위원회 수를 추정해보라는 질문을 받으면, 이들의 추정치는 위원회 크기에 따른 단조감소함수를 나타낸다.[16] 예를 들어 두 명으로 구성된 위원회 수 추정치의 중간값은 70인 반면, 여덟 명으로 구성된 위원회 수 추정치의 중간값은 20이었다(둘 다 가능한 총 위원회 수는 45가지다).

상상 용이성은 실제 상황에서 확률 추정에 중요한 역할을 한다. 한 예로, 위험한 탐험에 따르는 잠재적 위험을 추정할 때는 탐험 중에 대처할 수 없는 뜻밖의 사태를 상상한다. 그런 어려움이 생생하게 많이 떠오르면, 상상이 쉽다는 것과 실제 위험이 무관할 때라도 그 탐험은 대단히 위험해 보일 수 있다. 반대로 가능한 위험이 상상이 잘 안 되거나 아예 생각나지 않는다면 잠재적 위험이 심하게 과소평가될 수 있다.

상관관계 착각. L. J. 채프먼Chapman과 J. P. 채프먼은 두 사건이 동시에 일어날 빈도를 추정할 때 나타나는 흥미로운 편향을 설명했다.[17] 두 사람은 해당 분야 전문 지식이 없는 실험 참가자들에게 가상의 정신질환자 몇 사람과 관련한 정보를 주었다. 환자별 임상 진단과 환자가 그린 인물이 실린 자료였다. 참가자들은 각 진단(망상장애, 과도한 의심 등)에 따라 환자가 그린 그림에 다양한 특징(눈이 이상하다든가)이 나타날 빈도를 추정했다. 그 결과, 참가자들은 의심이 지나친 환자라면 눈을 이상하게 그릴 것이라는 등의 연관성을 크게 과장했다. 이런 효과를 '상관관계 착각illusory correlation'이라 한다. 전문 지식이 없는 참가자들은 환자가 그린 인물을 해석할 때 흔히 근거 없는 미신에 가까운 임상적 판단을 내렸다. 상관관계 착각 효과는 모순되는 자료가 나타나도 절대 수그러들지 않았다. 심지어 증상과 진단에서 정반대의 상관관계가 나타나도 없어지지 않았고, 진짜 상관관계가 버젓이 존재해도 참가자는 그것을 감지하지 못했다.

회상 용이성은 상관관계 착각 효과를 자연스럽게 설명해준다. 두 사건이 동시에 일어나는 빈도는 둘의 연상적 결합의 세기로 판단할 수도 있다. 그 세기가 강하면, 두 사건은 같이 일어날 때가 많다고 생각하기 쉽다. 결과적으로 연상 작용이 강하게 일어나는 사건들은 종종 함께 일어난다고 판단될 것이다. 이런 관점에서 보면, 과도한 의심과 눈을 이상하게 그리는 행위의 상관관계 착각은 의심은 신체 중에서도 언뜻 눈을 떠오르게 한다는 사실에서 나온다.

일상적 경험에서 보면, 일반적으로 큰 부류의 사례는 작은 부류의 사례보다 더 쉽고 빨리 머릿속에 떠오르고, 발생 가능성이 높은 사건은 그렇지 않은 사건보다 상상하기 수월하고, 어떤 사건들이 동시에 일어나는 일이 잦으면 연상적 연관관계는 더 강해진다. 그 결과 어떤 부류에 속한 사례 수, 사건 발생 가능성, 동시 발생 빈도를 예측할 때, 그것을 머릿속에서 끄집어내고 구성하고 연상하기가 얼마나 쉬운가(회상 용이성 어림짐작)에 따라 멋대로 추측한다. 그러나 앞선 예가 보여주듯이, 이런 식의 추정은 체계적 오류로 이어진다.

기준점과 조정

　사람들은 어떤 값을 예측할 때, 초기 값에서 시작해 그 값을 조정해 최종 답을 내놓는 경우가 많다. 출발점이 되는 초기 값은 문제에 나와 있을 수도 있고 부분적 계산에서 나올 수도 있다. 어느 경우든 조정은 대개 불완전하다.[18] 다시 말해, 출발점이 다르면 예측치도 다르고, 그 예측치는 초기 값에 가깝게 편향된다. 이런 현상을 '기준점 효과'라 부른다.

　불완전한 조정. 기준점 효과를 증명하는 실험에서, 참가자에게 다양한 수량을 퍼센트로 추정하게 했다(유엔 회원국 중 아프리카 국가의 비율 등). 수량을 물을 때마다 참가자가 보는 앞에서 숫자가 적힌 돌림판을 돌려 0에서 100 사이의 숫자가 나오게 했다. 그리고 참가자에게 추정치가 그 숫자보다 높은지 낮은지 묻고, 그다음에는 돌림판에서 나온 숫자보다 더 높게 잡거나 낮게 잡는 식으로 수량을 추정해보라고 했다. 참가자 집단마다 돌림판에서 나온 숫자가 달랐는데, 이 무작위 숫자는 추정치에 뚜렷한 영향을 미쳤다. 예를 들어 유엔의 아프리카 국가 비율 추정치의 중간값은 돌림판 숫자가 10이 나온 집단의 경우 25, 돌림판 숫자가 65가 나온 집단의 경우 45였다. 정확한 답에 보상을 해도 기준점 효과는 줄어들지 않았다.

　기준점 효과는 참가자에게 출발점을 줄 때도 나타나지만, 참가자가 불완전한 계산 결과를 기초로 추정할 때도 나타난다. 직관적 수치 예측 연구가 이 효과를 잘 보여준다. 고등학생 두 집단에게 칠판에 쓰인 수식의 답을 5초 안에 추정하라고 했다.

　이때 한 집단은 아래 수식의 답을 추정했고,

$8 \times 7 \times 6 \times 5 \times 4 \times 3 \times 2 \times 1$

다른 집단은 아래 수식의 답을 추정했다.

$1 \times 2 \times 3 \times 4 \times 5 \times 6 \times 7 \times 8$

이런 문제에 빠르게 대답할 때, 몇 단계 계산을 거쳐 답을 추정 또는 조정할 것이다. 조정은 대개 불완전해서, 이렇게 나온 답은 실제 값보다 적게 마련이다. 그리고 (왼쪽에서 오른쪽으로 진행하는) 처음 몇 단계 곱셈 결과는 오름차순 문제보다 내림차순 문제에서 더 크기 때문에, 첫 번째 수식의 추정치가 두 번째보다 높게 나온다. 그 결과, 추정치의 중간값은 오름차순 문제에서 512, 내림차순 문제에서 2,250이 나왔다. 정답은 40,320이다.

결합사건과 분리사건 평가에 나타나는 편향. 바힐렐BarHillel은 최근 연구에서, 실험 참가자들에게 두 사건 중 하나에 내기를 걸어보라고 했다.[19] 제시한 사건의 유형은 세 가지였다. (1) 50퍼센트는 빨간 구슬, 50퍼센트는 흰 구슬이 담긴 자루에서 빨간 구슬을 뽑는 사건과 같은 단순사건, (2) 90퍼센트는 빨간 구슬, 10퍼센트는 흰 구슬이 담긴 자루에서, 구슬을 하나 뽑은 뒤 다시 넣고 또 하나 뽑은 뒤 다시 넣는 식의 복원추출로 구슬을 뽑을 때 일곱 번 연속해 빨간 구슬이 뽑히는 사건과 같은 결합사건, (3) 10퍼센트는 빨간 구슬, 90퍼센트는 흰 구슬이 담긴 자루에서 복원추출로 구슬을 하나씩 일곱 번 연속해 뽑을 때, 그중 적어도 한 번은 빨간 구슬이 뽑힐 사건과 같은 분리사건. 이 문제에서 실험 참가자의 상당수가 내기 대상으로 단순사건(승산 50퍼센트)보다 결합사건(승산 48퍼센트)을 선호했고, 분리사건(승산 52퍼센트)

보다 단순사건을 선호했다. 두 경우 모두 대다수가 승산이 적은 사건을 택한 꼴이다. 이런 선택은 여러 연구에서 흔히 나타나는 사실을 잘 보여준다. 도박 선택이나 확률 추정을 연구한 사례에서, 사람들은 결합사건 확률을 과대평가하고 분리사건 확률을 과소평가하는 성향을 보인 것인데,[20] 이런 편향은 기준점 효과로 쉽게 설명된다. 근원사건의 정해진 확률(어떤 한 단계에서 성공할 확률)은 결합사건과 분리사건의 확률 추정에서 자연스러운 출발점이 된다. 출발점을 조정하는 작업은 대개 불완전해서, 두 경우 모두 최종 추정치는 근원사건의 확률에 너무 가까이 머물러 있다. 결합사건의 최종 확률은 그 사건을 구성하는 각 근원사건의 확률보다 낮은 반면, 분리사건의 최종 확률은 각 근원사건의 확률보다 높다는 사실에 주목하라. 그러나 기준점 효과의 결과로 최종 확률은 결합사건 문제에서는 과대평가되고, 분리사건 문제에서는 과소평가된다.

분리사건과 결합사건 같은 복합사건 평가에 나타나는 이런 편향은 기획과 관련해 특히 중요하다. 신상품 개발 같은 사업을 성공적으로 완수하는 것은 전형적으로 결합사건의 성격을 띤다. 사업이 성공하려면 관련한 일련의 사건들이 모두 일어나야 하는데, 그 개별 사건의 발생 확률이 매우 높다 해도 관련 사건이 매우 많다면 사업이 성공할 최종 확률은 매우 낮을 수 있다. 그런데도 일반적으로 결합사건의 확률을 과장하는 성향이 있어서 그러한 사업이 성공하거나 제때 마무리될 가능성을 터무니없이 낙관한다. 거꾸로, 분리사건과 같은 구조는 잠재적 위험 평가에서 흔히 나타난다. 원자로나 신체 같은 복잡한 구조는 핵심 요소 중에 하나라도 문제가 생기면 전체가 제대로 작동하지 않을 수 있다. 각 요소의 문제 발생 확률이 낮다 해도 관련 요소가 많다면 전체가 제대로 작동하지 않을 확률은 높을 수 있다. 하지만 기준점 효과 탓에 사람들은 복잡한 구조가 작동하지 않을 확률을 과소평가한다. 따라서 더러는 사건의 구조를 보고 기준점 설정 편향의 방향을 유추할 수 있다. 즉 결합사건처럼 서로 맞물리는 사슬 구조는 발생 확률이 과대평가되고, 분리사건처럼 여러 사건이 한데 몰리는 깔때기 구조는 과소평가된다.

주관적 확률분포 추정에 나타나는 기준점 효과. 결정 분석에서, 전문가들은 이를테면 특정 일의 다우존스 주가평균 등 어떤 수량과 관련해 자신의 믿음을 확률분포 형태로 표시해야 할 때가 자주 있다. 이런 분포는 대개 전문가에게 그 외 주관적 확률분포에서 특정 백분위에 해당하는 수치를 물어서 구성한다. 예를 들어 "내 주관적 확률로 볼 때 다우존스 평균이 X_{90}보다 낮을 확률은 90퍼센트"라고 말할 수 있는 수치 X_{90}을 물어볼 수도 있다. 그러니까 열에 아홉은 다우존스 평균이 그 수치를 넘지 않을 것이라고 생각하는 X_{90}을 말하라는 뜻이다. 서로 다른 여러 백분위에 대해 이 같은 질문을 던지면, 다우존스 평균의 주관적 확률분포를 구할 수 있다.

서로 다른 여러 수량을 놓고 주관적 확률분포를 물어보면, 응답자가 수치를 적절히 조정하는 사람인지 알 수 있다. 만약 평가 대상 수량의 실제값, 즉 참값 중 정확히 Π퍼센트가 그 사람이 말한 값 X_Π보다 아래이면 그 사람은 일련의 문제에서 수치를 적절히 (또는 외부적으로) 조정한 사람이다. 그러니까 이를테면 참값은 평가 수량의 1퍼센트에서 X_{01} 아래에, 그리고 1퍼센트에서 X_{99} 위에 존재해야 한다. 따라서 참값은 그 문제의 98퍼센트 신뢰 구간인 X_{01}와 X_{99} 사이에 존재해야 한다.

여러 조사에서, 많은 사람에게서 다양한 수량과 관련한 확률분포를 입수했다.[21] 그 결과, 사람들이 추정한 분포는 적절한 조정 과정을 대대적이고 체계적으로 이탈했다. 대부분의 연구에서, 제시한 문제의 약 30퍼센트에서 사람들이 평가한 수량의 실제 값이 X_{01}보다 작거나 X_{99}보다 컸다. 다시 말해, 응답자의 신뢰 구간은 지나치게 좁았는데, 추정 수량과 관련한 그들 지식에 비추어 타당한 수준 이상으로 자기 추정치를 확신한다는 뜻이다. 이런 편향은 응답자가 전문 지식이 있든 없든 똑같이 나타났고, 적절한 점수 매기기 규칙을 알려주어 적절한 조정 작업을 하도록 부추겨도 이 편향은 없어지지 않았다. 이 현상은 적어도 일부는 기준점 효과에서 나온다.

예를 들어 다우존스 평균에서 X_{90}을 고를 때, 다우존스 평균을 최대한 정확히 추정한 다음, 그 값을 상향 조정하는 게 보통이다. 다른 많은 경우에 그렇듯이, 이 조정이 불완전하다면 X_{90}을 충분히 극값으로 고르지 않았을 것이다. 평균을 최대한 정확히 추정한 수치를 하향 조정해 X_{10}을 고를 때도 비슷한 기준점 효과가 나타난다. 결과적으로 X_{10}과 X_{90} 사이로 규정되는 신뢰 구간은 너무 좁고, 추정한 확률분포는 여유가 없다. 자신의 최상의 추정치를 기준점으로 사용하지 않으면 주관적 확률이 전반적으로 바뀐다는 사실은 이 해석을 뒷받침한다.

어떤 수량(다우존스 평균)이 주어졌을 때 주관적 확률분포는 다음 두 가지 방법으로 구할 수 있다. (1) 응답자에게 그의 확률분포에서 차지하는 특정 백분위에 해당하는 다우존스 값을 묻거나, (2) 다우존스 참값이 제시한 특정 값을 넘어설 확률을 추정하라고 하거나. 두 방법은 사실상 동일해서 똑같은 분포가 나와야 맞다. 하지만 기준점이 달라 조정하는 방식도 다르다. (1)번에서는 해당 수량을 최대한 정확히 예측한 수치가 자연스러운 출발점이 된다. 반면에 (2)번에서 응답자는 문제에 제시된 값을 기준점으로 사용할 것이다. 아니면 50:50의 확률을 기준점으로 사용할 수도 있는데, 이 역시 확률 추정에 자연스러운 출발점이 된다. 어떤 경우든 (2)번 방식에서는 (1) 번보다 덜 극단적인 확률이 나온다.

두 방식을 비교하기 위해, 실험에서 한 집단에게는 24가지 수량을 제시한 뒤(뉴델리에서 베이징까지의 거리 등) 각 문제마다 X_{10} 또는 X_{90}을 구하게 하고, 다른 집단에게는 24가지 수량마다 첫 번째 집단이 추정한 값의 중간값을 알려준 뒤, 그 값이 관련 수량의 참값을 넘어설 확률을 추정하라고 했다. 두 번째 집단은 어떤 편향도 없는 상태에서, 첫 번째 집단에게 제시된 9:1이라는 비율을 알아내야 한다. 그런데 50:50이나 주어진 값이 기준점으로 사용된다면, 두 번째 집단이 추정한 비율은 덜 극단적이어서 1:1에 가까워야 한다. 실제로 이 집단이 말한 추정치의 중간값은 전체 문제를 통틀어 3:1이었다. 두 집단이 내린 판단에서 적절한 조정 작업을 점검하니, 첫 번째 집단은 앞선 여러 연구와 마찬가지로 지나치게 극단적이었다. 이들이 발생 확률 10퍼센트라고 규정한 사건들이 실제로 나타난 경우는 전체 중에 24퍼센트에 달했다. 이와 대조적으로 두 번째 집단은 지나치게 보수적이어서, 이들이 평균 34퍼센트라고 말한 사건들이 실제로 나타난 경우는 26퍼센트였다. 수치 조정의 정도는 그것을 이끌어내는 절차와 방식에 달렸다는 사실을 보여주는 결과다.

고찰

이 논문은 어림짐작에 의존해 판단할 때 생기는 인지 편향을 다루었다. 이 편향의 원인은 가망 없는 소망 같은 동기 유발 효과도, 보상이나 벌에 따른 판단 왜곡도 아니다. 사실 앞서 보고된 심각한 판단 오류 몇 가지는 실험 참가자에게 정확한 판단을 독려하고 정답에 보상을 했는데도 나타났다.[22]

어림짐작에 의존하고 편향이 만연하는 현상은 해당 분야를 잘 모르는 사람에게만 국한되지 않는다. 경험 많은 연구자도 직관적으로 생각할 때면 똑같은 편향을 드러낸다. 한 예로, 사전 확률을 제대로 고려하지 않은 채 자료의 대표성으로 결과를 예측하는 성향은 통계를 광범위하게 훈련한 사람들의 직관적 판단에서도 나타났다.[23] 통계를 잘 아는 사람들도 도박사의 오류 같은 초보적 오류는 피할지언정 좀 더 복잡하고 덜 명확한 문제를 두고 직관적 판단을 내릴 때는 비슷한 오류를 범하기 쉽다.

대표성 어림짐작이나 회상 용이성 어림짐작 같은 유용한 어림짐작은 예측이나 추정에서 곧잘 오류를 유발하는데도 여전히 유지된다는 것은 사실 그리 놀랍지 않다. 정작 놀라운 점은 아마도 평균 회귀라든가 표본 크기가 통계 추정에 미치는 영향 같은 초보적 통계 원칙을 평생토록 추론해내지 못한다는 점일 것이다. 이런 규칙이 도출되었어야 하는 수많은 사례를 평범한 삶에서 누구나 경험하지만, 표본 추출이나 회귀와 관련한 원칙을 직접 발견하는 사람은 얼마 안 된다. 일상에서 통계 원칙을 터득하지 못하는 까닭은 관련 사례를 통계와 관련한 형태로 적절히 변형하지 못해서다. 예를 들어 책에서 연속한 서너 줄에 등장하는 단어의 평균 길이를 여러 차례 조사해보면 연속한 서너 쪽에 등장하는 단어의 평균 길이보다 더 들쭉날쭉한데, 사람들은 그 사실을 눈치채지 못한다. 그 평균 길이가 서너 줄에서 나왔는지, 서너 쪽에서 나왔는지에는 주목하지 않기 때문이다. 이처럼 표본 크기와 통계 변화의 관계를 알 수 있는 자료가 주변에 널렸는데도 그 관계를 파악하지 못한다.

어떤 사건을 통계와 관련한 형태로 적절히 변형하지 못하는 탓에 확률 판단에 나타나는 편향 역시 감지하지 못한다. 사람들은 자신이 똑같은 확률을 부여하는 사건들 중에 실제로 일어나는 사건의 비율을 꾸준히 집계해 자신의 판단이 적절히 조정되는지 의식적으로 따져볼 수 있다. 그런데 여러 사건을 추정 확률에 따라 집단으로 분류하는 것은 부자연스럽다. 하지만 그런 분류가 없으면 개인은 이를테면 자신이 90퍼센트 이상의 확률을 부여한 예측 중에 50퍼센트만 실현되었다는 사실을 눈치채지 못한다.

인지 편향을 실증적으로 분석해보면 추정 확률이 이론과 응용에 어떻게 쓰이는지 엿볼 수 있다. 근대 결정 이론은 주관적 확률을 이상적 인간의 수량화된 의견으로 간주한다.[24] 특히 주어진 사건의 주관적 확률은 그 사건과 관련해 이상적인 인간이라면 기꺼이 수락하는 내기의 집합으로 정의된다. 어떤 사람이 선택한 내기가 일정한 원칙, 그러니까 자명한 이론들을 충족하면, 내적으로 일관된 주관적 확률을 도출할 수 있다. 이렇게 나온 확률은 똑같은 사건을 놓고 사람마다 확률을 다르게 추정할 수 있다는 점에서 주관적이다. 이 접근법의 주요 장점은 철저히 주관적인 확률 해석을 제시한다는 것인데, 이는 유일무이한 사건에도 적용할 수 있고, 합리적 결정이라는 일반론에도 내재되어 있다.

더러는 주관적 확률을 여러 내기 가운데 어떤 내기를 선호하느냐로 추론할 수도 있지만, 보통 주관적 확률은 그런 식으로 도출되지 않는다는 점에 주목할 필요가 있다. 어떤 사람이 A팀이 아닌 B팀에 내기를 건 이유는 B팀이 이길 것 같다는 믿음 때문인데, 이 믿음이 내기 선호도에서 나오지는 않는다. 이처럼 현실에서는 주관적 확률로 내기 선호도를 결정하지, 합리적 결정이라는 자명한 이론에서처럼 선호도에서 주관적 확률이 나오지는 않는다.[25]

확률에 내재한 주관적 본질 탓에, 추정 확률을 평가하는 유효한 기준은 내적 일관성뿐이라고 믿는 사람이 많다. 주관적 확률이라는 순전히 이론적인 관점에서 보자면, 내적으로 일관된 확률 판단은 어느 것이든 다 적절하다. 그러나 이 기준은 썩 만족스럽지 않다. 내적으로 일관된 주관적 확률이라도 그 사람의 다른 믿음과 배치될 수 있기 때문이다. 동전 던지기 게임에서 나올 수 있는 모든 결과를 가늠하는 주관적 확률에 도박사의 오류가 나타난 사람을 생각해보자. 이 사람은 연속해서 동전 앞면이 여러 차례 나올수록 다음에 동전 뒷면이 나올 확률을 높게 추정한다. 이런 사람의 판단은 내적으로 일관될 수 있고 따라서 이론으로 보면 그의 주관적 확률은 적절하다고 볼 수도 있다. 그러나 이런 확률은, 동전은 기억력이 없으며 따라서 앞서 무엇이 나왔는가를 따져서 다음 수를 내놓지 못한다는 일반적 믿음에 어긋난다. 추정 확률이 적절하다거나 합리적이려면 내적 일관성만으로는 부족하다. 그 확률 판단은 그 사람이 가진 총체적 믿음과 양립할 수 있어야 한다. 안타깝게도 확률 판단 일체와 그 판단을 내린 사람의 총체적 믿음 체계가 양립 가능한지를 평가할 간단한 절차가 있을 수 없다. 그럼에도 합리적인 사람이라면 비록 내적 일관성을 좀 더 쉽게 달성하고 평가하더라도 거기에 더해 자신의 믿음과 양립 가능한 합리적 판단을 내리려 애쓴다. 특히 해당 주제와 관련한 자신의 지식, 확률 법칙, 그리고 자기만의 판단 어림짐작과 편향에 어긋나지 않게 확률을 추정하려고 노력할 것이다.

요약

이 논문은 불확실한 상황에서 판단을 내릴 때 개입하는 세 가지 어림짐작을 언급했다. (1) A라는 대상 또는 사건이 B라는 부류 또는 절차에 속할 확률을 추정할 때 흔히 개입하는 대표성 어림짐작, (2) 어떤 부류의 발생 빈도 또는 특정 양상이 전개될 가능성을 추정할 때 곧잘 개입하는, 관련 상황이나 시나리오를 쉽게 떠올리는 회상 용이성 어림짐작, (3) 숫자 예측에서, 관련 값이 있을 때 흔히 개입하는 기준점 조정이다. 이런 어림짐작들은 대단히 경제적이고 대개는 효율적이지만, 체계적이고 예측 가능한 오류를 낳기도 한다. 이런 어림짐작들과 거기서 생기는 편향을 제대로 이해한다면 불확실한 상황에서 더 나은 판단과 결정을 내릴 수 있다.

/ 주 /

1. D. Kahneman and A. Tversky, 〈예측 심리에 관하여On the Psychology of Prediction〉, *Psychological Review* 80 (1973): 237–51.
2. Ibid.
3. Ibid.
4. D. Kahneman and A. Tversky, 〈주관적 확률: 대표성 판단Subjective Probability: A Judgment of Representativeness〉, *Cognitive Psychology* 3 (1972): 430–54.
5. Ibid.
6. W. Edwards, 〈인간의 정보처리에 나타난 보수성Conservatism in Human Information Processing〉, in 《인간 판단의 공식적 표현Formal Representation of Human Judgment》, ed. B. Kleinmuntz (New York: Wiley, 1968), 17–52.
7. Kahneman and Tversky, 〈주관적 확률Subjective Probability〉.
8. A. Tversky and D. Kahneman, 〈소수법칙에 대한 믿음Belief in the Law of Small Numbers〉, *Psychological Bulletin* 76 (1971): 105–10.
9. Kahneman and Tversky, 〈예측 심리에 관하여On the Psychology of Prediction〉.
10. Ibid.

11. Ibid.

12. Ibid.

13. A. Tversky and D. Kahneman, 〈회상 용이성: 빈도와 확률 판단에 쓰이는 어림짐작Availability: A Heuristic for Judging Frequency and Probability〉, *Cognitive Psychology* 5 (1973): 207-32.

14. Ibid.

15. R. C. Galbraith and B. J. Underwood, 〈추상적 단어와 구체적 단어의 사용 빈도 인지Perceived Frequency of Concrete and Abstract Words〉, *Memory & Cognition* 1 (1973): 56-60.

16. Tversky and Kahneman, 〈회상 용이성Availability〉.

17. L. J. Chapman and J. P. Chapman, 〈흔히 쓰이지만 엉터리인 정신진단 관찰의 기원Genesis of Popular but Erroneous Psychodiagnostic Observations〉, *Journal of Abnormal Psychology* 73 (1967): 193-204; L. J. Chapman and J. P. Chapman, 〈유효한 정신진단 신호 사용에 방해가 되는 상관관계 착각Illusory Correlation as an Obstacle to the Use of Valid Psychodiagnostic Signs〉, *Journal of Abnormal Psychology* 74 (1969): 271-80.

18. P. Slovic and S. Lichtenstein, 〈판단을 위한 정보처리 연구에서 베이즈와 회귀 비교Comparison of Bayesian and Regression Approaches to the Study of Information Processing in Judgment〉, *Organizational Behavior & Human Performance* 6 (1971): 649-744.

19. M. Bar-Hillel, 〈복합사건의 주관적 확률에 관하여On the Subjective Probability of Compound Events〉, *Organizational Behavior & Human Performance* 9 (1973): 396-406.

20. J. Cohen, E. I. Chesnick, and D. Haran, 〈순차적 선택과 결정에서 관성 Ψ 효과 확인A Confirmation of the Inertial-Ψ Effect in Sequential Choice and Decision〉, *British Journal of Psychology* 63 (1972): 41-46.

21. M. Alpert and H. Raiffa, 미출간 원고; C. A. Stael von Holstein, 〈주관적 확률분포를 가늠하는 두 가지 기술: 실험 연구Two Techniques for Assessment of Subjective Probability Distribution: An Experimental Study〉, *Acta Psychologica* 35 (1971): 478-94; R. L. Winkler, 〈베이즈 분석에서 사전 분포 측정The Assessment of Prior Distributions in Bayesian Analysis〉, *Journal of the American Statistical Association* 62 (1967): 776-800.

22. Kahneman and Tversky, 〈주관적 확률Subjective Probability〉; Tversky and Kahneman, 〈회상 용이성Availability〉.

23. Kahneman and Tversky, 〈예측 심리에 관하여On the Psychology of Prediction〉; Tversky and Kahneman, 〈소수법칙에 대한 믿음Belief in the Law of Small Numbers〉.

24. L. J. Savage, 《통계의 기반The Foundations of Statistics》 (New York: Wiley, 1954).

25. Ibid. B. de Finetti, 〈확률: 해석Probability: Interpretations〉, in 《사회과학 국제 백과사전International Encyclopedia of the Social Sciences》, ed. D. E. Sills, vol. 12 (New York: Macmillan, 1968), 496-505.

선택, 가치, 틀짜기 ★
Choices, Values, and Frames

_ 아모스 트버스키, 대니얼 카너먼

개요

여기서는 잠재적 위험이 있는 상황과 없는 상황에서 선택을 결정하는 인지적, 정신물리학적 요소를 다룬다. 가치와 관련한 정신물리학은 이익에서는 위험 회피를, 손실에서는 위험 추구를 유발하고, 확률과 관련한 정신물리학은 발생 확률이 중간 정도인 사건에 비해, 확정된 결과에 그리고 일어날 것 같지 않은 사건에 과도한 비중을 두게 한다. 결정 문제는 서술 방식이나 틀짜기 방식이 다양하고, 그에 따라 합리적 선택이라는 불변의 기준을 거스르는 다양한 선호도가 나타난다. 사람들이 거래 결과를 정리하는 방식인 심리적 계좌 처리 절차는 다소 이례적인 소비자 행동을 설명한다. 특히

★ 이 논문은 1983년 8월, 미국심리학회 American Psychological Association에서 과학공로상 Distinguished Scientific Contributions Award 수상 연설 때 처음 제출했다. 그리고 이 연구는 미국 해군연구국 Office of Naval Research의 지원을 받아 진행했다 (NR 197-058). 논문이 처음 실린 곳은 다음과 같다. *American Psychologist*, vol. 34, 1984.

어떤 옵션의 수락 여부는 부정적 결과를 비용으로 처리하느냐, 보상받지 못한 손실로 처리하느냐에 좌우될 수 있다. 아울러 결정 가치와 경험 가치의 관계도 논의한다.

결정을 내리는 것은 평범한 이야기를 하는 것과 같다. 알게 모르게 늘 하는 일이다. 결정이라는 주제는 수학과 통계부터 경제학과 정치학, 그리고 사회학과 심리학에 이르기까지 많은 분야에서 두루 다루는 주제라는 사실은 새삼스럽지 않다. 결정 연구는 규범적normative 질문과 기술적descriptive 질문을 모두 다룬다. 규범적 분석은 합리성의 본질과 결정 논리에 관심을 둔다. 반면에 기술적 분석은 어떻게 해야 한다가 아니라 사람들의 믿음과 선호도를 있는 그대로 드러낸다. 규범적 고려와 기술적 고려의 갈등은 판단과 선택 연구의 상당 부분에 영향을 미친다.

결정 분석은 흔히 잠재적 위험이 있는 선택과 없는 선택을 구분한다. 위험이 내재한 상황에서 결정을 내리는 전형적인 예는 특정한 금액을 딸 확률이 명시된 도박의 수락 여부다. 위험이 없는 결정의 전형적인 예는 상품이나 서비스를 돈이나 노동과 바꾸는 거래의 수락 여부다. 논문의 전반부에서는 위험이 따르는 전망의 가치를 결정하는 인지적, 정신물리학적 요소를 분석한다. 그리고 후반부에서는 이 분석을 여러 거래로 확장한다.

위험이 따르는 선택

우산을 챙길지 말지, 전쟁에 나갈지 말지와 같은 위험이 따르는 선택은 결과를 미리 알 수 없는 상황에서 이루어진다. 이런 행동의 결과는 날씨라든가 적의 결단 같은 불확실한 사건에 달린 탓에 어떤 행위를 선택하는 것은 발생 확률이 다른 다양한 결과가 나올 수 있는 도박을 수락하는 것과 마찬가지로 해석할 수 있다. 그러다 보니 위험이 따르는 결정을 연구할 때 금전적 결과와 일정한 확률이 명시된 도박을 두고 어떤 선택을 할지에 초점을 맞추면서, 그런 단순한 문제가 위험과 가치를 대하는 기본 태도를 설명해줄 것이라는 희망을 갖는 것은 당연하다.

위험이 따르는 선택을 설명하는 여러 방법 중에 우리가 간단히 소개하려는 방법은 돈과 확률에 대한 반응을 정신물리학적으로 분석해 거기서 여러 가설을 이끌어내는 방법이다. 결정을 정신물리학적으로 접근하는 방식은 1738년에 출간된 다니엘 베르누이의 놀라운 논문으로 거슬러 올라간다 (Bernoulli 1954). 베르누이는 사람들이 일반적으로 위험을 회피하는 이유, 그리고 부가 증가하면 위험 회피가 줄어드는 이유를 설명하고자 했다. 위험 회피와 베르누이 분석을 이해하기 위해, 1,000달러를 딸 확률 85퍼센트(한 푼도 못 딸 확률 15퍼센트)인 도박과 800달러를 무조건 받는 옵션을 놓고 선택한다고 해보자. 이때 도박의 (수학적) 기댓값이 더 높지만 대다수 사람은 도박보다 무조건 받는 쪽을 선호한다. 금전적 도박의 기댓값은 나올 수 있는 결과를 그 발생 확률로 가중치를 부여해 계산하는 가중평균이다. 이 예에서 도박의 기댓값은 1,000달러×0.85 + 0달러×0.15 = 850달러로, 무조건 받는 800달러보다 큰 액수다. 따라서 무조건 받는 쪽을 선호하는 것은 위험 회피 사례다. 일반적으로 도박의 기댓값이 더 높거나 같은데 도박보다 무조건 받는 쪽을 선호하는 현상을 위험 회피라 하고, 도박의 기댓값이 더 낮거나 같은데 무조건 잃는 쪽을 거부하는 현상을 위험 추구라 한다.

베르누이는 사람들이 금전적 결과의 기댓값이 아니라 금전적 결과의 주관적 가치의 기댓값으로 전망을 평가한다고 주장했다. 도박의 주관적 가치 역시 가중평균이지만, 여기서는 각 결과의 주관적 가치에 확률 가중치가 부여된다. 베르누이는 이 틀에서 위험 회피를 설명하기 위해 주관적 가치, 즉 효용utility은 화폐가치를 놓고 볼 때 위로 볼록한 함수를 이룬다고 제안했다. 이런 함수에서는 이를테면 200달러와 100달러의 효용 차이는 1,200달러와 1,100달러의 효용 차이보다 크다. 다시 말해 800달러를 획득할 때의 주관적 가치, 그리고 1,000달러를 획득하는 가치의 80퍼센트, 이 둘을 놓고 볼 때 금전적 기댓값은 같아도 가치는 전자가 더 크다고 볼 수 있다. 결과적으로 위로 볼록한 효용함수는 금전적 기댓값은 같을지언정 1,000달러를 딸 확률 80퍼센트보다 800달러를 무조건 받는 쪽을 선호하는 위험 회피 성향을 잘 드러낸다.

결정 분석에서는 관례적으로 결정의 결과를 부의 총합으로 표현한다. 예를 들어 동전 던지기에 20달러 내기를 하겠느냐는 제안은 현재의 부 W를 유지하겠느냐, 아니면 부가 W+20달러 또는 W-20달러로 바뀔 가능성이 반반인 내기를 하겠느냐로 표현한다. 그런데 이런 식의 표현은 심리적으로 볼 때 비현실적이다. 사람들은 비교적 작은 결과를 고민할 때 부의 상태보다는 이익, 손실, 중립적 결과(현 상태 유지 등)를 따진다. 우리가 제안한 대로, 부의 긍정적 상태보다 부의 변화가 주관적 가치를 효과적으로 전달한다면, 결과를 정신물리학적으로 분석할 때 총 자산보다 이익과 손실에 초점을 맞춰야 한다. 이 가정은 우리가 '전망 이론prospect theory'(Kahneman and Tversky 1979)이라 부른, 위험이 따르는 선택을 다루는 이론에서 중심 역할을 한다. 정신물리학적 측정뿐 아니라 자신의 경우를 생각해봐도 주관적 가치는 이익의 크기를 표시하는 위로 볼록한 함수로 나타난다는 것을 알 수 있다. 손실에도 비슷한 일반화가 적용된다. 200달러 손실과 100달러 손실의 주관적 가치 차이는 1,200달러 손실과 1,100달러 손실의 주관적 가치 차이보다 더 크다. 이익의 가치함수와 손실의 가치함수를 합치면, 〈그림 1〉처럼 S자 모양의 함수를 얻는다.

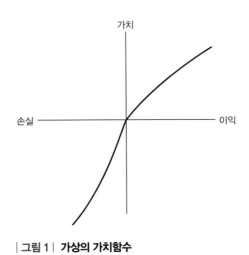

| 그림 1 | **가상의 가치함수**

〈그림 1〉의 가치함수는 (a) 부의 총합보다 이익과 손실로 정의되고, (b) 이익 영역에서는 위로 볼록한 형태, 손실 영역에서는 아래로 볼록한 형태이며, (c) 이익보다 손실에서 기울기가 훨씬 더 가파르다. 우리가 '손실 회피'라 이름 붙인 특성 (c)는 X달러 손실의 고통이 X달러 이익의 매력보다 더 크게 느껴지는 직관을 나타낸다. 손실 회피는 손실과 이익의 확률이 같은 동전 던지기 내기를 꺼리는 이유를 설명해준다. 예를 들어 대학생을 대상으로 10달러를 내고 동전 던지기를 하겠냐고 물었더니, 대부분이 30달러 이

상 딸 것 같지 않으면 하지 않겠다고 했다.

위험 회피는 경제 이론에서 중심 역할을 해왔다. 그런데 위로 볼록한 이익함수에서 위험 회피가 나타난다면, 아래로 볼록한 손실함수에서는 위험 추구가 나타난다. 실제로 손실에서 위험을 추구하는 성향은 제법 강하며, 이는 손실 확률이 높을 때 더 두드러진다. 예를 들어 1,000달러를 잃을 확률 85퍼센트(한 푼도 잃지 않을 확률 15퍼센트)인 도박을 할지, 800달러를 무조건 잃을지 선택해야 하는 경우를 생각해보자. 이때는 대다수가 무조건 잃는 쪽보다 도박을 선호한다. 도박의 기댓값(-850달러)은 무조건적 손실의 기댓값(-800달러)보다 더 낮다는 점에서 이는 위험을 추구하는 선택이다. 손실에서 위험 추구 성향을 증명한 사람은 여럿이다(Fishburn and Kochenberger 1979; Hershey and Schoemaker 1980; Payne, Laughhunn, and Crum 1980; Slovic, Fischhoff, and Lichtenstein 1982). 이 현상은 이를테면 고통의 지속 시간이라든가(Eraker and Sox 1981) 인간이 목숨을 잃는 경우(Fischhoff 1983; Tversky 1977; Tversky and Kahneman 1981)처럼 돈과 관련 없는 경우에도 나타났다. 이익에서 위험을 회피하고 손실에서 위험을 추구하는 현상은 잘못일까? 이런 선호도는 손익의 주관적 가치를 판단하는 강한 직관과도 잘 맞는다. 그리고 여기에는 사람마다 자기만의 가치가 있게 마련이라는 단점이 담겨 있다. 그러나 S자 가치함수에는 경제 규범에서 용인될 수 없는 점이 있다.

규범 문제를 다루기 위해 결정 이론으로 눈을 돌려보자. 근대의 결정 이론은 폰 노이만과 모르겐슈테른의 선구적 업적(1947)에서 시작했다고 말할 수 있다. 두 사람은 합리적 결정자의 선호도를 지배하는 여러 질적 원칙, 즉 공리를 정리했다. 이들의 공리에는 이행transitivity(A보다 B를 선호하고 B보다 C를 선호하면, A보다 C를 선호한다)과 대체substitution(B보다 A를 선호하면, B 또는 C를 얻을 반반의 가능성보다 A 또는 C를 얻을 반반의 가능성을 선호한다)를 비롯해, 좀 더 전문적 조건들이 있다. 합리적 선택이라는 공리의 규범적 지위와 기술적 지위는 그동안 광범위한 토론의 주제였다. 특히 사람들은 대체 공리를 늘 따르지는 않는다는 설득력 있는 증거가 있으며, 이 공리의 규범적 장점을 두고 상당한 이견이 존재한다(Allais and Hagen 1979 등). 그러나 합리적 선택을 분석한 연구라면 빠짐없이 들어 있는 두 가지 원칙이 있다. 우위dominance와 불변invariance이다. 우위 원칙에 따르면, 전망A가 전망B보다 모든 면에서 적어도 같고, 최소 한 가지 면에서는 낫다면, B보다 A를 선호해야 한다. 불변 원칙에 따르면, 여러 전망에서 선호도 순위는 그것이 서술되는 방식에 좌우되지 말아야 한다. 특히 선택 문제가 두 가지 형태로 제시될 때 둘을 똑같은 문제로 인식한다면, 그 둘이 따로 제시되어도 같은 선호도가 나와야 한다. 그렇다면 이제 이 불변 원칙이 아무리 기초적이고 무해해 보일지라도 일반적으로 충족되기는 힘들다는 점을 이야기해보겠다.

결과 틀짜기

위험이 따르는 전망은 가능한 결과와 그 결과의 확률로 정해진다. 그런데 똑같은 옵션이라도 틀짜기나 묘사 방식을 달리할 수 있다(Tversky and Kahneman 1981). 예를 들어 도박에서 나올 수 있는 결과를 현 상황과 비교한 손익으로 묘사할 수도, 애초의 부에 통합되는 자산 상태로 묘사할 수도 있다. 불변 원칙에 따르면, 결과를 달리 묘사해도 선호 순서는 바뀌지 말아야 한다. 아래 문제는 이 원칙이 지켜지지 않는 상황을 보여준다. N은 해당 문제의 총 응답자 수이고, 괄호 안의 퍼센트는 그 옵션을 선택한 응답자 비율이다.

문제 1(N=152)

미국이 이례적인 아시아 질병에 대비한다고 상상해보자. 이 질병이 발생하면 600명이 사망하리라 예상된다. 이 질병에 맞설 프로그램이 두 가지 제안되었는데, 그 둘의 결과를 과학적으로 정확히 예측한 수치가 다음과 같다고 해보자.

프로그램 A를 채택하면 200명을 살릴 것이다. (72퍼센트)

프로그램 B를 채택하면 600명을 살릴 확률이 3분의 1이고, 한 명도 못 살릴 확률이 3분의 2다. (28퍼센트)

둘 중 어떤 프로그램이 더 마음에 드는가?

문제 1의 구성 방식은 암묵적으로, 이 질병이 600명의 목숨을 앗아가는 상황을 준거점으로 채택한다. 이 프로그램의 결과로는 그 준거 상태, 그리고 살릴 수 있는 사람 수로 계산한 두 가지 가능한 이익이 있다. 예상대로 사람들의 선호도는 위험 회피 쪽이다. 응답자의 다수가 600명을 살릴 가능성이 3분의 1인 도박보다 200명을 무조건 살리는 쪽을 선호한다. 이제 같은 이야기지만 두 가지 프로그램의 전망을 달리 묘사한 문제를 보자.

문제 2(N=155)

프로그램 C를 채택하면 400명이 사망할 것이다. (22퍼센트)

프로그램 D를 채택하면 한 명도 사망하지 않을 확률이 3분의 1이고, 600명이 사망할 확률이 3분의 2다. (78퍼센트)

문제 2의 옵션 C, D는 실질적으로 문제 1의 옵션 A, B와 차이가 없다는 것을 쉽게 확인할 수 있다. 그런데 두 번째 문제는 이 질병으로 아무도 죽지 않는 상황을 준거 상태로 가정한다. 최선의 상황은 이 상태를 유지하는 것이고, 다른 상황은 이 질병으로 사망할 사람 수로 계산한 손실이다. 이 조건에서 옵션을 따지는 사람은 400명이 무조건 사망하는 손실보다 도박(D)을 선택해 위험을 추구하는 선호도를 보이리라 예상된다. 아니나 다를까, 문제 1에서 위험 회피 성향을 보이는 정도보다 문제 2에서 위험 추구 성향을 보이는 정도가 더 크다.

두 문제에서 불변 원칙을 무시하는 현상은 만연하고도 강력하다. 전문 지식이 있는 사람이든 없는 사람이든 마찬가지였고, 같은 응답자가 몇 분 안에 두 문제에 모두 답을 해도 이 현상은 없어지지 않았다. 자신의 상반된 답을 마주한 응답자는 흔히 당혹스러워한다. 문제를 다시 읽은 뒤에도 여전히 '목숨을 살리는' 문제에서는 위험을 회피하고 싶어 하고, '목숨을 잃는' 문제에서는 위험을 추구하고 싶어 하면서도, 두 문제에서 불변 원칙을 지켜 일관된 답을 하고 싶어 한다. 틀짜기 효과는 거부하기 힘든 끌림을 생각할 때 계산 착오보다 지각 착각을 닮았다.

다음 문제는 합리적 선택에서 요구하는 우위 원칙에 위배되는 선호도를 이끌어낸다.

문제 3(N=86)

다음 중 하나를 고르시오.

E. 240달러를 받을 확률 25퍼센트, 760달러를 잃을 확률 75퍼센트 (0퍼센트)

F. 250달러를 받을 확률 25퍼센트, 750달러를 잃을 확률 75퍼센트 (100퍼센트)

F가 E보다 우위라는 건 쉽게 알아볼 수 있다. 실제로 응답자 모두 F를 택했다.

문제 4(N=150)

아래 두 가지 결정을 동시에 맞닥뜨렸다고 상상해보자. 먼저 두 가지 결정을 모두 살펴본 뒤에 더 마음에 드는 옵션을 골라보라.

결정 1: 다음 중 하나를 고르시오.

    A. 240달러 무조건 받기 (84퍼센트)

    B. 1,000달러를 받을 확률 25퍼센트, 한 푼도 못 받을 확률 75퍼센트

    (16퍼센트)

결정 2: 다음 중 하나를 고르시오.

    C. 750달러 무조건 잃기 (13퍼센트)

    D. 1,000달러를 잃을 확률 75퍼센트, 한 푼도 잃지 않을 확률 25퍼센트

    (87퍼센트)

앞의 분석에서 예상되듯이, 첫 번째 결정에서는 응답자 다수가 승산이 높은 도박보다 무조건 받는 쪽을 선호해 위험을 회피하는 선택을 했고, 두 번째 결정에서는 더 많은 다수가 무조건 잃는 쪽보다 도박을 선호해 위험을 추구하는 선택을 했다. 실제로 A와 D를 선택한 사람은 응답자의 73퍼센트, B와 C를 선택한 사람은 고작 3퍼센트였다. 이 문제를 수정해, 판돈을 줄이고 응답자인 대학생이 실제로 참여할 도박을 고를 때도 이와 똑같은 유형의 결과가 나타났다.

문제 4에서는 대학생들이 두 가지 결정을 동시에 고려했기 때문에, B와

C보다 A와 D를 선호했다. 그런데 선호하지 않은 옵션을 합치면 더 선호하는 조합이 만들어진다. 240달러를 무조건 받는 옵션 A를 옵션 D에 더하면 240달러를 받을 확률 25퍼센트에다 760달러를 잃을 확률 75퍼센트가 나오는데, 이는 정확히 문제 3에 나온 옵션 E다. 같은 방법으로 750달러를 무조건 잃는 옵션 C를 옵션 B에 더하면 250달러를 받을 확률 25퍼센트에다 750달러를 잃을 확률 75퍼센트가 나오고, 이는 또 정확히 문제 3에 나온 옵션 F다. 이처럼 틀짜기에 민감하고 가치함수가 S자 곡선을 이루다보니 여러 결정을 동시에 내릴 때 우위 원칙을 위반하게 된다.

이 결과가 주는 교훈은 당혹스럽다. 불변 원칙은 규범적으로는 필수이고 직관적으로는 설득력이 있지만 심리적으로는 실행이 불가능하다. 불변 원칙을 지키는 방법은 딱 두 가지 생각해볼 수 있다. 우선 내용은 같고 형태만 다른 문제들을 정형화된 똑같은 기본 형태로 바꿔보는 것이다. 이는 경영학을 공부하는 학생들에게, 손익보다 총 자산의 관점에서 결정 문제를 고민하라는 표준적 충고의 근거가 된다(Schlaifer 1959). 그렇게 표현 방식을 바꿔본다면 앞 문제에서처럼 불변 원칙에 어긋나는 선택을 피할 수 있을 것이다. 하지만 이런 충고는 말이 쉽지 막상 실천하기는 쉽지 않다. 파산할 위험이 있는 경우가 아니고서야 재정적 결과는 부의 상태보다 손익으로 따지는 게 더 자연스럽다. 게다가 위험 전망을 정형화된 기본 형태로 표현하려면, 여러 결정을 동시에 내릴 때 가능한 모든 결과의 조합을 생각해야 하는데(예: 문제 4) 이 과정은 간단한 문제라도 직관적 계산의 능력을 벗어난다. 특히 안전이나 건강, 삶의 질 같은 분야에서는 정형화된 기본 형태로 표현하기가 훨씬 더 힘들다. 이를테면 어떤 공중보건 정책을 평가할 때(예: 문제 1, 문제 2) 전체 사망률로 판단하라고 해야 할까, 여러 질병에 의한 사망률로 판단하라고 해야 할까,

아니면 연구 중인 특정 질병과 관련한 사망자 수로 판단하라고 해야 할까?

불변 원칙을 지키는 또 다른 방법은 심리적 결과보다 보험 통계의 관점에서 여러 옵션을 평가하는 것이다. 그러나 보험 통계 기준이 인간의 목숨과 관련해서는 어느 정도 장점이 있지만, 적어도 베르누이 이후로 널리 알려진 것처럼 재정적 선택과 관련해서는 적절치 않다. 그리고 객관적 측정 기준이 부족한 결과에는 아예 적용이 불가능하다. 결국 어떤 틀짜기로든 결과가 같아야 한다는 불변 원칙은 지키기가 불가능하며, 자신 있게 어떤 선택을 한다고 해서 틀이 바뀌어도 같은 선택을 한다는 보장은 없다. 따라서 결정 문제가 나오면 의도적으로 문제의 틀을 이리저리 바꿔보는 것도 선호의 강도를 시험하는 좋은 방법이다(Fischhoff, Slovic, and Lichtenstein 1980).

확률 정신물리학

불확실한 전망에서의 가치, 즉 효용은 가능한 결과에 해당 확률로 가중치를 부여한 뒤 그것을 모두 더해 얻는다는 베르누이 기댓값 원칙을 옳다고 단정하고 이제까지 논의를 전개했다. 그렇다면 다시 한 번 정신물리학적 직관으로 이 단정을 살펴보자. 현 상태의 가치를 0으로 놓고, 이를테면 300달러의 현금 선물을 상상하면서 거기에 1의 가치를 매겨보자. 이제 당첨금이 300달러인 복권 한 장이 있다고 해보자. 당첨될 확률함수에 따라 복권의 가치는 어떻게 달라지겠는가? 도박의 효용을 생각하지 않는다면, 이런 전망의 가치는 0(당첨 가능성이 없을 때)과 1(300달러 당첨이 확실할 때) 사이에서 변하게 마련이다.

직관적으로 생각해보면, 복권의 가치는 기댓값 원칙에서 말하는 것처럼 당첨 확률로 표시한 직선의 선형함수가 아니다. 특히 확률이 0퍼센트에서 5퍼센트로 커지면 30퍼센트에서 35퍼센트로 커질 때보다 증가 효과가 크고, 95퍼센트에서 100퍼센트로 커질 때 역시 30퍼센트에서 35퍼센트로 커질 때보다 증가 효과가 크다. 여기서 '범주 경계 효과category-boundary effect'가 생긴다. 즉 불가능에서 가능으로 옮겨가거나 가능에서 확실로 옮겨가는 변화는 중간 정도의 확률에서 일어나는 비슷한 변화보다 효과가 크다. 이 가설은 〈그림 2〉의 곡선으로 설명된다. 한 사건의 가중치를 정해진 수치의 확률함수로 표시한 곡선이다. 〈그림 2〉의 가장 두드러진 특징은 확률이 증가할 때 결정 가중치는 그보다 증가 폭이 작다는 점이다. 양쪽 끝 지점 근처를 제외하면, 승산 확률이 0.05 증가할 때 그 전망의 가치는 거기서 얻는 상금이나 상품 가치의 5퍼센트보다 적게 증가한다. 그렇다면 위험이 따르는 여러 옵션의 선호도에 대한 이 같은 정신물리학적 가설이 암시하는 것은 무엇일까?

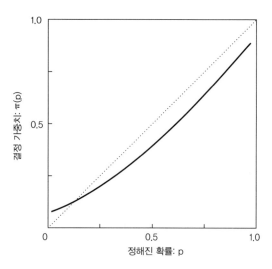

| 그림 2 | **가상의 가중함수**

〈그림 2〉에서 결정 가중치는 대부분의 영역에서 해당 확률보다 낮다. 중간 또는 높은 확률의 경우에 무조건 받는 확정된 경우보다 가중치를 낮게 부여하는 성향은 승산이 높은 도박의 매력을 줄여 이익에서 위험을 회피하는 데 일조한다. 똑같은 성향이 승산이 낮은 도박에서는 도박에 대한 거부감을 누그러뜨려 손실에서 위험을 추구하는 데 일조한다. 그러나 낮은 확률에는 가중치를 높게 부여하고, 아주 낮은 확률에는 가중치를 심하게 높게 부여하거나 아예 무시하는 등, 확률이 낮은 영역에서는 결정 가중치가 매우 불안정하다. 낮은 확률에 과도한 가중치를 부여하는 현상은 위에서 설명한 유형을 뒤집어 가망이 거의 없는 사건의 가치를 확대하고 심각한 손실을 입을 낮은 가능성을 회피하는 성향을 부풀린다. 결과적으로 가망이 없어 보이는 이익을 다룰 때 위험을 추구하고, 일어날 것 같지 않은 손실을 다룰 때 위험을 회피하는 일이 종종 발생한다. 이 같은 결정 가중치의 특성 탓에 복권과 보험의 매력이 높아진다.

결정 가중치의 비선형성은 아래 문제에서 보듯, 불가피하게 불변 원칙을 위반한다.

문제 5(N=85)

두 단계로 이루어진 게임을 생각해보자. 1단계에서는 한 푼도 얻지 못한 채 게임이 끝날 확률이 75퍼센트이고, 2단계로 넘어갈 확률이 25퍼센트다. 2단계로 넘어갔다면, 아래의 둘 중 하나를 택할 수 있다.

A. 무조건 30달러를 받는다. (74퍼센트)

B. 80퍼센트 확률로 45달러를 받는다. (26퍼센트)

이 선택은 게임을 시작하기 전에, 그러니까 1단계 결과를 알기 전에 해야 한다. A,

B 중 어느 것이 더 마음에 드는가?

문제 6(N=81)

아래 옵션 중 어느 것이 더 마음에 드는가?

C. 30달러를 받을 확률 25퍼센트. (42퍼센트)

D. 45달러를 받을 확률 20퍼센트. (58퍼센트)

문제 5에서 2단계로 넘어갈 가능성이 네 번 중 한 번꼴이기 때문에, 30달러를 받는 A의 전망은 그 확률이 0.25이고, 45달러를 받는 B의 전망은 0.25×0.80=0.20이다. 따라서 문제 5와 문제 6은 확률과 결과로 볼 때 똑같은 문제다. 그런데 두 문제에서 선호도는 같지 않아서, 문제 5에서는 훨씬 많은 다수가 더 높은 확률로 더 적은 금액을 받는 경우를 좋아하는 반면, 문제 6에서는 다수가 그 반대의 반응을 보인다. 이처럼 불변 원칙을 거스르는 사례는 실제와 가상의 금전적 지불에서(이번 결과는 실제 금전적 지불의 경우다), 인간의 목숨과 관련한 상황에서, 관련 확률이 비연속적으로 표현되는 상황에서 모두 확인되었다.

우리는 불변 원칙이 지켜지지 않는 원인을 확률 틀짜기와 결정 가중치의 비선형성이라는 두 가지 요소의 상호작용에서 찾는다. 구체적으로 말하면, 문제 5에서 사람들은 A, B를 놓고, 2단계에서 어떤 결정을 내리든 같은 결과가 나타날 1단계를 무시한 채, 2단계로 옮겨갔을 때 일어날 일에만 주목한다. 2단계에 도달한다면 물론, A를 선택한 경우에 무조건 이익을 얻고, 도박을 선택한 경우에 80퍼센트 확률로 돈을 받는다. 사람들은 이런 연속한 사건에서도 무조건 30달러를 받거나 80퍼센트 확률로 45달러를 받는 경우를 놓고 선택할 때와 거의 같은 선택을 한다. 중간 또는 높은 확률의 사건에 비해 무조건 받는 쪽에 높은 가중치를 부여하다 보니(〈그림 2〉 참고) 연속한 사건에서도 30달러를 받을 옵션이 더 매력적으로 보이게 마련이다. 실제로는 불확실한 사건을 두고 마치 확실한 사건인 양 가중치를 부여한다는 점에서 우리는 이 현상을 '가짜 확실성 효과pseudo-certainty effect'라 부른다.

비슷한 현상은 확률이 극히 낮은 지점에서도 나타난다. 지진 보험을 들고 싶은데 보험료가 너무 높아 망설여진다고 생각해보자. 이때 친절한 보험 설계사가 다가와 대안을 제시한다. "만약에 지진이 홀수 날짜에 일어나면, 정식 보험료의 절반으로도 완벽하게 보장해드리겠습니다. 보험료를 절반만 내고도 절반 이상의 기간 동안 보장을 받으니 좋은 제안이죠." 대부분의 사람들은 이런 불완전 보장 보험을 몹시 내켜 하지 않는데, 그 이유가 뭘까? 〈그림 2〉에서 그 답을 찾을 수 있다. 확률이 낮은 지점 어딘가에서 시작해, 확률이 p에서 p/2로 줄어들 때 결정 가중치에 미치는 영향은 확률이 p/2에서 0으로 줄어들 때의 효과보다 훨씬 적다. 따라서 보장되는 위험이 절반으로 줄어들 때 절반의 보험료를 낼 가치를 느끼지 못한다.

불완전 보장 보험을 기피하는 현상이 중요한 이유는 세 가지다. 첫째, 위로 볼록한 효용함수의 관점에서 볼 때 보험에 대한 고전적 설명과 맞지 않는다. 기대효용 이론에 따르면, 불완전 보장 보험은 단지 받아들일 만한 보통의 보험보다 훨씬 더 선호되어야 마땅하다(Kahneman and Tversky 1979 참고). 둘째, 불완전 보장 보험은 건강검진을 받는다거나 타이어를 새로 산다거나 도난 경보 장치를 설치하는 등 여러 형태의 예방적 행위를 대표하는데, 이런 행위는 위험이 일어날 가능성을 아주 없애지는 못해도 위험 발생률을 줄인다. 셋째, 보험 가입 여부는 만일의 사태를 어떻게 틀짜기하느냐로 결정될 수도 있다. 예를 들어 화재는 보상하고 홍수는 보상하지 않는 보험은 특정 위험(화재 등)을 완벽하게 막아주느냐로 평가할 수도 있고, 자산 손실이 발생할 전반적 확률을 줄이느냐로 평가할 수도 있다. 〈그림 2〉는 위험 발생률 감소가 완벽한 위험 제거에 비해 크게 과소평가된다는 사실을 보여준다. 따라서 위험 감소보다 위험 제거로 보험을 틀짜기한다면 보험의 매력이 훨씬 커 보일 것이다. 실제로 슬로빅, 피시호프, 리히텐슈타인(Slovic, Fischhoff, Lichtenstein 1982)이 증명한 바에 따르면, 어떤 가상의 백신이 특정 질병에 걸릴 확률을 20퍼센트에서 10퍼센트로 줄이는 경우, 똑같은 증상을 같은 확률로 일으키는 바이러스 두 종류 중 하나를 완벽하게 막을 수 있다고 설명할 때보다 두 종류를 합친 것의 절반을 막을 수 있다고 설명할 때 백신의 매력이 떨어진다.

구성 효과

이제까지는 틀짜기 효과를 이용해 불변 원칙이 지켜지지 않는 경우를 설명했다. 이제는 결과와 사건의 틀짜기를 조정하는 과정에 주목해보자. 공중보건에서도 틀짜기 효과, 즉 구성 효과formation effect가 나타나는데, 이를테면 '목숨을 살리는'에서 '목숨을 잃는'으로 단어를 바꾸면 선호도가 위험 회피에서 위험 추구로 눈에 띄게 바뀐다. 사람들은 결과를 어떻게 묘사했느냐에 따라 이익과 손실을 다르게 따졌다. 맥닐, 포커, 삭스, 트버스키(McNeil, Pauker, Sox, and Tversky 1982)가 발표한 구성 효과도 있다. 이들의 연구에 따르면, 가상의 간암 치료법을 놓고 그 결과를 사망률로 설명하느냐 생존율로 설명하느냐에 따라 의사와 환자의 선호도가 눈에 띄게 달랐다. 방사선 치료와 달리 수술은 그 과정에 사망 위험이 따른다. 그러다 보니 치료 결과를 생존율이 아닌 사망률로 묘사했을 때 수술이 상대적으로 인기가 떨어졌다.

의사는, 그리고 어쩌면 대통령 보좌관도 구태여 정보를 왜곡하거나 숨기지 않고도 단지 결과와 만일의 사태를 틀짜기하는 방식을 조정해, 환자나 대통령의 결정에 영향을 미칠 수 있다. 구성 효과는 그것이 최종 결과에 미치는 영향이 사람들 눈에 띄지 않은 채 우연히 발생하기도 하고, 옵션의 상대적 장점을 조작하는 데 이용되기도 한다. 예를 들어 리처드 세일러(1980)는 신용카드 로비스트들이 현금 결제와 카드 결제에 가격 차이가 생긴다면 그 차액을 카드 추가 요금이 아니라 현금 할인이라고 이름 붙여야 한다고 주장하는 것에 주목했다. 두 가지 이름은 암묵적으로 낮은 가격 또는 높은 가격을 정상 가격이라고 정한 뒤 차이를 손실 또는 이익으로 틀짜기한다. 손실은 이익보다 더 커 보이는 탓에 소비자들은 할인 포기보다 추가 요금 지불을 더 받아들이기 어렵다. 예상되다시피 틀짜기를 조정하려는 시도는 시장과 정치권에서 흔히 일어난다.

가치함수의 비선형성 탓에, 그리고 문제에 나온 말이 암시하는 준거점과 비교해 옵션을 평가하는 사람들의 성향 탓에, 결과 평가는 구성 효과에 민감하다. 이 외에도 사람들은 의미가 같은 여러 메시지를 똑같은 표현으로 자동으로 변형한다는 사실에 주목할 필요가 있다. 언어 이해에 대한 연구를 보면, 사람들은 자기가 들은 내용의 상당 부분을 재빨리 추상적 표현으로 바꾼다. 애초의 표현이 능동태였는지 수동태였는지, 그것이 암시하거나 단정하거나 시사하는 것의 실제 의미가 무엇이었는지 더 이상 구별하지 않아도 되는 표현으로 바꾸는 것이다(Clark and Clark 1977). 그러나 안타깝게도 이 작업을 힘들이지 않고 소리 없이 수행하는 정신 체계는 공중보건 문제의 두 가지 형태나 사망 생존 통계를 하나의 공통된 추상적 형태로 바꾸는 작업을 수행하기에는 적절치 않다.

거래

틀짜기 분석과 가치 분석은 이를테면 거래의 수락 여부처럼 다양한 속성을 가진 옵션의 선택까지 확장할 수 있다. 이때 우리가 제안하는 방법이 있다. 다양한 속성의 옵션을 평가할 때 다양한 속성을 가진 기준 상태와 비교해 그 옵션의 장점과 단점을 명시해주는 심리적 계좌를 설정하는 방법이다. 어떤 옵션의 전반적 가치는 기준 상태와 비교해 장점과 단점이 서로 상쇄된 뒤의 나머지로 따질 수 있다. 장점의 가치가 단점의 가치를 넘어서면 그 옵션은 받아들일 수 있다. 이 분석은 장점과 단점을 물리적이 아닌 심리적으로 분리할 수 있다고 추정한다. 이 모델은 별개의 특성을 합쳐 장점과 단점을 총체적으로 측정하는 방식을 제한하는 것이 아니라 그 방식에 위로 볼록한 함수의 특성과 손실 회피 성향을 덧붙인다.

심리적 계좌 분석은 리처드 세일러의 연구(1980, 1985)에 자극받은 바가 크다. 세일러는 이 방식과 소비자 행동의 관련성을 보여주었다. 새비지 (1954)와 세일러(1980)가 제시한 예에 기초한 아래 문제는 심리적 계좌 구성을 지배하는 몇 가지 규칙을 소개하고, 위로 볼록한 가치함수가 거래 수락 여부에도 적용되는 과정을 설명한다.

문제 7

재킷을 125달러에, 계산기를 15달러에 사려고 한다고 상상해보자. 계산기를 파는 사람이 내가 사고 싶은 계산기가 같은 체인의 다른 지점에서는 10달러에 판매 중이라는 정보를 알려준다. 그곳까지는 차로 20분을 가야 한다. 그렇다면 다른 지점으로 가겠는가?

불편함이라는 단점에 금전적 장점이 합쳐진 옵션의 수락 여부를 다루는 이 문제는 최소 계좌minimal account, 주제별 계좌topical account, 포괄 계좌comprehensive account로 틀짜기할 수 있다. 최소 계좌는 두 옵션의 차이만 따질 뿐 둘의 공통점은 무시한다. 이 계좌에서는 다른 지점까지 차를 몰 때의 장점이 5달러 이익이라는 틀로 규정된다. 해당 주제나 항목만을 따지는 주제별 계좌는 선택 결과를 결정이 내려지는 시점에서 정해지는 준거점과 연관시킨다. 앞 문제에서 관련 주제는 계산기 구매이고, 따라서 다른 지점으로 이동할 때의 이점은 15달러에서 10달러로의 가격 하락이라는 틀로 규정된다. 잠재적 절약은 오직 계산기와 관련이 있기 때문에 재킷 가격은 주제별 계좌에는 들어가지 않는다. 재킷 가격은 다른 비용과 더불어 좀 더 포괄적인 계좌에 들어가는데, 포괄 계좌에서 절약은 이를테면 월간 지출의 관점에서 평가된다.

앞 문제의 구성 방식은 최소 계좌를 택하든, 주제별 계좌를 택하든, 포괄 계좌를 택하든 언뜻 상관이 없어 보인다. 그러나 사람들은 자동적으로 주제별 계좌의 관점에서 결정을 틀짜기할 것이다. 결정을 내리는 관점에서 볼 때, 주제별 계좌의 역할은 지각perception에서 "좋은 형태" 역할과 비슷하고 인지cognition에서 '기본 수준 범주basic-level category' 역할과 비슷하다. 위로 볼록한 가치함수나 주제별 계좌의 관점에서 보면, 계산기를 5달러 싸게 사려고 기꺼이 다른 지점으로 가는 행위는 계산기 가격과 반비례하고, 재킷 가격과는 무관해야 한다. 우리는 이 예측을 점검하기 위해 두 물품의 가격을 바꾸는 식으로 문제 구성을 바꿔보았다. 그러니까 계산기 가격은 첫 번째 지점에서는 125달러, 두 번째 지점에서는 120달러이고, 재킷 가격은 15달러다. 예상대로 다른 지점으로 가겠다고 말한 응답자 비율은 두 문제에서 크게 달랐다. 첫 번째 문제에서는 응답자(N=88)의 68퍼센트가 기꺼이 다른 지점으로 가서 계산기를 5달러 싼 10달러에 사겠다고 말한 반면, 두 번째 문제에서는 응답자 93명 가운데 29퍼센트만 기꺼이 다른 지점으로 가서 계산기를 5달러 싼 120달러에 사겠다고 말했다. 주제별 계좌 개념을 뒷받침하는 결과다. 최소 계좌와 포괄 계좌의 관점에서 보면 두 문제가 똑같기 때문이다.

소비자의 행동을 설명하는 주제별 계좌의 중요성을 확인해주는 연구 결과가 있다. 같은 상품을 두고 한 도시 내의 다른 상점들이 매긴 가격의 표준편차는 그 상품의 평균 가격에 대략 비례한다는 것이다(Pratt, Wise, and Zeckhauser 1979). 사람들이 최저가에 물건을 사려고 애쓰는 탓에 가격 격차가 한없이 벌어지지 않지만, 이 연구 결과를 보면 소비자는 150달러짜리 물건을 15달러 싸게 사려고 할 때 50달러짜리 물건을 5달러 싸게 사려고 할 때보다 더 애쓰지도 않는다는 걸 알 수 있다.

심리적 계좌를 주제별 계좌로 처리하면 절대적 기준보다 상대적 기준에서 손익을 따지게 되고, 결과적으로 싼 가격을 찾으려고 전화를 걸어보는 횟수나 물건을 싸게 사려고 차로 먼 길을 이동하려는 의지 등과 돈을 교환하는 비율이 들쭉날쭉해진다. 대부분의 소비자는 카스테레오나 페르시아

러그를 단독으로 구매할 때보다 차나 집을 살 때 그것을 같이 구매하면 부담을 덜 느낄 것이다. 물론 이런 현상은 소비자의 행동은 어떤 틀에서나 똑같다고 보면서 심리적 계좌를 인정하지 않는 합리적 소비자 이론과는 맞지 않는다.

아래 문제는 비용을 주제별 계좌로 처리하는 심리적 계좌의 또 다른 사례를 보여준다.

문제 8(N=200)

연극을 보려고 마음먹고 10달러를 주고 연극 표를 샀다고 해보자. 그런데 극장에 도착해보니 연극 표가 없어졌다. 표에 좌석은 표시되지 않았고, 따라서 표 값을 돌려받을 수도 없다.

10달러를 주고 표를 새로 사겠는가?

산다(46퍼센트) 안 산다(54퍼센트)

문제 9(N=183)

10달러 하는 연극을 보려고 마음먹었다고 해보자. 그런데 극장에 도착해보니 미리 넣어둔 10달러 지폐가 없어졌다.

그래도 10달러를 주고 표를 사겠는가?

산다(88퍼센트) 안 산다(12퍼센트)

두 문제에서 반응 차이가 흥미롭다. 꽤 많은 사람이 표 값에 해당하는 10달러 현금을 잃어버리면 기꺼이 다시 돈을 들여 표를 사겠다고 말하고, 표를 잃어버리면 다시 10달러를 들여 표를 새로 사지는 않겠다고 말하는 이유가 무엇일까? 우리는 이 차이가 심리적 계좌를 주제별 계좌로 구성한 탓이라고 본다. 극장에 가는 행위는 보통 표를 사는 비용과 연극 관람 체험을 교환하는 거래로 간주된다. 그런데 표를 다시 산다면 연극 관람 비용이 상당수 응답자가 받아들이기 힘든 수준으로 오른 셈이 된다. 반면에 현금을 잃어버리면 그 손실은 연극 계좌에서 처리되지 않고, 표를 살 때 재산이 아주 약간 줄어든 느낌이 들 뿐이다.

이 두 가지 유형의 문제가 똑같은 사람에게 제시되었을 때 흥미로운 현상이 일어났다. 현금을 잃어버린 문제를 제시한 뒤에 표를 잃어버린 문제를 제시하면 표를 다시 사겠다는 의향이 크게 늘었다. 반면에 표를 잃어버린 문제를 보여준 뒤에 현금을 잃어버린 문제를 보여주면 현금으로 표를 사겠다는 의향이 달라지지 않았다. 두 문제를 나란히 보여주면, 표 분실을 현금 분실로 생각하는 것은 말이 되지만 현금 분실을 표 분실로 생각하는 것은 말이 되지 않는다고 생각하는 듯했다.

심리적 계좌 효과에 다른 일반 이론과 같은 규범적 지위를 부여할 수 있는지는 의문의 여지가 있다. 표현 형식만 다른 공중보건 문제를 비롯해 앞서 제시한 몇 가지 예와 달리, 계산기와 연극 표 문제의 두 가지 형태는 본질도 다르다고 주장할 수 있다. 특히 비싼 물건보다 15달러짜리 물건을 살 때 5달러를 싸게 사면 기분이 더 좋을 수 있고, 현금 10달러를 잃어버렸을 때보다 똑같은 표를 두 배 비싸게 샀을 때 더 화가 날 수 있다. 후회, 분노, 자기만족도 틀짜기에 영향을 받는다(Kahneman and Tversky 1982). 그런 부차적 결과도 합당하다고 간주한다면, 그에 따른 선호도 변화도 불변 기준에 위배되지 않으며, 일관되지 않다거나 엉터리라며 제외하지 않을 수 있다. 그러나 다른 한편으로는 부차적 결과도 생각하기에 따라 바뀔 수 있다.

15달러짜리 물건을 5달러 싸게 사면서 만족스러웠는데, 200달러짜리 물건을 살 때는 10달러 싸게 사려고 그만큼 애쓰지 않을 거라는 사실을 깨닫는다면 그 만족감이 줄어들 것이다. 우리는 어떤 결정 문제의 주된 결과가 같다면 그 문제는 똑같은 방식으로 해결해야 한다고 주장할 마음은 없다. 우리가 제안하고 싶은 것은 틀짜기를 바꿔 문제를 체계적으로 들여다보는 것은 문제를 고민하는 유용한 방식이며, 이 방식을 이용한다면 결정을 내릴 때 선택의 주된 결과와 부차적 결과에 따라붙게 마련인 가치를 평가하는 데 도움이 될 수 있다는 것이다.

손실과 비용

결정 문제 중 상당수가 현 상태를 유지할지, 아니면 어떤 면에서는 이롭고 어떤 면에서는 불리한 대안을 받아들일지 선택하는 형태다. 앞에서 1차원적 위험 전망에 적용했던 가치 분석을 이 경우까지 확대할 수 있는데, 이때 모든 속성에서 현 상태를 기준으로 가정한다. 그러면 대안 옵션의 장점은 이익으로, 단점은 손실로 평가될 것이다. 그런데 손실은 이익보다 더 커 보이게 마련이라 결정을 내릴 때 현 상태를 유지하려는 편향을 드러낸다.

세일러(1980)는 '소유 효과endowment effect'라는 말을 만들어, 소유한 자산과 떨어지지 않으려는 성향을 설명했다. 어떤 물건을 손에 넣을 때의 기쁨보다 기존 자산을 포기할 때의 고통이 더 크다면, 물건을 사려는 가격은 팔려는 가격보다 훨씬 낮을 것이다. 다시 말해, 어떤 물건을 손에 넣기 위해 지불하려는 최고 가격은 같은 사람이 그 물건을 손에 넣은 뒤에 나중에 다시 포기하는 대가로 받으려는 최저 보상가보다 낮을 것이다. 세일러는 소비자와 기업가의 행동에서 소유 효과의 몇 가지 예를 소개했다. 이 외에 가상과 현실의 거래에서 구매가와 판매가가 상당한 차이를 보였다고 보고한 연구도 여럿이다(Gregory 1983; Hammack and Brown 1974; Knetsch and Sinden 1984). 이런 결과들은 거래 비용과 부의 효과를 제외하면 구매가와 판매가는 일치한다는 기존 경제 이론에 도전했다. 우리는 주급(S)과 작업장 온도(T)가 다른 가상의 직업 사이에서의 선택을 연구하면서 거래를 꺼리는 현상도 목격했다. 우리는 응답자들에게 현재 특정한 상황(S1, T1)에 있는데, 그보다 한 가지는 더 좋고 한 가지는 더 나쁜 다른 상황(S2, T2)으로 옮겨도 좋다는 제안을 받았다고 상상해보라 했다. 그러자 (S1, T1)에 배정된 실험 참가자 대부분은 (S2, T2)로 옮기려 하지 않았고, (S2, T2)에 배정된 실험 참가자 대부분도 (S1, T1)로 옮기려 하지 않았다. 임금 또는 작업 조건에서 같은 차이를 두고도 장점보다 단점이 더 두드려져 보이는 게 분명하다.

일반적으로 손실 회피 성향은 변화보다 안정을 더 좋아한다. 쾌락을 추구하는 일란성 쌍둥이가 있다고 해보자. 두 사람은 두 가지 환경을 두고 똑같이 매력적이라고 생각한다. 그런데 여건상 부득이 서로 떨어져서 다른 환경에 놓인다. 그러면서 자신이 놓인 새로운 환경을 준거점 삼아 상대 환경의 장단점을 평가하는 순간, 곧바로 두 환경의 차이에 더 이상 무관심하지 않게 되고, 자신이 속한 환경에 계속 머무르길 선호할 것이다. 이처럼 선호도가 처음부터 고정되지 않은 탓에 안정을 선호하는 성향이 생긴다. 변화보다 안정을 선호하는 성향 외에도 적응과 손실 회피가 합쳐져, 이미 포기해 타인의 소유가 된 옵션의 매력을 줄여 후회와 부러움을 어느 정도는 막는 효과를 낸다.

손실 회피와 거기서 생긴 소유 효과가 일상적인 경제적 교환에는 그다지 큰 역할을 하지 않는 것으로 보인다. 예를 들어 상점 주인은 물건 공급업자에게 지불한 돈을 손실로, 손님에게 받은 돈을 이익으로 생각하지 않는다. 그보다는 일정 기간 동안의 비용과 수익을 더해 그 최종 잔액만을 따진다. 평가 전에 서로 짝이 되는 차변과 대변이 효과적으로 상쇄된다. 소비자 역시 자신이 지불한 돈을 손실이 아니라 대체 구매로 생각한다. 기존의 경제 분석에서처럼 돈은 흔히 그것으로 살 수 있는 상품과 서비스의 대용품으로 간주된 것이다. 이런 평가 방식은 이를테면 "나는 카메라를 새로 사거나 텐트를 새로 살 수 있다"라는 식으로 특정한 선택 대상을 염두에 두고 있을 때 명확히 드러난다. 이런 분석에서는 카메라의 주관적 가치가 카메라 구입 비용을 그대로 가지고 있을 때의 가치보다 클 때 카메라를 살 것이다.

　단점이 비용 또는 손실로 틀짜기되는 경우도 있다. 특히 보험 가입은 확실한 손실과 더 큰 손실의 위험 사이에서의 선택으로 볼 수 있다. 이런 경우에는 비용과 손실이 일치하지 않는 탓에 불변 원칙이 지켜지지 않기도 한다. 예를 들어 50달러를 무조건 잃는 경우와 200달러를 잃을 확률이 25퍼센트인 경우를 놓고 선택해야 한다고 생각해보자. 슬로빅, 피시호프, 리히텐슈타인(1982)은 응답자의 80퍼센트가 확실한 손실보다 도박을 택하면서 위험 추구 성향을 보였다고 했다. 그런데 200달러를 잃을 확률이 25퍼센트인 위험을 보장하는 보험에 50달러를 주고 가입하겠느냐는 물음에는 35퍼센트만 거부 의사를 표시했다. 쇼마커와 쿤로이터(Schoemaker and Kunreuther, 1979) 그리고 허시와 쇼마커(Hershey and Schoemaker, 1980)도 비슷한 결과를 내놓았다. 첫 번째 문제에서는 돈이 보상되지 않는 손실이라는 틀로 규정된 반면, 두 번째 문제에서는 보장 비용이라는 틀로 규정되었다는 것이 우리의 해석이다.

우리는 아래 문제처럼 긍정적인 영역에서도 비슷한 효과가 나타나는 것
을 목격했다.

문제 10

95달러를 딸 확률이 10퍼센트이고 5달러를 잃을 확률이 90퍼센트인 도박을 제
안받았다면 하겠는가?

문제 11

100달러를 딸 확률이 10퍼센트이고 한 푼도 못 딸 확률이 90퍼센트인 복권을
5달러를 주고 사겠는가?

대학생 132명에게 이 두 문제를 제시했는데, 우선 이 문제와 관련 없는
간단한 문제로 응답자를 절반으로 나눠, 문제 순서를 서로 바꿔 제시했다.
두 문제의 내용은 객관적으로 동일하다는 점은 쉽게 확인할 수 있지만, 응
답자 중 55명이 두 문제에서 다른 선호도를 보였다. 이 중에 42명이 문제
10에서는 도박을 거절하고 문제 11에서는 똑같은 내용의 복권을 사겠다고
했다. 겉으로는 하찮아 보이는 이 조작이 효과가 있다는 것은 비용 손실 불
일치와 틀짜기의 위력을 보여준다. 5달러를 지불했다고 생각하면 5달러를
잃어버렸다고 생각할 때보다 이 모험을 받아들이기가 더 쉬워진다.

앞의 분석은 부정적 결과를 손실보다 비용으로 틀짜기하면 개인의 주관
적 상황이 개선될 수 있다는 점을 시사한다. 이런 심리적 조작 가능성은 '무
용지물 효과dead-loss effect'라 부를 법한 모순적 행동을 설명할 수 있다. 세일
러(1980)는 테니스 클럽에 가입비를 내고 얼마 안 가 팔꿈치를 다쳤지만 투

자한 돈이 아까워 고통스럽게 계속 테니스를 치는 남자의 예를 다루었다. 가입비를 내지 않았더라면 테니스를 치지 않았을 것이라고 가정하면 의문이 생긴다. 고통스럽게 테니스를 치는 행위가 어떻게 그 사람의 상황을 개선할 수 있을까? 그것은 아마도 고통스럽게 계속 테니스를 치면 가입비를 여전히 비용으로 볼 수 있기 때문이 아닐까 싶다. 테니스를 치지 않는다면 가입비를 무용지물로 인식할 수밖에 없을 테고, 그것은 고통스럽게 테니스를 치는 것보다 더 피하고 싶은 상황일 수 있다.

결론

효용과 가치라는 개념은 흔히 서로 다른 두 가지 의미로 쓰인다. (a) 결과를 실제로 맞닥뜨렸을 때 느끼는 만족이나 괴로움 또는 즐거움이나 고통의 정도와 관련한 경험 가치, (b) 예상되는 결과가 선택 옵션의 전반적 끌림 또는 회피에 미치는 영향과 관련한 결정 가치다. 이 구분은 결정 이론에서는 잘 드러나지 않는다. 결정 이론은 결정 가치와 경험 가치가 일치한다고 암묵적으로 단정하기 때문이다. 이 단정은 이상적인 결정자를 가정하는데, 이들은 미래의 경험을 아주 정확하게 예측하고 그에 따라 옵션을 평가할 수 있는 사람들이다. 그러나 일반 사람들은 결정 가치와 경험 가치가 제각각이다(1978. 3). 경험에 영향을 미치는 요소 중에는 미리 예상하기 어려운 것도 있고, 결정에 영향을 미치는 요소 중에는 막상 결과를 대할 때는 그만한 영향을 미치지 못하는 것도 있다.

결정 연구는 매우 많은 데 반해 쾌락적 경험을 객관적 상태와 연관시키는 정신물리학을 체계적으로 살피는 연구는 거의 없었다. 쾌락적 정신물리학의 가장 기초적인 문제는 부정적 결과에서 긍정적 결과를 분리하는 열망이나 적응의 정도를 결정하는 것이다. 쾌락의 준거점은 주로 객관적인 현 상황으로 정해지지만, 기대치와 사회적 비교에도 영향을 받는다. 예를 들어 어느 직원이 같은 사무실의 다른 직원들보다 임금 인상 폭이 적다면 객관적 상황은 더 좋아졌어도 손실로 느껴질 수 있다. 상황 변화에 연관된 즐거움이나 고통도 쾌락적 적응의 역동성에 크게 좌우된다. 브리크먼과 캠벨(Brickman and Campbell 1971)은 '쾌락의 쳇바퀴 hedonic treadmill'라는 급진적 가설을 제안했는데, 빠르게 적응하다 보면 객관적 개선 효과의 지속 시간이 짧아질 것이라는 가설이다. 쾌락 체험은 복잡 미묘해서 결정을 내릴 때 실제로 결과가 나오면 어떤 느낌일지 예상하기 어렵다. 배가 고파 죽을 지경일 때 코스 요리를 주문한 많은 사람이 다섯 번째 요리가 나올 때면 큰 실수를 인정한다. 결정 가치와 경험 가치가 어긋나는 일이 흔하다 보니 많은 결정 문제에서 불확실성이라는 요소까지 추가된다.

틀짜기 효과와 불변 원칙 위배가 만연한 현상도 결정 가치와 경험 가치의 관계를 더욱 복잡하게 한다. 결과 틀짜기는 종종 실제로는 경험하지 않는 결정 가치를 유발한다. 예를 들어 폐암 치료법을 사망률이나 생존율의 관점에서 틀짜기하면 선택에는 분명한 영향을 미칠 수 있을지언정 실제 경험에는 거의 영향을 미치지 않는다. 그러나 다른 경우에는 결정 틀짜기가 결정뿐 아니라 경험에도 영향을 미친다. 한 예로, 지출을 보상되지 않는 손실로 보느냐 보험료로 보느냐는 결과를 맞닥뜨릴 때의 느낌에 영향을 미치기 쉽다. 이 같은 경우에는 결정을 내리는 상황에서 결과를 평가하면 경험을 예측할 뿐 아니라 나아가 경험을 조정할 수도 있다.

/ 참고문헌 /

- Allais, M., and O. Hagen, eds. 1979. 《기대효용 가설과 알레의 역설 Expected Utility Hypotheses and the Allais Paradox》. Hingham, MA: D. Reidel.

- Bernoulli, D. 1954 [1738]. 〈위험 측정에 관한 새 이론 해설 Exposition of a New Theory on the Measurement of Risk〉. *Econometrica* 22: 23-36.

- Brickman, P., and D. T. Campbell. 1971. 〈쾌락적 상대론과 좋은 사회 계획하기 Hedonic Relativism and Planning the Good Society〉. In 《적응 수준 이론: 심포지엄 Adaptation Level Theory: A Symposium》 ed. M. H. Appley. New York: Academic Press, 287-302.

- Clark, H. H., and E. V. Clark. 1977. 《심리와 언어 Psychology and Language》. New York: Harcourt.

- Erakar, S. E., and H. C. Sox. 1981. 〈치료법에 따른 결과에서 환자의 선호도 평가 Assessment of Patients' Preferences for Therapeutic Outcomes〉. *Medical Decision Making* 1: 29-39.

- Fischhoff, B. 1983. 〈틀짜기 예상 Predicting Frames〉. *Journal of Experimental Psychology: Learning, Memory and Cognition* 9: 103-16.

- Fischhoff, B., P. Slovic, and S. Lichtenstein. 1980. 〈내가 원하는 것 알기: 불안정한 가치 예측 Knowing What You Want: Measuring Labile Values〉. In 《선택과 결정 행동의 인지적 과정 Cognitive Processes in Choice and Decision Behavior》, ed. T. Wallsten. Hillsdale, NJ: Erlbaum, 117-41.

- Fishburn, P. C., and G. A. Kochenberger. 1979. 〈폰 노이만과 모르겐슈테른의 효용함수 두 가지 Two-Piece von Neumann?Morgenstern Utility Functions〉. *Decision Sciences* 10: 503-18.

- Gregory, R. 1983. 〈소비자의 과잉 측정: 관찰한 가치가 제각각인 이유 Measures of Consumer's Surplus: Reasons for the Disparity in Observed Values〉. 미출간 원고, Keene State College, Keene, NH.

- Hammack, J., and G. M. Brown Jr. 1974. 《물새와 습지: 생물경제 분석을 향하여 Waterfowl and Wetlands: Toward Bioeconomic Analysis》. Baltimore: Johns Hopkins University Press.

- Hershey, J. C., and P. J. H. Schoemaker. 1980. 〈손실 영역에서 위험 감수와 문제의 맥락: 기대효용 분석 Risk Taking and Problem Context in the Domain of Losses: An Expected-Utility Analysis〉. *Journal of Risk and Insurance* 47: 111-32.

- Kahneman, D., and A. Tversky. 1979. 〈전망 이론: 위험 부담이 따르는 상황에서의 결정 분석 Prospect Theory: An Analysis of Decision under Risk〉. *Econometrica* 47: 263-91.

- _____. 1982. 〈시뮬레이션 어림짐작 The Simulation Heuristic〉. In 《불확실한 상황에서의 판단: 어림짐작과 편향 Judgment Under Uncertainty: Heuristics and Biases》, ed. D. Kahneman, P. Slovic, and A. Tver c, aistsky. New York: Cambridge University Press, 201-208.

- Knetsch, J., and J. Sinden. 1984. 〈지불 의지와 요구되는 보상: 예상되는 가치 측정 차이의 실험 증거 Willingness to Pay and Compensation Demanded: Experimental Evidence of an Unexpected Disparity in Measures of Value〉. *Quarterly Journal of Economics* 99: 507-21.

- March, J. G. 1978. 〈제한적 합리성, 모호성, 그리고 선택 조작 Bounded Rationality, Ambiguity, and the Engineering of Choice〉. *Bell Journal of Economics* 9: 587-608.

- McNeil, B., S. Pauker, H. Sox Jr., and A. Tversky. 1982. 〈선택 가능한 치료법에서 선호도 끌어내기 On the Elicitation of Preferences for Alternative Therapies〉. *New England Journal of Medicine* 306:

1259-62.

- Payne, J. W., D. J. Laughhunn, and R. Crum. 1980. 〈도박 해석과 위험한 선택 행동에서 열망 수준 효과Translation of Gambles and Aspiration Level Effects in Risky Choice Behavior〉. *Management Science* 26: 1039-60.

- Pratt, J. W., D. Wise, and R. Zeckhauser. 1979. 〈경쟁 시장에서 가격 차이Price Differences in Almost Competitive Markets〉. *Quarterly Journal of Economics* 93: 189-211.

- Savage, L. J. 1954. 《통계의 기반The Foundations of Statistics》. New York: Wiley.

- Schlaifer, R. 1959. 《비즈니스 결정을 위한 확률과 통계Probability and Statistics for Business Decisions)》. New York: McGraw-Hill.

- Schoemaker, P.J.H., and H. C. Kunreuther. 1979. 〈보험 결정의 실험 연구An Experimental Study of Insurance Decisions〉. *Journal of Risk and Insurance* 46: 603-18.

- Slovic, P., B. Fischhoff, and S. Lichtenstein. 1982. 〈위험이 따르는 평가에서 반응 방식, 틀짜기, 정보처리 효과Response Mode, Framing, and Information-Processing Effects in Risk Assessment〉. In 《사회 행동 과학 방법론의 새로운 방향: 문제 틀짜기와 반응 일관성New Directions for Methodology of Social and Behavioral Science: Question Framing and Response Consistency》, ed. R. Hogarth. San Francisco: Jossey-Bass, 21-36.

- Thaler, R. 1980. 〈소비자 선택의 긍정적 이론을 향하여Toward a Positive Theory of Consumer Choice〉. *Journal of Economic Behavior and Organization* 1: 39-60.

- _____. 1985. 〈소비자 행동 이론에 심리적 계좌 활용하기Using Mental Accounting in a Theory of Consumer Behavior〉. *Marketing Science* 4: 199-214.

- Tversky, A. 1977. 〈선호도 도출에 관하여: 기술적, 예방적 고려On the Elicitation of Preferences: Descriptive and Prescriptive Considerations〉. In 《결정에서 충돌하는 목표Conflicting Objectives in Decisions》, ed. D. Bell, R. L. Kenney, and H. Raiffa. New York: Wiley, 209-22.

- Tversky, A., and D. Kahneman. 1981. 〈결정 틀짜기와 선택 심리The Framing of Decisions and the Psychology of Choice〉. Science 211: 453-58.

- von Neumann, J., and O. Morgenstern. 1947. 《게임 이론과 경제 행동Theory of Games and Economic Behavior》, 2nd ed. Princeton: Princeton University Press.

머리말

1 우리는 심리학자들이 너무 작은 표본을 사용한다고 비난하는 책을 읽은 적이 있다. 하지만 그들도 자기들의 선택을 설명하지는 않았다. Jacob Cohen, 《행동과학에서 통계 위력 분석Statistical Power Analysis for the Behavioral Sciences》(Hillsdale, NJ: Erlbaum, 1969).

2 원래 질문은 약간 달랐다. 그때는 단어에서 첫 번째와 세 번째 위치에 오는 철자를 언급했다.

3 특히 가장 지속적으로 우리를 비판한 저명한 독일 심리학자의 논문은 다음과 같다. Gerd Gigerenzer, 〈인지 착각 없애는 법How to Make Cognitive Illusions Disappear〉, *European Review of Social Psychology* 2 (1991): 83-115. Gerd Gigerenzer, 〈이론과 심리학에 나타난 사적인 성찰Personal Reflections on Theory and Psychology〉, *Theory & Psychology* 20 (2010): 733-43. Daniel Kahneman and Amos Tversky, 〈인지 착각의 실체에 관하여On the Reality of Cognitive Illusions〉, *Psychological Review* 103 (1996): 582-91.

4 이 중에 몇 가지만 추려보면 다음과 같다. Valerie F. Reyna and Farrell J. Lloyd, 〈의사의 판단과 심질환 위험: 지식, 위험 인식, 위험 감수, 퍼지 처리의 효과Physician Decision-Making and Cardiac Risk: Effects of Knowledge, Risk Perception, Risk Tolerance and Fuzzy-Processing〉, *Journal of Experimental Psychology: Applied* 12 (2006): 179-95. Nicholas Epley and Thomas Gilovich, 〈기준점과 조정 어림짐작The Anchoring-and-Adjustment Heuristic〉, *Psychological Science* 17 (2006): 311-18. Norbert Schwarz et al., 〈손쉬운 정보 회상: 회상 용이성 어림짐작을 바라보는 또 하나의 시각Ease of Retrieval of Information: Another Look at the Availability Heuristic〉, *Journal of Personality and Social Psychology* 61 (1991): 195-202. Elke U. Weber et al., 〈시차 간 선택에서 나타나는 비대칭적 시차 에누리Asymmetric Discounting in Intertemporal Choice〉, *Psychological Science* 18 (2007): 516-23. George F. Loewenstein et al., 〈느낌으로서의 위험Risk as Feelings〉, *Psychological Bulletin* 127 (2001): 267-86.

5 노벨 경제학상의 정식 명칭은 '알프레드 노벨을 기념하는 스웨덴 중앙은행 경제학상'이다. 1969년에 처음 수여되었다. 일부 자연과학자들이 사회과학 분야에 노벨상을 수여하는 것을 달 가워하지 않아 그 타협책으로 경제학상에 이처럼 특별한 이름이 붙게 되었다.

6 1980년대에 카네기멜론대학의 허버트 사이먼Herbert Simon은 제자들과 함께 전문성에 관한 우리 견해의 기초를 마련해주었다. 이 주제를 소개하는 훌륭하고 대중적인 글을 읽고 싶다면 다음을 참고하라. Joshua Foer,《1년 만에 기억력 천재가 된 남자: 전 세계 사람들을 깜짝 놀라게 만든 기억의 위대한 힘 Moonwalking with Einstein: The Art and Science of Remembering》(New York: Penguin Press, 2011). 저자는 이와 관련해 다음 책을 자세히 다룬다. K. Anders Ericsson et al., eds.,《전문성과 전문 작업에 관한 케임브리지 안내서 The Cambridge Handbook of Expertise and Expert Performance》(New York: Cambridge University Press, 2006).

7 Gary A. Klein,《인튜이션 Sources of Power》(Cambridge, MA: MIT Press, 1999).

8 허버트 사이먼은 20세기의 위대한 학자로 손꼽힌다. 그는 학계 입문 분야인 정치학부터 노벨상을 수상한 경제학, 선구적 역할을 한 컴퓨터과학 그리고 심리학에 이르기까지, 많은 분야에서 새로운 사실을 발견하고 독창적인 이론을 내놓았다.

9 Herbert A. Simon,〈행동을 어떻게 설명할 것인가?What Is an Explanation of Behavior〉 *Psychological Science* 3 (1992): 150–61.

10 '감정 어림짐작' 개념을 개발한 사람은 폴 슬로빅Paul Slovic으로, 아모스의 미시간대학 동창이자 평생의 친구다.

11 9장 참고.

1부_ 두 시스템

1장 — 등장인물

1 이 분야 책과 논문은 다음을 참고하라. Jonathan St. B. T. Evans and Keith Frankish, eds.,《두 가지 정신: 이중 처리 과정과 그 외의 것들 In Two Minds: Dual Processes and Beyond》(New York: Oxford University Press, 2009); Jonathan St. B. T. Evans,〈논리적 사고, 판단, 사회 인식을 설명하는 이중 처리 과정 Dual-Processing Accounts of Reasoning, Judgment, and Social Cognition〉, *Annual Review of Psychology* 59 (2008): 255-78. 이 중에서도 선도적 역할을 한 사람은 다음과 같다. Seymour Epstein, Jonathan Evans, Steven Sloman, Keith Stanovich, Richard West. 나는 시스템 1, 시스템 2라는 말을 내게 지대한 영향을 미친 스타노비치Stanovich와 웨스트West의 초기 글에서 빌려왔다. Keith E. Stanovich and Richard F. West,〈논리적 사고의 개인차: 합리성 논쟁에 시사하는 것들 Individual Differences in Reasoning: Implications for the Rationality Debate〉, *Behavioral* *and Brain Sciences* 23 (2000): 645-65.

2 이런 주관적 활동을 자유의지로 보는 생각은 착각일 때도 있다. Daniel M. Wegner, 《의식적 의지라는 착각The Illusion of Conscious Will》 (Cambridge, MA: Bradford Books, 2003).

3 Nilli Lavie, 〈심적 부담을 느낄 때의 주목, 산만, 인지 조절 Attention, Distraction and Cognitive Control Under Load〉, *Current Directions in Psychological Science* 19 (2010): 143-48.

4 이 실험에서 나타난 효과를 '스트루프Stroop 효과'라 한다. 원래의 실험에서는 색깔이 다른 네모 칸 또는 다양한 색깔로 쓴 단어를 보여준다. 그리고 단어는 무시하고 색깔 이름을 말하게 한다. 가령 빨간색으로 쓴 '나무'는 "빨강"이라고 읽어야 한다. 이때 단어가 색깔 이름일 때, 이를테면 빨간색으로 쓴 '녹색'과 녹색으로 쓴 '노랑'이 연이어 나올 때, 이를 "빨강"과 "녹색"으로 제대로 대답하기가 무척 어렵다.

5 헤어Hare 교수는 내게 "그 강사 말이 맞다"고 했다. March 16, 2011. Robert D. Hare, 《진단명 사이코패스: 우리 주변에 숨어 있는 이상인격자Without Conscience: The Disturbing World of the Psychopaths Among Us》 (New York: Guilford Press, 1999). Paul Babiak and Robert D. Hare, 《직장으로 간 사이코패스Snakes in Suits: When Psychopaths Go to Work》 (New York: Harper, 2007).

6 머릿속 행위자는 '소인小人, homunculus'으로 불리는데, 전문가들의 (꽤 일리 있는) 조롱 대상이다.

7 Alan D. Baddeley, 〈작업기억: 되돌아보기와 미리 보기 Working Memory: Looking Back and Looking Forward〉, *Nature Reviews: Neuroscience* 4 (2003): 829-38. Alan D. Baddeley, 《당신의 기억: 기억을 사용하는 교양인을 위한 안내서Your Memory: A User's Guide》 (New York: Firefly Books, 2004).

2장 — 주목과 노력

1 2장의 상당 부분은 예전에 내가 쓴《주목과 노력Attention and Effort》(1973)에서 가져왔다. 지금도 내 홈페이지(www.princeton.edu/~kahneman/docs/attention_and_effort/Attention_hi_quality.pdf) 에서 무료로 내려받을 수 있다.《주목과 노력》은 주로 집중력과 정신력의 한계에 관한 이야기다. 집중력과 정신력은 다양한 정신적 작업을 두루 지원하는 수단으로 여겨졌다. 뇌 활동 총량 개념은 논쟁의 여지가 있지만, 그 개념에 대한 지지를 이끌어냈던 심리학자와 뇌과학자 들이 그 개념을 확장해왔다. Marcel A. Just and Patricia A. Carpenter, 〈이해력 총량 이론: 작업기억의 개인차A Capacity Theory of Comprehension: Individual Differences in Working Memory〉, *Psychological Review* 99 (1992): 122-49; Marcel A. Just et al., 〈인지 작업 부하 신경 지수: 뇌 작업을 알아보는 신경 촬영, 동공 크기 측정, 사건 관련 전위 연구Neuroindices of Cognitive Workload: Neuroimaging, Pupillometric and Event-Related Potential Studies of Brain Work〉, *Theoretical Issues in Ergonomics Science* 4 (2003): 56-88. 집중력은 다용도 수단임을 실험으로 증명하는 사례가 점점 늘고 있다. 다음도 그중 하

나다. Evie Vergauwe et al., 〈정신 작업에는 항상 어느 영역에나 두루 쓰이는 수단이 개입하는가?Do Mental Processes Share a Domain-General Resource?〉 *Psychological Science* 21 (2010): 384-90. 노력이 많이 드는 일을 예상만 해도 노력이 적게 드는 일을 예상할 때보다 뇌의 여러 영역이 더욱 활성화한다는 영상 증거도 있다. Carsten N. Boehler et al., 〈보상이 없을 때 도파민 작용성 중간뇌의 작업 부하 의존 활성화Task-Load-Dependent Activation of Dopaminergic Midbrain Areas in the Absence of Reward〉, *Journal of Neuroscience* 31 (2011): 4955-61.

2 Eckhard H. Hess, 〈자세와 동공 크기Attitude and Pupil Size〉, *Scientific American* 212 (1965): 46-54.

3 Daniel Kahneman et al., 〈정신 작업 수행 시 동공, 심장박동, 피부 저항 변화Pupillary, Heart Rate, and Skin Resistance Changes During a Mental Task〉, *Journal of Experimental Psychology* 79 (1969): 164-67.

4 Daniel Kahneman, Jackson Beatty, and Irwin Pollack, 〈정신 작업 수행 시 지각 결함Perceptual Deficit During a Mental Task〉, *Science* 15 (1967): 218-19. 우리는 특수 거울을 사용해, 관찰자가 카메라를 마주 보면서 동시에 글자를 바로 앞에서 볼 수 있게 했다. 통제 조건에서, 참가자는 좁은 구멍으로 글자를 보기 때문에 동공 크기는 변했지만, 그런 조건이 글자를 판별하는 시력에 영향을 주지는 않았다. 이들이 글자를 발견한 결과는 다른 실험 참가자들과 마찬가지로 거꾸로 된 V자 형태를 보였다.

5 여러 일을 동시에 하려다 보면 몇 가지 어려움에 맞닥뜨릴 수 있다. 이를테면 서로 다른 두 가지를 동시에 말하기는 물리적으로 불가능하며, 두 가지 시각적 작업 또는 두 가지 청각적 작업을 동시에 하기보다는 한 가지 청각적 작업과 한 가지 시각적 작업을 동시에 하기가 훨씬 쉬울 것이다. 잘 알려진 심리 이론들은 작업 간의 상호 간섭을 모두 별개 체계가 경쟁을 벌이는 탓으로 돌리려 했었다. Alan D. Baddeley, 《작업기억Working Memory》(New York: Oxford University Press, 1986). 연습을 하면 여러 일을 동시에 처리하는 능력이 발달할 수도 있을 것이다. 그러나 성격이 매우 다른 수많은 일들이 서로 간섭하고 방해한다는 사실은 여러 가지 일에 필요한 보편적인 집중력 또는 정신력의 존재를 뒷받침한다.

6 Michael E. Smith, Linda K. McEvoy, and Alan Gevins, 〈전략 개발과 기술 습득의 신경생리학적 지표Neurophysiological Indices of Strategy Development and Skill Acquisition〉, *Cognitive Brain Research* 7 (1999): 389-404. Alan Gevins et al., 〈작업기억에 관여하는 피질 활성화를 보여주는 고화질 뇌파 지도: 작업 난이도의 영향, 처리와 실행 유형High-Resolution EEG Mapping of Cortical Activation Related to Working Memory: Effects of Task Difficulty, Type of Processing and Practice〉, *Cerebral Cortex* 7 (1997): 374-85.

7 예를 들어, 실비아 어헌Sylvia K. Ahern과 잭슨 비티Jackson Beatty는 똑같은 일에 반응할 때 SAT 점수가 높은 사람이 낮은 사람보다 동공 확장 폭이 적다는 사실을 밝혀냈다. 〈지능에 따라 정보를

처리하는 생리적 신호가 다르다Physiological Signs of Information Processing Vary with Intelligence〉, *Science* 205 (1979): 1289-92.

8   Wouter Kool et., 〈의사 결정 그리고 인지 작업 회피Decision Making and the Avoidance of Cognitive Demand〉, *Journal of Experimental Psychology-General* 139 (2010): 665-82. Joseph T. McGuire and Matthew M. Botvinick, 〈예상되는 요구 수준이 주목과 행동 선택에 미치는 영향The Impact of Anticipated Demand on Attention and Behavioral Choice〉, 《노력이 필요 없는 주의 집중Effortless Attention》, ed. Brian Bruya (Cambridge, MA: Bradford Books, 2010), 103-20.

9   신경과학자들은 어떤 행동이 끝났을 때 그 행동의 전반적 가치를 평가하는 뇌 영역을 찾아냈다. 이 계산에서, 행동에 투입된 노력은 비용으로 간주된다. Joseph T. McGuire and Matthew M. Botvinick, 〈전전두엽 피질, 인지 조절, 결정 비용 처리Prefrontal Cortex, Cognitive Control, and the Registration of Decision Costs〉, *PNAS* 107 (2010): 7922-26.

10 Bruno Laeng et al., 〈동공 스트루프 효과Pupillary Stroop Effects〉, *Cognitive Processing* 12 (2011): 13-21.

11 Michael I. Posner and Mary K. Rothbart, 〈심리학 통합 모델로서 주목 네트워크에 관한 연구Research on Attention Networks as a Model for the Integration of Psychological Science〉, *Annual Review of Psychology* 58 (2007): 1-23. John Duncan et al., 〈일반 지능의 신경 기초A Neural Basis for General Intelligence〉, *Science* 289 (2000): 457-60.

12 Stephen Monsell, 〈작업 전환Task Switching〉, *Trends in Cognitive Sciences* 7 (2003): 134-40.

13 Baddeley, 《작업기억Working Memory》.

14 Andrew A. Conway, Michael J. Kane, and Randall W. Engle, 〈작업기억 용량 그리고 일반 지능과의 관계Working Memory Capacity and Its Relation to General Intelligence〉, *Trends in Cognitive Sciences* 7 (2003): 547-52.

15 Daniel Kahneman, Rachel Ben-Ishai, and Michael Lotan, 〈집중력 시험과 도로 사고의 관계Relation of a Test of Attention to Road Accidents〉, *Journal of Applied Psychology* 58 (1973): 113-15. Daniel Gopher, 〈비행 훈련 성공을 예상하는 지표로서 선별적 주의 집중 시험A Selective Attention Test as a Predictor of Success in Flight Training〉, *Human Factors* 24 (1982): 173-83.

3장 — 게으른 통제자

1   Mihaly Csikszentmihalyi, 《몰입: 미치도록 행복한 나를 만난다Flow: The Psychology of Optimal Experience》 (New York: Harper, 1990).

2   Baba Shiv and Alexander Fedorikhin, 〈갈등하는 마음과 머리: 소비자의 결정에서 감정과 인지의 상호작용Heart and Mind in Conflict: The Interplay of Affect and Cognition in Consumer Decision Making〉,

Journal of Consumer Research 26 (1999): 278-92. Malte Friese, Wilhelm Hofmann, and Michaela Wanke, 〈충동이 이길 때: 음식 선택과 소비 행동 예상 시 암묵적 태도 측정과 명시적 태도 측정의 예언 타당도 When Impulses Take Over: Moderated Predictive Validity of Implicit and Explicit Attitude Measures in Predicting Food Choice and Consumption Behaviour〉, *British Journal of Social Psychology* 47 (2008): 397-419.

3   Daniel T. Gilbert, 〈시스템이 믿는 법 How Mental Systems Believe〉, *American Psychologist* 46 (1991): 107-19. C. Neil Macrae and Galen V. Bodenhausen, 〈사회적 인지: 타인을 단정적으로 평가하기 Social Cognition: Thinking Categorically about Others〉, *Annual Review of Psychology* 51 (2000): 93-120.

4   Sian L. Beilock and Thomas H. Carr, 〈중책을 맡은 사람들이 실패할 때: 계산 압박을 받을 때 작업기억과 숨 막힘 When High-Powered People Fail: Working Memory and Choking Under Pressure in Math〉, *Psychological Science* 16 (2005): 101-105.

5   Martin S. Hagger et al., 〈자아 고갈, 그리고 자기통제의 세기 모델: 메타 분석 Ego Depletion and the Strength Model of Self-Control: A Meta-Analysis〉, *Psychological Bulletin* 136 (2010): 495-525.

6   Mark Muraven and Elisaveta Slessareva, 〈자기통제 실패의 작동 원리: 동기와 제한된 자원 Mechanisms of Self-Control Failure: Motivation and Limited Resources〉, *Personality and Social Psychology Bulletin* 29 (2003): 894-906. Mark Muraven, Dianne M. Tice, and Roy F. Baumeister, 〈제한된 자원으로서의 자기통제: 규제 고갈 유형 Self-Control as a Limited Resource: Regulatory Depletion Patterns〉, *Journal of Personality and Social Psychology* 74 (1998): 774-89.

7   Matthew T. Gailliot et al., 〈자기통제는 제한된 에너지원으로서 포도당에 의지한다: 의지력은 비유에 그치지 않는다 Self-Control Relies on Glucose as a Limited Energy Source: Willpower Is More Than a Metaphor〉, *Journal of Personality and Social Psychology* 92 (2007): 325-36. Matthew T. Gailliot and Roy F. Baumeister, 〈의지력의 생리학: 혈당과 자기통제의 연관성 The Physiology of Willpower: Linking Blood Glucose to Self-Control〉, *Personality and Social Psychology Review* 11 (2007): 303-27.

8   Gailliot, 〈자기통제는 제한된 에너지원으로서 포도당에 의지한다 Self-Control Relies on Glucose as a Limited Energy Source〉.

9   Shai Danziger, Jonathan Levav, and Liora Avnaim-Pesso, 〈사법 결정에 끼어든 외부 요소들 Extraneous Factors in Judicial Decisions〉, *PNAS* 108 (2011): 6889-92.

10   Shane Frederick, 〈인지적 고민과 결정 Cognitive Reflection and Decision Making〉, *Journal of Economic Perspectives* 19 (2005): 25-42.

11   이 체계적 오류는 믿음 편향으로 알려져 있다. Evans, 〈논리적 사고, 판단, 사회적 인지를 설명하는 이중 처리 과정 Dual-Processing Accounts of Reasoning, Judgment, and Social Cognition〉.

12 Keith E. Stanovich, 《합리성과 심사숙고 Rationality and the Reflective Mind》 (New York: Oxford University Press, 2011).

13 Walter Mischel and Ebbe B. Ebbesen, 〈만족 지연에서 주의 집중 Attention in Delay of Gratification〉, *Journal of Personality and Social Psychology* 16 (1970): 329-37.

14 Inge-Marie Eigsti et al., 〈취학 전 아동부터 청소년기와 청년기에 이르기까지 인지 조절 예측하기 Predicting Cognitive Control from Preschool to Late Adolescence and Young Adulthood〉, *Psychological Science* 17 (2006): 478-84.

15 Mischel and Ebbesen, 〈만족 지연에서 주의 집중 Attention in Delay of Gratification〉. Walter Mischel, 〈만족 지연 처리 과정 Processes in Delay of Gratification〉, in 《실험 사회 심리학 발전 Advances in Experimental Social Psychology》, Vol. 7, ed. Leonard Berkowitz (San Diego, CA: Academic Press, 1974), 249-92. Walter Mischel, Yuichi Shoda, and Monica L. Rodriguez, 〈아이들에게 나타나는 만족 지연 Delay of Gratification in Children〉, *Science* 244 (1989): 933-38. Eigsti, 〈취학 전 아동부터 청소년기와 청년기에 이르기까지 인지 조절 예측하기 Predicting Cognitive Control from Preschool to Late Adolescence and Young Adulthood〉.

16 M. Rosario Rueda et al., 〈훈련, 성숙, 유전이 실행 집중력 발달에 미치는 영향 Training, Maturation, and Genetic Influences on the Development of Executive Attention〉, *PNAS* 102 (2005): 14931-36.

17 Maggie E. Toplak, Richard F. West, and Keith E. Stanovich, 〈어림짐작, 편향이 끼어드는 업무의 수행력을 예측하는 인지 반응 검사 The Cognitive Reflection Test as a Predictor of Performance on Heuristics-and-Biases Tasks〉, *Memory & Cognition*.

4장 — 연상작용

1 Carey K. Morewedge and Daniel Kahneman, 〈직관적 판단에 나타나는 연상기억 처리 Associative Processes in Intuitive Judgment〉, *Trends in Cognitive Sciences* 14 (2010): 435-40.

2 혼란을 피하기 위해 이 단락에서는 동공이 확대된다는 말은 하지 않았다. 감정적으로 흥분했을 때와 흥분에 지적 노력이 수반될 때 모두 동공이 확대된다.

3 Paula M. Niedenthal, 〈감정 구현 Embodying Emotion〉, *Science* 316 (2007): 1002-1005.

4 John A. Bargh, Mark Chen, and Lara Burrows, 〈저절로 나타나는 사회적 행동: 특성 구축과 전형화한 사고 활성화가 행동에 미치는 직접적 영향 Automaticity of Social Behavior: Direct Effects of Trait Construct and Stereotype Activation on Action〉, *Journal of Personality and Social Psychology* 71 (1996): 230-44.

5 Thomas Mussweiler, 〈행동이 곧 생각이다! 전형화한 움직임에서 나온 전형화한 사고 활성화 Doing Is for Thinking! Stereotype Activation by Stereotypic Movements〉, *Psychological Science* 17 (2006):

17-21.

6 Fritz Strack, Leonard L. Martin, and Sabine Stepper, 〈미소 짓기 힘든 조건과 쉬운 조건: 표정 피드백 가설 은밀히 검증하기 Inhibiting and Facilitating Conditions of the Human Smile: A Nonobtrusive Test of the Facial Feedback Hypothesis〉, *Journal of Personality and Social Psychology* 54 (1988): 768-77.

7 Ulf Dimberg, Monika Thunberg, and Sara Grunedal, 〈감정 자극에 대한 표정 반응: 자동 조절되는 감정 반응 Facial Reactions to Emotional Stimuli: Automatically Controlled Emotional Responses〉, *Cognition and Emotion* 16 (2002): 449-71.

8 Gary L. Wells and Richard E. Petty, 〈분명한 고개 움직임이 설득에 미치는 효과: 반응의 양립 가능성과 양립 불가성 The Effects of Overt Head Movements on Persuasion: Compatibility and Incompatibility of Responses〉, *Basic and Applied Social Psychology* 1 (1980): 219-30.

9 Jonah Berger, Marc Meredith, and S. Christian Wheeler, 〈맥락 점화 효과: 투표 장소도 투표에 영향을 미친다 Contextual Priming: Where People Vote Affects How They Vote〉, *PNAS* 105 (2008): 8846-49.

10 Kathleen D. Vohs, 〈돈의 심리적 효과 The Psychological Consequences of Money〉, *Science* 314 (2006): 1154-56.

11 Jeff Greenberg et al., 〈공포 관리 이론II의 증거: 필연적 죽음을 상기시킬 때 해당 문화의 세계관을 위협하거나 지지하는 사람들에게 나타나는 반응 Evidence for Terror Management Theory II: The Effect of Mortality Salience on Reactions to Those Who Threaten or Bolster the Cultural Worldview〉, *Journal of Personality and Social Psychology* 58 (1990): 308-18.

12 Chen-Bo Zhong and Katie Liljenquist, 〈죄 씻어내기: 위협받는 도덕성과 씻는 행위 Washing Away Your Sins: Threatened Morality and Physical Cleansing〉, *Science* 313 (2006): 1451-52.

13 Spike Lee and Norbert Schwarz, 〈지저분한 손과 지저분한 입: 도덕성 은유가 구현되는 방식은 부도덕한 행위를 한 동작과 직접 연관된다 Dirty Hands and Dirty Mouths: Embodiment of the Moral-Purity Metaphor Is Specific to the Motor Modality Involved in Moral Transgression〉, *Psychological Science* 21 (2010): 1423-25.

14 Melissa Bateson, Daniel Nettle, and Gilbert Roberts, 〈감시받고 있다는 신호만으로도 현실에서 협조가 높아진다 Cues of Being Watched Enhance Cooperation in a Real-World Setting〉, *Biology Letters* 2 (2006): 412-14.

15 티머시 윌슨은 《내 안의 낯선 나 Strangers to Ourselves》(Cambridge, MA: Belknap Press, 2002)에서 시스템 1과 비슷한 '적응 무의식'을 소개했다.

5장 — 인지적 편안함

1 인지적 편안함을 뜻하는 전문 용어는 'fluency(유창성)'이다.

2 Adam L. Alter and Daniel M. Oppenheimer, 〈유창성 부족들을 통합해 초인지 국가를 형성하다 Uniting the Tribes of Fluency to Form a Metacognitive Nation〉, *Personality and Social Psychology Review* 13 (2009): 219-35.

3 Larry L. Jacoby, Colleen Kelley, Judith Brown, and Jennifer Jasechko, 〈하룻밤 사이에 유명해지다: 무의식적인 과거 영향력을 피하는 능력의 한계 Becoming Famous Overnight: Limits on the Ability to Avoid Unconscious Influences of the Past〉, *Journal of Personality and Social Psychology* 56 (1989): 326-38.

4 Bruce W. A. Whittlesea, Larry L. Jacoby, and Krista Girard, 〈즉각적 기억의 착각: 친숙함과 지각의 질에 담긴 귀속 기반의 증거 Illusions of Immediate Memory: Evidence of an Attributional Basis for Feelings of Familiarity and Perceptual Quality〉, *Journal of Memory and Language* 29 (1990): 716-32.

5 친구를 만나면 대개 그 자리에서 친구를 알아보고 이름을 댈 수 있다. 그를 어디서 마지막으로 보았고, 그때 그가 무슨 옷을 입었으며, 서로 어떤 이야기를 나누었는지도 알 수 있다. 낯익다는 느낌은 그런 구체적인 기억이 나지 않을 때만 발생한다. 일종의 대비책이다. 대비책은 전적으로 신뢰할 수는 없지만 아무 대책도 없는 것보다는 낫다. 어디서 본 듯한 사람이 오랜 지인처럼 나에게 반갑게 인사할 때, 깜짝 놀라는 (또는 놀라는 행동을 보이는) 당혹스러운 상황을 피하게 해주는 것이 바로 낯익음이다.

6 Ian Begg, Victoria Armour, and Therese Kerr, 〈기억하는 것을 믿는 것에 관하여 On Believing What We Remember〉, *Canadian Journal of Behavioural Science* 17 (1985): 199-214.

7 Daniel M. Oppenheimer, 〈박식한 언어 남발의 결과: 불필요하게 긴 말을 사용할 때의 문제점 Consequences of Erudite Vernacular Utilized Irrespective of Necessity: Problems with Using Long Words Needlessly〉, *Applied Cognitive Psychology* 20 (2006): 139-56.

8 Matthew S. Mc Glone and Jessica Tofighbakhsh, 〈경구에 나타나는 운 Birds of a Feather Flock Conjointly(?): Rhyme as Reason in Aphorisms〉, *Psychological Science* 11 (2000): 424-28.

9 Anuj K. Shah and Daniel M. Oppenheimer, 〈쉬운 게 이긴다: 단서 비중에서 유창성의 역할 Easy Does It: The Role of Fluency in Cue Weighting〉, *Judgment and Decision Making Journal* 2 (2007): 371-79.

10 Adam L. Alter, Daniel M. Oppenheimer, Nicholas Epley, and Rebecca Eyre, 〈직관 넘어서기: 초인지적 어려움은 분석적 사고를 활성화한다 Overcoming Intuition: Metacognitive Difficulty Activates Analytic Reasoning〉, *Journal of Experimental Psychology-General* 136 (2007): 569-76.

11 Piotr Winkielman and John T. Cacioppo, 〈머릿속이 편하면 얼굴에 미소가 떠오른다: 생각

이 쉽게 처리되면 긍정적 감정이 커진다는 정신생리학적 증거Mind at Ease Puts a Smile on the Face: Psychophysiological Evidence That Processing Facilitation Increases Positive Affect〉, *Journal of Personality and Social Psychology* 81 (2001): 989-1000.

12 Adam L. Alter and Daniel M. Oppenheimer, 〈유창성을 이용한 단기 주가 요동 예측Predicting Short-Term Stock Fluctuations by Using Processing Fluency〉, *PNAS* 103 (2006). Michael J. Cooper, Orlin Dimitrov, and P. Raghavendra Rau, 〈알맹이보다는 이름A Rose.com by Any Other Name〉, *Journal of Finance* 56 (2001): 2371-88.

13 Pascal Pensa, 〈이름은 하나의 징조다: 회사 이름은 어떻게 주식시장의 단기, 장기 실적에 영향을 미치는가Nomen Est Omen: How Company Names Influence Short- and Long-Run Stock Market Performance〉, *Social Science Research Network*, 진행 중인 논문, September 2006.

14 Robert B. Zajonc, 〈단순 노출이 태도에 미치는 효과Attitudinal Effects of Mere Exposure〉, *Journal of Personality and Social Psychology* 9 (1968): 1-27.

15 Robert B. Zajonc and D. W. Rajecki, 〈노출과 감정: 현장 실험Exposure and Affect: A Field Experiment〉, *Psychonomic Science* 17 (1969): 216-17.

16 Jennifer L. Monahan, Sheila T. Murphy, and Robert B. Zajonc, 〈의식하지 못하는 단순 노출: 구체적 효과, 일반적 효과, 분산된 효과Subliminal Mere Exposure: Specific, General, and Diffuse Effects〉, *Psychological Science* 11 (2000): 462-66.

17 D. W. Rajecki, 〈부화 전 청각 또는 시각 자극에 노출된 병아리의 부화 후 구조 요청 발성Effects of Prenatal Exposure to Auditory or Visual Stimulation on Postnatal Distress Vocalizations in Chicks〉, *Behavioral Biology* 11 (1974): 525-36.

18 Robert B. Zajonc, 〈단순 노출: 잠재의식으로 통하는 길Mere Exposure: A Gateway to the Subliminal〉, *Current Directions in Psychological Science* 10 (2001): 227.

19 Annette Bolte, Thomas Goschke, and Julius Kuhl, 〈감정과 직관: 긍정적 기분과 부정적 기분이 의미 일관성을 암묵적으로 판단하는 데 미치는 영향Emotion and Intuition: Effects of Positive and Negative Mood on Implicit Judgments of Semantic Coherence〉, *Psychological Science* 14 (2003): 416-21.

20 이 분석은 실험 참가자가 공통된 단어를 찾은 경우는 모두 제외한다. 다시 말해, 공통된 연관성을 찾지 못한 사람이라도 연관성이 있는지 없는지는 어느 정도 감지한다는 뜻이다.

21 Sascha Topolinski and Fritz Strack, 〈직관의 구성: 의미와 시각의 일관성을 직관적으로 판단할 때, 가짜 문법 학습에서 문법에 맞는지 직관적으로 판단할 때, 유창성과 감정이 영향을 미친다.The Architecture of Intuition: Fluency and Affect Determine Intuitive Judgments of Semantic and Visual Coherence and Judgments of Grammaticality in Artificial Grammar Learning〉, *Journal of Experimental Psychology-General* 138 (2009): 39-63.

22 Bolte, Goschke, and Kuhl, 〈감정과 직관Emotion and Intuition〉.

23 Barbara Fredrickson, 《긍정: 긍정적 감정의 숨겨진 힘을 끌어안고 부정성을 극복해 잘사는 법을 찾아낸 획기적인 연구Positivity: Groundbreaking Research Reveals How to Embrace the Hidden Strength of Positive Emotions, Overcome Negativity, and Thrive》 (New York: Random House, 2009). Joseph P. Forgas and Rebekah East, 〈행복과 잘 속는 것에 관하여: 기분은 속임수 감지와 회의주의에 영향을 미친다On Being Happy and Gullible: Mood Effects on Skepticism and the Detection of Deception〉, *Journal of Experimental Social Psychology* 44 (2008): 1362-67.

24 Sascha Topolinski et al., 〈유창성의 얼굴: 의미 일관성은 저절로 특정한 유형의 안면 근육 반응을 이끌어낸다The Face of Fluency: Semantic Coherence Automatically Elicits a Specific Pattern of Facial Muscle Reactions〉, *Cognition and Emotion* 23 (2009): 260-71.

25 Sascha Topolinski and Fritz Strack, 〈직관 분석: 의미 일관성 판단에서 유창성과 감정The Analysis of Intuition: Processing Fluency and Affect in Judgments of Semantic Coherence〉, *Cognition and Emotion* 23 (2009): 1465-1503.

6장 — 정상, 놀람, 원인

1 Daniel Kahneman and Dale T. Miller, 〈정상 이론: 현실을 다른 사건들에 비교하다Norm Theory: Comparing Reality to Its Alternatives〉, *Psychological Review* 93 (1986): 136-53.

2 Jos J. A. Van Berkum, 〈문맥으로 문장 이해하기: 뇌파로 알 수 있는 것들Understanding Sentences in Context: What Brain Waves Can Tell Us〉, *Current Directions in Psychological Science* 17 (2008): 376-80.

3 Ran R. Hassin, John A. Bargh, and James S. Uleman, 〈즉흥적 인과관계 추론Spontaneous Causal Inferences〉, *Journal of Experimental Social Psychology* 38 (2002): 515-22.

4 Albert Michotte, 《인과관계 감지The Perception of Causality》 (Andover, MA: Methuen, 1963). Alan M. Leslie and Stephanie Keeble, 〈6개월 된 아기도 인과관계를 감지할까?Do Six-Month-Old Infants Perceive Causality?〉, *Cognition* 25 (1987): 265-88.

5 Fritz Heider and Mary-Ann Simmel, 〈겉으로 보이는 행동에 대한 실험 연구An Experimental Study of Apparent Behavior〉, *American Journal of Psychology* 13 (1944): 243-59.

6 Leslie and Keeble, 〈6개월 된 아기도 인과관계를 감지할까?Do Six-Month-Old Infants Perceive Causality?〉.

7 Paul Bloom, 〈신은 우연인가?Is God an Accident?〉, *Atlantic*, December 2005.

7장 ─ 속단

1 Daniel T. Gilbert, Douglas S. Krull, and Patrick S. Malone, 〈믿을 수 없는 것을 믿지 않기: 거짓 정보를 거부할 때의 문제 Unbelieving the Unbelievable: Some Problems in the Rejection of False Information〉, *Journal of Personality and Social Psychology* 59 (1990): 601-13.

2 Solomon E. Asch, 〈성격에 대한 인상 형성 Forming Impressions of Personality〉, *Journal of Abnormal and Social Psychology* 41 (1946): 258-90.

3 상동.

4 《대중의 지혜 The Wisdom of Crowds》 (New York: Anchor Books, 2005).

5 Lyle A. Brenner, Derek J. Koehler, and Amos Tversky, 〈일방적 증거의 평가에 관하여 On the Evaluation of One-Sided Evidence〉, *Journal of Behavioral Decision Making* 9 (1996): 59-70.

8장 ─ 판단이 내려지는 과정

1 Alexander Todorov, Sean G. Baron, and Nikolaas N. Oosterhof, 〈얼굴에 나타난 신뢰성 평가하기: 본보기에 기초한 접근법 Evaluating Face Trustworthiness: A Model-Based Approach〉, *Social Cognitive and Affective Neuroscience* 3 (2008): 119-27.

2 Alexander Todorov, Chris P. Said, Andrew D. Engell, and Nikolaas N. Oosterhof, 〈사회적 차원에서 얼굴 평가 이해하기 Understanding Evaluation of Faces on Social Dimensions〉, *Trends in Cognitive Sciences* 12 (2008): 455-60.

3 Alexander Todorov, Manish Pakrashi, and Nikolaas N. Oosterhof, 〈얼굴을 잠깐 보고 신뢰성 평가하기 Evaluating Faces on Trustworthiness After Minimal Time Exposure〉, *Social Cognition* 27 (2009): 813-33.

4 Alexander Todorov et al., 〈얼굴로 추측하는 경쟁력이 선거 결과를 예측한다 Inference of Competence from Faces Predict Election Outcomes〉, *Science* 308 (2005): 1623-26. Charles C. Ballew and Alexander Todorov, 〈빠르고 즉흥적으로 얼굴을 판단해 선거 결과 예측하기 Predicting Political Elections from Rapid and Unreflective Face Judgments〉, *PNAS* 104 (2007): 17948-53. Christopher Y. Olivola and Alexander Todorov, 〈10분의 1초 만에 당선되다: 외모에 기초한 특성 추론과 투표 Elected in 100 Milliseconds: Appearance-Based Trait Inferences and Voting〉, *Journal of Nonverbal Behavior* 34 (2010): 83-110.

5 Gabriel Lenz and Chappell Lawson, 〈적임자로 보이다: 텔레비전은 정보가 없는 시민들을 후보의 외모를 보고 투표하게 한다 Looking the Part: Television Leads Less Informed Citizens to Vote Based on Candidates' Appearance〉, *American Journal of Political Science* 55 (2011): 574-589.

6   Amos Tversky and Daniel Kahneman, 〈확장적 추론 대 직관적 추론: 확률 판단에서 결합 오류Extensional Versus Intuitive Reasoning: The Conjunction Fallacy in Probability Judgment〉, *Psychological Review* 90 (1983): 293-315.

7   William H. Desvousges et al., 〈불확정적 가치 평가법을 이용한 천연자원 손실 평가: 타당성 과 신뢰성 시험Measuring Natural Resource Damages with Contingent Valuation: Tests of Validity and Reliability〉, in 《불확정적 가치 평가법: 중요한 평가Contingent Valuation: A Critical Assessment》, ed. Jerry A. Hausman (Amsterdam: North-Holland, 1993), 91-159.

8   Stanley S. Stevens, 《정신물리학: 지각적, 신경적, 사회적 전망Psychophysics: Introduction to Its Perceptual, Neural, and Social Prospect》 (New York: Wiley, 1975).

9   Mark S. Seidenberg and Michael K. Tanenhaus, 〈단어의 운을 살필 때 철자의 영 향Orthographic Effects on Rhyme Monitoring〉, *Journal of Experimental Psychology-Human Learning and Memory* 5 (1979): 546-54.

10   Sam Glucksberg, Patricia Gildea, and Howard G. Booklin, 〈문자가 아닌 말의 이해: 사람들 은 비유를 무시할 수 있을까?On Understanding Nonliteral Speech: Can People Ignore Metaphors?〉, *Journal of Verbal Learning and Verbal Behavior* 21 (1982): 85-98.

9장 — 더 쉬운 문제에 답하기

1   판단 어림짐작을 이해하는 또 다른 방법은 다음을 참고하라. Gerd Gigerenzer, Peter M. Todd, and the ABC Research Group, in 《우리를 똑똑하게 하는 단순한 어림짐작Simple Heuristics That Make Us Smart》 (New York: Oxford University Press, 1999). 저자는 경우에 따라 적은 정 보로 꽤 정확한 판단을 내리는 "최고(실마리)를 잡아라" 같은 "빠르고 소박한" 절차를 설명한다. 기거렌저Gigerenzer가 강조했듯이, 그가 말하는 어림짐작은 아모스와 내가 연구한 어림짐작과 다 르며, 그는 어림짐작의 불가피한 결과인 편향보다 어림짐작의 정확성을 강조했다. 빠르고 소박 한 어림짐작을 지지하는 연구의 상당수는 통계 모의실험으로, 어림짐작이 더러는 실제 상황에 서도 작동할 수 있다고 주장하지만, 이런 어림짐작이 존재한다는 증거는 빈약하며 검증이 필요 하다. 이 접근법과 관련해 가장 기억할 만한 발견은 재인再認, recognition 어림짐작인데, 이를 설명 하는 유명한 실험이 있다. 실험 참가자가 두 도시 중 어디가 더 크냐는 질문을 받았을 때 그중 한 곳을 알고 있다면, 알고 있는 도시가 더 크다고 추측한다. 그 도시가 실제로 크고 참가자도 그 사실을 안다면, 재인 어림짐작은 꽤 정확하다. 반면에 그 도시가 작고 참가자도 그 사실을 안 다면, 참가자는 자기가 모르는 도시가 더 크다고 꽤 타당한 추측을 내놓을 것이다. 그러나 이 이 론과 달리, 참가자는 재인 어림짐작만 사용하는 게 아니다. 기거렌저에 반박하는 주장은 다음에 서 볼 수 있다. Daniel M. Oppenheimer, 〈너무 빠르지 않게! (그리고 너무 소박하지 않게!): 재인

어림짐작을 다시 생각하다Not So Fast! (and Not So Frugal!): Rethinking the Recognition Heuristic〉, *Cognition* 90 (2003): B1-B9. 정신에 관해 우리가 알고 있는 것들을 생각할 때, 기거렌저 이론의 단점은 어림짐작이 소박해야 할 이유가 없다는 것이다. 뇌는 엄청난 양의 정보를 동시에 처리하며, 정보를 무시하지 않고도 빠르고 정확하게 생각할 수 있다. 게다가 오래전 체스 달인을 연구하던 때부터 실력은 정보를 적게 사용하는 능력과는 무관하다는 사실이 이미 알려졌었다. 그보다는 오히려 많은 양의 정보를 빠르고 효율적으로 다루는 능력에 좌우될 때가 많다.

2 Fritz Strack, Leonard L. Martin, and Norbert Schwarz, 〈점화 효과와 의사소통: 삶 만족도 판단에서 정보 이용의 사회적 결정 요인Priming and Communication: Social Determinants of Information Use in Judgments of Life Satisfaction〉, *European Journal of Social Psychology* 18 (1988): 429-42.

3 상관관계는 66이었다.

4 결혼 만족도, 직업 만족도, 여가 만족도 등을 물어도 바꿔치기가 일어난다. Norbert Schwarz, Fritz Strack, and Hans-Peter Mai, 〈부분과 전체 질문의 순서에 나타난 동화와 대비 효과: 대화 논리 분석Assimilation and Contrast Effects in Part-Whole Question Sequences: A Conversational Logic Analysis〉, *Public Opinion Quarterly* 55 (1991): 3-23.

5 독일에서 실시한 어느 전화 설문에서 사람들에게 일반적 행복을 물었다. 그 결과, 응답자가 직접 평가한 그들의 행복과 당시 그 지역 날씨에 명백한 상관관계가 드러났다. 기분은 날씨에 따라 달라진다는 것은 잘 알려진 사실인데, 응답자는 행복을 묻는 질문을 기분을 묻는 질문으로 바꿔 대답한 셈이다. 그런데 또 다른 전화 설문 조사에서는 약간 다른 결과가 나왔다. 이때는 응답자에게 행복을 묻기 전에 현재 날씨부터 물었다. 그러자 행복 판단에 날씨가 전혀 영향을 미치지 못하는 게 아닌가! 평소 같으면 현재 기분이 전반적인 행복 평가에 영향을 미쳤겠지만, 드러내놓고 날씨를 상기시키자 현재 기분이 날씨 탓이라는 생각에, 둘의 연관성을 축소한 결과다.

6 Melissa L. Finucane et al., 〈위험과 이점 판단에서 감정 어림짐작The Affect Heuristic in Judgments of Risks and Benefits〉, *Journal of Behavioral Decision Making* 13 (2000): 1-17.

2부_ 어림짐작과 편향

10장 — 소수 법칙

1 Howard Wainer and Harris L. Zwerling, 〈작은 학교가 학생들의 성적을 올리지 못하는 증거Evidence That Smaller Schools Do Not Improve Student Achievement〉, *Phi Delta Kappan* 88 (2006): 300-303. 이 사례 연구는 다음을 참고하라. Andrew Gelman and Deborah Nolan, 《통계 가르치기: 한 무리의 속임수Teaching Statistics: A Bag of Tricks》 (New York: Oxford University Press, 2002).

2 Jacob Cohen, 〈비정상적 사회심리 연구에서 통계 위력: 리뷰 The Statistical Power of Abnormal-Social Psychological Research: A Review〉, *Journal of Abnormal and Social Psychology* 65 (1962): 145–53.

3 Amos Tversky and Daniel Kahneman, 〈소수 법칙에 대한 믿음 Belief in the Law of Small Numbers〉, *Psychological Bulletin* 76 (1971): 105–10.

4 우리가 직관과 계산 사이에 분명한 선을 그은 것은 이후 시스템 1과 시스템 2를 구분하는 전조처럼 보이겠지만, 당시 우리는 지금 이 책의 관점과는 한참 동떨어져 있었다. 우리는 그때 계산이 아닌 방식, 즉 결론에 이르는 비공식적 방식을 모두 '직관'이란 말로 불렀다.

5 William Feller, 《확률론과 응용 입문 Introduction to Probability Theory and Its Applications》 (New York: Wiley, 1950).

6 Thomas Gilovich, Robert Vallone, and Amos Tversky, 〈농구에서 뜨거운 손: 무작위 연속성을 둘러싼 오해에 관하여 The Hot Hand in Basketball: On the Misperception of Random Sequences〉, *Cognitive Psychology* 17 (1985): 295–314.

11장 — 기준점 효과

1 Robyn LeBoeuf and Eldar Shafir, 〈길고 짧은 것: 물리적 기준점 효과 The Long and Short of It: Physical Anchoring Effects〉, *Journal of Behavioral Decision Making* 19 (2006): 393–406.

2 Nicholas Epley and Thomas Gilovich, 〈'기준점과 조정 어림짐작'에서 조정 되돌리기: 내가 만든 기준점과 실험 진행자가 제공한 기준점의 처리 방식 차이 Putting Adjustment Back in the Anchoring and Adjustment Heuristic: Differential Processing of Self-Generated and Experimenter-Provided Anchors〉, *Psychological Science* 12 (2001): 391–96.

3 Epley and Gilovich, 〈기준점과 조정 어림짐작 The Anchoring-and-Adjustment Heuristic〉.

4 Thomas Mussweiler, 〈기준점 문제 풀이에서 범주와 본보기 사용 The Use of Category and Exemplar Knowledge in the Solution of Anchoring Tasks〉, *Journal of Personality and Social Psychology* 78 (2000): 1038–52.

5 Karen E. Jacowitz and Daniel Kahneman, 〈추정에 관여하는 기준점 측정 Measures of Anchoring in Estimation Tasks〉, *Personality and Social Psychology Bulletin* 21 (1995): 1161–66.

6 Gregory B. Northcraft and Margaret A. Neale, 〈전문가, 비전문가, 그리고 부동산 중개: 기준점과 조정의 관점에서 본 부동산 가격 결정 Experts, Amateurs, and Real Estate: An Anchoring-and-Adjustment Perspective on Property Pricing Decisions〉, *Organizational Behavior and Human Decision Processes* 39 (1987): 84–97. 높은 기준점은 원래 표시 가격보다 12퍼센트 높고, 낮은 기준점은 그보다 12퍼센트 낮았다.

7   Birte Englich, Thomas Mussweiler, and Fritz Strack, 〈형 선고에서 주사위 굴리기: 전문가의 사법 결정에서 그와 무관한 기준점의 영향력Playing Dice with Criminal Sentences: The Influence of Irrelevant Anchors on Experts' Judicial Decision Making〉, *Personality and Social Psychology Bulletin* 32 (2006): 188-200.

8   Brian Wansink, Robert J. Kent, and Stephen J. Hoch, 〈구매량 결정에서 기준점과 조정 모델An Anchoring and Adjustment Model of Purchase Quantity Decisions〉, *Journal of Marketing Research* 35 (1998): 71-81.

9   Adam D. Galinsky and Thomas Mussweiler, 〈기준점으로서의 첫 번째 제안: 타자 관점 수용과 협상자 초점First Offers as Anchors: The Role of Perspective-Taking and Negotiator Focus〉, *Journal of Personality and Social Psychology* 81 (2001): 657-69.

10   Greg Pogarsky and Linda Babcock, 〈배상 상한, 의도한 기준점 효과, 교착 상태에 빠진 흥정Damage Caps, Motivated Anchoring, and Bargaining Impasse〉, *Journal of Legal Studies* 30 (2001): 143-59.

11   실험 증거를 보려면 다음을 참고하라. Chris Guthrie, Jeffrey J. Rachlinski, and Andrew J. Wistrich, 〈사법 결정에 나타나는 어림짐작 인지 착각Judging by Heuristic-Cognitive Illusions in Judicial Decision Making〉, *Judicature* 86 (2002): 44-50.

12장 — 회상 용이성의 과학

1   Amos Tversky and Daniel Kahneman, 〈회상 용이성: 빈도와 확률 판단에 쓰이는 어림짐작Availability: A Heuristic for Judging Frequency and Probability〉, *Cognitive Psychology* 5 (1973): 207-32.

2   Michael Ross and Fiore Sicoly, 〈회상 용이성과 기여도 평가에 나타난 자기중심적 편향Egocentric Biases in Availability and Attribution〉, *Journal of Personality and Social Psychology* 37 (1979): 322-36.

3   Schwarz et al., 〈정보로서의 회상 용이성Ease of Retrieval as Information〉.

4   Sabine Stepper and Fritz Strack, 〈감정적 느낌과 비감정적 느낌의 자기 수용 결정 요인Proprioceptive Determinants of Emotional and Nonemotional Feelings〉, *Journal of Personality and Social Psychology* 64 (1993): 211-20.

5   이 분야 연구를 보려면 다음을 참고하라. Rainer Greifeneder, Herbert Bless, and Michel T. Pham, 〈판단에서 감정적 느낌과 인지적 느낌에 의지하는 때는 언제인가? 리뷰When Do People Rely on Affective and Cognitive Feelings in Judgment? A Review〉, *Personality and Social Psychology Review* 15 (2011): 107-41.

6   Alexander Rotliman and Norbert Schwarz, 〈취약성 자각 구성: 건강 판단에서 개인적 연

관성과 실험 정보 이용Constructing Perceptions of Vulnerability: Personal Relevance and the Use of Experimental Information in Health Judgments〉, *Personality and Social Psychology Bulletin* 24 (1998): 1053-64.

7   Rainer Greifeneder and Herbert Bless, 〈접근 가능한 내용 의존 대 접근 가능성 경험: 기억 용량의 경우Relying on Accessible Content Versus Accessibility Experiences: The Case of Processing Capacity〉, *Social Cognition* 25 (2007): 853-81.

8   Markus Ruder and Herbert Bless, 〈기분과 회상 용이성 어림짐작 의존성Mood and the Reliance on the Ease of Retrieval Heuristic〉, *Journal of Personality and Social Psychology* 85 (2003): 20-32.

9   Rainer Greifeneder and Herbert Bless, 〈우울증, 그리고 회상이 용이했던 경험 의존도Depression and Reliance on Ease-of-Retrieval Experiences〉, *European Journal of Social Psychology* 38 (2008): 213-30.

10   Eugene M. Caruso, 〈자아 판단과 사회적 판단에서 회상 용이성 경험 이용Use of Experienced Retrieval Ease in Self and Social Judgments〉, *Journal of Experimental Social Psychology* 44 (2008): 148-55.

11   Chezy Ofir et al., 〈기억에 의존한 상점 가격 판단: 지식의 역할과 쇼핑 경험Memory-Based Store Price Judgments: The Role of Knowledge and Shopping Experience〉 *Journal of Retailing* 84 (2008): 414-23.

12   Johannes Keller and Herbert Bless, 〈미래의 감정 상태 예측하기: 회상 용이성과 직관 신뢰도가 활성화된 내용의 영향을 어떻게 조절하는가Predicting Future Affective States: How Ease of Retrieval and Faith in Intuition Moderate the Impact of Activated Content〉, *European Journal of Social Psychology* 38 (2008): 1-10.

13   Mario Weick and Ana Guinote, 〈주관적 경험이 중요할 때: 권력은 회상 용이성 의존도를 높인다When Subjective Experiences Matter: Power Increases Reliance on the Ease of Retrieval〉, *Journal of Personality and Social Psychology* 94 (2008): 956-70.

13장 — 회상 용이성, 감정, 잠재적 위험

1   다마시오의 생각은 '신체 표식 가설somatic marker hypothesis'로 알려졌으며, 많은 지지를 받는 가설이다. Antonio R. Damasio, 《데카르트의 오류: 감정, 이성, 인간의 뇌Descartes' Error: Emotion, Reason, and the Human Brain》 (New York: Putnam, 1994). Antonio R. Damasio, 〈신체 표식 가설과 전전두엽의 가능한 기능The Somatic Marker Hypothesis and the Possible Functions of the Prefrontal Cortex〉, *Philosophical Transactions: Biological Sciences* 351 (1996): 141-20.

2   Finucane et al., 〈위험과 이점 판단에서 감정 어림짐작The Affect Heuristic in Judgments of Risks and Benefits〉. Paul Slovic, Melissa Finucane, Ellen Peters, and Donald G. MacGregor, 〈감정 어

림짐작The Affect Heuristic〉, in Thomas Gilovich, Dale Griffin, and Daniel Kahneman, eds., 《어림짐작과 편향Heuristics and Biases》 (New York: Cambridge University Press, 2002), 397-420. Paul Slovic, Melissa Finucane, Ellen Peters, and Donald G. MacGregor, 〈분석으로서의 위험성과 감정으로서의 위험성: 감정, 이성, 위험, 합리성에 대하여Risk as Analysis and Risk as Feelings: Some Thoughts About Affect, Reason, Risk, and Rationality〉, *Risk Analysis* 24 (2004): 1-12. Paul Slovic, 〈신뢰, 감정, 성, 정치, 과학: 위험 평가 격전지 설문 조사Trust, Emotion, Sex, Politics, and Science: Surveying the Risk-Assessment Battlefield〉, *Risk Analysis* 19 (1999): 689-701.

3　Slovic, 〈신뢰, 감정, 성, 정치, 과학Trust, Emotion, Sex, Politics, and Science〉. 이 연구에 사용한 기술과 물질은 똑같은 문제가 발생했을 때 적용할 만한 해결책은 되지 못한다. 몇 가지 해결책을 두고 고민하는 현실적 문제에서는 비용과 편익이 음의 상관관계를 나타내게 마련이어서, 편익이 가장 큰 해결책은 비용도 가장 크다. 비전문가는, 심지어 전문가도, 이런 경우까지 상관관계를 정확히 파악하지 못할 수 있는가는 흥미로운 문제다.

4　Jonathan Haidt, 〈감정적인 개와 이성적인 꼬리: 사회제도적으로 접근하는 도덕적 판단The Emotional Dog and Its Rational Tail: A Social Institutionist Approach to Moral Judgment〉, *Psychological Review* 108 (2001): 814-34.

5　Paul Slovic, 《위험 판단 심리학The Perception of Risk》 (Sterling, VA: EarthScan, 2000).

6　Timur Kuran and Cass R. Sunstein, 〈회상 용이성 폭포와 위험 규제Availability Cascades and Risk Regulation〉, *Stanford Law Review* 51 (1999): 683-768. 종합환경대책보상책임법CERCLA: Comprehensive Environmental Response, Compensation, and Liability Act, 1980년 통과.

7　알라 사건에서 사과 재배자들 편에서 증언한 폴 슬로빅은 약간 다른 견해를 보였다. "이 공포는 CBS 〈60분60 Minutes〉에서 촉발되었다. 이 프로그램은 4,000명의 아이가 암으로 사망할 것이라며(개연성 없는 주장) 머리가 다 빠진 채 암 병동에 입원한 아이들의 끔찍한 모습을 보여주는 등 많은 엉터리 주장을 내놓았다. 또, 이 사건에서 환경보호청EPA은 알라의 안전성을 평가하지 못하는 무능을 드러내어 규제에 대한 신뢰를 무너뜨렸다. 이런 점에서 볼 때, 나는 대중의 반응은 합리적이었다고 생각한다."(사적인 대화. May 11, 2011.)

14장 ― 톰W의 전공

1　이 예는 다음에서 가져왔다. Max H. Bazerman and Don A. Moore, 《판단과 결정Judgment in Managerial Decision Making》 (New York: Wiley, 2008).

2　Jonathan St. B. T. Evans, 〈논리적 사고에서 어림짐작과 분석적 사고Heuristic and Analytic Processes in Reasoning〉, *British Journal of Psychology* 75 (1984): 451-68.

3　Norbert Schwarz et al., 〈기저율, 대표성, 그리고 대화의 논리: '무관한' 정보가 관련 있는 정

보가 될 때Base Rates, Representativeness, and the Logic of Conversation: The Contextual Relevance of 'Irrelevant' Information⟩, *Social Cognition* 9 (1991): 67-84.

4 Alter, Oppenheimer, Epley, and Eyre, ⟨직관 넘어서기Overcoming Intuition⟩.

5 진단 문제를 생각해보자. 친구가 질병 검사를 받았다. 이 병은 희귀병이라서, 검사를 받은 사람 중에 실제로 병에 걸린 경우는 600명 중 한 명에 불과하다. 그런데 검사 결과 양성 판정이 나왔다. 검사 정확도는 꽤 높은 편이어서, 병에 걸렸을 가능성 비율은 25:1, 즉 이 병에 걸린 사람이 양성반응이 나올 확률은 병에 걸리지 않았는데도 양성반응이 나올 확률의 25배다. 따라서 양성 반응은 날벼락 같은 소식이지만, 이 친구가 이 병에 걸렸을 가능성은 1/600에서 25/600로 높아진 것뿐이며, 확률로는 4퍼센트다.

6 기저율이 3퍼센트 경우만 계산해보자.
컴퓨터과학 전공자 비율: 3퍼센트, 다른 분야 전공자 비율: 97퍼센트
성격 묘사가 컴퓨터과학 전공자에 해당할 확률 : 성격 묘사가 다른 전공자에 해당할 확률 = 80
퍼센트 : 20퍼센트
베이즈 정리에 따라 톰 W가 컴퓨터과학자일 확률

$$= \frac{(3\% \times 80\%)}{(3\% \times 80\%) + (97\% \times 20\%)} = 11\%$$

15장 — 린다:적은게많은것이다

1 Amos Tversky and Daniel Kahneman, ⟨확장적 추론 대 직관적 추론: 확률 판단에서 결합 오류Extensional Versus Intuitive Reasoning: The Conjunction Fallacy in Probability Judgment⟩, *Psychological Review* 90 (1983), 293-315.

2 Stephen Jay Gould, 《브론토사우르스, 그깟 게 뭐라고Bully for Brontosaurus》 (New York: Norton, 1991)

3 Ralph Hertwig and Gerd Gigerenzer, ⟨'결합 오류' 재고: 현명한 추리가 추론 오류로 보일 때The 'Conjunction Fallacy' Revisited: How Intelligent Inferences Look Like Reasoning Errors⟩, *Journal of Behavioral Decision Making* 12 (1999): 275-305; Ralph Hertwig, Bjoern Benz, and Stefan Krauss, ⟨결합 오류와 '그리고'의 여러 의미The Conjunction Fallacy and the Many Meanings of And⟩, *Cognition* 108 (2008): 740-53.

4 Barbara Mellers, Ralph Hertwig, and Daniel Kahneman, ⟨빈도 표기가 결합 효과를 없앨까? 적대적 협력에서의 실험Do Frequency Representations Eliminate Conjunction Effects? An Exercise in Adversarial Collaboration⟩, *Psychological Science* 12 (2001): 269-75.

16장 — 인과관계는 통계를 이긴다

1 블루 택시 비율: 15퍼센트, 그린 택시 비율: 85퍼센트

목격자의 증언이 맞을 확률(정말 블루 택시였을 확률): 80퍼센트

목격자의 증언이 틀릴 확률(실제로는 그린 택시였을 확률): 20퍼센트

베이즈 정리에 따라 사고 택시가 블루일 확률

$$= \frac{(15\% \times 80\%)}{(15\% \times 80\%) + (85\% \times 20\%)} = 41\%$$

2 Amos Tversky and Daniel Kahneman, 〈불확실한 상황에서의 판단에 끼어드는 인과관계 도식 Causal Schemas in Judgments Under Uncertainty〉, in 《사회심리학의 발전 Progress in Social Psychology》, ed. Morris Fishbein (Hillsdale, NJ: Erlbaum, 1980), 49-72.

3 Richard E. Nisbett and Eugene Borgida, 〈귀인과 예측 심리학 Attribution and the Psychology of Prediction〉, *Journal of Personality and Social Psychology* 32 (1975): 932-43.

4 John M. Darley and Bibb Latane, 〈응급 상황에서 구경꾼의 개입: 책임 분산 Bystander Intervention in Emergencies: Diffusion of Responsibility〉, *Journal of Personality and Social Psychology* 8 (1968): 377-83.

17장 — 평균 회귀

1 Michael Bulmer, 《프랜시스 골턴: 유전과 생물통계학 Francis Galton: Pioneer of Heredity and Biometry》 (Baltimore: Johns Hopkins University Press, 2003).

2 표준 점수는 원 점수에서 평균을 뺀 뒤 그것을 표준편차로 나눠 구한다. 표준 점수의 평균은 0, 표준편차는 1이며, 종류가 다른 변수를 비교할 수 있고(특히 원 점수의 통계 분포가 비슷할 때), 유익한 수학적 특성을 많이 가지고 있다. 골턴은 상관관계와 회귀의 성질을 파악하기 위해 표준 점수를 이해해야 했다.

3 아이들이 영양실조에 걸리는 환경이라면 이야기가 다르다. 이때는 영양소 차이가 중요하고, 부모와 자식이 공유하는 비율은 줄어들 것이며, (영양실조에 걸린 아이들의 부모 역시 어렸을 때 굶주림으로 발육에 지장을 받지 않은 한) 부모 키와 자녀 키의 상관관계도 줄어들 것이다.

4 이 상관관계는 미국에서 매우 큰 표본을 추출해 계산한 결과다. 갤럽 헬스웨이스 행복 지수 Gallup-Healthways Well-Being Index.

5 언뜻 상관관계가 높아 보인다. 하지만 여러 해 전에 사회학자 크리스토퍼 젱크스 Christopher Jencks 에게서, 모든 사람이 똑같은 교육을 받아도 (표준편차로 측정한) 소득 불평등은 고작 9퍼센트 줄어들 뿐이라는 이야기를 듣고 깜짝 놀랐었다. 관련 공식은 $\sqrt{(1 - r^2)}$ (r: 상관관계)다.

6 두 변수를 표준 점수로 측정해보면, 그러니까 각 점수에서 평균을 제거하고 그 결과를 표준편차로 나눠보면 알 수 있다.

7 Howard Wainer, 〈가장 위험한 등식The Most Dangerous Equation〉, *American Scientist* 95 (2007): 249-56.

18장 — 직관적 예측 길들이기

1 관찰한 여러 값을 기준으로 이후 값을 예측하는 함수 또는 방정식을 만들 때 흔히 관찰 값과 그 방정식에서 나온 값의 오차 총합(관찰 값과 방정식에서 구한 값의 차이의 제곱의 합)이 가장 적은 방정식을 찾는데, 이 방법을 '최소제곱법'(다른 말로 최소자승법, 최소제곱추정법, 최소자승추정법 등)이라 한다.

3부_ 과신

19장 — 이해 착각

1 Nassim Nicholas Taleb, 《블랙 스완: 0.1퍼센트의 가능성이 모든 것을 바꾼다The Black Swan: The Impact of the Highly Improbable》(New York: Random House, 2007).

2 7장 참고.

3 Michael Lewis, 《머니볼Moneyball: The Art of Winning an Unfair Game》(New York: Norton, 2003).

4 Seth Weintraub, 〈익사이트, 1999년 75만 달러에 구글 매입할 기회 놓치다Excite Passed Up Buying Google for $750,000 in 1999〉, *Fortune, September* 29, 2011.

5 Richard E. Nisbett and Timothy D. Wilson, 〈알 수 있는 것 이상을 말하기: 정신 과정에 관한 구술 보고Telling More Than We Can Know: Verbal Reports on Mental Processes〉, *Psychological Review* 84 (1977): 231-59.

6 Baruch Fischhoff and Ruth Beyth, 〈내 그럴 줄 알았다: 한때 미래의 일이었던 것을 기억하는 확률I Knew It Would Happen: Remembered Probabilities of Once Future Things〉, *Organizational Behavior and Human Performance* 13 (1975): 1-16.

7 Jonathan Baron and John C. Hershey, 〈결정 평가에 나타난 결과 편향Outcome Bias in Decision Evaluation〉, *Journal of Personality and Social Psychology* 54 (1988): 569-79.

8 Kim A. Kamin and Jeffrey Rachlinski, 〈사후≠사전: 사후 판단에서 책임 결정Ex Post≠Ex Ante: Determining Liability in Hindsight〉, *Law and Human Behavior* 19 (1995): 89-104. Jeffrey

J. Rachlinski, 〈사후 판단에 나타난 긍정적 심리 이론A Positive Psychological Theory of Judging in Hindsight〉, *University of Chicago Law Review* 65 (1998): 571-625.

9   Jeffrey Goldberg, 〈워싱턴에서 온 편지: 우드워드 대 테닛Letter from Washington: Woodward vs. Tenet〉, *New Yorker*, May 21, 2007, 35-38. Tim Weiner, 《잿더미의 유산: 한국전쟁에서 이라크전쟁까지 세계 역사를 조종한 CIA의 모든 것Legacy of Ashes: The History of the CIA》 (New York: Doubleday, 2007). 〈스파이: 점을 만들다Espionage: Inventing the Dots〉, *Economist, November 3*, 2007, 100.

10   Philip E. Tetlock, 〈책임: 판단과 선택에서 무시된 사회적 맥락Accountability: The Neglected Social Context of Judgment and Choice〉, *Research in Organizational Behavior* 7 (1985): 297-332.

11   Marianne Bertrand and Antoinette Schoar, 〈품위 있게 경영하기: 매니저가 기업 정책에 미치는 영향Managing with Style: The Effect of Managers on Firm Policies〉, *Quarterly Journal of Economics* 118 (2003): 1169-1208. Nick Bloom and John Van Reenen, 〈기업별, 국가별 경영 방식 측정과 설명Measuring and Explaining Management Practices Across Firms and Countries〉, *Quarterly Journal of Economics* 122 (2007): 1351-1408.

12   이 문제는 밴더빌트대학의 제임스 스타이거James H. Steiger 교수의 분석을 빌려왔다. 그는 타당한 가정 아래 이 문제에 답하는 알고리즘을 개발했다. 그의 분석에 따르면, 이 상관관계는 각각 0.20과 0.40이며, 도치 비율은 43퍼센트와 37퍼센트다.

13   《헤일로 이펙트The Halo Effect》는 〈파이낸셜 타임스Financial Times〉와 〈월스트리트 저널The Wall Street Journal〉이 그해 최고의 경영서 중 하나라는 찬사를 보냈다. Phil Rosenzweig, 《헤일로 이펙트: 기업의 성공을 가로막는 9가지 망상The Halo Effect: ...and the Eight Other Business Delusions That Deceive Managers》 (New York: Simon & Schuster, 2007). 다음도 참고하라. Paul Olk and Phil Rosenzweig, 〈후광 효과와 경영 연구의 도전: 필 로젠츠바이크와 폴 올크의 대화The Halo Effect and the Challenge of Management Inquiry: A Dialog Between Phil Rosenzweig and Paul Olk〉, *Journal of Management Inquiry* 19 (2010): 48-54.

14   ames C. Collins and Jerry I. Porras, 《성공하는 기업들의 8가지 습관Built to Last: Successful Habits of Visionary Companies》 (New York: Harper, 2002).

15   최고경영자의 예측도 대단히 믿을 만하다고 보기 어렵다. 내부자거래를 광범위하게 조사한 결과, 임원들이 자기 회사 주식을 거래할 때는 시장보다 높은 수익을 올리지만, 남보다 더 벌어들인 수익은 고작해야 거래 비용을 충당할 정도다. H. Nejat Seyhun, 〈총 내부자거래의 정보The Information Content of Aggregate Insider Trading〉, *Journal of Business* 61 (1988): 1-24; Josef Lakonishok and Inmoo Lee, 〈내부자거래에는 정보가 풍부할까?Are Insider Trades Informative?〉, *Review of Financial Studies* 14 (2001): 79-111; Zahid Iqbal and Shekar Shetty, 〈내부자거래와 주식 수익의 인과관계 연구An Investigation of Causality Between Insider Transactions and Stock Returns〉,

Quarterly Review of Economics and Finance 42 (2002): 41-57.

16 Rosenzweig, 《헤일로 이펙트The Halo Effect》.

17 Deniz Anginer, Kenneth L. Fisher, and Meir Statman, 〈존경받는 기업과 비판받는 기업의 주식Stocks of Admired Companies and Despised Ones〉, 진행 중인 논문, 2007.

18 제이슨 츠바이크Jason Zweig는 최고경영자를 뽑을 때 회귀를 따지지 않아서 손해 보는 판단을 내리는 사례를 설명한다. 실적이 부진한 기업은 외부로 눈을 돌려, 최근에 높은 수익을 올린 기업에서 최고경영자를 영입하려는 성향이 있다. 새로 들어온 최고경영자는 적어도 일시적으로는 기업의 실적을 호전시키고 그 공을 인정받는다.(한편 그가 바로 전에 근무했던 기업에서는 그의 후임으로 들어온 사람이 고전을 면치 못한다. 이를 본 현재 기업의 사장은 '적임자'를 고용했다고 확신한다.) 최고경영자가 회사를 떠날 때면 그를 영입한 기업은 그가 가지고 있던 예전 회사 지분을 (주식과 옵션으로) 사들여야 한다. 이로써 앞으로의 보상에 기준을 마련하게 되는데, 이 기준은 새 회사에서의 실적과는 무관하다. 이런 식으로 수천만 달러를 '개인' 성취의 포상으로 지급하지만, 사실 그 성취는 주로 회귀와 후광 효과에서 나온 것이다.(사적인 대화. December 29, 2009)

20장 — 타당성 착각

1 Brad M. Barber and Terrance Odean, 〈주식거래는 당신의 부를 위협한다: 개인 투자자의 공통된 주식 투자 방식Trading Is Hazardous to Your Wealth: The Common Stock Investment Performance of Individual Investors〉, *Journal of Finance* 55 (2002): 773-806.

2 Brad M. Barber and Terrance Odean, 〈사내들이 다 그렇지: 성별, 과신, 일반적 주식 투자Boys Will Be Boys: Gender, Overconfidence, and Common Stock Investment〉, *Quarterly Journal of Economics* 116 (2006): 261-92.

3 이를 '성향 효과'라 하는데, 32장에서 자세히 다룰 예정이다.

4 Brad M. Barber and Terrance Odean, 〈반짝이는 모든 것: 주목과 뉴스가 개인 투자자와 기관 투자자의 매수에 미치는 효과All That Glitters: The Effect of Attention and News on the Buying Behavior of Individual and Institutional Investors〉, *Review of Financial Studies* 21 (2008): 785-818.

5 대만의 주식거래 연구 결과, 개인에게서 금융기관으로 옮겨가는 부는 국내총생산GDP의 무려 2.2퍼센트에 이른다. Brad M. Barber, Yi-Tsung Lee, Yu-Jane Liu, and Terrance Odean, 〈개인 투자자가 주식거래로 손해를 보는 금액이 어느 정도일까?Just How Much Do Individual Investors Lose by Trading?〉, *Review of Financial Studies* 22 (2009): 609-32.

6 John C. Bogle, 《승자의 게임: 존 보글의 투자 철학Common Sense on Mutual Funds: New Imperatives for the Intelligent Investor》 (New York: Wiley, 2000), 213.

7 Mark Grinblatt and Sheridan Titman, 〈뮤추얼펀드 실적의 지속성The Persistence of Mutual Fund

Performance〉, *Journal of Finance* 42 (1992): 1977-84. Edwin J. Elton et al., 〈위험 조정 뮤추얼펀드 실적의 지속성 The Persistence of Risk-Adjusted Mutual Fund Performance〉, *Journal of Business* 52 (1997): 1-33. Edwin Elton et al., 〈값비싼 정보의 효율성: 포트폴리오 관리에서 나온 증거 재해석 Efficiency With Costly Information: A Re-interpretation of Evidence from Managed Portfolios〉, *Review of Financial Studies* 6 (1993): 1-21.

8   Philip E. Tetlock, 《전문가의 정치 판단: 얼마나 유용하고, 그 유용성을 어떻게 알 수 있을까? Expert Political Judgment: How Good Is It? How Can We Know?》 (Princeton: Princeton University Press, 2005), 233.

21장 — 직관 대 공식

1   Paul Meehl, 〈당혹스러운 내 작은 책의 원인과 결과 Causes and Effects of My Disturbing Little Book〉, *Journal of Personality Assessment* 50 (1986): 370-75.

2   1990~1991년 경매를 예로 들면, 런던에서 1960년산 샤토 라투르는 평균 464달러, 최고로 인정받는 1961년산은 평균 5,432달러에 팔렸다.

3   Paul J. Hoffman, Paul Slovic, and Leonard G. Rorer, 〈임상 판단에서 배열 실마리 활용 평가를 위한 변량 분석 모델 An Analysis-of-Variance Model for the Assessment of Configural Cue Utilization in Clinical Judgment〉, *Psychological Bulletin* 69 (1968): 338-39.

4   Paul R. Brown, 〈내부 회계 기능 평가에 나타난 독립 회계감사원의 판단 Independent Auditor Judgment in the Evaluation of Internal Audit Functions〉, *Journal of Accounting Research* 21 (1983): 444-55.

5   James Shanteau, 〈의사결정 전문가의 심리적 특성과 전략 Psychological Characteristics and Strategies of Expert Decision Makers〉, *Acta Psychologica* 68 (1988): 203-15.

6   Danziger, Levav, and Avnaim-Pesso, 〈사법 결정에 끼어든 외부 요소들 Extraneous Factors in Judicial Decisions〉.

7   Richard A. DeVaul et al., 〈처음에 입학이 거부된 학생들의 의과대학 성적 Medical-School Performance of Initially Rejected Students〉, *JAMA* 257 (1987): 47-51. Jason Dana and Robyn M. Dawes, 〈체계 없는 면접에 대한 믿음: 지속되는 착각 Belief in the Unstructured Interview: The Persistence of an Illusion〉, 진행 중인 논문, Department of Psychology, University of Pennsylvania, 2011. William M. Grove et al., 〈임상 예측 대 기계적 예측: 메타 분석 Clinical Versus Mechanical Prediction: A Meta-Analysis〉, *Psychological Assessment* 12 (2000): 19-30.

8   Robyn M. Dawes, 〈부적절한 선형 모형이 결정에 기여하는 강력한 장점 The Robust Beauty of Improper Linear Models in Decision Making〉, *American Psychologist* 34 (1979): 571-82.

9   Jason Dana and Robyn M. Dawes, 〈사회과학 예측에서 회귀보다 단순한 방식의 우월성 The

Superiority of Simple Alternatives to Regression for Social Science Predictions〉, *Journal of Educational and Behavioral Statistics* 29 (2004): 317-31.

10   Virginia Apgar, 〈새로운 신생아 검사법 제안A Proposal for a New Method of Evaluation of the Newborn Infant〉, *Current Researches in Anesthesia and Analgesia* 32 (1953): 260-67. Mieczyslaw Finster and Margaret Wood, 〈세월의 검증을 거친 애프거 점수The Apgar Score Has Survived the Test of Time〉, *Anesthesiology* 102 (2005): 855-57.

11   Atul Gawande, 《체크! 체크리스트: 완벽한 사람은 마지막 2분이 다르다The Checklist Manifesto: How to Get Things Right》 (New York: Metropolitan Books, 2009).

12   Paul Rozin, 〈'자연산'의 의미: 내용보다 처리 과정이 중요하다The Meaning of 'Natural': Process More Important than Content〉, *Psychological Science* 16 (2005): 652-58.

22장 — 전문가의 직관: 언제 신뢰해야 할까?

1   Mellers, Hertwig, and Kahneman, 〈빈도 표기가 결합 효과를 없앨까?Do Frequency Representations Eliminate Conjunction Effects?〉.

2   Klein, 《인튜이션Sources of Power》.

3   로스앤젤레스에 있는 게티 박물관Getty Museum은 걷는 소년 상 쿠로스의 구입을 앞두고, 그리스 조각의 세계적 권위자들을 불러 조각상을 보여주었다. 전문가들은 한 사람씩 소위 '직관적 거부감'을 드러냈다. 이 쿠로스 상은 2,500년 전에 만들어진 조각이 아니라 근래에 만들어진 가짜라는 강한 육감이었다. 누구도 가짜라고 생각하는 이유를 곧바로 말하지는 못했다. 그나마 가장 구체적인 근거를 제시한 사람은 이탈리아 미술사가였는데, 그는 조각의 손톱이 "이상해 보인다"고 했다. 하지만 정확히 어떤 점이 이상한지는 알 수 없었다. 유명한 미국 전문가는 "새롭다"라는 말이 가장 먼저 머릿속에 떠올랐다고 했고, 그리스 전문가는 단호히 이렇게 말했다. "땅속에서 나온 조각상을 한 번이라도 봤던 사람이라면 이 조각상은 땅속에 묻힌 적이 없다는 것을 알 수 있다." 결론은 같은데 공통된 이유를 내놓지 못했다는 점이 놀랍고, 또 다소 미심쩍기도 하다.

4   사이먼은 20세기의 독보적 지식인으로 손꼽힌다. 그는 조직 내 결정에 관한 고전을 저술했으며, 많은 업적 중에도 특히 인공지능 분야를 창시한 사람 중 한 명이자 인지과학의 선두주자이며, 과학적 발견 과정에 관심이 많은 학자였고, 행동경제학의 선구자였다. 그리고 구태여 덧붙이자면, 노벨 경제학상을 받았다고나 할까.

5   Simon, 〈행동을 어떻게 설명할 것인가?What Is an Explanation of Behavior〉, David G. Myers, 《직관의 두 얼굴Intuition: Its Powers and Perils》 (New Haven: Yale University Press, 2002), 56.

6   Seymour Epstein, 〈직관 신화 벗기기: 직관이 무엇이고, 무엇을 하며, 어떻게 하는가Demystifying

Intuition: What It Is, What It Does, How It Does It〉, *Psychological Inquiry* 21 (2010): 295-312.

7   Foer, 《1년 만에 기억력 천재가 된 남자Moonwalking with Einstein》.

23장 — 외부 관점

1   많은 사람이 이 명칭을 잘못 이해해, 정확한 명칭은 '내부자 관점insider view', '외부자 관점outsider view'이려니 생각하는데, 이 두 용어는 우리 생각과 거리가 멀다.

2   Dan Lovallo and Daniel Kahneman, 〈소심한 선택과 과감한 예측: 위험 떠안기를 바라보는 인지적 관점 Timid Choices and Bold Forecasts: A Cognitive Perspective on Risk Taking〉, *Management Science* 39 (1993): 17-31. Daniel Kahneman and Dan Lovallo, 〈성공의 기만: 낙관주의는 어떻게 경영자의 결단을 약화시키는가 Delusions of Success: How Optimism Undermines Executives' Decisions〉, *Harvard Business Review* 81 (2003): 56-63.

3   Richard E. Nisbett and Lee D. Ross, 《인간의 추론: 사회적 판단의 전략과 단점 Human Inference: Strategies and Shortcomings of Social Judgment》 (Englewood Cliffs, NJ: Prentice-Hall, 1980).

4   증거 중심 의학을 회의적으로 바라보는 사례는 다음을 참고하라. Jerome Groopman, 《닥터스 씽킹 How Doctors Think》 (New York: Mariner Books, 2008), 6.

5   Daniel Kahneman and Amos Tversky, 〈직관적 예측: 편향과 올바른 절차 Intuitive Prediction: Biases and Corrective Procedures〉, *Management Science* 12 (1979): 313-27.

6   Rt. Hon. The Lord Fraser of Carmyllie, 〈홀리루드 조사, 최종 보고서 The Holyrood Inquiry, Final Report〉, September 8, 2004, www.holyroodinquiry.org/FINAL_report/report.htm.

7   Brent Flyvbjerg, Mette K. Skamris Holm, and Søren L. Buhl, 〈공공사업 프로젝트에서 수요 예측은 얼마나 (부)정확한가? How (In)accurate Are Demand Forecasts in Public Works Projects?〉, *Journal of the American Planning Association* 71 (2005): 131-46.

8   〈2002년 비용 대 가치 보고서 2002 Cost vs. Value Report〉, *Remodeling, November* 20, 2002.

9   Brent Flyvbjerg, 〈노벨상에서 프로젝트 관리까지: 위험 감수의 올바른 방식 From Nobel Prize to Project Management: Getting Risks Right〉, *Project Management Journal* 37 (2006): 5-15.

10   Hal R. Arkes and Catherine Blumer, 〈매몰 비용의 심리학 The Psychology of Sunk Cost〉, *Organizational Behavior and Human Decision Processes* 35 (1985): 124-40. Hal R. Arkes and Peter Ayton, 〈매몰 비용과 콩코드 효과: 인간은 하등동물보다 덜 합리적인가? The Sunk Cost and Concorde Effects: Are Humans Less Rational Than Lower Animals?〉, *Psychological Bulletin* 125 (1998): 591-600.

24장 — 자본주의의 동력

1   Miriam A. Mosing et al., 〈낙관주의에 영향을 미치는 유전적, 환경적 영향, 그리고 낙관주의와 정신 건강, 낙관주의와 스스로 평가하는 건강과의 관계: 노령의 쌍둥이 연구Genetic and Environmental Influences on Optimism and Its Relationship to Mental and Self-Rated Health: A Study of Aging Twins〉, *Behavior Genetics* 39 (2009): 597-604. David Snowdon, 《우아한 노년: 더 오래, 더 건강하게, 더 의미 있게 사는 삶에 관한 수녀들의 가르침Aging with Grace: What the Nun Study Teaches Us About Leading Longer, Healthier, and More Meaningful Lives》(New York: Bantam Books, 2001).

2   Elaine Fox, Anna Ridgewell, and Chris Ashwin, 〈밝은 면을 보다: 편향된 주의 집중과 인간의 세로토닌 수송체 유전자Looking on the Bright Side: Biased Attention and the Human Serotonin Transporter Gene〉, *Proceedings of the Royal Society B* 276 (2009): 1747-51.

3   Manju Puri and David T. Robinson, 〈낙관주의와 경제 선택Optimism and Economic Choice〉, *Journal of Financial Economics* 86 (2007): 71-99.

4   Lowell W. Busenitz and Jay B. Barney, 〈사업가와 대규모 조직의 관리자의 차이: 전략적 결정에서 편향과 어림짐작Differences Between Entrepreneurs and Managers in Large Organizations: Biases and Heuristics in Strategic Decision-Making〉, *Journal of Business Venturing* 12 (1997): 9-30.

5   사업에 실패해도 실패에서 많은 것을 배웠다는 아마도 잘못된 믿음 탓에 자신감은 계속 유지된다. Gavin Cassar and Justin Craig, 〈신생 기업 활동에 나타난 사후 판단 편향 연구An Investigation of Hindsight Bias in Nascent Venture Activity〉, *Journal of Business Venturing* 24 (2009): 149-64.

6   Keith M. Hmieleski and Robert A. Baron, 〈사업가의 낙관주의와 신생 기업의 실적: 사회 인지적 관점Entrepreneurs' Optimism and New Venture Performance: A Social Cognitive Perspective〉, *Academy of Management Journal* 52 (2009): 473-88. Matthew L. A. Hayward, Dean A. Shepherd, and Dale Griffin, 〈기업 활동에서 자만 이론A Hubris Theory of Entrepreneurship〉, *Management Science* 52 (2006): 160-72.

7   Arnold C. Cooper, Carolyn Y. Woo, and William C. Dunkelberg, 〈사업가가 느끼는 성공 가능성Entrepreneurs' Perceived Chances for Success〉, *Journal of Business Venturing* 3 (1988): 97-108.

8   Thomas Astebro and Samir Elhedhli, 〈단순한 결정 어림짐작의 유효성: 초기 단계 벤처 기업의 상업적 성공 예측The Effectiveness of Simple Decision Heuristics: Forecasting Commercial Success for Early-Stage Ventures〉, *Management Science* 52 (2006): 395-409.

9   Thomas Astebro, 〈독자적 발명으로 돌아가다: 비현실적 낙관주의인가, 위험 추구인가, 비뚤어진 사랑인가?The Return to Independent Invention: Evidence of Unrealistic Optimism, Risk Seeking or Skewness

Loving?〉, *Economic Journal* 113 (2003): 226–39.

10 Eleanor F. Williams and Thomas Gilovich, 〈사람들은 정말로 자기가 평균 이상이라고 생각할까?Do People Really Believe They Are Above Average?〉, *Journal of Experimental Social Psychology* 44 (2008): 1121–28.

11 Richard Roll, 〈기업 인수의 자만 가설The Hubris Hypothesis of Corporate Takeovers〉, *Journal of Business* 59 (1986): 197–216, part 1. 이 놀라운 초기 논문은 합리성 가정에 어긋난 합병 인수를 두고 행동 분석을 하는데, 이때는 이런 분석이 널리 퍼지기 한참 전이다.

12 Ulrike Malmendier and Geoffrey Tate, 〈어떤 기업이 인수를 하는가? 최고경영자의 과신과 시장의 반응Who Makes Acquisitions? CEO Overconfidence and the Market's Reaction〉, *Journal of Financial Economics* 89 (2008): 20–43.

13 Ulrike Malmendier and Geoffrey Tate, 〈슈퍼스타 CEOSuperstar CEOs〉, *Quarterly Journal of Economics* 24 (2009), 1593–1638.

14 Paul D. Windschitl, Jason P. Rose, Michael T. Stalkfleet, and Andrew R. Smith, 〈사람들의 자기중심성은 과도한가, 적절한가? 낙관주의의 편향과 정확도를 이해하는 모델링 접근법Are People Excessive or Judicious in Their Egocentrism? A Modeling Approach to Understanding Bias and Accuracy in People's Optimism〉, *Journal of Personality and Social Psychology* 95 (2008): 252–73.

15 경쟁 간과는 이베이eBay에서 판매자들이 경매를 마감하기로 결정할 때도 나타난다. 쉬운 질문: 응찰자가 가장 많이 몰릴 때는 몇 시일까? 대답: 오후 7시경(EST). 판매자가 대답해야 하는 더 어려운 질문: 경매가 절정에 이를 때 경매를 마감하는 판매자가 얼마나 될까를 따져본다면, 내 경매에 응찰자가 가장 많이 몰릴 때는 몇 시일까? 대답: 판매자 수에 비해 응찰자 수가 많을 때인 정오쯤. 경쟁을 염두에 둔 판매자라면 높은 가격을 받기 위해 판매자가 몰리는 시간은 피한다. Uri Simonsohn, 〈이베이에서 붐비는 저녁: 시장 진입 결정에서 경쟁 간과eBay's Crowded Evenings: Competition Neglect in Market Entry Decisions〉, *Management Science* 56 (2010): 1060–73.

16 Eta S. Berner and Mark L. Graber, 〈의료 행위에서 진단 오류의 원인이 된 과신Overconfidence as a Cause of Diagnostic Error in Medicine〉, *American Journal of Medicine* 121 (2008): S2–S23.

17 Pat Croskerry and Geoff Norman, 〈임상 결정에서의 과신Overconfidence in Clinical Decision Making〉, *American Journal of Medicine* 121 (2008): S24–S29.

18 Kahneman and Lovallo, 〈소심한 선택과 과감한 예측Timid Choices and Bold Forecasts〉.

19 J. Edward Russo and Paul J. H. Schoemaker, 〈과신 관리하기Managing Overconfidence〉, *Sloan Management Review* 33 (1992): 7–17.

4부_ 선택

25장 — 베르누이 오류

1 Clyde H. Coombs, Robyn M. Dawes, and Amos Tversky, 《수리심리학: 기초 입문서Mathematical Psychology: An Elementary Introduction》 (Englewood Cliffs, NJ: Prentice-Hall, 1970).

2 감각과 지각의 여러 차원에 적용되는 이 법칙은 애초 발견자인 독일 심리학자 에른스트 하인리히 베버Ernst Heinrich Weber의 이름을 따 '베버의 법칙'으로 알려져 있다. 페히너는 베버의 법칙을 기초로 정신물리 로그함수를 구했다.

3 베르누이의 직관은 옳았고, 경제학자들은 여전히 많은 맥락에서, 수입 로그함수, 부 로그함수를 사용한다. 예를 들어 앵거스 디턴Angus Deaton이 여러 나라 사람들의 평균 삶 만족도를 그 나라 국내총생산GDP과 비교해 조사할 때, 수입 척도로 GDP 로그함수를 이용했다. 그 결과, 둘은 대단히 밀접한 관계가 있었다. 즉, GDP가 높은 나라에 사는 사람들은 낮은 나라에 사는 사람보다 자기 삶의 질에 훨씬 높은 만족도를 보였고, 수입이 두 배 늘어날 때 부자 나라와 가난한 나라에서 삶의 만족도가 거의 같은 증가율을 보였다.

4 다니엘 베르누이의 사촌인 니콜라우스 베르누이Nicolaus Bernoulli는 이런 문제를 냈다. "동전을 반복해 던지는 게임을 한다. 앞면이 나오면 2달러를 받는다. 그리고 앞면이 연이어 나올 때마다 상금은 두 배가 된다. 뒷면이 나오면 게임은 끝난다. 이 게임을 할 기회를 얻는 대가로 얼마를 내겠는가?" 사람들은 이 게임의 가치를 2달러 이상 쳐주지 않는다. 사실 이 게임의 기댓값은 무한대다. 한 번 던질 때 기댓값은 1달러이고, 상금은 무한히 늘어나기 때문이다. 그러나 상금의 효용이 아주 천천히 커져서 이 게임은 큰 매력이 없다.

5 베르누이 이론이 오래 살아남은 이유는 더 있다. 하나는 여러 도박을 놓고 선택하는 문제를 만들 때 으레 이익이냐 손실이냐의 관점으로 따진다는 것이다. 주변에서 위험을 떠안는 사람을 많이 보면서도, 나쁜 옵션만 남았을 때의 선택을 고려하는 사람은 많지 않았다. 베르누이 이론을 선호하는 또 다른 현실적 이유는 부의 최종 상태만 생각하고 과거는 무시하는 태도는 매우 타당한 때도 많다는 것이다. 경제학자들은 전통적으로 합리적 선택에 관심을 두었고, 베르누이 모델은 그들의 목적에 부합했다.

26장 — 전망 이론

1 Stanley S. Stevens, 〈페히너를 기리고 그의 법칙을 폐기하며To Honor Fechner and Repeal His Law〉, *Science* 133 (1961): 80-86. Stevens, 《정신물리학Psychophysics》.

2 이 문장을 쓰면서 가치함수 그래프는 이미 하나의 상징으로 사용된다는 사실이 생각났다. 노벨

상 수상자들은 자신에게만 해당하는 그림이 들어간 상장을 받는데, 아마도 그 그림은 노벨상 위원회가 선정하지 않나 싶다. 내가 받은 노벨상 상장에는 〈그림 10〉의 그래프를 단순화한 그림이 들어갔다.

3 Nathan Novemsky and Daniel Kahneman, 〈손실 회피의 경계The Boundaries of Loss Aversion〉, *Journal of Marketing Research* 42 (2005): 119-28.

4 Peter Sokol-Hessner et al., 〈전문 거래인처럼 생각하면 개인의 손실 회피가 줄어든다Thinking Like a Trader Selectively Reduces Individuals' Loss Aversion〉, *PNAS* 106 (2009): 5035-40.

5 나는 여러 해 동안 해마다 동료 버턴 맬킬Burton Malkiel의 기초 금융 수업에 초청 받아 강의를 했었다. 베르누이 이론의 문제점은 매해 빠지지 않는 주제였는데, 라빈의 증거를 처음 언급했을 때 동료의 태도가 눈에 띄게 달라졌다. 그는 예전보다 훨씬 진지하게 결론을 받아들이려고 했다. 수학에 근거한 주장은 상식에 호소하는 방식보다 설득력이 훨씬 강하다. 특히 경제학자들이 이 점에 민감하다.

6 이 증거에서 나타난 직관은 한 가지 예를 들어 설명할 수 있다. 부가 W인 사람이 11달러를 딸 확률 50퍼센트, 10달러를 잃을 확률 50퍼센트인 도박을 거부한다고 해보자. 부의 효용함수가 아래로 오목한 형태면, 이 사람의 선호도는 21달러 구간에서 1달러 가치가 무려 9퍼센트 넘게 줄었다는 뜻이다! 이는 보기 드문 가파른 감소이며, 도박이 극단으로 갈수록 이 효과는 꾸준히 증가한다.

7 Matthew Rabin, 〈위험 회피와 기대효용 이론: 수치 조정 정리Risk Aversion and Expected-Utility Theory: A Calibration Theorem〉, *Econometrica* 68 (2000): 1281-92. Matthew Rabin and Richard H. Thaler, 〈이상 현상: 위험 회피Anomalies: Risk Aversion〉, *Journal of Economic Perspectives* 15 (2001): 219-32.

8 몇몇 이론가가 후회 이론을 제안했는데, 그것의 토대가 되는 생각은, 사람들은 자신의 미래가 현실화되지 않은 옵션에, 또는/그리고 자신이 선택하지 않은 것에, 어떻게 영향을 받을지 예상할 수 있다는 것이다. David E. Bell, 〈불확실한 상황에서 내린 결정에 대한 후회Regret in Decision Making Under Uncertainty〉, *Operations Research* 30 (1982): 961-81. Graham Loomes and Robert Sugden, 〈후회 이론: 불확실한 상황에서 합리적 선택의 대안Regret Theory: An Alternative to Rational Choice Under Uncertainty〉, *Economic Journal* 92 (1982): 805-25. Barbara A. Mellers, 〈선택, 그리고 결과에서 느끼는 상대적 기쁨Choice and the Relative Pleasure of Consequences〉, *Psychological Bulletin* 126 (2000): 910-24. Barbara A. Mellers, Alan Schwartz, and Ilana Ritov, 〈감정에 기초한 선택Emotion-Based Choice〉, *Journal of Experimental Psychology-General* 128 (1999): 332-45. 도박을 놓고 선택할 때, 그 결정은 선택하지 않은 도박의 결과를 알고자 하는가에 달렸다. Ilana Ritov, 〈후회 확률: 선택에서 불확실성 결단 예상Probability of Regret: Anticipation of Uncertainty Resolution in Choice〉, *Organizational Behavior and Human Decision Processes* 66 (1966):

228-36.

27장 — 소유 효과

1 손실 회피를 주장하는 이론으로 보자면, 무차별 곡선은 준거점에서 크게 뒤틀릴 것이다. Amos Tversky and Daniel Kahneman, 〈위험이 없는 선택에서 손실 회피: 준거점에 좌우되는 모델Loss Aversion in Riskless Choice: A Reference-Dependent Model〉, *Quarterly Journal of Economics* 106 (1991): 1039-61. 잭 네치Jack Knetsch는 실험에서 이러한 뒤틀림을 목격했다. 〈무차별 곡선의 불가역성과 선호도Preferences and Nonreversibility of Indifference Curves〉, *Journal of Economic Behavior & Organization* 17 (1992): 131-39.

2 Alan B. Krueger and Andreas Mueller, 〈대량 실업 시기의 구직 활동: 높은 빈도의 종적 자료에서 나온 증거Job Search and Job Finding in a Period of Mass Unemployment: Evidence from High-Frequency Longitudinal Data〉, 진행 중인 논문, Princeton University Industrial Relations Section, January 2011.

3 엄격히 말해, 경제 이론은 구매가가 판매가보다 약간 낮다는 점을 인정한다. 경제학자들이 '소득효과'라 부르는 것 때문이다. 즉, 판매자는 구매자가 없는 와인이 한 병 있으니, 두 사람의 부는 같지 않다. 그러나 R교수의 경우는 그 효과가 무시해도 좋을 수준이다. 50달러는 R교수의 부에서 극히 일부이기 때문이다. 따라서 원래 이론대로라면, 소득효과는 그의 지불 의향을 눈곱만큼도 바꾸지 못할 것이다.

4 경제학자 앨런 크루거Alan Krueger는 아버지를 모시고 슈퍼볼에 가던 즈음에 한 가지 연구를 실시했고, 그 결과를 이렇게 보고했다. "추첨으로 입장권 두 장을 325달러에, 또는 한 장을 400달러에 살 자격을 얻은 팬들에게 물었다. 추첨에서 떨어졌다면 표를 한 장에 3,000달러에 기꺼이 사겠는지, 그리고 누군가가 한 장에 3,000달러에 팔라고 하면 가지고 있는 표를 팔겠는지. 그러자 응답자의 94퍼센트가 3,000달러에 사지 않겠다고 했고, 92퍼센트가 그 가격에는 표를 팔지 않겠다고 했다." 크루거는 "슈퍼볼에는 합리성이 공급 부족이었다"고 결론 내렸다. Alan B. Krueger, 〈공급과 수요: 슈퍼볼에 간 경제학자Supply and Demand: An Economist Goes to the Super Bowl〉, *Milken Institute Review: A Journal of Economic Policy* 3 (2001): 22-29.

5 엄밀히 말해서, 손실 회피는 예상되는 기쁨이나 고통과 관련 있고, 여기서 선택이 결정되는데, 이때 그 예상은 틀릴 수도 있다. Deborah A. Kermer et al., 〈손실 회피는 감정 예측 오류다Loss Aversion Is an Affective Forecasting Error〉, *Psychological Science* 17 (2006): 649-53.

6 Novemsky and Kahneman, 〈손실 회피의 경계The Boundaries of Loss Aversion〉.

7 모든 실험 참가자가 자기에게 할당된 상환 가치대로 줄을 선다고 상상해보라. 이제 이 중 절반에게 토큰을 무작위로 나눠준다. 그러면 줄 앞쪽에 선 절반의 사람들은 토큰을 가지고 있지 않

을 것이고, 뒤쪽에 선 절반의 사람들은 토큰을 가지고 있을 것이다. 이들(전체의 절반)은 서로 자리를 교환하며 이동할 것이고, 결국 줄의 앞쪽에 있는 사람은 모두 토큰을 가지고 있고, 뒤쪽에 있는 사람은 모두 토큰이 없게 된다.

8   Brian Knutson et al., 〈소유 효과의 신경 선행 반응 Neural Antecedents of the Endowment Effect〉, *Neuron* 58 (2008): 814-22. Brian Knutson and Stephanie M. Greer, 〈선행 감정: 신경 상관체와 선택에 미치는 결과 Anticipatory Affect: Neural Correlates and Consequences for Choice〉, *Philosophical Transactions of the Royal Society B* 363 (2008): 3771-86.

9   "100년간 16개국에서 수집한 세계적 자료"에 기초해 위험의 가격을 알아본 결과 약 2.3이 나왔는데, "매우 다른 방법으로 실험실에서 개인의 결정을 실험해 얻은 수치와 놀랍도록 일치하는" 결과다. Moshe Levy, 〈손실 회피와 위험 가격 Loss Aversion and the Price of Risk〉, *Quantitative Finance* 10 (2010): 1009-22.

10   Miles O. Bidwel, Bruce X. Wang, and J. Douglas Zona, 〈가격 변동에 비대칭적으로 반응하는 수요 분석: 시내 통화의 경우 An Analysis of Asymmetric Demand Response to Price Changes: The Case of Local Telephone Calls〉, *Journal of Regulatory Economics* 8 (1995): 285-98. Bruce G. S. Hardie, Eric J. Johnson, and Peter S. Fader, 〈손실 회피 모델과 준거 의존도가 상표 선택에 미치는 효과 Modeling Loss Aversion and Reference Dependence Effects on Brand Choice〉, *Marketing Science* 12 (1993): 378-94.

11   Colin Camerer, 〈손실 회피를 응원하는 심리적, 이론적, 경험적 토대 Three Cheers? Psychological, Theoretical, Empirical? for Loss Aversion〉, *Journal of Marketing Research* 42 (2005): 129-33. Colin F. Camerer, 〈야생에서의 전망 이론: 현장에서 나타난 증거 Prospect Theory in the Wild: Evidence from the Field〉, in 《선택, 가치, 틀 Choices, Values, and Frames》, ed. Daniel Kahneman and Amos Tversky (New York: Russell Sage Foundation, 2000), 288-300.

12   David Genesove and Christopher Mayer, 〈손실 회피와 판매자의 행동: 주택 시장에서 나타난 증거 Loss Aversion and Seller Behavior: Evidence from the Housing Market〉, *Quarterly Journal of Economics* 116 (2001): 1233-60.

13   John A. List, 〈거래 경험은 시장의 변칙성을 제거할까? Does Market Experience Eliminate Market Anomalies?〉, *Quarterly Journal of Economics* 118 (2003): 47-71.

14   Jack L. Knetsch, 〈소유 효과와 뒤집어지지 않는 무차별 곡선의 증거 The Endowment Effect and Evidence of Nonreversible Indifference Curves〉, *American Economic Review* 79 (1989): 1277-84.

15   Charles R. Plott and Kathryn Zeiler, 〈지불하려는 금액과 받으려는 금액의 격차, '소유 효과', 실험 참가자의 오해, 가치 도출 실험 절차 The Willingness to Pay?Willingness to Accept Gap, the 'Endowment Effect,' Subject Misconceptions, and Experimental Procedures for Eliciting Valuations〉, *American Economic Review* 95 (2005): 530-45. 대표적인 실험경제학자인 찰스 플롯은 소유 효과에 대단히 회의적

이었고, 그것은 "인간의 호불호에서 근본적 부분"이 아니라 수준 낮은 실험 기법을 사용한 결과임을 증명하고자 했다. 플롯과 자일러는 소유 효과를 보이는 참가자는 진정한 가치를 오해하고 있다고 판단하고, 원래의 실험 절차를 수정해 그 오해를 제거하려 했다. 이들은 훈련 과정을 치밀히 설계해, 참가자가 판매자와 구매자 역할을 모두 체험하고, 학습을 통해 진정한 가치를 평가할 수 있게 했다. 그러자 예상대로 소유 효과가 사라졌다. 플롯과 자일러는 자신들의 방법을 중요한 발전으로 여겼다. 그러나 심리학자라면 그 방법에 심각한 결함이 있다고 여길 것이다. 실험 진행자가 어떤 행동을 적절하다고 생각하는지를 내비쳤기 때문인데, 그러다 보니 그들의 이론과 일치하는 결과가 나오는 건 당연하다. 네치가 실시한 몇 가지 교환 실험 중에 플롯과 자일러가 좋아하는 실험 역시 편향되기는 마찬가지다. 그 실험에서 소유주는 실제로는 물건을 소유하지 않는데, 그렇다면 소유 효과의 핵심이 빠진 꼴이다. 이에 대해서는 다음을 참고하라. Charles R. Plott and Kathryn Zeiler, 〈교환 비대칭성이 소유 효과 이론과 전망 이론의 증거로 잘못 해석되었다?Exchange Asymmetries Incorrectly Interpreted as Evidence of Endowment Effect Theory and Prospect Theory?〉, *American Economic Review* 97 (2007): 1449-66. 여기서 양쪽은 상대가 요구한 방법을 거부하는데, 이 문제는 여기서 교착상태에 빠졌을 것이다.

16 엘다 샤퍼Eldar Shafir와 세딜 뮬라나단Sendhil Mullainathan은 동료들과 빈곤 상태에서의 결정을 연구하는 중에, 가난한 사람들의 경제행위는 어느 면에서는 부자들보다 현실적이고 합리적이라는 사실을 목격했다. 가난한 사람들은 결과 묘사보다 실제 결과에 반응하는 경우가 많다. Marianne Bertrand, Sendhil Mullainathan, and Eldar Shafir, 〈빈곤층의 결정을 돕는 행동 경제학과 마케팅Behavioral Economics and Marketing in Aid of Decision Making Among the Poor〉, *Journal of Public Policy & Marketing* 25 (2006): 8-23.

17 구매에 사용한 돈은 손실로 여기지 않는다는 결론은 비교적 잘사는 사람에게 해당하는 말이다. 여기서 핵심은 어떤 물건을 살 때 다른 물건을 못 사는 일은 없을 것이라는 사실을 의식하고 있느냐는 것이다. Novemsky and Kahneman, 〈손실 회피의 경계The Boundaries of Loss Aversion〉. Ian Bateman et al., 〈손실 회피의 여러 모델 시험하기: 적대적 협력Testing Competing Models of Loss Aversion: An Adversarial Collaboration〉, *Journal of Public Economics* 89 (2005): 1561-80.

28장 — 나쁜 사건

1 Paul J. Whalen et al., 〈복면을 쓴 얼굴에서 겁에 질린 눈동자 흰자위를 보았을 때 인간 편도체 반응Human Amygdala Responsivity to Masked Fearful Eye Whites〉, *Science* 306 (2004): 2061. 편도체에 국소 병터가 있는 사람은 잠재적 위험이 있는 선택에서 손실 회피를 거의 또는 전혀 보이지 않았다. Benedetto De Martino, Colin F. Camerer, and Ralph Adolphs, 〈편도체가 손상되면 금전적 손실 회피가 사라진다Amygdala Damage Eliminates Monetary Loss Aversion〉, *PNAS* 107 (2010):

3788-92.

2 Joseph LeDoux, 《느끼는 뇌: 뇌가 들려주는 신비로운 정서 이야기 The Emotional Brain: The Mysterious Underpinnings of Emotional Life》 (New York: Touchstone, 1996).

3 Elaine Fox et al., 〈감정을 드러내는 표정: 화난 얼굴은 더 효과적으로 감지될까? Facial Expressions of Emotion: Are Angry Faces Detected More Efficiently?〉, *Cognition & Emotion* 14 (2000): 61-92.

4 Christine Hansen and Ranald Hansen, 〈군중 틈에서 얼굴 찾기: 분노 우세 효과 Finding the Face in the Crowd: An Anger Superiority Effect〉, *Journal of Personality and Social Psychology* 54 (1988): 917-24.

5 Jos J. A. Van Berkum et al., 〈옳은가, 그른가? 도덕적으로 용납되지 않는 말에 대한 뇌의 재빠른 반응 Right or Wrong? The Brain's Fast Response to Morally Objectionable Statements〉, *Psychological Science* 20 (2009): 1092-99.

6 Paul Rozin and Edward B. Royzman, 〈부정성 편향, 부정성 지배, 그리고 전염 Negativity Bias, Negativity Dominance, and Contagion〉, *Personality and Social Psychology Review* 5 (2001): 296-320.

7 Roy F. Baumeister, Ellen Bratslavsky, Catrin Finkenauer, and Kathleen D. Vohs, 〈나쁜 것이 좋은 것보다 강하다 Bad Is Stronger Than Good〉, *Review of General Psychology* 5 (2001): 323.

8 Michel Cabanac, 〈쾌락: 공통 화폐 Pleasure: The Common Currency〉, *Journal of Theoretical Biology* 155 (1992): 173-200.

9 Chip Heath, Richard P. Larrick, and George Wu, 〈준거점으로서의 목표 Goals as Reference Points〉, *Cognitive Psychology* 38 (1999): 79-109.

10 Colin Camerer, Linda Babcock, George Loewenstein, and Richard Thaler, 〈뉴욕시 택시 기사의 노동 공급: 한 번에 하루씩 Labor Supply of New York City Cabdrivers: One Day at a Time〉, *Quarterly Journal of Economics* 112 (1997): 407-41. 이 연구의 결론에 의문이 제기된 적도 있다. 이에 대해서는 다음을 참고하라. Henry S. Farber, 〈내일은 새로운 하루가 시작될까? 뉴욕 택시 기사의 노동 공급 Is Tomorrow Another Day? The Labor Supply of New York Cab Drivers〉, NBER 진행 중인 논문 9706, 2003. 취리히 자전거 배달 서비스를 조사한 여러 연구 결과, 택시 기사 연구와 일치하는 목표 효과의 강력한 증거가 드러났다. Ernst Fehr and Lorenz Goette, 〈임금이 높아지면 더 열심히 일할까? 무작위 현장 실험에서 나타난 증거 Do Workers Work More if Wages Are High? Evidence from a Randomized Field Experiment〉, *American Economic Review* 97 (2007): 298-317.

11 Daniel Kahneman, 〈준거점, 기준점, 규범, 복잡한 감정 Reference Points, Anchors, Norms, and Mixed Feelings〉, *Organizational Behavior and Human Decision Processes* 51 (1992): 296-312.

12 John Alcock, 《동물의 행동: 진화적 접근 Animal Behavior: An Evolutionary Approach》 (Sunderland, MA: Sinauer Associates, 2009), 278-84, cited by Eyal Zamir, 〈법과 심리: 준거점과 손실 회피

의 중요한 역할Law and Psychology: The Crucial Role of Reference Points and Loss Aversion〉, 진행 중인 논문, Hebrew University, 2011.

13 Daniel Kahneman, Jack L. Knetsch, and Richard H. Thaler, 〈이익 추구 제한의 공정성: 시장에서 자기 몫을 챙길 자격Fairness as a Constraint on Profit Seeking: Entitlements in the Market〉, *The American Economic Review* 76 (1986): 728-41.

14 Ernst Fehr, Lorenz Goette, and Christian Zehnder, 〈노동시장의 행동 보고: 공정성 관심의 역할A Behavioral Account of the Labor Market: The Role of Fairness Concerns〉, *Annual Review of Economics* 1 (2009): 355-84. Eric T. Anderson and Duncan I. Simester, 〈가격 경직성과 고객의 반감Price Stickiness and Customer Antagonism〉, *Quarterly Journal of Economics* 125 (2010): 729-65.

15 Dominique de Quervain et al., 〈이타적 처벌의 신경적 토대The Neural Basis of Altruistic Punishment〉, *Science* 305 (2004): 1254-58.

16 David Cohen and Jack L. Knetsch, 〈경제가치의 여러 척도 사이의 불균형과 사법적 선택Judicial Choice and Disparities Between Measures of Economic Value〉, *Osgoode Hall Law Review* 30 (1992): 737-70. Russell Korobkin, 〈소유 효과와 법 분석The Endowment Effect and Legal Analysis〉, *Northwestern University Law Review* 97 (2003): 1227-93.

17 Zamir, 〈법과 심리Law and Psychology〉.

29장 — 네 갈래 유형

1 도박 중에서, 타당하지 않은 선호도 탓에 참여해 결국은 손해를 볼 수밖에 없는 도박을 소위 '네덜란드 장부'라고 하는데, 이 역시 잘못된 가중치 부여가 원인이다.

2 알레의 역설을 잘 아는 사람이라면 애초 문제와 다르다는 것을 눈치챌 것이다. 사실 알레의 역설보다 훨씬 단순하면서 요점은 더욱 두드러지게 재구성했다.

3 저명한 경제학자 케네스 애로가 최근에 말한 바에 따르면, 당시 회의 참석자들은 "알레의 작은 실험"에 그다지 관심이 없었다.(사적인 대화. March 16, 2011.)

4 이 표는 이익을 예상하는 결정 가중치를 보여준다. 손실에서도 매우 비슷한 결과가 나왔다.

5 Ming Hsu, Ian Krajbich, Chen Zhao, and Colin F. Camerer, 〈위험이 따르는 상황에서 예상되는 보상에 대한 뇌 반응은 확률 변화와 비례하지 않는다Neural Response to Reward Anticipation under Risk Is Nonlinear in Probabilities〉, *Journal of Neuroscience* 29 (2009): 2231-37.

6 W. Kip Viscusi, Wesley A. Magat, and Joel Huber, 〈다양한 건강 위험에 대한 소비자 평가의 합리성 연구An Investigation of the Rationality of Consumer Valuations of Multiple Health Risks〉, *RAND Journal of Economics* 18 (1987): 465-79.

7 한계효용 체감이라는 합리적 모델에 따르면, 사고 빈도를 15에서 5로 줄이려 한다면, 사고 위험을 완전히 없애기 위해 기꺼이 지불하려는 비용의 적어도 3분의 2는 지불해야 한다. 그러나 실험에서 나타난 선호도는 이 예측과 맞지 않는다.

8 C. Arthur Williams, 〈순수 위험을 대하는 태도의 지표가 되는 투기적 위험을 대하는 태도Attitudes Toward Speculative Risks as an Indicator of Attitudes Toward Pure Risks〉, *Journal of Risk and Insurance* 33 (1966): 577-86. Howard Raiffa, 《결정 분석: 불확실한 상황에서의 선택에 관한 기초 강의Decision Analysis: Introductory Lectures on Choices under Uncertainty》 (Reading, MA: Addison-Wesley, 1968).

9 Chris Guthrie, 〈전망 이론과 위험 선호 그리고 법Prospect Theory, Risk Preference, and the Law〉, *Northwestern University Law Review* 97 (2003): 1115-63. Jeffrey J. Rachlinski, 〈이익과 손실 그리고 소송의 심리학Gains, Losses and the Psychology of Litigation〉, *Southern California Law Review* 70 (1996): 113-85. Samuel R. Gross and Kent D. Syverud, 〈타협으로 해결하기: 타협 협상과 재판으로 이어질 사건 선별에 대한 연구Getting to No: A Study of Settlement Negotiations and the Selection of Cases for Trial〉, *Michigan Law Review* 90 (1991): 319-93.

10 Chris Guthrie, 〈마구잡이 소송의 틀짜기: 심리적 이론Framing Frivolous Litigation: A Psychological Theory〉, *University of Chicago Law Review* 67 (2000): 163-216.

30장 — 드문 사건

1 George F. Loewenstein, Elke U. Weber, Christopher K. Hsee, and Ned Welch, 〈기분으로서의 잠재적 위험Risk as Feelings〉, *Psychological Bulletin* 127 (2001): 267-86.

2 상동. Cass R. Sunstein, 〈확률 무시: 감정, 최악의 사건, 그리고 법Probability Neglect: Emotions, Worst Cases, and Law〉, *Yale Law Journal* 112 (2002): 61-107. 13장 '주1'에서 Damasio, 《데카르트의 오류Descartes' Error》. Slovic, Finucane, Peters, and MacGregor, 〈감정 어림짐작The Affect Heuristic〉.

3 Craig R. Fox, 〈증거의 힘, 판단된 확률, 불확실한 상황에서의 선택Strength of Evidence, Judged Probability, and Choice Under Uncertainty〉, *Cognitive Psychology* 38 (1999): 167-89.

4 어떤 사건과 그 대체 사건의 확률 추정치를 더하면 늘 100퍼센트가 나오지는 않는다. 사람들에게 그들이 잘 모르는 분야에서 어떤 사건("내일 정오에 방콕 기온이 섭씨 38도를 넘을 확률이 얼마나 되겠는가?")과 그 대체 사건의 확률을 물으면 그 둘의 합이 100퍼센트가 안 된다.

5 누적 전망 이론cumulative prospect theory에서는 내가 전망 이론을 처음 설명할 때 그랬듯이, 이익과 손실의 결정 가중치를 동일하게 추정하지 않는다.

6 두 개의 단지 문제를 만든 사람은 다음과 같다. Dale T. Miller, William Turnbull, and Cathy

McFarland, 〈우연의 일치가 의심스러울 때: 정신적 시뮬레이션의 역할When a Coincidence Is Suspicious: The Role of Mental Simulation〉, *Journal of Personality and Social Psychology* 57 (1989): 581-89. 시모어 엡스타인과 그의 동료들은 이를 두 가지 시스템과 관련한 관점으로 해석했다. Lee A. Kirkpatrick and Seymour Epstein, 〈인지적, 경험적 자기 이론과 주관적 확률: 두 가지 개념 시스템의 증거Cognitive-Experiential Self-Theory and Subjective Probability: Evidence for Two Conceptual Systems〉, *Journal of Personality and Social Psychology* 63 (1992): 534-44.

7 Kimihiko Yamagishi, 〈사망률 12.86퍼센트가 24.14퍼센트보다 더 위험할 때: 위험을 전달하는 방식의 차이When a 12.86% Mortality Is More Dangerous Than 24.14%: Implications for Risk Communication〉, *Applied Cognitive Psychology* 11 (1997): 495-506.

8 Slovic, Monahan, and MacGregor, 〈폭력 위험 평가와 위험 전달 방식Violence Risk Assessment and Risk Communication〉.

9 Jonathan J. Koehler, 〈사람들은 언제 DNA 일치 통계에 설득되는가?When Are People Persuaded by DNA Match Statistics?〉, *Law and Human Behavior* 25 (2001): 493-513.

10 Ralph Hertwig, Greg Barron, Elke U. Weber, and Ido Erev, 〈위험한 선택에서 드문 사건의 영향과 경험에 의존한 결정Decisions from Experience and the Effect of Rare Events in Risky Choice〉, *Psychological Science* 15 (2004): 534-39. Ralph Hertwig and Ido Erev, 〈위험한 선택에서 서술과 경험의 간극The Description-Experience Gap in Risky Choice〉, *Trends in Cognitive Sciences* 13 (2009): 517-23.

11 Liat Hadar and Craig R. Fox, 〈서술에 기초한 결정 대 경험에 기초한 결정에 나타난 정보 비대칭Information Asymmetry in Decision from Description Versus Decision from Experience〉, *Judgment and Decision Making* 4 (2009): 317-25.

12 Hertwig and Erev, 〈위험한 선택에서 서술과 경험의 간극The Description-Experience Gap in Risky Choice〉.

31장 — 위험관리 정책

1 계산은 단순명료하다. 각 조합은 무조건 받는/잃는 것과 도박에 해당하는 것으로 이루어졌다. 무조건 받는/잃는 것을 도박에 더하면 AD와 BC가 나온다.

2 Thomas Langer and Martin Weber, 〈근시안적 전망 이론 대 근시안적 손실 회피: 이 현상은 얼마나 일반적인가?Myopic Prospect Theory vs. Myopic Loss Aversion: How General Is the Phenomenon?〉, *Journal of Economic Behavior & Organization* 56 (2005): 25-38.

32장 — 심리적 계좌

1 대학 극장 시즌 정기권을 구입하려는 학생 중 일부를 무작위로 뽑아 정가보다 훨씬 싼 값에 정기권을 판 실험에서 이 직관이 옳다는 결과가 나왔다. Arkes and Blumer, 〈매몰 비용의 심리학The Psychology of Sunk Costs〉.

2 Hersh Shefrin and Meir Statman, 〈주가가 오르는 주식은 너무 일찍 팔고 주가가 떨어지는 주식은 너무 오래 쥐고 있는 성향: 이론과 증거The Disposition to Sell Winners Too Early and Ride Losers Too Long: Theory and Evidence〉, *Journal of Finance* 40 (1985): 777-90. Terrance Odean, 〈투자자들은 손실이 현실화되는 것을 꺼리는가?Are Investors Reluctant to Realize Their Losses?〉, *Journal of Finance* 53 (1998): 1775-98.

3 Ravi Dhar and Ning Zhu, 〈가까이, 더 가까이: 투자자 전문성과 성향 효과Up Close and Personal: Investor Sophistication and the Disposition Effect〉, *Management Science* 52 (2006): 726-40.

4 Darrin R. Lehman, Richard O. Lempert, and Richard E. Nisbett, 〈대학원생의 논리적 추론 훈련의 효과: 정식 훈련과 일상에서의 사고The Effects of Graduate Training on Reasoning: Formal Discipline and Thinking about Everyday-Life Events〉, *American Psychologist* 43 (1988): 431-42.

5 Marcel Zeelenberg and Rik Pieters, 〈후회 규정 이론 1.0A Theory of Regret Regulation 1.0〉, *Journal of Consumer Psychology* 17 (2007): 3-18.

6 Kahneman and Miller, 〈정상 이론Norm Theory〉.

7 히치하이커 문제는 법철학자 하트Hart와 오노레Honore가 사용한 유명한 예에서 영감을 얻었다. "위궤양으로 고생하는 남자와 결혼한 여성은 남편이 파스닙을 먹어서 소화불량이 생겼다고 생각할 수 있다. 반면에 의사는 위궤양 때문에 소화불량이 생겼고, 파스닙을 먹는 것은 그저 평범한 식습관이라고 생각할 수 있다." 평범하지 않은 사건은 인과관계 설명을 요구하고, 사후 가정적 생각을 하게 만드는데, 그 둘은 밀접하게 연관된다. 사람마다 정상으로 여기는 것이 다르고, 똑같은 사건이 어떤 정상과 비교되느냐에 따라 거기서 나오는 사후 가정적 생각, 인과관계 분석, 감정이 다르다(후회냐 비난이냐). Herbert L. A. Hart and Tony Honore, 《법에서의 인과관계Causation in the Law》》 (New York: Oxford University Press, 1985), 33.

8 Daniel Kahneman and Amos Tversky, 〈시뮬레이션 어림짐작The Simulation Heuristic〉, in 《불확실한 상황에서의 판단: 어림짐작과 편향Judgment Under Uncertainty: Heuristics and Biases》, ed. Daniel Kahneman, Paul Slovic, and Amos Tversky (New York: Cambridge University Press, 1982), 160-73.

9 Janet Landman, 〈행동과 비행동에 따르는 후회와 희열: 긍정적 결과와 부정적 결과에 대한 감정 반응Regret and Elation Following Action and Inaction: Affective Responses to Positive Versus Negative Outcomes〉, *Personality and Social Psychology Bulletin* 13 (1987): 524-36. Faith Gleicher et al., 〈감정

판단에서 사후 가정적 사고의 역할The Role of Counterfactual Thinking in Judgment of Affect〉, *Personality and Social Psychology Bulletin* 16 (1990): 284-95.

10 Dale T. Miller and Brian R. Taylor, 〈사후 가정적 사고, 후회, 미신: 자책을 피하는 법Counterfactual Thought, Regret, and Superstition: How to Avoid Kicking Yourself〉, in 《일어났을 법한 일: 사후 가정적 사고의 사회심리학What Might Have Been: The Social Psychology of Counterfactual Thinking》, ed. Neal J. Roese and James M. Olson (Hillsdale, NJ: Erlbaum, 1995), 305-31.

11 Marcel Zeelenberg, Kees van den Bos, Eric van Dijk, and Rik Pieters, 〈후회 심리에서 비행동의 영향The Inaction Effect in the Psychology of Regret〉, *Journal of Personality and Social Psychology* 82 (2002): 314-27.

12 Itamar Simonson, 〈구매 결정에서 후회와 책임 예상의 영향The Influence of Anticipating Regret and Responsibility on Purchase Decisions〉, *Journal of Consumer Research* 19 (1992): 105-18.

13 Lilian Ng and Qinghai Wang, 〈기관 거래와 연말 효과Institutional Trading and the Turn-of-the-Year Effect〉, *Journal of Financial Economics* 74 (2004): 343-66.

14 Tversky and Kahneman, 〈위험이 없는 선택에서 손실 회피Loss Aversion in Riskless Choice〉. Eric J. Johnson, Simon Gächter, and Andreas Herrmann, 〈손실 회피의 본질 탐구Exploring the Nature of Loss Aversion〉, *Centre for Decision Research and Experimental Economics, University of Nottingham, Discussion Paper Series*, 2006. Edward J. McCaffery, Daniel Kahneman, and Matthew L. Spitzer, 〈배심원단 틀짜기: 고통을 바라보는 인지적 관점Framing the Jury: Cognitive Perspectives on Pain and Suffering〉, *Virginia Law Review* 81 (1995): 1341-420.

15 Richard H. Thaler, 〈소비자 선택을 바라보는 실증적 이론Toward a Positive Theory of Consumer Choice〉, *Journal of Economic Behavior and Organization* 39 (1980): 36-90.

16 Philip E. Tetlock et al., 〈상상할 수 없는 일들의 심리학: 금기시되는 거래, 금지된 기저율, 이단적인 사후 가정적 사고The Psychology of the Unthinkable: Taboo Trade-Offs, Forbidden Base Rates, and Heretical Counterfactuals〉, *Journal of Personality and Social Psychology* 78 (2000): 853-70.

17 Cass R. Sunstein, 《공포법: 예방 수칙을 넘어서The Laws of Fear: Beyond the Precautionary Principle》 (New York: Cambridge University Press, 2005).

18 Daniel T. Gilbert et al., 〈뒤돌아보기를 앞서 보기: 후회 예측 실패Looking Forward to Looking Backward: The Misprediction of Regret〉, *Psychological Science* 15 (2004): 346-50.

33장 — 역전

1 Dale T. Miller and Cathy McFarland, 〈사후 가정적 사고와 피해자 보상: 정상 이론 시험Counterfactual Thinking and Victim Compensation: A Test of Norm Theory〉, *Personality and Social*

Psychology Bulletin 12 (1986): 513-19.

2 이런 해석을 처음 내놓은 곳은 다음과 같다. Max H. Bazerman, George F. Loewenstein, and Sally B. White, 〈할당 결정에서 선호도 역전: 대안 판단 대 여러 대안 사이에서의 판단Reversals of Preference in Allocation Decisions: Judging Alternatives Versus Judging Among Alternatives〉, *Administrative Science Quarterly* 37 (1992): 220-40. 크리스토퍼 시Christopher Hsee는 공동평가와 개별평가라는 용어를 처음 소개했고, 중요한 평가 가능성 가설을 만들어, 어떤 특성은 공동평가로만 평가가 가능하다는 식으로 역전을 설명했다. 〈특성 평가 가능성: 공동 · 개별 평가 역전 등에서 시사하는 것들Attribute Evaluability: Its Implications for Joint-Separate Evaluation Reversals and Beyond〉, in Kahneman and Tversky, 《선택, 가치, 틀Choices, Values, and Frames》.

3 Sarah Lichtenstein and Paul Slovic, 〈도박 결정에서, 가격 제시와 선택 사이의 선호도 역전Reversals of Preference Between Bids and Choices in Gambling Decisions〉, *Journal of Experimental Psychology* 89 (1971): 46-55. 이와 별개로 실시한 다음 연구에서도 비슷한 결과가 나왔다. Harold R. Lindman, 〈도박에서 일관되지 못한 선호도Inconsistent Preferences Among Gambles〉, *Journal of Experimental Psychology* 89 (1971): 390-97.

4 이 유명한 면담의 전문은 다음을 참고하라. Sarah Lichtenstein and Paul Slovic, eds., 《선호도 구성The Construction of Preference》 (New York: Cambridge University Press, 2006).

5 David M. Grether and Charles R. Plott, 〈선택 경제 이론과 선호도 역전 현상Economic Theory of Choice and the Preference Reversals Phenomenon〉, *American Economic Review* 69 (1979): 623-28.

6 Lichtenstein and Slovic, 《선호도 구성The Construction of Preference》, 96.

7 쿤Kuhn은 자연과학도 마찬가지라는 유명한 주장을 폈다. Thomas S. Kuhn, 〈근대 자연과학에서 측정의 기능The Function of Measurement in Modern Physical Science〉, *Isis* 52 (1961): 161-93.

8 종에 끌리는 감정과 그 종 보호를 위해 기부할 의향을 물으면 순위가 똑같이 나온다는 증거가 있다. Daniel Kahneman and Ilana Ritov, 〈공공재를 위해 돈을 지불할 의향을 드러낼 때 영향을 미치는 요소: 머리기사법 연구Determinants of Stated Willingness to Pay for Public Goods: A Study in the Headline Method〉, *Journal of Risk and Uncertainty* 9 (1994): 5-38.

9 Hsee, 〈특성 평가 가능성Attribute Evaluability〉.

10 Cass R. Sunstein, Daniel Kahneman, David Schkade, and Ilana Ritov, 〈예상 가능한 일관되지 못한 판단Predictably Incoherent Judgments〉, *Stanford Law Review* 54 (2002): 1190.

34장 — 틀과 사실

1 Amos Tversky and Daniel Kahneman, 〈결정 틀짜기와 선택 심리The Framing of Decisions and the Psychology of Choice〉, *Science* 211 (1981): 453-58.

2 〈소비자 선택을 바라보는 실증적 이론Toward a Positive Theory of Consumer Choice〉.

3 Barbara McNeil, Stephen G. Pauker, Harold C. Sox Jr., and Amos Tversky, 〈선택 가능한 치료법에서 선호도 끌어내기On the Elicitation of Preferences for Alternative Therapies〉, *New England Journal of Medicine* 306 (1982): 1259-62.

4 '아시아'는 경멸적인 뜻이 담긴 불필요한 말이라고 평가하는 사람도 있다. 지금 같으면 분명히 그렇게 이름 붙이지 않았겠지만, 이 예를 제시한 1970년대에는 지금처럼 집단을 규정하는 말에 민감하지 않았다. '아시아'라는 말을 붙인 이유는 응답자에게 1957년에 아시아에서 발생한 유행성 독감을 상기시켜 예를 좀 더 구체화하기 위해서였다.

5 Thomas Schelling, 《선택과 결과Choice and Consequence》 (Cambridge, MA: Harvard University Press, 1985).

6 Richard P. Larrick and Jack B. Soll, 〈MPG 착각The MPG Illusion〉, *Science* 320 (2008): 1593-94.

7 Eric J. Johnson and Daniel Goldstein, 〈기본 옵션이 생명을 구한다?Do Defaults Save Lives?〉, *Science* 302 (2003): 1338-39.

5부_ 두 자아

35장 — 두자아

1 Irving Fisher, 〈'효용'은 그것이 뜻하는 개념을 설명하기에 가장 적절한 말인가?Is 'Utility' the Most Suitable Term for the Concept It Is Used to Denote?〉, *American Economic Review* 8 (1918): 335.

2 Francis Edgeworth, 《수리 정신학Mathematical Psychics》 (New York: Kelley, 1881).

3 Daniel Kahneman, Peter P. Wakker, and Rakesh Sarin, 〈벤담으로 회귀? 경험효용 탐구Back to Bentham? Explorations of Experienced Utility〉, *Quarterly Journal of Economics* 112 (1997): 375-405. Daniel Kahneman, 〈경험효용과 객관적 행복: 순간에 기초한 접근법Experienced Utility and Objective Happiness: A Moment-Based Approach〉, 〈순간 평가: 과거와 미래Evaluation by Moments: Past and Future〉, in Kahneman and Tversky, 《선택, 가치, 틀Choices, Values, and Frames》, 673-92, 693-708.

4 Donald A. Redelmeier and Daniel Kahneman, 〈고통스러운 의료 처지에서 환자의 기억: 두 가지 최소 침습 수술에서 실시간 평가와 회고 평가Patients' Memories of Painful Medical Treatments: Real-time and Retrospective Evaluations of Two Minimally Invasive Procedures〉, *Pain* 66 (1996): 3-8.

5 Daniel Kahneman, Barbara L. Frederickson, Charles A. Schreiber, and Donald A. Redelmeier, 〈큰 고통을 작은 고통보다 선호할 때: 더 나은 마무리 추가하기When More Pain Is

Preferred to Less: Adding a Better End〉, *Psychological Science* 4 (1993): 401-405.

6 Orval H. Mowrer and L. N. Solomon, 〈통제된 두려움에서 지속성 대 동기 감소: 동기 감소의 근접성과 갑작스러움 Contiguity vs. Drive-Reduction in Conditioned Fear: The Proximity and Abruptness of Drive Reduction〉, *American Journal of Psychology* 67 (1954): 15-25.

7 Peter Shizgal, 〈신경으로 계산한 효용: 뇌 자극 보상 연구 On the Neural Computation of Utility: Implications from Studies of Brain Stimulation Reward〉, in 《행복: 쾌락 심리학의 기초 Well-Being: The Foundations of Hedonic Psychology》, ed. Daniel Kahneman, Edward Diener, and Norbert Schwarz (New York: Russell Sage Foundation, 1999), 500-24.

36장 ― 이야기로서의 삶

1 Paul Rozin and Jennifer Stellar, 〈사후 사건은 삶의 질과 행복 평가에 영향을 미친다 Posthumous Events Affect Rated Quality and Happiness of Lives〉, *Judgment and Decision Making* 4 (2009): 273-79.

2 Ed Diener, Derrick Wirtz, and Shigehiro Oishi, 〈삶의 질 평가에서 종점의 영향: 제임스 딘 효과 End Effects of Rated Life Quality: The James Dean Effect〉, *Psychological Science* 12 (2001): 124-28. 같은 일련의 실험에서 행복하지 않은 삶을 두고도 정점과 종점 원칙을 알아본 결과, 같은 현상이 나타났다. 참가자들은 젠이 60년을 불행하게 살았을 때 30년을 불행하게 살았을 때보다 불행한 정도를 두 배로 평가하지 않았다. 하지만 젠이 죽기 직전에 약간만 불행한 삶이 5년 더해진다면 훨씬 더 행복할 거라고 평가했다.

37장 ― 체감 행복

1 자주 묻는 또 하나의 질문은 이렇다. "모든 것을 종합해볼 때, 요즘 사는 게 어떻다고 말하겠는가? 대단히 행복하다, 제법 행복하다, 아주 행복하지는 않다?" 미국에서 실시하는 '종합 사회 설문 조사 General Social Survey'에 포함된 질문이며, 이 질문과 다른 변수들과의 상관관계를 보면 삶의 만족도와 체감 행복이 어떻게 섞이는지를 엿볼 수 있다. 갤럽에서 순전히 삶을 평가하는 척도로 사용한 것은 '캔트릴 자기규정 성취도 Cantril Self-Anchoring Striving Scale'인데, "내게 가능한 최악의 삶"은 0점, "내게 가능한 최고의 삶"은 10점으로 하고, 응답자는 그 사이에서 자기 삶에 점수를 매긴다. 문제에 사용된 말에서 알 수 있듯이, 사람들은 자기에게 가능하다고 생각하는 수준을 기준점 삼아야 한다. 그러나 평가 결과를 보면, 전 세계 어디서나 사람들은 좋은 삶을 규정하는 공통된 기준을 가지고 있었고, 그러다 보니 그 나라 국내총생산 GDP과 그 나라 사람들이 말한 평균 수치는 보기 드물게 높은 상관관계(0.84)를 보인다. Angus Deaton, 〈전 세계의 소득, 건

강, 행복: 갤럽 세계 여론조사 결과Income, Health, and Well-Being Around the World: Evidence from the Gallup World Poll〉, *Journal of Economic Perspectives* 22 (2008): 53-72.

2   경제학자는 예외적 자료를 혁신적으로 분석해 유명한 프린스턴대학의 앨런 크루거였다. 심리학자는 방법론 전문가 데이비드 슈케이드David Schkade, 건강심리학, 경험 표집, 순간적 생태 평가 전문가 아서 스톤Arthur Stone, 그리고 설문 방법 전문가이자 복사기에 10센트 동전을 놔두었을 때 삶의 만족도 보고에 미치는 영향을 비롯해 삶의 질 연구에서 실험 비평에 기여한 사회심리학자 노르베르트 슈바르츠Norbert Schwarz다.

3   어떤 어플리케이션은 꾸준한 심장박동 수 기록, 간헐적인 혈압 기록, 화학 분석을 위한 타액 표본 같은 생리적 정보도 수집한다. 이 방법은 '순간적 생태 평가Ecological Momentary Assessment'라 불린다. Arthur A. Stone, Saul S. Shiffman, and Marten W. DeVries, 〈순간적 생태 평가Ecological Momentary Assessment〉, in Kahneman, Diener, and Schwarz,《행복Well-Being》, 26-39.

4   Daniel Kahneman et al., 〈일상의 특징을 규정하는 설문 조사법: 일상 재구성법A Survey Method for Characterizing Daily Life Experience: The Day Reconstruction Method〉, *Science* 306 (2004): 1776-80. Daniel Kahneman and Alan B. Krueger, 〈주관적인 삶의 질 측정법 개발Developments in the Measurement of Subjective Well-Being〉, *Journal of Economic Perspectives* 20 (2006): 3-24.

5   앞서 연구에서, 과거 상황을 생생하고 자세히 회상할 수 있으면 그때의 느낌도 되살릴 수 있다는 사실이 드러났다. Michael D. Robinson and Gerald L. Clore, 〈믿음과 기분: 감정 자기 보고의 접근성 모델 증거Belief and Feeling: Evidence for an Accessibility Model of Emotional Self-Report〉, *Psychological Bulletin* 128 (2002): 934-60.

6   Alan B. Krueger, ed.,《국가별 주관적 삶의 질 측정: 국가별 시간 소비와 삶의 질Measuring the Subjective Well-Being of Nations: National Accounts of Time Use and Well-Being》 (Chicago: University of Chicago Press, 2009).

7   Ed Diener, 〈사람들 대부분은 행복하다Most People Are Happy〉, *Psychological Science* 7 (1996): 181-85.

8   나는 여러 해 동안 갤럽의 여러 시니어 과학자Senior Scientist 중 한 명으로 삶의 질을 연구했다.

9   Daniel Kahneman and Angus Deaton, 〈소득이 높으면 삶의 평가가 높아지지만 체감 행복은 높아지지 않는다High Income Improves Evaluation of Life but Not Emotional Well-Being〉, *Proceedings of the National Academy of Sciences* 107 (2010): 16489-93.

10 Dylan M. Smith, Kenneth M. Langa, Mohammed U. Kabeto, and Peter Ubel, 〈건강, 부, 행복: 장애가 시작되면 금전적 요소가 주관적 행복의 보호막이 된다Health, Wealth, and Happiness: Financial Resources Buffer Subjective Well-Being After the Onset of a Disability〉, *Psychological Science* 16 (2005): 663-66.

11 나는 2010년 2월에 테드TED 강연에서, 이 수치가 6만 달러로 예상된다고 했는데, 정확한 수치

는 7만 5,000달러였다.

12 Jordi Quoidbach, Elizabeth W. Dunn, K. V. Petrides, and Moïra Mikolajczak, 〈돈은 은혜를 베푸시고, 은혜를 거둬가시니: 부가 행복에 미치는 이중 영향Money Giveth, Money Taketh Away: The Dual Effect of Wealth on Happiness〉, *Psychological Science* 21 (2010): 759-63.

38장 — 삶을 돌아볼 때

1 Andrew E. Clark, Ed Diener, and Yannis Georgellis, 〈삶 만족도에서 선행 효과와 후행 효과: 기준치 가설 점검Lags and Leads in Life Satisfaction: A Test of the Baseline Hypothesis〉. 독일 사회경제패널에 제출된 보고서, Berlin, Germany, 2001.

2 Daniel T. Gilbert and Timothy D. Wilson, 〈뇌가 혼잣말을 하는 이유: 감정 예측 오류의 근원Why the Brain Talks to Itself: Sources of Error in Emotional Prediction〉, *Philosophical Transactions of the Royal Society B* 364 (2009): 1335-41.

3 Strack, Martin, and Schwarz, 〈점화 효과와 의사소통Priming and Communication〉.

4 노르베르트 슈바르츠가 쓴 원래의 박사 논문(독일어)은 다음과 같다. 〈정보가 되는 기분: 자기 삶을 평가할 때 기분이 미치는 영향Mood as Information: On the Impact of Moods on the Evaluation of One's Life〉 (Heidelberg: Springer Verlag, 1987). 이 연구는 이제까지 여러 곳에 등장했는데, 대표적인 예는 다음과 같다. Norbert Schwarz and Fritz Strack, 〈주관적 행복 보고: 판단 과정과 그것의 방법론적 의미Reports of Subjective Well-Being: Judgmental Processes and Their Methodological Implications〉, in Kahneman, Diener, and Schwarz, 《행복(Well-Being)》, 61-84.

5 이 연구가 소개된 곳은 다음과 같다. William G. Bowen and Derek Curtis Bok, 《강의 형태: 대학 입학에 인종을 고려할 때의 장기적 결과The Shape of the River: Long-Term Consequences of Considering Race in College and University Admissions》 (Princeton: Princeton University Press, 1998). 보웬Bowen과 복Bok의 연구 결과 일부를 보고한 자료는 다음과 같다. Carol Nickerson, Norbert Schwarz, and Ed Diener, 〈경제적 포부와 경제적 성공 그리고 전반적인 삶의 만족도: 누가? 어떻게?Financial Aspirations, Financial Success, and Overall Life Satisfaction: Who? and How?〉, *Journal of Happiness Studies* 8 (2007): 467-515.

6 Alexander Astin, M. R. King, and G. T. Richardson, 〈미국의 대학 신입생: 1976년 가을의 전국적 현황The American Freshman: National Norms for Fall 1976〉, Cooperative Institutional Research Program of the American Council on Education and the University of California at Los Angeles, Graduate School of Education, Laboratory for Research in Higher Education, 1976.

7 이 결과는 2004년, 전미경제학회American Economic Association 연간 회의에서 발표되었다. Daniel

Kahneman, 〈행복의 수수께끼 Puzzles of Well-Being〉. 회의에서 발표.

8 지금 사람들은 앞으로 100년 뒤 후손들의 기분을 얼마나 잘 예측할 수 있을까, 하는 문제는 기후변화에 대한 정책 반응과 관련이 있는 게 분명하지만, 오직 간접적으로만 연구할 수 있고, 그것이 바로 우리가 하겠다고 제안한 연구였다.

9 나는 질문을 던지면서, 삶에 대한 만족도와 행복을 혼동하는 실수를 저지르고 말았다. 요즘 피하려고 애쓰는 실수다. 삶에 대한 만족도는 이를테면 행복을 묻는 설문에 대답할 때처럼 우리가 이따금씩 삶을 생각할 때 떠오르는 생각과 기분이다. 반면에 행복은 평상시에 생활하면서 느끼는 기분이다.

10 그러나 아내는 한 번도 수긍하지 않았다. 아내는 캘리포니아 중에서도 북부 주민들만이 더 행복하다고 주장한다.

11 아시아 학생들은 삶에 대한 만족도가 낮았는데, 우리 조사 표본 중에 캘리포니아보다 중서부에 아시아인의 비중이 높았다. 이런 차이를 감안했을 때, 삶에 대한 만족도는 두 지역이 동일했다.

12 징 수 Jing Xu와 노르베르트 슈바르츠는 (블루북[Blue Book: 다양한 새 차, 중고차, 오토바이 등의 시장 가격을 수록한 책] 가치로 측정한) 차의 질을 보면 자기 차를 얼마나 즐기는가와 관련한 일반적 질문에서 차 소유주가 어떤 답을 할지 예측할 수 있으며, 훔친 차로 폭주를 즐기는 사람들의 쾌락도 예측할 수 있다는 사실을 발견했다. 그러나 차의 질이 출퇴근 때의 기분에는 영향을 주지 않았다. Norbert Schwarz, Daniel Kahneman, and Jing Xu, 〈쾌락을 느끼는 상황에 대한 총체적 보고와 개별 사건 보고 Global and Episodic Reports of Hedonic Experience〉, in R. Belli, D. Alwin, and F. Stafford (eds.), 《달력과 일기를 이용해 일상의 사건들을 연구하는 법 Using Calendar and Diary Methods in Life Events Research》 (Newbury Park, CA: Sage), pp. 157-74.

13 이 연구가 자세히 소개된 곳은 다음과 같다. Kahneman, 〈순간 평가 Evaluation by Moments〉.

14 Camille Wortman and Roxane C. Silver, 〈돌이킬 수 없는 손실, 대재앙, 위기, 참사에 대처하기: 작동 심리 Coping with Irrevocable Loss, Cataclysms, Crises, and Catastrophes: Psychology in Action〉, American Psychological Association, Master Lecture Series 6 (1987): 189-235.

15 Dylan Smith et al., 〈결장루 기억 오류? 예전 환자는 현재 환자보다 효용 가치에 낮은 점수를 준다 Misremembering Colostomies? Former Patients Give Lower Utility Ratings than Do Current Patients〉, Health Psychology 25 (2006): 688-95. George Loewenstein and Peter A. Ubel, 〈쾌락 적응, 그리고 공공 정책에서 결정과 경험효용의 역할 Hedonic Adaptation and the Role of Decision and Experience Utility in Public Policy〉, Journal of Public Economics 92 (2008): 1795-1810.

16 Daniel Gilbert and Timothy D. Wilson, 〈희망 오류: 감정 예측의 문제 Miswanting: Some Problems in Affective Forecasting〉, in 《감정과 생각: 사회 인지에서 감정의 역할 Feeling and Thinking: The Role of Affect in Social Cognition》, ed. Joseph P. Forgas (New York: Cambridge University Press, 2000), 178-97.

결론

1   Paul Dolan and Daniel Kahneman, 〈효용 해석과 그것이 건강 평가에 시사하는 것들Interpretations of Utility and Their Implications for the Valuation of Health〉, *Economic Journal* 118 (2008): 215-234. Loewenstein and Ubel, 〈쾌락 적응, 그리고 공공 정책에서 결정과 경험효용의 역할Hedonic Adaptation and the Role of Decision and Experience Utility in Public Policy〉.

2   특히 영국에서 이 작업이 빠르게 진전되어, 행복 측정치를 정부 정책으로 정식으로 사용 중이다. 이런 발전이 가능했던 큰 계기 하나는 2005년에 처음 출간된 리처드 레이어드Richard Layard 경의 책《행복의 함정: 가질수록 행복은 왜 줄어드는가Happiness: Lessons from a New Science》이다. 레이어드는 행복과 그 영향을 연구한 대표적인 경제학자이자 사회과학자다. 이와 관련한 다른 중요한 서적은 다음과 같다. Derek Bok,《행복국가를 정치하라: 성장과 분배를 넘어선 정의로운 행복선진국의 청사진 The Politics of Happiness: What Government Can Learn from the New Research on Well-Being》(Princeton: Princeton University Press, 2010). Ed Diener, Richard Lucus, Ulrich Schmimmack, and John F. Helliwell,《공공 정책을 위한 행복Well-Being for Public Policy》(New York: Oxford University Press, 2009). Alan B. Krueger, ed.,《국가의 주관적 행복 측정: 전 국민의 시간 사용과 행복Measuring the Subjective Well-Being of Nations: National Account of Time Use and Well-Being》(Chicago: University of Chicago Press, 2009). Joseph E. Stiglitz, Amartya Sen, and Jean-Paul Fitoussi,《경제 성과와 사회 발전 측정 보고서Report of the Commission on the Measurement of Economic Performance and Social Progress》. Paul Dolan, Richard Layard, and Robert Metcalfe,《공공 정책을 위한 주관적 행복 측정: 권고 측정법Measuring Subjective Well-being for Public Policy: Recommendations on Measures》(London: Office for National Statistics, 2011).

3   댄 애리얼리Dan Ariely가《상식 밖의 경제학: 이제 상식에 기초한 경제학은 버려라! Predictably Irrational: The Hidden Forces That Shape Our Decisions》(New York: Harper, 2008)에서 밝힌, 정신을 바라보는 견해는 나와 크게 다르지 않지만 사용하는 용어는 다르다.

4   Gary S. Becker and Kevin M. Murphy, 〈합리적 중독 이론A Theory of Rational Addiction〉, *Journal of Political Economics* 96 (1988): 675-700. Richard H. Thaler and Cass R. Sunstein,《넛지: 똑똑한 선택을 이끄는 힘 Nudge: Improving Decisions About Health, Wealth, and Happiness》(New Haven: Yale University Press, 2008).

5   Atul Gawande,《체크! 체크리스트: 완벽한 사람은 마지막 2분이 다르다The Checklist Manifesto: How to Get Things Right》(New York: Holt, 2009). Daniel Kahneman, Dan Lovallo, and Oliver Sibony, 〈원대한 생각: 중대한 결정을 내리기 전에The Big Idea: Before You Make That Big Decision…〉, *Harvard Business Review* 89 (2011): 50-60.

6   Chip Heath, Richard P. Larrick, and Joshua Klayman, 〈인지 개선: 조직은 개인의 단점

을 어떻게 보완할 수 있는가Cognitive Repairs: How Organizational Practices Can Compensate for Individual Shortcomings〉, *Research in Organizational Behavior* 20 (1998): 1-37.

감
사
의
말
—

나는 운 좋게도 아는 사람도 많고, 도움을 요청하기를 부끄러워하지 않아서, 지인들을 빠짐없이 찾아다니며 더러는 많은 시간 동안 정보를 달라거나 이 책의 편집에 조언을 해달라고 했다. 그분들을 여기에 일일이 언급하지 못하는 점, 죄송하게 생각한다. 그중 몇 분은 이 책이 나오는 데 큰 역할을 해주었다. 가장 먼저 고마움을 전할 분은 이 책을 내라고 나를 설득해, 함께 작업할 수 없을 때까지 인내심을 발휘해 나와 함께 작업해준 제이슨 츠바이크Jason Zweig다. 그는 줄곧 편집에 조언을 아끼지 않았고, 부러울 정도의 학식으로 도움을 주었으며, 그가 제안한 문장들이 이 책 곳곳에 자리한다. 로저 르윈Roger Lewin은 강의 기록들을 책에 실을 원고로 옮겨주었다. 메리 히멜스타인Mary Himmelstein은 처음부터 끝까지 값진 도움을 주었다. 에이전트인 존 브록먼John Brockman은 나중에 신뢰하는 친구가 되었다. 랜 하신Ran Hassin은 가장 적절한 시기에 조언을 해주고 용기를 북돋아주었다. 기나긴 여정의 마지막 단계에서는 편집자 에릭 친스키Eric Chinski에게 무척이나 요긴한 도움을 받았다. 그는 책을 잘 아는 사람이었고, 그와의 작업은 무척 즐거웠다. 나는 에릭만큼 능력 있는 편집자를 상상해본 적이 없다. 딸 레노어 소함Lenore Shoham은 정신없던 마지막 몇 달 동안 내 곁에 머물며 지혜를 보태고, 날카로운 비판을 해주고, 각 장 끝에 나오는 "~과(와) 관련한 말들"에 넣을 문장을 여럿 알려주었다. 아내 앤 트레이스먼Anne Treisman은 정말 많은 것을 도와주며 함께 고생했다. 아내의 응원과 지혜와 끝없는 인내가 없었다면 나는 이 책을 오래전에 포기했을 것이다.

인명

용어

ㅇ

THINKING, FAST AND SLOW